5
월
18
일,

광주

5월 18일, 광주

1판 1쇄 발행 2010년 4월 10일
1판 4쇄 발행 2017년 1월 12일

글쓴이   김영택
펴낸이   주혜숙

펴낸곳   역사공간
          주소: 04034 서울시 마포구 양화로 11길 18 원오빌딩 4층
          전화: 02-725-8806, 070-7825-9900
          팩스: 02-725-8801, 0505-325-8801
          E-mail: jhs8807@hanmail.net
          블로그: blog.naver.com/jgonggan
등 록   2003년 7월 22일 제6-510호

ISBN 978-89-90848-50-5 93900

5월 18일, 광주

김영택 지음

역사공간

5·18과 맺은 인연

저자는 1980년 5월 18일 오전 광주시 금남로 3가 가톨릭회관 앞에서 전남대학교 학생들의 시위대와 이를 저지하려는 경찰의 공방전이 한창 벌어지고 있던 현장에 취재기자로 뛰어들면서 5·18과 인연을 맺었다. 그리고 세월이 흘러 벌써 30주년을 맞게 되었다. 그러나 '5·18 광주의 살육과 항쟁' 현장은 잠시도 잊은 적이 없다. 아니 잊을 수가 없었다. 그만큼 5·18은 현장을 지켜 본 저자에게 엄청난 충격과 함께 삶의 한 축을 이루어왔다. 이와 관련해 『10일간의 취재수첩』(1988), 『5·18 광주민중항쟁』(1990), 『실록 5·18 광주민중항쟁』(1996) 등 3권의 저서를 냈고 마나베 유코[眞鍋祐子]의 『光州事件で讀む現代韓國』(2000)을 『광주항쟁으로 읽는 현대한국』(2001)으로 번역해 내기도 했다. 그리고 30여 편의 글을 썼다. 또한 여러 차례 TV 인터뷰 요청에 응하는 한편 고려대·연세대·국민대·충남대 등 몇 개 대학에서 '5·18 전도사'라는 사명감과 자긍심을 갖고 5·18 특강을 하기도 했다. 뿐만 아니라 국회 5·18 광주민주화운동 진상조사 특별위원회 청문회에서 증언하고 '5·18 고소고발 사건'을 수사하고 있던 서울지방검찰청에서 두 차례에 걸쳐 참고인 진술을 했다. 또한 서울고등법원 대법정에서 수의를 입은 전두환·노태우·정호용 등 하늘을 찌를 듯한 기세로 당시의 세상을 뒤흔들었던 실세들을 등 뒤에 세워놓고 법정증언을 하면서 권력의 무상함을 느끼기도 했다.

이 과정에서 저자는 이미 출간한 '5·18 광주민중항쟁'에 관한 저서와 여러 글을 되돌아보았다. 부끄럽게도 미흡한 점이 너무 많아 학문적으로 다시 접근해야 할 필요성을 절실하게 느끼게 되어, 새롭게 시작한다는 마음으로 자료를 수집하고 천착을 거듭했다. 예순을 훌쩍 넘긴 나이에 국민대학교 대학원에 들어간 것은 오직 '5·18'의 학문적 접근에 몰입하기 위해서였다. 이 때문에 「5·18 광주민중항쟁의 초기성격」을 석사학위 논문 제목으로 잡고 주로 5·18 초기 공수부대가 '과잉진압'이라는 이름하에 전개한 국가폭력과 이에 맞선 광주시민들의 저항 과정에서 나타난 특징, 무지도자·무조직 상황을 추적한 끝에 나름대로 재정립하는 성과를 올리기도 했다. 이에 따라 박사학위논문은 이 석사학위논문을 바탕으로 5·18 상황 전체를 다룬 「5·18 광주민중항쟁 연구」로 귀결되었다.

저자는 '5·18' 당초부터 신군부가 정권을 찬탈하기 위해 사전에 계획하여 '과잉진압'을 펼친 사전음모설을 강력하게 주장해왔다. 지금도 그 소신에는 변함이 없다. 1980년 5월 18일 오후 4시 정각 시작된 공수부대의 '시위진압'이라는 명분아래 시위와는 아무런 상관이 없는 시민들에게 무자비하게 저지른 '살육의 체포작전' 현장, 사무실에서 열심히 일하고 있는 평범한 직장인에게 행한 이유 없는 구타와 연행, 갓 결혼식을 올린 신혼부부와 지나가는 선량한 규수를 붙잡아 마구잡이로 자행한 반인륜적 만행, 60대 노인과 40대 중년 부부에게까지 엄청난 폭력을 휘두르는 당시 '과잉진압' 현장을 목격하면서 이것은 상식적인 시위진압이나 과잉진압이 아님을 직감했기 때문이다. 이에 저자는 그동안 신군부가 정권찬탈을 목표로 사전에 '5·18'을 음모했을 가능성을 추적하는 데 온 힘을 쏟아왔다. 그리고 어느 정도 소기의 목적을 달성했다. 그러나 학문에 완벽이란 있을 수 없는 법, 아직도 아쉬움과 부족함을 절실하게 느낀다. 그러나 칠순을 훌쩍 넘긴 나이와 역량의 한계까지 겹쳐 30년 동안 몸부림친 결과물 발표를 이제는 더 이상 미룰 수 없다고 판단했다. 그렇게 해서 「5·18 광주민중항쟁 연구」라는 논문을 발표하고도 5년을 더 지낸 끝에 보완해 내놓은 것이 이 책이다.

저자로서는 정확하고 객관적으로 '5·18 광주의 살육과 항쟁-5·18 광주민중항쟁'의 역사를 쓰려고 무던히도 애를 썼다. 그렇지만 아직 미흡한 점이 많이 보이는 것 같아 마음이 무겁다. 이 때문에 동학이나 후진들의 솔직담백한 비정을 바라는 것은 그냥 인사치레로 하는 언사가 아니다. 앞으로 더 나올 자료와 당사자들의 진술한 증언을 통해 보다 정확하고 객관적으로 서술된 5·18 역사기록이 나타나기를 고대한다.

안타깝게도 조작과 왜곡투성이로 일관된 기록이 있다. 바로 군 당국의 공식기록물이다. 육군본부가 작성한 「소요진압과 그 교훈」이나 보안사가 작성한 『第5共和國 前史』를 보면 한결같이 자신들의 과오는 조금도 없다는 입장이다. 광주사태는 일부 불순분자들에 의한 난동행위를 계엄군에 전가시킨 것이고, 시위대에 섞여 있던 고정간첩들이 시민들을 자극하여 일으킨 용공불순세력들의 폭동이라고 몰아붙이고 있는 것이다. 그러면서 "불순한 정치세력이 배후에서 조종하고 날조된 악성 유언비어에 현혹된 다수 시민들의 가세로 소요가 확산되었다"는 것이다. 그리고 '북괴에 의한 소요'나 '순수한 시위진압에 항거하는 광주시민들의 공격으로 저질러진 소요'라고 주장하고 있다. 한심하고 어처구니가 없다. 이것도 역사기록이라는 의미의 『第5共和國 前史』인가? 그리고 무엇을 배우고자 하는 '그 교훈'인가?

신군부는 정권찬탈을 위해 자신들이 저지른 만행에 분노한 광주시민들이 오히려 적으로 간주되도록 안간힘을 쏟았다. 여기에 광주현장에 투입된 공수부대 지휘관이나 당사자들 역시 한결같이 거짓말을 늘어놓고 있다. 저자는 보다 진솔한 증언을 통해 정확한 역사현장의 실상이 드러나기 바라는 마음이 간절했지만 그 반대현상이 나타나 안타까움을 금할 수 없다. 1989년 1월 26일 국회의 5·18 광주민주화운동진상조사 특별위원회 청문회에서 증언을 마치고 나온 저자는 소감을 묻는 기자들에게 가해자들의 터무니없는 증언에 대해 "청문회는 10년 후쯤 그들의 마음이 돌아서기를 기다려 다시 열어야할 것 같다"고 피력하면서 반드시 그 기회가 오기를 바랐다. 그러나 그 두배인 20년이라는 세월이 흘렀지만 당시의 가해자들은 아직도 일말의 양심과 솔직함을 드러내지 않은 채 과장되고 왜곡된 거짓말을 하고 있다. 그들은 마피아적 하나회 정치군인이거나 아니면 그들과 밀착되어 있는 공수부대 지휘관이라는 틀과 한계에서 벗어나지 못하고 있다는 현실을 새삼스럽게 인식하면서 서글픔을 금할 수 없다. 그들이 자기행위에 대한 변호와 합리화를 꾀하려는 심리는 충분히 이해할 수 있다. 그렇지만 자신들의 군사작전으로 인해 죄 없는 국민들이 적지 않게 희생됐다는 엄연한 비극에 대해 일말의 양심의 가책도 느끼지 않고 있다는 현실은 너무나 슬픈 일이다. 물론 그들도 명령에 의한 불가피했던 상황의 피해자라는 사실도 어느 정도 인정한다. 그렇기에 진실을 털어놓으라는 것이다. 여기에 일부 언론 또는 논객들이 이들의 과장·왜곡·조작된 일방적 주장을 사실인 것처럼 절묘하게 호도해 5·18의 진실을 왜곡하고 폄훼하려 든다는 사실은 현장을 지켜보았던 저자를 더욱 슬프게 한다. 게다가 5·18 현장을 터무니없게 부정하고 역공하는 불순한 내용을 담은 저술들이 나돌고 있다. 공수부대는 전연 잘못이 없고 오직 광주시민들이 일으킨 '폭동'의 피해자일 뿐이라든지 5·18은 '북괴의 조종을 받은 폭동'이라고 단정적으로 몰아붙이는 경우가 그것이다.

물론 광주 측에도 사실의 과장과 왜곡이 전연 없는 것은 아니다. 21일 공수부대의 철수는 '시민군의 무장투쟁 승리의 소산'이라든지 '시민군과 공수부대 간에 시가전을 치열하게 벌였다'는 것은 터무니없는 것들이다. 5·18 직후 투쟁 사실을 한 단계 높여보려는 일부 항쟁 참여자들에 의한 것임을 이해못하는 것은 아니지만 이러한 것들이 오히려 역사의 진실을 왜곡하는 것, 스스로 '폭도'로 자임하는 것은 물론 5·18을 왜곡하거나 폄훼하려는 가해 범죄자들의 공격자료로 확대 재생산된다는 사실을 유념하지 못하는 것 같다. 심지어 일부 5·18 단체나 학계에서 '5·18은 제주 4·3 사건과 유사하다'는 황당무계한 논리를 내세우기도 하는데 이는 '5·18은 4·3 사건의 연장선 위에 있다'는, 마치 공산주의자들의 소행인 것처럼 몰아붙이는 얼토당토 않은 주장을 등장시키는 빌미를 제공하고 있다는 사실을 간과해서는 안 된다.

2009년 1월 23일 서울중앙지법은 공수부대의 천인공노할 만행에 대해 뜻 깊은 판결을 내렸다. 제3공수여단 소속 계엄군으로 5·18 당시 광주에 투입되었던 어느 사병은 '당시 무고한 시민을 마구 두들겨 패고 찌르고 총질했던 참혹한 경험'으로 인해 제대 후 정신분열증세를 일으켜 평생 병원신세를 져야 했고 가족도 뿔뿔이 흩어졌다. 그는 이러한 불행의 원인이 분명 '계엄군 때의 무리한 임무수행 때문에 발생했다'며 국가를 상대로 소송을 제기했다. 이에 법원은 '광주민주화운동 진압 계엄군 활동의 피해에 의한 국가유공자'로 인정했다. 최초로 밝혀진 사례지만 법원은 당시 광주에 투입됐던 계엄군 사병들이 살육적 '과잉진압' 명령을 받고 이를 수행하는 과정에서 체험한 정신적 압박과 스트레스가 빚어낸 비극적 정신질환이 분명하다는 취지로 판단한 것이다. 이 같은 사례가 어찌 이 사병 한 사람뿐이겠는가? 공수부대의 과오는 전연 없었다는 주장에 정면 배치되는 상황이 현장에 투입돼 살육적 만행을 자행하도록 강요당한 사병에 의해 사실로 입증된 것이다. 앞으로 이런 증언이나 자료들이 많이 나와서 좀 더 객관적이고 사실적으로 5·18을 평가할 수 있게 되기를 바란다.

이 책에는 학위논문에서 미처 다루지 못한 1979년과 1980년 2년간의 5·18 당시 한미외교문서 내용을 추가했다. 당시 주한미국대사관과 미국무부가 보고와 지령차원의 전문을 교환한 내용을 보면 5·18은 물론, 당시 한국정세를 어떻게 판단하고 대처했는가를 보여주는 단서들이 많다.

특정 국가에 파견되는 외교관들이 현지상황을 수시로 본국에 보고하고 대처하는 것은 중요하고도 당연한 임무이기 때문에 그 사실을 놓고 논란의 대상으로 삼을 수는 없다. 그러나 한국과 미국의 관계는 조금 다르다. 세계 최강국이며 일본식민통치하의 한반도를 해방시킨 당사국이자 3년간의 군정 후 대한민국 정부수립에 절대적인 영향력을 행사했으며, 민주공화국체제의 유지 및 정권의 향방과 경제운용에 끼치는 영향 또한 큰 나라이기 때문에 미국이 대한민국 정세를 어떻게 파악하고 대처했는가에 대한 한국 국민의 관심은 지대할 수밖에 없다. 따라서 1945년 8월 15일부터 60여 년이 흐른 지금까지 미국이 한국현대사에 미친 파급력이 엄청났음은 두 말 할 필요도 없다.

그러나 여기서 분명하게 밝혀야 할 것은 지난 60년 동안 미국은 자국의 국익을 위해 한국의 민주주의나 인권보다는 대소봉쇄 또는 동북아안보정책을 위해 '강한 정권'의 필요성에 역점을 둔 나머지 이승만 정권 이래 군사쿠데타를 부추기고 힘센 독재정권을 선호하는 정책을 일관되게 펼쳐온 사실이 비밀해제된 미국무부 외교문서에 모두 드러나 있다는 점이다. 지난 60여 년 동안 전개된 한국현대사에서 가장 대표적인 반민주적 인권유린 시기는 5·16 쿠데타정권과 유신독재체제, 10·26에서 시작된 '서울의 봄'을 거쳐 5·18 광주의 살육과 항쟁에 이르는 시기, 그리고 5공의 폭력정권 통치기간이었다. 그러나 미국은 5·16 쿠데타를 일으키고 들어선 박정희 군사정권과 1인 종신독재를 획책한 유신체제 이후 줄기차게 민주주의를 염원해왔던 한국 국민들의 바람과는 정반대로 군사독재를 옹호했다는 사실이 문서상으로 확인되었다. 이 때문에 공산주의와 대결해야 하는 대한민국으로서는 '한미동맹'이라는 현실 앞에 독립국가로서의 취약점을 드러낼 수밖에 없는 안타까운 모순을 지니고 있기도

했다. 특히 동북아안보정책의 기조에서 대한국(對韓國)정책을 펼치고 있는 미국이 배려하지 않는 한, 우리의 민주주의와 인권은 당당하게 일궈낼 수 없다는 사실을 한국 국민들이 뒤늦게나마 깨닫게 되었다는 것은 뜻깊은 일이다.

이 저서의 원본인 학위논문을 작성하는 데 많은 분들의 도움을 받았다. 우선 지금은 와병 중이신 조동걸 선생님께서는 저자가 기자 신분으로 30년 동안 일하면서 굳어진 기사작성 스타일인 결론부터 도출하는 것에 익숙해진 졸문을 학술적 문장으로 바꿔주시느라 무척 애를 많이 쓰셨다. 요즘은 많이 좋아 지셨지만 벌써 7년째 병마와 싸우고 계시는 조 선생님께서 하루 속히 완쾌하시기를 거듭 기원한다. 아울러 장석흥 교수님께서는 조 선생님의 뒤를 이어 저자의 학위논문 검토와 오류 및 작성요령들을 열심히 지도해주셨다. 중견 학자로서 전공인 독립운동사를 열심히 연구하시면서도 틈틈이 지도해주신 데 대해 넓고 깊은 감사의 마음을 다시 한번 전하고 싶다. 아울러 학위논문으로 제출되었을 때 심사하면서 객관적 입장에서 일일이 지적하고 바로 잡아주신 서중석·정해구 두 교수님께도 감사드린다. 저자가 서중석 교수를 외부 심사위원으로 모신 것은 한때 함께 일한 인연 때문만은 아니다. 서중석 교수는 자타가 공인하는 한국현대사 최고권위자다. 저자는 그분의 학문적 자세를 통해 기탄없는 질책과 비정을 받고 싶어서 모셨다. 역시 서중석 교수는 예상했던 대로 저자가 간파하지 못한 대목을 예리하게 하나하나 지적해주셨다. 정해구 교수님을 모신 것은 한국현대사에 조예 깊은 정치학자로서 5·18에 대해 어느 누구보다도 많은 연구를 하셨기 때문이다. 역사학계에서 돌아보지 않던 1980년대부터 광주를 열심히 오르내리며 5·18에 관해 많은 연구논문과 글을 쓰셨다. 그 분을 모신 것은 바로 이 같은 참신하고 지혜로운 이론을 섭취하기 위해서였다. 그리고 그 기대가 적중했음은 두말할 필요도 없다. 지금도 두 분을 심사위원으로 모신데 대해 큰 기쁨이자 영광으로 여기는 것은 물론이다. 아울러 이 책에는 두 분의 학문적 지혜가 많이 배어 있다는 점을 밝혀둔다. 또한 교내 심사위원으로 김두진 교수님을 모신 것은 전통적인 이론가로서 그분의 기탄없는 지적과 논리전개가 필요해서였다. 예상했던 대로 김 교수님의 논리나 세밀한 지적은 저자로 하여금 한없는 자책과 깨달음을 갖게 해주셨다. 또한 서양사를 전공하신 조용욱 교수님을 모신 것은 그 분의 전공인 서양의 진보적 노동운동이론이 저자의 논문과 어느 정도 맥락을 같이한다고 판단했기 때문이며 '조 교수님 전공이 서양의 노동운동이기 때문에 5·18을 보는 조 교수님의 시각이 큰 보탬이 될 것'이라는 장석흥 교수님의 조언 덕분이었다. 장 교수님의 판단은 그대로 적중했고 논문을 가다듬는데도 많은 시사점을 제시해 주셨다. 그것은 저자에게는 크나큰 보람이자 기쁨이었다. 다시 한번 김두진·조용욱 교수님께 감사드린다.

밤중은 물론 새벽녘에도 간식거리와 함께 커피 한 잔, 물 한 모금 건네주던 아내 최숙자를 비롯한 가족들의 헌신적인 뒷바라지는 큰 힘이 되었다. 특히 큰딸 현경은 저자의 짧은 영어실력을 보완해 미국 외교문서 해독과 〈뉴욕 타임즈〉 등 외국 신문기사를 수집하는 데 많은 노력과 시간, 비용을 보탰다. 그리고 캐나다에 살고 있는 딸 인옥이와 사위 나건일 내외는 국제전화를 자주 걸어 격려와 위로를 전하면서 몸에 좋은 약 등을 보내주는 성의를 아끼지 않았다. 또한 아들 동현은 고장이 잦은 PC와 프린터를 손질하고 교정하느라 시간과 경비를 아끼지 않았다. 거기에 늦장가를 가자마자 손녀 아인(娥仁)이를 낳아 며느리 이명선과 함께 귀염둥이로 키워 내게 큰 기쁨을 선사했다. 이 글을 정리하면서도 아인이의 함박웃음과 재롱은 이 책이 20년 후 5·18 50주년이 되었을 때 또래의 신세대들에게 어떻게 비춰질까하는 생각에 더욱 올바르게 서술해야겠다는 사명감으로 다가오기도 했다.

그러나 가장 잊을 수 없는 것은 대학원 수업과 학위논문을 작성하는 과정에서 터득한 방법과 요령에 많은 분들의 도움까지 보태어져 100년 전 할아버지(金秉圭)의 을사늑약 항거 의병활동 업적자료를 추적하고 수집하는 데 결정적 기회와 단서로 제공되어 3년 만인 2003년 8월 15일 대한민국 정부로부터 '건국포장'이 추서되는 기쁨을 맞을 수 있었던 점이다. 이에 따라 2005년 12월 10일 고향마을 옛 집터에 장석흥 교수께서 지으신 비문과 김병채 족친께서 쓰신 '진사 김병규 항일의병 행적비'를 건립할 수 있었던 것은 저자로서 가장 행복하고 보람있는 노년공부 덕분이었다. 이 늦공부가 아니었다면 할아버지의 건국포장은 영원히 햇빛을 보지 못한 채 '비단조상에 걸레자손'을 면하지 못하는 어리석음이 오늘도 계속되고 있었을 터이다. 지금도 국가보훈처로부터 건국포장 의결통보를 받던 그 순간, 평생 동안 가장 반가운 소식이라며 아내를 부둥켜안고 기쁨의 눈물을 펑펑 쏟아냈던 그때를 잊을 수가 없다. 그만큼 나의 늦공부는 내게 박사학위 이상의 기쁨과 의미가 부여되어 있다.

끝으로 이 책 발간을 흔쾌히 받아주신 역사공간 주혜숙 사장님과 이 글을 잘 다듬고 보태어 준 노민정 씨 등 편집진 여러분에게 깊은 감사를 드린다.

2010년 4월

김 영 택

일러두기

1. 이 책에서는 학위논문에서 인용한 자세한 각주를 가능하면 생략하고 중요한 것만 살려두었다. 지나친 중복을 피하기 위해서다. 혹시 표절 및 저작권 침해의 오해를 받을 수도 있으나 추호도 고의가 아님을 밝혀둔다. 관련 있는 분들의 양해를 구한다.

2. 모든 인물의 경칭은 생략했다. 역사적 사건 기록에 등장하는 인물의 경칭은 오히려 군더더기가 될 우려가 있다는 뜻에서 생략한 것이다. 해당되는 분들의 양해를 구한다.

3. 이 책에 나오는 직위와 연령은 1980년 당시의 것이다.

4. 종전에 간행된 저자의 저서들에 실렸던 사진 중 이미지 사진 이외 다른 사진은 게재하지 않기로 했다. 그 사진들은 참고문헌에서 소개한대로 여러 권의 사진집으로 발간되었기 때문이다.

5. 『실록 5·18 광주민중항쟁』 제3부에 실었던 5·18 관련 자료들은 싣지 않기로 했다. 당시는 자료를 구하기가 어려워 독자들의 편의를 돕기 위해 부록으로 실었던 것인데, 지금은 광주광역시 5·18 사료편찬위원회가 편찬하여 전45권으로 발간한 『5·18 광주민주화운동자료총서』에 수록됨에 따라 그 필요성이 절감했기 때문이다.

4장 '5·18'의 진상규명과 민주화운동

5월 18일, 광주

서론

1980년 5월 18일 오후 4시 정각, 광주시 북동 180번지와 누문동 62번지 앞 금남로 길 횡단보도에 도열해 있던 공수부대원들에게 "거리에 나와 있는 사람 전원 체포하라"는 명령이 떨어졌다. 이후 '광주살육'으로 확대 재생산된 이 명령은 '5·18 광주살육'의 신호탄이자 전두환 폭력정권의 창출을 예고하는 폭탄선언이었다. 명령이 떨어지자 공수부대원들은 기다렸다는 듯이 진압봉과 착검한 소총을 겨누어 잡고 뛰어가 무차별 '체포작전'에 나섰다(사진). 그들은 시위하는 학생들만 체포하는 것이 아니라 눈에 보이는 사람들은 가리지 않고 무차별적으로 폭력을 가해 시민들은 피투성이가 된 채로 끌려갔다. "나는 시위 안 했어라우", "시위학생 아니랑께요"라는 비명소리가 여기저기서 쏟아져 나왔다. 혼비백산한 채로 인근 점포와 사무실, 가까운 골목집을 향해 달아나는 시민들의 몰골은 말이 아니었다. 바로 그때 11대의 군용차량이 잇달아 정차하며 수많은 공수부대원들을 쏟아냈다. 이들 역시 달아나는 시민들의 뒤통수에 진압봉이나 대검을 휘둘러댔다. "저놈 잡아라", "저기 간다"는 고함소리와 함께 "아이쿠", "억" 소리가 이곳저곳에서 터져 나왔다. 이것은 단순한 '시위진압'이나 시위대를 '해산'시키려는 것이 아니었다. 광주시민들로 하여금 '소요'를 일으키도록 유도해 '북괴에 의한 폭동'으로 몰아 '국가안보상의 변란'을 진압했다며 혁명위원회(국보위)를 발족시키려는 의도로 저지른 신군부 정치군인들의 정권찬탈과정이었다.

※출처: 『광주는 말한다』, 신복진 사진집, 눈빛출판사, 2006, 36쪽.

5 · 18 광주의 살육과 항쟁[1] − 5 · 18 광주민중항쟁은 1980년 5월 18일 특전사(일명 공수부대) 소속 장병들이 계엄군이라는 이름 아래 광주에 투입돼, 민주화를 요구하며 평화적으로 시위를 벌이던 학생뿐만 아니라 시위와는 아무런 관련이 없는 무고한 시민들에게까지 자행한 무차별 살육행위, 이른바 '과잉진압'을 펼쳐 빚어진 살육에 격분한 광주시민이 '성난 민중'으로 돌변해 10일 동안 맞서 벌인 총체적 저항운동을 말한다. 이 항쟁은 무려 311명의[2] 희생자와 3,046명의 부상자, 439명의 구속자를 낸 참사로 10일 만에 막을 내렸다.[3]

그러나 이 저항은 단순하게 10일 간의 상황만으로 한정될 수 없는 역사적 사건이었다. 그것은 막강한 국가의 폭력화된 공권력이 마구잡이로 행사되고 무차별 살육을 감행한데서 비롯되었기 때문이다. 대한민국에서 보편화된 국가공권력의 폭력성이 극성을 부리며 현대적 형태로 전이되는 기점은 1945년 8월 해방공간까지 거슬러 올라간다.[4] 공산주의 척결이라는 냉전논리에서 발

---

1 '5 · 18'의 공식개념은 '5 · 18 광주민주화운동'이다. 이것은 1988년 7월 국회에서 5 · 18에 관한 공식명칭을 정할 때 여야가 합의하여 정한 것이다. 그러나 필자는 이에 동의하지 않고 '민중항쟁'이어야 한다고 주장해왔다. 그것은 5 · 18 당시의 현장상황이 느슨한 '민주화운동'이 아니라 격동적으로 전개된 '민중항쟁'이었기 때문이다(자세한 것은 이 책 결론부분 참조). 그렇지만 이 책에서는 '민중항쟁' 대신 '살육과 항쟁'이라는 표현도 쓰기로 했다. 그 이유는 전반기에 벌어진 공수부대의 '살육작전'에 따른 시민들의 '희생'에 대한 표현으로는 '민중항쟁'이 너무 안이하다고 판단한 나머지 전반기의 '살육', 후반기의 '항쟁'을 동시에 부각시키기 위한 것이다.

2 2005년 5월 13일, 5 · 18 유관단체들은 1980년 5 · 18 당시 사망자는 165명, 상이 후 사망자 376명, 행방불명자 65명 등 606명, 군인 23명, 경찰 4명 등 총 633명으로 집계됐다고 발표했다(〈광주일보〉, 2005년 9월 14일자).

3 유광종, 「5 · 18 광주민주화운동 피해보상에 관한 연구」, 전남대학교 행정대학원 석사학위논문, 1999.

4 현대적 의미의 국가폭력의 기원에 대해 조현연은 일제시기 조선총독부에 두고 있다(조현연, 『한국 현대정치의 악몽−국가폭력』, 책세상, 2000, 19쪽). 그러나 조선총독부의 폭력은 국가폭력이라기보다는 이민족을 통치하는 탄압과 억압수단으로 보기 때문에 국가폭력이 아닌 식민지 통치폭력으로 이해해야 한다. 국가폭력이란 자국민이 선택한 통

아된 국가폭력의 씨앗은 그 후 계속 몸통을 불리면서 20세기 대한민국 국가폭력의 원조로 자리매김되어 상습적·보편적 정치폭력의 거대한 몸체로 형성되었다가 '5·18'에서 절정을 이루었다.[5] 뿐만 아니라 이 같은 국가폭력에 의해

치권자나 불법적으로 장악한 집권자가 국가 공권력을 동원해 행사하는 폭력을 의미한다. 이에 따라 저자는 1945년 8월 15일 광복 후 공산주의 척결이라는 명분 아래 미군정이 친일부역자를 공산주의 척결대열(경찰과 군)에 동원하여 국가공권력을 부당하게 행사한 전례를 대한민국 이승만 정부가 답습하여 1949년 6월 6일 반민특위 파괴에 행사한 경우를 대한민국 국가폭력의 기점으로 보고 있다.

[5] '국가폭력'의 개념은 다음 세 가지로 규정할 수 있다. ① 국가공권력이 불법적으로 사용되는 경우다. 1949년 6월 6일 불법적으로 동원한 경찰이 반민특위를 습격한 사건으로, 대한민국 국가폭력의 효시이다. 또한 한국전쟁을 전후한 시기에 단순하게 '빨갱이'로 의심된다는 일방적인 판단에 따라 아무런 법적절차도 없이 무고한 양민들을 학살한 경우도 이에 해당된다. 1948년 4월 3일 발생한 4·3 사건 후 '무장공비'를 소탕한다는 미명 아래 한라산 주변을 비롯한 곳곳에서 빚어진 제주도민 학살, 역시 '무장공비' 소탕을 이유로 저질러진 함평·거창·순창 등 전국 각지에서 발생한 양민학살, 보도연맹원 집단학살 등 수많은 민간인 학살은 물론 부역자들에 대한 응징도 이에 해당된다. 또한 부당하게 학살된 피해자들의 가족들을 연좌시켜 '좌익' '빨갱이' '불온사상 보유자'로 분류해 부당하게 불이익을 준 것도 국가공권력의 불법적 행사로 규정할 수 있다. 그리고 5·18 당시 거리에서 시민들을 마구잡이로 구타하고 연행하거나 사살한 것도 국가공권력을 폭력화시켜 불법적으로 행사한 사례에 해당된다. ② 국가공권력이 합법을 가장하여 온당치 않게 행사되는 경우다. 예를 들면 계엄령하에서 현역군인들에게 헌법상 명시된 3심제 기회를 주지 않고 1심 재판을 최종심으로 삼아 처형 또는 처벌한 것을 들 수 있다. 10·26 사건 재판 당시 주모자 김재규의 하수인이었던 박흥주 등에게 현역군인 신분이라는 이유로 1심 판결로 종결한 것이 대표적 사례다. 또한 1952년 5월 26일, 헌병들이 계엄령을 핑계로 야당 국회의원 48명을 태운 버스를 연행한 부산정치파동을 들 수 있다. 이밖에도 혐의를 조작하여 실형을 선고한 김대중 내란음모사건·이수근 간첩조작사건·태영호 납북사건(진실화해를 위한 과거사정리위원회,『2006년 하반기 조사보고서』, 111~183쪽)이나 조봉암과 조용수에게 부당한 공소를 통해 법원으로 하여금 사형을 선고케 하고 처형한 사례(진실화해위원회, 앞의 보고서, 21~68쪽)도 합법을 가장한 국가폭력 유형에 속한다. ③ 국가공권력이 초법적으로 행사되는 경우를 말한다. 1975년 4월 9일 새벽, 인혁당 사건 관련자 8명을 처형한 것을 들 수 있다. 비록 대법원에서 사형이 확정됐다 하더라도 피고인들로 하여금 재심청구 등 법률적 구제절차를 밟을 수 있는 기회를 주도록 법률은 정하고 있다. 따라서 이러한 법절차를 무시한 사형집행은 초법적 국가폭

극렬하게 전개된 5·18의 파장은 세기를 뛰어넘어 21세기까지 이어졌다. 한 세기에 걸친 한국현대사의 한복판에 자리 잡게 된 것이다.[6] 다시 말하면 한국 현대사는 이승만 정권에 의해 비롯된 국가폭력의 생성과 정착기, 박정희 정권에 의해 저질러진 국가폭력의 극성기, 하나회 정치군인들이 세운 전두환 폭력 정권에 의해 자행된 국가폭력의 절정기를 이루며 횡행해 왔다.

한국전쟁 이후 현대사에서 가장 격동적 사건으로 기록되는 5·18 광주의 살육과 항쟁 – 광주민중항쟁[7]은 그동안 많은 변화를 불러왔다. 폭력적 군사독

력행위라 할 수 있다. 또한 인혁당 사건자체는 최근 조작된 것으로 판명돼 재심에서 무죄가 선고되어 '합법을 가장한 불법적 국가폭력'의 범주에도 속한다(〈동아일보〉, 2007년 1월 24일자). 1980년 5월 20일 계엄령 하라는 이유로 국회에 등원하는 국회의원을 저지하거나 연행한 것도 초법적 국가폭력 행사에 해당된다.

6 한국현대사가 시작되는 시기를 언제부터로 보느냐의 견해는 두 가지로 나뉘어 있다. 일제강점기가 시작되는 1910년부터로 보는 경우와 제2차대전의 종식과 함께 일제강점기에서 해방된 1945년 8월 15일부터로 보는 경우다. 저자는 후자를 택하고 있다.

7 국어사전에서는 '민중'의 개념을 '피지배계급으로서 일반대중을 가르킴' '국가나 사회를 구성하고 있는 많은 사람들'이라고 정의하고 있다(이희승 감수, 『엣센스 민중 국어사전』, 민중서림, 1996, 999쪽). 그러나 '백성 民'자와 '무리 衆'자로 구성되어 있는 이 용어의 漢字語를 풀어보면 '백성의 무리'라는 뜻이다. 이는 '수많은 백성' 또는 '수많은 보통 사람들'을 나타내는 집합적 개념이라 할 수 있다. 여기서 말하는 '보통 사람들'이란 억압받고 빼앗기고 소외당하는 사람들, 다시 말하면 핍박받고 가난하고 불쌍한 사람들을 말한다. 역사적으로 보면 '백성' '망국민' '서민'으로 호칭되는 피지배계층을 의미한다. 그러나 엄격하게 말하면 '민중'의 뜻이 '백성' '망국민' '서민'과 같은 것은 아니다. 또 이와 유사한 '국민' '인민' '민족' '대중'의 뜻과도 다르다. '민중'은 이들 용어의 상위 또는 포괄적 개념으로 外延·內包관계의 유사성은 있지만 同意의 개념은 아니다. '민중'이라는 용어를 처음 쓴 사람은 동학농민항쟁의 선봉장인 전봉준이 각처에 보낸 통문에서 '양반토호 밑에서 고통받는 민중'이라고 표현한 것이 효시였다(韓㳓劤, 『全訂版 東學과 農民蜂起』, 一潮閣, 1989, 103쪽). 그 후 서재필이 〈독립신문〉 창간호에서 사용한 후 '백성'이나 '국민'의 용어마저 사용할 수 없게 된 일제강점기 '국민'의 代用개념으로 사용되었다. 그 후에는 1960년대와 1970년대 독재정권 타도운동을 벌이던 주체들이 '민중'을 역사의 주체이자 나라의 주인이라는 인식을 가지면서 본격적으로 사용하였다. 특히 1980년 5월 광주항쟁에서 '민중'이 주도적 역할을 함으로써 역사의 주체요 나

재의 악몽에서 벗어날 수 있었던 점과 진정한 민의의 정권을 탄생시킬 수 있었다는 점이 가장 큰 변화라 할 수 있다. 그리고 5·18은 '민주주의는 피를 먹고 자란다'는 영국 격언이 대한민국에서도 그대로 적용돼 열매 맺게 했다는 역사적 교훈을 되새겨주었다. 또한 4·19 및 6월 항쟁과 더불어 1948년부터 1997년까지 50년 동안 부단하게 진행된 한국의 민주화운동과정에서 가장 큰 이정표로 자리매김 되어 있음은 분명하다. 그러나 반민주적 독재정권에 능동적으로 도전해 승리한 4·19 및 6월 항쟁과는 달리 5·18은 국가공권력의 폭력적 도발에 생존권 보전차원에서 대응한 저항에서 출발해 민주주의 회복을 위한 항쟁으로 승화시키는 데까지는 성공했으나, 신군부의 단말마적인 정권 찬탈계략에 밀려 일단 패배했다는 또 다른 의미를 지니고 있다. 그러나 5·18의 패배와 좌절은 결코 그대로 끝나지 않았다. 7년의 잉태기간을 거쳐 유신정권 이후 15년 간 지속된 암담한 폭력정권체제의 종식을 가져온 6월 항쟁의 승리를 이끌어 내는 원동력으로 작용했다는 점에서 또 다른 현대사적 의미를 지

라의 주인이라는 '민중'의 개념이 뿌리내리게 된다. 저자는 민중의 개념을 소극적 민중과 적극적 민중, 고전적 민중과 현대적 민중, 광의의 민중(또는 보편적 민중)과 협의의 민중(또는 순수한 민중) 등 여섯 가지로 분류하고 광의의 민중에는 다시 정치적 민중, 경제적 민중, 사회적 민중, 외세적 민중으로 분류하면서 5·18에 등장하는 광주시민의 '민중'은 현대적 개념의 민중임과 동시에 순수한 민중으로 정의했다(김영택, 「민중의 개념」, 미발표). 1989년 11월 미국 인디아나 주립대학교에서 동·서방학자 30여 명이 만나 '현대 남한의 민중운동에 대한 국제학술회의'를 갖고 '민중'의 성격과 용어에 대한 토론을 벌인 끝에 순수한 한국적 용어인 '민중'을 영어 등 서구어로 표현할 수 있는 마땅한 단어가 없다는 결론을 내리고 한국어 발음 그대로인 '민중-民衆-Minjung'으로 표기하는 것이 타당하다는 의견을 모은 바 있다. 특히 국내외에서 '민중론'에 대해 지대한 관심을 갖도록 한 계기는 '5·18 광주의 살육과 항쟁'이었다는 사실에 유의해야 할 것이다(「Introduction」, Kenneth M. Wells, ed. 『South Korea's Minjung Movement The Culture and Politics of Dissidence』, University of Hawaii Press, 1995 ; 眞鍋祐子, 『光州事件で讀む現代韓國』, 平凡社, 2000, 93頁 ; 眞鍋祐子 저·金泳燁 역, 『光州抗爭으로 읽는 現代韓國』, 사회문화원, 2001, 101쪽).

니고 있는 것이다.

우리 역사는 오랫동안 지배층의 폭력적 억압과 피지배층의 억울한 한(恨)의 갈등이 수없이 되풀이되면서 충돌해 왔다. 5·18 광주의 살육과 항쟁-5·18 광주민중항쟁 역시 그 한 단면으로 노정된 것이다. 그렇기 때문에 계엄군으로 파견된 공수부대와 광주시민-민중의 충돌로만 보는 것은 단순논리일 뿐이다. 이 책은 이 같은 역사적 전제를 바닥에 깔고 '5·18 광주의 살육과 항쟁'의 원인과 전개과정, 그리고 역사적 성격을 구명하기 위해 10일 동안 벌어진 '살육'과, 광주시민들이 리더는 물론 배후조직조차 없는 상황에서 왜 성난 민중으로 돌변해 '항쟁'하게 되고 어떻게 격렬한 시위의 현장에 서게 되었는가를 구체적으로 다루고자 하는데 목적을 두고 있다.

역사상 등장하는 수많은 봉기나 항쟁에서 어떤 조직의 힘은 물론 지도자조차 없이 진행된 경우는 세계 어느 곳, 어느 시기에서도 찾아볼 수 없다. 그 유일한 사례가 5·18 때 나타난 것이다. 그러면 왜 5·18 항쟁은 배후조직도 리더도 없이 진행되었는가하는 의문을 푸는 과제가 이 책에 부여돼 있다. 다시 말하면 배후조직도 지도자도 없는 유일한 항쟁-5·18의 본질과 성격이 어디에 있는가, 또 어떻게 전개되었는가를 구명하고자 하는 것이 이 책의 목적이자 가장 핵심적 요체라 할 수 있다.

1948년 8월 15일 출범한 대한민국 정부는 자유민주주의 체제라는 출범 당시의 순수한 이상을 벗어나 1인의 정권욕을 충족시키기 위한 독재정권의 생성과 존속을 향해 치달았다. 여기에는 반공이라는 매카시즘 논리를 앞세워 폭력화시킨 국가 공권력을 통해 국체의 기본이념인 자유민주주의 체제를 유린하는 역사를 40년 동안 거듭해 왔음은 주지의 사실이다. 이 때문에 요원하게만 여겨졌던 대한민국의 민주화가 5·18에서 비롯된 6월 항쟁을 고비로 성취되는 쾌거가 이루어졌다는 점에서 그 의미는 크다.

독재와 정치파동, 그리고 유신체제와 다단계 쿠데타 등 온갖 굴절과 오욕의 역사 진행과정에서도 '4·19', '5·18', '6월 항쟁'을 거치며 제고된 국민들의 투철한 민주의식을 통해 1997년 12월 17일, 대한민국은 처음으로 순수한 민의에 의해 정권교체를 이룩할 수 있었다. 따라서 한국현대사 발전의 커다란 축이 '5·18 광주의 살육과 항쟁'에 있음은 두말할 필요도 없다. '5·18 항쟁'에 대한 학문적 접근의 필요성이 여기에 있는 것이다. 특히 '5·18'의 역사현장을 직접 체험했을 뿐만 아니라 그 의의에 대한 감도(感度) 또한 높이 인식하고 있는 저자로서는, 이를 학문적으로 접근하고 체계적으로 정리해야 한다는 사명감을 저버릴 수 없었다.

이 때문에 이 책은 5·18 현장에서 체험한 역사적 사실을 객관적이고도 정확하게 서술하여 그 실상을 올바르게 구현해야 한다는 점, 그리고 역사적 근원 및 결과에 대한 분석을 통하여 5·18의 역사상을 객관적으로 정립해야 한다는 사명과 목표를 지니고 있다. 이 연구는 당초부터 '광주의 살육과 항쟁'의 현장에 직접 뛰어들어 목격하고 듣고 느꼈던 것을 기록한 저널리스트(journalist)로서의 입장, 과거를 현재에 접목시켜야 한다는 역사학 탐구자(student)로서의 입장에서 현장의 상황과 그 뉘앙스를 정확하게 표현하고 서술해야 함은 물론 그 의미를 객관적으로 판단해야 할 사명이 있음을 절감한데서 비롯되었다.

5·18 광주의 살육과 항쟁─광주민중항쟁은 그것이 갖는 성격상 역사적 과제이기에 앞서 정치적·사회적 과제로 먼저 부각되었다. 이 과정에서 연구차원 이전에 역사적 진실을 남기거나 밝히려는 노력이 다양하게 추구되면서, 증언록·보고서·다큐멘터리 기록물·소설류 등이 적지 않게 발표되었다. 시기적으로 볼 때 광주의 살육과 항쟁은 지금도 자료 발굴과 수집·정리가 진행되고 있는 중이며, 역사 연구의 대상으로 아직은 초기 단계를 벗어나지 못하고

있다. 때문에 이들 기록물들은 '5·18 광주의 살육과 항쟁' 연구에 귀중한 자료로서의 가치를 지니고 있다. 그런 점에 주목하면서, 이 글에서는 이들 역사적 기록물까지 포괄한 연구사 정리를 통하여 서술의 방향을 모색하고자 한다.

5·18에 대한 최초의 보고서는 1980년 5월 31일 계엄사령부가 발표한 「광주사태의 전모」다. 이는 국가폭력을 자행한 신군부의 일방적 주장만이 담겨져 있지만, '국가'기관의 공식문건으로 발표되었다는 점에서 기록성·자료성의 의미를 지니고 있다. 이어 신군부는 1985년 국방부 이름으로 「광주사태의 실상」을 발표했다. 이렇듯 5·18 직후 신군부가 장악하고 있는 정권의 기록물들이 주류를 이루는 가운데 1985년에는 전남사회운동협의회가 엮고 황석영이 서술한 『죽음을 넘어 시대의 어둠을 넘어』(1985)가 발표되면서 5·18의 이해와 연구에 획기적 전환을 이루었다.[8] 가해자가 아닌 피해자 중심으로 서술된 이 책은 사실적 측면에서 오류가 없지 않지만, 5공의 폭력정권 치하에서 '광주' 이야기만 나와도 연행되고 억압받던 시절에 그 억압을 감수하면서 발행되었다는 점에서 각별한 의미를 지니고 있다.

이후 『5·18 광주민중항쟁 증언록 1』(1987), 『10일간의 취재수첩』(1988), 『충정작전과 광주항쟁』 상·하권(1989), 『부마에서 광주까지』(1990) 등 각종 기록물이 쏟아져 나오면서, 이 방면 연구를 촉진하는 기반을 이루었다.

1990년부터는 『광주민중항쟁』(1990), 『5·18 광주민중항쟁』(1990 ; 同 修訂再版, 『실록 5·18 광주민중항쟁』, 1996) 등 개설서가 발표되기에 이르렀다. 전자의 경우 비교적 공정하고 객관적으로 깊이 있게 서술했을 뿐만 아니라 다방면으로 추적한 흔적이 역력한 노작이다. 다만 서술 표현상 정치적 감정이 곳곳

---

8 이 책의 실제 저자는 전남사회운동협의회나 황석영이 아니라 실존하는 '이재의'라는 사실이 밝혀졌다(광주광역시 5·18 사료편찬위원회, 『5·18 광주민주화운동 자료총서』, 제17권, 1999, 269쪽).

에 배어있다는 점이 옥의 티라 할 수 있다. 후자는 『10일간의 취재수첩』 내용에 '5·18 광주민주화운동 진상조사 특별위원회 청문회'와 여타 자료에서 밝혀낸 사실을 보완·가필한 것으로 현장상황 즉 발발원인과 전개과정을 비교적 객관적으로 구명하고자 노력했지만 학문적 차원에서 접근한 것은 아니다.

5·18 관련 학술연구는 5공의 암흑기를 지나 민주화의 서광이 실체적으로 가시화된 1990년대 초반부터 언론계·정치학계·사회학계를 중심으로 시작되었다. 그리고 12편의 석·박사학위논문이 발표되었다. 이 가운데 나경택의 「5·18 광주민중항쟁과 보도사진의 역할에 관한 연구」는 5·18 당시 현장을 취재하는 과정에서 용기 하나만을 가지고 무섭게 접근했던 현장 사진기자의 논문이라는 점에서 주목받는 글이다. 나경택은 당시 최악의 상황에서 공수부대원들의 살육장면 현장을 카메라에 담기 위해 온갖 제약과 충돌하면서 피와 땀을 흘린 대표적 사진기자였다. 그는 이러한 상황을 학술적 논문으로 발표하게 된 것이다. 이와 병행해서 가장 주목해야할 것은 5·18 당시 현장을 찍은 사진집 3권이 발간되었다는 점이다. 『광주, 그날』(1994), 『5월, 우리는 보았다』(2004), 『광주는 말한다』(2006) 등이 그것이다. 이 사진집은 5·18 당시 현장을 누비며 취재한 사진기자들이 촬영한 사진을 모아 펴낸 것이다. 당시 공수부대원들은 기자들의 취재까지 방해하며 폭력을 마구잡이로 퍼부었다. 일반 취재기자들과는 달리 카메라를 들이대며 현장에 접근해야 하는 사진기자들은 공수부대원들에게 수시로 노출돼 장비를 빼앗기거나 부서지는 것은 물론, 구타당하는 온갖 어려움을 겪는 과정에서 부상자까지 속출했었다. 이 때문에 총이나 대검으로 마구 찔러대는 광경을 비롯한 생생한 5·18 현장사진들은 대부분 옥상에서 찍거나 숨어서 몰래 찍은 것으로, 피와 땀이 흠뻑 밴 것임을 우리 모두 인식해야 한다. 이 같은 현장사진들은 당시 계엄사의 검열과정에서 통과되지 않아 보도될 수 없었고, 이에 사진기자들은 알게 모르게 외부

에 유출시켜 국민과 세계인들에게 5·18을 생생하게 알리려는 노력을 게을리 하지 않았다. 이 바람에 5·18 관련서적을 발간하는 저자나 출판사들은 아무렇게 나도는 사진들을 촬영자나 출처를 밝히지 않고 사용할 수 있었다. 이러한 사진들의 촬영자가 누구인지 밝히는 사진집이 뒤늦게나마 발간된 것은 참으로 다행한 일이다. 물론 이밖에도 각 언론사의 사진기자들이 찍은 사진들이 많이 있을 것으로 추정된다. 어찌됐건 당시 사진기자들의 피와 땀의 노고에 대해 이 자리를 빌려 위로와 고마움을 다시 한번 표한다.

5·18 광주의 살육과 항쟁-광주민중항쟁이 학술적 영역에서 처음으로 시도된 것은 1989년 4월 28일 전남대학교에서 열린 '5·18 민중항쟁 제9주년 기념 학술토론회'였다.[9] 이 학술발표회는 5·18에 대한 최초의 학술적 접근이라는 점에서 의미가 깊다.

제2차 학술발표회는 5·18 제10주년을 맞아 역시 한국현대사사료연구소 주최로 1990년 5월 30일 전남대학교에서 열렸다. 다음에는 한국정치학회가 주최한 '5·18 국제학술심포지움'이 열려 8편의 학술논문이 발표되었다. 또한 1998년 5월 18일 한국사회학회 주최로 '세계화시대의 인권과 사회운동 ; 광주민주화운동의 재조명'이라는 주제의 '5·18 국제학술심포지움'이 한국프레스센터에서 열렸다. 1999년 5월 15일에는 학술단체협의회 주최로 '5·18 민중항쟁과 한국사회의 진로'를 모색하기 위한 '5·18은 끝났는가?'라는 주제의 '5·18 국제학술'이 서강대학교에서 열렸다. 이밖에도 1995년의 광주사회조

---

9 한국현대사사료연구소(소장·송기숙), 4월혁명연구소(소장·김진규), 전남사회문제연구소 (소장 박석률)가 공동주최, 주관한 이 토론회에서는 '5·18 민중항쟁과 한국민족민주운동'이 라는 주제를 놓고 제1부에서 3편의 주제논문 발표와 1편의 슬라이드를 통한 전개과정의 영 상발표가 있었고, 제2부에서는 8명의 학자 및 관련자들이 토론을 벌이는 형식으로 진행되 었다.

사연구소 학술회의 등 크고 작은 심포지움과 학술회의가 있었다.

이상과 같이 다양한 연구성과가 나온 것은 다행한 일이다. 그러나 학위논문을 비롯한 대부분의 연구성과는 사회학·정치학·언론학 분야에서 나온 것이고 역사학계에서 나온 것은 3, 4편에 불과하다는 아쉬움이 없지 않다. 역사학계의 부진은 연구를 소홀히 했다기보다는 당대사에 대한 본격적인 연구를 유보하고 있었기 때문이다. 역사학계가 광주항쟁의 연구를 미루고 있었던 것은 당대사를 '역사'로 인식하는 데 소극적인데다 군사독재정권 시절 횡행하던 폭력적 공권력 앞에서 정상적인 역사서술이나 사론(史論)을 정립하기에는 많은 제약이 뒤따랐기 때문이었다. 그러나 1990년대 들어 민주화가 진척되는 가운데 학문적 자유분위기가 조성되고 당대사에 대한 인식이 높아지면서 '광주항쟁'에 관한 역사서술이나 평가 역시 서둘러야 한다는 요구가 강력해짐에 따라 1990년대 후반부터 조금씩 본격화된 후 오늘에 이르고 있다.

『광주민중항쟁연구』(1990)는 광주민중항쟁에 대한 학술연구를 알리는 신호탄이 되었다. 이 연구서의 초점은 광주문제를 지역주의적 시각에서 접근하고 있다는 점이다.

이밖에도 다수의 연구논문 등이 발표되었다. 이들 연구는 5·18에 대한 정치적·사회적 성격을 규정하기 위하여 다양한 시각에서 접근한 결과 내려진 '민중의 항쟁' '민주회복 운동'이었다는 결론에는 이의가 없지만 일부에서 제시하는 '계급투쟁론'이나 '무장봉기론'에 대해서는 공감하지 않는 점이 발견되고 있다. 그리고 「5·18 광주민중항쟁의 초기성격」(김영택)에서는 무조직·무지도자 상태에서 진행된 5·18 항쟁의 초기성격 규명이 시도되기도 했다.

이밖에도 5·18과 관련해 다양한 방면에서의 접근이 시도되었다. 여성사적 측면에서 접근한 『광주민중항쟁과 여성』(1991), 법률적 측면에서 접근한 『5·18 법적 책임과 역사적 책임』(1995), 『12·12, 5·18 재판과 저항권』

(1997), 『치유되지 않은 5월-20년 후 광주민중항쟁 피해자 실상 및 대책』 (2000), 『광주민중항쟁과 5월 운동연구』(1997), 『5·18 민중항쟁에 대한 새로운 성찰적 시선』(2009) 등이 그것이다. 이들 연구를 통해 5·18에 대한 이해의 지평이 더욱 확대될 수 있었음은 매우 반가운 일이다.

5·18 관련 연구에서 나타나는 특징의 하나는 학술적 경계와 기록적 경계의 구분이 명확치 않으면서 양자를 아우르는 연구서들이 발표되고 있다는 점이다. 그것은 초기 연구단계에서 갖는 특징이기도 하겠지만, 5·18 실상규명이라는 차원에서 주목되어야 할 것이다. 『5·18, 그 삶과 죽음의 기록』(1996) 과 『12·12, 5·18 실록』(1997) 등이 그것이다. 전자는 『죽음을 넘어 시대의 어둠을 넘어』 내용을 비롯하여 5·18과 관련된 여타 저술과 논문을 가감 없이 선별, 발췌·수록함으로써 전개과정을 총체적으로 서술하려는 노력을 기울였다는 점에서 높은 평가를 받을만하다. 다만 항쟁주체들 가운데 강경파의 견해가 무게 있게 강조되어 있는 반면 온건파의 의사와 활동이 제대로 평가되지 않은 아쉬움이 있다. 후자는 다양한 자료를 종합하여 예비역 군인들의 입장과 시각에서 서술한 저서다. 특히 12·12의 사실(史實)을 객관화시키기 위한 노력을 기울인 점과 12·12의 직접적 원인이 되는 '하나회'에 대해 상세하게 거론한 점이 돋보인다. 뿐만 아니라 5·18에 대한 사실(史實)의 서술에서도 계엄사 또는 군부 측 기록이 대부분 반영된 점과 검찰의 「5·18 공소장」과 「12·12, 5·18 사건」 판결문을 토대로 신군부 측 고위인사들의 관련내용과 참가부대의 현장상황에 대해 구체적으로 분석하고 평가한 점은 그동안 군 반대쪽 참가자나 피해자들의 기록과 증언, 그리고 일방적 주장만으로 구성돼 편향성을 면치 못했던 기간(旣刊)의 '광주민중항쟁사'를 새롭게 구성할 수 있도록 했다는 점에서 큰 의미가 부여될 수 있다. 이 때문에 본서의 군 작전 관련내용은 대부분 이 『12·12, 5·18 실록』에 의존했음을 밝혀둔다.

다음에는 광주광역시 5·18사료편찬위원회가 편찬·발행한 『광주민중항쟁사』(2001)는 공식 관변기구가 편찬했다는 점에서 의의가 깊다. 이 책은 총 5부 33장 1,053쪽에 달하는 방대한 종합서로 5·18에 대한 수습과 역사정리가 끝난 후 발행되었다. 서책은 방대할 뿐만 아니라 각계 학자들이 망라된 연구보고서라는 점에서 의미를 지니고 있다. 특히 역사적 배경을 정치적 배경·경제적 배경·사회적 배경·지역적 배경으로 분류하였다는 점, 전개과정을 일반적 전개와 군사작전상의 전개·무장항쟁적 전개 등으로 분류한 점에서 또 다른 의미가 부여돼 있다. 이밖에도 5·18 항쟁 당시의 언론매체와 선언문·성명서·소식지를 깊이 있게 분석한 점은 혜안으로 여겨진다. 법률적 마무리와 문화운동까지 종합하고 5·18 항쟁의 의의까지 도출하는 학문적 연구 성과를 취합할 수 있었던 것은 이 책의 장점이다.

5·18 연구는 해외에서도 진행되었다. 마나베 유코[眞鍋祐子]가 저술한 『光州事件で讀む現代韓國』(2000)이 그것으로, 5·18 이후 광주에서 전개된 역사적·사회적 상황을 외국인 또는 제3자의 시각에서 분석하고 있는 점이 주목된다.[10] 사회학자인 그녀가 광주를 여섯 차례나 방문하는 열성을 보이며 작성한 이 책은 5·18 항쟁 진상규명이나 민주화를 외치며 비명으로 숨겨간 바람에 장례조차 제대로 치를 수 없었던 불행하고 비정상적인 죽음을 '원혼(冤魂)', 정상적으로 맞은 죽음을 '영령(英靈)'이라는 개념으로 정리하고 있는 점도 흥미로운 대목이다. 이밖에도 미국 등지에서 몇 차례의 연구발표가 있었으나 진지한 연구라기보다는 개괄적 수준을 벗어나지 못해 여기서는 생략한다.[11]

---

10 그의 츠쿠바[筑波]대학 박사학위논문 『烈士の誕生―韓國の民衆運動におけるの力學』(日本 東京 平河出版社, 1997)과 함께 일별한다면 5·18 항쟁을 전후해서 암울하게 진행됐던 한국현대사를 이해하는 데 큰 도움이 될 것이다. 김영택 역, 『광주항쟁으로 읽는 현대한국』, 사회문화원, 2001.

여기서 주목해야 할 것은 '5·18 항쟁'이 발발한 후 광주민중항쟁 자체에 대한 연구나 논의는 물론이고 광주민중항쟁에서 연유한 다른 2개 분야에 대한 연구도 활발했다는 점이다. 하나는 '민중'에 대한 연구이며 다른 하나는 '지역감정'에 대한 연구다.

1980년대는 격렬하게 전개된 광주민중항쟁 진상규명 및 민주화운동, 전두환 정권 타도투쟁, 그리고 반미운동 등 세 가지 형태의 운동이 새로운 하나의 투쟁, 즉 민중운동이라는 한 차원 높은 저항주의로 승화된 시기였다. 특히 1980년대 민중운동은 수탈·핍박·소외를 극복하기 위한 피지배층의 투쟁이었던 고전적 민중운동과는 달리 오직 사회정의를 위한 투쟁이자 운동이었다는 점에서 새로운 양상의 '순수한 민중운동'으로 발전되었다는 특별한 의미를 지니고 있다. 또한 광주민중항쟁에서 연유한 현대적 민중운동에 대한 연구가 국내는 물론 국제적으로도 진행돼 광주민중항쟁의 연구와 함께 병행되었다는 사실에도 주목할 필요가 있다. 이러한 민중운동은 1950년대는 물론 1960년대와 1970년대 독재정권 타도투쟁을 벌이던 젊은 세대들에 의해 전개되었고, '민중'의 개념 역시 역사의 주체이자 나라의 주인이라는 의식으로 정립되면서 본격적으로 사용되었다. 그리고 1980년 5월 광주민중항쟁에서 '민중'이 주도적 역할을 수행함으로써 역사의 주체요 나라의 주인이라는 '민중'의 개념이 뿌리내리게 되었다. 이에 따라 민중에 관한 연구도 다양하게 등장했다. 특히 신학과 민중, 민족주의와 민중에 대한 연구가 활발했다.[12] 그러나 민중에 대한

---

11 안종철, 「5·18 자료 및 연구현황」, 『5·18 민중항쟁사』, 2001, 1014쪽.

12 한완상, 『民衆과 社會』, 종로서적, 1980 ; 한완상, 『民衆社會學』, 종로서적, 1984 ; 한국신학연구소, 『한국민중론』, 한국신학연구소, 1984 ; 서남동, 『民衆神學의 探求』, 한길사, 1983 ; NCC신학연구위원회, 『民衆과 韓國神學』, 한국신학연구소, 1982 ; 황선명 외, 『한국근대 민중종교사상』, 학민사, 1983 ; 박현채, 『역사·민족·민중』, 시인사, 1987 ; 이영희·강만길, 『韓國의 民族主義運動과 民衆』, 두레, 1987 ; 우리경제연구

개념은 아직도 정립되어 있지 않은 상태다.

저자는 민중의 개념을 소극적 민중과 적극적 민중, 고전적 민중과 현대적 민중, 광의의 민중(또는 보편적 민중)과 협의의 민중(또는 순수한 민중) 등 6개로 나누어 분류하고 광의의 민중에는 다시 정치적 민중, 경제적 민중, 사회적 민중, 외세적 민중으로 분류하면서 5·18 항쟁에 등장하는 광주시민의 '민중'은 현대적 개념의 민중임과 동시에 순수한 민중으로 정의했다.

1989년 11월 미국 인디아나 주립대학교에서 동·서방학자 30여 명이 모여 '현대 남한의 민중운동에 대한 국제학술회의'를 갖고 '민중'의 성격과 용어에 대한 토론을 벌인 끝에 순수한 한국적 용어인 '민중'을 영어 등 서구어(西歐語)로 표현할 수 있는 마땅한 단어가 없다는 결론을 내리고 한국어 발음 그대로인 '민중-民衆-Minjung'으로 표기하는 것이 타당하다는 의견을 제시한 바 있다. 그 결과물로 『*South Korea's Minjung Movement-The Culture and Politics of Dissidence*』가 출판된 바 있다.[13]

지역문제 연구도 활발했다. 그것은 박정희에 의한 호남차별이 극심한데다 광주민중항쟁 자체가 지역감정 문제와 직결되어 있기 때문이다.[14] 1989년 5월 현대사료연구소·전남사회문제연구소·사월혁명연구소 주최로 열린 5·18 광주민중항쟁 제9주년 기념학술대회에서 있었던 지역문제에 대한 진지한 발

회, 『한국민중경제사』, 형성사, 1987 ; 민중사상연구소, 『한국근대민중사』, 참한사상, 1988 ; 서중석, 『80년대 민중의 삶과 투쟁』, 역사비평사, 1988.

13 Kenneth M. Wells가 편집한 1995, University of Hawaii Press.

14 한국심리학회, 『심리학에서 본 지역감정』, 성원사, 1988 ; 문석남, 『지역사회와 삶의 질』, 나남출판, 2001 ; 김종철·최장집 외, 『지역감정 연구』, 1991 ; 남영신, 『지역패권주의 연구』, 학민사, 1992 ; 최협, 『호남사회의 이해』, 풀빛, 1996 ; 최영진, 『한국 지역주의와 정체성의 정치』, 오름, 1999 ; 김만흠, 『한국정치의 재인식-민주주의 지역주의 지방자치』, 풀빛, 1997 ; 강준만, 『전라도죽이기』, 개마고원, 1995 ; 김환태, 『해소냐, 호남독립이냐』, 쟁기, 1993.

표와 논의도 그 연장선상이었다.[15] 당연히 지역감정에 대한 연구는 피해지역인 호남 출신들이 많이 다루고 있지만 다른 지역 출신들도 호남지역뿐만 아니라 전국을 상대로 많은 연구를 하고 있다. 그러나 지역문제에 대한 연구에는 한계가 있다. 출신지역에 따라 달리보는 시각의 격차가 현저하기 때문이다.

5·18 항쟁의 실상이 객관적으로 정립되기에는 아직 해결해야 과제가 산적해 있다. 가장 시급한 과제는 광주민중항쟁의 원인, 즉 '광주항쟁'은 왜 벌어졌는가의 문제다. 일반적으로 '광주항쟁'의 원인을 놓고 '과잉진압' 때문에 빚어진 것으로 여기는 경우가 많다. 그러나 그것은 사실과 다르다. '광주항쟁'은 평화적 시위 또는 과격한 시위를 '과잉진압'한데서 비롯된 것이 아니라 계엄군으로 편성된 공수부대를 투입한 특정 정치세력의 사전음모에 따른 '살육작전'에서 연유하고 있다는 사실, 다시 말하면 정권찬탈이라는 특정한 목적을 달성하기 위해 계획적으로 투입해 처음부터 단순한 진압이 아닌 체포를 전제로 한 '과잉진압'이라는 살육적 군사작전을 전개한데서 연유하고 있음을 분명하게 인식해야 한다. 따라서 이러한 원인에 대한 학문적 접근이 절실하다고 본다.[16] 이에 대해서는 결론에서 다시 언급하겠다.

이 같은 원인에 대한 과제 이외에 5·18의 성격규명과 관련하여 이 책에서는 다음과 같은 문제점을 제기하고자 한다.

첫째, 공수부대의 공식적인 시위진압 시간이 1980년 5월 18일 오후 4시인가, 아니면 그 이전인가의 문제다. 이는 공수부대의 작전이 사전음모인지 아니면 학생들의 시위에 대한 대응과정에서 빚어진 자연발생적인 것인지의 단서가 함축되어 있다고 보기 때문이다.

---

15 『歷史와 現場』, 1990년 5월 창간호 참조.
16 김영택, 「신군부의 정권찬탈을 위한 공수부대의 5·18 '과잉진압' 연구」, 호남사학회, 『역사학연구』 제34집, 2008.

둘째, 5월 21일 오후 1시 정각, 애국가의 리듬이 발포명령인가의 문제다. 만약 애국가가 자국민에 대한 살상을 의미하는 발포명령이었다면 신군부 세력의 결여된 국가관이나 도덕성에 대한 문제로 제기될 수 있기 때문이다.

셋째, 같은 21일 오후 공수부대와 시민군 간에 벌어진 총격전 양상의 '교전'이 실재했는지 또 있었다면 어느 정도이고 군이 철수한 이유는 어디에 있는가의 문제다. 교전여부와 공수부대 철수 이유는 신군부가 주장하는 대로 광주시민들이 과연 폭도였는가의 문제가 걸려 있음은 물론 시내에서 공수부대의 철수는 시민보호 차원이 아닌 또 다른 음모의 연장일 가능성에 대해 의문을 제기하기 위함이다.

넷째, 항쟁기간 중 민중의 진정한 승리는 언제인가의 문제도 거론되어야 한다. 왜냐하면 항쟁에 참여한 일부 주체들은 무장한 시민군이 등장하자 이에 두려움을 느낀 폭력적 공수부대가 시 외곽으로 후퇴했기 때문에 이때를 승리한 시기라고 보고 있다. 그러나 저자는 이와 다른 시각을 가지고 있다. 5월 20일 심야에 벌어진 광주시민의 일체된 모습과 함성이야말로 진정한 민중의 승리라는 생각을 갖고 있는 것이다. 그렇지 않다면 5·18 항쟁 주체세력이 공수부대의 살인적인 '과잉진압'에 대한 자기 및 시민보호 차원에서 대응했다가 민주화투쟁으로 발전했다는 당초의 주장을 수정해야 한다.

다섯째, 광주항쟁에 등장한 주체는 과연 누구이며 그 성격은 어떻게 보아야 할 것인가의 문제에 대해서도 주목해야 한다. 5·18의 참여세력 절반 이상이 저임 노동자·영세자영업자·실업자·운전기사·서민 등 하부계층이라는 주장 아래 노동자 계층이 주체세력이라는 주장이 강력하게 대두돼 있기 때문에 이에 대해서도 짚고 넘어가야 할 필요가 있는 것이다.

이밖에도 5·18 항쟁에 대한 규명작업에서 반드시 밝혀져야 하는데도 5·18항쟁 연구자들 스스로 간과하고 있는 몇 가지 의문들이 있다. 즉 5월 20

일 밤 모든 광주시민들을 민중으로 승화시켜 승리의 함성을 지르도록 유도함으로써 온 시가를 들끓게 한 어느 여성주도자의 성분에 대한 의문은 당사자를 위해서도 밝혀져야 한다. 또한 5월 21일 애국가를 통해 발포토록 명령한 최종 지휘자도 분명하게 드러나야 하고 5월 22일 도착했다고 발표된 500여 대학생들에 대한 진위와 5월 23일 이후 등장한 복면부대의 정체 또한 밝혀져야 한다. 계엄사 측에서 주장하고 있는 '교도소 습격사건'에 대해서도 실상이 규명되어야 한다. 법원에서는 교도소 사건만은 '내란목적 살인'이 아니라 '정당방위'로 판단하고 있다. 따라서 실제로 현장에 참여했던 주체들이 사실을 정확하게 증언해 실상을 밝혀 5·18 항쟁에 대한 역사왜곡 여부를 바로잡기 위한 접근이 필요하다. 다행히 광주교도소 습격사건은 5·18을 불순분자들의 소행으로 몰기위한 의도에서 군당국에 의해 조작됐음이 밝혀졌다.[17] 아울러 아직도 극명하게 가려내지 못하고 있는 5·18 항쟁 희생자의 수도 확연하게 밝혀내야 한다. 특히 희생자 문제는 관련기관의 몫이기도 하지만 연구자라고 해서 예외일 수 없는 역사적 과제다.

저자는 이 같은 문제들을 집중적으로 제기하면서도 실제로 밝혀내지 못하는 역부족을 솔직하게 자인하고 있다. 언젠가 보다 진지한 새로운 연구자가 나타나 이러한 일련의 의문과 숙제를 풀어주었으면 하는 바람을 가지고 있다.

이 책의 핵심적 시기는 1980년 5월 18일부터 27일까지 10일간이지만, 그 배경과 원인을 구명하려면 해방공간은 물론 그 이전까지도 거슬러 올라가야 한다. 또한 국가공권력의 폭력성에 대한 역사와 현대화된 국가폭력의 기원의 천착을 위해 일제의 강점과 친일부역자 문제에 대한 연구는 필수적이다.[18] 일

---

17 국방부과거사진상규명위원회, 『12·12, 5·17, 5·18 사건 조사결과보고서』 2007, 118쪽.

제강점기 친일세력의 형성 및 공산주의 사상의 침투과정과 해방 후 공산주의를 척결해야 하는 미군정과 대한민국 정부가 왜 친일세력을 중용하게 되는가의 과정에서 친일파를 청산하지 못하는 실상을 구명해야 하기 때문이다.[19] 아울러 해방 후 친일세력이 '친일파'로 매도당하는 상황에서 반탁·반공을 내세워 자신들을 보호막에 넣어준 이승만의 장기집권만이 온전하게 살아남을 수 있는 유일한 길이라고 판단한 나머지 '이승만 독재체제'를 구축하는 과정, 그리고 친일부역자들이 반공(反共)논리를 내세워 자신들의 반대세력을 무조건 '공산주의자' 또는 '빨갱이'로 몰아가면서 승승장구하게 되는 과정도 구명되어야 한다. 이러한 흐름 가운데에서 철저한 친일세력의 한 사람인 박정희가 이승만의 반민주주의적 행태 및 독재체제 구축의 와중(渦中)을 기회삼아 자신의 권력욕을 충족시키기 위해 '국가와 민족을 위한다'는 위선적 구호를 내걸고 쿠데타를 추진하는 과정 등은 필히 천착되어야 한다. 뿐만 아니라 쿠데타 성공 후 '구국 차원에서 쿠데타를 단행했다'는 박정희의 거짓말은 곧 현실로 다가와 끝내 종신집권을 획책하기 위해 유신독재체제를 선포하고 지역주의 정책을 펴면서 자신을 지켜줄 친위세력을 비호·육성하는 과정, 그 친위세력에

---

18 일본제국주의에 부역하면서 동포들을 못살게 굴고 부귀영화를 도모했던 부류를 일반적으로 '친일파'라 부른다. 그러나 이는 일본의 '나라'나 '민족(사람)'과 가까운 사람들과 혼돈을 일으킬 수 있다. 이들이 일본과 친한 것은 개인의 부귀영화를 위해서가 아니라 역사의식이나 인간적 관계에서 친하게 된 선의의 '친일인(親日人)' 또는 '친일파'다. 이러한 선의의 '친일인'이나 '친일파'는 과거는 물론 지금도 존재하고 앞으로도 계속 존재하기 마련이다. 따라서 이들을 반민족적 행위자인 '친일파'로 뭉뚱그려 부르는 것은 옳지않다. 때문에 저자는 일본세력을 등에 업고 반민족적 행위를 저질렀던 사람들을 통상적 용어인 '친일부역자' 또는 '친일세력'으로 부르되 선의의 '친일인'은 '지일인(知日人)' 또는 '지일파'라고 부르는 것이 옳다고 본다. '친일'의 개념에 대해서는 임종국, 「일제말 친일 군상의 실태」, 『해방전후사의 인식』 1, 한길사, 1995, 193~284쪽 참조.

19 김영택, 「친일세력 미 청산의 배경과 원인」, 국민대학교 한국학연구소, 『韓國學論叢』 31집, 2009.

의해 살해되고 그가 뿌려놓은 유신체제하에서 정치군인으로 성장한 하나회 출신 장교들이 새로운 군사독재체제 즉 신유신체제를 구축하고자 정권을 찬탈하는 과정에서 광주시민들을 희생양으로 삼은 5·18 살육이 감행되었음을 구명해야 함은 두말할 필요도 없다.

이 같은 과정을 통해 전개된 5·18 살육의 핵심적 시기를 넘어 수습과정과 파급, 그리고 역사적 발전 및 의의까지 파악하려면 필연적으로 최근의 흐름까지 접근해야 한다. 결국 일제강점기부터 21세기 노무현 정권까지 천착되어야 함을 의미한다. 따라서 20세기 한국현대사의 전개과정이 연구시기이자 대상이요 범위가 될 것이다.

'5·18'이 20세기 후반 한국의 정치 및 사회변천과 민주주의의 진척과정에서 핵심적 기능을 수행했다는 점은 앞에서도 언급했다. 때문에 이 책은 5·18 항쟁을 중심축에 놓고 한국현대사의 전후과정을 추수(追隨)하게 될 것이다. 1945년 이후의 반세기 역사가 이 책의 영역과 범위 안에 들어간다는 뜻이다.

특정한 역사적 사건을 구명하면서 그 배경과 원인은 물론 의의에 대한 고찰은 당연한 귀결이다. 이 책이 5·18 살육과 항쟁이라는 커다란 역사적 축을 가운데 놓고 그 배경·원인을 찾아 해방공간까지 거슬러 올라가고 그 파장과 의의를 도출하기 위해 21세기까지 내려오는 연유가 여기에 있다.

제1장에서는 우선 5·18 살육과 항쟁의 전제로 역사적 배경을 서술할 것이다. 저자는 5·18 살육과 항쟁이 왜 일어났는가에 대한 기본적 배경과 기원은 일제강점기 형성된 반민족적 친일부역자에 대한 청산이 미군정과 대한민국 정부에 의해 이루어지지 않은 데 있다고 보고 있다.[20] 다시 말하면, 미청산된

---

20 최근 들어 친일부역자 청산문제를 놓고 의견이 분분하다. 저자는 일제에 협력한 부역자 청산문제는 적극적 친일부역자와 소극적 친일동조자로 구분하여 분별있게 다루어야 한다고 생각한다. 여기서 기업체 또는 학원을 운영하기 위해 불가피하게 친일협력한 사람

친일세력의 전형적 잔재인 박정희가 국가 공권력을 불법적으로 동원하여 '반공'과 '빈곤'을 구실삼아 합법적 민주정권을 무너트린 다음 종신집권을 획책하는 과정에서 '5·18'의 배경과 원인이 생성되었다고 보는 것이다. 그리고 정권욕에 눈이 어두운 친일적 반민주세력의 비호 아래 성장한 정치군인－신군부가 10·26 사태로 무너진 유신체제를 계승하여 새로운 정권야욕을 성취하기 위해 폭력적으로 진행한 다단계 쿠데타의 실상과 민주화를 열망하는 학생들의 시위상황 및 성격 등을 다루게 될 것이다.

제2장에서는 5·18 광주의 살육과 항쟁-광주민중항쟁 전반기의 전개과정을 서술하게 될 것이다. 5·17조치에 따라 광주에서 벌어진 시위상황을 살펴본 후 국가 공권력으로 동원된 공수부대의 살인적인 '과잉진압'의 형태와 이에 항거하는 광주시민의 민중화 과정을 다루게 될 것이다. 광주시민의 '민중화 과정'은 5·18 민중항쟁의 역사적 성격을 이해하는 데 가장 기본적 바로미터가 된다. 그 연장선상에 놓여있는 공수부대의 집단발포에 따른 시민의 무장과 항쟁과정, 그리고 공수부대가 일단 철수하는 과정과 그 의미를 다루게 될 것이다.

제3장에서는 광주항쟁의 후반기, 즉 5월 22일 이후의 '시민공동체' 자치시

또는 동조자까지 친일파로 보게 되면 일제강점기 총독부에 세금을 내고 동쪽(천황)을 향해 요배했거나 신사를 참배한 사람들, 불가피하게 전쟁물자를 공출당한 서민 또는 백성들, 어쩔 수 없이 창씨개명한 보통 사람 등 한반도에 거주한 한인들 전체가 이에 해당된다. 반대로 적극적으로 창씨개명하고 전쟁을 위해 거액의 헌금을 서슴없이 내놓은 사람, 불가피성을 벗어나 적극적인 자세로 한반도 청년들에게 병사로 지원하라고 권했던 일부 지식인, 전쟁물자 차출에 혈안이 되어 권유했거나 독립운동가들을 핍박하고 그 가족을 감시하는 데 앞장섰던 사람들이 적극적 친일세력들이라 할 수 있다. 그 경우는 관직 또는 군경의 계급에 구애하지 않는 분별이 뒤따라야 한다. 충성스러운 일본 황군으로 지원하면서 관례적 창씨개명이 아닌 순수한 일본인으로 자처하기 위해 창씨개명했다거나 전쟁 말기 징병과 징용 그리고 전쟁물자 공출에 적극적으로 앞장섰던 면장 이상의 관료들도 이에 해당된다.

기의 전개과정을 서술하게 될 것이다. 자치시기에 돌입한 시민공동체 내부에서 수습의 방법론으로 제기된 '평화적 타결론'과 '무조건 투쟁론'을 놓고 벌어진 갈등구조와 몸부림을 실사구시적으로 규명하고 그 성격을 파악하고자 한다. 특히 시민공동체의 자치시대에 보여준 시민의 자율정신은 '민중화 과정'에서 나타난 시민의식과 양면을 이루고 있다는 점에서 깊은 성찰이 뒤따라야 한다. 시민군의 결사항전 태세와 계엄군의 진압과정을 통해 나타난 5·18 민중항쟁의 종식에 대해서도 언급하게 됨은 물론이다. 특히 이 책의 주 목적이 5·18 민중항쟁의 배경과 원인구명에도 있지만 이에 못지않게 '정확한 역사서술' '왜곡되지 않는 역사기록'에도 있기 때문에 전개과정에 많은 지면을 할애하게 될 것이다. 5·18 민중항쟁이 전개되는 시간을 분(分)단위까지 구체적으로 서술하는 이유가 여기에 있다.

제4장에서는 5·18 민중항쟁 종식 후 정치군인들이 자신들의 반역사적 행태를 정당화하려는 파렴치한 작태를 예사롭게 노정시키는 실상을 구명하면서 5·18 민중항쟁 진상규명운동과 함께 전두환 폭력정권을 타도하기 위한 투쟁 및 민주화 운동, 그리고 반미운동이 1980년대의 새로운 민중운동으로 승화되어 6월 항쟁으로 발전하는 역사적 변천을 짚어보고자 한다. 5·18 민중항쟁이 민주화운동으로 계승, 발전해가는 과정의 밑바탕을 살피는 작업이기도 하다.

끝으로 결론에서는 광주민중항쟁 전개과정에서 나타나는 특징과 성격을 구명하고, 한국현대사의 커다란 궤적에서 5·18 광주민중항쟁이 갖는 역사적 의의를 제시하고자 한다.

이 책을 저술하는 과정에서 선행연구의 성과를 바탕으로 다음과 같은 자료들이 많이 활용되었다. 먼저 정부나 계엄사, 그리고 관련 군부대에서 발행한 문서나 유인물을 들 수 있다. 5·18 광주민중항쟁에 대한 최초의 종합적 보고서는 계엄사령부의 「광주사태의 전모」에 이어 국방부의 「광주사태의 실상」임은 앞에서 밝힌 대로다. 또한 '내외문제연구소'는 1980년 8월, 「누구를 위한 내란 음모인가— 김대중 일당사건의 진상」을 발표, 김대중이 광주항쟁을 배후 조종했다는 내용을 전 국민에게 홍보하고 나섰다. 무려 30만 부를 발행, 국군 각 부대와 휴전선 부근에 집중적으로 배포한 것으로 알려지고 있다. 이는 국가폭력을 자행한 신군부 측의 공식견해이자 공격적 행태라는 점에서 일단 기록성·자료성의 의미가 있다. 이 밖의 자료는 참고자료 편에 열거했다.

5·18 광주민중항쟁의 연구는 5공 정권을 창출하기 위해 1980년 5월 17일 열린 '주요지휘관회의'의 회의록[21]을 비롯한 계엄사령부·육군본부·제2군 사령부·전투병과교육사령부·제31사단·특전사령부·제20사단·기무사령부·경찰청 등 각 부대와 해당기관의 상황일지나 전투상보·작전명령철·작전계획철·작전일지·정보일지 등의 문서가 완전히 공개되지 않는 한 실질적으로 불가능하다는 사실을 지적하지 않을 수 없다. 그나마 「12·12, 5·18 고소고발사건」 재판 과정과 판결문을 통해 이들의 기록들이 어느 정도 공개됐음은 다행스러운 일이지만 그렇다고 완전하게 공개된 것은 아니다. 1988년 10월, '5·18 광주민주화운동 진상조사 특별위원회' 청문회가 개최될 당시 국방부와 예하 군 기관은 광주특위의 관계문서 제출요구를 '작성되지 않았다' '파기되었다'는 이유로 거부하거나 훼손시킨 문서를 제출함으로써 5·18 진실규명을 사실상 불가능하게 한 바 있다. 이는 당시 신군부 쪽에서 장악하고 있던 군

---

21 『신동아』1988년 10월호에 실린 「全軍주요지휘관회의록 全文」은 회의록 전문으로서는 도저히 신뢰할 수 없을 정도로 내용이 빈약하고 허술함이 많다. 그러나 회의록이 작성되지 않았다는 국방부의 주장과는 달리 작성된 회의록 전문이 어떤 형태로든지 존재하고 있으리라는 가능성을 시사해주는 대목이기도 하다. '국가의 장래'를 논의하는 자리였던 이 회의의 '회의록'이 작성되지 않았다는 국방부 주장은 신군부 측의 정권찬탈 음모논의를 事後에 은폐하기 위한 '거짓말'임이 분명하다.

당국의 기피로 인해 빚어진 것이다. 그러나 어딘가 진실된 기록이 남아 있으리라는 믿음을 포기해서는 아니 된다.[22] 또한 정동년 등이 공개적으로 요청한 「5·18 수사기록」을 법원이 허용했는데도 일부 당사자들이 거부함으로써 완전하게 공개되지 않은 불쾌감이 없지 않다. 다만 2007년 국방부 과거사진상조사위원회에 의해 『12·12, 5·17, 5·18 진상조사보고서』가 발표된 것은 그나마 다행한 일이다.

이밖에도 이 책은 '김대중 내란음모사건' 군법회의·대법원 재판기록과 당사자 및 관련자 심문조서·검찰공소장·광주항쟁 관련자 군법회의 및 대법원 재판기록과 당사자 및 관련자 심문조서와 검찰공소장, 「12·12, 5·18 사건 고소고발사건」의 1심·상고심·대법원 판결문과 당사자 및 관련자 심문조서 등을 원용했다.[23]

다음은 제3자의 취재기록이나 목격담을 기록화한 것도 활용했다. 광주민중항쟁은 불과 30년 전의 사건으로 연구 성과보다는 당사자의 체험록이나 목격자의 증언, 취재기자들의 현장기록이 중요한 자료가 된다. 특히 당시 엄격한 보도검열 때문에 제대로 보도되지 않는다는 사실을 알고 있으면서도 뒷날 진상을 알리기 위해 열심히 취재했던 기록이 그 뒤 대거 발표되어 어떠한 기록보다 값진 것이 되었다. 현장상황에 대한 취재기록 또는 목격자나 체험자의

---

22 저자는 1998년 5월 26일 국군최고사령관인 김대중 대통령에게 이상의 문서들을 본 연구 및 서술에만 원용하겠다는 약속을 전제로 공개해달라고 요구했으나 가능성 여부에 대한 직접적인 회신을 받지 못한 채 이를 하달 받은 국방부 장관으로부터 주요지휘관 회의록이 '부존재하다'는 사실을, 군사연구실장으로부터 '검토한 후 통보하겠다'는 회신을 받았을 뿐 그 후 아무런 연락을 받지 못했다. 저자는 1999년 6월 7일 김 대통령에게 같은 문서의 공개를 재차 요구한 후 하명을 받은 육군본부로부터 정보공개요구서를 제출하라는 통보를 받고 1999년 9월과 11월 두 차례에 걸쳐 '정보공개요구서'를 육군본부 민원실로 우송했으나 아직까지도 아무런 회신을 받지 못하고 있다.

23 한상범 외, 앞의 책 ; 박은정·한인섭, 앞의 책 ; 발표 당시의 신문 참조.

증언은 빼놓을 수 없는 1차적 자료로 가치가 충분하다. 다만 현재 나돌고 있는 체험기록·목격증언록·취재기록 등이 얼마나 정확하고 진솔하게 증언하고 서술했는 지의 검증이 필요하지만 얼마만큼 가능할지는 의문이다. 어찌됐건 '5·18 광주민중항쟁'의 본격적 연구를 위해서는 현장상황의 자료가 절대적으로 필요하다.

저자는 우선 항쟁현장과는 직접적 관련이 없지만 이전의 중요한 자료로 처음 등장한 이상우의『軍部와 光州와 反美』(1988)에서 큰 도움을 받았다. 저널리스트 입장에서 5·18 민중항쟁과 연관된 역사현장의 진행상황은 물론 그 이전상황에 대해 비교적 정확하게 서술한 이 책은 한국현대사를 이해하려는 연구자들에게 중요한 자료적 가치를 제공해주고 있다. 뿐만 아니라 이상우는『비록 박정희시대』(1984),『박정권 18년-그 권력의 내막』(1986),『제3공화국』(1993) 등 일련의 박정희 시리즈를 통해 5·18 민중항쟁 이전, 국가폭력이 횡행하던 굴절의 역사시대를 생동감 있게 조명함으로써 5·18의 배경과 원인을 구명하는 데 큰 도움을 주었다. 또한 한용원의『한국의 군부정치』(1993) 역시 박정희 시대는 물론 5·18 민중항쟁 전후의 군부정치를 분석하는 데 큰 몫을 했다. 특히 한용원은 국가폭력의 본체적 진원인 대한민국의 군부조직이 어떻게 이루어지고 행사되었는가에 대해 깊이 성찰하고 있다. 또한 김재홍의『軍』1, 2권(1994)은 12·12 반란과 하나회를 집중적으로 조명, 5·18의 전주곡인 12·12를 예리하게 분석했고 '하나회'를 심도있게 추적함으로써 5·18의 근원적 배경과 원인을 규명할 수 있게 했다. 아울러 김충식·이도성이 저술한『정치공작사령부 KCIA-남산의 부장들』1, 2, 3권(1993)은 하나회와 중앙정보부 및 군부사정을 파악하는 데 많은 도움을 주었다.

관련자들의 증언과 체험담을 중심으로 엮은 것이지만, 항쟁주체 측의 최초 기록으로 앞에서도 언급한 바 있는 전남사회운동협의회가 엮고 황석영에 의해 항쟁이 진행된 날짜별로 서술된 『죽음을 넘어 시대의 어둠을 넘어』(1985)는 1차적 자료의 성격을 지니고 있다. 이 책은 비록 피해자 측에서 서술한데다 다소의 오류가 없지 않지만 비교적 객관성을 유지하고 있는 점이 높이 평가될 수 있다. 저자가 역시 날짜별로 서술한 『10일간의 취재수첩』(1988)은 5·18 민중항쟁현장에서 직접 체험하고 목격하고 전해들은 것을 바탕으로 서술했기 때문에 앞의 『죽음을 넘어 시대의 어둠을 넘어』와는 또 다른 자료적 가치를 지니고 있다고 하겠다. 이 저술은 가해자는 물론이거니와 피해자 측 입장이 아닌 역사기록자라는 제3자적 시각에서 서술했다는 점에서 눈여겨 볼만하다. 저자의 또 다른 저술인 『5·18 광주민중항쟁』(1990 ; 同 修訂再版, 『실록 5·18 광주민중항쟁』, 1996)은 앞의 『10일간의 취재수첩』 내용에 '5·18 광주민주화운동 진상조사 특별위원회 청문회'와 여타 자료에서 나타난 사실을 보완·가필한 것으로 현장상황 즉 발발원인과 전개과정, 그리고 항쟁 후 5공의 폭력적 행태에 저항하는 천주교 사제들의 진상규명 운동과 반미운동에 대해 비교적 객관적으로 구명하고자 노력한 것이다. 다만 학문적 저술이 아니라는 아쉬움을 남기고 있다. 이 때문에 저자는 이를 학문적 접근의 결과물인 석사학위 논문 「5·18 광주민중항쟁의 초기성격」에서 무조직·무지도자 상태에서 진행된 5·18 항쟁의 특징을 규명하려고 노력했음을 밝혀둔다. 이 책에서 5·18의 전개과정 부분은 저자의 기존저술과 발표된 논문을 본체로 하고 이미 발표된 다른 학자·연구자·현장체험자들의 연구논문과 저술 및 체험문 등을 참조하여 작성했으며 역사적 배경·기원·원인과 역사적 의의는 이와 별도로 천착·구명한 것임을 밝혀둔다.

또한 『작전명령 화려한 휴가』(1987)가 있다. 이 책의 진가는 광주작전에 참여한 어느 공수부대원의 수기인 「내가 보낸 화려한 휴가」가 실려 있는 점이다. 이 글의 필자는 본인의 실명을 끝내 밝히지 않았지만 그가 서술한 내용이 너무나 진솔한데다 당시 군 쪽의 기록으로는 거의 유일하기 때문에 광주항쟁의 각종 기록 중에서 차지하는 비중이 크다. 이 책에서도 이 수기를 많이 원용했다.

이 밖에 5·18을 이해하는 데 도움이 된 외국인의 회고록으로는 글라이스틴 회고록 『*Massive Entanglement, Marginal Influence-Carter and Korea in Cricis*』(1999·번역판 『알려지지 않은 역사』, 1999), 아놀드 피터슨 목사의 증언록 『5·18 광주사태』(1995), 5·18 당시 한미연합군사령관이었던 Wickham의 『*Korea on The Brink-A Memoir of Political Intrigue and Military Crisis*』(2000·번역판 『위컴 회고록-12·12와 미국의 딜레마』), 리차드 워커 회고록 『한국의 추억』(번역본, 1998) 등이 있다. 그 중에서도 글라이스틴 회고록은 5·18 민중항쟁 당시의 외교적 행각과는 아주 다른 상황과 미국 측 입장을 들여다 볼 수 있다는 점에서 유익했다. 아울러 KBS가 2003년 5월 18일 방영한 「일요 스페셜-푸른 눈의 목격자」도 큰 도움이 되었다.

5·18 민중항쟁 참여자들의 구술자료집으로서 대표적인 것은 한국현대사사료연구소 편 『광주 오월민중항쟁사 사료전집』(1990)을 들 수 있다. 5·18 관련자들의 증언을 수집한 방대한 '구술서'라는 점에서 자료집의 새로운 장르를 열었다고 하겠다. 많은 관련자들을 다양하게 접근하여 당시의 상황을 생생하게 구술하도록 이끌어내 역사의 기록으로 남겼다는 사실 또한 대단한 성과라할 수 있다.

시기적으로 오래되지 않았기 때문에 5월 항쟁에 관한 현장기록·증언록·자료집 등이 풍부한 것은 다행한 일이다. 다만 당사자 또는 제3자 측에 의해 일방적으로 왜곡되거나 과장된 서술이 많아 객관적인 시각에서 재검토 되어야 한다는 점을 강조하고 싶다. 이미 간행된 자료집에 수록된 증언이나 서술에도 일부 과장·왜곡된 부분이 없지 않음에 유의해야 한다. 왜곡된 사례는 비단 개인기록 뿐만 아니라 국가나 군의 공식기록에서도 흔하게 발견된다. 후세에 광주민중항쟁의 실상을 정확하게 전하기 위해 이와 관련된 문헌 및 서적들에 대한 객관적 검증과 재정리 작업이 뒤따라야 할 것이다.

또한 『5·18 광주민주화운동 진상조사 특별위원회 청문회 회의록(증언록)』 제1~30호(1988년 11월 16일~1989년 2월 24일 국회사무처)는 5·18 연구의 기본적 자료다. 다만 청문회를 통해 기초적 원인이나 진행과정이 명확하게 밝혀지지 않은 결함이 있음에도 불구하고, 이 속기록은 중요한 1차적 자료라 할 수 있다.[24]

그리고 광주광역시 5·18 사료편찬위원회 편 『5·18 광주민주화운동 자료총서』 1~45권(1997~2002)이 있다. 이 자료총서는 5·18에 관련된 국내외의 모든 자료를 총망라하려는 의지와 노력을 기울인 결과물로 본 연구자에게 큰 도움이 되었다. 앞으로 5·18 연구자들에게도 많은 도움이 될 것이다. 특히 1979년 1월부터 1980년 12월까지 주한미국대사관과 미 국무부가 교신한 미 국무부 비밀외교문서 중 비밀 해제된 일부나마 『5·18 광주민주화운동 자료총서』 6~10권에 수록됨으로써 당시 10·26에서부터 YWCA 위장결혼식사건, 12·12 반란, 전두환의 중앙정보부장 겸임, 5·17과 5·18, 그리고 5공 정권에 이르는 신군부에 대한 미국의 입장, 심지어 한국의 민주주의와 인권에 대한 미국의 총체적 대응을 구체적으로 들여다 볼 수 있게 했다는 점에서 아주 소중한 자료가 되었다.

한국기독교교회협의회 인권위원회 편 『1970년대 민주화운동』 전5권과 『1980년대 민주화운동』 전3권(1987) 등 전 8권은 아주 귀중한 자료집으로 기초적 자료로서 많은 도움을 주었다. 이 자료집을 편집하고 발간한 한국기독교

---

24 5·18 청문회 증언록 전문은 『5·18 광주민주화운동 자료총서』 3~5권에 실려 있다.

교회협의회 인권위원회의 노고에 깊은 경의를 표한다. 또한『1980년대 격동의 한국사회』1, 2권(1984)은 5·18과 관련된 당시의 신문기사를 수록한 것으로 그 때의 신문을 보존하지 못한 연구자들에게 도서관에서 일일이 뒤적여야 하는 불편을 덜어주는 소중한 자료집임에 틀림없다.

이밖에 5·18 광주민중항쟁유족회 편『광주민중항쟁 비망록』(1989), 광주사회조사연구소『국민이 보는 5·18-특별법 제정에서 사면까지』(1998)와『국민이 본 5·18』(1998),『월간 조선』1999년 1월호 별책부록「총구와 권력」, 역시『월간 조선』2005년 1월호 별책부록「5·18 사건 수사기록-한국을 뒤흔든 광주의 11일간」도 본 연구에 크게 도움을 주었다. 또 유지훈 역『독일언론이 기록한 격동한국현대사』(1998), 천주교 광주대교구 정의평화위원회 편『광주시민사회 의식조사』(1987) 등이 있다. 특히 한국기자협회·80년 해직언론인협회가 공편한『80년 5월의 민주언론』(1997)은 당시의 언론 상황을 인식하는 데 중요한 자료로 제시되고 있다. 아울러 이카리 아키라가 저술하고 이상배·윤동욱이 번역한『일본 언론인이 본 5·18-80년 5월 광주』(1998)도 많은 도움이 되었다. 또 조갑제의『유고』1, 2권(1987)과『제5공화국』(2005),『박정희의 마지막 하루』(2005) 역시 5·18 살육과 항쟁의 전제인 10·26 상황과 그 후의 5공을 이해하는 데 큰 도움이 되었다.

회고록이나 전기 중에는 박호재·임낙평의『윤상원 평전-들불의 초상』(1991), 임낙평의『광주의 넋 박관현』(1987), 윤공희 대주교와 사제들의 오월항쟁 체험담『저항과 명상』(1989), 조철현 신부의 증언록『사제의 증언』(1994), 이상식의『역사의 증언』(2001), 윤한봉의『운동화와 똥가방』(1996) 등도 참고할 필요가 있는 유용한 자료였다.

1장

5·18 살육과 항쟁,
그 배경과 원인

1980년 5월 14일 오후 1시, 교문을 나선 전남대생 6,000여 명은 광주역 광장
과 금남로를 거쳐 도청광장 분수대까지 진출했다. 오후 3시쯤이었다. 박관현
총학생회장은 "오후 6시까지 집회를 마치겠다"고 약속한 후 민주성회를 진행
했다. 갖가지 성명서와 선언문을 낭독한 다음 '계엄철폐', '전두환 물러가라'
등의 구호를 외친 이들은 약속대로 오후 6시 정각, 교가를 합창하는 것으로 민
주성회를 끝냈다. 전남대생들의 시위에 자극 받은 조선대 등 시내 각 대학 학
생들은 다음 날, 이에 뒤질 새라 무작정 도청광장으로 모여들었다. 명실 공히
광주시내 대학생 전체의 민주총회였다. 갖가지 구호를 외친 학생들은 다음 날
햇불시위를 열기로 결의한 후, 오후 6시 정각에 해산했다. 16일 오후 4시가 되
자 시내 9개 대학 학생 3만여 명은 도청광장에 다시 모여들었다. 우선 학생들
은 16주년이 되는 5·16 불법쿠데타 응징의 뜻으로 '5·16 화형식'을 가진 다
음 햇불을 들고 전남대 복학생 정동년(38)의 「시국선언문」을 비롯해 갖가지
선언문, 성명서, 구호들을 외쳤다(사진). 어둠이 깔린 밤 8시, 학생들은 2개조
로 나누어 400여 개의 햇불과 피켓들을 들고 1시간 40분 동안 시위를 벌인 후
도청광장에 다시 모여 갖가지 구호를 외친 다음 박관현 전남대 총학생회장이
14·15일 잇따라 다짐했던 '정부의 특단의 조치가 내려지면 다음 날 아침 전남
대 교문에 자동적으로 모여 시위하자'는 공개약속을 재확인하고 밤 10시쯤 태
극기를 앞세운 채 각 대학으로 귀교했다.

※출처 : 나경택 사진집, 『앵글과 눈동자』, 사진예술사, 2007, 99쪽.

1

박정희의 하나회 육성과 지역차별주의

박정희 독재정권의 두 가지 유산

1961년 5월 16일 새벽 3시 20분[1] 박정희 육군소장이 이끄는 쿠데타군 3,600명은[2] 50여 명의 헌병들이 경비하고 있는 한강 인도교를 돌파해 서울시 내로 돌입했다. 1952년 5월 부산정치파동 당시 쿠데타를 모의했던 박정희는 1961년 5월까지 무려 20여 차례에 걸쳐 기도해 왔던 쿠데타 음모를 드디어 실행에 옮긴 것이다. 육군본부에 이어 새벽 4시 13분 서울 중앙방송국(KBS)을 점거한 박정희는 박종세 아나운서 목소리로 전파된 새벽 5시 뉴스를 통해 "친애하는 애국동포 여러분, 은인자중하던 군부는 드디어 금조 미명(今朝未明)을 기해 일제히 행동을 개시하여 국가의 행정·입법·사법의 3권을 완전히 장악하고 군사혁명위원회를 조직하였습니다"로 시작되는 쿠데타 제1성을 온 천하

1 　한국군사혁명사편찬위원회 편찬,『한국군사혁명사』, 1963, 233쪽.
2 　이상우,『박정권 18년-그 권력의 내막』, 동아일보사, 1986, 42쪽 ; 서중석, 『한국현대사』, 웅진, 209~211쪽. 그러나 '3,500명'이라는 기록도 있다(브루스 커밍스, 김동노 외 역,『한국현대사』, 창작과 비평사, 2001, 498쪽 ; 김인걸 외,『한국현대사 강의』, 돌베개, 1998, 263쪽).

에 전했다.[3] 이때부터 장면 국무총리가 중앙청에 나타나 내각 총사퇴를 발표하는 18일 오후 12시 10분까지[4] 55시간 10분 동안(한강인도교를 돌파한 새벽 3시 20분부터는 56시간 50분 동안) 한국현대사는 혼미와 격동이 거듭되는 시간이었다.[5] 도저히 불가능할 것 같았던 박정희의 불법 쿠데타가 끝내 성공하는 순간이자 4·19혁명 후 가장 공평한 민주적 절차에 의해 등장한 장면 정권이 9개월 만에 막을 내리는 역사적 상황이기도 했다.[6]

5·16 군사쿠데타의 성공은 거의 기적에 가까운 것이었다. 겨우 3,600명에 불과한 쿠데타군은 물론, 당시의 모든 상황은 하나부터 열까지 쿠데타 주도세력 측에 극히 불리했다. 사태가 상식적으로 진행됐다면 쿠데타는 십중팔구 실패했을 것이다. 그럼에도 불구하고 성공하게 된 요인은 장면 총리의 무능과 여기에 관련된 인사들의 반민주·무소신·비겁함 때문이라는 다음 다섯 가지로 요약된다.

① 민주당 정권의 어이없는 군부관리 소홀[7]
② 난무했던 쿠데타 정보에 대한 장면 총리의 방관자적 태만
③ 비겁하게 도피행각을 벌인 장면의 정권수호의지 결여
④ 장도영의 철저한 기회주의적 태도[8]

---

3   김영호, 『한국 언론의 사회사』 상, 지식산업사, 2004, 325쪽.
4   한국군사혁명사편찬위원회, 앞의 책, 269쪽.
5   이상우, 앞의 책, 『박정권 18년-그 권력의 내막』, 43쪽.
6   이상우, 앞의 책, 『박정권 18년-그 권력의 내막』, 35~55쪽 ; 이한림, 『세기의 격랑』, 팔복원, 1994, 365쪽.
7   장면은 미군에게 작전지휘권이 있는 한 쿠데타는 불가능하다고 보고 군부관리를 소홀히 했다. 뒤에서 밝히겠지만 그는 이미 미국이 그의 유약한 통치력을 불신하고 강력한 통치자로 대체할 새로운 집권세력을 암중모색하고 있다는 상황마저 전연 알아차리지 못할 만큼 무능했다.
8   김경재, 『김형욱 회고록-혁명과 우상』 1권, 인물과 사상사, 2009, 107~110·124~

⑤ 윤보선의 국가원수로서의 반민주주의적 행태[9]

물론 여기에는 ① 박정희의 집요한 쿠데타 공작의 주효, ② 한국전쟁 발발에 따라 질적·양적으로 급팽창한 국군장교들의 30~40대 젊은 나이로 조기 승진한 장성들로 인해 발생한 군 인사의 정체에 대한 불만, ③ 장면 총리의 10만 감군 발표에 대한 젊은 장교들의 불만, ④ 일본군출신 군 수뇌들의 정치군인으로의 변질 등이 크게 기여했다고 볼 수 있다. 그러나 가장 결정적 요인은 장면 총리의 리더십 부족과 친일파 미청산에 있다고 하겠다.[10] 또한 한국전쟁을 치르면서 대규모로 팽창한 군조직과 장비가 현대화되어 있었고, 미국식 훈련을 받은 젊은 장교들이 한국군의 주류를 이루고 있었다는 점도 부연할 수 있다.

그러나 박정희의 쿠데타 성공이 앞에 나열한 사실 이외에 미군이 작전지휘권을 가지고 있는 한 군부 쿠데타는 불가능하다고 미국 정부를 철석같이 믿고 있었던 것과는 달리 미국은 장면 정권이 합헌적 정권이지만 정국 장악은 물론 통치력을 제대로 발휘하지 못하는 데 불만을 갖고 그에 따른 장면 정권 교체가 불가피함을 인식했기 때문에도 원인이 있었다. 특히 미국 정부가 군부쿠데타를 부추기는 가운데 이를 기다리고 있었다는 듯이 박정희의 불법 쿠데타 진압을 외면한 것이 결정적 요인이었음이 최근 비밀 해제된 미국무부 외교문서에서 밝혀졌다. 박정희가 쿠데타를 일으킬 것이라는 정보

199쪽 : 백태하, 『한 반역자의 고백』, 제일미디어, 1996, 184~190쪽.

9 이상우, 앞의 책, 36~41쪽 ; 서중석, 『한국현대사』, 웅진지식하우스, 2005, 209~211쪽.

10 김영택, 「친일파 미 청산의 배경과 원인」, 국민대학교 한국학연구소, 『韓國學論叢』 31호, 2009.

를 40일 전에 입수한 미국 정부는 무능한 장면 정권에 대한 대안으로 떠오른 당당하고 패기에 찬 젊은 장교들의 쿠데타를 선호했다는 점이다.[11] 어찌

---

11 미국 정부는 4·19 후 들어선 장면 정부의 리더십 부재로 정국이 안정되지 못한데다 학생들의 평화통일론이 강력하게 제기되는 데 따른 한국의 좌경화를 우려한 나머지 對蘇봉쇄정책의 일환인 '동북아안보'에 심한 불안감을 느끼고 있었다. 이것은 곧 장면 정권에 대한 신뢰성의 퇴조와 동시에 강력한 정권으로의 대체론을 추구하게 했다. 미 상원외교위원회가 이승만 정권기인 1959년 11월「콜론보고서」를 발표하고 다음해 1월호부터 5월호까지 5회에 걸쳐『思想界』에 게재케 한 사실은 중요하다. 요지는 "한국의 정치적 장래는 명확하지 않다. 양 보수정당은 현재 다같이 조잡한 잡탕이요, 그 속에서 여러 파벌들이 서로 정권을 노리며 싸우고 있다. 민주정치가 실패하면 한국전쟁 기간 중 잘 훈련된 젊고 유능한 장교집단이 대안이 될 수 있을 것이며 한국에서는 민주주의가 적절치 않을지도 모른다"라는 부정적 내용이다. 한국어로 번역된「콜론보고서」전문을 국내언론에 연재토록 한 것은 미국 정부가 84세 고령의 이승만 정권 붕괴 후 닥쳐올 혼란에 대비하는 강력한 경고성이자 대체론으로 군부 쿠데타를 유도하는 부추김이거나 의도성일 가능성이 높다. 여기에 축출된 이승만 정권보다 더 취약한 장면 정권에 당혹스러운 미국으로서는 더욱 강력한 장교집단을 대안으로 여겼을 가능성이 높다. 이 때문에 '5·16 배후 미국'이라는 설이 등장하기도 했고 소련도 그렇게 보았다. 이 무렵 미 상원외교위원장 폴브라이트와 주일 미국대사이자 저명한 역사학자인 라이샤워는 '한국의 정당정치가 실패하면 군부가 등장할 것'이라고 공언했다. 특히 케네디 대통령의 참모인 로스토우는 '후진국(한국을 지칭-필자)의 민주주의는 사치'라고「콜론보고서」와 비슷하게 언급하면서 군부가 집권, '동북아안보'를 강화해야 한다는 논리를 폈다. 또한 1961년 3월에는 장면 정부에 대해 더욱 부정적 시각을 드러낸「팔리보고서」, 5월에는「코머보고서」가 잇따라 발표돼 장면 정권을 대신하는 강력한 군부의 등장을 공공연히 부추기는 상황하에서 5·16이 발발한 것이다. 또한 미국 정부가 국익차원의 '동북아안보' 정책을 강화할 필요성을 절감한 나머지 합헌적이지만 무능한 장면 정권을 버리고 강력한 군부정권 등장을 우회적으로 바란다는 입장에서 박정희의 쿠데타 계획을 40일 전에 인지하고도 아무런 조치를 취하지 않았다는 점도 주목해야 한다(전인권,『박정희 평전』, 이학사, 2006, 181~187쪽 ; 박태균,『우방과 제국, 한미관계의 두 신화』, 창비, 2006, 190~226쪽 ; 이삼성,「한국현대사와 반미주의의 역사적 기원」, 이삼성,『미국의 대한정책과 한국민족주의』, 한길사, 1994, 91~128쪽). 심지어 5월 16일 쿠데타 당일 미국 정부는 관례대로 합법적인 민주당 정부 지지, 불법쿠데타 반대를 표명했고('Responsible Government officials said this morning that the military coup in South Korea was not supported by the United States,'〈New York Times〉 16. May 1961.「U. S. Opposes Coup」제하 기사) 주한 미국대리대사 그린과 유엔군사령관 메그루더도 AFKN 방송을 통해 장면 정부 지

됐건 한국 국민들은 군부의 불법 쿠데타를 보며 충격을 받았다. 12년 동안 이승만 독재정권의 오만과 독선에 혐오감을 느껴오다 천신만고 끝에 일궈낸 4·19혁명을 거쳐 민주체제의 제자리로 돌려놓은 후 비록 혼란이 거듭되고 있지만 무난하게 수습돼 민주화가 점차 정착될 것으로 기대하고 있었기 때

지성명을 냈지만('The United States Embassy issued a statement today expressing strong support for the "freely and constitutionally established Government" of Premier John M. Chang' 'General Magruder said "All stations throughout Korea have been placed on an alert for protection from being involved in the present difficulties of the Korean Government. The United States Army is watching the situation."'〈New York Times〉 16. May 1961. 「Embassy in Seoul Backs Regime of Premier Chang–U. S. Backs Chang in Seoul Revolt 제하」), 다음날부터는 묵묵부답이었다. 이는 로스토우 보좌관이 케네디 대통령을 설득해 한국군 작전지휘권을 가지고 있는 메그루더 유엔군 사령관에게 '쿠데타군 진압불개입'을 명령했기 때문으로 이해되고 있다. 특히 서울에서 박정희 쿠데타가 유동적이었을 뿐만 아니라 미국 정부가 당초의 반대의사를 번복하는 공식입장이 아직 표명되지 않고 있는 상황인데도 다음날인 5월 17일자 〈New York Times〉는 '남한에 쿠데타(Coup in South Korea)', '남한 혁명군 임무수행 후 원대복귀 맹세, 미국은 개입하지 않을 것(South Korea Junta Vows to Resign after Reform ; U.S Won't Intervene Now)' '미국자본, 한국 원조프로그램 지속에 관심(Capital Is Wary On Korea ; Aid Program to Continue)' '장도영 한국 실권자 되다(New Power in Korea, Chang Do Young)'라는 제하의 기사와 사설을 통해 미국 정부가 5·16 쿠데타를 기정사실화하는 쪽으로 기울고 있음을 잇달아 보도했다는 것은 당시 박정희 쿠데타에 대한 워싱턴의 분위기를 짐작케 했다. 특히 이날 〈뉴욕타임스〉는 '한국 쿠데타 미국이 작용(Tass Hints U. S. Had Role in Korea Coup)'이라는 제목으로 소련 관영 타스통신 5월 16일자 모스크바 발 기사를 인용, 보도하면서 한국의 '쿠데타 지도자 장도영은 미국에 의해 조종되는 사람이어서 성공할 것(Tass gave prominent mention of reports that "mastermind of the coup," Lieut. Gen. Chang Do Young, had been trained by the United States and that his revolutionary forces were "apparently backed by other forces")'이라는 긍정적 분위기를 전했다. 결국 박정희의 쿠데타는 성공했고 5월 26일 '대전협정위반' '작전지휘권 침해문제'를 거론하지 않는다는 전제 아래 장도영 국가재건최고회의 의장과 매그루더 유엔군 사령관 회담 후 발표한 '한미공동콤뮤니케'를 통해 미국은 박정희의 쿠데타를 공식적으로 수용했다(한국군사혁명사 편찬위원회, 앞의 책, 269~270쪽).

문이다.[12]

이 같이 5·16 쿠데타의 성공여부가 불투명하던 다음날인 5월 17일, 전두환은 박정희와 친면이 두터운 손영길과 함께 육군본부로 찾아가 정규육사출신에 TK동향이라고 자신을 소개하고 쿠데타를 적극 지지한다는 확고한 의사를 밝힌 끝에 즉석에서 받아들여졌다. 우여곡절 끝에 육군사관학교 생도들의 혁명지지 시가행진으로 쿠데타가 성공하던 날 전두환은 최고회의 민원실에 배치되었다. 이때부터 박정희 정권으로부터 내내 비호를 받으며 성장하게 되는 하나회 정치군인들의 수장 전두환이 18년 후 정권찬탈을 도모하는 과정에서 5·18의 학살이 창출되는 것이다. 즉 전두환과 밀접한 관련이 있는 5·18은 5·16 쿠데타로부터 발원하고 있다.

박정희의 길고도 먼 반민족적 행보는 그가 해방되기 전 안정된 훈도(교사)직을 박차고 '긴 칼을 차고 싶어서'라는 명언(?)을 남긴 채 만주 신경군관학교에 입학하면서부터 시작된다.[13] 그가 입버릇처럼 말하는 '국가와 민족을 위해'

---

12 박정희 쿠데타에 대한 한국인의 여론은 비교적 나라의 발전을 걱정하는 식자층은 부정적이었다. 그렇다고 무조건 부정적 측면만 있었던 것은 아니다. 민주당의 신·구파정쟁과 장면 정권의 통치권 취약에 따른 무질서와 혼란에 염증을 느낀 일부국민들은 쿠데타군이 내건 혁명공약을 철석같이 믿고 긍정적으로 보는 시각도 있었다(강원룡,『나의 삶, 한국현대사의 소용돌이』2권, 열린문화, 1993, 149쪽). 미군방첩대가 쿠데타 당일 거리의 시민을 상대로 여론을 조사한 결과 10명 중 4명은 찬성, 4명은 반대, 2명은 호감은 있으나 시기상조라는 답변이었다고 미 합동참모부에 보고했다. 60%는 부정적, 40%는 긍정적 입장이었다는 의미다(전인권,『박정희평전』, 이학사, 2006, 200쪽).

13 박정희의 신경육군군관학교 입교에 대해 문경소학교 訓導직을 사임하고 '一死以テ御奉公'이라는 혈서를 滿洲國 溥儀 황제에게 써 보낸 끝에 이 사실이 만주신문에 보도되어 신경국관학교 입교가 허용되었다'는 '설'이 사실로 밝혀졌다. 1939년 3월 31일자 〈滿洲新聞〉 7면에 '血書 軍官志願'이라는 제목의 기사에서 「29일 치안부 군정사 징모과로 조선 경상북도 문경 서부공립소학교 훈도 박정희(23) 군의 열렬한 군관지원 편지가 호적등본, 이력서, 교련검정합격증명서와 함께 '한목숨 다 바쳐 충성함 박정희(一死以テ御奉公 朴正熙)'라는 혈서를 넣은 서류로 송부되어 담당자를 감격시켰다」고 보도했다(〈한겨레신

56

만주 곳곳에 있던 우리의 독립군부대를 찾아간 것이 아니라 출세와 권력을 위해 일본제국주의 산물로 등장한 '괴뢰 만주국'의 신경육군군관학교 문을 두드린 것이다.[14] 더욱이 그는 신경군관학교를 우등생으로 졸업한 후 한반도를 침

문〉, 2009년 11월 6일자). 이와 달리 박정희는 대구사범학교를 졸업하고 訓導생활을 하다 만주로 가서 당시 그 곳에서 활약하고 있던 조선인 反滿抗日武裝勢力(항일독립군)을 토벌하기 위해 조선총독부 승인을 받은 李範益(淸原範益)에 의해 1938년 9월 15일 안도현 명월진에 창설된 '조선인특설부대(일명, 간도특설부대·간도제1특설부대)' 초기에 자진 입대했다는 설이 있다. 이 부대는 1939년 8월 24일 동북항일연군(중국인·조선인 연합항일부대) 토벌에 나섰다가 安圖縣 大沙河전투에서 오히려 항일연군 최현 부대에 대패하여 전멸하다시피 했으나 요행히 살아남은 특설부대원 몇 사람 중 한 사람이 박정희였다는 것이다. 그리고 대사하 전투 후 토벌공로를 인정받아 부대 추천으로 1940년 4월 신경육군군관학교 예과 2기생으로 들어갔다는 설이 설득력을 갖고 있다. 당시 높은 경쟁률과 엄격한 시험을 거쳐야 하는 신경군관학교 입시제도상 '혈서'로 입학이 허용됐다는 것은 불가능하고 사실과 다르다는 것이다. 어찌됐건 박정희는 입교 후 교내에서 일본말 잘하고 모든 방면에서 탁월하여 일본인 교관들의 총애를 받은 우수학생이었다. 1942년 3월 23일 예과를 수료하고 그 해 6월 본과(일본육군사관학교)에 편입하여 1944년 5월 1일 졸업한 후 熱河省에서 팔로군 토벌에 임하고 있던 간도특설부대 군관으로 재차 배치되어 중위로 복무하면서 많은 공을 세웠다는 것이다. 당시 간도특설부대는 管轄地區의 변경에 따라 熱河省 承德에 주둔하고 있던 만주군 제5관구사령부 지휘하에 있었다고 한다. 특히 박정희는 신경군관학교 재학 중은 물론 특설부대에 있을 때 반만항일비밀단체와의 거래는 전연 없었으며 해방 후 특설부대전원과 함께 조선의용군부대(항일독립군)에 참가하려했으나 심사를 거쳐야한다는 절차 때문에 포기하고 한국으로 직행했다는 것이다(류연산,『일송정 푸른 솔에 선구자는 없었다』, 아이필드, 2004, 48~81쪽).

14 그가 진정 '국가와 민족을 위해' 만주로 향했다면 충성스러운 황군이 되기 위한 신경육군군관학교와 일본육군사관학교에 들어갈 것이 아니라 민족광복을 위해 목숨 걸고 싸우는 만주의 독립군부대로 가거나 강제로 학병으로 끌려간 장준하나 김준엽처럼 임시정부가 있는 중경으로 탈출했어야 옳았다. 일부 사람들은 이 같은 친일행각을 자의로 벌였으면서도 나중에는 이에 대한 반성은커녕 오히려 엉뚱한 주장을 펴는 경우도 있다. 예를 들면 만주군관학교(봉천군관학교)와 일본육군사관학교를 졸업한 후 만주군에서 복무한 어떤 사람, 그는 대한민국 육군대장, 육군참모총장, 국회의원, 국무총리, 국회의장 등 대통령을 제외한 대한민국 군과 정계의 최고자리를 역임했는데 '일본천황을 위해 충성한다거나 하는 생각은 티끌만큼도 없고' '만주군이나 일제를 위해서가 아니라 장차 고국을 위해 군 지휘관의 소질을 터득하기 위해서'라고 주장하고 있다(정일권,『정일권회

탈해 영원한 영토와 신민(臣民)으로 삼고자 일본화 정책에 혈안이 되어있던 일본제국주의의 충성스러운 황군장교가 되기 위해 일본 육군사관학교에 편입해 3등으로 졸업하게 된다. 신경군관학교 우등졸업이나 육군사관학교 3등 졸업이라는 영예는 단순한 학과성적만으로 매겨지는 것이 아니라 일본천황과 일본제국에 대한 충성심과 애국심에 정비례하는 것이다. 그만큼 그는 일본천황과 일본제국에 바치는 충성심과 애국심이 누구보다 남다르게 인정되어 신경군관학교와 일본육군사관학교에서 최고급수로 평가되었음을 의미한다. 뿐만 아니라 순수한 일본인이 되고자 이미 다카키[高木]라고 창씨개명한 문중(門中)의 성씨(姓氏)를 버리고 일본식인 오카모도[岡本]로 개성(改姓)하고 이름도 미노루[實]로 바꾸는 두 번째 창씨개명을 결행함으로써 철저하게 일본인이 되고자 했다.[15]

고록』, 고려서적, 1996, 67쪽). 그러나 그는 만주 용정에서 소학교를 다닌 후 일본인 학교인 영신중학(광명중학)을 나와 만주군 양성소인 봉천군관훈련소(육군중앙학교·만주군관학교·봉천군관학교) 제5기생으로 들어가 졸업하고 일본육군사관학교에 편입하여 졸업 후 만주국 부의황제 친동생 입김으로 소위 아닌 육군중위로 바로 임관돼 만주국 헌병사령부 사령관 부관으로 임명되었다. 관동군사령부는 나중에 관동군 헌병대로 바뀌는 이 헌병대와 정보부를 급속도로 확대시켜 항일세력 색출에 혈안이 되는데 나카지마[中島一權]로 창씨 개명한 정일권은 소좌로 승진, 1943년 조선인이 집단으로 거주하고 있어 동북각지 항일유격대 및 항일연군 주요 활동거점지로서 항일무장투쟁의 근원지였던 연변의 국자가(1943년 간도로 개칭·오늘의 연길시)에 자리 잡고 있는 관동군 헌병사령부 직속 간도헌병대 대대장으로 파견되었다. 간도헌병대는 연길·도문·훈춘·춘화에 헌병 분대를 설치하는 한편 용정·개산툰·조양천·명월구·안도·왕청·금창·마적달·두황자·구사평 등지에 헌병 분견대를 설치하고 수많은 헌병과 사복정보원(특별간첩)을 잠입시켜 항일무장투쟁을 제압하거나 항일운동을 분쇄하는 임무를 수행하면서 체포된 항일투사들을 생체실험으로 유명한 731부대에 호송하는 임무를 수행하는 부대였다. 그는 간도헌병대 대대장 임무를 잘 수행한 공로로 주국 6위와 경운 6위 훈장을 받았고 중좌로 승진하기도 했다는 것이다(류연산, 『일송정 푸른 솔에 선구자는 없었다』, 아이필드, 2004, 118~130쪽).

〈표 1〉 박정희의 일본군 행적

시 기	활동내용
1938년	만주국 군관 1차 지원(자격 없음으로 탈락)
1939년 3월	만주국 군관 2차 지원(혈서 · 편지 동봉, 탈락)
1939년 10월	지인 도움으로 만주국 군관 선발시험 응시
1940년 1월	군관학교 입학시험 합격(합격자 240명 중 조선인 11명)
1942년 3월	2년여 군사교육 뒤 졸업(우등생 5명 가운데 한 명으로 선정)
1942년 10월	성적우수자로 일본육군사관학교 입학
1944년 4월	견습사관으로 만주 치치하얼 주둔 관동군 635부대 배치
1944년 7월	만주군 보병 제8단 소대장 근무(일본군과 합동으로 팔로군 공격)
1945년 7월	만주군 중위 진급, 1개월 뒤 일본패망으로 무장해제[16]

중국 열하성 승덕(承德)에 주둔하면서 중공 팔로군 토벌작전에 임하고 있던 만주군 보병 제5관구 제8단에서[17] 해방을 맞은 박정희는 중국인 장교들에 의해 무장 해제된 후 북경으로 빠져나가 '해방 후 광복군'에 의탁해 잠시 광복군 지대장을 맡았다가 1946년 5월 8일 귀국했다.[18] 그리고 그 해 9월 12일 조선

---

15 박정희는 만주군관학교 생도 시절 고령 박씨를 의미해 문중에서 창씨한 다카키[高木]라는 성에 마사오[正雄]라는 이름으로 개명했다가(조갑제, 『내 무덤에 침을 뱉어라』 2권, 조선일보사, 117쪽) 일본육군사관학교에 들어간 후 정신상태까지 순수한 일본식으로 갖춰야 한다며 일본식 성명인 오카모도 미노루[岡本實]로 바꾸었다(최상천, 『알몸 박정희』, 사람나라, 2001, 116~119쪽). 당시 한국인들은 일제의 창씨개명 압박에 못이겨 고령 박씨의 다카키[高木]처럼 본래의 성씨 朴의 木자와 본관 高靈의 高자를 연계시켜 다카키[高木]로 창씨하는 사례가 많았다. 비록 어쩔 수 없이 일본식 성씨로 바꾸지만 민족적 전통만은 지키려는 의지를 나타냈던 것이다. 박정희는 이 같은 민족적 정통성까지 부정하기 위해 순수한 일본식인 오카모도 미노루[岡本實]로 창씨개명했던 것으로 보인다.
16 〈한겨레신문〉, 2009년 11월 7일자.
17 보병 제5관구 제8단은 중공의 팔로군 토벌부대였을 뿐 조선인항일독립군은 대상이 아니었다.
18 박정희가 북경의 '해방 후 광복군'에 의탁한 사실을 두고 만주군 내 '비밀독립군' 군대

경비사관학교 간부후보생 제2기로 들어가 그 해 12월 졸업하면서 육군 대위로 임관되고 한 달 후인 1947년 1월 좌익조직에 가입함으로써 공산주의자가 되는 두 번째 길에 들어섰다.[19] 그는 당시 남한에 사회주의 또는 공산주의 바람이 거세게 몰아치는 것을 보고 출세와 권력의 기회가 공산주의 혁명에 있을 것으로 판단했는지도 모른다.[20] 그는 다시 조선경비대 장교를 거쳐 대한민국 국군장교로 복무하다 1961년 5·16 쿠데타가 성공하기까지 정권찬탈을 위한 쿠데타 음모에 몰두하는 세 번째 길을 걸은 끝에 드디어 뜻을 이루게 된 것이다.[21]

박정희는 그가 입버릇처럼 말한 '국가와 민족을 위해서' 쿠데타를 감행한

내 독립운동'설을 주장하는 경우가 있으나 이는 사실과 다르다. 해방이 되자 임시정부는 북경과 상해에 '해방 후 광복군'을 조직하고 일본군에 복무하던 한인, 주로 학병출신들을 포섭했었다. 박정희는 일시 여기에 참여했다가 귀국했다(정운현,『실록 군인 박정희』, 개마고원, 2004, 97~98쪽).

19 박명림, 「한국현대사와 박정희, 박정희시대」, 정성화 편, 『박정희 시대와 한국현대사』, 선인, 2006, 43쪽 ; 박명림, 『한국전쟁의 발발과 기원』 2권, 나남, 1996, 427~428쪽. 박명림은 박정희가 조선경비사관학교에 들어가기 전인 '1946년 7월 좌파조직에 가입한 공산주의자'라고만 밝히고 있을 뿐 조선공산당의 어느 조직에 가입한 것인지는 밝히지 않고 있다. 박헌영의 '재건파 조선공산당'에 가입했는지, 장안파 공산당에 가입했는지 아니면 어느 다른 공산당 산하조직, 예를 들면 공산청년회나 전평에 가입했는지의 여부가 명확하지 않다. 그러나 박정희가 공산주의 조직에 가입한 것은 1946년 12월 12일 조선경비사관학교를 졸업하고 대위로 임관되어 춘천부근의 제8연대로 배속되어 가던 1947년 1월쯤 춘천에서 조선경비대 공작을 맡고 있던 남조선노동당 중앙위 특수부장이자 형 朴相熙의 친구인 李在福을 만나 '남조선노동당'에 가입한 것으로 보인다. 남조선노동당은 1946년 11월 23일 서울에서 (남)조선공산당·신민당·인민당이 통합하여 창당되었다(河信基,『韓國を強國に變えた男 - 朴正熙』, 光人社(東京), 1996, 131~134頁).

20 당시 미 군정청이 실시한 여론조사결과 자본주의 지향세력 17%, 공산주의 지향세력 13%, 사회주의 지향세력 70%로 나타나 좌익지향세력이 83%일만큼 압도적인 우세를 보이고 있었다(강만길,『20세기 우리역사』, 창작과 비평사, 2002, 212쪽).

21 이상우,『비록 박정희시대(1)』, 중원문화사, 1985, 91쪽(이상우의 책은 이하에서 또 다른 저서를 인용하게 되므로 '앞의『비록 박정희시대(1)』'로 표기한다).

것이 아니라, 자신의 출세와 권력욕을 채우기 위해 감행했다는 사실은 그가 쿠데타의 명분으로 내세웠던 이승만 정권이 4·19 혁명으로 무너졌는데도 쿠데타 모의를 중단하지 않은 데서 여실히 드러났다.[22] 심지어 그는 1946년 9월 이한림과 함께 남산에 올라 미 점령군사령관 하지 중장의 거처였던 전 총독관저(현 청와대)를 바라보며 '여기서 포격하면 나도 나폴레옹처럼 (영웅이) 된다'며 그때부터 무력에 의한 쿠데타 또는 정권 장악의 그림을 머릿속에 그리고 있었음을 내비쳤다.[23] 그는 결국 공산주의 혁명으로는 출세와 권력이 불가능하다고 판단했는지, 300여 명의 동지들을 고변하고 살아남아 대한민국 장교로 복귀한 후 20여 차례의 군사 쿠데타를 모의하던 끝에 4·19 후 민주적으로 출범한 장면 정권이 들어선 지 불과 18일 만에 쿠데타를 일으키자는 '충무장 결의'[24]를 하고 나선 군부 내 젊은 불만세력과 손잡고 11월부터 구체적인 계획

---

22 박정희는 자신의 과거행적과는 다르게 마치 '국가와 민족을 위해' 한평생 살아온 대단한 애국자처럼 행세했다.『우리 민족의 나갈 길』(동아출판사, 1962),『민족의 저력』(광명출판사, 1971),『자립에의 의지』(한림출판사, 1972),『내 일생 조국과 민족을 위해』(지식산업사, 1977),『민족중흥의 길』(광명출판사, 1978),『한국 국민에게 고함』(동서문화사) 등 그의 생전의 저서나 연설집 제목들이 잘 말해주고 있다.

23 이한림,『세기의 격랑』, 팔복원, 1994, 390쪽.

24 4·19를 계기로 영관급 육군 장교들에 의해 군부의 정화운동이 벌어졌었다. 이 정화(군)운동은 허정 과도정부와 민주당 정부하에서도 지속되어 결국 5·16 쿠데타의 주류가 되었다. 김종필·김형욱·오치성·길재호·옥창호·석정선·김동환·이택진·김달훈·석창희·신윤창 중령 등 육사 8기생 11명은 1960년 9월 10일 淨(肅)軍을 건의하기 위해 장면 정부의 현석호 국방부장관 면담을 요청했지만(玄 長官의 고의적 기피인지 불가피한 불발인지는 알 수 없으나) 면담이 성사되지 않자 그날 밤 일식음식점 충무장에서 회합을 갖고 '구태의연한 민주당 정부에 기대할 것이 없으니 淨(肅)軍에서 혁명으로 투쟁방법을 바꾸자'는 군사쿠데타를 결의하고 총무 김종필, 정보 김형욱·정문순·인사 오치성, 작전 옥창호·신윤창·우형룡, 경제 김동환, 사법 길재호 등 이른바 나인(9) 멤버는 업무까지 분담, 혁명을 준비하고 나섰다. 명분은 장면 정권의 부패와 무능이었다. 그러나 이것은 장면 정부가 출범한 8월 23일로부터 불과 18일만의 일이었다. 아직 장면 정부의 부패와 무능은 나타날 여지가 없었던 것이다(한국군사혁명사편찬위원회, 앞의 책, 196～

에 들어갔다.[25] 박정희는 쿠데타 성공 후 "4·19 혁명은 표면상으로 자유당 정권을 타도했지만 5·16 혁명은 내면상의 자유당 정권을 뒤엎었다"고 주장하면서 수립된 지 겨우 9개월뿐인 민주당 정부의 부정부패를 들먹였다. 더욱이 그의 권력욕은 일시적인 대권이 아니라 전체주의적 종신집권을 지향했음이 쿠데타 직후 곳곳에서 행한 연설문 행간에서 뚜렷하게 나타나고 있다.[26] 또한 "소기의 목적을 달성하면 참신한 민간정부에 정권을 이양하고 원대복귀를 준비하겠다"는 그의 혁명공약은 처음부터 거짓말로 꾸민 거짓 공약이었다. 이렇게 해서 당초부터 정권을 잡기만 하면 절대 놓지 않겠다는 목표를 정하고 정권을 장악한 박정희가 이끄는 대한민국은 20세기 세계정치사의 기본 사조인 3권 분립·언론자유·정권교체도 없는 전제적 독재국가를 지향하고 있었으며 '인류역사상 최악의 전제군주' 체제를 향해 내달리고 있었다.[27]

그 행태는 1967년 6월 8일 국회의원 총선거에서부터 드러났고 1969년 9월 14일 새벽 2시 30분 야당을 따돌리고 공화당 의원만으로 3선개헌안을 날치기로 통과시키면서 표면화됐다.

1971년 대통령선거 때부터 공명선거를 외치며 박정희 비판에 앞장선 대학생들은 교련반대·부정부패척결 등의 새로운 구호를 외치며 반정부시위를 대

197쪽 ; 한용원, 『한국의 군부정치』, 대왕사, 1993, 203~204쪽 ; 강준만, 『한국현대사 산책 1960년대편』 1권, 인물과 사상사, 2004, 147쪽 ; 김경재, 『김형욱 회고록-혁명과 우상』 1권, 인물과 사상사, 2009, 58쪽).

25 충무장 결의를 한 육사 8기생 9명은 '11월 9일 서울 신당동 박정희 집에서 쿠데타 계획을 재확인 했다'는 기록이 있는가하면(한국군사혁명사편찬위원회, 앞의 책, 198쪽), 이를 부인하는 주장도 제기되어 있다(강준만, 앞의 책, 148쪽). 다만 11월 9일 박정희 집에서 쿠데타 모의를 했는지의 여부와 관계없이 충무장 결의파와 박정희는 11월부터 구체적인 쿠데타 진행계획을 추진했음은 분명하다.

26 박정희, 『국가와 혁명과 나』, 향문사, 1963, 74쪽 ; 박명림, 앞의 글, 52쪽.

27 김경재, 『김형욱 회고록-혁명과 우상』 4권, 인물과 사상사, 2009, 73쪽

규모로 벌였고, 김재준·천관우·이병린 등에 의한 민주수호국민협의회의 반독재투쟁 선언, 천주교 정의구현사제단의 부정부패와 빈부격차 시정요구에 겹쳐 오치성 내무부장관에 대한 불신임안이 가결되는 여당의 내분·항명파동까지 돌발하자 마치 나라가 금방 거덜날 것처럼 위기가 고조되었다.[28] 더욱이 10월 5일 수도경비사령부 소속 무장군인 30여 명이 수경사령관 윤필용을 비롯한 이후락·박종규를 대표적 부정부패 인물로 규정한 대자보가 게시된 고려대에 난입하여 5명을 불법으로 납치·연행하는 사태까지 발생, 이를 수습하는 과정에서 여야 간의 정국은 물론 정부와 고려대 간의 긴장이 고조되었다.[29]

　박정희는 10월 15일 서울 일원에 위수령을 선포하고 10개 대학에 휴교령을 발동함과 동시에 무장군인을 투입시켜 1,898명의 학생들을 연행한데 이어 11월 12일 중앙정보부는 자신들이 조작한 '서울대생 내란예비음모사건'을 발표, 대한민국을 전복시키려 하고 있다고 호도했다.[30] 박정희는 그것도 모자라 12월 6일 헌법은 물론 어떤 법적 근거도 없는 '국가긴급권'을 발동하여 국회해산과 정치활동 금지, 언론·출판·결사·집회의 자유 등 국민의 모든 기본권을 제약하는 억압적 '국가비상사태'를 선포해 온 나라를 공포분위기로 몰아넣으며 무단 전제적 종신독재체제 구축을 차근차근 진행하고 있었다. 그는 이러한 사태가 당시 자신에 의해 발생한 민주주의 파괴의 도발적 행태와 정권의 오만으로 가득한 독단적 횡포, 외국매판세력 및 비리재벌들과 유착한 부정부패, 무자비한 수법으로 자행되는 인권유린에 대한 국민들의 원망어린 정상화 요구를 거부하는 데서 빚어지고 있다는 사실은 아랑곳 하지 않고, 마치 자기를 무작정 반대하는 국민들이 위기를 불러일으키는 것처럼 호들갑을 떨었다.

28　남덕우, 「경제발전의 길목에서」, 2009년 4월 11일자 〈동아일보〉 연재물 제10회.

29　민주화운동기념사업회 연구소, 『한국민주화운동사연표』, 2006, 222쪽.

30　민주화운동기념사업회 연구소, 앞의 책, 226쪽.

그리고 다음 해인 1972년 10월 17일, '우리민족의 지상과제인 조국의 평화적 통일'을 뒷받침하기 위해 "우리의 정치체제를 개혁한다"는 이름 아래 초헌법적 유신체제를 선포하는 또 한 번의 불법 쿠데타를 자행하고 말았다. 쿠데타 당초부터 지향했던 완전한 1인 종신독재체제를 구축하고 나선 것이다. 1971년 4월 27일 치러진 대통령 선거 당시 신민당 대통령후보였던 김대중이 "이것이 마지막 선거가 될 것입니다"라는 종신총통제 획책의 외침이 현실로 다가오고 만 것이다. 모든 권력이 대통령 1인에게 귀착되도록 작성한 전문과 12장 126조 부칙 11조로 된 '한국적 민주주의' 헌법개정안을 불법으로 해산한 국회 대신, 자신이 임명한 국무위원들로 구성된 '비상 국무회의'로 하여금 의결토록 한 후 10월 27일 공고했고 11월 21일 개헌반대 발언을 완전히 봉쇄한 가운데 온갖 관권을 동원해 조성한 공포분위기 속에서 허울 좋게 치러진 국민투표 결과 91. 9%라는 압도적인 찬성(?)으로 통과되었다고 발표했다.

이 헌법에 따라 통일주체국민회의라는 새로운 형태의 의회, 이른바 '체육관 의회'를 만들어 홀로 대통령에 출마하고 당선되자 12월 27일 취임, '한국적 민주주의'라는 해괴한 논리를 내세운 유신독재체제의 제4공화국을 출범시켰다. 일방적으로 제시된 유신헌법의 특징을 보면 ① 지금까지 금기시했던 평화통일 원칙을 전문에 삽입했고 ② 법률 유보조항을 넣어 언론·출판 및 개헌요구 등 기본권을 제한했으며 ③ 국회와는 별도의 통일주체국민회의를 설치하여 헌법을 개정하고 대통령을 선출하고 일부 국회의원을 선출하도록 하는 규정을 삽입했다. 또 ④ 임기를 6년으로 연장한 대통령의 권한을 대폭 강화하여 '영도적 국가원수', 즉 입법·사법·행정 3권을 대통령에 귀속시켰고 ⑤ 정부는 국무총리와 국무위원이 연대책임을 지도록 하는 대신 대통령은 초연한 위치에서 권한은 있고 책임이 없는 절대적 권위를 갖도록 했다. 또한 ⑥ 국회는 대통령이 마음대로 해산할 수 있게 했고 ⑦ 국회의원 3분의 1을 대통령이 임명하고 국회회기를 단축하는 등 국회권한을 대폭 약화시켰으며 ⑧ 국민투표제를 실시하고 ⑨ 모든 법관은 대통령이 독단으로 임명·복직시키는 권한을 갖게 했으며 ⑩ 국회에서 발의한 헌법개정안을 통일주체국민회의에서 의결토록 하는 헌법 개정의 2원화 등을 들 수 있다.

결과적으로 모든 권력은 대통령, 아니 박정희 한 사람에게 집중돼 있었던 것이다.[31] 심지어 '긴급조치'라는 무한한 명령권을 내세워 국회의결을 전제로 하는 성문법을 무색케 하여 조선시대에도 엄연하게 존재했던 국민소망 청취 제도까지 봉쇄하고 차단해버린 전제국가가 되었으며, 국가폭력의 극성기를[32] 이룬 20세기 최악의 시대착오적 전체주의 1인 종신독재정권을 꾀했다.[33] 이는 북한을 비롯한 일부 공산권에 아직도 잔존하고 있는 1인 독재정권에서나 흔히 볼 수 있는 전제주의 체제였다. 그러면서 유신헌법 서문에 '3·1운동과 4·19 혁명정신을 계승한다'는 구절을 삽입했다.

이에 대해 박정희 정권에서 6년 동안 중앙정보부장을 역임하면서 박정희 독재정권 확립에 가장 크게 기여했던 김형욱은 그의 회고록에서 유신헌법을 "한국 역사에 두고두고 국권을 농락했던 독재헌법의 전형으로 비난받아 마땅하다. 아니 그것은 헌법이 아니라 독재자 박정희가 한국 국민에게 보내는 공개적인 협박문이다"고 표현했다. 그러면서, 첫째 유신헌법안을 다룬 국민투

---

31 김철수, 『韓國憲法史』, 대학출판사, 1992, 209~230쪽.

32 대한민국 국가폭력의 연원은 8·15 후 남북이 분단되면서 남한에 수립된 미군정이 공산주의를 척결하고 친미·반공국가를 수립하는 정책을 관철하고자 일제경찰·군인·관료들을 재등용, 대공전선에 투입하면서 비롯되었으며 4·3 사건 및 한국전쟁시기의 양민학살로 이어졌다. 그리고 대한민국 수립 후 이승만이 자신의 취약한 정치기반 유지와 반공정책 차원에서 그들을 숙청하지 않고 오히려 비호하면서 본격화 되었다. 1949년 6월 6일 반민특위 파괴로 시작된 대한민국의 국가폭력을 시기별로 보면 이승만 때의 생성과 정착, 박정희 때의 극성, 전두환 때의 절정기로 분류할 수 있다.

33 惠谷治, 『金正日·北朝鮮權力의 實像』, 時事通信社, 1995, 133~146쪽.

표는 이름이 투표였지 사실은 민주국가에서 있을 수 없는 조작된 투표놀이였고, 둘째 헌법안 제3장에 나와 있는 통일주체국민회의 대의원을 뽑는 과정도 처음부터 중앙정보부가 일사불란하게 관리해 선출한 거수기들이었다. 셋째, 기가 막힐 노릇은 민족의 숙원인 민족통일에 관한 일체의 사항은 오직 박정희가 의장이 되는 통일주체국민회의에서만 논의할 수 있을 뿐 다른 사람은 전연 거론할 수 없는 박정희 개인의 사유물이자 낭중물(囊中物)로 만들어 국민과 하등 관계없는 철면피 같은 논리를 내세우고 있다는 점, 넷째 통일주체국민회의는 박정희만을 대통령으로 뽑는 정치적 광태(狂態)라고 지적했다.[34]

그런데도 미국 정부는 박정희의 유신체제를 "국가의 방위, 빠른 경제성장, 국제관계의 활발한 참여 같은 한국 정부의 정책목표는 많은 대중적 지지를 받고 있는 듯하다. 대다수의 한국 국민들은 역사적·문화적 이유에서 강한 정부를 수용할 필요성을 느끼고 있다"고 긍정적으로 평가하면서 마치 한국 국민들이 유신독재를 지지했던 것처럼 표현하고 있다.[35] 특히 인권과 민주주의를 제창하던 카터 미국 대통령이 1979년 7월 1일 서울에서 가진 박정희와의 정상회담 공동성명에서 "카터 대통령은 박 대통령에게 다양한 장애와 불리한 상

---

34 김경재, 『김형욱 회고록-혁명과 우상』 4권, 인물과 사상사, 2009, 69~70쪽.

35 From Amrican embassy Seoul To Secretary of State Washington dc. Immediate, 081016z, Jan. 1979. Subject=Briefing Paper for Senator Glenn-The Political Situation(여기 인용되는 해제된 미국비밀외교문서 중 5·18과 관련된 내용은 '광주광역시 5·18 사료편찬위원회' 편, 『5·18 광주민주화운동자료총서』 6~10권에 수록된 것들이다. 자료집을 발간한 광주광역시 당국과 편찬위원들의 노고에 경의를 표한다. 또한 문서 초역본을 제공해준 광주광역시 역사자료담당 정호문 씨와 프린트본의 본문글씨가 작고 희미한 것들을 초역하는데 애쓴 역자들에게 고마움을 표한다. 다만 당시의 상황판단 오류에 따른 약간의 의역과 일부 오역이 있으나 전체를 파악하는 데는 큰 어려움이 없고 전문을 번역해야 하는 저자로서는 시간을 절약할 수 있어 고마울 뿐이다. 이하에서는 일일이 출처와 부연 설명을 생략한다).

황에도 불구하고 지난 15년 간 그의 지도하에 지속적인 경제발전으로 다른 나라들에게 경제성장과 공명정대함의 모델과 영감을 제공했다는 점에서 한국의 괄목할만한 업적에 대해 큰 경의를 표했다"고 추겨 세웠다.[36] 4개월 후 박정희가 피살되자 "박정희 대통령의 죽음은 큰 충격과 슬픔이다. 박 대통령은 미국의 확고한 친구이자 강인한 동료이고 능력있는 지도자였다. 특히 한국의 놀라울만한 경제성장에서 그의 역할은 잊혀 지지 않을 것이다"고 극찬하면서 한국 국민들이 그의 치하에서 무자비하게 자행된 인권유린으로 인해 받은 엄청난 수난과 고통, 그리고 민주체제를 파괴하고 독재정치를 거듭하면서 벌인 억압통치에 대해서는 한마디도 언급하지 않았다.[37] 당시 카터 미국 대통령이 표방했던 인권외교의 실체적 이중성을 드러낸 것이다.

박정희는 자신이 한 평생 기도해 온 정권욕, 여기에 덧씌운 종신집권의지를 강력히 표출한 유신체제를 펼치면서 이에 저항하는 민주세력은 물론 모든 국민들에게 폭력적 억압을 일삼는 한국현대사의 정치적 암흑기를 펼쳐 나갔다. 우선 '긴급조치'라는 초법적 명령권을 발동해 일체의 반정부활동 및 개헌요구나 체제비판을 철저히 봉쇄하는 한편, 정권안보기구로 창설한 중앙정보부를 통해 국민들에게 불신, 상호감시, 굴종을 강요하는 철권통치로 일관했다. 심지어 '간첩침투'라는 국가안보상의 위기감을 조성해 안정적 유신체제의

---

36 From USDEL Secretary in Seoul To Secretary of State Washington dc. Immediate, White House Washington dc. Immediate, USICA Washington dc. Immediate, American Embassy Ottawa Immediate. CINCPAC Honolulu Hi Immediate, CINCEUR. Us mission Geneva. 010309z Jul. 1979. Subject=Joint US-ROK Summit-Communique, Between Jimmy Carter and Park Chung Hee. Unclassified 'President of Republic of Korea'

37 From Secretary of State Washington dc. To American Embassy Seoul Immediate 270212z Oct. 79. Subject=Condolences on Death of President Park.

홍보효과를 구현하기 위해 간첩사건을 수시로 조작하는 비겁한 수법까지 스스럼없이 동원했다.

박정희는 쿠데타 후 국민들에게 천명한 '원대복귀 공약'을 비롯하여 '민정 불 참여',[38] '3선개헌 불고려',[39] '마지막 출마'[40] 등의 약속을 '번의(翻意)'라는 이름 아래 거짓말을 되풀이하면서 예정된 1인 독재체제로 치달았다.[41] 그가 마구잡이로 행사하는 국가폭력은 6·3 사태[42]와 한일협정,[43] 지역감정,[44] 부정

---

38 박정희는 1963년 2월 18일 '민정 불참여'를 기자들에게 천명한 후 2월 27일 서울 시민회관에서 국가재건최고회의 최고위원, 각 군 참모총장, 재야 지도자들을 모아놓고 '민정에 참여하지 않겠다'고 공식으로 서약하는 행사를 치렀다. 그러나 이 '민정 불참여' 서약은 민정참여를 선언함으로써 금방 거짓말이 되고 말았다.

39 박정희는 2기 대통령 임기 중반, 야당 측에서 기회 있을 때마다 '3선개헌'의 의구심을 제기하자 '3선개헌은 전연 고려하지 않고 있다'고 천명했었다. 이 언명 또한 거짓말로 드러난다.

40 1971년 4월 27일 제7대 대통령 선거를 앞두고 신민당 후보인 김대중이 선거유세를 통해 '이번 대통령 선거가 끝나면 박정희 후보는 장기집권을 노리는 음모를 꾸밀 것'이라고 공격하자 '이번이 마지막'이라며 더 이상의 출마나 정권연장은 없다고 말했다. 그러나 이 때의 '마지막 출마' 언명은 유신체제를 선포함으로써 또 다시 거짓말이 되고 말았다.

41 이상우는 '5·16 이후 이 나라 정치풍토의 고약한 특징으로 안겨놓은 거짓말의 다반사로 인한 '불신풍조'는 박정희와 김종필로 대표되는 5·16 세력들이 심어놓은 병폐'라고 비판했다. 그는 '극성을 부리고 있는 불신풍조의 시발은 혁명공약 위배부터'라고 덧붙였다(이상우, 앞의 『박정권 18년-그 권력의 내막』, 326쪽).

42 1964년 6월 3일 굴욕적인 한일회담 및 한일국교를 반대하는 학생과 시민 1만여 명이 박정희의 퇴진을 요구하며 광화문을 거쳐 청와대 외곽의 방위선을 돌파하며 상황이 절정에 이르렀다. 박정희는 이날 밤 비상계엄령을 선포하고 무력으로 진압하여 1,200여 명을 체포해 그 중 384명을 구속했다. 이 사태로 200여 명이 부상하기도 했다.

43 1965년 6월 22일 한일 간에 맺은 「대한민국과 일본국 간의 기본관계에 관한 조약」(기본조약)을 말한다. 이 문서는 기본조약 이외 부속된 4개의 협정 및 25개의 문서로 되어 있으며 '한일협정'이라고도 한다. 이 조약을 놓고 한국에서는 '굴욕적 외교', 일본에서는 '군국주의 부활'이라는 각기 다른 차원에서 두 나라 국민들은 반대했다. 특히 한국에서는 한일회담이 시작되던 1963년부터 맹렬한 반대운동이 벌어져 6·3 사태를 빚었고 국회비준 당시 여당 단독처리하는 우여곡절을 겪었다.

44 다음 3)항 '박정희의 지역주의와 김대중 억압' 참조.

선거,[45] 3선개헌안 날치기,[46] 사법파동,[47] 노동운동 탄압과 전태일 분사[48] 등을 조성했으며 이를 바탕으로 종신집권을 목표로 하는 '한국적 민주주의'를 구호로 내걸고 유신체제를 단행했다.[49]

---

45 1967년 6월 8일 실시된 국회의원 선거는 '개헌선 확보'라는 목표 아래 자행된 관권선거·공개투표·대리투표 등 전형적인 부정선거였다(〈동아일보〉, 1967년 6월 9~12일자 ; 민주화운동 기념사업회연구소 편, 『한국민주화운동사 연표』, 2006, 162쪽).

46 1969년 9월 14일 새벽 2시, 국회 제3별관에서 민주공화당은 대통령 재임기간이 2회 연임으로 제한되어 있던 당시의 헌법을 3선 이상 연임도 가능토록 개정안을 변칙 처리함으로써 박정희의 의중대로 3선 내지 종신집권의 길을 열어 놨다.

47 1971년 7월 28일, 서울지방검찰청 李揆明 검사가 서울지법 항소 3부 재판장 李範烈 부장판사와 배석 崔公雄 판사, 입회서기 李南永 등 3명이 제주에서 향응 받은 사실에 대해 뇌물수수혐의로 구속영장을 신청함으로써 시작된 사법부 파동을 말한다. 이에 앞서 李부장판사 등은 검찰의 요구를 무시하고 국가보안법 사건 등 일련의 공안사건에 대해 소신껏 판결함으로써 권부의 비위에 거슬려 있는 상태다. 영장청구서를 접수한 서울형사지법은 이를 기각했지만 130여 판사들은 격분하여 집단사표를 내는 사태로 이어진 끝에 국회로 비화되자 검찰이 당초의 강경방침을 철회하고 영장청구를 백지화하겠다고 물러섰다. 대법원은 8월 27일 법관회의에서 자체수습안을 채택했다.

48 1970년 11월 13일 평화시장 재단사 전태일(22세)이 근로조건 개선을 요구했으나 시정될 기미가 보이지 않자 '근로기준법을 준수하라' '우리는 기계가 아니다'고 절규하며 휘발유를 끼얹고 분신자살을 시도하여 병원으로 옮겼으나 숨졌다. 그는 '내 죽음을 헛되이 하지 말라'는 유언을 남겼다. 전태일 분사는 박정희의 재벌육성과 수출위주의 경제성장 정책에 내포된 저임금과 노동시간 연장혹사(10~15시간) 등 근로자 인권사각지대의 노예노동에 따른 1차적 후유증으로 노정된 것이다.

49 박정희는 1972년 12월 17일 정상적 민주주의를 완전히 부정하는 유신체제를 선포하면서 국민에 의한 경쟁적 대통령 선거방법을 폐지하고 공산권 선거방식인 단일후보에 대한 가부선택방법으로 종신집권을 획책하는 한편, 3권 분립이 아닌 3권 통합 내지 귀속의 대통령독재체제를 '한국적 민주주의'라고 강변했다. '한국적 민주주의'론은 '저개발국가의 1차적 목표는 경제성장이고 민주화와 인권은 경제성장 이후의 과제로서 그 나라 실정에 맞는 특징을 가질 수 있다'는 미국 케네디 대통령 보좌관 로스토우의 주장이 그대로 적용된 것이었다. 로스토우는 '후진국 경제개발은 미국사회가 지속적으로 번영할 수 있는 환경을 창조하기 위한 수단의 하나로서 안보와 번영이라는 두 가지 선행목표를 위해 수행되어야 한다' '후진국의 민주주의는 사치'라며 한국 국민이 집요하게 요구해 온 민주화론을 일축했다(박태균, 앞의 책, 175~177쪽).

이승만 독재정권을 와해시킨 4·19 혁명을 성취했던 학생운동권은 물론, 뜻있는 재야인사들은 또 다시 독재타도와 민주회복운동에 뛰어들어야 했다. 온 국민들은 민주질서를 파괴하고 인권유린을 다반사로 여기는 1인 독재체제 하에서 몸과 마음을 제대로 할 수 없는 고통을 감수해야 했다. 언론조차 침묵을 강요당하고 있던 1971년 12월 24일, 천주교 김수환 추기경은 TV로 생중계되는 명동성당 성탄절미사 강론을 통해 1인 독재를 지향하는 12월 6일 '국가비상사태'를 선포한 박정희 체제를 비판, 시대의 아픔을 대변했다.[50] 다음 해 8월 15일에도 김수환 추기경은 또 다시 입바른 소리를 했다. 이러한 반유신체제 정서에 대해 박정희는 국가공권력을 더욱 지능적으로 폭력화시켜 나갔다. 그는 온갖 안보기관을 동원하여 김수환을 국내외 어디에서나 밀착 감시하고 심지어 추기경 직에서 밀어내려고 교황청에 인편과 투서를 통해 중상모략했는가 하면 성모병원에 대한 세무사찰을 대대적으로 벌이는 비열한 수법을 동원했다.[51] 여기에 민청학련 사건,[52] 인민혁명당재건위사건 조작과 사법살

---

50 김수환, 『추기경 김수환 이야기』, 평화신문, 2005, 204쪽 ; 〈평화신문〉, 2009년 2월 22일, 16면.

51 김수환, 『추기경 김수환 이야기』, 평화방송·평화신문, 2005, 204~211쪽 ; 김수환, 『김수환 추기경의 신앙과 사랑』, 평화신문, 2009, 250~251쪽.

52 1974년 3월, 각 대학에서 유신체제를 타도하자는 시위가 빈발하고 반독재 투쟁이 격화되고 있는 가운데 4월 3일 서울 주요대학에서 시위와 함께 '전국민주청년학생총연맹' 명의의 '민중·민족·민주선언'과 '민중의 소리' 등의 반정부 유인물이 뿌려졌다. 박정희 정권은 '공산주의자의 배후조종을 받은 민청학련이 점조직을 이루고 암호를 사용하면서 200여 회에 걸친 모의 끝에 화염병과 각목으로 시민폭동을 유발해 정부를 전복하고 노농정권을 수립하려는 국가변란을 기도했다'는 내용의 '민청학련' 사건과 함께 '그 배후에 인민혁명당재건위원회가 있다'는 전모를 발표한데 이어 긴급조치 4호를 선포했다. 군·검찰이 이 사건과 관련하여 윤보선·지학순·박형규·김지하·김동길·김찬국을 비롯해 인혁당재건위 관련자 23명, 일본인 2명 등 253명을 구속기소했다. 비상군법회의는 이철·김지하·유인태 등 6명에게 사형, 서중석 등 16명에게 무기, 나머지에게는 20~25년의 중형을 선고했다. 이후 구속자 석방을 요구하는 시위 등 반독재 투쟁이 격화되고 미국 등 국제여론이 악화되자 박정희

인,[53] 간첩사건 조작,[54] 사법부 파동,[55] 언론 탄압,[56] YH사건,[57] 부마항쟁[58] 등

는 10개월 만에 인혁당재건위 사건관련자와 반공법위반자 일부를 제외한 전원을 석방했다. 이 사건은 향후 반 유신독재투쟁의 도화선이 되었다.

53 1964년 중앙정보부는 제1차 인민혁명당 사건을 발표하고 관련자 57명 중 41명을 구속 기소하고 16명을 지명 수배했다. 이들 41명 중에는 주범으로 지목되었던 都禮鍾을 비롯해 민비연 관계학생을 포함한 서울문리대생 9명 등 13명의 대학생들이 포함되어 있었다. 중앙정보부로부터 이송받은 서울지검 이용훈 부장검사와 최대현·김병리 검사는 물증이 없다는 이유로 기소하기를 거부했고 중앙정보부 압력을 받은 서울지검은 숙직검사인 정명래 검사를 통해 전원 기소했다. 그리하여 서울지법 김창규 부장판사는 도예종에게 징역 3년, 양춘우에게 2년의 실형을 선고하고 나머지 11명 전원에게 무죄를 선고했다(김경재, 『김형욱 회고록-혁명과 우상』 2권, 인물과 사상사, 2009, 265~272쪽). 우여곡절을 겪은 후 상고심을 맡은 대법원은 피고인 6명에게만 1년 징역형을 선고하는 선에서 매듭지었다. 1974년 민청학련 사건이 발생하자 중앙정보부는 다시 '민청학련 사건 배후에 10년 전의 인혁당을 재건하려는 인혁당재건위원회가 조종하고 있다'며 도예종 등 23명을 비상군법회의에 구속기소했다. 비상고등군법회의는 이들 중 도예종·서도원·하재완·이수병·김용원·우홍선·송성진·여정남 등 8명에 대해 긴급조치 위반혐의로 사형, 7명에게는 무기, 8명에게는 징역 20년 내지 15년형을 선고했다. 1975년 4월 8일 대법원은 이들에 대한 상고를 모두 기각, 형을 확정짓자 법무부는 대법원의 기각판결 선고시간으로부터 18시간만인 다음 날 새벽, 8명에 대한 사형을 집행했다(이상우, 앞의 『박정권 18년-그 권력의 내막』, 139~153쪽 ; 천주교인권위원회, 『사법살인, 1975년 4월의 학살』, 학민사, 2001, 169쪽). 인혁당 피고인들이 처형되던 날 스위스에 본부를 둔 국제법학자협회는 그 날을 '사법사상 암흑의 날'로 선포했다(강준만, 앞의 책, 1970년대편 2권, 228쪽). 인혁당재건위 사건은 그 후 조작됐다는 의혹이 수없이 제기됐다. 사건 20년 후인 1995년 4월 25일 문화방송이 사법제도 100주년을 기념하는 다큐멘터리를 제작하기 위해 판사 315명에게 보낸 설문조사 결과 '인혁당 사건은 우리나라 사법사상 가장 수치스러운 재판'이라고 답했다. 국정원 과거사정리위원회는 2006년 인민혁명당 사건이 조작됐음을 확인하고 국가에 명예회복 및 피해에 상응하는 조치를 취하도록 권고했다. 이에 따라 유족 및 피해자들이 재심을 신청했고 이를 받아들인 서울중앙지법은 2007년 1월 23일 처형된 8명을 포함한 당시 관련자 23명에 대해 무죄를 선고했고 검찰이 항고를 포기함으로써 이들의 무죄는 확정됐다(〈동아일보〉, 2007년 1월 24일자).

54 박정희 정권은 유신체제기간 동안 김익환 간첩사건·태영호 월북사건·이수근 간첩사건 등 일련의 간첩사건을 조작해 잇달아 발표했다. 이는 국민들로 하여금 위기의식을 불러일으켜 '안보태세 확립'이라는 미명하에 무리하게 기도하는 정권연장 획책에 쏟아진 국민들의 불만을 잠재우기 위한 국면 전환용이었다(진실화해를 위한 과거사조사위원회,

일련의 반유신체제 도발행위가 잇따르자 이를 저지하기 위해 '긴급조치'[59]라

『2006년도 하반기 조사보고서』).

55 유신헌법발효로 입법·사법·행정 3권이 대통령에게 귀일하게 되자 양심적 법관들이 연임에서 대거 탈락되고 간신히 재직하고 있던 판사들마저 긴급조치에 의해 판결해야 하는 등 양심에 따른 판결이 불가능해진데다 재야법조인 韓勝憲·姜信玉 변호사가 구속되는 등 朝野 법조계가 완전히 유신체제의 시녀로 전락한 사실을 말한다. 이를 '법조유신시대'라고도 한다. 유신체제가 막을 내린 후인 1980년 2월 서울제일변호사회가 현직법관 171명(30대 소장법관 82명·중견법관 67명·50대 원로법관 22명)을 상대로 유신시대의 사법부에 대해 '지금까지 재판과 법관의 독립'에 대한 설문조사결과 '불완전하였다'가 67.3%, '상당한 정도 보장되었다'가 26.3%, '완전하게 보장되었다'가 0.6%로 나타났다(이상우, 앞의 『박정권 18년-그 권력의 내막』, 281~301·373쪽).

56 1974년 12월부터 다음해 5월까지 박정희 정권에 대해 비판적·저항적 입장의 매체였던 동아일보에 광고를 싣지 못하도록 중앙정보부가 각 기업체에 압력을 가한 이른바 '동아일보 광고탄압 사건'에 이어 언론자유수호를 외치던 동아·조선일보 기자들의 대량해고와 중앙정보부의 노골적인 언론통제 등 일련의 언론탄압을 말한다. 진실·화해를 위한 과거사정리위원회는 동아일보의 광고탄압을 '중앙정보부가 개입한 불법적인 사건'으로 진실을 규명했다.

57 설립자 장용호의 영문자 'Yong Ho'의 첫 글자를 따서 1966년 1월 설립한 YH무역은 당시 가발수출 호경기로 수출순위 15위까지 급성장하였으나 1970년대 중반부터 가발의 수출둔화와 방만한 운영에 기업주의 자금횡령까지 겹치면서 하향길에 접어들자 근로자들의 임금체불을 일삼았다. 근로자들은 노동조합을 결성하고 정당한 임금수급과 회사 되살리기 운동을 벌였으나 업주는 1979년 3월 20일 폐업으로 맞섰다. 4월 13일부터 장기농성에 들어갔던 20대 여성근로자들은 회사는 물론 정부마저 외면하자 8월 9일 야당인 신민당 당사로 몰려가 체불임금 지불을 호소하는 농성을 4일 동안 벌였다. 그러나 정부는 체불임금을 호소하던 가녀린 여성근로자들을 외면하고 8월 13일 무술경관 1,000여 명을 투입, 강제로 해산시켰다. 이 과정에서 김경숙 양이 5층에서 추락사하고 100여 명이 부상하는 가운데 172명을 연행하면서 이에 항거하는 야당 국회의원에게까지 마구잡이로 폭력을 휘둘렀다. 이로 인해 박정희 유신정권의 도덕성은 땅에 떨어졌고 아울러 유신정권의 몰락을 재촉하는 'YH사건'으로 발전했다. 신민당 국회의원들은 이에 반발, 18일 간의 농성에 들어갔다. 종교·언론·문인·교수 등 각계의 민주화운동 주체들이 이에 동조하여 반 유신투쟁에 나섬으로써 YH사건은 노동운동에서 정치투쟁으로 확대되어 김영삼 신민당 총재 및 국회의원 제명파동과 부마항쟁을 거쳐 10·26 박정희 피살사태로 이어졌다. YH사건은 박정희가 20년 동안 벌인 저질 개발독재의 전형적 부산물이었다(전YH노동조합·한국노동자복지협의회 편, 『YH노동조합사』, 형성사, 1984).

는 정상적 법률논리에 없는 긴급명령권을 발동해 수많은 양심인사와 선량한 국민들을 체포·구금·고문·살해·투옥·연금시키는 억압을 일삼았다. 이 같은 국가공권력의 부당한 폭력성에 저항하는 민주화투쟁이 격렬하게 전개되면서

---

58 국회에서 김영삼 신민당 총재의 국회의원직 제명안이 변칙 통과된 직후인 1979년 10월 16일 부산대학교 학생 4,000여 명은 반정부가두시위를 벌였다. 여기에 시민 3,000여 명이 합세한 시위대는 유신철폐·독재타도·야당탄압 중지 등을 외치며 경찰의 과격한 진압에 맞서 새벽까지 계속했다. 시위는 다음날 더욱 격렬해지면서 경찰차량 6대 전소, 12대 파손, 21개 파출소에 대한 방화 또는 파괴로 이어졌다. 정부는 18일 0시를 기해 부산지역에 비상계엄을 선포하고 공수부대를 투입시켜 무자비한 진압작전을 벌인 끝에 1,058명을 연행하였다. 그러나 시위는 마산·창원으로 확산되어 마산대·경남대생과 시민들까지 합세하는 격렬한 반 유신투쟁 및 박정희 정권타도운동으로 발전하였다. 박정희 유신정권은 20일을 기해 마산과 창원일대에 위수령을 선포하고 505명을 연행함으로써 일단 진정되는 듯 했다. 그러나 부마항쟁의 불씨는 전국 곳곳의 반정부시위를 확산시킨 끝에 10월 26일까지 계속돼 박정희가 피살되는 10·26 사건의 결정적 요인으로 작용했다.

59 천재지변 또는 중대한 재정경제상의 위기에 처하거나 국가의 안전보장 또는 공공의 안녕질서가 중대한 위협을 받거나 받을 우려가 있어 신속한 조치를 취할 필요가 있다고 판단되는 경우에 대통령이 국정전반에 걸쳐서 내리는 헌법상의 특별한 조치를 말한다. 그러나 유신헌법 제53조에 규정된 긴급조치권은 단순한 행정명령인데도 국민의 자유와 권리를 무제한 제약할 수 있는 초헌법적 권한으로 정상적 민주국가에서는 있을 수 없는 규정이다. 특히 긴급조치권 발동을 요하는 비상사태 발생여부에 관한 판단은 대통령 혼자서만 결정할 수 있도록 되어있어 사실상 유신체제 존립을 위협하는 반 유신운동을 봉쇄하기 위해 제정되었다. 1974년 1월 8일 일체의 (유신)헌법개정 논의자체를 금지하는 내용의 긴급조치 1호와 2호를 시작으로, 1974년 4월 이른바 민청학련사건을 처리하기 위한 4호가, 가속화된 유신철폐운동에 대처하여 고려대학교에 휴교령을 내림과 동시에 군을 투입하기 위한 7호가 선포되었다. 그리고 1975년 5월, 유신헌법의 부정·반대·왜곡·비방·개정 및 폐지의 주장이나 청원·선동 또는 이를 보도하는 행위를 일체 금지하고 위반자는 영장 없이 체포 구금한다는 내용을 규정한 긴급조치 9호가 선포됨으로써 유신체제는 막바지로 치달았다. 특히 9호는 10·26 직후 폐기될 때까지 4년 동안 국민의 기본권을 유린하고 1,000여 명에 가까운 학생·지식인·재야인사를 구속하는 사태를 빚었다. 긴급조치 위반사건을 다룬 재판은 1심 589건, 항소심 522건, 상고심 252건 등 모두 1,412건이다. 이 중 1·4호 위반이 36건, 3호 위반이 9건, 9호 위반이 554건이며 관련된 인원은 974명이나 된다(진실화해를 위한 과거사정리위원회, 앞의 보고서).

누적된 국가적·사회적 모순과 갈등이 10·26 사태라는 박정희 자신에 대한 피살로 분출되고 만 것이다.

다시 말하면 '한국적 민주주의'를 내세운 유신독재라는 국가폭력체제는 김대중 납치사건·민청학련 사건·인혁당재건위 사건 조작과 사법살인·언론탄압과 동아일보 광고사태·사법부 수난·동베를린 사건 등에 아무렇지 않게 행사되는 가운데 박정희 독재에 대한 항거차원에서 일어난 101인 선언,[60] 자유언론실천운동,[61] 민주회복국민회의 국민선언,[62] 3·1 민주구국선언,[63] 교육지

---

60 1974년 11월 18일 문학인 101명이 '자유실천문인협의회' 결성식에서 구속자 석방과 새 헌법 제정 등 5개 항을 결의한 후 세종로에서 시위를 벌였다. 이후 자유실천문인협의회는 1975년 3월 15일 '165인 선언', 1978년 4월 24일 '민족문학의 밤', 1979년 4월 27일 '구속문인을 위한 문학의 밤' 등을 통해 반독재 투쟁을 벌였고 이 과정에서 양성우 등 다수의 시인과 문인들이 구속되었다.

61 1974년 10월 23일 송건호 동아일보 편집국장이 중앙정보부에 연행됐다가 귀사한 다음 날인 24일 동아일보 편집국 및 방송기자 200여 명이 편집국에 모여 '자유언론실천'을 선언하고 '언론보도에 대한 외부의 간섭을 일체 배제하고 정보기관원 출입을 거부한다'는 요지의 선언문을 낭독, 자유언론실천을 다짐했다. 뒤이어 조선일보, 한국일보 등 다른 중앙언론사는 물론 방송사 기자들까지 언론자유수호를 선언하면서 유신체제 기간동안 간단없이 벌어진 언론자유투쟁을 말한다. 이에 앞서 1971년부터 정부가 언론통제를 강화하자 기자들은 이에 반발, 언론수호를 다짐했으나 당국의 법적·정치적·경제적 통제만 강화되었다. 그것은 결국 동아일보 광고탄압사건으로 불거졌다(신동아 1988년 1월호 별책 부록, 『현대한국을 뒤흔든 60대사건』, 동아일보사, 1988, 226~231쪽).

62 1974년 12월 25일 서울 YMCA에서 야당·종교계·재야·언론인·법조계·여성계 등 각계 대표 71명이 범민주진영의 연대투쟁기구로서 '민주회복국민회의'를 결성하고 구속자 석방·언론자유보장·민주헌법 제정 등 6개 항을 요구하는 '국민선언'을 채택했다.

63 1976년 3월 1일 명동성당에서 재야의 지도급 인사들이 반유신운동의 일환으로 '3·1 민주구국선언'을 낭독한 사건을 말한다. 유신정권은 이들을 정부전복 선동혐의로 대거 구속하고 '일부 재야인사들이 반정부분자를 규합, 민주회복국민회의·갈릴리교회 등 종교 및 사회단체를 만들어 각종 기도회·수련회·집회 등 종교행사를 빙자하여 수시로 회합·모의하면서 긴급조치 철폐, 정권퇴진 요구 등 불법적 구호를 내세워 정부전복을 선동했다'고 발표했다(〈동아일보〉, 1976년 3월 2일자).

표 사건[64] 등 일련의 범국민적 저항투쟁에 이어 일어난 YH사건에서 그 절정을 이루었다. 노예임금에 몇 달씩 체불까지 겹쳐 생존수단을 갈취당한 여성 근로자들의 피맺힌 절규마저 외면한 채 기업주를 두둔하는 유신정권의 정체성에 반발, 야당 국회의원들에게 호소하고자 신민당사로 몰려가 농성하고 있던 여공들에게 폭력적 공권력을 동원해 강제로 해산시키고 집단으로 연행한 이 사건은 그 과정에서 김경숙 양이 5층에서 추락, 의문사 했다. 박정희의 잔인한 인간성이 YH사건에서 극명하게 드러난 것이다. 그야말로 박정희의 20년 경제성장정책의 허구가 그대로 불거졌다.[65] 뿐만 아니라 이성을 상실한 박정희 정권을 규탄하는 신민당 김영삼의 총재직과 국회의원직 박탈은 국가폭력의 절정이자 그의 악랄한 정치성을 더욱 분명하게 드러낸 결정적 증좌였다. 국민들은 YH근로자들과 김영삼 신민당 총재에 대한 박정희의 말기적 대응에 분노했다. 그동안 쌓여온 박정희 체제에 대한 반발과 불만이 곳곳에서 분출되었다. 그 가운데에서도 부산의 대학생과 시민들은 자기 고장 출신 김영삼을 연호하며 박정희 유신정권타도와 민주주의 회복을 외치며 일제히 궐기했다. 1979년 10월 16일이었다. 독재정권유지에 급급한 박정희는 계엄령을 선포하고 하나회의 정치군인들이 장악하고 있는 공수부대를 투입해 폭압적으로 진압했다. 그런데도 부산의 대학생과 시민들은 더욱 거세게 항거했다. 마산의 대학생과 시민들까지 합세하여 새로운 국민저항으로 번져나갔다. 나라 안은 온통 모순과 갈등과 저주의 연속이었다. 박정희 자신이 조성한 혼돈과 대립이었다.

---

64 1978년 6월 27일 전남대학교 송기숙·명노근·김득진·이홍길 등 11명의 교수가 박정희 독재를 합리화하는 교육헌장 비판과 동시에 진실된 교육을 주장하는 「우리의 교육지표」를 발표한 사건을 말한다. 이 발표에 참여한 11명 전원이 해직되고 송기숙·성내운(연세대) 교수가 구속되었다.

65 김경재, 『김형욱 회고록―혁명과 우상』 4권, 인물과 사상사, 2009, 339쪽.

그러나 그는 아이러니하게도 그러한 혼돈과 갈등의 연장선상에서 극렬하게 배격하고 거부하던 세력에 의해서가 아니라 어떤 경우에도 자신을 끝까지 지켜줄 것으로 믿고 아꼈던 최측근의 총탄을 맞아야 했다. 그를 하늘 같이 존경하고 받들었던 동향친구의 총탄에 의해 김형욱이 말한대로 '역사상 최악의 전제군주'로 평가된 것이다. '버러지만도 못한' 차지철에 대한 평가도 여기에 함께 덧씌워졌음은 물론이다.

이러한 비극은 이미 7년 전 박정희가 유신대통령으로 첫 취임하던 1972년 12월 27일 이미 예고되어 있었다. 이 날 장충체육관에 마련된 제8대 대통령 취임식장에서 취임사를 하고 있던 순간 단상 앞에 세워둔 거대한 국기게양대가 중간에서 꺾이며 태극기가 바닥에 내동댕이쳐졌다. 이 때 TV를 통해 이 광경을 지켜보던 김형욱은 "하늘이 무심치 않군……, 박정희는 반드시 망하고 말거야"하고 뇌까렸다.[66] 김수환 추기경이 1972년 10월 17일 유신체제가 선포되던 날 로마주재 한국대사로부터 감시차원의 저녁식사를 대접받는 자리에서 "10월 유신 같은 초헌법적 철권통치는 우리나라를 큰 불행에 빠트릴 것이라고 단언합니다. 정권욕에 눈이 먼 박 대통령 자신도 결국 불행하게 끝날 것입니다"라는 예언이 그대로 적중하고 만 것이다.[67]

이렇게 비극적으로 막을 내린 박정희는 불법 쿠데타로 집권한 초기부터 이미 자신과 운명을 같이 할 종신집권체제를 구축하기 위해 구체적인 방안 두 가지를 추구해 나갔다. 하나는 군부 내 사조직인 하나회 정치군인들을 육성하는 것이었다. 그는 이들을 자신의 친위세력으로 철저하게 비호하며 어떤 경우에도 감싸고 보살폈다. 그리고 자신을 지켜줄 것으로 믿었다. 이렇게 박정

---

66 이경재, 『유신쿠데타』, 일월서각, 1986, 29쪽 ; 김경재,『김형욱회고록–혁명과 우상』 4권, 인물과 사상사, 2009, 75쪽.
67 앞의 『추기경 김수환 이야기』, 211쪽.

희 친위인맥임을 자임하며 '정치군인'으로 성장한 하나회 회원들은 10·26과 동시에 한국정치의 비정상적 주도그룹인 신군부로 등장, '5·18 광주의 살육'을 연출하게 된다.[68] 다른 하나는 절대적 지지기반 확보를 위해 출신지 경상도에 대한 우대정책을 펼치며 상대적 경쟁지이면서도 당초 대통령이 될 수 있도록 절대적인 지지를 보냈던 전라도를 배신하는 지역주의를 기반으로 한 '경상도 대통령'이 되는 것이었다.[69] 그는 1963년 대통령 선거에서 그가 당선되도록 그토록 많은 표를 몰아줬던 전라도 사람들을 배은하고 망덕하는 배신자였다. 지역주의는 결국 경상도에 대한 인사우대와 부(富)의 편중으로 나타남과 동시에 상대적으로 역사적·지역적 경쟁상대인 전라도를 허탈과 가난으로 몰아넣었다. 이로 인한 반 박정희 정서는 전라도 사람들로 하여금 반독재투쟁과 연계한 민주화운동을 격렬하게 벌이게 했다. 격렬한 민주화투쟁 내지 유신타도운동 분위기가 지속되던 가운데 박정희가 피살되자 호남권의 친 김대중 정서는 호남정권 창출을 소망하는 심리적 요인으로 작용했고, 이를 역이용하고자 했던 신군부가 정권찬탈 과정상의 '과잉진압' 작전을 펼치기 위한 지역으로 광주를 선택하게 되는 빌미가 되었다.

이 같이 박정희의 정치적 유산의 최대 오점 두 가지인 마피아적 하나회 정치군인 집단과 지역차별주의가 18년 동안 차분하게 성장하는 동안 '5·18 광주 살육과 항쟁'은 동시에 꿈틀거리고 있었다. 여기에 또 다른 요인으로는 반박정희 정서에 편승한 전라도 지역의 민주화운동을 들 수 있고 아울러 '서울의 봄' 이후 격렬해진 학생들의 민주화시위, 특히 5월 15일의 '서울역 회군'의 시위와 14~16일 연이어 광주에서 벌어졌던 학생들의 민주성회를 들 수 있

---

68 한용원, 『한국의 軍部政治』, 대왕사, 1993, 326쪽.
69 김경재, 『김형욱 회고록─혁명과 우상』 3권, 인물과 사상사, 2009, 31쪽.

다. 이는 민주성회가 끝날 때마다 '정부의 특단조치가 내려지면 다음날 아침 전남대학교 교문에서 만나 시위하자'고 다짐하던 3일 간의 열기가 신군부에 의한 공수부대의 '과잉진압'에 접목되기 때문이기도 하다.

전두환의 하나회 정치군인

1951년 개교한 4년제 육군사관학교의 첫 입학생인 전두환을 비롯한 영남 출신 생도들 중 단짝인 5명이 친목모임으로 5성회(五星會)를 조직했다. 모두가 별(장군)이 되기를 꿈꾼다는 의미로 각기 개성에 따라 별 이름을 하나씩 지어 붙였다. 전두환-용성(勇星), 노태우-관성(冠星), 김복동-여성(黎星), 최성택-혜성(慧星), 박병하-웅성(雄星)이었다. 당초 5성회는 1954년 봄 38선 이북 출신들의 주축모임인 송죽회에 대응하여 친목을 목적으로 결성된 영남 출신들의 단순한 사조직이었다.[70] 그러나 장교로 임관된 후 5·16 쿠데타를 지지하고 참여하면서부터 7성회로 탈바꿈해 하나회의 모체가 되어 철저한 마피아적 정치군인으로 성장하면서 사정은 달라졌다.[71]

육사에 입교하기 전 최성택을 제외한 네 사람은 중고교 시절부터 조금씩 알고 지내던 사이였다. 맨 위 선배는 노태우로 전두환의 대구공업중학교 1년 선배였고 그 후 경북고교에 진학해서 김복동의 1년 선배가 되었다. 최성택은 대구 출신 4명과 달리 김해(출생지)·부산(중고교) 출신이지만 주위를 살피고 계략을 낼 줄 아는 활달하고 기동성 있는 처신으로 처음부터 '대구 놈들'의 눈에

---

70 김재홍, 『軍』 1권, 동아일보사, 1994, 185~191쪽.
71 재향군인회, 『12·12, 5·18 實錄』, 1997, 29쪽.

들었고 진해 육군사관학교 시절 영남지역 동기와 후배들 간에 혜성으로 불리기도 했다. 뒷날 야전지휘관 시절 육사출신들은 11기의 선두 트로이카로 김복동·최성택·전두환을 꼽았다. 1973년 1월 정규 육사출신 중 가장 먼저 별을 단 사람은 이들 트로이카와 손영길이었다. 이들 4명의 준장진급 선두주자 중 박정희의 부관을 지낸 손영길·전두환 등 친위그룹을 제외하면 자타가 공인하는 톱 주자는 김복동과 최성택이었다. 손영길·정호용·권익현·백운택·박갑룡 등 하나회의 다른 뿌리들은 아직 5성회에 참여하지 않고 있었다. 5성회 멤버들은 진해에 있는 육군사관학교 2학년 때부터 한데 어울려 다니자 이를 눈치챈 다른 동기생들의 눈총을 받기도 했다. 그러나 5성회 멤버들은 특히 후배생도들로부터 운동 잘하고 '남자 기질'이 많은 선배로 인식되었다. 기질과 투지가 강한 전두환은 축구부 주장, 노태우는 럭비부 핵심선수, 김복동은 송구부 주장을 맡아 새로운 경기를 개척하는 기분으로 뛰었다. 이들은 육·해·공 3군 사관학교 대항 체육대회가 열리면 그라운드를 누비는 스타로, 단연 후배들의 인기를 독차지하는 선배로 성가를 올렸다. 그 후 매년 열리는 3군 사관학교 체육대회는 정규 육사출신 장교들로 하여금 동창모임의 필요성을 절실하게 인식시키는 가장 큰 동기가 되었다. 이 밖에도 정규 육사출신들의 단결심과 동창의식을 심어준 계기는 3군 사관학교 체육대회 이외 11기생 임관 당시 정규육사 1기로 부르지 못하게 된데서 비롯된 '기칭(期稱) 파동'이었다.

육사는 1953년 6월, 진해에서 현재의 태릉 화랑대로 이전했다. 1955년 가을, 졸업 및 임관을 앞둔 11기생들은 4년제 정규육사를 졸업한다는 자긍심을 가지고 몇 달 또는 1, 2년 등 단기과정을 거친 후 육사 몇기로 호칭하는 선배들과 달리 '정규육사 1기'로 호칭하기를 강력히 요구하고 나섰다. 그러나 육군본부는 1946년 5월 이미 '육군사관학교'라는 명칭으로 개교한 후 한국전쟁으로 문을 닫을 때까지 단기교육으로 1기부터 9기, 그리고 생도 1기(육사 10기)와 2기(기칭 누락)를 배출한 바 있어 정규육사 1기 호칭을 부여하게 되면 당시 육군의 중추를 이루고 있던 단기 육사출신들의 '장교 족보'를 뒤흔들어 폄하시키는 결과로 이어질 수밖에 없었다. 이는 군 내부의 엄청난 저항과 갈등을 빚을 소질이 다분했다. 특히 단기 육사출신들은 모두 생사를 걸고 한국전쟁을 치러낸 '역전의 용사'들인 반면 정규육사 1기들은 전쟁기간에도 교육만을 받았을 뿐 전투에 직접 참여하지 않은 '온실 속의 햇병아리'였으므로 그 발언권은 비교도 되지 않았다. 육사 1기 중에는 한국전쟁에서 몇 사람 겨우 살아남아 극히 일부가 장군의 반열에 올라있는 전공(戰功) 세대로서 '국가보위'라는 큰 별을 달고 있었다. 김점곤·임충식·서종철 장군 등이 그들이다. 이런 군맥 속에서 햇병아리 장교들로 하여금 정규육사를 나왔다고 자신들과 다른 호칭을 쓰도록 한다는 것은 언어도단이었다. 결국 이들은 육사 11기로 낙착돼 '기칭 파동'은 마무리되었다. '기칭 파동'이 자기들의 의중과는 다르게 매듭지어지자 4년제 정규 육사출신 장교들 사이에서는 자신들만의 '순종(純種)' 동창회 조직의 필요성이 움트기 시작했다.

5·16 쿠데타가 일어난 다음날인 17일, 육군본부로 박정희를 찾아간 전두환을 비롯한 생도시절의 영남 출신 5성회 장교들은 정국을 예의 주시하면서 회원도 7명으로 늘리고 이름도 7성회로 바꾸었다. 5성회 멤버인 전두환·노태우·김복동·최성택·박병하 중 박병하가 졸업을 함께하지 못한데다 임관 후 교유관계가 늘어나게 되자 또 다른 영남 출신인 손영길·정호용·권익현을 끌어들임으로써 자연스럽게 회원에 변화가 생겼다. 나중에 언급하게 될 '하나회' 뿌리가 생성되고 있었던 것이다. 이들은 5·16 쿠데타 주체세력이 내세운 '세대교체', '체질개선'이라는 구호가 바로 자신들이 희구해온 목표라고 생각했다. 쿠데타 명분이었던 '부정부패 척결'과 '기아해방 경제건설'도 그럴듯한 구

호였다. 30대 초반의 대위급 장교들에게는 자신들 앞에 다가온 군사쿠데타가 일신을 던져도 괜찮을 장래성 있는 호재로 비춰졌다.

4년제 정규 육사졸업생들은 초급장교 시절 일선부대의 소대장·중대장을 지내며 이전의 단기육사나 간부후보생 출신 장교들에게 강한 불만을 품고 있었다. 부하들의 급식정량을 떼어먹는 부패, 경험만을 내세운 주먹구구식 작전지시, 돈키호테식 영웅심리에 빠진 퇴폐적 지휘관들을 목격하고 체험한 터였다. 따라서 직업군인으로 평생을 보내야 할 정규 육사출신들에게는 실망과 개혁의지가 함께 움텄다. 4년 동안 같은 요람에서 엘리트 장교의 꿈을 키운 동창들은 장래성 있는 개혁을 위해서는 구심점으로서의 어떤 친목모임의 존재가 필요하다는 공감대가 형성되고 있었다.

이에 앞서 이들은 졸업을 앞두고 논란 끝에 졸업앨범의 표제이름으로 '북극성'이라는 별 이름을 골랐다. '북극성'이라는 이름을 선택한 것은 육사에 들어온 이상 반드시 양어깨에 빛나는 별을 다는 장군이 되어야 하고 기왕이면 분단 조국의 북녘 땅도 비추는 북극성 같은 별이 되어야 한다는 취지였다. 이 '북극성'이라는 표제는 정규 육사출신 젊은 장교들의 자긍심을 부추기기에 충분했다. 이렇게 해서 일선 소대장 근무를 마친 우수졸업자들이 소집되어 구성된 육사 교수부의 중추요원들이 정규육사동창회를 따로 조직하면서 자신들의 자긍심에 걸 맞는 '북극성회'라는 이름을 붙이기에 이르렀다.

5·16 직전인 1961년 4월에 출범한 '북극성회'는 당초에는 비교적 순수한 동기로 출발했다. 초대회장 강재륜 대위는 첫 회장직을 수락하면서 '우리의 목표는 명백하다. 훌륭한 전문인, 겨레의 방패로서 역사의 참 길을 걷는 것'이라고 역설했다. 그러면서 이 같은 공통된 염원을 위해 '서로간의 계발과 신의와 우애를 두터이 해야 한다'고 강조했다. 이후 북극성 회장 면면을 보면 친목과 상부상조라는 기본취지를 지키려는 순수파와 군 내외에 영향력을 과시하

려는 뒷날의 하나회 멤버가 번갈아 맡게 된다.[72]

　1960년대 중반까지만 해도 하나회가 북극성회를 크게 오염시키지 않았다. 2대 회장으로 선출된 노태우 회장도 북극성회 주류분위기에 충실하려고 애쓴 흔적이 역력했다. 그러나 1968년 전두환 중령의 회장 취임사는 사뭇 달랐다. "우리는 지금 구구한 이론의 시대가 아니라 박력있는 행동이 요청되는 시대에 살고 있다"고 밝혀 박정희 정권의 '싸우면서 일하자'는 구호를 연상케 했다. 박정희의 지령에 의해 추진되고 있던 3선개헌을 의식한 취임사로 박정희 비호 아래 정치군인으로 착실하게 성장하고 있던 그다운 외침이었다. 그렇지만 지나치게 정치적이라는 자아반성이 제기돼 제동이 걸리기도 했다. 다음해에 회장이 되는 김광욱 중령을 중심으로 한 교수부에서 터져 나온 것이다. 동창회의 존립의의는 친목활동이며 "아사달(북극성회 회보이름)은 전략이론 연마의 장으로 발전해야 한다"는 주장이 제기되었다. 이 무렵 동창회 활동의 중심은 모교인 육사로 옮겨졌고 동시에 북극성회도 3,000명 가까운 소령 및 대위급 중견장교집단으로 비대해 있었기 때문에 처음의 취지와 달리 모임의 뜻이 변질되는 것을 막고자 함이었다. 그러나 이 외침은 다음의 상황변화에 따라 여기서 끝나고 만다. 이듬해인 1970년 북극성 회장선거에서 전두환이 전례없이 회장에 다시 선임되기 때문이다. 그 후 1971년 권익현 회장에 박희도 총무, 1972년에는 손영길 회장 등 북극성 동창회는 군내 사조직 하나회 정치군인들에 의해 장악된다. 그러나 손영길은 북극성회의 마지막 회장이 되었다. 1972년 8월 군내 압력집단이라는 정보보고를 받은 박정희가 해체지시를 내

---

72 김재홍, 앞의 책, 213~215쪽 ; ◇초대회장 강재륜(1961년 4월·육사교수) ◇노태우(1963년 4월·하나회) ◇이대호(1964년 4월·육사교수) ◇김복동(1966년 4월·하나회) ◇전두환(1968년 4월·하나회) ◇김광욱(1969년 4월·육사교수) ◇전두환(1970년 4월·하나회) ◇권익현(1971년 4월·하나회) ◇손영길(1972년 3월·하나회).

렸기 때문이다.

5·16 쿠데타 직후 육사출신 장교들은 대략 3개 분야로 갈라져 활동하고 있었다. 하나는 졸업성적 30% 이내에 드는 학구파로 지목돼 서울대학교 등에서 전공과목 위탁교육을 받고 육사교수가 되는 경우로 북극성회의 구심점이 된다. 다음은 소대장 근무를 마친 후 1961년부터 일반대학에 설치된 ROTC 교관이나 구대장이 된 케이스다. 일부는 육군본부와 일선 사령관이나 군단장 등 고위 장성들의 전속부관이나 방첩대에서 근무하는 경우도 있었다. 그 다음은 일선 소대장 근무를 마치고 일선부대에 그대로 남아있는 순수한 군인정신에 투철한 부류들이다. 5·16 쿠데타 지지와 함께 정치군인화 되는 쪽은 주로 두 번째 그룹에서 나왔다. 서울대 등의 ROTC 교관이었던 전두환·김복동·노태우 대위 등이 이 부류에 해당된다. 그렇다고 이들이 육사생도들의 5·16 지지시위를 이끌어낸 것은 아니다.[73]

5·16 쿠데타는 첫날 일선 군부대는 물론 주한유엔군사령부와 주한미국대사관 측의 강력한 반대에 부딪혀 쿠데타의 성공여부가 상당히 유동적이었다. 이 같은 상황을 반전시키기 위해서는 순수성의 의미가 있는 육사생도들의 지지의사 표시가 가장 효과적이라고 판단한 육사 8기의 핵심 쿠데타 주체인 오치성 대령과 그 수하인 차지철 대위는 육사생도들을 '혁명대열'에 끌어들이는 임무를 띠고 육사를 방문해 학교 간부들과 생도대표들에게 '군사혁명'의 당

---

73 김재홍, 앞의 책, 214쪽. 그러나 육사생도들의 5·16 지지 시가행진을 전두환 등이 이끌어냈다는 설도 만만치 않다. 한용원은 '서울대 교관이던 전두환 대위가 5월 17일 육군본부로 박정희를 찾아가 혁명의 당위성과 구국의 계획을 확인한 후 찬동을 표하고 다음날 육사를 방문하여 후배들을 설득해 혁명지지시위를 이끌어 냈다'고 서술하고 있다(한용원, 앞의 책, 219쪽). 이밖에 재향군인회, 앞의 책, 29쪽 ; 김충식, 『남산의 부장들』 1권, 동아일보사, 1993, 27~28쪽 ; 박보균, 『청와대비서실』 3권, 중앙일보사, 1994, 105쪽도 한용원의 견해와 비슷하다.

위성을 강조하면서 이를 지지하는 시가행진을 벌여달라고 호소했다. 이들의 호소는 당초 거부됐었다. 그 중심엔 강영훈 교장이 있었다. 순수한 육사생도들을 정치에 끌어들여서는 안 된다는 것이 그 이유였다. 그렇지만 그들의 설득은 우여곡절을 겪은 끝에 성사돼 5월 18일 서울시가에서 시위가 이루어졌다.[74] 시위를 벌이던 정재문 연대장 생도(18기)가 '영광스러운 혁명의 파도 속에 영육을 흔연히 투척한다'는 지지선언문을 낭독함으로써 5·16 쿠데타는 급전직하로 호전돼 성공의 길로 들어서게 된다. 물론 5·16 다음날인 17일부터 미국 정부가 쿠데타 진압 불개입 의사를 밝힌 것이 결정적이었지만, 표면적으로는 육사생도들의 지지시위를 계기로 쿠데타가 성공을 거두게 된 것으로 인식되어 왔다. 한편 박정희는 5·16 다음날 찾아온 전두환·손영길을 비롯한 30대 초반의 젊은 대위급 장교들을 수족으로 데려다 쓰기 시작했다. 박정희 국가재건최고회의 부의장의 경호책임자 박종규 소령이 이들에 대한 선별을 도맡았다.

박종규는 박정희와 동향인 영남 출신의 정규 육군사관학교 졸업자, 특히 서울지역에서 근무하는 11기 중에서 박정희의 수족을 발탁하는 한편 북극성회의 추천을 받은 육사교수부에서도 데려왔다. 이들은 권력핵심부서인 최고회의 민원비서실과 중앙정보부 인사과에 배치돼 5·16 군사정권의 중요한 실무자 역할을 톡톡히 수행했다. 정규 육사출신 장교들이 군내 소수파 처지에서 영향력 있는 실세집단으로 변모하게 된 것이다. 국토방위라는 군 본연의 임무를 충실하게 수행하면서 구직업주의(old professionalism)의 순수한 이상을 추구해야 할 정규 육사출신들이, 가장 경계해야할 정치마당에 말려들어 순수

---

74 김재홍, 앞의 책, 208쪽 ; 한국군사혁명사편찬위원회가 편찬·발간한 『한국군사혁명사』 1집, 266~267쪽은 육사생도들이 혁명을 지지하는 시가행진을 했다는 사실만 기술하고 있을 뿐 누가 이끌어냈는지에 대해서는 언급하지 않고 있다.

하지 못한 신직업주의(new professionalism)적 '정치군인'의 길에 들어선 것이다.[75] 이들은 "서구적 민주주의는 우리 몸에 맞지 않으니 우리에게 맞는 민주주의가 필요하며 부흥을 위해서도 국민 개개인은 희생되어야 한다"는 논리를 펴며[76] 5·16 당초부터 장기독재정권을 획책하고 있던 박정희의 친위인맥으로 등장, 그의 비호 아래 영남 출신 '하나회' 정치군인으로 성장하게 되고, 18년 후 정권탈취과정에서 자행된 '5·18 광주살육의 싹'으로 자리 잡게 된다. 5·16 쿠데타가 5·18 살육의 직접적 배경이자 기원이 되는 이유가 여기에 있다.

박정희에 의해 5·16 군사정권의 실무집단으로 수용되면서 정치군인의 길로 들어선 이들 7성회 멤버들은 1962년 가을, 효창공원 뒤 청파동 전두환 집에 모였다. 7성회원 중에서 전두환·김복동·최성택·손영길 등은 1차로 소령에 진급했으나 노태우·정호용·권익현은 대위에 머물러 있었다. 이들은 모임을 거듭하면서 육사 8기 출신들에 의해 저질러지고 있던 4대 의혹사건과 3분 폭리사건을 놓고 공분하면서 자신들의 신상문제를 진지하게 거론하고 나섰다.[77] 단기 육사 8~10기는 자신들과 연령상으로 3, 4세 차이밖에 나지 않

---

75 '舊職業主義(Old Professionalism)'는 Samuel P. Huntington의 이론으로 군부의 정치적 중립화를 내세우며 국토방위 임무를 강조하는 것이고, '新職業主義(New Professionalism)'는 Alfred Stepan의 이론으로 군부의 정치화를 통해 정권장악을 기도하는 군인들을 말한다(梁炳基, 「한국군부의 정치화 과정−신직업주의 형성과정을 중심으로」, 민족문제연구소 주최 제2차 학술회의, 『한국군과 식민유산』, 1999, 28쪽) ; 구직업주의와 신직업주의 이론은 1960년대 브라질과 페루 군부의 정치적 역할을 중심으로 형성됐다(김영명 편저, 『군부정치론』, 도서출판 녹두, 1986, 106쪽).

76 박정희, 『한국국민에게 고함』, 동서문화사, 2006, 35~37쪽, 47쪽.

77 4대 의혹사건이란 5·16 후 중앙정보부가 공화당정치자금을 마련하기 위해 농협이 보유하고 있는 한국전력 주식의 주가를 조작해 폭리를 취한 증권파동, 외화획득을 위해 관광사업 차원의 호텔을 짓는다며 군인을 동원해 무단으로 노동력을 이용하고 막대한 건설자금을 빼돌린 워커힐 호텔사건, 일본제 승용차를 불법 반입한 후 두 배 이상 시세차익 폭리를 취한 새나라 자동차사건, 법적으로 금지되어 있는 불법 도박기구 빠찡코를 일본에서 반입하여 33개소에 개설하려던 사건을 말한다. 3분 폭리사건이란 설탕·밀가루·

는데도 혁명주체로서 막강한 위세를 떨치고 있는 반면 11기생인 자신들은 그들의 심부름꾼에 불과한 초라하기 짝이 없는 신세라는 것이었다. 더욱이 박정희 직계라는 강력한 지원세력으로 부상한 육사 8기생 중에는 우연스러운 일이지만 영남 출신이 한 사람도 없었다. 조카사위이자 동지인 김종필은 충청도 출신이었고 다른 지원세력들도 모두 타지 출신이었으나 그들은 박정희 최고회의의장 주변을 맴돌며 갖가지 권력형 부정과 비리를 저지르고 있었다. 또한 군정 초기 강력한 라이벌이던 장도영과 그 동조자들은 서북 출신이고 군정 후반기에 반기를 든 김동하·박임항·박창암 등은 속칭 알래스카 군맥으로 일컫는 관북(함경도) 출신들이었다.[78] 박정희는 자신의 인맥에 동향 출신이 없음을 항상 안타까워한 나머지 영남 출신들을 찾고 있었다. 이러한 상황에 최고회의와 중앙정보부에서 근무하고 있던 전두환을 비롯한 7성회 멤버들은 영도자 박정희의 의장보호막 또는 친위대로 안성맞춤이었다. 이들은 이 같은 안성맞춤 역할을 수행할 동지들을 끌어 모아 '도원결의(桃園結義)'식 의형제를 맺고 굳건한 세력을 확대하고자 발걸음을 넓히고 나섰다. 마피아적 하나회 정치군인들의 등장배경이 또한 여기에 있었던 것이다.

이들은 1963년 2월 전두환 집에 다시 모여 박 의장의 수족이 될 그룹을 형성하자는 데 의견을 같이한 끝에 7성회 멤버 이외에 영남 출신의 박갑룡·남중수를 끌어들여 9명이 되었다. 여기에다 서울에서 공병중대장을 하다가 최고회의 경호실에 들어와 있던 노정기가 천거되었다. 노정기는 전남 장흥 출신이지만 영남 일색보다는 한 명쯤 다른 지역 출신으로 구색을 맞추는 것도 무방하다는 논리였다. 더욱이 나이가 가장 어린데다 꾸준한 노력으로 성적이 상

시멘트 가격을 조작해 생긴 폭리를 정치자금화 한 것을 말한다.
78 이상우, 앞의 『박정권 18년-그 권력의 내막』, 340쪽 ; 김재홍, 앞의 책, 258~261쪽.

위권이었으므로 그를 적임자로 보고 끌어들였다. 이렇게 해서 '텐(10) 멤버'가 구성되었다. '텐 멤버'는 그 후 김복동 집에서 모임의 명칭을 놓고 논의한 끝에 정규육사 1기이고 '나라도 하나, 우리의 우정도 하나'라는 의미에서 '한마음회', '일심회(一心會)'를 놓고 토론을 벌인 끝에 '일심회'로 낙착했다. 1964년 3월 1일 새벽이었다. 이들은 전날인 2월 29일(윤달) 초저녁에 모였지만 3·1 운동의 의미를 되새긴다는 뜻에서 결성시간을 1일 새벽으로 늦췄다.[79] 그리고 '국가와 민족을 위해 신명을 바친다'는 4개항의 선언문을 작성했다. 이름은 후에 '한마음회'로 바꿨다가 '하나회'로 최종 귀착하게 된다. 하나회는 이렇게 등장했다. 이들은 처음에 '군내 사조직 불용'이라는 규정을 의식해 하나회 조직 자체가 드러나지 않도록 신경을 썼다. 모임도 10명의 집에서 돌아가며 갖고 지하단체들이 흔히 사용하는 문자로 기록하지 않는다는 '불기불문(不記不文) 원칙'을 적용하는 등 보안조치에 각별하게 유의했다.[80]

1963년 3월 18일, 육사에서 북극성회 운영위원회가 열렸다. 신임회장 선임을 위한 모임으로 11기에서 17기까지 각기 2명씩 운영위원 14명이 모였다. 11기 운영위원은 김영곤 대위(육본 인사관리처 근무)와 노정기 대위(최고회의 근무)였다. 강재륜 초대회장 후임을 뽑는 자리에서 노정기 대위는 같은 멤버인 노태우 대위를 강력하게 추천하여 회장으로 선임되도록 밀어붙였다. 이는 아직 눈에 띤 것은 아니지만 세력화된 하나회계의 첫 번째 노출이었다.

하나회계는 1963년 들어 본격적으로 불거진 4대 의혹사건과 3분 폭리사건 등 공화당 사전조직 파동에 따른 책임을 지고 김종필이 중앙정보부장직에서 물러남과 동시에 타의반 자의반 외유를 떠나자, 이를 육사 8기 그룹을 거세할

---

79 박보균, 앞의 책, 103쪽.
80 재향군인회, 앞의 책, 30쪽 ; 김재홍, 앞의 책, 266쪽.

수 있는 절호의 기회로 여겼다. 김종필과 라이벌 관계인 김재춘 신임중앙정보부장과 친밀한 노태우·권익현 대위는 군사정부에서 8기가 차지해 온 역할을 정규 육사출신인 자신들이 맡을 수 있다고 보았다. 이들은 1963년 7월 6일을 D-day로 잡고 동창회인 북극성회 이름으로 8기의 거세를 시도했다. 그러나 혁명주체들로부터 역공당하던 김재춘 정보부장이 오히려 해임되어 불발되고 말았다. 이러한 하나회계의 음모는 공화당 간부들에게도 알려졌을 뿐만 아니라 육군사관학교 교수부 소속 동창장교들이 하나회계가 북극성회 이름 아래 동창회를 정치적으로 이용하려는 것을 극력 반대하고 나섰기 때문이다. 혁명주체세력을 축출하려는 반혁명적 '7·6 친위 쿠데타'는 이렇게 미수로 끝나고 말았다.[81]

그러나 최고회의의 최성택·노정기, 중앙정보부의 전두환·권익현·김복동·박갑룡, 방첩대의 노태우 등이 주모자로 지목된 가운데 적발된 7·6 미수사건 관련자들에 대한 수사는 흐지부지 되어버렸다. 이들의 수사를 중단시킨 것은 박종규·김재춘·정승화 라인이었지만 실질적으로는 박정희였다. 그는 이 사건을 보고받고 '기합이나 주고 적당히 끝내버려'라고 박종규에게 지시했던 것이다. 그러나 박종규는 기합조차 주지 않고 유야무야 시켜버렸다. 이처럼 커다란 반혁명사건 주모자로 지목되어 철저하게 처벌받아야 했던 이들은 박정희와 박종규 비호 아래 더욱 자신감 넘치는 '정치군인'으로 성장해 나갔다. 이들이 16년 후 12·12 반란을 일으켜 정권찬탈을 위한 다단계 쿠데타의 주동자가 되고 마지막 단계를 넘기 위해 5·18 살육을 연출하게 된 실제적 출발점은 바로 이때부터였다. 다시 말하면 5·18 살육의 씨앗은 5·16 쿠데타 다음날 접목되고 몸집은 7·6 친위 쿠데타 미수사건에서 불어나게 된 것이다.

---

81 재향군인회, 앞의 책, 32쪽.

이후 16년 동안 축적된 정치군인으로서의 노하우는 십분 활용되어 국민들의 민주화 열망을 깔아뭉개는 신군부로 등장, 국가폭력을 동원해 정권을 찬탈하게 된다. 한편 이때의 방첩대장 정승화는 16년 전 처벌받지 않도록 두둔한 이들에 의해 패륜적 수모를 당하는 아이러니를 겪게 된다.

하나회의 조직 확대는 11기 이후 14기에서 큰 호응을 받았다. 12~13기 중에서는 아직 참여한 사람이 없었다. 11기 하나회 창설자들로부터 지령을 받아 후배포섭에 앞장선 행동책은 대구·경북출신이자 전두환·정호용·권익현의 후배인 배명국·박정기·이종구·정도영 등이었다. 처음에는 육사 11기 10명을 위시하여 16기까지 각 기별 10명 내외로 구성된 수직조직체였으나 그 규모가 단계적으로 확대되어 육사 36기까지 240명이 가입한 것으로 밝혀졌다.[82] 이들의 마음 한 구석에는 비록 미수에 그쳤지만 7·6 친위 쿠데타라는 큰 사건을 기도하고도 아무 탈이 없었을 정도로 군사혁명지도자 박정희 장군

---

82 재향군인회, 앞의 책, 29쪽 ; 그러나 240명의 명단이 밝혀진 적은 없다. 김영삼 정권 시절인 1993년 4월 2일 오전, 국방부와 합동참모본부 장교들이 거주하는 서울 용산구 동빙고동 군인아파트촌의 우편함과 자동차 윈도브러시에는 '육사 하나회 회원'이라는 A4 크기의 용지 10매에 142명의 명단이 수록된 유인물이 꽂혀 있었다. 이것은 육군교육사 지원처장 백승도 대령(육사 31기)이 살포한 것이었다. 유인물에는 현역 중장급인 육사 20기부터 중령급인 36기까지 기 대표를 비롯해 각 기별로 7~11명씩 모두 142명의 이름이 적혀 있었다. 윤필용 사건 이후 26기를 끝으로 명맥이 끊어진 줄 알았던 하나회가 36기까지 뿌리를 뻗고 살아 있었다는 사실이 드러난 것이다. 이 사건은 같은 날 하나회 소속 안병호 수도방위사령관(육사 20기)과 김형선 특전사사령관(육사 19기)이 전격 교체되는 빌미가 되었고 5월 24일 하나회 출신 또는 12·12 반란 가담자를 모두 예편시키는 '5·24 숙군'으로 발전하며, 박정희 이후 노태우 정권에 이르기까지 군사독재체제의 핵심세력이었던 하나회 세력을 완전히 제거하는 계기로 작용했다. 이로써 민주체제를 공고히 다지고자 시도하는데 가장 핵심적 장애요소였던 군부에 대한 문민통제를 완벽하게 성사시키는 역사발전으로 이어졌다. 김영삼 대통령이 "우리 군대도 비로소 '정권의 군대'에서 '국민의 군대'로 자리매김하게 되었다"고 천명할 정도였다(특별취재반, 『잃어버린 5년, 칼국수에서 IMF까지-YS 문민정부 1,800일 비화』 2권, 동아일보사, 1999, 36~37쪽 ; 김영삼, 『김영삼대통령 회고록』 상권, 조선일보사, 2001, 115·124~125쪽).

과 끈끈한 사이임을 여실히 보여주었으며 동향의식이 더욱 뿌리깊이 자리잡게 되었다. 박정희 역시 그렇게 받아들이고 각별한 애정을 쏟아 자신의 친위세력 또는 동지적 지원인맥의 정치군인으로 키워나갔다. 이들은 생도시절의 간부와 우등생들로부터 견제와 질시를 받게 되었지만, 권력의 속성은 그것을 깔아뭉갤 수 있는 마력을 지니고 있었다. 그 후 하나회는 자신들의 세력을 확대하기 위해 특정한 연결고리가 이어져 있는 후배들은 물론 속성이나 출신지역상 잘 어울리지 않는 군 내외 유력인사들에게까지도 손길을 뻗쳤다. 12~13기에서 임인식·홍성철·황인수·박세직·박준병을 끌어들였고 1960년대 말쯤에는 명실상부한 군부 내의 힘 있는 사조직으로 성장했다. 더욱이 11기에서 15기까지는 각기별 대표화랑이나 수석졸업자들을 배제했지만 16기부터는 그러지 않고 모두 끌어들였다. 스스럼없이 핵심 선두주자들을 대범하게 끌어들인 하나회는 새 회원이 포섭되면 가입의식을 엄격하게 치렀다. 비밀요정을 이용하기도 했지만 주로 전두환 집을 이용하여 가입선서를 하도록 했다. 새 가입자의 선서는 하나회 보스인 전두환 또는 추천자가 받았다. 서약내용은 네 가지였다.

① 국가와 민족을 위해 신명을 바친다.
② 하나회의 선후배와 동료들에 의해 합의된 명령에 복종한다.
③ 하나회원 상호간에 경쟁하지 않는다.
④ 이상의 서약에 위반할 시는 '인격말살'을 감수한다.[83]

오른손을 어깨 높이 들고 엄숙하게 선서문을 낭독하는 의식은 마치 장교임관 때 국가에 대한 충성선서식을 할 때와 같은 자세와 마음가짐이었다. 하나

---

83 김재홍, 앞의 책, 278~285쪽.

회 사조직에 대한 충성을 맹세하는 의식 역시 엄격하게 치렀다. 이는 새무엘 헌팅턴(Samuel Huntington)이 말한 것처럼 자신들이 다른 육사출신 군인들과 구별되는 자치적 정체성이 있음을 매우 강하게 심어주려는 의도가 깔려 있었다. 특히 협동하는 태도를 강조하며 개인적 동기를 집단의 필요에 복종시키기 위한 명령과 훈련의 중요성을 강조하려는 데도 목적이 있었다.[84] 사람들은 누구나 한 집단의 구성원이 됨으로써 기본적인 심리적 욕구와 소망을 충족시키게 된다. 따라서 특성 있는 집단구성이 가능한 것이다.[85] 그러나 이 같은 가입의식이나 제4항의 배신행위에 대한 응징서약은 마피아조직에서나 있을 법한 맹세였다. 절대복종을 강요하는 절차였기 때문이다. 그러나 육군사관학교라는 공식적 집단 이외에 새로운 집단을 형성하는 것은 다른 사람들에게 영향력을 행사할 기회가 많이 제공되기 때문에 다른 사람들을 통제하고 싶은 욕구를 지닌 사람들이 그 집단을 찾는 것은 필연적인 현상이다.[86] 이들은 회원 인선기준으로 한강이남 출신자 중 영남 출신을 우선적으로 지목하여 충성심이 강하고 의리도 있고 가능하면 성적이 좋은 사람을 선발하되 엄격한 심사과정을 거쳐 선별한 다음 조직에 대한 충성을 다짐하고 배신을 막는 선서를 받는 철저한 마피아적 체제를 갖추어 갔다.[87]

응집력 있는 비밀 사조직인 하나회가 가장 눈독을 들인 직책은 육군본부 인사참모부 진급과와 보안부대 내사과였다. 진급과는 장교진급 인사서류를 챙기는 곳이고 내사과는 장교들의 동향보고를 취합하는 곳으로 이 두 곳을 장악해야 진급과 보직을 가장 유리하고 확실하게 보장할 수 있었다. 이때부터

---

84 앤터니 기든스 저·김미숙 외 역, 『현대사회학』, 을유문화사, 1998, 351~352쪽.

85 도넬슨 포리스 저·서울대심리학연구실 편역, 『집단심리학』, 학지사, 1997, 66쪽.

86 도넬슨 포리스, 앞의 책, 66쪽.

87 재향군인회, 앞의 책, 30쪽.

1970년대 초반까지 육군본부 진급과와 방첩대(보안사령부) 내사과는 완전히 하나회가 장악하게 된다. 하나회에서 맨 먼저 육군본부 진급과에 입성한 사람은 역시 보스인 전두환 소령이고 내사과는 노태우 소령이다. 그는 대한민국 60만 대군의 군 조직에서 영향력을 행사할 수 있는 열쇠는 진급인사권이라는 사실을 누구보다도 잘 알고 있었다. 전두환은 5·16 직후 최고회의 민원비서실과 중앙정보부 인사과장을 역임한 바 있어 그 중요성이나 영향력을 이미 터득하고 있었다. 그 과정을 통해 전두환은 장교인사의 기법을 통달하게 되는데, 가령 어느 특정인의 보직관리를 1급 코스에 넣어두면 진급심사에서 탈락시키려 해도 탈락시킬 수 없게 된다. 또한 보안부대의 동향보고 및 근무평가가 '부적(不適)'으로 나오지 않아야 한다.

각 계급의 1급 보직이란 청와대를 지키는 제30·33경비대대(경비단) 등 수도경비사령부 예하부대와 특전사의 중대장, 대대장 자리를 말한다. 육군참모총장이나 군사령관 등 고위 장성들의 전속부관, 수석부관, 비서실장도 진급이 보장되는 '꽃방석'이다. 전두환은 이런 1급 보직을 공략함으로써 눈여겨 봐두었던 후배들이 진급이 보장되는 좋은 자리를 얻고자 하나회 회원이 되기를 스스로 자청하도록 유도했다.[88] 이는 뒷날 5·18 살육현장에서 전두환에게 무한한 충성심을 보이면 자신들의 진급과 보직은 물론 출세까지도 보장될 수 있다는 심리적 요인으로 작용했을 것이다. 따라서 공수부대 장교들로 하여금 스스로 신군부 정치군인들이 의도하는 대로 살육적 '과잉진압'을 경쟁적으로 선도(?)하도록 자극하고 부추기는 요인이 되었을 터이다.

전두환의 정권탈취 전략은 이미 이때부터 착수되었다고 볼 수 있다. 철저

---

88 김재홍, 앞의 책, 286~287쪽 ; 박보균, 앞의 책, 114~115쪽(전두환은 하나회 소속 후배들은 물론 부하들의 진급·보직뿐만 아니라 경제적 어려움도 보살피는 의리있는 선배이자 보스로서의 리더십을 철저히 발휘했다. 그는 재벌들을 통해 자금을 염출하고 있었다).

한 조직 관리를 통해 전두환으로부터 정기적인 진급과 힘 있는 보직을 받은 회원이면 누구나 그에 대해 충성할 것은 너무나 자명한 일이었다. 또한 전두환은 보스로서 이런 자리를 확보하기 위해 당돌하게 고위 장성들을 몸소 찾아다니며 인사 청탁하기를 서슴지 않았다. 그는 "정규육사에서 교육받은 유망한 젊은 장교들을 키워야한다"고 고위 장성들을 설득했다. 물론 전두환이 추천하는 장교들이 국가와 국민 이외의 대상에 충성을 맹세한 하나회 사조직 멤버인 줄은 까맣게 모르고 순수하게 받아들였다. 한편 전두환은 언젠가 필요할 경우 자신들을 감싸줄 보호막으로 최고회의 시절부터 인연을 쌓아둔 청와대 경호실장 박종규를 점찍었다. 그리고 암암리에 '육사출신 장교들의 중심그룹'이 필요하다고 기회가 있을 때마다 역설했다. 이 때문에 박종규는 이들이 그룹화 되어있는 사실을 알고 가끔 박정희에게 이들의 동향을 보고해 긍정적인 반응을 받아놓고 있었다. 박정희는 동향이자 정규 육사출신들을 잘 다듬어 키우면 군의 중추로 성장함은 물론 자신을 위해 충성을 다하는 수족노릇을 하리라고 믿었다. 장기집권을 구상하고 있던 박정희의 지역주의와 친위그룹 육성의 단초는 여기에서 발원하고 있는 것이다. 이렇게 근위사단을 이루는 정규 육사출신이자 동향 TK출신들은 '하나회'라는 사조직을 구성해 정치군인으로 성장하게 된다. 그리고 그 중심에 전두환이 있었다. 이들은 1979년 10월 26일 박정희가 피살되면서 통치권의 공백기를 틈타 정권을 찬탈하려는 '신군부'를 형성하게 된다. 뒤에서 언급하겠지만 전두환은 이때 이전에 '충무계획 1,200'에 의한 정권장악 '계획서'를 이미 작성해 두고 있었다.

박정희는 제3공화국 초기인 1965년 최고회의 의장시절 자신의 전속부관을 지낸 손영길 소령을 청와대 경비부대인 수도경비사령부 제30대대장에 임명했다. 그만큼 손영길을 믿었으며 장차 자신을 지켜줄 동향 출신 직계부하로 점찍고 있었다. 그러면서 하나회 소속 영남 출신들을 자신의 주변에 집중 배치했다. 1967년 대통령 선거를 앞두고는 전두환을 제30대대장으로 보내고 손영길을 육본 진급과로 보내 자신이 필요로 하는 영관급 장교들을 관리토록 했다. 그만큼 손영길·전두환 두 사람을 잘 길러야 할 젊은 장교로 점찍고 자신의 의중을 제대로 헤아릴 친위부대 정치군인의 중간보스로 육성하고 있었음이 분명해 보인다.

뿐만 아니라 박정희는 전두환의 적극적 천거를 받아들여 권익현 대령을 대령들의 장군 진급자료를 관리하는 대령과장에 보임하고 13기의 핵심인 신재기를 중령이하 장교들을 관리하는 진급계장 자리에 앉혔다. 육군 장교들의 진급문제를 하나회 소속 장교들이 완전히 장악하는 시스템이 구축된 것이다. 뿐만 아니라 장교들의 진급에 필수적인 동향자료를 관장하는 보안부대 초대 내사과장에 노태우 소령이 임명되었음은 물론 그 뒤를 이어 12기 하나회원인 정동철·이광근 중령으로 승계되어 철저한 자기사람 키우기에 부심했다. 당초 내사과는 장교들의 동향을 그대로 기록하여 군부 내 불순세력 침투를 차단하고 아울러 진급이나 보직변동 때 참고자료로 활용했는데 나중에는 그 본질이 변질돼 진급여부를 판가름하는 결정적 자료로 악용되었다. 그리하여 1960년대를 거쳐 1970년대에 펼쳐진 3선개헌과 유신체제로 전환할 당시 모든 장교들의 동향 및 성분을 철저히 파악하도록 조치하여 박정희 또는 유신체제를 비판하거나 반대하는 경우, 즉 김대중 및 김영삼에 동조하는 장교들의 동태를 자세하고 구체적으로 기록하여 그러한 야당성향의 장교들이 군 내부에 발붙이지 못하도록 완전히 봉쇄하고 한결같이 박정희 사람 또는 하나회 사람들만 살아남도록 모든 힘을 쏟았다. 보안부대 내사과에서 작성한 이러한 자료를 속칭 '존안카드'라 불렀는데 여기에는 장성들도 예외가 아니었다. 이 때문에 장성들은 자신의 존안카드를 담당하고 있는 내사과 과장이나 내사과 하급 담당자들에게도 함부로 할 수 없었을 정도로 내사과는 위력있는 자리였다. 하나회 소속 장교들은 30대 초반의 영관급 장교 때 이미 이러한 군내정보를 총체적으로 관장하는 내사과를 수중에 넣은 것이다. 이들은 자신들이 파악하여 기록한 인적 존안자료를 하나회 세력 확대에 최대한 활용함으로써 1980년대 초의 정권찬탈을 위한 준비단계에 실체적으로 근접해가고 있었다. 하나회 회원들이 내사과를 장악할 수 있었던 것은 보스인 전두환의 끊임없는 노력 때문이었음은 물론이지만 그 위에는 1965년 3월부터 1967년 12월까지 2년 10개월 동안 보안부대장을 맡았던 윤필용의 보호막이 있었기 때문에 가능했다. 당시 윤필용은 경호실장인 박종규와 함께 박정희로부터 절대적 신임을 받는 중간계층의 쌍두마차였다.[89]

그러나 또 한 명의 직계였던 김재규는 보안부대장으로 보임하자마자 숙적관계인 윤필용의 사람이었던 하나회 회원들의 요직 독차지를 방관하지 않고 철저하게 가려 변방으로 내몰았다. 이러한 김재규와 윤필용 관계, 나아가 하나회 회원들과의 악연은 훗날 10·26 사건에서 재연되어 운명적 인연으로 다시 만나게 된다.

박종규와 함께 하나회 대부가 된 윤필용은 박정희가 제5사단장일 때 예하 대대장이던 그를 군수참모로 발탁하면서 인연을 맺어 박정희가 7사단장, 군수기지사령관, 6관구사령관으로 옮길 때마다 비서실장이나 참모장으로 데리고 다녔을 정도로 긴밀한 측근이었다. 그는 1965년 박정희에 의해 방첩대장으로 기용되자 하나회 회원 장교들을 부하로 거느리기 시작해 11기 노태우·권익현, 12기 정동철·이광근 등이 방첩부대의 보안처장·정보처장·대공처장·서울지구대장 등 방첩부대의 요직을 두루 차지했다. 그리하여 하나회는 윤필용 방첩대장 시절 실세그룹으로 정착하게 되고 윤필용 자신도 박정희가

---

89 김재홍, 앞의 책, 289쪽.

자신과 동향출신이라 더욱 각별하게 애정을 쏟아 비호하는 하나회 소속 엘리트들을 불러 휘하에 두는 것을 무척 만족스럽게 여겼다.

김재규 역시 윤필용 못지않게 박정희와 가까운 사이였다. 가장 두드러진 대목은 김재규가 박정희와 같은 경북 선산군 출신이라는 점이다. 박정희로서는 김재규가 흔치 않은 같은 군 출신 동향인데다 육사 2기 동기생이라는 것 때문에 굉장히 애착을 갖게 되어 5사단장일 때 김재규를 참모장으로 데려오고 윤필용을 그 밑의 군수참모로 발탁했었다.

이러한 인연으로 인해 세 사람은 각별한 관계를 맺게 되어 두 사람 모두 박정희의 철저한 옹호자 내지 충성스러운 부하가 되지만 김재규·윤필용 두 사람 사이는 숙적관계로 변하게 된다. 그 후 김재규는 '참 군인'으로 만인의 존경을 받던 이종찬이 진해 육군대학총장으로 있을 때 부총장을 지내며 많은 감화를 받게 된다. 한편 4·19 당시 부산 군수기지사령관이던 박정희는 진해 육군대학으로 달려가 이종찬·김재규와 대화하며 이승만 독재정권의 폭정과 시위학생들에 대한 발포문제를 놓고 함께 분개하며 쿠데타 음모의 동지적 입장이 되기도 했다.

그러나 그로부터 19년 후 10월 부마항쟁이 발발할 당시의 박정희는 그가 그토록 저주했던 이승만보다 더한 극단적 독재자의 자리에 올라 있었다. 박정희는 차지철 경호실장과 함께 김재규 중앙정보부장으로부터 "시민이 데모대원들에게 음료수와 맥주를 날라다주고 피난처를 제공하는 등 데모대와 시민은 완전히 뜻을 같이하여 하나로 뭉쳐 있었으며 수십 대의 경찰차와 수십 군데의 파출소를 파괴할 정도로 심각했다"는 현장상황을 보고받으면서 근본적 대책을 세워야 한다는 건의를 받았다. 이때 박정희는 "소요가 확대되면 내가 발포명령을 내리지, 4·19 때는 최인규·곽영주가 발포명령을 내린 죄로 사형을 당했지만 설마 나를 그렇게야 하겠어"라고 말했고 차지철은 이에 덩달아

"캄보디아에서는 300만도 처치했는데 데모가 확산되면 그까짓 거 100~200명쯤 탱크로 밀어붙이면 데모는 끝날거야"라고 거침없이 말하는 것을 듣고 김재규는 심경의 변화를 일으켰다고 나중에 군사법정에서 토로하게 된다. 따라서 1979년 10월 26일 발생한 박정희 피살사건은 오랫동안 존경해왔던 '각하'이자 온후한 동향 선배가 점차 부도덕하고 잔인한 권력자, 또는 정상적 판별능력을 잃은 이성상실 형태로 변모되어가는데 대한 충격에서 벗어나지 못한 김재규 자신 역시 이성을 잃고 저지른 사건이 되고 말았다.[90]

어찌됐건 하나회는 윤필용과 박종규의 비호를 받아 성장하지만 정점에는 박정희가 있었다. 이러한 배경으로 하나회는 장교들의 인사를 쥐고 흔들어 차츰 군 내부에서 악명이 나기 시작했다. 그래도 건재할 수 있었던 것은 윤필용이라는 보호자가 위세를 떨치고 있었기 때문에 가능했다. 그러나 1973년 4월 윤필용이 이후락 정보부장과 밀착되어 박정희 후계자문제를 거론한 이른바 '윤필용 사건'으로 구속되어 조사를 받는 과정에서 '하나회'의 실체가 드러나 하나회의 장교인사 전횡도 여기서 일단 끝나게 된다. 강창성 보안사령관이 조사한 하나회는 ① 정규 육사출신을 매 기별 정원제로 가입시키되 약 5% 수준인 10여 명 내외로 하고 ② 회원 다수는 영남 출신이 점하고 여타지역 출신은 구색을 맞추기 위해 상징적으로 가입시킨다. ③ 비밀 점조직방식으로 조직하되 가입시 조직에 신명을 바쳐 충성할 것을 맹세케 하고 ④ 고위층으로부터 활동비를 지급받거나 재벌로부터 자금을 징수하며 ⑤ 회원이 누릴 수 있는 가

---

90 김재홍, 앞의 책, 294~295쪽 ; 村常男·山本剛士, 崔鉉 역, 『韓國現代軍政史』, 삼민사, 1987, 294~295쪽 ; 김재규는 10·26 이전인 1979년 4월에 결행할 생각이었으나 뜻을 이루지 못하다가 오원춘사건·YH사건·김영삼 제명 등 잇따른 혼돈 끝에 일어난 부마항쟁에 대해 온당한 수습방안을 마련하지 않고 이성을 상실한 정신상태의 지시를 내리는 것을 듣고 더이상 미루어서는 안 되겠다고 판단한 끝에 결행을 결심했다고 주장했다.

장 큰 혜택은 진급 및 보직상의 특혜라는 점이다. 이로써 10·26 후 형성되는 '신군부'의 핵심적 요체인 하나회가 재벌로부터 자금까지 동원하는 철저한 정치군인으로 성장하고 있었음이 드러났다. 당시 육군에는 인사정체가 심화되어 정규 육사출신들은 의무복무기간 5년이 끝나고 장기복무에 들어가게 되면 매 기별 현역총원의 1/2씩만 상위계급으로 승진할 수 있었기 때문에 하나회 가입은 군부 내에서의 진급과 출세가 보장된 것이나 다름이 없었다.[91]

이 같이 실체가 노출된 하나회는 불어 닥친 외풍을 맞아 일단 수면 아래로 잠잠해질 수밖에 없었다.[92] 그러나 박종규 경호실장과 서종철 청와대 안보특보, 진종채 수경사령관 등 영남 출신 군부 실세와 장성들의 비호를 받으며 그런대로 잘 버티어냈다. 윤필용 사건은 5명의 장성을 비롯한 10명의 고급 장교에게 15∼20년씩의 중형이 선고되고 31명은 강제예편, 180명에게는 경고, 보직변경 등의 조치가 떨어졌다. 그런데도 노태우·전두환 등 하나회 핵심 멤버들은 거의 다치지 않고 태풍의 눈을 비켜갔다. 박종규의 비호 덕분이었다.[93]

그러나 하나회는 1974년 8월 15일 광복절 기념식장에서 발생한 문세광의 대통령 저격미수 사건으로 박종규가 경호실장직에서 물러남에 따라 또 다시 위기를 맞아 여기저기서 거부반응이 불거져 나오는 시련을 겪게 되지만 그런대로 온전할 수 있었다. 거기에는 박정희라는 절대 권력자가 동향의 후배 엘리트들을 직접 감싸고 있었기 때문이다.

그 결과 ① 하나회는 철저한 친위세력이 되었다. 더욱이 하나회 세력은 정치성향이 강할 뿐만 아니라 수도권 부대에 집중적으로 배치되어 있어서 정치

---

91 한용원, 『한국의 軍部政治』, 대왕사, 1993, 320∼321쪽.

92 이 때 하나회실체를 노출시킨 강창선 보안사령관은 전두환의 제5공화국 시절 삼청교육대에 끌려가 인간이하의 수모와 고통을 겪는 보복을 받게 된다.

93 재향군인회, 앞의 책, 31쪽.

상황 전개에 민감하게 반응했다. ② 외적 안보보다 내적 안보를 중시하는 신직업주의적 성향의 친위세력으로 자임해온 하나회 세력은 1977년 이후 차지철 경호실장이 경호 및 대전복업무(對顚覆業務-쿠데타 방지업무)를 빙자하여[94] 수경사는 물론 특전사와 보안사 업무까지 관여함으로써 '친위대는 위계질서에 입각한 조직적 권위도 무시할 수 있다'는 관념을 경호실·수경사·특전사·보안사에서 근무하던 하나회 회원들에게 철저하게 심어주었다.[95] 이는 박정희를 제외한 어떠한 권위에 대해서도 필요할 경우 도전할 수 있다는 잠재의식으로 확대되어 갔다. ③ 정치성이 강한 하나회 세력은 군 내부에서 흘러나오는 '군인의 순수성' 발언에 항상 민감한 반응을 보이며 이에 적극 대응하려는 도당적 이익을 추구하고자 했다. 1970년대 후반기로 접어들며 육군의 인사가 정체되고 특히 소장급에 있어서는 육사 8기생 일부, 9기생, 10기생, 종합학교 출신 선임자 일부, 11기생 등으로 복잡하게 얽혀있는 상황에서 '군인의 순수성' 운운하며 하나회 세력을 견제할 수 있다고 판단하고, 이에 대한 국면전환을 항상 준비하고 있었다. 당시 사단장의 1/3, 여단장의 1/2, 연대장의 2/3가 정규 육사출신인데다 대부분이 하나회 회원이며 특히 수도권 부대에는 하나회 회원들이 집중적으로 배치되어 있었고 군내 요직인 청와대 경호실, 수도경비사령부, 특전사령부, 보안사령부의 주요직책을 독식하고 있었기 때문에 어

---

94 박정희는 불법적으로 5·16 쿠데타를 일으켜 성공한 후 자신의 정권이 다시 쿠데타에 의해 전복되는 것을 가장 두려워했다. 이를 방지하기 위해 그는 동향 출신 중 믿음직하다고 판단된 젊은 장교들을 전방에서 끌어다 전복(顚覆-쿠데타)에 대비하는 자신의 경호부대, 이른바 대전복부대(對顚覆部隊)를 지휘하도록 맡긴 후 기회있을 때마다 승진과 영전을 보장하는 한편 격려금이라는 명목으로 돈뭉치를 하사했다. 이들을 권력과 돈 냄새에 오염된 정치군인 장학생으로 키워 자신의 안위를 철저히 보장하는데 심혈을 기울였던 것이다. 이들은 배타적 군벌을 형성하는 '하나회' 멤버로 성장하게 된다(재향군인회, 앞의 책, 32쪽 ; 채의석, 『99일간의 진실』, 개마고원, 2000, 29쪽).

95 한용원, 앞의 책, 368쪽.

떠한 상황에도 국면을 전환시킬 수 있는 '힘'과 만반의 '태세'가 갖추어져 있었다. 나중에 일어나게 되는 12·12 반란은 하나회 회원들을 견제하기 위해 하나회 수장인 전두환 보안사령관을 동해안 경비사령관으로 전보시키려던 정승화 육군참모총장 겸 계엄사령관의 힘을 하나회 회원들이 힘으로 대항해서 굴복시키고 도당적 이익을 추구한 대표적 사례였다.[96] 당시 강창성 보안사령부 당시의 어느 수사관은 하나회에 대해 이렇게 회고했다.

나는 평소 육사출신이야말로 우리 사회에서 가장 모범적이고 귀감이 되는 사람들로 그 언행에 있어 정정당당하고, 정직하고, 정의롭고, 명예롭다는 신조를 가지고 이를 큰 긍지로 삼고 있었다. 그런데 군율이 엄하고 지휘체제가 일사불란해야 하고 군기가 생명이라는 군대 내에서 마치 간첩조직 같이 서로 차단되고 점조직으로 구성된 불법적인 조직이 존재하고 있었다는 데에 아연실색하지 않을 수 없었다. 더구나 이 조직은 조직방법과 조직목적, 그리고 행동강령이라고 할 수 있는 선서내용과 구성원의 행태가 그 유명한 범죄조직인 마피아 조직과 너무나 흡사하여 개탄하지 않을 수 없다.…… 특히 이들 조직원은 전두환 회장 앞에서 오른손을 들고 '만일 서약을 어겼을 때는 인간 이하의 대우를 받는다'라는 선서를 했다.…… 이들은 자기들끼리 계획적으로 진급과 요직을 독차지하기 위하여 진급담당 요직을 점거하고 심지어 돈을 받고 진급시키기도 하면서 서로 보호할 수 있는 환경을 만들어 부정을 거침없이 자행하여 조사관들 모두가 분개하지 않을 수가 없었다.[97]

이 같이 무서운 하나회 조직은 무엇을 의미하는가? 경우에 따라서는 언제든지 정권을 뒤엎을 수 있는 힘이 축적되어 있었다는 점이다. 다르게 풀이하

---

96 한용원, 앞의 책, 367~370쪽 ; 국방부과거사진상규명위원회, 『12·12, 5·17, 5·18 사건 조사결과보고서』, 2007, 20쪽.

97 강준만, 「5·18 광주학살의 진실 '악(惡)의 평범성'에 대하여」, 인물과 사상사, 『인물과 사상』, 2003년 6월호에서 재인용.

면 그들은 필요하다는 마음만 먹으면 정권을 차지할 수 있었다. 하나회는 당시 박정희라는 독재자가 자신들을 키우고 보호해준 절대적 대부(代父)였기 때문에 조용히 실력을 비축하며 은인자중하고 있었을지도 모른다. 또한 박정희가 물러나거나 죽게 되면 그 뒤는 자신들이 반드시 이어받아야 한다는 암묵이 이루어져 있었을지도 모른다. 이러한 상황에서 그 가능성을 하나회 회원들에게 더욱 높여주는 조치가 박정희에 의해 취해졌다. 하나회 창시자요 보스인 전두환이 군부 권력의 최고 실세자리 중 하나인 보안사령관에 임명되어 박정희 최측근 3인방의 한 사람으로 다가간 것이다. 하나회는 전두환이 보안사령관에 임명된 후 그 세력이 더욱 강화되고 확대되었으며 하나회에 대항했던 장교들은 예편되거나 진급이 좌절되거나 변두리로 쫓겨났다.[98]

이 무렵 박정희 정권의 권력구조는 중앙정보부장 김재규, 청와대 경호실장 차지철, 보안사령관 진종채, 수도경비사령관 전성각, 청와대 비서실장 김계원, 안보특보 서종철 등 6인체제로 구성되어 있었다. 특히 윤필용 사건 후 주요 군부인사는 서종철·진종채와 노재현 국방부장관 등 영남 군벌 3인방이 좌지우지했다.

하나회는 군 장성 또는 권력실세의 성분을 하나회에 대한 태도에 따라 후원세력·지원세력·견제세력으로 나누었다. 영남 군벌 3인방은 하나회의 후원세력이었다. 이중에서도 서종철은 1972년 육군참모총장에서 물러난 뒤 바로 청와대 안보특보가 되었고 1973~1977년까지 4년 넘게 국방부장관을 지낸 뒤 1978년부터 다시 안보특보로 청와대에 재입성했다. 이 같이 군부고위직에 중용되면서 박정희의 군 통수권에 막중한 영향력을 구사했다. 그는 1군 사령관과 육군참모총장 시절 하나회와 깊은 인연을 맺었다. 전두환·노태우 대령

---

98 한용원, 앞의 책, 322쪽.

이 그의 수석부관을 앞뒤로 번갈아 맡았고 김진영 소령이 전속부관을 지냈다.

1979년 3월, 노재현 국방부장관은 대장승진과 동시에 2군사령관으로 영전이 내정돼 있는 진종채 후임의 보안사령관으로 수도권 방어임무를 맡고 있던 육군 제1사단장 전두환 소장을 임명하는 인사안을 들고 박정희 대통령에게 올라갔다. 노재현은 관례적으로 갖추는 복수안이 아닌 전두환 단일안을 작성했다. 나중에 정승화 육군참모총장은 '차지철의 오만방자한 행태를 견제하기 위한 적임자로 전두환 소장을 선택하는데 노재현 국방부장관과 견해를 같이했다'고 술회했지만 거기에는 또 다른 자신의 운명이 기다리고 있으리라고는 정승화 자신도 미처 알지 못했다.[99]

노재현 국방부장관은 전두환 단일안을 박정희에게 내밀면서 '그만한 적임자도 없습니다. 전임자인 진종채 사령관도 같은 의견입니다'며 결재를 품의했다. 그는 전두환 보안사령관 단일안에 대해 이미 영남 군벌들과 구수회의를 마친 터라 소신있게 밀었다. 박정희는 그대로 사인했다. 그 결과 수도권 일원의 대전복부대는 하나회 인맥에 의해 완전히 장악되었다[100] 그러자 경호실장 차지철이 노재현 장관에게 약간의 거부반응을 나타냈다. 차지철은 5·16 직후 최고회의 의장 경호대에서부터 전두환 대위와 함께 근무했고 나중에 경호실 차장보로 휘하에 데리고 있었기 때문에 그에 대해 많이 알고 있던 터였다. 그 때부터 전두환은 경호대 핵심이었던 박종규의 직계였고 그 후 박정희가 계속 관심을 가지면서 장성이 되기까지 이끌어주었다. 이 때문에 차지철은 전두환 소장이 보안사령관이 되면 만만치 않은 상대로 떠오르리라 여기며 달갑지 않게 여겼던 것이다. 그러나 전두환을 완벽할 정도로 감싸고 있는 박 대통령이

---

99 재향군인회, 앞의 책, 33쪽.
100 재향군인회, 앞의 책, 33쪽.

이미 결재한 이상 어찌 할 수 없는 상황이 되었다. 이 무렵 전두환은 '박정희의 양아들'이라는 소문까지 나돌고 있었기 때문에 이의를 제기할 수 있는 상황이 더욱 아니었다.[101] 이런 과정을 거쳐 7개월 뒤 박정희가 피살되자 전두환은 즉각 집권할 시나리오를 작성해 최규하 대통령 권한대행의 통치권과 정승화 계엄사령관의 비상계엄권을 무력화시키는 조직상의 조치를 취하는 등 하나 둘 단계적으로 계획을 실행하면서 47일 후 12·12 반란을 감행, 스스로 새롭게 전개시킨 역사의 무대에 주역으로 등장하게 된다.[102]

'박정희 정권'이라는 온실 속에서 정치군인으로 성장한 전두환은 이때 권력주변의 상황을 손금 보듯 너무나 상세하고 정확하게 파악하고 있었다. 또한 그동안 열심히 심어놓은 '충성스러운 하나회 회원'들이 박정희의 주변에 포진하고 있었다는 것은 자신 이외엔 어느 누구도 박정희가 차지하고 있던 권좌를 넘볼 수 없는 상황까지 이르렀음을 의미했다. 그것은 곧 전두환이 박정희의 후계구도로 자임해도 무방할 정도였음을 말한다. 박정희는 1963년 7·6 친위 쿠데타 미수사건과 1973년 윤필용 사건 등 두 번에 걸쳐 전두환을 결정적으로 치죄하거나 자신의 주변에서 추방해 일선부대로 내보내야 했는데도 처벌은커녕 오히려 두둔한 채 그 자리에 보전시켰다. 뿐만 아니라 자신과 수도권 방어에 절대 필요한 천하 제1사단의 사단장에 임명했으며 그 후엔 복수추천 없이 단독으로 제청된 보안사령관에 파격적으로 임명했다. 전두환에 대한 박정희의 신뢰성은 말할 수 없을 정도로 깊었었다. 이렇게 임명된 전두환의 보안사령관 자리가 10·26 후 군권 및 정권찬탈에 결정적 기능을 할 수 있었던 것은 필연적인 현상이었으며 어느 누구도 넘보기가 불가능할 만큼 절대적 상

---

101 김충식, 『정치공작사령부-남산의 부장들』, 동아일보사, 1993, 414쪽.
102 김재홍, 앞의 책, 297~314쪽.

황이었다.

이런 위상과 상황 속에서 보안사령관에 취임한 전두환은 10·26 전인 1979년 여름 을지연습(CPX) 때 비상계엄령이 선포되었을 경우 보안사가 주도적 역할을 할 수 있는 방안을 연구하라고 법무담당 부하에게 지시함으로써 이미 박정희 유고 등의 비상사태에 돌발적으로 벌어질 특정사항에 대한 대처방안을 강구하고 있었다.[103] 바꿔 말하면 박정희 유고에 대비한 정권장악 시나리오 문서를 작성해 두고 있었다. 그 출발점에 10·26 사건을 수사하기 위한 합동수사본부장 직위가 전두환 보안사령관에게 부여된 것이다.[104] 이는 곧 10·26 다음날 군 수뇌들의 '유신체제 폐지' 합의에 반대하고 유신헌법에 의해 후임 대통령을 뽑아야 한다는 의지, 다시 말하면 정권을 찬탈하기 위해 다단계 쿠데타 프로그램의 세부사항을 은밀하게 진행하고 나선 데서 본격적으로 드러나게 된다. 이른바 '신군부'의 움직임이 가시화 된 것이다. 이 때문에 '5·18 광주살육'의 기원은 5·16 쿠데타 다음날 싹트고 7·6 친위쿠데타 미수사건 때 뿌리내린 후 유신체제하에서 무럭무럭 자라게 되는 것이다.

이에 대해 강준만은 마피아적 특성이 강한 하나회는 세 가지 점에서 5·18 광주학살과 밀접한 관련이 있다고 풀이했다.

첫째, 신군부의 마피아적 특성은 최규하 정부를 얼어붙게 만들어 광주학살이라는 역사적 대범죄의 들러리로 전락하게 했다. 눈꼽만큼이라도 견제를 한 게 아니라 오히려 거들었다는 말이다. 일개 육군대령이 대통령을 잡아넣겠다고 큰소리를 치는 등 속된 말로 '개판'을 쳤는데 마피아적 근성이 없고서야 그럴 순 없는 일이었다. 당시 어느 청와대 비서관의 이야기를 들어보자.

---

103 조갑제, 『제5공화국』, 월간조선사, 2005, 39쪽.
104 재향군인회, 앞의 책, 33쪽.

전 장군이 중정부장에 취임한 4월 중순의 일이었습니다. 청와대 신관의 어느 방에서 우연히 흘러나오는 소리를 엿들은 일이 있었습니다. 당시 신군부의 실세로 일컬어지던 권정달씨의 목소리가 들렸어요. 권씨는 누구에겐가 '최통(최 대통령 지칭)한테 그만 두라고 그래, 그만두지 않으면 잡아넣겠어'라고 소리를 치는 거예요. 아무리 군인세상이고, 난장판이라고 하지만 일개 육군대령이 청와대 안에 들어와서 대통령을 잡아넣겠다고 소리 치니 정말 소름이 끼치지 않을 수 없었습니다. 그날부터 청와대가 아니라 감옥이라는 생각이 들었고 밥맛도 완전히 떨어지더군요.[105]

둘째, 신군부가 마피아적 특성을 갖고 있지 않았더라면 군부 내의 다른 목소리가 광주살육에 대해 이견을 제시했을 것이라는 점이다. 그러나 마피아 조직에서는 보스의 명령에 이의를 제기하는 것이 절대 불가능하다. 더욱 중요한 것은 그 파급효과였다. 최규하만 그랬던 게 아니다. 바로 조금 전까지도 직속 상관이었던 육군참모총장 겸 계엄사령관을 끌고가 몽둥이질에 혹독한 고문까지 가한 게 바로 신군부였다. 실세가 아니면 별을 여러 개 달고 있던 장성들도 대령들에게 벌벌 기어야 했다. 대한민국 국군의 위계질서는 완전히 개판이 되었고 마피아 단원이냐의 여부에 따라 위계질서가 재편성되었다. 그렇게 이성이 마비되고 광기까지 설치는 판에 옷을 벗거나 그 이상의 보복을 당할 각오를 하지 않는 한 이견을 제시하기는 불가능했다. 전두환 일당은 이미 1980년 1월 군 장성들의 대대적인 물갈이 이후에도 공·사석에서 12·12 사태에 대해 비판적인 발언을 했던 장성들을 줄줄이 쫓아내는 보복을 가했기 때문에 누구도 이견을 말하기 어려웠다.

셋째, 신군부 장교들의 마피아적 특성은 광주학살에 동원된 공수부대원들에게도 충분히 감염되었을 거라는 점이다. 그런 감염을 목적으로 한 게 바로

---

105 이도성, 『정치공작사령부KCIA – 남산의 부장들』 3권, 동아일보사, 1993, 20쪽.

'충정작전 훈련'이었다. 마루야마 마사오가 말한 일본 군국주의의 조직적 특성은 유감없이 하나회 마피아가 이끌었던 공수부대에서도 그대로 나타났던 것이다.[106]

박정희의 지역주의와 김대중 억압

박정희는 1971년 대통령선거 경쟁자였던 김대중이 전라도 출신이라는 사실 때문에 지역주의를 더욱 가속화시켜 나갔다. 당초 전라도 차별 징후는 박정희 집권 초기인 1960년대에 이미 나타나기 시작해 '호남 푸대접 시정운동'이라는 상징적 시민운동을 맞기도 했지만 김대중이 등장하자 이를 더욱 심화시킨 것이다. 고향에 대한 애착과 귀소본능의 심리를 악용해 지역감정을 조작하고 이를 현실화시키기 위해 정권담당자가 국가 공권력을 편향적으로 행사하고 집행하는 과정을 지역주의 정책이라고 말할 수 있다. 하지만 과거에 지역감정이 전연 없었던 것은 아니다.[107] 그러나 선각자들은 이를 경계하면서

---

106 강준만, 「5·18 광주학살의 진실, '악(惡)의 평범성'에 대하여」, 인물과 사상사, 『인물과 사상』, 2003년 6월호에서 재인용.

107 영·호남 지역감정의 직접적 원인을 규명하려는 지금까지의 연구결과를 종합해보면 첫째, 사회 심리적인 편견의식에 기초해 상대지역 주민의 성격이나 행동양식에 문제가 있어서 발생했다는 견해와 둘째, 구조적 차별과 소외 때문에 발생하게 되었다는 견해로 정리할 수 있다. 그리고 지역감정이 심화된 것은 호남지역의 상대적 박탈감과 피해의식, 영남지역의 기득권을 보호·유지하려는 방어의식과 배타성이 팽배해지면서 도전과 갈등으로 이어졌고 이러한 심리상태를 이용하려는 일부정치인들이 유권자들의 표가 자신에게 투여되도록 유도하기 위해 각종 선거유세에서 지역색 짙은 원초적 발언을 쏟아냄에 따라 첨예화되었다는 견해가 지배적이다(문석남, 앞의 책, 222쪽).

노출되거나 표면화되지 않도록 부단하게 배려했었다.[108] 이 같은 노력 때문인지 5·16 이전에는 경상도 출신이 전라도, 전라도 출신이 경상도, 충청도 출신이 경기도에서 국회의원에 당선되는 일이 다반사였다.[109] 요즘 같으면 상상도 할 수 없는 일이었다.

지역감정이 현실적으로 본격화된 것은 박정희가 쿠데타로 집권한 후 민정에 참여하면서부터였다. 1963년 10월 15일 실시된 제5대 대통령 선거 당시 15만 표차로 윤보선을 누르고 승리했지만 당시로서는 예측불허의 혼전이었다. 심지어 선거에서 윤보선에게 패배할 경우 별도로 중앙정보부에서 준비한 몰표를 개표완료 전에 투입하여 역전시킨다든지, 그렇지 않으면 다시 쿠데타를 일으켜 선거 자체를 없었던 것으로 한다는 소문이 파다하게 퍼져있었다. 그만큼 대통령선거의 향방은 박정희에게 불리하게 돌아가고 있었다. 그것은 민정으로 이양하는 과정에서 '번의'라는 이름의 거짓말을 밥 먹듯 되풀이했던 박정희를 믿을 수 없는데다 수많은 신악(新惡)이 구악(舊惡)을 뺨칠 만큼 부정부패가 판을 쳤기 때문이다. 그들의 쿠데타 명분 중 하나는 '부정부패 일소'였다. 그러나 그들도 속물적 인간임에 틀림없었다. 또한 이들이 일정한 비전을 제시하지 못하자 국민들의 상황판단은 그들에게 불리하게 돌아섰다. 이 같은 상황을 간파한 이효상이라는 무명의 저질정치인이 박정희 당선에 공(功)을 한

---

108 1945년 9월 16일, 한국민주당을 창당한 주역들은 당내 권력역학이 특정지역으로 편향되지 않도록 전국 8개도를 망라해서 안배하고 인재를 골고루 배치해야 한다는 뜻에서 8명의 총무제(함경도-원세훈·충청도-조병옥·경상북도-서상일·경상남도(부산포함)-허정·전라북도-백관수·경기도-김도연·황해도-백남훈·평안도-김동원)를 두었고 그 위에 당수격인 수석총무(송진우-전남)를 두었다(강성재, 『쿠데타 권력의 생리』, 동아일보사, 1987, 247쪽).

109 전남 장성 출신 이종남은 부산 영도에서 2선을 했고 광양 출신 조재천은 대구에서 3선, 경북 출신 강선명은 목포에서 제헌의원에 당선되었다.

건 세워보겠다는 유치한 생각을 가지고 대학교수로서, 시인으로서 지식인이라고 자천으로 등장해 비열한 언사를 토해냈다. 그는 9월 말 대구 수성천변에서 있었던 박정희 찬조연설회 연사로 나와 반민주적·망국적 지역감정을 조장하는 연설을 한 것이다. 그는 특유의 만담조 연설로 청중을 웃기며 관심을 휘어잡은 후 노골적인 말투로 지역감정을 부채질했다.

> 이 고장은 신라 천 년의 찬란한 문화를 자랑하는 고장이지만 그 긍지를 잇는 이 고장 임금님은 여태껏 한 사람도 없었습니다. 박정희 후보는 신라 임금님의 자랑스러운 후손이니 이제 그를 대통령으로 뽑아 이 고장 사람으로 천년만년 임금님으로 모십시다.[110]

청중들의 환호소리와 박수갈채가 터져 나왔다. 이에 덩달아 또 한 사람의 경제인 출신 인사가 등단하여 비슷한 논법으로 영남 출신 후보에게 표를 찍자고 호소했다.

이러한 과정 끝에 박정희는 전국적으로 470만 표를 얻어 455만 표를 얻은 윤보선을 15만 표차로 누르고 당선됐다. 박정희는 영남(경남·북과 부산)에서 178만 6,000표를 얻어 112만 4,000표를 얻은 윤보선을 66만 표차로 승리했고, 호남(전남·전북)에서는 117만 4,000표를 얻은 박정희가 82만 4,000표를 얻은 윤보선보다 35만표를 더 얻어 결국 15만 표차로 이길 수 있었다. 박정희는 서울에서 윤보선에게 2대 1 비율로 참패했고 경기·강원·충북·충남에서도 제압당했다. 그러나 결과적으로 고향인 영남지방 이외 호남지방의 압도적인 지지로 승리할 수 있었다. 이때 영남에서는 고향 사람 밀어줘야 한다는 지역적 성향이 농후했고 호남에서는 윤보선이 박정희의 좌익전력을 내세우며

---

110 강성재, 『쿠데타 권력의 생리』, 동아일보사, 1987, 247쪽.

펼친 사상논쟁의 영향을 받아 그에게 더 많은 표를 던졌던 것으로 분석됐다. 여기에는 호남 출신 후보가 없는데도 원인이 있었지만 지역감정 자체가 발동할 소지가 전연 없을 때였다.[111]

그러나 4년 후인 1967년에 실시된 제6대 대통령선거 때 경상도의 지역편중 성향(감정)은 더욱 심화된 모습으로 나타났다. 박정희는 경상도에서 5대 때보다 48만 표가 더 많은 226만 6,000표라는 압도적 지지를 받은데 비해 윤보선은 89만 3,000표로 5대 때에 비해 오히려 23만 1,000표가 줄어들어 116만 표차를 이루었다.

그러나 제5~6대 대통령선거를 치르는 과정에서 대단히 주목해야 할 현상이 호남지방에서 벌어졌다. 제6대 대통령선거 당시 호남지방의 박정희 지지표는 5대 때의 117만 4,000표보다 13만 4,000표가 감소된 104만 표에 불과한데 비해 윤보선은 113만 표를 얻어 5대 때보다 30만 표를 더 얻었다는 사실이다. 호남지방의 이와 같은 역조현상은 왜 일어났을까? 그것은 바로 박정희의 배은망덕한 배신에서 비롯되었다. 전라도 사람들은 5대 때 윤보선보다 훨씬 많은 표를 몰아주어 박정희의 당선에 결정적 공헌을 했는데도 대통령에 취임한 그는 전라도에 대한 지역차별 시책, 즉 정부인사와 경제정책에서 경상도를 우대하고 전라도를 홀대하는 푸대접으로 일관하며 사실상 정권출범 초기부터 노골적인 지역주의를 펼치고 나온데에 속이 상했다.

박정희의 지역주의는 장차 추진할 장기독재정권을 처음부터 머리 속에 담

---

111 제5대 대통령선거 결과(앞 윤보선 / 뒤 박정희)
　　△서울 802,052 / 371,627　　△부산 239,083 / 242,779　　△경기 661,984 / 384,764
　　△강원 368,092 / 296,711　　△충북 249,397 / 202,789　　△충남 490,663 / 405,077
　　△전북 343,171 / 408,556　　△전남 480,800 / 765,712　　△경북 543,392 / 837,124
　　△경남 341,971 / 706,079　　△제주 26,009 / 81,422
　　※계 4,546,614 / 4,702,640.

고 타산적으로 작동했던 것으로 보인다. 대표적인 예로 군 장성진급과 공직사회에서의 차별을 들 수 있다. 육군사관학교에 입학하는 전라도와 경상도 젊은이들의 수효는 엇비슷한데 장성으로 진급하는 숫자는 10분의 1, 즉 전남북을 합한 전라도 전체 장성 수(인원)보다 대구를 포함한 경상북도 1개도의 장성 수가 10배를 넘었다. 한국 군부의 최대요직으로 국내정치에 막강한 영향력을 행사해온 육군참모총장의 경우 박정희 정권 이래 20명의 총장 중 영남 출신이 아닌 사람은 2, 3명밖에 안 되었지만 그 중에서 호남 출신은 단 한 명도 없었다.[112] 겨우 공군참모총장에서 2명, 해병대사령관에서 1명을 냈을 뿐이다. 권력의 4대 요직인 중앙정보부장은 물론 1명도 없었다. 또한 검찰총장이나 국세청장도 없었다. 경찰총수인 치안본부장(경찰청장)에는 자신의 사단장 시절 헌병부장을 지낸 호남사람을 임명했으나 10개월 단명으로 끝냈다.

제1공화국 시대부터 제3~4공화국, 그리고 제5공화국까지의 역대 정치·행정엘리트(장·차관, 처장, 청장)의 출신별 배경을 살펴보면 제1공화국(이승만) 시절 총 224명 중 영남 출신이 18. 8%(46명), 호남 출신이 6. 2%(15명)이었고 제2공화국(민주당) 시절 총 98명 중 영남 출신이 20. 6%(7명), 호남 출신이 20. 6%(7명)으로 비슷했지만 박정희 대통령 재임기인 제3~4공화국에서는 총 432명 중 영남 출신이 30. 1%(130명), 호남 출신이 13. 2%(57명)로 절반에도 미치지 못했고 전라도보다 인구가 훨씬 적은 충청도의 13. 9%보다 뒤져 있었다.[113] 박정희

---

112 문석남,『지역사회와 삶의 질』, 나남출판, 2001, 224쪽.

113 역대 정부고위관료의 출신지역분포도(단위 %)

	서울	경기	충청	영남	호남	강원	이북
제1공화국	19.7	13.5	16.0	18.8	6.2	6.5	19.3
허정 과도정부	17.6	5.9	8.8	20.6	20.6 (호남, 강원 포함)	26.5	
제2공화국	9.2	7.1	16.3	25.5	16.3	1.0	24.6

의 뒤를 이은 전두환의 제5공화국 시절로 들어가면 더욱 심해진다. 총 156명의 고위관료 중 영남 출신이 43. 6%(67명), 호남 출신이 9. 6%(15명)로 무려 4대 1 이상의 비율로 격차를 보였으며 이는 통념상으로 보아도 인구 규모의 비율을 훨씬 능가하는 불공정하고 차별적인 인사정책이었다. 전두환 정권 때의 또한 가지 사례를 들면 1988년 5월 말 서울시청 서기관급 이상 공무원 299명 중 영남 출신이 50%에 가까운 반면 호남 출신은 10%에도 미치지 못했다. 정부투자기관 26개의 임원진 구성도 비슷한 양상을 보여 영남 출신이 35. 4%로 1위를 차지하고 호남 출신은 7. 8%로 최하위에 머물러 있었다. 다만 정책적 차원과 직접적인 연관성이 적은 법원의 판사 이상만이 경상도 20. 6%(18명), 전라도 23%(20명)로 나타나 있었을 뿐이다.[114]

5·16 직후 전두환 등 정규 육사출신 동향 후배들을 끌어들인 박정희는 특히 민정이양을 위한 선거를 앞두고 일부 구정치인들을 공화당에 입당시켜 정치적 참모로 삼았다. 이효상·엄민영·백남억·김성곤·박준규 등은 모두 경북 출신들이다. 당초 구정치인을 불러들일 때 김종필계 사무당원들의 반발이 있었으나 원내 안정세력구축 명분을 세워 TK사단을 이루었다. 다분히 지역적 색채가 농후했음은 물론이다. 영남 출신들은 박정희 통치기간 내내 정치·군사·경제·사회·관료 등 각 분야에서 지배적인 엘리트 계층을 형성할 수 있었

	서울	경기	충청	영남	호남	강원	이북
제3~4공화국	10.4	3.7	13.9	30.1	13.2	7.7	21.0
최규하 과도정부	16.1	7.1	17.9	26.8	14.3	5.4	12.4
제5공화국	10.3	7.7	13.5	43.6	9.6	5.1	10.2
합계	13.0	7.4	14.6	28.5	11.6	5.9	19.0

※김만흠, 「한국사회 지역갈등연구」, 1987 ; 최영진, 『한국지역주의와 정체성의 정치』, 105쪽, 재인용.

[114] 문석남, 앞의 책, 223~224쪽.

다.[115] 이러한 과정에서 이들과 경쟁적 관계에 있는 호남 출신들이 소외되는 것은 필연적인 현상이었다. 제3~4공화국 관료들의 출신지별 현황을 보면 박정희 정권 하에서는 경기도와 전라도 및 서울 출신들이 비교적 소외되었고 경상도는 절대적인 우대를 받았으며 이북 출신들도 중용되었음을 알 수 있다. 여타지역 출신들은 인구비율과 비슷한 평균치의 대우를 받았다.[116] 전두환 정권 하에서는 영남 출신들이 파격적으로 대우받고 이북 출신들 또한 상당히 대우받는데 반해 호남 출신들은 완전히 소외되었고 서울·경기·충청 출신들도 별로 좋은 대우를 받지 못했다.[117]

지역차별 현상은 인사정책에서만 나타났던 것이 아니었다. 생존과 직결되는 경제시책에서 더욱 두드러지게 나타나 오늘날 전라도 인구함몰현상의 주원인이 되고 말았다. 특히 박정희 집권초기인 민정 제1기의 4년 동안 지나치게 눈에 띄었다. 공업지대와 산업단지 조성이 영남에 집중되고 고속도로 건설, 도로포장 등 인프라구축도 영남에 집중되었다. 대일청구권 자금을 통한 사회간접투자나 항만시설, 철도·통신사업 국고보조금 배정 등 각 분야에서 영남우대와 호남소외 현상이 두드러졌다. 이 같은 편파적인 정책집행은 공업단지조성이나 투자우선 순위 등 기본적인 여건을 감안하여 객관적으로 판단

---

115 이상우, 앞의 『박정권 18년 - 그 권력의 내막』, 340쪽.

116 제3~4공화국 관료(장차관 급)들의 출신지별 현황

	계	서울	경기	충청	경상	전라	강원	제주	이북
관료인원	432명	45	17	60	130	57	24	9	87
관료비율(A)	100%	10.4	3.7	13.7	30.1	13.2	5.6	2.1	20.1
인구비율(B)	100%	12.4	10.9	15.2	31.5	21.5	5.6	1.3	1.6
격차(A-B)	%	-2	-7.2	-1.3	-1.4	-8.3	0	-0.8	18.5

※남영신, 『지역패권주의 연구』, 학민사, 1993, 155쪽, 재인용.

117 남영신, 앞의 책, 155쪽.

한다하더라도 지나치다는 오해를 면할 길이 없다. 이 같은 현상은 입지조건이 타당하지 않다며 전라도에 대한 공업단지 조성정책을 철저하게 배제했던 박정희의 거짓말에서 입증되었다. 현재 전남 영암군 삼호면에 조성된 현대삼호 조선소만 보더라도 공업단지 입지조건상 전라도가 그렇게 나쁘다는 주장이 철저한 거짓말이었음을 입증하고 있다.[118] 심지어 내륙지대에다 경상남북도 주민들의 식수원인 낙동강 상류지역이어서 공업단지 입지조건으로는 타당하지 않아 선진국에서는 기피하거나 배제할 수밖에 없는 여건을 가진 구미에 공업단지를 조성했고 지금도 활발하게 가동 중임을 감안하면 그의 거짓말이 허황된 것임을 알 수 있다.

제5공화국으로 접어들던 1981년, 전라도에 종업원을 500명 이상 고용하는 공장은 전국 최하위인 36개로 영남 159개의 22% 정도에 불과했다. 더구나 호남 지역 공장은 일신방적 등 일제강점기에 세워졌거나 고용인원 숫자만 500명 이상일 뿐 실제 경제적 효율에서는 영세성을 면하지 못한 경우가 대부분이었다. 당시 광주시민 1인당 연간소득은 1978년의 경우 전국평균 61만 9,037원의 75%인 46만 1,451원에 지나지 않았다. 또한 광주노동자의 월평균 임금은 1978년 12월 31일 당시 전국 7만 4,121원의 절반도 안 되는 3만 5,073원이었다.[119]

---

118 저자는 정년퇴직 후인 1995년 여름 어느날 지방여행 중 목포항 건너편 영암군 삼호면에 건립되고 있던 한라 삼호 조선소(지금은 현대 삼호 조선소)를 관광차원에서 방문한 적이 있다. 이때 저자는 당초 직업과는 전연 상관없이 당시 한라그룹 총수 정인영 회장을 우연히 만나게 되었다. 그때 정 회장은 묻지도 않은 저자에게 '우리나라에서 조선소 여건으로 여기보다 더 좋은 곳은 없습니다'고 피력했다. 이 말은 저자에게 '전라도는 입지적 조건상 공업시설에 아주 적합지 않다'며 경상도 쪽에만 공업시설을 배정하던 박정희의 지역차별 정책을 간접비판하는 발언으로 느껴졌다. 또한 이 일대는 경기침체가 극심한 요즘에도 조선소 부대공장 위치로 각광받아 울산이나 거제도에 자리 잡은 대규모 조선소들이 자체 부대공장을 잇따라 짓고 있다는 후문이 들려온다.

박정희 정부는 영남 지방에 공장시설을 짓고 각종 투자를 시행하면서 호남 지방은 입지조건상 우수한 농업지대로 발전시키는게 합리적인 경제정책이라

119 표 1. 500인 이상 대공장 지역별 분포(광업·제조업, 단위 개소, 괄호 안 단위는 %)

연도별	1966년	1970년	1975년	1981년
서울	49(30.6)	106(37.6)	163(31.7)	123(19.6)
부산	25(15.6)	45(16.0)	83(16.2)	88(14.0)
경기	14(8.8)	36(12.8)	98(19.1)	153(21.4)
강원	21(13.1)	22(7.8)	29(5.7)	24(3.8)
충북	8(5.0)	7(2.5)	13(2.5)	18(2.9)
충남	9(5.6)	13(4.6)	15(2.9)	26(4.1)
전북	7(4.4)	8(2.8)	17(3.3)	20(3.2)
전남	4(2.5)	8(2.8)	10(1.9)	16(2.6)
경북	8(5.0)	18(6.3)	42(8.1)	63(10.0)
경남	15(9.4)	19(6.7)	43(8.3)	96(15.3)
계	160(100.0)	282(100.0)	513(100.0)	627(100.0)

※김동욱, 「한국자본주의의 모순구조와 항쟁주체」, 정해구 외, 『광주민중항쟁연구』, 사계절, 1990.

표 2. 광주시민의 1인당 연간소득(단위는 원)

	1975	1976	1977	1978
전국(A)	277,567	370,122	447,158	619,037
광주(B)	230,456	267,940	364,025	461,451
B/A	0.83	0.72	0.81	0.75

표 3. 광주공단 노동자의 월평균 임금(1978년 12월 31일 현재)

	전국	광주공단	비교
월평균 임금	74,121	35,073	47%

※표 2·3-정상용·유시민 외, 앞의 책 152쪽.

표 4. 지방자치단체별 재정자립도(1994년) (단위 %)

전국평균	서울	부산	대구	인천	광주	대전	경기	강원	충북	충남	전북	전남	경북	경남	제주
55.4	86.3	70.1	71.7	76.7	50.0	62.6	67.1	32.2	37.0	30.7	30.6	23.2	33.0	48.4	42.5

※통계청, 『지역통계연보 1995』; 김만흠, 『한국정치의 재인식』, 풀빛 1997, 213쪽에서 재인용.

고 내세우고 전남에 나주·장성·담양·광주 등 4개 댐을 조성하는 등 그럴듯하게 지원했지만 실질적인 농업분야 지원에서도 차별하고 푸대접했다. 심지어 농업생산기반에 대한 투자도 곡창지대인 전라도보다 경상도에 더 치중했다. 예를 들면 민정 초기 4년 동안 박정희 정부가 시행한 관개사업으로 완성시킨 수리조합이 영남에는 72개소였는데 비해 전라도는 3분의 1도 안 되는 23개소에 불과했다. 1967~1968년은 계속된 극심한 가뭄으로 농민들이 크게 낙담하던 시기였다. 더욱이 호남 지방의 가뭄은 가장 심했다. 물 한 방울 나오지 않아 나주시 다시면 일대는 2년 동안 식수도 구하기 어려웠을 뿐만 아니라 곡식 한 톨 수확할 수 없어 마을 전체를 옮겨야 했다. 이에 따라 정부는 양수기를 공급했다. 그러나 한해(旱害) 정도에 따른 공정하고 합당한 배정이 아니라 경상도에는 6, 전라도에는 1의 비율로 배정했다.[120]

1960년대 초반, 제3공화국에서 시작된 경제개발정책은 우리 사회에 상당한 정도의 부를 축적시켜 주었고 전반적인 생활수준의 향상을 가져온 것은 사실이다. 그러나 편중된 발전계획으로 지역 간 격차는 심하게 나타났으며 특히 경상도지역은 국가 경제개발 정책의 특혜지역이 되었다. 이른바 허쉬만 (Hirschman)류의 개발전략에 따른 중앙집권자의 하향식 차별개발은 지역 간 격차를 심화시켰고 국토 공간을 서울과 부산으로 양극화시키는 결과를 가져왔다.[121] 그리고 목포와 전남 남부지역, 특히 다도해 지역은 가난하고 못사는 낙후지역의 전형적 모델이 되어버렸다.

어찌됐건 그의 '경상도 제일주의 사상'은 철두철미했다. 모든 관계·군부· 기업의 주요 직책은 경상도 출신이 독점했다. 경상도 출신이 아니면 절대로

---

120 이상우, 앞의 『박정권 18년-그 권력의 내막』, 341쪽.
121 문석남, 『지역사회와 삶의 질』, 나남출판, 2001, 224쪽.

육군참모총장이 될 수 없었으며 경제개발, 고속도로도 경상도에 유리하게 진행시켰다. 또한 그는 선거를 치르며 지지율 99.92%(1972), 99.96%(1978)라는 말도 안 되는 결과를 조작해내는 부정선거를 저지르고도 눈도 깜짝 안 했다. 이점에 있어서는 가족중심의 족벌정치를 하던 니카라과의 소모사보다 스케일이 크다. 여하튼 그의 철저한 지방색 정책은 그의 권력을 유지하는 근간이었다.[122] 김형욱은 자신이 관여했던 선거를 '1963년에는 밀가루 대통령, 1967년에는 경상도 대통령'이라고 표현했다.[123]

이 같이 정책적 개발과정에서 발생한 격차는 경제적 측면뿐만 아니라 사회·문화적 측면에도 영향을 미치게 되고 결과적으로 전반적인 생활수준 내지 복지수준의 격차까지 나타난다. 뿐만 아니라 세월이 흐르면 흐를수록 더욱 현저하게 나타나고 있다는 사실이다. 차별받는다는 분노의 한(恨), 가난하고 못 산다는 불균형의 한은 형용할 수 없는 감정과 저주를 이루어 '전라도 놈끼리' '못난 놈끼리' 상호 끌어당기는 공감대로 발전하였다.[124] 나아가 박정희 내지 정치권에 대한 불만, 불특정 다수의 세상에 대한 원망으로 표출되게 마련이었다. 이러한 불만과 원망은 어떠한 억압, 이를테면 아무런 과오가 없는데도 생명을 위협하고 혹독한 고통이 가해지면 죽기 아니면 살기식 극단적 반발로 폭발하게 되는 것이다.

이 같은 상황을 간파한 하나회 정치군인들은 지난 18년 동안 박정희의 지역주의에 대해 불만과 울분으로 가득 쌓여있는 광주·전라도 사람들에게 생명을 위협하거나 심각한 고통이 따르는 어떤 충격요법을 가하면, 순식간에 이성을 잃고 감성적으로 폭발하는 반발로 이어질 것이라는 가능성을 충분히 인식

122 김경재, 『김형욱 회고록-혁명과 우상』 4권, 인물과 사상사, 2009, 335쪽에서 재인용.
123 김경재, 『김형욱 회고록-혁명과 우상』 3권, 인물과 사상사, 2009, 31쪽.
124 이상우, 앞의 『박정권 18년-그 권력의 내막』, 341쪽.

하고 있었다. 이 같은 상황을 꿰뚫고 있던 신군부는 5·18 살육을 연출한 후 이에 저항하는 '소요'를 유도하여 이를 '국가변란의 폭동'으로 몰고 이것을 진압했다며 혁명위원회를 구성하고 정권을 찬탈하려 했던 것이다.

박정희 지역차별에 대한 분노는 곧 '호남 푸대접 시정대책 위원회'를 비롯하여 '호남 권익보장 투쟁위원회' '호남지방 근대화 추진위원회'로 표출되었다.[125] 1967년 전라도 사람들은 광주·전주에서 각기 모임을 갖고 '호남 푸대접 시정대책 위원회'를 동시에 출범시킨 후 공동으로 정부와 투쟁할 것을 다짐하는 도민운동을 벌였다.[126] 그리고 호남 출신 국회의원들이 정부를 상대로 편향적인 정책시행을 시정해주도록 요구했고 전라도민 개개인이 박 대통령에게 호소와 항의를 겸하는 서신을 보내기도 했다. 대표적인 글이 1966년 4월 13일자 〈전북일보〉의 진기풍 편집국장이 쓴 「박 대통령 각하에게 보내는 글」이고,[127] 양동균 〈전남일보〉 부주필이 1968년 11월호 〈신동아〉에 기고한 「호남 푸대접의 진상은 어떤가」이다.[128] 이 같은 일련의 호남 푸대접 시정운동은

---

125 이상우, 앞의 『박정권 18년-그 권력의 내막』, 341쪽.

126 2006년 3월 2일, 박선홍(전 광주상공회의소 사무국장)·위중(동 총무과장)의 증언.

127 全文은 〈전북일보〉, 1966년 4월 13일자, 또는 강성재, 『쿠데타 권력의 생리』, 동아일보사, 1987, 256~258쪽 ; 내용은 전라도 출신들이 고등고시 합격자를 다른 지역보다도 월등하게 많이 내는 등 우수한 인재들이 많이 배출되는데도 적소에 등용시키지 않는 정부의 인사 푸대접에 대한 지적과 곡창지대인 전라도에 비료공장이나 농기구 공장 하나 세워주지 않는 경제정책을 비판한 것이다.

128 全文은 1968년 11월호, 『신동아』; 내용은 제6대 대통령 선거 때 호남선 복선화 공사를 공약하고 착공식만 거창하게 거행했을 뿐, 구체적인 試案조차 마련하지 않고 있음은 호남인을 우롱하는 처사이며 5·16 이후 두 차례 경제개발 5개년계획을 시행하면서 호남지방은 영남에 비해 현저하게 차별하고 있다. 실제 공장건설이나 지역사회 개발을 위한 간접투자 역시 월등하게 푸대접하고 있는 것이 사실이다. 울산 공업지대나 마산 자유공업지대 등 대단위공장 건설은 영남 지방에만 배정하고 있으며 1967년부터 착공한 고속도로도 호남 지방은 제외되어 있다. 이밖에 대일청구권 자금 배정문제·항만건설·도로건설이나 포장·철도 및 통신사업·국고보조금 배정 등 각 분야에서 호남 푸대접이 너무

1967년 실시된 제6대 대통령 선거에서 그대로 드러나 박정희에게 찍지 말자는 공감대로 작용했다.[129]

이러한 전라도 정서를 뒤늦게 깨달은 박정희는 정부부처에 호남 출신의 장·차관이 한 명도 없다는 불만에 따라 1967년 대통령 선거를 눈앞에 두고 3개 부처 차관을 호남 출신으로 부랴부랴 교체하여 전라도 민심을 달래려 했고 호남선 단선철도를 복선화시키겠다고 공약했다. 그러나 선거 직전 착공식만 거창하게 거행하고 실제공사는 1968년 1월부터 착공했지만 실제 공사는 전연 진척시키지 않았다. 오히려 각종 선거 때마다 착공식을 다시 열어 성대하게 베푸는 넌센스를 되풀이했다. 결국 이 공약은 착공 10년만인 1978년 3월 30일, 대전~이리(익산) 88km만 준공되었고 나머지 이리(익산)~송정리(광주) 97km는 그로부터 7년 후, 그가 피살된 지 6년 후인 1985년에 완공되었다.[130] 완공까지 무려 17년이 걸린 것이다. 만약 필요성의 가치에 의해 경상도 쪽에 복선화 공사가 착수되었다면 이렇게 오래 걸리지는 않았을 것이다. 더구나 호남선 출발점인 목포까지의 복선공사는 37년 후인 2004년에야 완료되었다.

특히 호남고속도로 노선은 당연히 국도 제1호인 서울 → 전주 → 광주 → 목포여야 했다. 그런데도 박정희는 당초 엉뚱하게도 서울 → 전주 → 순천으로 계획했다가 전남, 특히 광주 출신 인사들의 항의가 빗발치자 현재의 서울 → 전주 → 광주 → 순천으로 잡고 목포는 아예 제외시켜버렸다. 지정학적 요

심하다. 1966년의 지역별 공업생산을 보아도 호남 지방이 얼마나 푸대접 받고 있는지 알 수 있을 것이다. 경북 10.4%, 경남 6.7%, 전북 3.5%, 전남 5.0%로 호남이 전국 최하위를 차지하고 있다. 도로포장율도 서울 24.1%, 경기 17.9%, 경북 12.5%, 강원 11.7%인데 비해 전북은 전국 최하위인 2.5%, 전남은 2.6%에 불과하다는 점 등을 지적했다.

129 '호남 푸대접 시정대책 위원회'의 시민운동은 그 후 일부 호남 출신 기업인과 공직자들에게 가해지는 박정희 정권의 보복과 압력 때문에 슬그머니 자취를 감추었다.

130 강성재, 『쿠데타 권력의 생리』, 동아일보사, 1987, 260쪽.

건이나 경제성을 완전히 무시해버린 것이다.[131] 남해안 고속도로 역시 목포에서 출발하여 해남·강진·보성·순천을 거쳐 진주·마산·부산으로 연결되어야 국토의 균형발전을 위해서 당연한 것이다. 그러나 호남고속도로에서 목포를 제외시키듯 여기서도 제외시켜 남해안고속도로의 기점은 순천이 되는 기형이 되고 말았다. 이 때문에 곡창지대이자 청정해역의 수산물 보고인 전남 남부지방의 풍부한 물산운송은 물론 지역발전에 심한 타격을 입었다. 목포는 김대중의 출신지역이라 감정적으로 배제했다는 오해에서 벗어날 수 없는 차별정책인 것이다.

박정희의 지역주의에 대한 불만은 자신의 신임과 결부시킨 3선개헌안 국민투표에서도 나타났다. 1969년 10월 17일 실시된 3선개헌안 국민투표 때 광주 갑구에서는 찬성 2만 6,900표, 반대 3만 1,096표로 반대표가 4,196표나 더 많이 나왔다. 그리하여 서울 일부지역을 제외하고는 전국에서 유일하게 반대표가 더 많이 나온 곳, 박정희가 '부결되면 즉각 물러나겠다'는 위협에도 굴하지 않은 지방 유일의 선거구가 되었다. 이에 비해 농촌지역을 안고 있는 광주 을구는 찬성 3만 6,637표, 반대 3만 4,611표로 찬성표가 반대표보다 2,026표가 더 나왔다. 그래도 갑·을구를 합친 광주전체의 개헌 반대표는 2,170표가 더 나온 셈이다. 이때부터 광주는 전국적으로 반박정희 정서가 강한 야당도시로 인식되었고 그중에서도 광주 갑구(동구)는 '호남정치의 1번지'라는 호칭이 따라 붙었다. 이 같은 인사 소외와 함께 경제시책이 전연 배려되지 않음으로써 영·호남 지역격차가 더욱 심화되었다고 보는 것이 전라도 사람들의 인식이다.[132] 유신체제 당시 「5적」과 「겨울공화국」 그리고 5공 때 「노

131 2006년 3월 2일 박선홍(광주상공회의소 전 사무국장) 증언.
132 강성재, 앞의 책, 260쪽.

동의 새벽」 등의 저항시로 유명한 시인들이 모두 전남 출신이라는 사실은 지역차별의 결과로 빚어진 한(恨)과 결코 무관하지 않을 터이다.[133]

이러한 지역 차별정책의 결과는 전라도 출신 영세민 비율이 전국 최고인 12. 6%(1981년)와 16.6%(1990년)로 나타나 전국 평균 6.9%(1981년)와 7.7%(1990년)의 두 배를 넘고 있다는 데서도 나타난다. 특히 1974년의 전라도 영세민 비율은 다른 지역과 비슷했으나 1981년과 1990년 등 최근에 올수록 현격한 차이를 보이고 있다.

특히 공업시설은 물론 농업생산성 향상에서도 푸대접을 받은 전라도는 가난한 농촌을 지킬 수 없어 고향마을을 떠나는 이농현상이 홍수처럼 벌어져 1940년대 경상도 인구와 별 차이가 없었던 전라도 인구가 1960년대 이후 격감하는 함몰현상을 빚고 말았다.

1940년 호남 인구는 415만 7,217명으로 457만 5,779명이던 영남 인구

〈표 2〉 지역별 영세민 비율(단위 %)

연도	1974	1975	1976	1977	1978	1979	1980	1981	1990	1994
서울	2.8	3.2	2.8	3.0	2.7	2.5	2.7	2.8	2.4	1.4
부산	2.9	2.3	2.7	2.7	2.3	2.0	2.7	4.0	3.5	2.3
경기	4.8	6.3	6.1	5.4	4.8	3.3	3.4	4.2	2.8	1.7
강원	4.3	4.7	7.1	9.3	9.3	8.5	9.2	9.9	10.2	6.1
충청	5.4	6.9	7.2	5.2	6.0	5.6	6.8	9.8	13.9	7.3
전라	5.4	8.4	9.1	7.7	8.2	8.2	9.8	12.6	16.6	10.7
경상	3.5	6.2	6.1	6.3	5.9	5.1	5.7	7.8	10.2	5.1
제주	1.0									
전국	4.1	5.8	5.9	5.5	5.4	4.8	5.5	6.9	7.7	4.3[134]

133 「五賊」은 목포 출신 김지하, 「겨울공화국」, 「노동의 새벽」은 함평 출신 양성우·박노해 작품.

134 김만흠, 『한국정치의 재인식―민주주의 지역주의 지방자치』, 풀빛, 1997, 213쪽 재인용.

의 90.8%로 엇비슷했다. 그러나 두 지방의 인구격차는 박정희가 집권하며 지역주의를 펼치던 1966년 사상 최고치를 기록, 영남 인구 907만 4,060명의 72.4%에 불과한 656만 9,976명을 기점으로 그 비율의 폭이 크게 벌어지기 시작했다. 그 후 호남 인구는 계속 감소세를 이루어 1970년에는 643만 6,724명으로 감소해 955만 891명인 영남 인구의 67.3%로 폭이 더욱 벌어졌고, 한창 유신체제가 기승을 부리던 1975년의 호남 인구는 643만 7,845명으로 줄어든데 반해 영남 인구는 1,058만 4,695명으로 늘어나 60.8%를 이루어 점점 차이가 심해지고 있다. 1980년에 들어선 호남 인구는 606만 5,497명으로 줄어든데 반해 일자리를 찾는 사람들이 계속 몰려드는 영남 인구는 1,142만 9,489명을 이루어 호남 인구는 영남 인구의 53.0%라는 절반 수준으로 뚝 떨어졌다. 그로부터 15년 후인 2005년에는 더욱 심화돼 영남은 1,264만 9,203명으로 증가한데 비해 호남은 그 39.5%인 500만 7,697명으로 격감했다.[135] 다시 말하면 2005년 영남 인구는 호남 인구보다 2.5배로 증가한데 비해 호남 인구는 영남 인구의 39.5%로 함몰된 것이다. 이 같은 영남 인구 증가와 호남 인구 격감추세는 앞의 영세민 비율에서도 나타난 바와 같이 세월이 흐를수록 더욱 심화되고 있다는데 문제의 심각성이 있다.

1940년 충남(154만 8,032명)보다 100만 명이나 더 많았던 광주를 포함한 전라남도(259만 3,176명)의 인구는 2005년 322만 8,818명(광주=141만 3644명)으로 대전을 포함한 충남 331만 7,968명(대전=143만 8,551명)보다 적어졌을 뿐만 아니라 2020년에는 광주를 제외한 전남의 인구 181만 5,174명이 100만 명 미만인 두 자리 숫자로 감소될 것이라는 연구결과가 나와 있다. 이 같이 박정희의 노골적인 호남지역 차별정책은 영·호남의 인구격차를 심화시켰고, 국토

---

135 인구통계수치는 통계청자료를 인터넷에서 다운 받은 것임.

공간을 균형발전 아닌 서울과 부산으로 양극화시키고 전라도를 초라한 변방 지역으로 몰락시켜 버렸다.

이 같은 함몰현상은 현재 운행중인 고속철도(KTX) 경부선·호남선 운행상황에서도 너무나 극명하게 드러나 있다. 호남선은 하루 왕복 38회, 경부선은 4배에 가까운 150회다. 이렇게 많은 경부선 이용률은 순석(順席), 역석(逆席) 관계없이 평일 76.6%, 주말 83.3%로 평균 79.9%다. 이에 비해 호남선은 평일 41.1%, 주말 58.1%로 평균 49.9%다. 평일·주말 관계없이 절반은 텅텅 비어 있다.[136] 지역차별정책 30년 후의 결과가 너무나 확연하게 드러나고 있는 것이다. 이 같은 상황은 두 가지로 해석할 수 있다. 하나는 앞에서 언급한 인구 격감 현상처럼 먹고살기 위해 고향을 떠나는 심각한 이농현상으로 절대인구가 그만큼 감소했다는 것이고, 다른 하나는 비싼 고속열차를 타기에는 너무나 가난하다는 점이다. 그동안 가난한 호남 사람들에 비해 영남 사람들의 소득수준은 많이 향상되었다. 이러한 인구의 함몰과 격증, 빈부의 격차현상은 바로 박정희의 지역주의 정책이 낳은 '최악의 치적'이라 아니할 수 없다.

농토를 떠난 전라도 사람들은 주로 서울·경기 등 수도권역으로 몰려 고지대에서 무허가 건물을 짓고 전형적인 달동네 빈민촌을 형성하는 비효율적 생활문화에 허덕여야 했다. 비록 가난을 벗어나고자 고향인 농촌을 떠났으나 확실한 경제적 기반을 가질 수 없어 가난의 틀에서 벗어나지 못한 채 달동네 신세를 질 수밖에 없었다. 이 같은 현상은 서울 저소득층의 출신지별 분포를 보면 전라도 출신이 압도적으로 많은데서 뚜렷하게 나타나고 있다.

1985년 실시된 제12대 총선거 당시 서울 지역에서 출마한 야당 후보 14명이 조사한 것을 보면 서울 각 선거구의 호남인 숫자는 당시 서울 인구 950만

---

136 〈경향신문〉, 2009년 3월 30일자.

〈표 3〉 서울시 저소득층의 출신지역별 분포 (단위 %), (1979년 11월 동시 실시)[137]

	서울시 조사	KDI 조사
서울	14.2	16.4
경기	0.9	1.0
강원	4.7	3.0
충북	7.0	6.2
충남	10.3	11.7
전북	10.3	12.9
전남	18.0	19.7
경북	7.6	9.2
경남	4.0	2.4
이북	10.6	9.5
외국	0.3	1.2
미상	0.7	0.6

명의 31%인 320만 명으로 집계되었으며 이들은 부촌보다는 가난한 동네에 집중되어 있었다.[138] 예를 들면 서울에서 부자들만 산다는 강남구는 호남인이 13%밖에 되지 않는 반면 관악구·동작구는 55%·52%를 차지하고 있었다. 또한 경기지역에도 60여만 명이 거주하고 있는 것으로 추산돼 서울과 그 외곽지역에 약 400여만 명이 산재해 있는 것으로 추정되고 있다.

이들의 대부분은 일정한 직업을 가졌다기보다 날품팔이나 일당 근로자 등 확실한 직업을 갖지 못한 경우가 많아 산꼭대기에 형성된 달동네에서 생활하는 영세민으로 전락했다. 이들은 가난에 찌든 원망과 불운을 곱씹는 한과 분

---

137 최영진, 『한국지역주의와 정체성의 정치』, 오름, 1999, 127쪽.

138 ◇구로구 약 24만 명(전체 인구의 40%) ◇서대문·은평구 17만 명(20%) ◇성동구 30만 명(40%) ◇동대문구 20만 명(22%) ◇성북구 18만 명(30%) ◇영등포구 9만 명(20%) ◇관악구 30만 명(55%) ◇동작구 25만 명(52%) ◇강남구 10만 명(13%) ◇강동구 26만 명(30%) ◇도봉구 38만 명(45%) ◇강서구 25만 명(35%) ◇종로·중구 10만 명(20%) ◇마포·용산구 20만 명(25%)(강성재, 『쿠데타 권력의 생리』, 동아일보사, 1987, 270쪽).

통이 생겨날 수밖에 없었다. 이것은 '끼리끼리' 만나 한과 울분을 달래며 불만을 토로하고 친목을 도모하는 마당으로 같은 동네, 같은 고향 출신들로 구성된 모임의 필요성을 절감한 끝에 '호남향우회' 'ㅇㅇ군 향우회' 'ㅇㅇ면 향우회' 등 갖가지 형태의 향우회를 구성하는 '향우회 문화'가 유행처럼 번져갔다. 힐끗힐끗 쳐다 보는 눈초리의 무시감(無視感) 때문에 전라도 사투리조차 마음 놓고 쏟아낼 수 없는 아픔을 털 수 있는 고향 사람들과의 만남이 그토록 마음 편하고 흐뭇했던 것이다. 이 같이 차별적·부정적 이미지로 얽혀진 응어리가 뿌리박힌 전라도 사람들, 특히 배우지 못하고 가난한 기층민들에게는 말이라도 마음 놓고 씨부렁댈 수 있는 향우회가 열리는 하루가 그렇게도 좋을 수가 없었다. 환언하면 향우회 문화는 박정희의 전라도 차별이라는 반인륜적 지역정책으로 인해 빚어진 반사적 세태로 인해 창출된 것이나 다름없다는 표현이 적절할 것이다.

이렇게 쌓인 한은 필연적으로 반정부적 성향으로 몰아칠 수밖에 없었다. 그리하여 박정희 정권에 대한 반감으로 솟아났고 그것은 곧 김대중의 등장, 나아가 전라도 대통령을 갈망하기에 충분했다.

그런데도 대통령 선거를 치러보면 지역주의 정책의 수혜지역인 영남 지방의 박정희 지지도가 계속 높아져 그것을 좀처럼 넘어설 수가 없었다. 극대화된 지역감정의 표출은 최대 피해지역인 호남이 아니라 수혜지역인 영남에서 두드러지게 나타난 것이다. 지금도 마찬가지다.[139] 그것은 곧 경상도민의 지역감정 농도가 전라도민보다 훨씬 짙었다는 사실을 입증한다. 이는 영남 지역

---

139 1963년 대통령선거 때 박정희 지지도   부산 50.4%   경남 67%   경북 61%
1967년 대통령선거 때 박정희 지지도   부산 67%   경남 75%   경북 71%
1971년 대통령선거 때 박정희 지지도   부산 56%   경남 74%   경북 76%
(김만흠, 앞의 책, 224쪽)

에 편중된 박정희 정권의 개발과 투자에 대한 영남인의 환성에 민주공화당과 중앙정보부의 조직적인 지역감정 조장으로 덧씌워진 영남 사람들의 몰표현상 때문이었다.[140]

1971년 10월 15일의 대통령 선거 때도 호남 출신 김대중에게 향한 호남인의 지지도(58. 6%)보다는 영남 출신의 박정희에게 향한 영남인의 지지도(69. 7%)가 훨씬 높게 나타난 것에서 알 수 있듯이 지역주의는 노골적인 지역감정으로 변질되고 있었다.[141] 이때도 이효상을 비롯한 영남 출신들의 지역감정 발언은 예외없이 등장했다. 1971년 3월 이효상 국회의장은 영남 지방 찬조연설에서 '경상도 사람으로서 경상도 정권 후보에게 표를 찍지 않을 사람이 어디 있겠느냐' '신라 천 년 만에 다시 나타난 박정희 후보를 뽑아서 경상도 정권 세우자'고 선동하고 다녔다. 지역감정을 촉발하는 발언을 서슴없이 하면서 그는 공공연하게 '경상도 정권'이란 표현을 토해냈다.[142] 이밖에도 '문둥이가 문둥이 안 찍으면 어쩔끼고' '박 대통령 경상도 대통령 아이가' 등의 선동적 발언이 속출했다. 여기에 국가 공권력인 중앙정보부가 적극 개입해 경상도 지역에 '전라도 사람들이여 단결하자'는 흑색선전물을 조직적으로 뿌려 경상도

---

140 임영태, 『대한민국 50년사』 1권, 들녘, 2001, 364~365쪽.

141 박정희와 김대중의 1971년 대통령선거 경·남북과 전·남북 득표비(단위는 %)

지역	박정희	김대중
경북	76	29
경남	74	26
부산	56	44
전남	35	65
전북	37	63

※최영진, 『한국지역주의와 정체성의 정치』, 오름, 1999, 139쪽 재인용.

142 이효상은 나중에 자기는 '경상도 정권' 운운 한 적이 없다고 부인했지만 그는 1966년 9월 민중당 소속 함덕용 의원에 의해 '지역감정과 지방파벌 의식을 조장했다'는 이유로 '국회의장 불신임' 안이 제기됐었다(이상우, 앞의 『박정권 18년-그 권력의 내막』, 343쪽).

사람들의 지역감정을 부추겼다. 이 나라를 남·북의 분단도 모자라 이젠 동·서와 영·호남으로 갈라놓는 추악한 국가공권력 남용이 서슴없이 자행된 것이다.[143]

여기에 호남 사람들을 더욱 화나게 만든 것은 김대중에 대한 탄압이었다. 그 조짐은 1967년 6월 8일 실시된 총선거에서부터 나타났다. 박정희는 야당의 신예정치인 김대중이 장차 자신을 위협하는 도전자로 압박해올 것을 이때부터 미리 예견했는지 모르지만 국회의원에 당선되지 못하도록 총력을 기울였다. 박정희는 총선기간 중 두 번이나 김대중 선거구 목포를 방문하여 현지에서 소국무회의를 여는 등 낙선시키고자 관권과 금권을 총동원하는 총력전을 펼쳤다. 그러나 다행스럽게도 박정희의 총력전은 결국 실패했다.

1971년 대통령 선거 당시 김대중 후보의 자택에서 폭발물이 터지고 정일형 선거대책본부장 집에서 원인 모를 화재가 발생하는 등 중앙정보부를 비롯한 국가 정보기관이 조직적·폭력적으로 선거에 개입하는 경향이 노골화 되었다. 이러한 관권개입과 금품살포, 지방색 조장과 중상모략, 여기에 김대중을 빨갱이로 몰아세우는 용공조작까지 했는데도 불구하고 서울에서는 김대중이 과반수를 훨씬 넘긴 58%의 지지율을 보인데 비해 박정희는 겨우 38%를 얻는 등 여촌야도(與村野都) 현상을 나타내 박 정권에 대한 노골적인 거부의사를 분명히했다. 그러나 박정희는 농촌에서 58%를 얻어 1963년의 50. 8%, 1967년의 52. 2%를 능가하는 득표로 대통령에 당선되었다. 그는 결국 농촌지역의 지지와 광범하고 조직적인 관권개입 및 금품살포에 힘입어 대통령에 당선된 것이다. 이를 정확하게 요약하면 '중앙정보부와 지역감정의 힘'으로 당선된 것으로 보아야 한다.[144]

---

143 임영태, 앞의 책 1권, 365쪽.

온당하지 않은 방법을 총동원해 대통령 선거를 치른 박정희는 국민들의 자신에 대한 불만을 둔화시키기 위해 5월에 치르는 국회의원 선거에서는 상당히 '조심성'을 나타냈다. 그것은 정권의 사활이 걸린 대통령 선거와는 달리 '이제 볼일 다 보았으니 그렇게 무리하게 선거를 치러야 할 이유가 없다'는 태도였다. 개헌의 필요성도 없는 상황이니 국회의석 과반수만 넘기면 무방하다는 생각이 작용했던 것이다. 아니면 다음해에 선포할 유신체제를 염두에 두고 무리한 선거를 치를 필요가 없다고 판단했는지도 모른다. 이미 치른 대통령 선거에서는 물론 국회의원 선거 유세에 나선 김대중은 '이번 선거가 마지막 선거'라며 구체적으로 이름까지 거명하면서 특정인이 대만에 가서 총통제를 연구하는 등 선거 없는 1인 독재체제를 준비하고 있다고 폭로했다. 이 때문인지, 5월 25일 치러진 제8대 국회의원 총선거는 무리한 관권선거 또는 부정선거를 지양한 탓인지 비교적 원만하게 치러졌다. 그 바람에 민주공화당은 55.4%의 득표로 113석을 차지한데 비해 신민당은 43.6%를 얻어 89석을 차지하는 약진으로 나타났다. 그런데도 '호남 푸대접'은 시정될 기미를 보이지 않은 채 평행선을 달리고 있었다.[145]

　　지역감정은 선거를 치를 때마다 더욱 심하게 표출되고 있는 상황에서 지역차별을 해소시키지 않고 더욱 심화시켜 나가는 '경상도 대통령'이 장기 집권함에 따라 경제 및 인사시책에서 받는 차별의 타개와 민주회복의 돌파구를 찾고자 했던 전라도 사람들은 1971년 대선에서 비록 아깝게 패했지만 민주화의 상징으로 각인되어 있던 김대중에 대한 기대를 더욱 집중시키면서 반유신독재투쟁 내지 민주회복운동에 박차를 가하고 나섰다.

---

144 임영태, 앞의 책 1권, 365쪽.
145 임영태, 앞의 책 1권, 366~368쪽.

김대중은 1971년 대통령 선거 이후 집권세력을 위협하는 가장 강력한 정치가로서 남·북 평화통일 및 4대국 안보론을 제창하는 진보적 성향의 정치가로 성장해 있었다. 김대중은 해방 직후 여운형의 건국준비위원회에 한때 가입한 적이 있었다. 나중에 건준이 조선인민공화국의 건국준비위원회로 변질됐지만 처음부터 공산주의자들의 모임은 아니었다. 그런데도 박정희 정권은 건준을 공산주의 기구로 몰아붙이며 4대국 안보론 등 진보적 남북정책을 북한 정책에 동조하는 공산주의자 또는 친북좌파로 몰았다. 한국의 역대 대통령들이 자신의 집권에 장애가 되는 정적들을 모두 '빨갱이'로 몰았던 수법은 엇비슷하다. 이승만 정권 때 반민특위를 강력하게 추진하는 소장파 의원들을 프락치 사건으로 몰았는가하면 농림부장관으로 기용했던 조봉암이 대통령 후보로서 자신의 가장 강력한 라이벌로 부상하자 결국 간첩혐의를 씌워 '사법살인'을 저질렀으며 4·19 당시 학생들의 시위를 '북괴의 사주에 의한 난동'으로 발표하기도 했다. 심지어 김주열의 눈에 최루탄이 박힌 시체에 격노한 시위대에게까지 '빨갱이'로 몰았다. 박정희 정권 역시 이 범주에서 크게 벗어나지 않았다. 김대중을 '빨갱이'로 몰아붙이는 데는 조금도 인색하지 않았다. 물론 박정희는 자신의 독재정권을 반대하거나 비방하는 사람들, 예를 들면 철저한 반공주의자로 민주화운동을 줄기차게 벌였던 강원룡이나 박형규 목사를 빨갱이로 몰아 제거하려고 관계기관을 총동원했던 사실과 김대중 빨갱이론은 맥락을 같이했다.[146]

또한 박정희는 1971년 대통령 선거가 끝나고 치르는 국회의원 선거에서 유세를 다니는 김대중을 교통사고로 위장해 살해하려 했고[147] 1973년 8월 8

---

146 강원룡, 『나의 삶, 한국현대사의 소용돌이』, 열린문화, 1993, 65~72·78~86쪽 ; 박형규 목사 대담, 2009년 7월 9일.
147 김대중, 『나의 삶 나의 길』, 산하, 1997, 161~166쪽 ; 그러나 이 '교통사고 위장살해설'

일 일본 도쿄에서 강제로 납치해 동교동 자택에 연금하기도 했다. 이들은 당초 김대중을 납치해 옆방에서 살해한 후 토막 낸 시체를 부대에 넣어 바다에서 감쪽같이 처치하려고 했으나[148] 뜻하지 않은 사람이 현장에 나타난데다 국제적 시선 때문에 동교동 자택에 귀가시키는 것으로 귀착시켰다.[149] 이때의 토막살해 실패가 1979년 10월 7일 파리에서 실종된 김형욱 사건에 반면교사로 작용했는지도 모른다.[150] 여하튼 김대중은 그날부터 자택에 연금되는 것과 동시에 일체의 정치활동이 금지되었다. 심지어 박정희는 1974년 2월, 김대중으로부터 요청받은 위중한 부친의 병문안은 물론 장례식조차 참석하지 못하도록 '인륜의 도'까지 가로막는 패륜을 저질렀다.[151]

또한 1976년 3월 1일 '박정희 퇴진과 긴급조치 폐지' 등을 요구하는 「3·1 민주구국선언」 사건으로 다른 17명과 함께 체포돼 긴급조치 9호 위반 혐의로 징역 5년, 자격정지 5년형을 선고받고[152] 청주·진주교도소에서 복역 중이던 김대중은 면회까지 제한당하는 데에 항의, 단식투쟁에 들어가자 박정희는 김

은 조작됐다는 주장이 설득력 있게 제기되어 있다(조갑제, 『김대중의 正體』, 조갑제닷컴, 2006, 70~93쪽).

148 김경재, 『김형욱 회고록-혁명과 우상』 4권, 인물과 사상사, 2009, 171쪽.

149 당시 납치사건에 참여했던 당사자들은 '국내로 납치해 외국에서의 반정부 활동을 봉쇄하려 했을 뿐 살해할 의사는 전연 없었다'고 주장한다(우종창, 「김대중 납치사건의 진상」, 조갑제 외, 『과거사의 진상을 말한다』, 월간조선사, 2005, 351~393쪽). 그러나 이 글 내용에서도 살해할 의도가 분명하게 내포되어 있었다는 정황이 납치선인 용금호 선원 임익춘의 증언에 함축되어 있음을 간과해서는 안 된다(同書, 362~363쪽).

150 김경재, 『김형욱 회고록-혁명과 우상』 5권, 인물과 사상사, 2009, 100~107쪽.

151 김대중, 위의 책, 208쪽.

152 △김대중·문익환·윤보선·함석헌=징역 및 자격정지 5년 △정일형·이태영·이우정·이문영·문동환·함세웅·신현봉·문정현·윤번응=징역 및 자격정지 3년 △서남동= 징역 및 자격정지 2년 6개월 △이해동·안병주·김승훈=징역 및 자격정지 2년, 집행유예 3년 △장덕필=징역 및 자격정지 1년, 집행유예 2년.

대중을 서울대 병원으로 이송했다가 1978년 12월 형집행정지로 가석방한 후 또다시 자택에 연금하는 등 구속과 연금을 반복시켰다. 뿐만 아니라 1979년 11월과 1980년 1월 그의 수하들인 정승화와 전두환은 번갈아 "김대중은 사상이 의심스러운 사람으로서 국군통수권 자격은 고사하고 소대장 자격도 없으니 정계 진출 특히 대통령 출마는 절대 불가하다"는 이른바 '절대불가론'을 펴면서 '김대중 죽이기'에 몰두했다. 이 때문에 김대중은 10·26 사건 한참 후에야 연금에서 해제되고 사면·복권된다. 그러나 그것도 잠시, 5·17 조치와 동시에 다시 체포되어 신군부의 '살육작전' 때문에 폭발한 '폭동(5·18 항쟁)'의 배후조종자로 몰아 '김대중 내란음모죄'를 뒤집어 씌우고 사형을 선고하는 '김대중 죽이기' 작전을 펴지만 국내외 여론의 힘에 밀려 살아남게 되고 6·29 선언 후 자유의 몸이 된다. 도쿄에서 납치된 이후 14년 간 계속된 투옥과 연금에서 드디어 해방된 것이다.

따라서 장기집권을 도모하는 보수우익세력은 귀찮고 미운 오리새끼 같은 김대중을 '빨갱이' 또는 '사상이 위험스러운 인물' 등 그에 대한 부정적 이미지를 둘러씌우거나 '못된 사람'으로 몰아붙이는 것을 다반사로 여겨왔다. 이 같은 김대중에 대한 일련의 악의적·지역감정적 중상과 모략은 '못된 놈들' '상종 못할 놈들'이라는 전라도에 대한 폄훼성 편견과 모략적 이미지로 상호 작용해왔다.[153]

---

153 윌리암 글라이스틴 회고록, 황정일 역, 『알려지지 않은 역사』, 중앙 M&B, 182쪽 ; 김만흠, 『한국정치의 재인식—민주주의·지역주의·지방자치』, 풀빛, 1997, 192쪽 ; 김대중과 전라도 출신 유권자와의 운명공동체적 경험과 인식은 1990년대에 이르기까지 김대중을 한국 야당의 대표적인 정치지도자로 계속 인식시켜온 동력이 되었다. 이를 두고 몇 번의 선거패배에도 불구하고 그가 대통령에 당선되는 1997년까지 야당의 최고 권력자로 활동할 수 있었던 것은 전라도 출신 유권자들의 그에 대한 맹목적 지지 때문이라고 전라도 유권자와 김대중을 함께 비판하는 사람들도 있다.

때문에 박정희를 정점으로 하는 집권세력이 갖가지 공권력을 동원해 김대중에 가한 박해와 탄압이 정적제거 차원이 아닌 지역주의적 발상에서 연유한 것으로 인식한 전라도 사람들이 갖는 김대중과 박정희에 대한 애증의 갈등 폭은 자꾸만 깊어갔다. 더욱이 박정희는 자신의 정권유지를 위해 모든 국가공권력을 폭력화시켜 마구잡이로 휘두르는 이성을 상실한 환자로 돌변해 갔다.[154] 그 행태는 1인 정치의 말기적 증상에서 표출되는 '국가폭력의 극성기'로 치달았다.[155] 이 같은 국가폭력의 난무와 지역갈등 현상은 유신체제 후반으로 가면서 더욱 심화돼 YH사건과 연계된 김영삼 제명에서 확연하게 드러났다. 박정희는 김영삼을 온갖 수단과 방법을 불법적으로 동원하여 신민당 총재직에서 축출하는 것도 모자라 국회의원직까지 박탈하는 초강수의 국가폭력을 행사했다. 이에 김영삼의 정치적 고향인 부산과 마산 시민들의 충격은 극에 달했다. 이러한 민심은 '물밑에서 움직이는 해일'처럼 동요한 끝에 이성을 잃은 박정희 정권 타도의 뇌관으로 작용했다.[156] 김영삼에 대한 극단적인 박해가 '부마항쟁'의 근원적 원인이 된 것이다.[157]

김영삼이 거제 및 부산 출신이 아니었다면 부마항쟁은 결코 일어나지 않았

---

154 '이성을 상실한 환자'라는 표현은 박정희가 실제 '이성상실증 환자'라는 것은 아니다. 다만 그가 너무나 이성을 상실한 듯한 상식 밖의 통치행위를 다반사로 자행한 사실을 강조하기 위해 저자가 붙인 용어다. ; 이에 대해 김재홍은 '심리불안정 상태와 판단력 상실'로 표현했다(김재홍, 『軍』1권, 동아일보사, 1994, 313쪽).

155 저자는 한국현대사에 등장하는 '국가폭력'을 3단계로 구분한다. 제1기는 이승만 정권하에서 벌어진 '국가폭력의 생성과 정착시기', 제2기는 박정희의 제3공화국 시기는 물론 유신독재기간에 남용된 '국가폭력의 극성기', 제3기는 제5공화국 전후에 행사된 '국가폭력의 절정기'로 구분한다.

156 김하기, 『부마민주항쟁』, 민주화운동기념사업회, 2004, 28쪽.

157 강대민, 『부산지역학생운동사』, 국학자료원, 2003, 400쪽 ; 村上男・山本剛士, 앞의 책, 251쪽.

다. 한국은 예로부터 출신이 같은 사람이 집권세력의 엘리트로 등용되면 해당 지역민들의 사기가 앙양되고 기쁨을 함께 나누는 전통이 있었다. 반대로 어느 지역민들이 집권층으로부터 인위적인 메커니즘에 의해, 더구나 정통성이 결여된 정권으로부터 억압받는 상황에 부딪히면 감정의 표출은 자연발생적으로 생겨났다.[158] 이 같은 심정, '왜 내 고장 출신이 그렇게 당해야 하느냐'는 고향 사람 아끼는 마음이 기대가 컸던 내 고장 인물 김영삼에게 폭압적 탄압을 가한 박정희에 대한 반감과 저항으로 작용하는 것은 당연했다. 이 같은 '부마항쟁'의 발발원인은 1980년 5월 정권탈취를 기도하던 신군부 정치군인들에 의해 '광주선택과 김대중 죽이기'의 기본적 반면교사로 작용했음이 분명했다. 전두환이 10·26 직후 중앙정보부가 작성한 '부마사태'에 관한 보고서를 검토했다는 사실이 이를 뒷받침한다.

1979년 10월 26일 박정희가 그를 가장 존경하고 따르던 최측근에 의해 살해되었다. 국민을 위해, 국가를 위해, 역사를 위해 박정희를 더 이상 살려두어서는 절대로 안 된다는 사명감을 가진 최측근이 그를 인류역사상 '최악의 전제군주'로 평가하고 살해한 것이다.[159] 이에 따라 전라도 사람들은 당연히 유신체제는 무너지고 민주주의가 회복될 것으로 기대하면서 박정희가 그렇게도 미워하며 없애려했던 김대중의 집권도 불가능하지 않으리라는 기대를 가득 품고 있었다. 그런데 그가 키웠던 유신잔당, 하나회 정치군인들에 의해 체포된 데다[160] 그들의 명령을 받고 내려온 '전두환 공수부대'가[161] 광주시민들

158 문석남, 『지역사회와 삶의 질』, 나남출판, 2001, 223쪽.

159 김경재, 『김형욱 회고록-혁명과 우상』 4권, 인물과 사상사, 2009, 73쪽.

160 경상도 출신의 김영삼에 비해 전라도 출신의 김대중에 대한 차별(김영삼은 가택연금·김대중은 구속한 것을 말함-저자)은 김대중 변수를 자극하여 광주시민들의 항의행동을 유발하기 위한 것, 즉 지역감정으로 하여금 폭동을 유발토록 했다는 인상이 짙고 진압의 합리화도 가능했다는 주장이 제기되었다(眞鍋祐子, 『光州事件で讀む現代韓國』, 平凡社

을 상대로 살육적인 '과잉진압'을 마구 펼쳤으니 저항은 필연적일 수밖에 없었다. 또한 오랫동안 쌓아 온 전통적 저항정신이 억울하게 당한 원통함을 그대로 놔두지 않았다. 또한 살육의 속도와 농도에 따라 저항의 당위와 본질도 달라질 수밖에 없었다. '5·18 광주의 살육과 항쟁'은 오랫동안 축적되어 온 전라도 사람들의 저항의식에 박정희의 야만적 지역주의로 자행된 '호남 푸대접'에 대한 반발심리가 접목되면서 잉태된 후 여기에 '전두환 공수부대'에 의해 '과잉진압'이라는 무차별 살육작전이 감행됨으로써 폭발하였고 '김대중 죽이기'까지 겹치게 되자 저항의 당위성이 업그레이드된 것이다.

전라도 지역의 민주화운동

앞 절에서 서술한 바와 같이 경상도 제일주의를 지향하는 박정희의 노골적인 호남차별정책에 대한 호남 사람들의 반발은 당연했다. 1967년 대통령 선거를 앞두고 전라도에서 '호남 푸대접 시정대책 위원회'를 구성하고 박정희의 지역주의를 완화시켜보려던 노력은 상징적 의미로 끝나버렸다. 이 시민운동은 박정희 정권의 호남 출신 인사 또는 기업들에 대한 탄압 때문에 흐지부

(東京), 2000, 73쪽, 註 43).

161 5·18 당시 한미연합군사령관이었던 John A. Wickham, Jr.는 특전사(공수부대)를 '전두환 부대("Chun Doo-hwan's troops")'로 호칭했다(위컴 회고록·김영희 감수, 『12·12와 미국의 딜레마』, 중앙 M&B, 1999, 203쪽 ; John A. Wickham, Jr. 『Korea Brink-A Memoir of Political Intrigue and Military Cricis』, Brasseys, 2000, p.133) ; 출처가 삭제된 「미국방정보국의 '특전사의 부대위치와 주요인물'이라는 제목이 붙은 1980년 2월 27일자 전문」 제4항에는 '특전사는 전두환 보안사령관이 자기의 권력기반으로 의지하고 있는 병력 가운데 하나다'고 기록되어 있다(박만규, 「광주항쟁진압과 미국문제」, 5·18기념재단, 5·18민중항쟁과 정치·역사·사회』 2권, 2007, 419쪽.

지되어 버렸지만 그의 독재정권에 반대하는 민주회복운동이 반박정희 정서에 접목되는 것은 자연스러운 이치였다. 박정희 정권 특히 유신독재기간 동안 전라도에서 벌어진 민주회복운동은 다양한 형태로 나타났지만 크게 네 가지로 요약될 수 있다.

첫 번째는 개신교인 기독교장로회가 주도하는 종교계의 민주화운동을 들 수 있다. 여기에 예수교장로회나 천주교 정의구현사제단에서도 참여했지만 기장(기독교장로회 약칭)계 개신교 측이 가장 적극성을 띠었다. 특히 전남·북 지방에서 민주화운동이 더욱 열기를 냈던 중요한 이유는 철저한 자유민주주의 신봉자였던 은명기 목사를 비롯해 이를 뒷받침한 강신석·윤기석 목사로 이어지는 기장측 개신교목회자들의 적극적이고 진솔한 민주주의 의식에 연유했다. 당초 5·16 쿠데타에 대해 부정적 시각을 가지고 있던 은명기 목사는 1970년대에 접어들면서 박정희의 전체주의적 독재성향이 더욱 심각해짐을 깨닫기 시작했다. 그는 유신선언 1년여 전인 1971년 4월 25일 전라북도 민주인사들이 규합된 민주수호전북협의회 대표위원을 맡게 된다. 그리고 바로 다음날 민주수호협의회 명의로 총선을 거부하는 성명을 내는 한편 개표소 참관인단을 구성하는 등 적극적인 선거감시와 반민주적 행태를 질타하고 나섰다. 그 해 11월 19일에는 남문교회 청년회 명의로 함석헌·장준하 등 대표적 반박정희 인사들을 초청하여 시국강연회를 가지기도 했고 "어떠한 경우에도 국민의 자유와 권리를 제약해서는 안 된다"고 역설하는 인권목사로 변신해 있었다. 1년 후 유신체제가 등장하자 교회 안에서는 설교를 통해, 밖에서는 민주주의 당위성을 강조하는 연설을 통해 유신독재 반대운동에 앞장섰다. 평소 박정희의 독재적 정치행태와 지역주의 정책에 대한 반감이 가득했던 은명기 목사는 호남 푸대접 시정 운동에도 주도적이었음은 물론이다. 이러한 은명기 목사에 대해 박정희 유신정권이 그대로 둘 리가 없었다. 그는 1972년 12월 13

일 유신체제선언에 따라 선포되었던 비상계엄해제 1시간을 앞둔 밤 11시 포고령 위반으로 체포되어 혹독한 고초를 겪었다. 건강이 좋지 않았던 은명기 목사는 2개월 후인 이듬 해 2월 7일 병보석으로 석방되지만 그의 민주회복운동 행보는 조금도 변함이 없었다. 더욱이 1975년 10월 21일 그가 주도한 전주 신·구교성직자 월요기도회에서 '경과보고' 유인물을 통해 박정희 유신독재를 신랄하게 비판하고 민주회복을 강도 높게 주장했다. 이 때문에 은명기 목사를 비롯한 신삼석·김경섭·안영모·백남운 목사, 김영신·문정현·박종근 신부, 그리고 기독교계 젊은 신도들이 체포되었다. 월요기도회를 통해 유신체제의 부당성과 박정희 정권을 비판하면서 신도들에게 반정부운동을 선동하여 긴급조치 9호를 위반했다는 것이다.

이에 앞서 1974년 3월 한때 광주 양림교회 담임목사를 맡았던 그는 기장 전남노회 선교활동 자유수호위원회를 발족시킨데 이어 1976년 3월 1일 서울 명동성당에서 있었던 '민주구국선언서'와 같은 민주구국선언서를 광주에서 발표하는 이른바 '광주명동사건'을 일으켜, 성직자 6명과 평신도 1명이 구속되었다. 3월 18일에는 목포 연동교회에서 구속자에 대한 대책을 논의하는 자리에서 유신독재체제 또는 박정희를 비판하는 발언이 쏟아져 나와 중앙정보부 관계자들을 긴장시켰다. 4월 22일에는 광주 한빛교회에서 기장 전남노회를 열고 '유신헌법 철폐하고 민주헌정 회복하라'는 등의 4개 항을 담은 결의문을 만장일치로 채택하기도 했다. 이같이 은명기 목사는 전주와 광주를 오가며 기장 목회자는 물론 신도들과 재야인사들에게 반유신운동을 줄기차게 벌이고 다녔다. 1976년 8월 12일 유신정권은 눈엣가시처럼 여기던 기장총회장 은명기(광주 양림교회)를 비롯해 강신석(목포 연동교회, 전남노회 선교활동 자유수호위원회 서기)·임기준(장흥읍교회, 전남노회 선교활동 자유수호위원장)·조홍래(무안 제일교회, 전남노회 회장)·윤기석(강진읍교회, 전남노회 서기)·고영민(광주 무돌교회, 광주기독교연합회 총무)·장광섭(해남 3·1교회)·이한철(목포 정동교회)·유기문 (목포 죽동교회) 목사와 이성학(광주 양림교회) 장로 등 10명을 유언비어 날조 및 유포·시위집회금지 위반, 정치행위금지 위반 등 긴급조치 9호 위반혐의로 체포, 호남 지방에 근간을 두다시피 한 기장을 송두리째 붙잡아 갔다. 이에 당황한 기장계 목사 40여 명과 장로 20여 명을 포함한 목회자 및 신도 200여 명은 이틀 후인 8월 14일 오전 11시 광주 한빛교회에 모여 기도회와 임시노회를 긴급히 열고 목회자들의 석방과 민주화를 요구했다.

1978년 8월 16일부터 22일까지 전주교대부속초등학교에서 열린 한국기독교장로회 총회에 참석한 기장청년 350여 명이 전주시내에서 '인권'을 위한 항의농성을 벌였다. 당초 이들은 별다른 운동이나 시위를 벌이려는 것이 아니었다. 단순히 '오 자유여'라는 노래를 부르며 전주의 전통 한옥거리를 감상하고 있을 때 무장경찰이 들이닥쳐 느닷없이 곤봉을 휘두르며 폭력으로 강제해산시키는 과정에서 부상자가 속출하는 등 아수라장이 되자 이에 반발한 젊은이들이 '독재타도' '유신철폐'를 쏟아내 갑자기 반유신체제운동 현장으로 돌변해버렸다. '오 자유여'라는 노래에 과민반응을 일으킨 경찰의 과잉대응이 빚은 해프닝이었다. 젊은이들은 어두운 밤까지 항의농성을 벌이며 구호를 외쳐댔다. 그러나 계엄사는 이날 밤 무려 98명을 연행하고 이들을 사회파괴범으로 몰아버렸다. 이들을 진짜 반체제운동가로 변신시켜버린 것이다.[162]

전남·북 종교계인사들의 민주화운동은 이같이 집요하고 끈질겼다. 그러나 종교계의 민주회복운동은 유신체제 말기로 접어들면서 박정희 정권, 특히 중앙정보부가 매수·회유·협박·연행·유혹·억압·투옥 등 갖가지 유치하고 치

---

162 한국기독교교회협의회 인권위원회, 『1970年代民主化運動』 1권, 1987, 220쪽 ; 동 3권, 964·970쪽.

사한 공작과 억압을 반복함에 목회자들로서는 잠시 물러설 수 밖에 없었다. 그리고 10·26을 맞게 된다.

두 번째는 학생 및 청년층의 민주화운동이다. 1972년 12월 5일 전남대 학생들이 중심이 되어 〈함성〉이라는 유신체제를 반대하는 잡지형식의 유인물이 살포된 적이 있었다. 이 사건은 전남대 출신의 고교교사인 박석무가 주동하여 1972년 말과 1973년 봄 광주시내의 대학과 고등학교 주변에 유신독재 타도를 외치는 내용을 담은 〈함성〉을 뿌림으로써 시작되었다. '4·19와 같은 혁명을 위해 반국가단체를 조직하여 일당독재와 장기집권을 뒤엎고자' 〈함성〉이라는 유인물을 발행하여 '박정희와 그 주구들의 국민에 대한 고혈강취'를 전복할 목적으로 잡지를 제작하였다는 것이 검찰의 공소장 내용이었다. 사건은 여기서 끝나지 않았다. 김남주는 1973년 3월 〈함성〉지가 별다른 구실을 못하자 〈고발〉을 새로 만들어 "1972년 10월 17일을 기하여 권력에 굶주린 사나이 박정희에 의해 무참하게 총칼로 유린당한 나라를 4·19 넋으로 구하자"는 글을 실어 배포했다. 이 사건으로 1973년 3월 30일, 4월 6일, 4월 13일 등 세 차례에 걸쳐 박석무(광주석산고교 교사)·김남주(전남대 4년 수료, 시인)·이강(전남대 법학과 2년)·이정호(전남대 물리과 2년)·김정길(전남대 경영학과 2년)·김용래(전남대 법학과 2년)·이평의(전남대 경제학과 4년)·윤영훈(전남대 사대 수학과 2년)·이황(이강의 남동생) 등 전남대 졸업생 또는 재학생 9명이 국가보안법 및 반공법 위반혐의로 검찰에 구속되고 이청(이강의 여동생)·이개석(서울대 동양사학과 2년) 등 6명이 같은 혐의로 불구속 기소되었다. 그러나 주모자로 몰린 박석무가 항소심에서 무죄를 선고받는 것과는 달리 다른 사람들은 유죄가 인정되었지만 집행유예로 풀려 나오는 바람에 유야무야로 끝나버렸다. 그러나 이 사건은 전국 최초로 반유신운동을 본격적으로 시도했다는 상징적 의미는 컸다.[163]

1974년 4월 민청학련사건 발생 당시 전남 지방에서는 〈함성〉지 사건에 관련된 전남대 졸업생 또는 재학생들을 중심으로 광주시내 대학생들이 적극 참여했다. 특히 이듬해 정동년을 비롯한 민청학련 또는 다른 민주화운동사건으로 구속되었다 출옥한 젊은이들은 전남구속자협의회를 결성하고 자신들이 주도한 청년 및 학생들의 유신독재 반대투쟁을 새로운 양상의 민주회복운동으로 전개시켜 나갔다. 나이 30대에 접어들면서 생활전선에 뛰어들어야 하는 이들이 기층민중들에 연계되어 노동 및 의식화운동을 벌이게 된 것이다. 특히 김상윤의 녹두서점을 거점으로 유신독재시절부터 계속된 윤상원·박관현·김영철 중심의 들불야학운동은 사회과학서적을 탐독하는 몇 개의 '의식화' 동아리로 발전되어 녹두서점에서 공급하는『민족경제론』,『전환시대의 논리』,『변혁시대의 역사』등 의식서적의 숙독을 통해 반유신정서를 더욱 고조시켜 나갔다. 그리고 김남주·윤한봉 등은 이들 사회운동권을 결집하기 위해 현대사회연구소를 설립했다.[164]

들불야학운동은 당초 1977년 봄 YWCA 전남협동개발단 간사 김영철이 가난하기 짝이 없는 광천동 빈민가의 복도가 암굴처럼 어둡고 냄새와 메탄가스로 눈이 따가울 만큼 망가진 10평짜리 아파트로 이사오면서 시작되었다. 김영철은 아파트 주민의 종교·학력·직업·소득에 관한 기초조사를 실시하여 시민아파트 개조사업과 신용협동조합 및 청소년 교육운동을 벌이기 시작했다. 김영철의 지역개발 주민운동이 어느 정도 자리잡아가고 있던 1978년 7월 이들은 광천동 천주교회 교리실을 빌려 '들불야학'을 차렸다. 6개월을 1학기

163 한국기독교교회협의회 인권위원회,『1970年代民主化運動』1권, 1987, 324~328쪽 ; 민주화운동기념사업회,『한국민주화운동사 연표』, 2006, 239쪽.

164 이종범,「5·18 항쟁의 지역적 배경」, 5·18 기념재단,『5·18 민중항쟁과 정치·역사·사회』2권, 2007, 375쪽.

로 하는 3학기제인 들불야학에는 가난으로 배우지 못한 남녀 근로청소년 50여 명이 모여들었다. 여기에는 10·26 후 복학하여 전남대 총학생회장을 맡게되는 제적학생 박관현과 서울에서 은행을 다니다 스스로 사직하고 내려온 윤상원 이외 신영일·박기순이 참여했고 김영철도 레크리에이션을 맡아 지도했다. 들불야학 팀은 눈을 부릅뜬 모든 정보기관이 가하는 온갖 박해와 고난을 겪으면서도 못 배운 젊은이들을 가르쳤다. 그러면서 젊은이들로 하여금 비록 가난하고 못 배웠다 하더라도 당당하고 온전한 사고의식을 갖도록 지도하는 것을 빼놓지 않았다. 이들은 나중에 〈투사회보〉 등 유인물을 제작해 광주시내 각 가정에 배포하면서 5·18 민중항쟁에 뛰어들게 된다.[165]

세 번째는 교육지표를 발표한 전남대 교수들을 중심으로 벌어진 민주화운동이다. 1978년 6월 27일 송기숙·이홍길·김두진·김정수·김현곤·명노근·안진오·이석연·이방기·홍승기·배영남 등 전남대 교수 11명은 '우리의 교육지표'를 발표했다. 당초 이 교육지표는 전남대 송기숙 교수와 연세대 성내운 해직교수가 작성하고 서울과 광주의 대학교수들이 상호 서명하여 청와대와 문교부 등 관련기관과 언론에 배포할 예정이었으나 차질이 생겨 전남대 교수 11명만이 시급히 서명, 발표하게 된 것이다. 이들은 한국의 모순적인 오늘의

---

165 김영철은 의사와 간호사 부모 아래 태어났다. 그는 3세 때 아버지를 잃고 편모와 함께 목포고아원에서 자라다 1955년 광주로 옮겨 중고교를 다녔다. 그 후 가정 사정으로 대학 진학을 포기하고 5급(지금의 9급)행정공무원이 되어 승주군 별량면사무소에서 근무하다 사직하고 군에 입대했다. 제대 후 신문배달, 청과물장사, 목장잡부, 우산팔이로 생활하다 신용협동조합 지도자 강습을 받고 YWCA 전남협동조합 개발단 간사로 일했다. 그 후 YWCA 신협으로 옮겨 근무하던 중 1980년 5월을 맞았다. 5·18 기간 그는 〈투사회보〉를 제작하고 시민학생투쟁위원회 기획실장을 맡았다가 5월 27일 새벽 도청에서 공수부대원들에게 붙잡혔다. 상무대 영창에서 부상과 구타·고문후유증으로 정신이상 증세를 나타내 국립나주정신병원에서 치료 중 1998년 8월 16일 운명했다(이종범, 앞의 글, 377쪽).

교육현실이 '부국강병 국가주의적 반민주 권위주의'에 있음을 통탄하고 '인간화와 민주화, 그리고 자주평화통일'을 지향하는 '인간중심의 교육, 진실을 배우고 가르치는 민주교육'을 펼치라고 주장했다.

교육지표 사건은 1975년 긴급조치 9호 발표 후 전국고교와 대학에 학도호국단을 편성하고 군사교육을 강화하는 한편 교수 재임용제를 신설하여 실력 있고 양심적인 유능한 교수들을 탈락시켜 교단에서 몰아내는데서 비롯되었다. 또한 1976년 들어 유신정권은 학생들에 대한 엄격한 학사관리와 더불어 서울대·고려대·연세대 등 6개 대학의 학보를 포함한 74개의 정기간행물의 등록을 취소하여 폐간시키는 억압적 감시체제를 강화시키는데서 더욱 용기를 내어 추진하게 됐다. 이러한 대학에 대한 통제강화는 민주회복과 학원자유화를 요구하는 학생과 경찰 간의 빈번한 충돌을 불가피하게 만들었다. 이러한 잦은 충돌은 유혈시위로 야기되는 것은 물론 그럴수록 더욱 극렬해지게 마련이다. 여기에 학생들에 대한 구속과 제적이라는 극단적인 학사징계가 대량으로 이어지는 것은 불을 보듯 뻔했다. 이렇게 대학에 대한 감시와 억압이 노골화되면서 중앙정보부 요원이나 정사복 경찰, 형사기동대가 대학캠퍼스의 건물과 운동장을 공공연하게 점거하고 학생들과 교수들을 감시했다. 더욱이 정권에 순종하여 학생들의 활동을 감시하고 시위를 막으려는 어용교수와 특수 교직원들은 당연히 학생들의 비난과 공격의 대상이 되었다. 이 같은 암울한 상황을 타개하기 위해 전남대학교 교수들이 유신독재를 비판하고 도전하는 '교육의 민주화'를 부르짖고 나온 것이다.

성명서가 발표되자 서명자 11명 전원은 물론 여기에 연루된 이화여대 이효재 교수가 중앙정보부 광주 분실로 연행되고 연세대 성내운 해직교수가 지명수배되었다. 이들에 대한 혹독한 고문과 인격말살행위가 극한적이었음은 두 말할 필요도 없다. 송기숙 교수와 수배 중이던 성내운 교수는 긴급조치 9호

위반혐의로 구속되고 서명교수 11명 전원과 이효재 교수는 해직되었다. 서명교수들에 대한 구속과 해직이 발표되자 광주시내 각 대학에서는 학생, 교수할 것 없이 격렬하게 항의하는 시위를 벌였고 박정희 유신정권을 타도하겠다는 민주화운동은 더욱 거세어졌다. 특히 전남대 동료교수들은 '구속교수 석방' '어용교수 퇴진' '학원사찰 중지' 등을 외치며 도서관에서 학생들과 함께 농성에 들어갔다. 완전무장한 경찰들은 농성중인 교수들과 학생들을 잔인한 폭력으로 마구잡이 끌어내 해산시켰다. 정부는 예외 없이 휴교령을 발동했고 전남대 학생들은 '유신철폐' '민주교육'을 외치며 3일 동안 농성과 시위를 극렬하게 벌였다. 이들 가운데 500여 명이 연행되었다.[166] 이 사건은 광주지역뿐만 아니라 온 국민적 관심과 호응을 불러일으킨 가운데 전국민주화운동을 더욱 부추기고 고무시키는데 기여했다. 이후 교육지표 사건은 업그레이드를 지향하는 전남지역의 인간화와 민주화를 위한 또 다른 구체적 실천운동의 하나로서 광주 YWCA에 '양서협동조합'이 결성되어 고등학생과 대학생들을 대상으로 한 '좋은 책 읽기 운동'으로 발전했다.

네 번째는 전남지방에서 민주화운동의 또 다른 연장선상에서 벌어진 가톨릭농민회의 농민운동이다. 가톨릭농민회가 1년 6개월 동안 함평 고구마 피해보상투쟁을 벌이며 유신독재정권에 도전했던 것을 말한다. 전남에서 무안·해남군과 함께 고구마 주산지인 함평군은 1976년 가을 고구마 재배면적 증가와 풍작으로 전년도보다 5,000여 톤이 많은 2만 5,000여 톤이 생산되었다. 당시 상인들은 삼한제분 등 주정(알코올)회사들이 외국에서 헐값으로 주정원료를 이미 수입해왔다며 농협 수매 값보다 싼 15관들이 1부대 당 1,100~1,200원씩 거래하자고 농민들에게 접근해왔다. 농협 수매가는 전년보다 17.4% 인

---

166 이종범, 앞의 글, 375쪽 ; 앞의 『한국민주화운동 연표』, 340쪽.

상된 1,317원(2등 기준)이었다. 그러나 전년규 농협전남도지부장은 중앙에서 배정된 수매목표량이 전체생산량의 40%선에 불과해 나머지 60%는 헐값으로 거래되는 것을 안타까워한 나머지 자신이 주정(알코올)회사와 별도로 교섭하여 가능하면 전량을 수매하도록 할 선의의 뜻을 가지고 '헐값으로 팔지 말고 모두 농협수매에 응하라'며 전량수매를 약속하고 나섰다. 발단은 여기서 시작되었다. 농민들은 당연히 지부장의 약속대로 전량이 수매될 것으로 믿고 상인들에게 팔지 않은 고구마를 도로변에 야적해놓고 수매를 기다렸다. 그러나 지부장의 수매량 증량교섭이 실패하면서 농민들의 불만이 고조되는 심각한 사태로 발전했다. 정부는 당시 농민들의 수매 값은 인상해주면서 주정회사의 주정판매 값을 인상해주지 않은데다 수입하는 원료 값이 수매고구마 값보다 쌌기 때문에 주정회사들이 정부로부터 당초 배당받은 것만 수매하고 전년규 지부장이 요구하는 별도의 증량수매를 거부했던 것이다. 이 같이 도지부장의 약속이 전연 이행되지 않게 되자 수매를 기다리다 헐값으로 내다팔 기회마저 놓쳐버린 농민들의 원망은 폭발할 수밖에 없었다. 특히 도로변에 야적한 상태로 수매를 기다리다 고구마가 썩고 상해버린 것은 더욱 심각했다. 1976년 11월 중순이 되자 농민들은 초조해졌다. 그리고 시장에 헐값으로라도 팔 기회를 놓쳤다며 농협을 성토하고 나섰다. 이를 보다 못한 함평 가톨릭농민회(회장. 서경원)는 농민들의 피해를 그대로 좌시할 수 없어 11월 23일 '함평 고구마 피해보상 대책위원회'를 구성하고 조직적이고 끈질긴 농성과 시위를 벌이며 전량수매 아니면 보상을 요구하고 나섰다. 여기에는 함평뿐만 아니라 농협도지부가 있는 광주의 천주교와 개신교 등 종교계의 호응을 얻어 적극적인 항의와 보상을 요구하고 나섰다. 그런데도 농협은 물론 정부당국은 거들떠보지도 않았다. 심지어 농림부에서 피해조사를 실시하여 피해액이 농민회에서 조사한 것보다 더 많은 것으로 밝혀졌는데도 아무런 대안을 내놓지 않았다. 그러면서 오히려 서경원 농민회장과 일부 회원들에 대해 '사상이 불순한 빨갱이' '북괴에 동조하는 의심스러운 사람'이라 몰아붙이며 회원들의 보상요구 시위와 항의집회 참가를 탄압하는 한편 서경원 회장 등 농민회 몇몇 간부들의 고구마는 썩은 것까지 전량수매하는 이간질까지 일삼았다. 이 때문에 당초 시위참가 농민의 절반가량이 이탈하는 사태로 이어졌다. 1976년 가을에서 겨울까지 내내 호소하고 항의해도 아무 소용이 없었다.

피해보상요구는 이듬해인 1977년에도 계속되었다. 4월에는 전국 각계에 고구마 피해보상을 요구하는 유인물을 보내는 한편 광주시내 계림동 천주교회에서 윤공희 대주교가 집전하는 '고구마 피해보상을 요구하는 기도회'를 열어 사태의 심각성을 전국에 알리고자 노력했다. 1977년 한 해 동안 함평군 고구마 피해보상 대책위원회와 한국가톨릭농민회 이름으로 갖가지 호소문·선언문·결의문을 전국에 보내는 운동을 계속했지만 해결의 실마리는 보이지 않았다. 1978년 4월 24일 광주시내 북동 천주교회에서 함평농민회원 뿐만 아니라 전국의 지지세력 등 750여 명이 모인 가운데 윤공희 대주교와 농민회 지도신부 공동 집전으로 '농민을 위한 기도회'가 열렸다. 이 자리에서 농민회원들은 피해보상과 농민회 탄압중지를 요구했다. 그러자 기동경찰 수백 명이 교회 주변과 도로를 완전히 차단하고 외부와의 연락을 봉쇄했다. 농민들은 교회마당에서 연좌농성을 벌이기 시작했고 일부회원들은 지도신부들과 함께 단식투쟁에 들어갔다. 이들은 '전국회원에게 보내는 글'을 통해 전국농민회원 및 양심인사들의 성원과 참여를 촉구했다. 4월 27일 광주 YWCA에서 열린 '고구마 피해보상을 위한 인권기도회' 참가자들이 단식농성장인 북동 천주교교회로 몰려가다가 경찰과 충돌, 강제 해산되는 과정에서 20여 명이 연행되기도 했다. 농민회 탄압을 중지하겠다는 약속은 허구였다.

문익환 목사 등 국내 양심인사들이 대거 내려와 격려방문을 하는 가운데

28일 전남시국대책회의 의장인 고건 전남도지사를 비롯한 농협관계자, 중앙정보부 광주분실장, 전남도 경찰국장, 천주교 광주대교구장 윤공희 대주교, 김성용 광주대교구교육국장, 서경원 함평농민회장 등이 광주 가톨릭회관 7층에 있는 천주교 광주대교구장실에 모여 농민들의 요구사항에 대한 타협을 모색했으나 결렬되고 말았다. 형식적이고도 무성의한 미봉책을 내놓았기 때문이다. 그러나 농민회 측의 강경자세에 놀란 당국은 드디어 다음날인 4월 29일 피해액 309만 원의 전액 보상과 구속자 석방을 약속하는 타협안을 제시하고 나왔다. 함평농민회 측은 만족하지 않았지만 그동안 단식농성자 중 6명이 쓰러지는 등 피로까지 겹쳐 수용하기로 결정했다. 유신정권이 끈질긴 농민들의 요구에 끝내 손을 들고 만 것이다. 그러나 이날 두 사람의 구속자가 풀려나지 않아 단식농성은 계속되었다. 5월 1일 전국에서 모인 40여 명의 신부와 개신교 목회자, 그리고 양심인사 500여 명이 기도회를 다시 열자 두 사람은 다음날 석방되었다. 1년 6개월 동안 싸우고 8일 동안 단식까지 결행한 지루하고 엄청난 투쟁이 드디어 막을 내린 것이다. 그러나 그동안 고통과 노력에 대한 보상치고는 너무나 미미했다. 함평군내 전체 피해액은 1억 4,000여만 원으로 추산되었지만 보상액은 정보당국의 간섭과 협박 때문에 최소로 신고된 309만 원으로 전체 피해액의 2.2%에 불과했다.[167] 피해보상은 피해농가 모두에게 돌아간 것이 아니라 줄기차게 투쟁해온 가톨릭농민회원 또는 여기에 적극 참여한 농민들에게만 해당되었다. 더욱이 갖가지 부대비용을 공제한 결과 어떤 농가는 단돈 23원을 보상받은 경우도 있었다.[168] 보상을 받지 못한 농민

---

[167] 함평 고구마 피해보상 대책위원회가 가장 피해가 많은 5개읍면 9개마을 179농가를 대상으로 조사한 결과 농협이 고시가격(2등 기준 1,317원)으로 수매를 하지 않음으로써 입은 손해는 280만원, 수매를 기다리다 썩어버린 고구마 량은 223부대(약 29만원)여서 총 피해액은 피 조사농가 1가구당 1만 7,302원인 309만 7,085원으로 집계되었다.

들은 투쟁할 힘도 없고 배경(조직)도 없어 억울한 한숨을 다시 내쉴 수밖에 없었다.[169] 더욱이 함평군 내 일부농민들은 가톨릭농민회가 주동이 되어 투쟁한 보람을 그나마 얻어냈지만 그렇지 않은 무안이나 해남 등 다른 군 농민들은 한 푼도 보상받지 못했다.[170]

함평 고구마 보상사건은 다음 해 발생하는 YH사건에 앞서 대정부투쟁을 줄기차게 벌여 이겨냈다는 의미가 컸다. 비록 보상액은 미미했지만 순수한 농민운동차원을 넘어 억압으로 일관했던 박정희 유신정권에 도전하는 민주화운동의 연장선상에 있었기 때문이다. 유신정권은 YH사건에서 보여주는 바와 같이 연약한 근로자들의 생존적 호소까지 깔아뭉개며 인권유린을 다반사로 여겼다. 또한 자기네들의 실수로 인해 빚어진 가난하고 억울한 농민들의 피해마저 보상하지 않으려고 온갖 회유와 협박을 다하는 독재정권의 속성을 드러냈지만, 결국 농민들의 요구를 받아들이지 않을 수 없는 상황까지 몰렸다. 박정희 유신정권으로서는 자기네들의 일방적 강압에 굴복하지 않는 괘씸한 요구에 대한 유일한 패배였다.

유신체제는 우리 현대사에서 실로 기나긴 암흑의 터널이었다. 이 같은 암흑에서 벗어나려는 운동에 참여한 양심적 인사와 정의로운 학생들은 자신의 청춘과 목숨을 서슴없이 내던졌다. 부마항쟁은 그 절정이었다. 그리하여 가장

---

168 2009년 5월 4일, 서경원 당시 함평농민회장 증언 ; 앞의 『한국민주화운동사 연표』, 333쪽.

169 감사원은 그 후 4개도지부에 대한 감사를 실시했다. 그 결과 일부 단위농협이 주정회사 및 상인들과 짜고 1976년·77년 이태 동안 고구마 수매를 위장해 횡령·착복·유용한 액수가 무려 80억여 원(고구마 24만 6,000톤)이었음이 밝혀져 전남도지부장 1명을 포함한 202명이 해임되고 457명은 정직·감봉·좌천 등의 징계를 받았다(〈동아일보〉, 1979년 5월 6일자).

170 명동천주교회, 『한국가톨릭 인권운동사』, 1984, 439~456쪽 ; 한국가톨릭농민회, 『한국가톨릭농민회 30년사』, 1999, 59·223~241·572쪽.

믿었던 부하의 총탄에 의해 평가되어 유신의 원체가 사라지던 날, 학생들은 물론 대다수 국민들은 환호를 올렸다. '서울의 봄'이 다가온 것이다. 그렇게도 소망하던 민주화의 꿈이 눈앞에 다가오는 듯 했다. 이때문에 1980년 3월이 되면서 호남, 특히 광주에서는 어느 지역 못지 않게 도시나 농촌, 공장이나 학원에서 유신잔재를 씻어내기 위한 투쟁을 맹렬히 전개하고 나섰다. 그러나 전두환으로 대표되는 신군부는 그들의 대부가 피살되는 10·26에 때맞춰 정권찬탈을 획책하고 나섰다.

2

신군부의 정권찬탈 음모와 국가폭력의 동원

10·26과 정치군인들의 음모

1979년 10월 26일, 18년간 철권통치를 펼쳐온 박정희가 자신을 지켜줄 친위세력에 의해 사살되는 순간, 평소 후계구도가 설정되지 않았던 대한민국 통치권은 순식간에 공백상태가 되고 말았다. 정부는 10월 27일 새벽 2시, 긴급히 국무회의를 소집하고 유신헌법 제48조에 따라 최규하 국무총리를 대통령권한대행으로 추인함과 동시에 이날 새벽 4시 10분 제주도를 제외한 전국에 비상계엄령을 선포하고 계엄사령관에 정승화 육군참모총장을 임명하는 수순을 밟으며 긴박한 정국을 수습해 나갔다. 동시에 갑작스러운 비상사태를 맞아 정치권은 물론 군부에 아무런 기반이 없는 최규하 대통령권한대행의 통치권은 사실상 공허한 상태여서 군부의 추이가 초미의 관심사로 떠오르지 않을 수 없었다. 이는 실질적 국가통치권의 권역이 대통령권한대행에서 육군참모총장인 정승화 계엄사령관에게로 옮겨가는 추세로 관측될 수 있는 상황이었다.

26일 오후 7시 40분, 박정희를 살해한 김재규의 승용차를 타고 그와 함께 육군본부 B-2 벙커로 돌아온 정승화 육군참모총장은 이날 밤 자정 무렵 청와대에 있던 김계원 대통령비서실장과의 통화를 통해 자신과 함께 동행했던 김재규 중앙정보부장이 박정희 대통령을 살해한 범인으로 확인되자 즉각 김진기 육군헌병감을 불러 B-2 벙커 안에 있는 김재규를 체포하여 보안사령부로 인계하라고 명령했다. 그리고 전두환 보안사령관에게도 이 사실을 알림과 동시에 계엄사령부 예하에 합동수사본부를 설치한다는 사실과 본부장에 전두환 보안사령관을 임명한다는 자신의 구상을 미리 알려주었다. 전두환 보안사령관은 정승화 육군참모총장의 승인하에 체포된 김재규를 김진기 헌병감으로부터 인계받아 보안사 서빙고 분실로 보내 박정희 대통령 살해동기에 대한 수사에 착수하는 한편 계엄령 선포와 동시에 발족할 계엄사령부 합동수사본부 조직에 착수했다.[171] 곧이어 정승화 육군참모총장 겸 계엄사령관은 전두환 보안사령관이 입안, 품신한 합동수사본부 설치안을 결재한 다음 계엄법 제11조에 근거한 합동수사본부를 설치하고 전두환 보안사령관을 본부장에 임명한다는 계엄공고 5호를 발표했다. 대한민국 통치권자의 최측근에서 막강한 권력기능을 수행하던 전두환 보안사령관이 피살된 박정희 대통령 주변의 최고위급 관련자들은 물론 누구든지 필요하다면 불러 조사할 권한을 부여받은 합동수사본부장을 겸하게 된 것이다. 박정희 대통령의 피살과 동시에 그의 최측근 3인방 중 한 사람인 대통령 경호실장 차지철의 피살, 또 한 사람인 김재규 중앙정보부장이 대통령 살해범이라는 사실은 공백상태인 국가통치권 핵심권역이 군사적 비상대권을 행사할 수 있게 된데다 합동수사본부장을 예하에 둔 계엄사령관에게로 이동하게 되었음을 의미했다.[172] 그러나 비록 계엄사령관 예하라고 하지만 박정희 대통령 최측근 3인방 중 한 사람이자 유일하게 건재해 있는

171 한용원, 『한국의 군부정치』, 대왕사, 1993, 360쪽.
172 조갑제, 『박정희의 마지막 하루』 월간조선사, 2005, 271쪽.

전두환 보안사령관이 합동수사본부장에 임명된 것은 중요한 의미를 갖는다. 더욱이 그는 자체정보망을 통해 이미 비상계엄권자인 육군참모총장 겸 계엄사령관 정승화가 10·26 당시 박정희 살해현장 근처에 있다가 범행을 저지른 김재규와 함께 그의 차를 타고 육군본부로 돌아왔다는 사실을 파악하고 있었다. 이는 곧 계엄사령관에게 이동한 대한민국 통치권역의 향배와 맞물리는 중요한 변수로 작용하게 되었다는 점이다. 외신들은 합동수사본부장에 임명된 전두환 보안사령관이 공백상태에 놓인 한국통치권을 실질적으로 행사할 수 있는 사람이 된 것이라고 보도한 이유는 여기에 있었다.[173]

5·16 쿠데타 다음날 육군본부로 쿠데타지도자 박정희 장군을 찾아가 인연을 맺은 전두환은 1979년 3월 보안사령관에 임명돼 친위대적 최측근이 되기까지 박정희로부터 절대적인 신뢰와 비호를 받으며 군내 사조직 하나회를 이끌고 알프레드 스테판(Alfred Stepan)이 말하는 '정권장악을 목표'로 하는 전형적인 신직업주의적 정치군인으로 성장해 온 사람이다.[174] 그는 10·26으로 유신독재의 몸통이 무너진 상황에서 자신이 18년간 받들어 온 박정희 유신정권을 반드시 승계해야 한다는 당위성을 가지고 나설 수 있는 입장이었다. 그리고 그는 박정희 살해사건을 수사하는 합동수사본부장을 맡게 됨으로써 절호의 기회를 맞이하고 있었다. 특히 그는 수도권 안전을 책임지는 '천하 제1사단'의 사단장에 임명될 당시 '박정희 양아들'이라는 풍문까지 나돌 정도로 박정희와 밀착되어 있는 상태에서 보안사령관에 임명되어 차지철·김재규와 함께 박정희 최측근 3인방의 한명이 되었었다. 그 중 차지철이 사살되고 김재규가 범인으로 전락한 마당에 유일하게 건재한 자신이 박정희 정권을 승계하여

---

173 일본 〈每日新聞〉, 1979년 11월 1일자.
174 자세한 내용은 김재홍, 『軍』 1권, 동아일보사, 1994, 174~326쪽 ; 한용원, 앞의 책, 317~326쪽 ; 재향군인회, 앞의 책, 27~33쪽.

대한민국 통치권을 장악하는 것이 대부(代父)의 비통함을 풀고 유지(遺志)를 받드는 최선의 선택이라는 '명분'을 갖기에 충분했다. 특히 '친위대는 위계질서에 입각한 조직적 권위를 무시할 수 있다'는 관념에 너무나 익숙해 있는 그에게는 유일한 위계상의 윗분인 박정희 대통령이 존재하지 않는 한 민주화는커녕 정치적·군사적 기반이 취약한 요식적 통치권자 최규하 대통령권한대행이나 박정희 살해범 김재규를 방조한 혐의가 있는 비상계엄권자 정승화 계엄사령관을 제치고 군권과 대권을 한꺼번에 장악해야 한다는 당위성을 내세울 수 있는 위치에 접근해 있었다. 그러한 당위성에 걸맞는 합동수사본부장 직위가 대한민국 정부에 의해 공식적으로 부여된 것은 사실상 정권찬탈 임무를 수행하도록 권한과 기회를 제공한 것이나 다름없는 우연이자 역사의 아이러니가 아닐 수 없었다.

그 징후는 10·26 사태와 동시에 나타났다. 전두환이 12·12 반란 이틀 후인 12월 14일 주한 미국대사관을 방문하여 글라이스틴 주한미국대사와 처음으로 상면하는 자리에서 "박 대통령 시해사건에 미국이 개입한 것이 아니냐"고 항의했다는 사실에서[175] 10·26으로 박정희가 살해된 순간부터 무너진 유

---

175 글라이스틴 주한 미국대사는 전두환의 항의를 받고 "박 대통령의 암살에 미국을 연관시키는 그의 근거 없는 주장을 반박하면서 순간적이나마 분노를 참을 수 없었다"고 그의 회고록에서 술회함으로써 '항의했다'는 사실을 확인하고 있다(윌리엄 글라이스틴 회고록, 『알려지지 않은 역사』, 중앙M&B, 1999, 130쪽). 이흥환은 "전두환 장군과의 만남에서 내가 단 한 차례 화를 냈던 것으로 기억하는 것은 미국이 박 대통령 시해사건에 관련되어 있다고 우리를 근거 없이 비난하는 전 장군의 콧대를 꺾어놓았을 때이다"라는 대목을 인용해 역시 전두환의 항의사실을 확인하고 있다(이흥환, 『미국 비밀문서로 본 한국현대사 35장면』, 삼인, 2003, 24쪽). 글라이스틴은 1979년 12월 15일 미 국무부에 보낸 공식 電文의 제목에 '전두환을 만났다'는 사실을 담고 있으나 내용에는 박정희 피살에 미국이 개입했는지의 여부에 대한 항의사실은 없다. 전문은 8페이지에 걸친 장문이지만 비밀문서 해제 당시 2/3 이상을 삭제했기 때문이다. 다만 삭제부분에 '전두환의 박정희 암살 미국개입 항의'내용이 담겨있을 가능성은 높다(From

신체제를 계승해야 한다고 자임하고 있었음을 내비친 것으로 이해되기 때문이다. 여기에 '자기영달을 위한 야망'으로 '그 이상의 생각(정권찬탈을 의미하는 듯-필자)이 그의 교활한 마음속에 자리 잡고 있었다는 것',[176] 그것이 전두환의 정권찬탈 음모의 배경으로 작용했음이 분명하다. 이날 전두환과 처음 만난 글라이스틴 대사도 "그가 한국의 통치자가 되려는 야욕을 가지고 있음을 확인했다"며 이를 뒷받침하고 있다.[177]

이에 앞서 전두환 보안사령관은 보안사 법무관 박준광 소령에게 비상계엄령이 선포되면 합동수사본부가 설치되고 자신이 본부장이 된다는 사실과 함께 모든 정보·수사기관에 대한 조정·통제·감독업무를 합동수사본부가 장악하도록 기능과 조직을 갖춘 설치안을 작성하라고 지시했다.[178] 전두환이 보안사령관에 임명되던 1979년 여름에 실시된 을지연습(CPX) 때 '계엄법 및 관련 법규를 검토해보라'는 전두환 사령관의 지시를 받은 박 소령은 국방부의 '계엄시행계획'에 2급 비밀로 분류되어 있는 '충무계획 1,200'에 합동수사본부를 설치할 수 있는 단 한 줄의 규정이 있음을 밝혀내고 이를 근거로 비상사태하에 계엄령이 선포될 경우 설치될 계엄사령부 합동수사본부의 기능과 조직에

American Embassy Seoul To Secretary of State Washington Immediate 150834z Dec. 79. Subject=Korea Focus-Discussion with MG Chon Tu Hwan). 글라이스틴 대사는 이에 앞선 1979년 11월 19일 미국무부에 보낸 '미국 박정희 살해에 공모'라는 제목의 전문에서 "한국의 반체제인사와 교회 일각, 그리고 학생들 사이에서는 김재규의 박정희 살해에 대해 긍정적이면서도 여기에는 미국이 공모했을 가능성이 있다는 풍문이 나돌아 미국을 괴롭히고 있다"고 보고했다(From American Embassy Seoul To Secretary of State Washington Immediate 190559z Nov. 79, Subject=Charges of U. S. Complicity in President Park's Death. 번역문은 글라이스틴 회고록 290쪽에서 재인용).

176 앞의 글라이스틴 회고록, 122쪽.
177 앞의 글라이스틴 회고록, 136쪽.
178 조갑제, 앞의 책, 271쪽.

관한 보안사의 '계획서'를 작성해 두었었다. 그 핵심은 합동수사본부를 계엄사령관 직속하에 두고 중앙정보부·보안사·검찰·경찰·헌병·군 검찰 등 대한민국의 모든 정보·수사기관을 조정·통제·감독케 하는 것이었다. 박 소령은 부마사태로 비상계엄령이 선포되었던 10월 18일 전두환 사령관을 수행하여 부산에 갔을 때 이 계획서에 따라 '합동수사단'을 구성하여 예비적으로 운영한 적이 있었다.[179] 이것은 8일 후에 발생하는 10·26 사태를 예감이나 한 듯 예행연습을 한 셈이 되었다. 다시 말하면 전두환은 보안사령관에 취임하기 바쁘게 예견할 수 있는 어떤 돌발사태에 미리 대비하는 주도면밀함을 보인 것, 바로 그것이 '충무계획 1,200'에 의한 '계획서'라 할 수 있다. 그만큼 전두환은 이미 박정희의 유고 등 특단의 비상사태가 발생하면 그 상황(정권)을 승계하겠다는 야심을 품고 미리부터 준비를 하고 있었음이 분명했다. 바로 '충무 1,200에 의한 계획서'는 전두환이 보안사령관에 임명되기가 무섭게 당시까지도 건재해 있던 박정희 대통령에게 언젠가 닥쳐올지도 모를 만약의 유고에 대비해 세워놓은 '정권장악 시나리오'였음이 분명하다.[180] 그의 야심은 10·26 이전부터 이미 발동하고 있었던 것이다.

본래 이 조정·통제·감독권은 중앙정보부가 장악하고 있었다. 그러나 전두환은 이 기능과 권한을 무력화된 중앙정보부에서 합동수사본부로 이관시켜 자신이 행사하기로 한 것이다. 그것은 대한민국의 모든 권력기능을 직접 챙겨 자신에게 집중되도록 하겠다는 속셈이 깔려 있었다. 이에 따라 27일 오전 8시 30분 윤일균 중앙정보부 해외담당차장, 전재덕 국내담당차장, 오탁근 검찰총장, 손달용 치안본부장, 김진기 헌병감을 보안사령부로 소집해 회의를 주재한

---

179 조갑제, 앞의 책, 272쪽.
180 김경재, 『김형욱 회고록-혁명과 우상』 5권, 인물과 사상사, 2009, 306쪽.

전두환 합수부장은 박정희 대통령이 피살되었다는 사실을 알려줌과 동시에 범인은 김재규 중앙정보부장이라고 밝힌 후 각 기관의 업무지침을 통보하면서 합수부의 통제를 받아야 한다는 사실을 강조했다. 또한 모든 정보보고서는 오전과 오후 하루 두 번씩 합동수사본부에만 제출하고 다른 기관에 제출할 경우 사전에 허가를 받아야 한다며 청와대와 계엄사령부로 직접 제출하는 것을 견제하고 나섰다.[181] 이것은 군통수권자인 최규하 대통령권한대행은 물론 직속상관이자 실질적 비상대권 중심에 있는 정승화 계엄사령관을 무력화시키려는 조직상의 조치임과 동시에 정권찬탈을 위한 사전공작으로 이해된다. 앞에서 언급한 바와 같이 당초 계엄법에는 합동수사본부를 설치할 법적 근거가 미미했다. 하지만 전두환은 이 미미한 법적근거를 확대시켜 강력한 비상대권의 중심에 다가선 것이다. 특히 정승화 계엄사령관에 대한 이 같은 견제조치는 이날 오후에 있게 될 군 수뇌부의 '민주주의 환원' 합의를 무력화 시키는 것과 맥락을 같이한다.

특히 육군소장으로서 대한민국 권력서열로 보아 한참 뒤로 쳐져있는 보안사령관이지만[182] 박정희의 총애를 받아 그의 최측근 3인방 중 한 명이 된 끝에 유일하게 건재하고 있는 그가 대통령 살해사건을 전담하는 합동수사본부장을 맡게 된 것은, 아무런 정치적·군사적 기반을 갖지 못한 최규하 대통령권한대행이나 김재규 대통령살해범 방조혐의에서 자유롭지 못한 정승화 계엄사령관의 권위를 비웃으며 하루아침에 대한민국 최고 실권자의 자리를 넘보는 위상

---

181 정승화, 『12·12사건, 정승화는 말한다』, 까치, 1987, 110쪽 ; 조갑제, 앞의 책, 271~273쪽.

182 조갑제, 앞의 책, 263쪽 ; 그러나 권력서열 50위는 보안사령부라는 행정조직상 또는 육군소장이라는 계급상의 서열일 뿐 박정희 대통령으로부터 받은 신뢰나 필요상의 서열은 차지철·김재규 다음의 3위로 보는 것이 타당하다.

으로 비약했음을 의미했다.

이는 곧 기라성 같은 20여 명의 대장 및 중장급 상위 선배 장성들을 제치고 일개 육군소장에 불과한 전두환 보안사령관 겸 합수부장이 대한민국 통치권 역의 중심에 서게 되는 기현상으로 발전하는 아이러니였다. 정승화 계엄사령 관으로서는 자신이 발의하고 결재한 합수부 설치안이 얼마 후 자신을 옭아매 리라고는 꿈에도 생각하지 못했을 것이다.[183]

최규하 대통령권한대행은 27일 오전 9시 '국가비상시국에 대한 대통령권 한대행 특별담화'를 발표하고 국민들의 협조와 단합을 호소했다. 특히 최 대 행의 특별담화에는 유신체제의 청산을 예고하는 의미를 함축하고 있었다. 박 정희의 피살소식을 접한 국민들은 이제 유신체제의 암흑시대가 막을 내리고 그동안 위축됐던 민주주의가 회생할 것이라며 반기는 분위기였다. 이른바 '서 울의 봄'이 다가오기를 기대하고 있었던 것이다. 지난 18년 간 특히 1972년 이후 7년 동안 유신체제 하에서 온갖 억압을 받으며 민주회복 운동에 앞장섰 던 학원가와 재야인사들은 '이제 유신독재가 사라지고 정상적인 민주정치가 실현될 것'이라는 희망찬 기대를 갖고 10·26 사태를 환영하고 나섰다. '하나 님이 우리 민족을 독재에서 해방시켜 주시는구나 하는 생각에 기쁘게 여겨지 기도' 했다.[184] 박정희로부터 온갖 탄압과 고통을 받아온 이들은 박정희 자신 이나 그 유족의 개인적인 아픔에 대해 위로를 보낼 수 있을 만큼 마음이 여유 롭지 못했다. 이에 따라 10·26 사태로 계엄령이 선포되긴 했지만 그것은 민 주회복운동을 억압하기 위한 것이 아니라 북한의 오판에 따른 군사적 도발을 경계한다는 의미가 내포되어 있다고 긍정적으로 이해하고 민주회복을 현실화

---

183 조갑제, 앞의 책, 273쪽.
184 강원룡, 『빈들에서-나의 삶, 한국현대사의 소용돌이』 3권, 열린문화, 1993, 118쪽.

시키기 위한 행보를 더욱 활발하게 펼쳐나갈 것을 다짐하고 나섰다.

10월 30일, 계엄사령부는 10·26으로 국민생활에 미칠 충격과 위축을 최소화시키기 위해 치안질서의 완벽한 유지는 물론 그동안 억제되었던 갖가지 규제를 풀어 국민생활의 안정을 기하고 아울러 국민의 정당한 뜻이 제대로 반영되는 새로운 정치발전의 기틀을 마련하는 데 역점을 두겠다는 내용의 '계엄업무의 기조'를 발표했다. '계엄업무의 기조'에 대해 국민들은 상당히 긍정적인 반응과 함께 기대 또한 크게 나타냈다. 계엄사는 각종 규제를 신속하게 풀고 평상상태로 환원시켜 시민사회의 불안과 산업사회의 긴장을 완화시킴으로써 역동적 활력을 불어넣는 조치를 취하는 데 서슴지 않았다. 이러한 조치에 따라 면 단위 이하 지역의 통금시간이 종전대로 환원되는 한편 생활필수품 운송차량은 통금시간에도 운행할 수 있게 했고 관혼상제 및 의례적인 종교행사는 신고 없이 치르도록 했다. 이같이 전개되는 상황에서 운동권 학생들이나 재야 민주인사들은 이젠 분명 유신헌법이 철폐되고 민주주의체제로 환원될 것이라는 믿음을 한껏 가지고 민주화를 소리 높여 부르짖으며 더욱 활발한 움직임을 펼쳤다.

그러나 미국의 입장은 달랐다. '최규하 정부 절대지지'를 천명한 미국정부는 우선 대북한 경고성명을 통해 부당한 도발을 사전에 봉쇄하는 '안보우선정책'을 다짐하는 데까지는 좋았다. 미국은 최규하 대통령권한대행에게 보낸 국무장관 전문을 통해 "우리는 대한민국과 체결한 조약대로 귀국의 곁에 서 있을 것이다. 우리의 염려와 생각은 귀하와 한국 국민과 함께 있을 것이다"고 천명했다.[185] 그러면서 주한미국대사 글라이스틴은 "우리는 보호자로서의 역

---

185 From Secretary of State Washington To Amrican embassy Seoul Immediate 270212z Oct. 79, Subject=Condolences on Death of President Park.

할(Our Protector Role)을 충분히 수행할 것을 한국정부에 강조했다"고 미 국무장관에게 보고했다. 아울러 "김대중과 김영삼 같은 인물들이 적어도 경선에 참여하는 대중적 경쟁은 지금 시점에서는 올 것 같지 않다(a popular contest where People such as Kim Tae Jung and Kim Yung Sam could at least enter the competition seems highly unlike)"고 보면서 "군 집단체제로 권력을 유지할 수도 있다(Retain Power in A Military Collective Leadership)"는 견해를 피력했다.[186] 미국은 여전히 '동북아 안보'를 내세우면서 한국의 민주주의나 인권문제를 전연 고려하지 않은 채 결국 강력한 군부 집단체제인 전두환 지지로 돌아섰음을 강력히 시사했다.

최규하 정부는 유신헌법의 개정은 물론 각종 규제를 해제하면서 점차적인 민주화를 추구하고 나서는 듯 했다. 그러나 세간에서는 상당한 근거까지 제시된 가운데 군부의 봉기설과 함께 2원집정제 개헌을 시도한다는 풍문이 나돌고 있었다.[187] 이에 자극받은 정당과 재야 및 운동권 학생들은 대통령직선제, 인권보장 등 종전으로의 환원을 의미하는 헌법 개정과 긴급조치 해제 및 반정부인사들의 사면·복권을 조속히 단행하라고 촉구했다. 그러나 정부의 정치일정은 이들의 바람과는 다른 쪽을 향해 치닫는 조짐을 나타내고 있었다.

11월 10일 최규하 대통령권한대행은 '유신헌법 규정에 따라 내년 1월 25일 이전에 통일주체국민회의 대의원을 소집해 새로운 대통령을 선출한 후 빠른 시일 안에 각계각층의 의견을 들어 유신헌법을 개정하되 새로 선출되는 대

---

186 From Amrican embassy Seoul To Secretary of State Washington Immediate 280919z, Oct. 79. Subject=Initial Reflections on Post-Park Chunghee Situation in Korea. ; 재향군인회, 『12·12 , 5·18 실록』, 1997, 21~23쪽.
187 이 풍문은 뒤에 신군부의 12·12 반란으로 나타났고 2원집정제 개헌운운은 현실화되지는 않았지만 그런 의중이 있었음은 사실로 밝혀졌다.

통령은 잔여 임기를 채우지 않고 조속히 선거해서 민주화 조치를 취한 후 물러나겠다'는 향후 정치일정에 관한 시국담화문 발표했다.[188] 이에 대해 주한 미국대사관은 '친정부계와 재계그룹들이 크게 환영하는 목소리를 높이고 있고 한국 국민들은 대체적으로 호의적이라고 보았으며 윤보선을 비롯한 야당과 일부 반정부 인사들이 불찬성의 목소리를 내면서 즉각 유신헌법 폐지와 대통령 선출을 위한 국민총선을 주장하고 있다'고 미국무부에 보고했다.[189] 사실 이 담화문은 국민이 바라고 있는 민주화 일정인 것처럼 비춰지기도 했지만 실제는 유신대통령을 공식적으로 선출, 유신체제를 지속시키겠다는 뜻이 담겨 있었다. 이 때문에 민주화를 열망하는 국민들로서는 온갖 의구심을 갖지 않을 수 없었다. 재야인사들은 원론적인 담화문 발표를 심상치 않은 조짐으로 보고 즉각 반발했다. 이것은 유신체제를 연장하려는 음모라며 그 배후를 전두환 중심의 신군부로 보기 시작한 것이다. 그것은 제대로 된 판단이었다. 그런데도 일부 정당 및 정치인과 재야인사들은 최규하 대통령권한대행의 담화문을 곧이곧대로 믿고 자신들만의 정치 일정을 추진하고 나섰다. 국회는 11월 21일 헌법개정안 마련을 위한 헌법개정위원회를 구성하는가 하면 신민당·공화당 등 정치권에서도 각기 자체 개헌안 마련에 들어가는 등 새로운 헌법질서 창출을 모색하고 나섰다. 당시 정치권은 물론 학생운동권이나 재야 및 국민들 사이에서 가지고 있던 초미의 관심사는 헌법을 어떤 내용으로 개정해야 하는가에 있었다. 헌법은 최소한 제3공화국 시절로 되돌아가야 한다는 게 대체적인 주문이었다.

---

188 〈조선일보〉, 1979년 11월 11일자.

189 From American Embassy Seoul To Secretary of State Washington dc. Immediate 140718z. Nov. 79. Subject=Reaction To Acting President's November 10 Speech ; National Assembly and Political Activeties.

정부와 계엄사령부는 이러한 정치권이나 국민들의 의향과는 달리 12월 6일 통일주체국민회의를 소집해 유신헌법 규정대로 새로운 대통령을 선출하겠다고 공식 발표했다. 유신대통령 선출은 최규하 대통령권한대행의 담화문 내용을 액면 그대로 이행하려는 의지일 수도 있고 반대로 유신체제를 존속시키려는 음모를 가지고 호도하는 술책일 수도 있었다. 재야 측은 후자일 가능성에 무게를 두고 정부의 유신헌법에 따른 대통령 선출에 반발하고 나섰다. 당시 나돌고 있던 전두환 보안사령관 겸 합동수사본부장이 "후임 대통령은 유신헌법에 따라 선출해야 한다"고 주장했다는 소문과 맞아떨어지는 상황으로 보고 있었던 것이다. 그 반발은 YWCA 위장결혼식 사건으로 불거졌다. 그러나 결과는 참혹했다. 그것은 '유신은 죽지 않았다'는 사실과 함께 신군부의 정권 찬탈 음모가 구체적으로 진행되고 있음을 새삼 확인하는 계기가 되었다.

YWCA 위장결혼식 사건과 신군부의 야심

유신독재정권 반대 내지 민주회복운동을 벌이다 긴급조치 위반으로 투옥되었던 각 대학 제적학생들을 중심으로 결성된 민주청년협의회(민청)는 10·26 다음날 긴급히 운영위원회를 열어 조성우·이우회·최민화·이석표·김경남·이신범·이명준 등이 모였다. 모두 긴급조치 위반혐의로 3년 이상 실형을 복역하고 나온 학생운동 주체들이었다. 이들은 10·26 직후 혹시 있을지도 모르는 예비검속을 피해 도망 다니기도 했다. 그러면서도 독재자 박정희의 국장을 저지하고 유신헌법에 따른 후임 대통령이 선출되지 못하도록 막아야 하는 일이 가장 시급하다는 쪽으로 의견을 모았다. 그러나 당시 계엄령 하에서는 대중 집회가 일체 불가능하던 시기였으므로 어떻게 집회를 가질 것인가 하는 문제가 가장 큰 난제였다. 특히 11월 들어서 소규모 집회 또는 학내모임을 갖고 유신철폐와 민주헌법 제정 등 민주화를 요구하다 연행·구속되는 일이 빈번할 때였다.[190] 더욱이 '대통령'이 살해됐다는 국민적 정서 속에서 국장을 저지한다는 것은 오랫동안 내려온 한국의 유교적 장례문화 전통상 불가능했다. 그러나 통대에 의한 유신대통령 선출만은 반드시 막아야 했

---

190 △11월 3일, 박정희 장례식 날 유신독재를 반대하다 대구교도소에 수감되어 있던 긴급조치 위반자들이 고인에 대한 묵념을 거부했다는 이유로 집단 구타당한 사건이 벌어졌다(민주화운동기념사업회, 『한국민주화운동사 연표』, 2006, 368쪽 ; 한국기독교교회협의회, 앞의 책, 2002쪽). △11월 13일, 민주청년협의회 등 5개 단체가 전 대통령 윤보선의 안국동 집에서 '나라의 민주화를 위하여'라는 공동성명을 발표하고 유신체제의 조속한 청산과 민주회복, 새로운 민주헌법의 3개월 내 제정 등을 주장했다가 10명이 계엄포고령 위반혐의로 연행되어 그 가운데 이부영이 구속되고 성내운·이우회가 지명 수배되었다(〈조선일보〉, 1979년 12월 20일자). △11월 15일, 기독교청년협의회(EYC)가 '기독청년 민주화선언'을 발표하고 유신체제의 청산과 거국내각구성, 정치범 석방, 종교·언론·학원의 자유보장 등을 요구했다가 송진섭 간사가 구속되었다. △11월 19일, 민주수호기독자회·정치범동지회가 '통대선거 반대' '거국내각구성'을 요구하는 성명을 발표했다가 13명이 연행되고 그 중 윤반웅 목사가 구속되었다. △11월 22일, 연세대생들에게 유신체제 즉각 청산을 요구하는 내용의 선언문을 배포한 김재훈·조영화·박익서가 계엄포고령 위반으로 구속되었다(한국기독교교회협의회, 앞의 책, 2002쪽). △11월 22일 낮 12시 30분, 서울대 관악캠퍼스 구내식당에서 수학과 3학년 안룡운, 경제학과 4학년 김유선, 체육학과 4학년 권희도 등 3명이 '학원민주화를 위한 성명서'와 '조기개헌 조기총선을 단행하라'는 유인물을 식사중인 학생들에게 배포·낭독한 후 해산했다. 다음날인 23일 오후에는 법학과 3학년 차민식이 교련수업을 마친 법학과 학생 50여 명에게 같은 성명서를 낭독한 후 해산했다. 또 23일 낮 12시 30분 수원의 서울농대캠퍼스 구내식당에서 잠사학과 3학년 김의경이 주동이 돼 전날 관악 캠퍼스에 배포됐던 성명서에 대한 지지선언서를 만들어 식사중인 학생 150여 명에게 배포, 낭독하고 동조를 유발했다가 연행되었다(〈조선일보〉, 1979년 11월 28일자). 계엄사가 발표한 대로 극소수학생들이 학내에서 구호를 외치고 유인물을 뿌린 후 자진해산한 사건들을 강경책으로 몰아갔다. △더욱이 부산경남지구 계엄군법회의는 11월 6일 부마사태와 관련된 경미한 유언비어 유포혐의로 기소된 방경희와 이희성에게 포고령을 적용, 최고형인 징역 3년과 2년을 선고했고 28일에도 같은 부마사태 관련자 20명에게 징역 5년에서 2년까지 선고하고 67명을 석방했다(〈조선일보〉, 1979년 11월 8일자·29일자).

다. 따라서 옥내집회조차 불허되던 시국정서상 묘책을 강구한 끝에 생각해 낸 것이 결혼식을 위장해 '통대에 의한 유신대통령 선출반대 국민대회'를 열기로 한 것이다. 날짜와 장소는 쉽게 합의되었다.[191] 그러나 신랑과 신부가 문제였다. 다행히 민주청년협의회 상임위원인 홍성엽이 신랑을 자청하고 나섰다.[192] 신부는 가공인물인 '윤정미'로 정하고 명함판 크기의 청첩장 500장을 찍어 돌렸다.[193]

토요일인 1979년 11월 24일 오전부터 서울 중구 명동의 YWCA 회관에는 많은 사람들이 모여들었다. 재야인사들은 실존인물인 신랑 홍성엽 군과 가공신부 윤정미 양 결혼식에 참석하기 위해 속속 입장했다. '통일주체국민회의 대의원에 의한 대통령선거 반대국민 대회장'은 초만원을 이루어 복도까지 가득했다. 유신독재하의 반체제인사들과 민주화운동 청년들, 그리고 많은 대학생들이 예정시간보다 훨씬 빠른 오전부터 모여들었다. 500여 명이 넘는 하객들이 북적대는 대성황이었다. 홍성엽은 흰 장갑을 끼고 옷깃에 꽃까지 꽂고

---

191 유시춘 외, 『우리 강물이 되어』, 경향신문사, 2005, 239쪽.
192 홍성엽은 1953년 서울에서 태어나 보성고등학교를 졸업하고 1973년 연세대학교 사학과에 입학했다. 2학년이던 1974년 4월 민청학련사건으로 구속되었다가 1975년 2월 15일 석방되었다. 그 후 청년학생들의 민주화 투쟁 결집체인 민주청년협의회 상임위원으로 활동했다. 1979년 11월 신군부가 유신헌법에 따라 체육관에서 통일주체국민회의 대의원에 의한 대통령으로 최규하를 선출하려하자 재야인사들이 이를 저지하기 위해 1979년 11월 24일 YWCA에서 결혼식으로 위장해 '통대에 의한 대통령 선출반대 국민대회'를 열기로 하자 홍성엽은 이 위장결혼식 신랑을 자청했고 대회가 끝난 직후 도피했다가 며칠 후 경찰에 체포되었다. 그는 보안사령부 서빙고 분실로 끌려가 엄청난 고문을 당한 끝에 징역 5년을 선고받고 대전교도소에서 복역하다 1981년 3월 1년 3개월 만에 풀려났다. 그 후 민청련, 민통련 등 민주화운동단체에서 활동했다. 1988년부터 동학에 빠져 수련과 연구 활동을 하던 중 1997년 백혈병이 발병, 투병생활을 하다가 2005년 10월 5일 '민주주의와 결혼'한 독신의 52세로 타계했다(홍성엽, 『홍성엽 유고집-맑은 영혼』, 학민사, 2006, 표지 글 재인용).
193 '윤정미'라는 이름은 '민주주의 정치를 윤허한다'는 의미를 반대로 새긴 것이다.

실제 혼례를 치르는 신랑처럼 의젓하게 손님들을 맞는 역할을 손색없이 수행했다. 학원시위로 제적·투옥되었던 젊은이들로 조직된 민주청년협의회 회원들과 기독교청년협의회원들이 신랑 친구로 가장해 부산하게 움직이는 등 식장 안의 분위기는 고조되었다. 주례는 함석헌이 맡기로 되어있고 신랑 측 안내대에는 최열, 신부 측 안내대에는 강구철이 버젓하게 서 있었다. 예정보다 15분 늦은 오후 5시 45분 사회를 맡은 김정택 기독청년협의회장이 개회를 선언함과 동시에 '신랑 입장'이라고 안내하자 홍성엽 신랑이 입장했다. 쏟아지는 환호 속에 결혼식 아닌 '통대선거 대통령선출 반대국민대회'가 시작된 것이다.

이날 대회는 함석헌 대회장, 김병걸·김승훈·박종태·백기완·양순직·임채정 준비위원장, 그밖에 해직교수, 종교인, 헌정동지회, 문인, 한국기독교청년협의회, 민주청년협의회장 등이 실행위원을 맡았다. 이들은 유신체제 청산, 유정회·공화당·통일주체국민회의 해산, 거국내각수립, 김종필·이후락·이철승 등 유신체제의 중추적 인물 또는 부패특권분자들에 대한 준엄한 심판, 군부의 정치적 중립, 외세의 간섭거부 등을 요구하는 갖가지 유인물을 손님들에게 돌렸다. 신랑 입장에 이어 전 공화당 국회의원 박종태가 등단, "우리 민족사는 지금 중차대한 국면을 맞고 있다. 18년간 저들 부패권력자들은 YH사태와 부산·마산 시민의 피맺힌 항변의 의미가 무엇이었는지, 독재자의 비참한 최후가 무엇을 의미하는지 아직도 깨닫지 못하고 있다"로 시작되는 '통일주체국민회의 대의원에 의한 대통령선출 반대 취지문'을 낭독했다. 아울러 김정택이 '통대선출 저지를 위한 국민선언'과 '거국내각구성을 위한 성명서'를 낭독한 뒤 '통대에 의한 대통령 선출계획 철회', '민족사 발전에 역행한 유신체제의 역사적 과오를 청산하라'는 구호를 소리높이 외쳤다.[194] 참석자들이 이를 일제히 복창함으로써 대회분위기는 최고조에 달해 금방 민주화가 이루어질 것처럼 보였다.

바로 이때 대회장 입구에서 의자를 마구 넘어뜨리는 요란한 소리와 함께 소란스러운 비명이 느닷없이 쏟아졌다. 대회장은 순식간에 아비규환의 수라장으로 돌변했다. 수백 명의 날렵한 경찰들이 뛰어들어 단상을 점거하고 대회장을 덮쳐 의자가 날고 비명이 쏟아지는가 하면 유리창이 깨지고 곤봉에 피가 튀었다.[195]

대회가 열리기를 기다리고 있던 쥐색 점퍼 복장의 기동경찰은 사람들을 닥치는 대로 끌어냈다. 뿐만 아니라 혼비백산 달아나는 사람들까지 뒤쫓아 붙잡았다. 이들은 바로 계엄사가 차출한 '백골단'이었다. 수많은 참석자들이 닭장차에 실렸다. 집회현장은 유신독재가 탄압하던 시기의 수법 이상으로 잔혹무도했다. 당시는 박정희의 죽음과 함께 유신세력이나 계엄당국자들도 '민주화'가 당연히 이루어질 것이라는 '시대의 대세'를 수긍하던 때였다. 그런데 이런 일이 벌어진 것이다. 잡혀가는 사람이나 잡아가는 쪽이나 모두들 갈피를 잡을 수가 없었다.[196]

대회장을 허둥지둥 빠져나온 일부 참석자들이 명동 입구 코스모스 백화점 앞에 모여들었다. 민주청년협의회 상임위원 양관수와 기독청년협의회 총무 이상익이 미리 준비한 핸드마이크를 통해 '유신철폐' '통대선거 결사반대' 등의 구호를 외치며 달려갔다. 그러자 순식간에 150여 명으로 늘어난 시위대원들이 어깨동무를 한 채 '유신철폐' '통대선거반대'를 거듭 외치며 300여 미터

---

194 취지문·국민선언·성명서는 한국기독교교회협의회, 『1970년대민주화운동』 4권, 1987, 1772쪽.

195 이시영의 시, 「역사의 눈」, 유시춘 외, 『우리 강물이 되어』, 경향신문사, 2005, 240쪽 재인용.

196 이도성, 앞의 책, 58쪽.

떨어진 조흥은행 본점 앞까지 뛰어갔다. 같은 시각, 종로 2가 화신백화점 앞과 청계천에서도 시위가 벌어졌다. 대회장 안쪽과 바깥쪽으로 나누어 시위를 벌인다는 당초 계획은 그런대로 성공적이었다. 그 중 일부는 경찰에 붙잡히고 나머지는 도망갔다. '백골단'은 붙잡힌 시위자들을 곤봉으로 두들겨 패고 군홧발로 차며 폭력을 마구 내둘렀다. 민주화의 환상이 깨지는 순간이었다.[197]

연행된 사람들은 중부와 용산경찰서 유치장에 수감되었다. 그들은 "세상이 달라졌는데 이럴 수가 있느냐!"고 큰소리를 쳤다. 그러나 하룻밤이 지나고 다음날 동이 틀 무렵 상황은 급전직하로 돌변했다. 군용트럭이 들이닥쳐 장교인 듯한 군인이 호명하는 명단에 따라 차례로 실리자마자 무자비한 몽둥이와 군홧발 세례가 퍼부어졌다. 더욱이 이들에게는 보안사 서빙고 분실에 도착하기가 바쁘게 아무도 예상하지 못했던 혹독한 고문이 기다리고 있었다. 오래전부터 민주화운동을 벌여왔기 때문에 유신의 원체가 사라져 민주화가 이뤄진 지금, 자신들은 예우받아야 한다고 생각했던 것과는 정반대의 상황이 벌어진 것이다.

신군부는 YWCA에서 거행한 '통대에 의한 유신대통령 선출반대 국민대회장' 참가자들에게 가한 혹독한 고문과 극단적 행패를 통해 국민들의 민주화대세를 거부하는 정권찬탈의지를 분명하게 표출하고 나섰다. 그러나 이것은 시작에 불과했다. 10·26 후 논쟁의 대상이었던 계엄당국, 더욱 직설적으로 표현하면 '신군부'의 실체가 처음으로 피부에 와 닿는 순간이었다.[198]

계엄사령부는 다음날 이 사건과 관련, 96명을 계엄법 위반으로 연행했다고 발표했다. 언론은 '포고령 위반 집회 96명 검거' '결혼식 위장, 전단 뿌리고 궐

---

197 유시춘 외, 앞의 책, 241쪽.
198 이도성, 앞의 책, 57~58쪽.

기선동'이라는 제목을 크게 붙여 7단으로 보도했다.[199]

    그런데 문제는 YWCA에서 결혼식을 위장해 국민대회를 비밀리에 열기로 한 것을 계엄사가 미리 알고 있었다는 사실이다.[200] 그런데도 이 집회를 사전에 봉쇄하지 않고 열리도록 방치했다가 끝나갈 무렵 경찰을 투입해 대량으로

199 '계엄사령부는 24일 오후 5시 45분 서울 중구 명동 소재 YWCA 강당에서 결혼식을 가장하여 이른바 '통일주체국민회의 대의원에 의한 국민대회'라는 불법집회를 주동한 전 국회의원 박종태·양순직, 자칭 자유실천문인협의회 회원 김병걸, 자칭 국민연합공동의장 함석헌 등 현장참석자 96명을 포고령 제1호 제1항(불법옥내외집회금지)위반으로 검거, 조사 중이다. 이들은 비상계엄하에서 불순집회개최가 불가능함을 감안하여 당국을 기만하는 집회를 갖기 위해 이른바 민청협회원 홍성엽과 가공인물 윤정미의 결혼식을 가장한 청첩장 500여 장을 인쇄, 배포 및 구두 고지하여 11월 24일 오후 5시 45분경 사전에 결혼식장으로 가장한 YWCA 강당에 사정을 모르는 일부사람까지 참석케 한 후 기독청년협의회장인 김정택 사회로 가짜 신랑을 입장시킨 후 곧이어 전 국회의원 박종태가 등단, '통대저지를 위한 국민선언' 낭독을 통하여 서울 광화문을 비롯한 전국 주요도시에서 야음을 이용하여 일제히 궐기할 것을 선동하고 나아가 법질서를 문란하고 사회혼란을 조성하기 위하여 미리 준비한 전단 등을 살포하다가 출동한 계엄군에 의해 검거되었다. 계엄당국은 앞으로 사회혼란조성과 국가와 민생의 안정을 저해하고 북괴로 하여금 남침의 기회로 오판하게 할 소지가 있는 이러한 무책임한 선동을 추호도 용납하지 않을 것임을 거듭 경고하는 바이며 이번 사건의 관련자들을 빠른 시일에 철저히 조사하여 진상을 밝힐 것이다(〈조선일보〉, 1979년 11월 27일자)'.

200 당시 재야인사들은 민주화운동본부처럼 안국동 윤보선 전 대통령 집을 들락거렸다. 이에 계엄사요원들도 출입하며 동정을 살피고 있었다. 그런데 YWCA 집회 전 어느 장교가 윤보선과 단독으로 대담하면서 시위행진을 '보호해주겠다'는 제의와 함께 시위행렬 약도까지 그려주었다. 그 장교가 '전두환 보안사령관 쪽으로 추정된다'는 사실은 나중에 확인되었다. 국민대회를 비밀리에 개최하려던 사실이 이미 계엄사에 탐지되었던 것. 계엄당국의 눈을 피해 결혼식으로 위장하려던 집회는 결국 공개된 '통대에 의한 대통령 선출반대국민대회'가 되고 말았다. 이는 윤보선이 사실상 신군부 측과 접촉하면서 그들을 도왔거나 이용당했다는 의혹을 사기에 충분했다. 나중의 일이지만 5·17 후 유학성을 비롯한 신군부 핵심요인들이 안국동을 드나들었고 윤보선 측근인 조종호·김정례가 신군부의 민주정의당에 참여하는 등 윤보선은 신군부 정권을 지원하는 입장이었다. 이 때문에 윤보선은 YWCA 사건을 마지막으로 재야정치활동을 끝내고 1990년 타계할 때까지 사실상 신군부를 도왔다는 의혹에서 자유롭지 못했다(이도성, 『남산의 부장들』3권, 동아일보사, 1993, 61~68쪽).

검거한 후 혹독한 고문을 가했다는 점이다. 그것은 대대적인 민주화 요구 집회를 '사회혼란 조성'과 '무책임환 선동'으로 몰아 '불가피하게 우리가 나섰다'며 자신들의 집권목적을 달성하는 데 필요한 병력동원 명분으로 내세우기 위한 수단이었다. 보도발표문의 마지막 부분에서 '앞으로 사회혼란 조성과 국가와 민생의 안정을 저해하고 북괴로 하여금 남침의 기회로 오판하게 할 소지가 있는 이러한 무책임한 선동을 추호도 용납하지 않을 것임을 경고한다'고 밝힌대로 대규모 민주화 요구 집회나 시위를 국가안보 차원에서 엄중하게 다스리겠다는 모양새를 갖추고 있었다.

처음 연행된 박종태·양순직 등 96명은 다음날 서빙고 분실로 이송되고 나중에 140명으로 늘어난 이들은 혹심한 고문을 당했다. 빨간 카펫이 깔린 조사실에 들어서자마자 "너 언제 북에 갔다 왔어"라는 엉뚱한 고함과 함께 각목세례가 퍼부어졌다. 까무러쳐 의식을 잃으면 찬물 끼얹기가 몇 차례고 거듭되었다.[201] 10·26과 동시에 유신은 가고 민주화가 이루어질 것이라는 꿈이 완전히 깨지는 순간이었다. 이들이 당한 고문과 수모는 말할 수 없을만큼 참혹했다. 여러 날 잠을 재우지 않으면서 "유신이 끝난 줄 아느냐?", "유신은 살아있

---

[201] '나는 1979년 11월 25일 2명씩 포승줄에 묶여 10명이 서빙고에 도착하자마자 감방에 넣고 '옷 다 벗어'라며 얇다란 군 작업복을 던져주었다. 속옷은 다 벗기고 작업복만 입었다. 군복 입은 5명이 들어와 몽둥이질, 군화발길질, 고무신짝으로 얼굴 후려치기를 하며 1시간 정도로 무차별 구타했다. 엎어지고 뒹굴고 어떻게 맞았는지조차 기억이 없다. 조사실에 끌려가서는 정신을 차릴 겨를도 없이 '지금이 이북에서 왔나, 조총련에서 왔나'고 묻고 부인하면 다시 군화발로 짓이겼다. 그리고 본격적인 고문을 가했다. 내 손발은 군홧 발에 밟혀 시꺼멓게 멍이 들었고 다리의 살점이 떨어져나가 그 자리에 피가 엉켜 붙어 있었으며 온몸에 피멍이 들어 신음과 공포 속에 지낸 열흘이었다. 나는 몸을 움직일 수 없었다. 살아서 나갈 수 있을까 생각할 정도로 만신창이가 되어있었다. 그들의 눈으로 보아 분명 거물급인 나를 희한하게 불구속기소했다(이도성, 앞의 책, 60쪽 재인용 ; 한국기독교교회협의회, 앞의 책, 2199쪽 ; 정승화, 『12·12 사건, 정승화는 말한다』, 까치, 1987, 132쪽)'.

다", "유신 맛 좀 봐라"며 몽둥이, 특히 각목으로 두들겨 패고 군홧발질, 고무신짝으로 얼굴을 후려치는 등 혹독한 고문으로 인한 후유증이 심각했다.[202]

보안사령부는 당초 경찰을 시켜 YWCA 대회장과 코스모스 백화점 앞 시위현장에서 96명을 연행했지만 추가로 구인한 141명 등 모두 237명을 조사해 선별한 140명을 심문한 끝에 주동자급 18명 중 양순직·박종태 등 14명을 수도경비사령부 계엄군법회의에 구속송치하고[203] 윤보선(전 대통령)·함석헌(종교인)·김병걸(자유실천문인협의회 대표)·박종렬(기독학생총연맹·KSCF 간사-실형선고 후 구속) 등 4명을 고령 또는 고문후유증으로 불구속 송치했다. 또한 10명을 지명수배하고 67명을 즉심에 넘기는 한편 나머지 55명을 훈방했다. 그러면서 '양심과 명분의 그늘 속에 탐욕이 엿보이는 불법집회'라며 국민들이 열망하고 있던 민주화여론을 폄훼하고 오도했다.[204] 포고령 제1호 제1항(불법집회 금지)

---

202 백범사상연구소장 백기완은 극심한 기억상실증과 약한 금속성 소리에도 깜짝깜짝 놀라는 정신착란증에 협심증까지 겹쳐 거의 폐인이 되다시피 했다. 거기다가 고관절과 무릎관절 및 허리요추의 극심한 통증으로 잠을 이루지 못한다. 석방될 때 체중이 겨우 40kg이었을 정도로 고문은 매우 심각했던 것이다. 정치범인데도 병보석이 결정된 것을 보면 그들의 고문 후유증이 얼마나 심각했는가를 짐작하고도 남는다. 앞 사례의 김병걸도 고문후유증으로 보행이 불가능할 만큼 심각해 보안사 스스로 불구속 송치할 정도였다. 김병걸은 1980년대 해직교수의 일괄 복직 때 스스로 복직지망을 포기할 만큼 후유증이 심각했다(한국기독교교회협의회, 앞의 책 5권, 2202쪽 재인용). 이 외에도 고문받는 도중 혼절하고 눈 밑이 찢어진 신학박사, 정수리를 일곱 바늘이나 꿰맨 청년, 발바닥을 50번 두들겨 맞고 기어 나온 목사, 빈대붙어있기, 원산폭격, 꼴아박기 등 온갖 고문과 욕설이 퍼부어졌다. 이들 가운데는 이철용·박철수·금영균 등 나중에 즉심 또는 훈방할 정도로 경미한 사람들까지 포함되어 있었다.

203 구속자 : 양순직(전 공화당 국회의원)·박종태(전 공화당 국회의원)·임채정(동아일보 기자)·이우회(민주청년협의회 회장)·양관수(민주청년협의회 상임위 부의장)·홍성엽(당일 신랑, 민주청년협의회 운영위원)·김정택(기독청년협의회 회장)·최열(민주청년협의회 부회장)·백기완(백범사상연구소소장)·이상익(기독청년협의회 총무)·권진관(기독청년협의회 간사)·최민화(출판사 대표)·강구철(민주청년협의회 운영위원)·김윤환(예수교장로회청년회장).

위반혐의로 기소된 이들 18명은 1, 2심의 군사재판을 거쳐 1980년 8월 26일 대법원에서 1, 2심 형량인 징역 10월 내지 3년 형이 확정되었다.[205] YWCA 위장결혼식(국민대회) 사건이 중형으로 마무리 된 것이다.[206]

재야민주인사들에 대한 이 같은 혹독한 고문과 가혹한 형벌은 시사하는 바가 컸다. 그것은 반드시 자신들이 정권을 잡고 말겠다는 의지를 노골적으로 표출한 신호였다. YWCA 사건 조사기간 중에 일으킨 12·12 반란을 통해 체포한 정승화 계엄사령관에 대한 혹독한 고문과도 맥락을 같이했다. 뒤에서 언급하겠지만 만약 '민주주의 환원' 대국민성명을 발표한 군 원로들이 계속 실권을 장악하고 있었다면 '민주주의 회복운동'이라는 차원에서 경미하게 즉심으로 넘겼거나 훈방으로 처리됐을지도 모르는 사건들이다. 정승화 계엄사령관은 전두환으로부터 이 사건을 보고받는 자리에서 세간에 나돌고 있는 고문에 대한 소문을 상기시키면서 자제하도록 당부했다. 그러나 그도 며칠 후 그들에게 체포돼 혹독한 고문과 인간적 수모를 당하는 신세가 될 줄은 전연 알지 못했다.

---

204 한국기독교교회협의회, 앞의 책 4권, 1771쪽.
205 YWCA 사건관련자들의 형이 대법원에서 확정됐다는 소식은 언론에 일체 보도되지 않았다.
206 피고인들의 형량 : 이우회(민주청년협의회 회장) 징역 3년, 양관수(민주청년협의회 상임위 부의장) 징역 2년, 홍성엽(당일 신랑, 민주청년협의회 운영위원) 징역 2년, 김정택(기독청년협의회 회장) 징역 2년, 최열(민주청년협의회 부회장) 징역 2년, 백기완(백범사상연구소 소장) 징역 1년 6월, 이상익(기독청년협의회 총무) 징역 1년 6월, 권진관(기독청년협의회 간사) 징역 1년 6월, 박종렬(기독학생회 총연맹 간사) 징역 1년 6월, 박종태(전 공화당 국회의원)징역 1년, 임채정(동아투위 위원) 징역 1년, 양순직(전 공화당 국회의원) 징역 10월, 최민화(출판사 대표) 징역 10월, 강구철(민주청년협의회 운영위원) 징역 10월, 김윤환(예장청년회장) 불확실, 윤보선(전 대통령) 형 집행면제, 함석헌(종교인) 징역 1년, 형 집행면제, 김병걸 (자유실천문인협의회 대표) 징역 1년 집행유예 2년(한국기독교교회협의회, 앞의 책 4권, 1771쪽).

YWCA 위장결혼식 참석자들에 대한 혹독한 고문은 정권찬탈을 위해 '민주화의 대세'를 차단하기 위함임은 두말할 필요도 없지만 당시 민주화의 상징으로 각인되어 있던 인물로서 그들이 가장 우려하고 두려워하던 김대중을 재기불능케 하기 위한 결정적 타격, 이른바 '김대중 죽이기' 작전이기도 했다. 당초 김대중을 비롯한 동교동계 인사들은 YWCA 위장결혼식 집회에 대해 대단히 회의적이었다. 그것은 최규하 체제가 필요하다는 김대중의 판단과 함께 신군부의 의혹에 찬 움직임과도 무관하지 않았다.[207]

우선 12월 27일 계엄사령부가 발표한 보도문을 보면 김대중의 측근인 양순직·박종태를 내세워 정권욕을 채우기 위한 수법으로 단정하고 그들을 매도하고 있었다는 점이다. 이날 각 언론매체들의 표제는 대부분 '양순직·박종태 씨 등 14명 구속'이라면서 김대중의 측근인 양순직과 박종태를 부각시키고 있었다.[208]

두 사람은 당초 김종필 측근으로 민주공화당 창당 초기부터 참여해 온 중견정치인이었다. 10년 전인 1969년 4월 8일, 신민당에서 제출한 권오병 문교부장관에 대한 해임건의안이 신민당 의원 41명 이외 민주공화당과 정우회 의원 48명의 동조로 국회에서 통과된 일이 있었다. '미쳐버릴 만큼 격분한 박정희'는 이를 자신에 대한 항명으로 규정하고 국회상공위원장 예춘호·재경위원장 양순직·박종태·김달수·정태성 의원 등 김종필 계 5명을 주동자로 몰아 징계위원회에 회부하여 제명하는 한편 중앙정보부로 하여금 혹독한 고문을 가하게 했다.[209] 그 후 이들은 박정희 유신체제 반대운동에 앞장서며 그 주

---

207 강준만, 『한국현대사산책 1970년대 편』 3권, 인물과 사상사, 2002, 297쪽.

208 〈동아일보〉, 1979년 12월 28일자.

209 이영석, 『鄭求瑛回顧錄』, 중앙일보사, 1987, 244~252쪽 ; 김충식, 『남산의 부장들』 1권, 동아일보사, 1993, 153쪽 ; 김경재, 『김형욱 회고록 – 혁명과 우상』 3권, 인물과 사

역격인 김대중 편에 가담했다. 그중에서도 양순직·박종태·예춘호는 김대중
의 가장 가까운 측근이 되어 있었다. 보안사가 발표한 보도문 자체엔 윤보선
을 지칭하고 있지만 '재야에서 소위 반체제활동을 해오던 일부 인사들의 지원
을 받은'이라는 구절, 그리고 '개인적 신분의 제약해소를 기도하고 나아가 집
권까지 기대하는 환상세력'이라는 구절은 당시 연금 상태여서 대외활동이 불
가능했던 김대중을 지칭하고 있음이 분명했다. 그러면서 '그들은 표면에 나서
지 않고 배후에 숨어서 순수한 일부 청년들을 선동, 전위대화 하여 그들의 정
치적 야망을 달성하려던 불순한 정치적 욕망이 깔린 사건이었다'고 강조하고
있다.[210] 그리고 상투적 용어인 '북괴'를 들먹였다. 특히 계엄사가 YWCA 사
건 수사과정에서 김대중을 표적으로 삼고 김대중의 대리인 격인 김상현을 서
빙고 분실로 강제 연행하여 6일 동안 혹독하게 고문하며 김대중 참여를 추궁

<hr />

상사, 2009, 151쪽.

210 12월 27일 배포한 보도문 결론부분 ; '이 사건은 정국의 주도를 기도한 전 대통령 윤보
선의 배후조종과 재야에서 소위 반체제활동을 해오던 일부 인사들의 지원을 받은 제적
학생 중심의 민주청년협의회를 비롯해서 기독교청년협의회(EYC) 등이 주동해서 일으킨
사건이다. 유신체제의 조기종식으로 헌법개정과 개인적 신분의 제약해소를 기도하고 나
아가 집권까지 기대하는 환상세력이 주도한 양심과 명분의 그늘 속에서 탐욕이 엿보이
는 불법집회였다. 이들은 그들의 목적을 달성하고자하는 방법으로 불법집회 이상의 성
격을 추구, 가두시위까지 계획 감행하였고 전국적 소요 유발을 책동함으로써 그들의 목
적달성을 위해서는 수단과 방법을 가리지 않는 무책임을 나타냈다. 이 사건은 전 대통
령과 구 정치인 그리고 일부 현실 불만자들이 그들은 표면에 나서지 않고 배후에서 순수
한 일부 청년들을 선동, 전위대화하여 그들의 정치적 야망을 달성하려던 불순한 정치적
욕망이 깔린 사건이었다. 이러한 무책임한 행위에 고무된 불순분자들이 북괴의 대남흑
색선전에 쓰는 용어들을 구사하여 그들의 선동효과를 높이려 했다. 이들을 방치할 때엔
국가안위에 지대한 영향을 미칠 우려가 있다. 이제부터는 '반체제'라는 어귀가 존재하지
할 수 없다. 똑같은 국민으로서 똑같은 체제에서 생존권을 영위하고 있는 '우리들'로서
는 공동운명체임을 생각할 때 정부에 대한 건의나 요망하상은 다수의 세력과시나 폭력
적인 방법이 아니라도 현행법 테두리 안에서 얼마든지 건전하게 반영시킬 수 있을 것이
다(〈동아일보〉, 1979년 12월 28일자 ; 이도성, 앞의 책, 53쪽).

하는 수사를 벌였다는 데서도 입증되었다.[211]

그것은 김대중이 YWCA 사건을 배후에서 조종했을 가능성을 두고 벌인 수사였음은 물론이다. 그러나 끝내 무관함을 알아내고 김상현을 풀어준 후 오히려 전두환 합동수사본부장이 그를 만나 김상현과 술을 마시며 동교동과 손을 끊고 자신을 도와달라는 설득과 함께 위협의 말을 잊지 않았다.[212]

당시 재야원로들은 10·26 사건 한참 후에야 정국이 유신체제의 청산 쪽으로 가지 않고 오히려 지속시켜 신군부가 정권을 장악하려는 심상치 않은 조짐이 나타나고 있음을 뒤늦게 알아차렸다. 그러면서 어떤 특단의 제스처를 행동으로 보여줘야 하지 않겠느냐며 '민주주의 민족통일을 위한 국민연합' 지도자 윤보선을 정점으로 동조세력을 급속히 확산해 나갔다. 그리고 '통대에 의한 대통령선출 저지투쟁을 벌여야 한다'며 동조할 것을 호소하고 나섰다. 그러나 김대중은 견해를 달리했다. 오히려 그는 윤보선의 입장과 정반대로 최규하를 대통령으로 선출해야 무방하다며 부정적이었다.[213]

김상현이 전한 김대중의 주장에 대해 윤보선은 '늘 그랬던 사람'이라며 불

---

211 김상현은 다음과 같이 증언하고 있다. "그때 보안사는 김대중 진영에서 재야와 학생을 동원해 정권타도를 시도하는 것으로 헛짚고 있었습니다. 그랬기 때문에 나를 비롯한 많은 사람들이 서빙고에서 지은 죄 없이 많이 얻어맞고 고문을 당했습니다. 1주일 가량 조사받은 뒤 전두환 소장이 나를 만나러 왔습니다. 전투복 차림으로 서빙고에 나타난 그는 '재야에서 혼란을 유도하며 시위를 벌이면 참지 않겠다. 나는 생사를 초월한지 오래되었다'며 위협하듯 말했습니다. 그때의 인상으로 미루어 그가 반드시 정치에 관여하리라고 판단했고 풀려나자 김대중 선생에게도 그 내용을 보고했습니다(김충식, 『남산의 부장들』 2권, 동아일보사, 1993, 347~348쪽)".

212 이학봉은 다음과 같이 증언하고 있다. "우리는 김대중이 YWCA 사건에 깊숙이 개입한 것으로 알았는데 조사해보니 전연 그렇지 않았다. 몹시 미안했다. 마침 사령관이 수사국장실에 들렀기에 김상현을 한번 만나보라고 권고했고 그래서 두 사람이 만나게 된 것이다 (이도성, 『남산의 부장들』 3권, 1993, 65쪽)".

213 김상현은 다음과 같이 증언하고 있다. "11월 중순경 안국동(윤보선 자택) 모임에 나도 참석했습니다. 박종태·양순직·예춘호·백기완·김관석 등이 멤버였습니다. 해위(윤보

쾌감을 나타냈다. 윤보선은 시위행진 약도를 그려 받는 등 군부와 접촉하면서 그만큼 정국을 오판하거나 군부가 이용하는 형태로 본의 아니게 그들을 돕고 있었다. 물론 양순직·박종태와는 달리 김상현 등 대부분의 김대중 측 인사들은 YWCA 집회에 참석하지 않았다. 이 같이 신군부는 김상현 등의 조사를 통해 뒤늦게 김대중 측이 전연 개입하지 않았음을 알아채고 윤보선이 주장한 '최규하 대통령권한대행의 즉각 퇴진과 범국민정부 수립'을 내세워 '집권을 기대한 환상세력'이라며 김대중에게 씌우려던 덤터기를 윤보선에게 씌웠던 것으로 보인다.[214] 이때 '김대중 죽이기' 작전에 실패한 전두환이 다음 해 1월 3김(김종필 부패·김영삼 무능·김대중 사상) 불가론, 그중에서도 '김대중 절대 불가론'을 확고하게 주장한 것을 보면 그는 이미 정권찬탈 프로그램에 착수했음을 알 수 있다.[215] 이에 따라 전두환은 12·12 반란에 이어 다단계 쿠데타를 진행하는 과정에서 5·18 광주의 살육을 연출하고 동시에 김대중 내란음모사건을 조작해 다시 한 번 '김대중 죽이기 작전'을 시도하지만 끝내 실패하고 만다. 이 때문에 '김대중 죽이기 작전'과 5·18 광주살육작전은 전두환의 정권찬탈 음모와 불가분의 관계일만큼 밀접하게 연결되어 있다.

선의 아호)는 '최규하를 즉각 퇴진시키고 조속히 범민주정부를 수립해야한다'고 주장했습니다. 나는 DJ의 반대 입장을 전달했어요. DJ는 대통령 보궐선거를 저지하고 최규하를 퇴진시키면 무정부상태가 온다고 우려했습니다. 때문에 민주헌법으로의 개헌을 위해 최규하 대행체제를 오히려 강화시켜야 하며 그 체제로 직선제 개헌을 주도하도록 해야지 그렇지 않으면 군부가 나온다고 내다보았습니다. 이 같은 DJ의 주장에 동조하는 사람은 나와 김관석 뿐이었고 당연히 우리는 YWCA에서 열린 통대에 의한 대통령 보궐선거 국민대회에 참석하지 않았지요(이도성, 앞의 책, 55쪽)."

214 이도성, 앞의 책, 56쪽.
215 이도성, 『남산의 부장들』 3권, 동아일보사, 1993, 127~131쪽 ; 예춘호, 『서울의 봄, 그 많은 사연』, 언어문화, 1996, 72쪽 ; 이희호 회고록, 『동행』, 웅진지식하우스, 2008, 188쪽.

'서울의 봄'과 민주화의 환상

양김을 비롯한 재야 측은 '서울의 봄'을 구가하며 여전히 민주화의 환상에 빠져있었다. 물론 YWCA 위장결혼식 관련자들은 고문 가해자들로부터 "유신은 끝나지 않았다"는 소리를 들었을 때 전두환을 비롯한 신군부의 정치적 야심을 간파했다.[216] 신군부에 의한 정권찬탈 음모는 통설처럼 12·12 반란 때 시작된 것이 아니라 그 이전, 전두환이 합동수사본부장에 임명되면서부터 이미 출발했음이 YWCA 위장결혼식사건을 계기로 확연하게 드러난 것이다.

여기서 주목해야 할 것은 민주화를 갈망하는 한국 국민들의 입장과는 달리 유신체제를 긍정적으로 평가했던 미국이 박정희 피살 후 동북아 안보를 우려한다면서 신군부에 대한 지지표명으로 기울었다는 사실이다.[217] 특히 재야인사들이 YWCA 국민대회에서 민주화를 부르짖다가 신군부에 의해 무참하게 분쇄되고 혹독하게 고문을 당하고 있었는데도 이에 대한 유감표명이나 어떤 비판적 언급을 기피한 채 "사회질서를 위협하는 어떠한 행위도 인정하지 않겠다(will not tolerate any act which create social disorder)"는 계엄사령부의 발표를 지지하고 나섰다.[218] 뿐만 아니라 "계엄령에 대한 도전을 처벌하는

---

216 강준만, 『한국현대사산책 1970년대 편』 3권, 인물과 사상사, 2002, 296쪽 ; 유시춘 외, 앞의 책, 241쪽.

217 From Secretary of State Washington dc. To American Embassy Seoul Immediate 270212z oct. 1979. Subject=Condolences on Death of President Park(앞에서 인용했으나 필요상 재록함).

218 From American Embassy Seoul, To Secretary of State Washington dc. Immediate 260931z Nov. 1979. Subject=(U)Anti-Government Demonstration at Seoul National University ; From Amrican embassy Seoul To Secretary of State 110815z Dec. 1979 Subject=Reported Beatings Discussed with Major General Chun Du Hwan.

것은 당연하다"는 입장을 밝혀 신군부의 처사를 옹호하고 나섰다는 점이 또한 YWCA 사건 참가자들을 '반정부주의자들'이라고 매도하며 '이 어려운 시기에 군법이 도전받는 것에 대해서는 찬성하지 않는다'는 입장을 분명하게 밝히고 있다.[219] 미국은 1945년 이후 일관되게 한국의 '해방자' 또는 '보호자'로 자처하면서 검증되지 않은 민주주의 세력의 집권을 거부하는 한편 인권보장에 대해서는 한마디도 언급하지 않은채 안녕과 질서, 정치권력의 연속성, 바꿔 말하면 "미국에 대들지 않는 안정되고 온순하면서도 강력한 통치체제가 지속되기 바란다"고 한국 정부와 군부, 그리고 민주화 세력에게 명백하게 선언하고 나섰다. 이같은 미국 정부의 신군부 지지의사는 향후 한국에서 민주화가 순조롭지 못할 것임을 예고하고 있었다. 더욱이 미국 정부는 동북아 안보를 강조한 나머지 '후진국의 민주주의는 사치다'며 한국의 민주주의체제 붕괴와 인권유린을 당연시하고 오히려 군부의 등장을 긍정적으로 수용, 기정사실화했다.[220]

1959년 11월 발표된 콜론(Colon)보고서나 1960년 5월 발표된 팔리(Farley)보고서는 군부의 등장을 부추겼고 그 후 일관되게 박정희에 의한 독재정치와 인권유린 내지 사법살인을 호도한 채 자신들이 지원한 경제적 성과만 극구 비호해왔다. 뿐만 아니라 박정희가 피살되자 그의 비인도적 독재정치와 편협한 경제적 업적을 긍정적으로 내세웠다.[221] 또한 한국 국민들이 민주주의를 부르

219 From Secretary of State Washington dc. To American Embassy Seoul Immediate 040034z Dec. 1979. Subject=Korea Focus-Nudging ROK Political Leaders.
220 박태균,『우방과 제국, 한미관계의 두 신화』, 창비, 2006, 176·349쪽.
221 From American Embassy Seoul To Secretary of State Washington dc. Immediate 270212z Oct. 1979, Subject=Condolences on Death of President Park. ; From American Embassy Seoul To Secretary of State Washington dc. Immediate 270653z Oct. 1979, Subject=Condolences From Ambassador Sneider.

짓으며 미국, 특히 인권외교를 역설했던 카터 행정부의 지원을 간절하게 소망했는데도[222] 끝내 거부하고 신군부를 지지해버렸다.[223] 전두환이 8월 27일 통대들에 의해 대통령에 당선되기가 바쁘게 집권을 개시하던 날[224] 미국무부는 기다렸다는 듯이 '한미양국관계는 계속되고 미국의 대한협력도 계속 유지될 것'이라며 전두환 정권을 지지한다는 논평을 즉각 발표했다.[225] 뒤에서 다시 언급하겠지만 결과적으로 극한적인 '5·18 광주의 살육'은 미국의 묵인하에 박정희 후계구도인 '유신체제'의 지속적인 유지와 보안사령관 취임 직후부터 정권장악의 야심을 갖기 시작한 전두환에 의해 10·26과 동시에 착수되고 진행된 사전집권음모 프로그램에 예정되어 있었다.[226]

미국은 동북아 안보라는 자국의 국익차원에서 한국이 안정된 정치체제를 갖고 점진적 경제성장을 이루는 것이 필요할 수도 있다. 이 때문에 신뢰할 수 없는 정치세력의 등장이나 경제시장의 혼란은 바람직하지 않다는 극히 타산

---

222 공수부대가 철수하고 항쟁주체들이 광주시내를 장악한 가운데 항쟁이 한창 진행되고 있던 1980년 5월 25일 미 항공모함 코럴시호가 동해로 북상한다는 뉴스를 접한 5·18 항쟁주체들은 '미국이 우리를 도우러 온다. 조금만 기다리고 버티면 우리가 승리하고 민주화가 이루어진다'며 시민들의 인내와 동참을 호소했다. 동시에 주한 미국대사관에 한국 정부와의 중재를 요청했으나 거부되었다.

223 From American Embassy seoul To Secretary of State Washington dc. Immediate 141039z, Dec. 1979. Subject=Need for Care in Characterizing December 12 Incident. ; From American Embassy Seoul To Secretary of State Washington dc. Immediate 190859z May. 1980. Subject=Korea SITREP-5 p.m May 19 ; From American Embassy Seoul To Secretary of State Washington Immediate 260807z May 1980, Subject=Korean SITREP, 1500, Monday May 26 1980.

224 전두환은 8월 27일 대통령 당선발표와 동시에 대통령으로서 집권을 시작했다. 취임식은 5일 후인 9월 1일 가졌다(〈동아일보〉, 1980년 8월 27일자 ; 〈조선일보〉, 1980년 8월 28일자).

225 〈동아일보〉, 1980년 8월 28일자.

226 이삼성, 「광주학살, 미국·신군부의 협조와 공모」, 역사비평사, 『역사비평』, 1996년 가을호-제34호, 116쪽.

적 입장에서 한국의 민주주의나 인권을 외면했다고 볼 수도 있다. 그러나 민주주의와 인권을 강조해온 미국, 특히 카터 행정부로서는 커다란 모순을 자초함과 동시에 그동안 한국 국민이 갖가지 형태의 비민주적 억압과 인권유린에 시달리는 고통을 감수하면서도 긍정적이었던 미국을 바라보는 시각이 5·18을 계기로 부정적으로 돌아서게 하는 결정적 이유가 이같이 무모한 군부독재 체제 지지에 있음을 간과하고 있었다. 미국은 한국 국민들이 원하는 민주주의와 인권을 외면해 버린 것이다. 그들이 판단하기에 '후진국'이라 하더라도 최소한의 인권과 민주주의 신장을 고려하는 구두상의 제스처라도 취했어야 옳았다. 그러나 그렇지 않은 채 일방적으로 자국의 이해타산적 정책만을 밀어붙임으로써 한국 국민들의 분노를 사게 된 것은 필연적 귀결이었다.

신군부의 정권찬탈음모가 은밀하게 진행되는 상황을 제대로 감지하지 못한 야권정치인들은 물론 재야 및 학생운동권에서는 유신헌법의 즉각 개정과 체육관선거 철폐를 주장하는 목소리만을 되풀이하고 있었다. YWCA 위장결혼식 사건을 계기로 서울을 비롯한 전국 각지에서는 엄격하게 통제하려는 계엄령의 제약조건을 무시한 채 집회와 시위가 계속 열리면서 민주적 절차에 따라 개정된 헌법에 의해 새로운 통치권자를 선출해야 한다는 주장을 굽히지 않았다. 하지만 신군부는 이 같은 국민들의 여망을 비웃기라도 하듯 유신헌법에 따라 12월 6일 통일주체국민회의를 소집하여 단독 출마한 최규하 대통령권한대행에게 출석 대의원 2,501명(96.7%)이 찬성표를 던져 압도적(?)으로 당선되도록 조정해 자신들이 좌지우지할 새로운 과도체제를 출범시켰다.[227]

유신헌법상 정식 대통령이 된 최규하는 12월 7일 첫 국무회의를 열어 '긴급조치 9호'의 해제를 의결하고[228] 다음날 공고했다.[229] 긴급조치 9호는 유신

---

227 〈조선일보〉, 1979년 12월 7일자.

체제하에서 공포된 법령 중 세계적으로도 그 유례를 찾아볼 수 없는 최악의 법령으로 국민들의 입과 귀와 눈은 물론 가슴까지 완전히 닫아버리려는 박정희 억압통치의 대표적 산물이었다. 이같은 사실을 인식하고 있던 최규하는 대통령으로서의 첫 번째 통치권발동으로 긴급조치 9호 해제와 동시에 복역 중인 67명을 형 집행정지로 석방하고 수사 중이던 1명은 불기소토록 했다.[230] 또한 긴급조치 9호에 의해 취해졌던 김대중의 자택연금도 해제했다. 계엄사

---

228 「1975년 5월 13일 오후 3시 박정희 대통령은 '헌법에 대한 일체의 비판이나 반대논의를 금지'하는 긴급조치 9호를 선포하고 반정부활동을 언론이 보도하거나 전파하는 것조차 금지했다. 긴급조치 9호 위반자는 영장 없이 체포 구금할 수 있게 했다. 이를 비방하는 사람 역시 1년 이상의 징역형에 처해졌다. 그로부터 5년 7개월 동안 한국의 민주주의는 길고 어두운 터널에 갇혀 있어야 했다. 긴급조치 9호 발동 이후 그 위세에 눌려 학생운동 등 민주화를 향한 움직임은 침묵에 빠졌다. 그 시절 젊은이들은 시인 김지하의 '타는 목마름으로'를 숨죽여 불렀다. '신 새벽 뒷골목에/네 이름을 쓴다. 민주주의여/내 머리는 너를 잊은 지 오래/내 발길은 너를 잊은 지 너무도 너무도 오래/…/아직 동트지 않은 뒷골목의 어딘가/…/숨죽여 흐느끼며/네 이름을 남몰래 쓴다/타는 목마름으로/타는 목마름으로/민주주의 만세'. 1979년 10월 26일 유신의 원체인 박정희가 피살되고 1979년 12월 7일 오후 12시 긴급조치 9호가 해제돼 민주주의가 찾아오는 듯했다. 그러나 닷새 후 12·12 반란이 일어나 민주주의는 다시 암흑 속으로 빠져들었다」(〈동아일보〉, 2008년 12월 13일자).

229 〈조선일보〉, 12월 8일자.

230 1975년 5월 13일부터 시행한 전문 14개 항의 대통령 긴급조치 9호는 '유신헌법의 부정·개정·반대·왜곡·비방·폐기를 주장하거나 청원·선동 또는 선전하는 행위를 일절 금지하며 위반하는 자는 영장 없이 체포·구금·압수·수색할 수 있다'는 초헌법적 강제규정이다(全文은 박석운 외,『유신 독재를 넘어 민주로─30년 만에 다시 부르는 노래』, 자이, 2005, 519~520쪽 ; 진실화해를위한과거사정리위원회 발행,『2006년도 하반기 종합보고서』, 292~295쪽 ; 村常男·山本剛士, 崔鉉 역,『韓國現代軍政史』, 三民社, 1987, 318~319쪽). '진실화해를위한과거사정리위원회'가 입수한 자료를 보면 긴급조치 1호~9호 위반혐의로 선고된 판결은 1,412건, 이 중 1심 판결 589건, 항소심 판결 522건, 상고심 판결 252건이고, 1심에서 판결된 긴급조치 1·4호 위반은 36건, 3호 위반은 9건, 9호 위반은 554건(관련인원은 974명)이다(진실화해를 위한 과거사정리위원회,『2006년도 하반기 조사보고서, 2006년 6월 1일~12월 30일』, 제4장 279~442쪽).

령부는 훈령 제8호를 발동해 정부 및 법원에서 주관하는 집회는 신고대상에서 제외하는 한편 대학의 휴교조치를 전면 해제하는 등 유신체제 당시의 제약이나 계엄법상의 규제를 대폭 완화하는 조치를 취했다. 표면상으로는 유신체제 당시의 비민주적 조치를 서서히 교정하면서 민주화를 향한 행보를 내딛는 것처럼 보였다. 그러나 상황은 그렇게 돌아가지 않았다.

이에 앞서 10·26 다음날 오후 2시, 노재현 국방부장관은 정승화 육군참모총장 겸 계엄사령관을 비롯해 김종환 합참의장·김종곤 해군참모총장·윤자중 공군참모총장·유병현 한미연합사 부사령관 등 군 수뇌부를 모두 배석시킨 가운데 국방부 회의실에서 기자회견을 열고 '우리 국군장병은 최규하 대통령권한대행을 중심으로 일치단결하여 국가보위의 대임을 다할 것'이라고 천명한 후 "군은 정치에 관여하지 않을 것이며 민주주의는 국민에게 되돌려주겠다"는 대국민성명서를 발표했다. '서울의 봄'은 군부에서 가장 먼저 시작된 것이다. 지금까지 박정희가 유신독재를 펼치면서 동원한 군의 정치개입으로 국민이 누려야 할 민주주의가 유린되었음을 간접적으로 시인하고 이제 군은 정치로부터 중립을 지키고 일체 정치에 개입하지 않을 것이며 계엄을 통해 조속히 정부의 행정력을 회복시키고 군 본연의 임무로 돌아가겠다는 천명이었다.

군 수뇌부는 이날 아침 육군참모총장실에서 회합을 갖고 국민들로 하여금 군을 신뢰토록 하는 것이 급선무라는데 의견을 같이했다. 이들은 사전 합의에 따라 이날 오후 2시 국방부 회의실에서 공식 기자회견을 열고 이러한 내용을 발표하기에 이른 것이다.[231]

이날 정승화 육군참모총장 겸 계엄사령관 이하 군 원로장성들이 합의한 성

---

[231] 이 사실은 성명서 발표에 주동적 역할을 했던 당시 육군참모총장 겸 계엄사령관 정승화가 그의 증언록 『12·12 사건, 정승화는 말한다』에서 밝히고 있다(鄭昇和 저, 趙甲濟 정리, 『12·12 사건 鄭昇和는 말한다』, 까치, 1987, 65〜67쪽 ; 재향군인회, 앞의 책, 25쪽).

명이야말로 국민들이 바라는 가장 반가운 소식이었다. 박정희 정권 18년, 아니 유신체제 7년 동안 암울했던 과거를 청산하고 국민들에 의한 새로운 민주정부를 수립하도록 군은 정치에 관여하지 않고 오히려 지원하겠다는 성명이야말로 국민들이 가장 기다리고 바라던 최대 희소식이었다. 그러나 이 엄청난 뉴스는 어이없게도 전연 보도되지 않아 국민들은 아무도 알지 못했다.

비록 박정희에 의해 군 최고위직에 오른 원로들이지만 박정희의 유신독재가 온당하지 않은 정치체제라는 사실을 오래전부터 익히 알고 있었기 때문에 민주화를 갈망하는 국민들의 바람을 받아들여 10·26과 동시에 즉각 '민주주의 환원 성명'을 공식발표하게 된 것이다.[232] 그런데 정승화 대장은 물론 해·공군참모총장과 합참의장, 그리고 한미연합사령부 부사령관 등 4성장군의 군 원로들이 모두 배석한 가운데 국방부장관이 '국민들에게 널리 알리기'위해 직접 발표한 이 성명서 내용이 보도되지 않는 해괴한 사태가 벌어졌다.

왜 언론에 보도되지 않았을까? 분명 발표자들은 국군통수권자인 대통령 권한대행만이 빠져있을 뿐 대한민국 군부의 최고위직이자 실력자들이다. 이들이 '군 정치 불 관여'라는 역사적 성명서를 공식 기자회견을 통해 발표했는데도 신문·방송·통신할 것 없이 어느 곳에서도 보도되지 않았다는 것은 보도

---

232 일부 언론은 「시대에는 시대마다 사정과 상황이 있다. 집권자가 경제발전과 대북안보를 위해 개발독재를 결심했고 그 수단으로 유신헌법과 긴급조치를 택했다. 장기집권 사욕에 이뤄진 측면이 분명하나 '한강의 기적'이라 불리는 고도성장을 이룩했고 안보가 지켜진 것도 무시할 수는 없다. 그런 시대상황에서 판사들은 국민투표로 통과된 헌법에 따른 긴급조치를 인정하지 않을 수 없었다. 사법부뿐 아니라 행정부·입법부, 그리고 학계·언론계도 대부분 체제를 수용했다. 노무현 대통령도 자신이 그렇게 비판하는 유신헌법책을 공부해 '유신판사'가 됐다」(〈중앙일보〉, 2007년 1월 29일자 사설)며 유신체제나 긴급조치가 마치 국민들의 긍정적 의사에 따라 선택된 것처럼 호도했다. 뿐만 아니라 당시 고등고시에 응시하던 사람들이 달리 선택할 수 없어 유신헌법을 불가피하게 공부한 것이지 결코 이를 지지하는 입장에서 유신헌법을 택했던 것은 아니었음을 간과하고 있다.

검열 과정에서 제동이 걸렸다고 보아야 한다. 그렇다면 보도검열 책임자가 계엄사령관보다 더 높거나 힘이 강한 사람으로부터 지령을 받았을 가능성이 높다. 당시 계엄사령부의 보도검열 업무는 보안사령부 언론대책반에서 담당하고 있었는데 그것은 전두환 장군의 휘하에 있었다. 만약 전두환 사령관에 의해 군 원로들의 성명서가 보도되지 않았다면 '명령불복종' 또는 '하극상사건'에 해당된다. 그리고 이 성명서가 보도되지 않은 것을 역으로 풀이하면 이때부터 정승화를 비롯한 군 원로들의 권위가 실추되어 있었음을 의미한다. 그러나 신군부가 성명의 보도차단에 개입했는지의 여부와 상관없이 전두환 보안사령관의 "후임대통령은 유신헌법에 따라 선출되어야 한다"는 발언에서 그의 의중을 알 수 있다. 그리하여 군 원로들이 특정정치세력에 제압되면서 12·12 반란이 예고된 가운데 새로운 정권을 창출하려는 음모가 10·26과 동시에 이미 발돋움하고 있음을 시사하고 있었다.

국내신문에 보도되지 않은 군 원로들의 뜻은 미국 〈뉴욕 타임스〉 1979년 11월 2일자 '한국장성들 유신헌법폐지에 동의(Korea's Generals Said to Agree Scrap Constitution)'라는 제하로 "한국군부의 고위 장성들은 29일과 30일 국방부내에서 비밀회합을 갖고 박정희 독재체제의 법적 근거로 되어온 유신헌법을 폐기할 것을 비공식으로 결정했다. 그러나 박 대통령에 대한 충성심이 강한 전두환 합동수사본부장을 수장으로 하는 신군부에서는 유신헌법의 조기폐지에 반대하여 그 시기에 있어 약간의 대립을 보였다'고 보도했다.[233] 물론 국

---

[233] 「The New York Times」, 1979년 11월 2일자 기사 내용 중 해당부분을 원문으로 전재한다. 외신을 전재할 경우 보도하는 매체의 성향에 따라 임의로 번안되어 진의가 와전되는 경우가 많기 때문이다. 「SEOUL, South Korea, Nov. 1-Senior army generals meeting in secret here this week have informally decided to scrap the Constitution that was 'he legal foundation of President Park Chung Hee's power, according to sources close to the military today. The generals met Monday and Tuesday nights

내신문이나 방송에는 일체 전재되지 않았다. 다만 정승화의 증언은 성명서를

at the Ministry of National Defense here, with over 50 top officers attending on the second occasion, and they found they were in agreement that the Yushin Constitution, drafted by President Park in 1972, could not survive his murder last Friday, the sources said. "We just take it for, though there is no formal decision." said a military analyst. "The whole thing was tailor-made for Park, to give him one-man authority over the nation, and this suit of clothes wouldn' t fit another man." Under the Yushin Constitution Mr. Park had the right to appoint one-third of the 231-member National Assembly, he held direct control of the all-powerful Korean Intelligence Agency and granted himself emergency powers to arrest opponents. Mr. The Constitution was prepared by the staff at the Korean Central Intelligence Agency, whose chief, Kim Jae Kyu, is the alleged killer of the head of state, who was shot to death in an agency "safe-house" in contral Seoul along with five of his bodyguards. Mr. Park called the Constitution "Yushin." which means "Revitalizing." The President wanted South Korea to build a modern industrial economy, and drafted the Constitution to give himself powers to steer the nation through a second decade of headlong industrial expansion. The South Korean generals, led by the Army Chief of Staff, 53-year-old Chunr Seung Hwa, who is martial law commander, have not decided when they will part with the Yushin Constitution, according to sources. "but it's not whether to do so, but how to do so and when," said one. Some Younger generals, loyal to President Park, would not wish to see the symbol of his power abandoned precipitately. They are said to feel that this would add insult to injury. Gen Chon Too Huan, 47, who is in charge of investigations into the assassination of President Park and was close to him personally, is one of the "hawks" in the armed forces who oppose an early scrapping of the Yushin Constitution. But The funeral of Mr. Park is Saturday, and the political situation is likely to become more fluid after that as the question of a National Assembly session comes up. "If the Assembly were to meet right now, that would be tantamount to recognition of the Yushin Constitution." a Korean reporter said, "so the generals have a problem on their hands–whether to allow the assembly to meet at all". -이하생략」(원문은 인터넷을 통해 『뉴욕 타임스』 본사에 정식 요금을 지불하고 같은 날자 A2면에 실린 '박정희 살해자, 쿠데타 실패(Park Assassination ; Part of Failed Coup)'라는 기사와 함께 다운 받은 것임).

공개적으로 발표했다는 점이고 〈뉴욕타임스〉는 비밀리에 만나 비공식적으로 결정했다는 점과 날자가 다를 뿐, 고위 장성들이 회합하여 유신헌법 폐지를 결정했다는 대목은 일치하며 전두환 등이 반대했다는 사실을 구체적으로 언급한 대목이 이채롭다. 어찌됐건 하나회 보스인 전두환을 비롯한 신군부의 정치군인들은 민주주의를 국민들에게 돌려줄 생각이 전연 없었다는 사실을 드러냈다. 이로 미루어 볼 때 전두환은 10·26 사태로 계엄령이 선포되면서 동시에 발표된 '10·26 사건 전모'를 수사하기 위한 합동수사본부가 설치되고 그 본부장에 자신이 임명됐다는 사실에 고무되어 정권장악의 호기로 삼았을 가능성이 충분하다.

보안사령관이자 합동수사본부장으로서 그의 대부(代父)인 박정희가 살해된 '10·26 사건'을 수사할 전권을 부여받은 것은 수사 그 자체의 의미만 가진 것이 아니라 박정희 정권을 승계해야 한다는 당위성과 함께 즉각 이를 실행하고 나섰다는 점이다. 바꿔 말하면 박정희를 '최악의 전제군주'로 평가해 발사한 김재규의 총탄은 유신시대의 종막을 알리는 동시에 제5공화국의 서막을 알리는 신호탄이 되었다. 10·26 당시 군부 최고위층이나 정치권의 의중과는 달리 박정희의 절대적 신임을 받으며 실질적 군부실력자로 자리 잡고 있던 전두환 보안사령관은 10·26이라는 역사적 전환점에서 그 신호의 의미를 누구보다도 빨리 간파하고 자신의 역사를 창조하는 계기로 삼는데 서슴지 않았다.[234] 그 첫 번째 조치가 최규하 대통령권한대행 및 정승화 육군참모총장 겸 계엄사령관을 견제하는 조직상의 무력화 조치였고, 두 번째가 군 원로들의 '민주주의 환원' 성명이 보도되는 것을 차단하는 것이었다.[235] 그리고 다음 단계를 차근

---

234 盧在熙, 『靑瓦臺비서실』 2권, 중앙일보사, 1993, 302쪽.
235 군 원로들의 대국민성명을 전두환이 차단했다는 증좌는 어디에서도 찾아볼 수 없다. 다만 당시 보도검열권을 쥐고 있던 그가 차단했을 가능성이 가장 높다고 보는 것뿐이다.

차근 진척시켜 나갔다.

최규하 국무총리는 유신헌법에 따라 대통령권한대행에 이어 대통령이 되었지만 실권을 가진 대통령으로서의 '노릇'을 하기에는 그의 군사적·정치적 기반이 너무나 취약했다. 누가 보아도 최규하는 실권 없는 대통령권한대행 또는 대통령이었을 뿐이다. 그가 임명한 국무총리나 국무위원들 역시 과도정권의 총리요 국무위원일 뿐, 그 이상도 이하도 아니었다. 가장 강력한 힘을 가지고 있던 중앙정보부는 그 수장이 대통령 살해범이었기 때문에 아무런 힘도 발휘할 수 없었다. 게다가 아이러니하게도 외견상 가장 강력하게 통치권의 핵심으로 등장한 정승화 계엄사령관으로서는 박정희 살해범인 김재규를 방조했다는 혐의에서 자유롭지 못한 자신을 제치는 위력을 발휘할 수 있는 합동수사본부장 자리를 전두환에게 부여했다는 사실은 너무나 기막힌 우연이었다. 물론 대통령이 민간인 신분이기 때문에 검찰에서 수사를 맡는 것이 당연했다. 그러나 유신체제하에서 경색되어 있던 군 우대의 정치상황에다 계엄령 체제로 돌입하면서 합동수사본부 설치의 필요성을 인식한 정승화 계엄사령관이 그 본부장 자리에 자신의 휘하인 보안사령관을 임명하려는 신속한 조치로 인해 전두환이 맡는 쪽으로 가닥이 잡힌 연유에 더욱 큰 배경이 있음은 물론이다. 직제상 보안사령관은 물론 합동수사본부장은 육군참모총장 겸 계엄사령관의 휘하기구이므로 10·26 사건 수사의 수장은 계엄사령관이지만 실무적인 수사업무는 합동수사본부장인 보안사령관이 맡는 것이 당연했다. 이에따라 전두환은 보안사령관으로서 합동수사본부장을 맡은 10·26 사건 수사담당자가 되었다. 전두환에게는 박정희의 후계자로서 유신정권을 승계하거나 정권을 탈취할 수 있는 절호의 기회와 힘이 함께 찾아온 셈이 되었다.

이러한 상황을 제대로 간파하지 못한 김영삼·김대중을 비롯한 야당정치인들은 최규하 대통령에게 민주화 일정을 제시하라며 재촉하고 있었고 그러면서 서로 자기가 차기대권을 맡아야 한다는 듯 경쟁하고 있었다. 학생운동권 역시 2원집정제 반대를 외치면서 조속한 민주선거를 치르도록 요구하고 있었다. 이후에도 이들은 10·26으로부터 29일 후에 발생한 YWCA사건을 거쳐 48일 후 일어난 12·12 반란을 겪고 난 후에야 전두환과 신군부의 실체를 간파하고 '전두환 물러가라'는 구호를 쏟아냈다.

당시 유신체제의 잔존세력은 박정희 체제의 특혜를 받아 승승장구했던 군부와 관료, 그리고 거기에 안주해 있던 일부 보수정치인들이었다. 이에 저항하는 민주세력으로는 재야, 학생, 김대중·김영삼을 중심으로 하는 야당, 재벌 육성론을 펴며 근로자들의 임금을 착취하는 박정희 독재정권에 저항하던 노동자계급이었다. 이들은 박정희 체제 옹호나 퇴진을 주장하는 상반된 세력으로 갈라져 있었지만 박정희 피살이라는 갑작스러운 형태의 정국변화는 전연 예상하지 못한 상태였다.[236] 어느 쪽이던 박정희가 없는 정치상황에 대한 물리적·심리적 준비가 되어 있지 못했다. 그러나 오직 전두환의 하나회만은 어떠한 상황에서도 대응할 수 있는 체제와 힘을 갖추고 있었다. 이들 신군부는 10·26 후 전두환을 중심으로 하나회 정치군인들이 신속하고 자연스럽게 응집하여 형성되었다. 그리고 그들은 즉각 움직였다. 신군부의 실체가 국민들에게 알려진 것은 한참 후의 일이다.

전두환은 유신정권의 승계 내지 정권탈취의 당위성을 강조하며 신군부 세력을 동원해 그 음모를 단계적으로 실행해 나갔다. 포고령 제5호에 명시된 합수부의 업무한계는 '검찰·군 검찰·중앙정보부·헌병·보안사·경찰의 업무를 조정·감독하는 것'으로 '국가의 모든 정보·수사기관의 실질적 중추역할을 담당하는' 것이었다. 이에 따라 전두환은 포고령이 발동됨과 동시에 합수부를 3

---

236 김영명, 『한국의 정치변동』, 을유문화사, 2006, 238쪽 재인용.

개의 주요 수사국으로 분류해 편성했다. 이것은 곧 정권탈취 프로그램과도 일 맥상통했다. 제1국은 보안사의 백동림 대령(육사 15기)을 국장으로 하여 '보안 사 요원이 주축'이 되었다. 임무는 박정희 살해범인 김재규 전 중앙정보부장 을 정점으로 하는 중앙정보부 내의 동조세력을 색출하고 수사하는 임무가 부 여되었다. 제2국은 육군범죄수사대장인 우경윤 대령(육사 13기 헌병)을 국장으 로 하여 헌병대를 배속시키고 '군내 동조세력을 색출·수사하는 임무'가 부여 되었다. 우경윤은 12·12 반란 때 정승화 계엄사령관을 직접 연행하는 임무를 주도하게 된다. 제3국은 이기창 총경을 국장으로 하여 치안본부의 특수수사 대 요원들로 구성해 중앙정보부와 군을 제외한 분야에서의 동조세력을 색출· 수사하는 임무가 부여되었다.[237] 앞에서도 언급한 바와 같이 전두환은 '합수 부장에 보임된 당일(10월 27일) 중앙정보부 차장·검찰총장·치안본부장·군 검 찰부장·헌병감 등 정보·수사기관의 장들을 모두 소집하여 좌장으로서 회의 를 주재'함으로써 명실상부한 합동수사본부장의 권위를 확인시킨 후 엘리트 수사요원을 파견토록 지원받아 합수부의 조직을 강화하고 수사를 본격적으로 착수했다. 이날 회의에 참석한 사람들의 직급은 모두 장관급(검찰총장) 또는 차 관급(중앙정보부 차장·치안본부장)이었는데도 1급인 육군소장이 상좌가 되어 회 의를 주재했었다. 이때부터 전두환은 보안사령관 또는 합동수사본부장으로서 의 직권뿐만 아니라 그 이상의 권한을 행사하며 '무소불위의 권부'인 합수부 에서 '무소불능'의 권력을 행사하고 나섰다.[238]

특히 전두환은 중앙정보부 국장급 이상 거의 전원을 시해사건과의 관련여

---

237 재향군인회, 앞의 책, 33~34쪽.

238 계엄령 공고 제5호는 전두환의 복안과 보안사 지침에 따라 합동수사본부의 업무한계를 '모든 정보·수사기관(검찰·군 검찰·중앙정보부·경찰·보안사)의 업무조정 감독'이라고 규정, 권력 공백기의 중심에 서게 했다(조갑제, 『제5공화국』, 월간조선사, 2005, 40쪽).

부를 수사한다며 강제로 연행하면서 그들이 저항하지 못하도록 대형버스에 태우고 육군본부 벙커에 도착하는 즉시 합수부 무장병력이 조사하도록 했다. 이들을 연행하기에 앞서 정승화 계엄사령관으로부터 사전승인을 받았으나 연행할 때부터 혐의자 취급을 했던 것은 중앙정보부를 완전히 무력화시키고 모든 정보기능을 장악하기 위한 월권행위였다. 그리고 중앙정보부의 예산집행을 동결시키는 한편 보안사 최예섭 준장을 감독관으로 배치하여 중정의 업무를 일일이 통제하고 조정하도록 해 중앙정보부를 완전히 장악했다.

중앙정보부를 장악한 전두환은 경찰정보까지 독점하려는 속셈을 드러냈다. 본래 정보 수집은 3개 라인에서 맡고 있었다. 경찰·보안사에서는 자신들이 수집한 정보보고서를 각각 직속 상급기관과 중앙정보부에 제출한 후에야 유관기관에 배부할 수 있었다. 중정은 두 기관에서 보내온 것과 자신들이 수집한 것을 다시 종합·분석하여 작성한 종합보고서를 청와대에 먼저 보고한 다음 중앙주요부처에 회람시켜 왔다. 당시는 계엄령하이므로 경찰과 보안사는 당연히 계엄사령부에 제출하게 되어있었다. 중정의 보고서 제출은 그 기능이 마비상태이므로 보안사가 대신할 수 있고 여기에 합수부도 관여할 수 있었다. 그런데 전두환 합수부장은 이 기능에서 벗어나 경찰정보까지 독점할 속셈으로 중정과 보안사 정보보고서는 물론 경찰의 '일일정보보고서'를 계엄사나 청와대에 제출하지 말고 합수부에만 제출토록 요구하고 나선 것이다. 이는 국내외 정보의 독점 뿐만 아니라 통치권자인 최규하 대통령권한대행은 말할 것도 없고 정승화 계엄사령관에게까지 모든 정보공급을 차단하여 무력화시키려는 의도가 분명했다. 전두환은 독단으로 국내외 정보를 종합·분석하여 사전에 조정·통제함으로써 정권장악의 기반을 다지려는 고도의 책략을 구사하고 있었던 것이다. 이때부터 합수부 위력을 이용해 계엄사령관을 무력화시킨 후 제거하고 신군부세력을 전진배치해 정권찬탈음모를 노골적으로 가시화하려

는 속셈을 품고 있었다.[239]

전두환에 대해 외신들은 11월 1일자 보도에서 '전두환 계엄사 합동수사본부장, 한국의 실권을 잡다'라는 제목으로 '비상계엄하의 한국에서는 군부가 치안과 국정의 전반을 장악하고 있는 가운데 특히 전두환 보안사령관이 중심적 역할을 하고 있다. 군의 소장파 엘리트를 여러 명 배출하고 있는 육사 제11기를 졸업한 실력 있는 전두환 동기생들이 수도권 주변의 실전부대 사단장을 맡고 있고 10·26 사건 수사의 최고책임자로서 군 질서유지의 중심인물이라는 점을 들어 군의 실권은 정승화 계엄사령관이 아닌 전두환 보안사령관에게 있다'고 보도하고 실질적인 한국 통치권자로 전두환을 꼽았다.[240] 이 보도는 이로부터 42일 후의 12·12 반란을 정확하게 예고하고 있었다. 그러나 전두환의 배후에 '하나회'라는 막강한 군부 내 사조직이 있다는 사실, 이들을 중심으로 형성되어 있는 '신군부'라는 실체를 아는 사람은 그렇게 많지 않았다. 이후 전두환은 자신이 초토화시킨 중앙정보부의 장(서리)에 이희성 육군참모차장을 임명하도록 최규하 대통령을 설득(?)했다. 그러나 전두환의 장악하에 있는 중앙정보부장에 임명된 이희성은 제 기능을 발휘할 수가 없었다. 그나마 12·12 반란 후 참모총장에 임명됨으로써 2개월 단명으로 끝나고 말았다.

정승화 계엄사령관을 강제로 체포·구속하는 위력을 발휘하게 되는 전두환 보안사령관의 막강해진 위세는 더욱 높아져 마음대로 이희성 중장을 대장으로 승진시켜 육군참모총장 겸 계엄사령관으로 임명토록 하는 등 국가통치권까지 좌지우지하는 무소불위의 실권자가 될만큼 급상승했다. 국군보안사령관은 평시에는 국방부장관 직속하에 있었으나 비상계엄령이 선포되면 계엄법

---

239 재향군인회, 앞의 책, 33~35쪽.
240 일본 〈每日新聞〉, 1979년 11월 1일자 ; 재향군인회, 앞의 책, 36쪽 재인용.

제8조에 의거, 자동적으로 계엄사령관의 지휘감독을 받게 되어 있었다. 그러나 전두환은 이 지휘계통을 무시하고 최규하 대통령을 직접 상대하여 억압하는 월권을 아무렇지 않게 행사했다. 그 사례들을 보자.

① 10·26 후 청와대에서 발견된 현금 9억 원을 최규하 대통령이나 노재현 국장부장관 또는 정승화 계엄사령관에 보고나 사전양해도 없이 임의로 처리했다.

② 이후락 전 중앙정보부장이 대한불교 조계종 전국신도회장 자격으로 스리랑카에서 12월 10일 열리는 세계불교인대회에 참가하려는 것을 권력형 부정축재자로 지목하고 임의로 저지한 점. 이후락은 민간인 신분인데다 아직 부정축재 처리문제가 공식화되지 않아 군이 관여할 성질이 아니었는데도 임의로 출국을 저지했다.[241]

③ 이재전 전 대통령 경호실 차장(육사 제8기, 육군중장)에 대해 직무유기죄를 적용, 사법처리를 강행하려던 점. 이재전은 직무유기죄로 다스릴만한 사안이 아니어서 행정처분(징계) 정도로 마무리 지을 예정이었는데 그나마도 현역 예편지원서를 제출해 놓고 있었기 때문에 처벌자격에 해당되지 않는데도 전두환이 사법처리를 강행하려 했던 것. 그것은 전두환이 이재전과의 사적인 감정 때문이라는 후문이 나돌았다.

④ 12월 6일 실시될 통일주체국민회의 대의원에 의한 최규하 대통령 선출과정에서 90% 이상의 찬성표가 나오도록 대의원들을 설득하겠다는 주장을 제기하고 나온 점. '대통령 선거에서 군이 90% 이상 나올 필요도 없었지만 군이 개입하는 것도 좋지 않다'며 정승화 계엄사령관은 반대했으나 결과는 97%의 찬성표로 나타났다.

⑤ 부정축재자 수사와 관련, 법적규정이 없는데도 부정축재자의 재산을 몰수하자는 주장을 펴고 나온 점. 정승화 계엄사령관은 부당하다는 견해를 밝히며 반대했다.

---

241 이후락의 세계불교인대회 참석문제는 외교적 사안이므로 참석시키는 것이 타당하다는 노재현 국방부장관의 상황인식과 본인의 탄원서가 접수돼 나중에 출국이 허용됨(재향군인회, 앞의 책, 38쪽).

⑥ 10·26 수사와 관련, 김재규 전 중앙정보부장과 김계원 전 대통령 비서실장의 재산을 부정축재로 몰아 몰수했다고 일방적으로 보고했다.[242]

이 같이 전두환은 직권을 남용하면서 자신의 군권 및 정권찬탈을 위한 수순을 밟아가고 있었다. 또한 통일주체국민회의 대의원들에 대한 설득작업은 '후임 대통령은 기존의 유신헌법을 통해 선출해야 한다'고 주장하던 전두환 자신이 장차 유신헌법에 의해 대통령에 선출될 것을 염두에 둔 사전공작이었다.[243] 뿐만 아니라 모든 권한을 독단으로 행사하고 있는 전두환의 행적이 속속 드러나고 있는데도 정승화 계엄사령관은 별다른 영향력을 행사하지 못한 채 무력자로 전락해 있었다. 이러한 상황에서 12·12 반란을 맞게 된다. 정승화는 "국가위기 수습, 국권수호를 빌미로 한 정권탈취 시나리오 속에 처음에는 나를 잠시 이용해 먹으려는 인물로 등장시킬 계획이었던 것 같다. 하지만 잘 되지 않을 것 같아 나를 제거한 것이었다"고 회고하면서 10·26직후부터 전두환의 정권찬탈 시나리오가 진행되었음을 강력하게 내비쳤다.[244]

12·12 반란 ; 구직업주의와 신직업주의 충돌

정권찬탈을 본격적으로 추진하는 과정에서 전두환이 감행한 최대의 결단은 12·12 반란이다. 10·26 사태로 전두환 보안사령관을 비롯한 하나회 중심

---

242 재향군인회, 앞의 책, 37~40쪽 재인용.

243 돈 오버도퍼 저, 이종길 역, 『두 개의 한국-한국현대사 비록』, 길산, 2003, 186쪽(Don Oberdorfer, *The Two Koreas-A Contemporary*, Addison Wesley, 1997, p. 116).

244 정승화 자서전, 『대한민국 군인』, HB, 2002, 404쪽.

의 정치군인들은 갑작스럽게 울타리가 무너져 입지가 크게 위축되는 듯 했으나, 권력 주변에서 오랫 동안 역량을 키워온 터라 위급상황에서도 긴급 대처하는 정치력과 상황 돌파력을 지니고 있었다. 그들은 우선 10월 27일, 군 원로들의 '민주주의 환원성명'이 언론에 보도되지 않은 데 대해 안도의 숨을 쉬었다. 만약 그 사실이 국민들에게 전해질 경우 자신들이 정권을 잡겠다는 숙원이 좌절될 수밖에 없다는 사실을 너무나 잘 인식하고 있었기 때문이다. 간신히 위기를 넘긴 이들은 새로운 대책에 부심했다. 정승화 계엄사령관이 박정희 대통령을 살해한 김재규와 동행한 사실에 의구심을 갖고 이미 방조혐의 가능성에 무게를 두고 있던 전두환은 그것을 빌미로 군 원로 내지 육군수뇌부를 축출하고 자신들이 군권을 장악한 다음 새로운 정치체제를 구축해 정권을 장악하고자 했다. 이와는 달리 박정희 대통령의 비호를 받고 있던 이들의 전횡을 지켜봤던 군부 내의 정통군인들은 이 기회에 정치장교들을 숙청해야 한다는 쪽으로 의견을 모아가고 있었다. 군 내부의 이러한 동향을 인지한 정승화는 이를 무마하기 위해 12월 초부터 각 군사령부를 순회하면서 사단장급 이상 지휘관들에게 다음과 같이 당부하고 다녔다.

청와대나 중앙정보부 등에서 근무하는 이른바 정치장교들은 자의에 의한 것과 타의(발탁)에 의한 것으로 구분되어야 하며 직권남용이나 부정을 자행한 군인으로서의 품위를 손상한 경우와 그렇지 않은 경우를 구분해야 한다. 그러므로 이들을 일괄적으로 매도하거나 거부감을 나타내서는 우리 군에 보탬이 되지 않을 것이므로 추후 총장이 선별하여 조치하겠으니 더 이상 재론하지 말라.[245]

이 같은 정승화의 정치군인 선별처리 방침은 박정희 정권하에서 군내 요직

---

245 재향군인회, 앞의 책, 40쪽.

인 청와대 경호실, 수도경비사령부, 보안사령부, 특전사령부 등의 주요직책을 독식했던 하나회 세력을 견제하려는 의도가 잠재되어 있었다. 가장 쉬운 방법은 하나회 수장으로 정치와 너무 밀착되어 있는 전두환 보안사령관을 동해 경비사령관으로 전보시키는 것이었다. 그 시기는 12월 13일로 예정되어 있던 개각일에 맞추었다. 이 사실은 즉각 전두환 보안사령관에게 전달되었다. 소식을 들은 전두환은 이미 착수한 정권찬탈 프로그램과 맞물려 상황이 시급함을 인식하고 특단의 조치를 강구 했다. 늦어도 개각 이전인 12월 12일까지 과감한 조치를 취하지 않으면 그동안 키웠던 꿈과 야심이 물거품이 된다는 사실을 너무나 잘 인식하고 있었다. 그는 그동안 쌓아온 신뢰와 응집력을 발휘해 하나회 회원들을 중심으로 동지들을 규합하는 작업을 서둘렀다. '신군부'라는 새로운 정치군인집단이 형성되는 계기였다. 전두환 사령관으로부터 사태의 심각성을 전해들은 하나회 정치군인들, 이른바 신군부 장성들은 거세당하기 전에 살아나야 한다는 생존심리의 공감대로 집약되었다. 그리고 이것은 국면전환을 시도하지 않으면 살아남을 수 없다는 강박관념으로 작용했다. 국면전환이란 정승화 계엄사령관의 제거를 의미했다. 전두환의 국면전환책은 당시 최규하 대통령권한대행을 제치고 표면상으로 대한민국 통수권역의 중심에 서 있던 정승화 육군참모총장 겸 계엄사령관을 김재규의 박정희 살해 방조 혐의로 연행·구속한다는 것이었다. 정승화를 제거하면 자신이 실질적인 군통수권역의 중심에 설 수 있고 나아가 정권을 찬탈할 수 있다고 판단한 것이다. 정승화 사령관이 10·26 당시 청와대 부근 중앙정보부 안가에 있다가 사건 후 김재규와 함께 육군본부 지하 B-2 벙커로 동행했다는 사실은 그를 시해혐의자 또는 방조자로 몰아갈 수 있는 단서로서의 의아성이 매우 높았다. 국가원수가 시해당한 사건에서 육군참모총장 겸 계엄사령관을 연행하기 위한 구실로는 다른 대안이 필요 없을 만큼 설득력이 충분했다. 또한 정승화가 김재규와 동행한 사실을 놓고 국가원수 시해에 동조했을 가능성에 대한 조사의 필요성을 내세우면 최규하 대통령권한대행의 재가를 받는 데 큰 문제가 없으리라고 판단했다. 그리고 이러한 구실을 이용하여 정승화를 제거한다면 육군참모총장 겸 계엄사령관을 제압하는 효과가 수반돼 군권장악은 물론 그 여세를 몰아 대권장악도 가능하다고 보았다. 이러한 판단 아래 전두환 보안사령관 겸 합동수사본부장은 11월 중순부터 거사목표를 설정하고 동조세력 규합에 나섰다. 그 동조세력이 곧 신군부였다.[246] 전두환은 초기 단계에서 허화평 보안사령관 비서실장, 허삼수 인사처장, 이학봉 대공처장(후에 합수부 수사 제1국장), 장세동 제30경비단장, 김진영 제33경비단장 등 그동안 하나회 회원이자 측근으로 키워온 영관급 후배들의 동조를 얻어 모의를 진행했다. 그런 연후에 황영시 제1군단장, 노태우 제9사단장, 백운택 제71훈련단장, 박희도 · 최세창 · 장기오 공수여단장 등 선후배 동료 장성 및 장교들과 지휘관 회의 때 상호 방문하는 기회를 이용, 거사를 협의한 끝에 긍정적 호응을 받아냈다. 뿐만 아니라 유학성 국방부 군수차관보와 차규헌 수도군단장 등과도 사전에 의견을 교환했다. 이런 과정을 거쳐 정승화 총장 제거계획이 구체적으로 급진전되면서 자신감을 갖게 된 전두환 보안사령관은 이학봉 중령(육사 18기, 하나회)에게 정승화 총장 연행계획을 짜도록 지령했다. 그리고 김재규의 1심 재판이 12월 중순에 종결될 것으로 예상하고 12월 7일에 노태우와 함께 12월 12일을 최종거사일로 정했다.[247]

정승화 총장을 수사해야겠다는 합수본부장 전두환 장군의 결심이 이미 11월 초에 확고히 섰으며…… 12월 12일은 부총리 신현확 씨가 국무총리로 내정되어 다음날

---

246 「12 · 12, 5 · 18 1심 및 항소심 판결문」; 재향군인회, 앞의 책, 41쪽.
247 재향군인회, 앞의 책, 41쪽.

13일에 국무회의가 열려 내각의 구성을 논의하게끔 되어 있었다. 따라서 전두환 장군은 개각 전날 정 총장을 연행, 수사하고 그 결과가 국무회의에 연결, 군의 인사에 반영된다면 10·26 사건 수사는 수사대로 완결되고 육군참모총장의 자연스런 교체가 가능하여 군의 신뢰와 단결을 가져올 수 있다고 판단했던 것이다.[248]

이에 앞서 전두환은 김재규에 대한 수사가 일단락되는 11월 초순부터 자신의 참모나 가까운 장성들과 정승화의 제거문제를 논의했다. 그러면서 자신들의 거사에 동조해 병력출동이 가능한 제1공수여단장 박희도, 제3공수여단장 최세창, 제5공수여단장 장기오 준장과 수도군단장 차규헌 중장, 제1군단장 황영시 중장, 제9사단장 노태우 소장 등 자파계열의 수도권 내 주요부대 지휘관들로 하여금 당일 경복궁에 있는 수도경비사령부 예하 제30경비단 장세동 단장실로 모이도록 한 후 필요할 경우 병력을 동원하여 이날 자신들이 벌일 사태에 차질이 없도록 시내 일원을 장악하기로 했다. 12월 5일에는 33헌병대장 최석립 중령을 보안사령관실로 불러 헌병대의 근무 및 훈련 상태를 물었다. 최석립 33헌병대장은 전 사령관과 동석하고 있던 보안사 인사처장 허삼수 대령으로부터 "언제든지 출동할 수 있는 병력 50명을 준비하라"는 지시를 받고 아주 중요한 임무가 있을 것이라 직감하고 이에 대비했다. 또한 전두환 사령관은 12월 6일부터 9일 사이에 제20사단장 박준병 소장 및 백운택·최세창·장기오·박희도 준장을 사전에 각각 만나 모의했다. 12월 8일 전두환 보안사령관은 이학봉 중령으로부터 정승화 총장의 연행은 일과시간 후 총장공관에서 실행하는 것이 좋겠다는 의견이 첨부된 세부계획서를 전달받고 이를

---

[248] 보안사령부가 1982년 편찬한 『제5공화국 前史』 3편 1023쪽에 수록된 당시 노태우 제9사단장의 12·12 반란에 대한 증언내용이다(국방부과거사진상규명위원회, 『12·12, 5·17, 5·18 사건 조사결과 보고서』, 2007, 20쪽 재인용).

확정한 후 허삼수 보안사 인사처장과 우경윤 합수부 수사제2국장에게 구체적인 계획을 짜도록 지시했다.[249] 이는 12·12 반란이 우연이 아닌 분명한 사전계획에 의해 저질러진 완벽한 반란행위였음을 의미한다.[250]

드디어 12·12 당일 오후 2시 30분 전두환 사령관은 헌병대장 최석립 중령을 불러 정승화 총장을 연행 조사한다는 사실을 알려주며 세부사항은 허삼수 대령으로부터 전달받으라고 지시했다. 허삼수 대령은 한남동 육군참모총장 공

---

249 이 계획은 '12·12는 정 총장을 연행하는 과정에서 우발적으로 발생한 사태'라는 신군부 측의 주장이 허구임을 드러낸 것이며 아울러 1979년 12월 9일 정승화 총장과 노재현 국방부장관의 골프모임에서 있었다는 '전두환 소장의 보직변경 논의'가 12·12를 촉발시킨 기폭제라는 주장 역시 거짓임이 드러냈다(재향군인회, 앞의 책, 41~42쪽).

250 장태완 당시 수경사령관은 12·12를 회고하는 글에서 '수경사령관으로 12·12 때 강제연행되어 55일 동안 구금된 후 풀려날 무렵 만났던 전두환 보안사령관 겸 합동수사본부장으로부터 "정승화 총장님께서 총장직을 내놓고 집에서 약 6개월 정도 쉬고 계셨으면 대사나 장관 또는 그 이상으로 보장해 드리려고 했는데 그렇지 않았고 장 선배님도 중장으로 승진시켜 군단장으로 나가게 할 생각이었다"는 말을 듣고 12·12는 처음부터 치밀한 계획에 의한 것이라는 사실을 알게 되었다'고 서술했다(張泰玩, 『12·12 쿠데타와 나』, 명성출판사, 1993, 266~267쪽) ; 또한 『第5共和國前史』 3편 945쪽에는 「전 본부장은 그 문제에 관하여 보좌관 허화평 대령, 합수부 조정통제국장 허삼수, 수사국장 이학봉 중령 그리고 평소에 가까운 수경사 30단장 장세동 대령, 33단장 김진영 대령과 논의하였다. 일의 진행은 수사내용이나 수사계획 수립은 수사실무인 수사국장 이학봉 중령과 또한 대공관계에서 많은 수사경험을 가진 허삼수 대령이 상의하여 수립하게 하였으며, 실제수사에는 수사 2국의 육군범죄수사단장 우경윤 대령, 헌병감실 기획과장 성환옥 대령, 33헌병대장 최석립 중령의 도움을 받기로 하고 전체계획을 비서실장 허화평 대령이 조정, 통제하여 전 장군께 보고 드리는 형식을 취했다. 그리고 장세동 대령과 김진영 대령은 12월 12일 저녁 6시 30분에 30단에 모일 장성들의 안내를 책임지고 그외 경계지원을 하기로 하였다. 이 계획이 계엄사령관에 관한 중대한 것인 만큼 전 장군은 수시로 참모들과 회의를 열어 진척사항을 보고받고 문제점을 검토하여 조금도 차질이 없도록 하는 신중을 기하였으며 연행계획에 따른 위험성을 감안하여 계획의 시행일까지 극비에 일을 추진하였다」고 서술돼 있어, 12·12는 처음부터 계획적이었음을 정확하게 기록하고 있다(국방부과거사진상규명위원회, 앞의 조사보고서, 2007, 22쪽 재인용).

관배치도를 최석립 중령에게 건네준 후 함께 공관지역으로 이동해서 최 중령이 이끄는 병력이 배치될 장소를 하나하나 지정하고 오후 6시까지 보안사 서빙고 분실로 병력을 이동시키도록 지시했다. 경복궁 안 헌병대 본부로 돌아온 최석립 중령은 저녁식사를 마친 다음 헌병부대원들에게 '어떠한 명령이 있더라도 동요치 말고 (내) 명령에 따라서 행동할 것'을 강조한 후 오후 5시 40분쯤 마이크로버스 2대에 65명(4/61명)의 병력을 싣고 서빙고로 출발했다.[251]

전두환은 이학봉 수사국장을 대동하고 1979년 12월 12일 오후 6시 30분, 정승화의 연행·조사에 관한 최규하 대통령의 재가를 받기 위해 삼청동 국무총리 공관으로[252] 출발함과 동시에 그의 지령을 받은 보안사 인사처장(정보처장 가장) 허삼수 대령과 합수부 수사 제2국장(육군범죄수사단장) 우경윤 대령의 책임 아래 정 총장 연행계획이 진행됐다. 오후 5시경 서빙고 분실에 도착한 허삼수 대령은 정승화 총장 연행을 맡을 수사관들을 소집했다. 수사관들은 김재규 수사를 직접 담당했던 김 모 소령 등 7명이었다. 이들은 연행조와 수습조로 나뉘었다. 연행조는 정 총장을 직접 연행하는 임무로 김 모 소령 등 4명에게 부여되었고 수습조는 연행조를 지원하고 만약에 일어날지도 모를 사태를 수습하는 임무로 양 모 준위 등 3명에게 부여되었다. 이들에게는 개인 1인당 권총 1정과 실탄, 연행에 필요한 수갑과 함께 만일의 경우에 대비한 M-16 소총 6정이 추가로 지급됐다. 오후 6시 30분 우경윤 합수부 수사 2국장과 성환옥 육군본부 헌병감실 기획과장, 육군본부 헌병대장 이종민 중령이 함께 서빙고 분실에 도착했다. 이종민 중령은 총장공관 지역에 들어갈 때 어떤 장애가 발생할 경우 필요할지 몰라 동행한 것이다. 그리고 얼마 뒤 최석립 33헌병

---

251 국방부과거사진상규명위원회, 앞의 조사보고서, 2007, 23쪽 재인용.

252 당시 최규하 대통령은 통일주체 국민회의에서 대통령으로 정식 선출됐으나 청와대로 입주하지 않고 국무총리 공관을 그대로 사용하고 있었다.

대장이 병력을 이끌고 도착했다. 허삼수 대령과 우경윤 대령은 수사관 7명과 지원부대 장교들을 집합시켜 정승화 총장 연행에 대한 임무의 중요성과 당위성을 새삼 재확인한 후 1진에 우경윤 대령과 허삼수 대령, 그리고 연행조 요원 4명, 2진에 성환옥 대령과 이종민 중령, 그리고 수습조 요원 3명, 마지막 3진에 최석립 중령과 그가 이끄는 33헌병대 지원요원 65명 순으로 오후 6시 50분 보안사 서빙고 분실을 출발했다. 5분 후인 오후 6시 55분 용산구 한남동에 있는 육군참모총장 공관경비초소에 도착한 이들은 공관을 경계중인 해병대 헌병의 검문을 받자 우경윤 대령이 "나는 육군범죄수사단장 우 대령인데 보안사 권정달 대령과 함께 총장님께 보고드릴 일이 있어 왔다"고 말하고 검문소를 무사히 통과했다. 우경윤 대령과 함께 검문소를 통과한 허삼수 대령은 참모총장에게 긴급히 보고할 사안이 있다고 거짓으로 사전 통보한 보안사 정보처장이라고 사칭하고 공관 안으로 들어가 정 총장과 대면했다. 시각은 오후 7시였다.[253] 먼저 우경윤 대령이 용건을 꺼냈다.

우 대령은 "김재규 재판과정에서 여러 가지로 총장님의 증언요청이 나왔는데 총장님의 진술을 다시 받아야 하겠습니다"라고 본래의 방문요건을 말하였다. "그러면 나한테 왜 전화 없이 너희들이 왔나? 처음엔 보안사에서 무슨 보고를 하러 온다고 하더니 무슨 딴 소리냐?" 하면서 정 총장은 소리를 지르고 경호원을 부르면서 야단하였다. 우 대령이 "그러실 필요 없이 가십시다. 이렇게 시끄럽게 하시면 아이들한테 좋지 않지 않습니까?" 라고 재차 권하였다. 정 총장은 "이 놈들 가긴 어딜 가느냐? 내가 적어도 육군참모총장이다"라고 호통을 쳤다. 우 대령은 총장의 오른팔을, 허 대령이 총장의 왼팔을 끼고 밖으로 끌고 나오려고 하였다. 총장은 더욱 소리를 지르며 헌병을 찾았다. 헌병을 찾자 우 대령이 "저도 헌병입니다. 헌병을 소리쳐서 불러봐야 번거롭기만 하고 헌병이 지금 제 말을 듣지 총장

253 국방부과거사진상규명위원회, 앞의 조사보고서, 24~25쪽.

님의 말 안들을 겁니다"라고 말하는데, 부속실 쪽에서 공관에 근무하는 경호원 4, 5명이 안으로 들어왔다. 정 총장은 "이 놈들 잡아라"고 소리를 질렀다. …… 우 대령은 …… 달려드는 자들을 뿌리치면서 복도 쪽으로 나갔다. …… 우 대령은 복도를 지나 부속실 쪽으로 가 안을 보았다. 그러나 아무도 없어서 현관 쪽으로 몸을 돌리는 순간 '탕'하고 부속실 쪽에서 날아오는 총탄에 오른쪽 허리를 맞고 그 자리에 쓰러졌다. …… 허 대령은 힘을 내어 달려든 공관원을 뿌리치고 총장을 인질로 하여 다시 안으로 들어갔다. 이때 밖에서 한 모(연행조-필자) 소령이 뛰어 들어와 다시 함께 총장을 양쪽으로 잡고 있는데 2층에서 한 청년이 38구경 권총을 가지고 내려오면서 허 대령을 쏘려고 하였다. 정 총장의 아들이었다. 허 대령은 '임마 쏘지마! 네 아버지가 죽는다'고 소리치며 만류하였다. 또한 정 총장도 아들에게 그러지 말라고 질책하였다. 그리고 한편 이 때 밖에 나왔던 박 모 상사(연행조-필자)가 응접실 유리창을 통하여 그것을 보고 총장 아들에게 총을 겨누었다. 이것을 본 총장 아들은 다시 2층으로 도망하였다. …… 부관 이 모 소령(총장부관-필자)이 총장의 호출로 …… 장관 공관 전화번호 5056 중 50까지 돌리는 순간 …… 한 소령이 권총 개머리판으로 뒤에서 가격했던 것이다. …… 이때 또 이 소령은 옆으로 쓰러지면서 복부에 총상을 입고 소파 모서리에 머리 옆을 맞고 정신을 잃었다. …… 순간 위협을 느낀 경호대장(총장 경호대장-필자) 김 대위는 권총을 뽑았다. 이를 본 박 상사가 먼저 리볼버 권총 뒷등으로 김 대위의 머리를 때려 정신을 잃게 하였다. 그리고 이어서 김 모 소령(총장 비서실장인 듯-필자)이 일탄을 발사하였다. …… 밖에서는 신 모 준위(연행조-필자)가 위협으로 공포사격을 하자 총장공관은 안팎으로 수라장이 되었다. …… 박 상사는 …… 실탄이 없는 권총을 버리고 …… M-16 소총을 꺼내들고 다시 황급히 공관 쪽으로 왔다. …… 그는 지체 없이 M-16으로 유리창을 부셨다. 그리고 뛰어들어가 정 총장의 가슴에 총을 겨누고 "손들어! 빨리 나가자!"고 소리를 질렀다.**254**

김재규 대통령살해방조혐의로 정승화 육군참모총장을 강제 연행하여 보안

---

254 앞의 『제5공화국 전사』 3편, 1034~1035쪽에 수록된 정승화 육군참모총장 겸 계엄사령관 강제연행 장면(국방부과거사진상규명위원회 조사보고서, 25~26쪽 재인용).

사 서빙고 분실에 도착한 것은 오후 7시 21분이었다. 대통령 재가도 없이 불법으로 직속상사인 육군참모총장을 체포하는 반란행위의 하극상 사건이 불과 21분밖에 소요되지 않았다.[255] 이 과정에서 총장관저를 지키던 병력과 무력충돌이 벌어지는 한편 한남동과 삼각지, 경복궁 일대에서 총격전이 벌어지고 11개의 한강교량이 차단되는 등 공포분위기가 조성된 가운데 전두환이 이끄는 신군부 병력이 사태를 진압하고 동시에 정승화 총장 추종세력으로 신군부 측의 회유에 반대했던 이건영 3군 사령관, 문홍구 합참본부장, 장태완 수도경비사령관, 정병주 특전사령관이 체포됐다. 그리고 다음날인 13일 새벽부터 국방부·육군본부·수경사 등 국방 및 수도경비의 중추기구가 신군부에 의해 장악되었다. 최규하 대통령에게는 세 차례에 걸쳐 무려 10시간 만인 13일 새벽 4시쯤, '집단적인 위력을 과시하면서 강요하여' 사후재가를 받은 끝에 '12·12 반란사건'을 완료했다.[256] '12·12 반란'은 이렇게 신군부의 승리로 막을 내렸다. 10·26이 발생한 지 48일만의 일이었다.[257]

이 작전을 수행하기 위해 전두환은 정보기관으로서의 보안사령부 기능을 최대한 발휘했다. 정승화 측 또는 자신의 반대쪽 군 지휘관들의 전화를 완벽하게 도청해 그들의 동향을 철저하게 파악했고 이 사실을 예하의 자기편 지휘관들에게 제공하여 거짓말로 상사를 속이도록 함으로써 이건영 3군사령관,

---

255 정승화, 앞의 자서전, 412쪽.

256 국방부과거사진상규명위원회, 앞의 조사보고서, 20~36쪽 ; 張泰玩, 앞의 책, 231쪽.

257 1979. 12. 14일자 〈New York Times〉는 「7 Top Generals Are Held ; Military Power Struggle Is Seen」제하 장문의 기사에서 '정승화 계엄사령관을 비롯한 7명의 장성들이 박정희 대통령 암살사건에 연루시킨 전두환 보안사령관에 의해 구금됐으며 그 중 2명은 부상당했다'고 보도했다. 그 7명의 실명은 밝히지 않았으나 정승화·이건영·문홍구·정병주·장태완·김진기·하소곤 장군들이다. 또한 2명의 부상자는 정병구·하소곤이다.

장태완 수도경비사령관, 정병주 특전사령관의 역공기회를 완전히 차단시켜 자신의 거사를 성공시킬 수 있었음은 물론 정승화 육군참모총장 이하 그의 추종세력들까지 체포할 수 있었다.[258] 뿐만 아니라 이들은 거사에 성공한 다음 날인 13일 육군참모총장 등 육군핵심수뇌부에 12·12 반란에 참여했던 자신들의 신군부 장성들을 임명, 군권장악은 물론 사실상 최규하 대통령의 군통수권까지 좌지우지했다.[259]

군권을 장악한 신군부는 군 내외의 여론악화를 우려한 나머지 '12·12 사태 홍보계획'을 작성, 군의 각 부대 장병들은 물론 지방유지급 인사, 심지어 노인정이나 복덕방까지 자신들의 12·12 반란사건이 정당하다는 여론조성과 사후수습, 그리고 갖가지 소문 및 유언비어 차단에 주력했다.[260]

전두환·노태우·손영길 등 육사 제11기들은 5·16 후 박정희의 적극적인 뒷받침과 비호를 받으면서 정규 육사출신 그룹 선두주자로서 정치군인 가도를 질주해 왔다. 박정희는 이들이 위관 및 영관급 장교 때부터 직접 청와대로 불러 식사를 함께하는 등 배려했고 자신의 안전을 책임지는 부서인 대전복부대(對顚覆部隊)에 배치하며 순수한 야전군인과는 전연 다른 정치경험을 쌓게 했다.[261]

---

258 조갑제, 「12·12 군사반란사건 당시 장군들의 육성」, 『제5공화국』, 월간조선사, 2005, 부록 CD.

259 △육군참모총장 이희성 대장(임명과 동시에 진급·중앙정보부장 서리) △합참의장 유병현 대장(연합사 부사령관) △3군사령관 유학성 중장(군수차관보) △육군참모차장 황영시 중장(1군단장) △육사교장 차규헌 중장(수도군단장) △수도경비사령관 노태우 소장(9사단장) △특전사령관 정호용 소장(50사단장) △9사단장 백운택 준장(71훈련단장) △육군본부헌병감 조홍 준장(수경사 헌병대장).

260 앞의 국방부과거사진상규명위원회 조사보고서, 35~36쪽.

261 쿠데타로 집권한 박정희는 새로운 쿠데타에 의해 자신이 전복될 것을 항상 우려한 나머지 주변에 對顚覆部隊를 설치하고 심복을 지휘관에 임명, 장기 근속시키는 경우가 많았

이 같은 상황에서 순수한 군인정신으로 돌아가 정치적으로 중립화하고 국토방위임무를 충실하게 이행하자는 원로장성들의 구직업주의와 자신들의 절대적 후원자인 박정희의 죽음을 맞아 박정희가 누렸던 정권을 계속 장악하려는 소장(小壯) 장성들의 신직업주의가 충돌하는 것은 필연적인 현상이었다.[262] 그것은 직속상사를 불법 연행하여 혹독한 고문을 가하는 패륜적 12·12 반란으로 나타났다.[263]

한용원은 12·12의 촉발요인으로 ① 친위적이며 독존적인 하나회 파벌이

다. 예를 들면 전두환은 제1공수여단장 5년, 노태우는 제9공수여단장 3년 8개월, 차규헌은 수도경비사령관 4년 동안 근속했다. 이들은 한 자리에 장기 근속하면서 군 요직을 하나회 회원 일색으로 충원시켜 특히 수도권 일대의 대전복부대 지휘관은 '하나회' 인맥에 의해 완전히 장악되었다. 그리고 하나회 수장인 전두환은 1년 7개월의 경호실 근무를 마치고 제1사단장으로 보임되었다가 불과 1년 만에 5대 대전복부대 중 하나인 보안사령관에 임명됐다(재향군인회, 앞의 책, 32~33쪽). 그러나 이성을 상실한 박정희의 정치행태는 자신을 완벽하게 지켜줄 것으로 굳게 믿었던 심복이 자신에게 경멸과 저주를 품고 그를 살해했다는 역사적 평가를 받아야 했다.

262 '舊職業主義(old professionalism)'는 Samuel P. Huntington의 이론으로 군부의 정치적 중립화를 내세워 국토방위 임무를 강조하고, '新職業主義(new professionalism)'는 Alfred Stepan의 이론으로 군부의 정치화를 통해 정권장악을 기도하는 군인들을 말한다(梁炳基, 제2주제 발표문, 「한국군부의 정치화 과정 ; 신직업주의 형성과정을 중심으로」, 민족문제연구소 주최 제2차 학술회의, 『한국군과 식민유산』, 1999, 28쪽) ; 구직업주의와 신직업주의 이론은 1960년대 브라질과 페루 군부의 정치적 역할을 중심으로 형성됐다(김영명 편저 『군부정치론』, 도서출판 녹두, 1986, 106쪽) ; 12·12 반란은 '구직업주의'에 대한 '신직업주의'의 승리라는 견해도 있다. 소장층의 '신직업주의'자들이 노장층의 온건한 '구직업주의'자들을 몰아내고 '하나회' 세력 자신들이 요직을 차지하는 도당적 이익추구였다는 것이다(韓鎔源, 『한국의 軍部政治』, 대왕사, 1993, 367~378쪽) ; 1960년대 이후 박정희에 의해 개발되고 성장한 한국의 신직업주의는 박정희가 암살된 후 새로운 군부세력이 국가발전에 대한 그 나름대로의 소명의식을 가지고 다시 한 번 권좌를 노리게 하는데 이념적 바탕을 제공했다는 견해도 있다(김영명, 「10·26과 박정희 유신체제의 붕괴」, 『5共評價 大討論-現代史를 어떻게 볼 것인가』, 동아일보사, 1994, 16쪽).

263 박원순, 앞의 책, 44쪽.

건재했다는 점, ② 신직업주의적 성향이 전두환에 의해 확산되고 있었다는 점, ③ 정승화 육군참모총장의 정치장교 분산 및 숙정 구상으로 인해 하나회 소속 장교들의 위기의식이 고조되어 있었다는 점, ④ 하나회의 도당적 이익추구 등이라고 결론지었다.[264]

또한 김영명은 하나회 회원이 주축이 된 신군부가 권력투쟁에서 원로들을 제압하고 승리할 수 있었던 원인에 대해 ① 신군부의 지도자 전두환이 보안사령관의 직위를 이용하여 정보 및 보안기구를 완전히 장악하였다는 점, ② 박정희의 비호 아래 신군부 세력은 서울과 근교에 집중적으로 배치되어 있던 중간 장교그룹에 대한 통제력을 확보하고 있었다는 점, ③ 신군부는 원로세력에 비해 행동의 결단력과 신속성에서 앞섰다는 점, ④ 그들은 전두환의 리더십에 의해 장기간에 걸쳐 진급·보직·용돈에서 비회원들에 비해 원활할 만큼 유대관계가 투철했다는 점을 들었다.[265] 여기에 한 가지 덧붙일 것은 신군부는 군 원로들의 행동반경을 정확하게 파악하는 등 사전준비가 철저했다는 점을 들 수 있다. 이 같은 신군부의 12·12 반란에 대해 미국정부가 반란으로 보지 않은 것은 이채로운 의혹이 아닐 수 없다.

다단계 쿠데타와 충정작전훈련

앞에서 언급한 바와 같이 5·18 살육의 직접적 원인은 신군부라는 하나회 회원중심의 정치군인 집단을 휘하에 둔 전두환의 집권 음모에서 찾을 수 있

---

264 한용원, 『한국의 군부정치』, 대왕사, 1993, 367쪽.
265 김영명, 앞의 책, 241쪽.

다.[266] 신군부는 5·16 쿠데타 이후 박정희의 비호를 받으며 군부 내 사조직인 '하나회' 틀 속에서 성장한 정치군인들로 10·26 직후 새로운 야심을 품고 응집한 군인집단이다. 이들 하나회 소속 정치군인들은 박정희가 피살되자 자신들의 특혜조직이 와해될 것이라는 현실을 재빨리 인식하고 박정희 정권 밑에서 누려온 기득권을 계속 유지해 갈 새로운 방안, 즉 정권찬탈을 본격적으로 강구하고 나섰다.[267] 그리고 12·12 반란으로 시작되는 다단계 쿠데타를 통해 정권찬탈을 성공하기 위한 과정을 한 단계씩 실행해 나갔다.[268]

---

266 韓鎔源 당시 보안사령부 정보 1과장은 1996년 12월 21일, '12·12 , 5·18 고소고발사건'을 수사하던 서울지방검찰청에서 "신군부는 12·12 반란을 획책할 때부터 집권계획을 추진했다"고 진술했다(『月刊 朝鮮』 1999년 1월호 별책부록, 『銃口와 權力』, 233~234쪽) ; 광주시민 69.3%는 5·18의 근본원인에 대해 '군부의 집권계획 의도에 따른 고도의 술책'이라 했고 강경진압의 원인에 대해서는 88. 6%가 '고위당국자의 지시 때문'이라는 견해를 나타났다(천주교 광주대교구 정의평화위원회, 『광주시민 사회의식조사 - 광주민중항쟁을 중심으로』, 빛고을출판사, 1988, 54~55쪽). 그러나 김영명은 '군부가 권력장악을 위해 광주참사를 일으켰다는 논리는 증명될 수 없고 논리적 근거도 박약하다. 그렇지만 이 사태가 정치권력을 장악하기 위해 군부가 취한 여러 조치들의 연장선상에 있음은 부인할 수 없다'고 주장했다(김영명, 앞의 책, 251쪽 재인용).

267 『역사와 현장 1』, 1990년 5월 창간호, 특집 「5·18 광주민중항쟁 9주년 기념학술토론회」, 이종범, 「5·18 광주민중항쟁의 지역적 배경과 주체문제」.

268 다단계 쿠데타 중 孫浩哲은 5 단계론을 제시했다. ① 12·12 반란, ② 1980년 4월 14일 전두환의 정보부 부장서리 겸임, ③ 5·17 조치, ④ 5·18 살육, ⑤ 8월 16일 최규하 대통령의 퇴임과 8월 27일 전두환의 대통령 선임을 말한다(손호철, 「5·18 광주민중항쟁의 재조명」, 韓國政治學會 편, 『韓國現代政治史』, 法文社, 1995, 485쪽) ; 미국 브리검영대학교 극동문제연구소 Mark Perterson 교수는 「미국과 광주사건(Americans and the Kwangju Incident)」이라는 논문을 통해 ① 12·12 쿠데타, ② 1980년 4월 중순 중앙정보부 지휘권 장악, ③ 5월 17일 시위중단 결의 학생회장단 체포, ④ 5월 18일 공수부대의 광주진입과 5월 27일의 진압, ⑤ 8월 하순 전두환의 대통령 선출 등 신군부의 쿠데타는 5단계로 진행됐다며 '단계적 쿠데타'론을 제시했다(마크 피터슨, 「光州는 소斗煥집권의 다단계 쿠데타였다」, 『新東亞』, 1989년 5월호, 304쪽) ; 정해구는 ① 10·26 ~ 12·12 시기, ② 12·12 ~4·14시기, ③ 4·14~5·17시기, ④ 광주민중항쟁의 4 단계론을 제시했다(정해구, 「한국사회의 정치변동과 민중투쟁」 ; 정해구 외, 『광주민중항쟁

이미 언급한 바와 같이 전두환은 12·12 반란에 성공하자 정권탈취에 자신감을 갖고[269] 신유신체제 구축을 위한 구체적인 계획을 추진하고 나섰다. 당시 주한미국대사 글라이스틴은 그의 회고록에서 위컴 한미연합사령관의 강력한 건의와 카터 대통령의 항의친서에도 불구하고 "전두환이 대통령에 오르는 제1단계는 이렇게 끝이 났다"며 전두환이 대통령에 오르는 것을 기정사실화 했다.[270]

12·12 반란에서 출발한 다단계쿠데타의 최종목표는 전두환이 대통령 자리를 차지하는 것임은 두말할 필요도 없다. 이를 위해 두 번째 단계로 이행한 K-공작은 3월 24일 시작되었다. K자는 King의 약자(略字)로 전두환을 왕(대통령)으로 만들겠다는 목표였다.

연구』, 사계절, 1990, 70~72쪽) ; 李祥雨는 ① 12·12 거사, ② 5·17 계엄확대조치, ③ 광주에서의 무장폭거 등 3 단계설을 내세웠다(李祥雨, 『軍部와 光州와 反美』, 도서출판 靑史, 1988, 45~46쪽) ; 韓鎔源은 ① 12·12 반란은 신직업주의자들인 하나회 정치군인들이 주도해서 軍權을 장악한 것이고, ② 1980년 3월 24일부터 언론통제를 위한 K-공작 시행, ③ 4월 14일 전두환의 정보부장 겸임, ④ 5·17 조치, ⑤ 準軍政機關인 국보위 설치, ⑥ 9월 1일의 전두환 대통령 취임 등이 진행된 것으로 보아 '장기간에 걸친 쿠데타'라면서 6단계 또는 다단계 쿠데타론을 제시했다(『月刊 朝鮮』 1999년 1월호 별책부록, 『銃口와 權力』, 229~254쪽). 한용원이 5·18을 한 단계의 쿠데타로 보지 않는 것은 5·18을 5·17의 연장선상으로 보기 때문인 듯하다 ; 저자는 이상의 3단계, 5단계, 6단계 등 다단계 쿠데타론을 종합해 3월 24일의 K-공작과 5·18을 별도의 쿠데타 단계로 포함시킨 7단계로 구분하는 것이 타당하다고 보고 있다.

269 12·12 후 육군참모총장 겸 계엄사령관에 임명된 李熺性은 "나는 실질적으로 全斗煥 장군이 임명한 사람으로 실권이 없었으며 全 장군을 중심으로 하나회 장성들이 똘똘 뭉친 것은 사실"이라고 진술했다(『月刊 朝鮮』 1999년 1월호 별책부록, 『銃口와 權力』, 121·124쪽). 당시 한미연합사령관 존 위컴은 12·12 반란 후 전두환을 처음 만났을 때 "전두환은 믿을만한 사람이 아니라는 인상을 받았다"고 상부에 보고했으며 두 번째 만나서는 "그는 더 이상 관할부대를 이끄는 장교로서 한국 육군 내부안정을 염려하는 사람이 아니라 강력하고 중요한 위치의 국가지도자를 꿈꾸는 사람임이 확실했다"고 술회했다(존 위컴 회고록, 『12·12 와 미국의 딜레마』, 중앙M&B, 1999, 184·188쪽).

270 글라이스틴회고록, 황정일 역, 『알려지지 않은 역사』, 중앙M&B, 1999, 135쪽.

보안사령관 겸 합동수사본부장 전두환은 12·12 반란을 성공시킨 끝에 군은 물론 정국의 주도권을 장악하며 권력공백기에 놓여있던 대한민국 정권의 최고 실력자가 되었다. 그는 1980년 2월 20일, 1년 전에 정지된 보안사의 민간사찰기능을 부활시키는 조치를 취하는 한편 보안사 정보처를 재편 강화하고 2월 26일에는 권정달 정보처장과 이학봉 대공처장을 김대중 국민연합공동의장에게 보내 시국안정에 협조해주도록 요청하면서 자신의 위상을 공개적으로 확인시키는 절차를 밟았다.[271] 통치권 공백기의 정국을 자신이 주도하고 있다는 제스처를 취하기 시작한 것이다. 전두환 보안사령관은 1980년 2월 중순, 허삼수 인사처장 겸 합수부 조정국장이 추천한 대공처 소속 이상재 준위를 반장으로 하는 언론대책반을 보안사 정보처 소속으로 공식화시켜 설치하고 계엄사의 언론검열 업무를 조정·감독케 하는 한편 3월 24일부터는 '단결된 군부의 기반을 주축으로 지속적인 국력신장을 위한 안정세력 구축'을 표면상의 명분으로 삼은 이른바 K-공작을 수립하고 언론인 회유공작에 착수했다. 이는 당시 정치인 및 학생 등 민주화 세력들이 "전두환이 자신의 집권을 정당화하기 위해 여론을 조작하는 공작을 은밀하게 추진하고 있다"는 주장에 대응, 언론을 통해 이를 무마시키면서 새로운 전환점을 모색함은 물론 자신들이 정권을 담당하는 것이 불가피한 시대적 요청인 것처럼 호도하는 작업을 추진하고 나선 것이다. 이러한 공작의 일환으로 중진언론인들과 접촉해 금품으로 매수하면서 차후 자신들이 집권하면 좋은 자리를 주겠다는 약속을 거듭하는 한편 자기들의 요구에 불응할 경우 협박은 물론 보안사로 불법 연행해 혹독한 고초를 겪게 하는 수법을 동원했다. 신군부는 이러한 사전작업을 통해 자신들이 의도하고 있던 본격적인 집권 시나리오를 한 단계씩 진행시키고 있었다.

---

271 재향군인회, 앞의 책, 221쪽.

K-공작이야말로 언론인을 사전에 회유하여 여론을 자신들에게 유리한 쪽으로 전환하려는 집권 프로그램의 최우선 과제이기도 했다.[272]

K-공작은 다단계 쿠데타가 진행되는 동안은 물론 5공까지 계속됐다. 특히 재야인사들의 시위 자제 요청에 대한 보도를 억제시키거나 가능하면 작게 신도록 하는 공작도 폈고 반대로 혼란을 부채질하는 측면을 강조토록 했다.[273] 5월 16일 밤 56개 대학 학생회장들이 이화여대에 모여 시위 자제를 결의한 사실을 은폐하기 위해 일부 학생회장들을 연행하거나 강제해산 시킨 것도 그 일환이었다. K-공작은 다단계 쿠데타가 진행되는 각 단계마다 위력을 발휘했

---

272 K-공작계획은 보안사 언론대책반장 이상재 준위가 작성하였으며 표지를 포함하여 A4 용지 11쪽 필사본으로 내용은 다음과 같다.
① 목적 : 단결된 군부의 기반을 주축으로 지속적인 국력신장을 위한 안정세력을 구축한다. ② 방침; 오도된 민주화여론을 언론계를 통해 안정세로 전환하고 언론계의 호응유도에 주력한다. ③ 현 상황과 목표 : ㉠ 현 상황은 민주화 위주세력이 안정 세력보다 약간 우세하다고 판단, 향후 공작을 통한 전환목표로「민주화 부분을 열세로, 안정 부분을 우세로 전환」㉡ 시국관에 의한 정치세력의 유형은 민주화위주세력과 안정위주세력을 안보중점 경제중점으로 구분한다. ④ 목표달성 기본방안 : ㉠ 보도검열을 통한 봉사활동, ㉡ 중진들과 개별접촉-회유공작 실시. ⑤ 실행방안, 공작 세부계획 : ㉠ 보도검열, ㉡ 회유공작 대상-언론계 중진(7대 중앙지·5대 방송사·2개 통신사) 사장·주필·논설위원·편집국장·정치부장·사회부장 94명 ㉢ 공작단계-1단계 : 1980. 3. 25~5. 31 2단계 : 1980. 6. 1~6. 30 3단계 : 80. 7. 1~공작 종료 시까지 ⑥ 계획실시를 위한 반 개편 ㉠ 언론대책반은 반장 밑에 검열관 1명, 수집분석관 및 조정관 등 6명, 사병 약간 명으로 한 14명으로 개편, ㉡ 검열업무의 지휘감독, 차장급이상의 대상자 회유, ㉢ 중진기자 이상 여론수집 및 對軍部 이미지 改善, ㉣ 정책자료 수집·분석·연구업무, ㉤ 언론사의 보도통제 업무관장. ⑦ 소요예산-1단계 : 월 940만 원 2, 3단계 : 월 400만 원(특수공작 케이스 별도). ⑧ 참고사항 : 본 계획은 고도의 보안이 요구되므로「K 工作」으로 약칭.「工作」수행과정에서 수정 및 보충이 요할 때는 사전 사령관의 재가를 득한 후 실시 ⑨ 별첨 자료는 9개 언론사 간부 18명에 대한 접촉결과 분석표임. 職位 姓名 年齡 出身大學·時局觀(3金 支持性向)·政策主張·比較·結果 내용 생략(재향군인회, 앞의 책, 222쪽에서 재인용 :〈조선일보〉, 1996년 4월 23일자, 6면).
273 이도성,『남산의 부장들』3권, 동아일보사, 1993, 157쪽.

고 그 효과 또한 어느 단계보다 컸다. 물론 K-공작은 5·18살육이 진행되는 동안 더욱 크게 작용하였다.[274] 그 위력은 언론통폐합과 언론인 대량해고에 이어 보도지침에서 최고조에 달했다.[275]

1980년 4월 14일 도하 각 신문은 전두환 국군보안사령관 겸 합동수사본부장이 중앙정보부장서리에 취임한다고 크게 보도했다.[276] 제3단계 쿠데타에 들

---

274 K-공작이 1980년 3월 24일 처음 시작된 것은 아니다. 10·26 다음날 발표된 군 수뇌부의 '민주주의 환원'성명이 일체 보도되지 않은 점을 고려하면 이때부터 언론공작은 이미 시작되었음이 분명하다. 보안사의 언론대책반은 12·12는 물론 10·26 이전부터 보안사 보안처 산하에 설치돼 있었고 1980년 2월 초 그러니까 K-공작이 공식화되기 전에 신설된 정보처 산하로 옮겨져 이상재를 주축으로 재편성된 언론대책반에 의해 K-공작이 추신뇌었다(이도성, 앞의 책, 149쪽).

275 「홍보조정지침」이라고도 부르는 「보도지침」은 5공정권 시절 문화공보부 홍보정책실에서 하루도 빠짐없이 각 신문사에 은밀하게 '시달'하는 보도통제 '가이드라인'이다. 홍보정책실은 이 「보도지침」속에서 '가(可)' '불가(不可)' '절대(일체)불가'라는 전단적(專斷的) 지시용어들을 구사하면서 사건이나 상황, 사태의 보도여부는 물론 보도방향과 보도의 내용 및 형식까지 구체적으로 결정, 시달했다. 또 이 지침을 충실하게 따르는 제도언론(신문)은 취재한 뉴스의 비중이나 보도가치에 구애됨이 없이 '절대불가'면 기사를 주저 없이 빼고 '불가'면 조금 미련을 가지다 버리며 '가'면 안심하고 실었다. 이 같은 빈틈없는 지시와 충실한 이행과정 속에서 우리 주변은 '있는 것이 없는 것으로, 없는 것이 있는 것으로' 둔갑하는가 하면 '작은 것이 큰 것으로, 큰 것이 작은 것으로' 뒤바뀌는 어이없는 대중조작이 끊임없이 되풀이 되었다(민주언론운동협의회, 『보도지침』, 1988, 243쪽에서 재인용). 심지어 어떤 기사를 보도할 때 지면위치·활자크기·단수·어휘까지 시달하기도 했다. 이렇게 시달된 「보도지침」을 어길 경우 보안사는 당해 기자나 제작부서 요원은 물론 사주까지 연행, 가혹한 고문이나 인격모독 행위를 가했고 해직까지 강요했다. 1980년 11월의 언론통폐합과 동시에 언론인의 대량해고는 그 연장선상에서 취한 조치였다. 5공정권이 구체적으로 작성한 「보도지침」을 통해 본격적으로 언론통제를 편 것은 1980년 11월부터지만 실질적으로는 1979년 10월 27일 계엄사령부에 언론검열권이 부여된 것을 기점으로 보안사령부 언론대책반이 군 수뇌부의 '민주주의 환원'성명이 보도되지 않도록 작용하면서부터 시작됐고 1980년 3월 24일 다단계 쿠데타 2단계인 'K-공작'과 동시에 본격화 되었다.

276 '署理'를 붙인 것은 중정부장에 현역군인 임명이 금지되어 있는 법규정을 피하기 위해서였다. 서울지방검찰청, 「5·18 공소장」, 1996 ; 당시 중앙정보부법은 현역군인을 부장

어간 것이다. 뉴스를 접한 국민들은 이를 의아하게 여겼다. 모든 정보기관을 혼자 독차지하는 것은 특정인의 정치적 야욕이 발동된 것 아니냐는 의구심을 품기에 충분했다. 또한 그동안 국민들은 기회가 있을 때마다 전두환이 '정치에 관심 없다'는 말을 되풀이해 온 것을 상기하며 그 말이 사실이기를 고대했으나 결국 이날 중앙정보부장 임명 소식을 접하게 된 것이다. 그가 중앙정보부장을 겸임한 것은 막강한 정보망을 확보하고 있는 중앙정보부를 보안사와 함께 장악함으로써 국내외 정보를 독점하려는 의도였다.[277] 특히 수합된 정보를 독점하고 자신들에게 유리하도록 조작하면 자신들의 집권기반을 조성하는 데 큰 몫을 할 수 있을 것이라는 판단이었다. 더욱이 정보부를 직접 장악하는 것은 정보부의 국내 정치담당부서를 활성화시켜 정권장악 준비를 할 수 있다는 계산도 깔려있었다. 그리고 그 규모가 전혀 밝혀지지 않고 있던 천문학적 액수의 중정부장 정보예산을 정치자금화하려는 속셈도 가지고 있었다.[278] 정보부 예산은 감사대상이 아님은 물론이고 다른 기관의 예산 속에 숨겨두기도 한다. 더욱이 정보부장의 정보비 지출에는 영수증을 따로 첨부할 필요가 없었다. 즉 마음대로 쓸 수 있는 돈이었다.[279] 또한 부총리급으로서 국무회의에 참석, 의견을 개진함으로써 자신의 위상을 제고시키는 한편 국무위원들을 위압

에 임명하지 못하도록 규정하고 있었다. 그러나 '부장서리'도 엄연한 중앙정보부장이기 때문에 실정법 위반이 된다.

277 〈동아일보〉, 1980년 4월 15일자, 「최규하 대통령, 중앙정보부장 서리에 전두환 중장」 기사 ; 韓鎔源은 '全斗煥이 집권의사를 가지고 정보부장 겸직을 강행한 것'이라고 진술했다(『月刊 朝鮮』 1999년 1월호 별책부록, 『銃口와 權力』, 233쪽).

278 중앙정보부장에게 책정된 예산이 얼마인지는 당시는 물론 지금도 밝혀지지 않고 있다. 국가기밀이라며 공개하지 않기 때문이다. 다만 천문학적 액수라는 사실만 알려져 있다. 이 때문에 김영삼 정권 당시에도 크게 문제가 된 적이 있었다.

279 「5·18 사건수사기록-한국을 뒤흔든 光州의 11일 간」, 朝鮮日報社, 『月刊 朝鮮』 2005년 1월호 별책 부록, 15쪽, 權正達 진술 ; 조갑제, 앞의 책, 47쪽.

하여 정국을 유리하게 이끌 속셈도 있었다. 주한미국대사관은 전두환의 정보부장 겸임을 보며 사실상 '대한민국 지휘자(정권담당자)로 간주'했다. 또한 "그는 하룻밤 사이에 12·12이후 쓰고 있던 가면을 벗어던지고 1면 뉴스로 등장하면서 자신을 서부개척시대의 영웅과 같은 고결한 인물로 여기고 있다"고 묘사하고 이는 '최규하 대통령의 굴복'이라고 논평했다.[280] 외신들도 '전두환이 정권의 정면에 등장했다'고 보도했다. 국내에서도 '전두환 보안사령관이 최규하 정부의 실질적인 권력자'라는 사실을 깨닫기 시작했다.[281]

전두환은 5월 12일 임시국무회의를 소집, 있지도 않은 '북괴의 심상치 않은 군사적 동태'를 보고한 후 미리 작성된 「시국수습방안」에 따라 5월 17일, 자신의 측근을 중심으로 소집된 주요 지휘관회의에서 '북괴 남침위협설'을[282]

---

[280] 윌리엄 글라이스틴 회고록, 황정일 옮김, 『알려지지 않은 역사』, 중앙M&B, 1999, 158쪽에서 재인용. 글라이스틴은 회고록에서 '전두환의 정보부장 겸임은 최규하 대통령의 굴복'이며 '그로 하여금 무소불위의 막강한 권력을 장악해 민간 부문으로 진출할 수 있는 길을 열어준 것'이라고 부언했다. 또한 글라이스틴은 국무장관에 보낸 4월 18일 전문에서 "주요 지휘자(권력 장악자)로서 예우해주겠다"는 의사를 밝혔다고 보고했다(From American Embassy Seoul To Secretary of State Washington Immediate 181011z Apr. 1980. Subject=Korea Focus Meeting with Chun Doo Hwan).

[281] 강원룡, 『빈들에서 - 나의 삶, 한국현대사의 소용돌이』 3권, 열린문화, 1993, 141쪽.

[282] 1980년 5월 12일 국무회의에 '북괴가 심상치 않은 움직임을 보이고 있다'고 보고한 이른바 남침 위협설 내용은 3개항이다. 1) 휴전선에 배치되어 있는 북괴 특수부대 124군단의 2개여단 병력 약 6,000명이 갑자기 행방을 감추었다. 이들이 15일부터 20일 사이에 글라이더 235대에 분승하여 한국의 후방지역에 침투한다는 유력한 정보가 있다. 2) 황해도 해주 부근에 주둔하고 있는 북괴 제8군단의 행방이 최근 파악되지 않고 있다. 3) 휴전선 일대에 최근 북괴 인민군 11개 사단이 추가로 증강 배치되었다는 내용이다. 그러나 미국무성은 다음날인 5월 13일, 즉각 '우리의 정보로는 북한 내에 별다른 부대이동은 확인되지 않고 있으며 한국에 대해 어떤 종류의 공격이 절박해 있다는 믿을만한 움직임도 없다'며 한국정부의 임시국무회의 보고내용을 정면으로 부인했다(김영택, 『실록 5·18광주민중항쟁』, 창작시대사, 1996, 265~266쪽) ; 〈日本經濟新聞〉 1980년 5월 20일자(한국기독교협의회 인권위원회 편, 『1980年代 民主化運動』 6권, 1987, 126쪽).; 『月刊 朝鮮』 1999년 1월호 별책부록, 『銃口와 權力』, 104쪽 ; 1995년 12월 12일 '12·12 및 5·18 사건'에 대한 서

내세워 10·26 당시 선포되었던 지역계엄을 전국계엄으로 확대시키는 안을 채택케 하고 이를 임시국무회의에서 위압적으로[283] 통과시킨 후 신군부 정치 군인들을 전면에 배치해 사실상 정권을 장악하는 단계에 들어갔다. 이때 주한외교사절들은 이를 사실상 전두환의 정권인수로 간주했다.[284] 이에 앞선 5월 13일 글라이스틴 미국대사는 김대중을 만나 "강경자세에서 후퇴하여 우선 시국을 안정시키고 새로운 자세를 보여야 한다"는 최후 통첩성 조언을 하기도 했다. 미국은 이미 전두환 군부의 집권태세를 구체적으로 인지하고 가까운 시일 안에 무슨 일이 터질 것으로 예측하고 있었다.[285] 대통령이 되고자하는 결심의 가면이 하나씩 벗겨지면서 네 번째 단계인 5·17 조치까지 다다른 것이다.

5·17 조치는 3월 초순부터 전두환 보안사령관의 핵심참모들로 구성된 시국대책반에서 「시국수습방안」을 논의한 후 5월 12일 완성한 것을 전두환의

울지방검찰청 조서 중 周永福 당시 국방부장관 답변내용 ; Don Oberdorfer, 『The Two Koreas-A Contemporary History』, Addison Wesley, 1997, p. 125(이 책은 '5월 12일(한국은 13일), 全斗煥은 갑자기 남침위협설의 북한카드를 위컴에게 내밀었고 이를 보고받은 미국무성은 이를 즉각 부인했으며 몇 년 후 한국의 한 정보장교는 보고서 작성에 全斗煥으로부터 압력을 받았음을 실토했다'고 서술하고 있다) ; 최근 북한의 남침위협설의 정보는 '한국의 민주화보다 군부독재가 자국국익에 유리하다'고 판단한 일본정부 정보기관에서 제공했다는 설이 대두되었다(MBC, 『이제는 말할 수 있다-일본 커넥션』, 2000년 8월 6일 23시 30분 방영).

283 당시 문교부장관 김옥길은 1988년 5공청산특위 청문회에서 '국무회의장 주변을 무장 헌병들이 포위함으로써 위압감을 느꼈다'고 증언 ; 韓鎔源은 '국무위원을 겁주기 위해 국무회의장 주변에 병력을 배치했었다'고 진술(위의 『月刊 朝鮮』 1999년 1월호 별책부록, 『銃口와 權力』, 244쪽).

284 5월 17일 밤 주한미국대사 글라이스틴은 전화와 전보로 "전두환이 중심적이지만 그러나 반드시 결정적인 역할을 하는 것 같지 않은 한국군부는 어쩌면 학생들과 전체 정치권에 강력한 탄압을 가하기 위해 한국정부의 합법적 권위를 무시했다. 군부에 의한 사실상의 정권인수가 진행 중인 것 같다. 속수무책인 대통령과 각료들은 그들의 결정을 추인했다"고 국무부에 보고했다(앞의 윌리암 글라이스틴 회고록, 176쪽 재인용).

285 강원룡, 앞의 책 3권, 142쪽.

확인을 거쳐 주요지휘관 회의에 상정, 결의하는 형식을 빌려 최규하 대통령의 재가를 받고 국무회의에서 의결토록 하는 다단계 쿠데타의 한 단계 높아진 다섯 번째 집권프로그램이라 할 수 있다. 여기에는 계엄사령관이 국방부장관을 거치지 않고 직접 대통령을 상대하기 위한 비상계엄 확대조치를 비롯하여 국보위 설치·국회폐쇄 등이 포함되어 있었다.[286] 특히 계엄확대를 선포하는 포고령 제10호에는 정치활동 금지조치까지 포함돼 10·26 이후 이날까지 유신헌법 개헌을 논의하고 있던 국회 또는 국회의원의 기능을 완전히 폐쇄시켜버린 헌정중단 조치였다.[287] 유신독재체제에 재돌입한 사실상의 군부쿠데타였다. 그리고 혁명위원회(국보위) 설치를 강행했다. 국회해산과 국보위설치는 위헌이라는 이유로 당초 최규하 대통령에 의해 서명이 거부됐었다. 그러나 전두환은 다음날인 5월 18일부터 '과잉진압'이라는 이름의 광주살육작전을 벌여 일어난 광주시민들의 반발과 저항을 '북괴가 조종한 폭동' '김대중이 배후에서 조종한 내란'으로 몰아[288] '안보상 위기'인 국가변란을 진압했다며 광주살육작전, 이른 바 '상무충정작전'이 끝난 날인 5월 27일 오후 결재를 강요한

---

286 대한민국재향군인회는 1995년 11월 30일 성명서를 내고 '5·17은 쿠데타'라고 규정했다(〈동아일보〉 1995년 11월 30일자 광고면 '성명서' 참조) ; 신민당 의원 66명의 계엄해제 촉구결의안 의결을 위한 국회소집 요구서가 제출되자 5월 17일 국회는 이를 처리하기 위한 임시국회를 5월 20일 소집한다고 공고했다(〈동아일보〉, 1980년 5월 14일자 및 1980년 5월 17일자) ; 韓鎔源은 '국회를 그대로 두고는 집권할 수 없기 때문에 임시국회 소집 무산이 아니라 국회해산이었다고' 진술했다(『月刊 朝鮮』 1999년 1월호 별책부록, 『銃口와 權力』, 244쪽) ; 全斗煥은 계엄해제를 요구하는 국회가 5월 20일 열린다는 사실이 자신의 목을 죄는 것으로 인식하고 있었다(한국기자협회, 『5·18 특파원 리포트』, 풀빛, 1997, 111쪽).

287 김충식, 『정치공작사령부KCIA-남산의 부장들』 2권, 동아일보사, 1993, 368~369쪽.

288 〈동아일보〉, 1980년 5월 22일자, '金大中 중간 수사발표 ; 〈동아일보〉, 1980년 7월 5일자, '金大中 내란음모사건최종수사발표' ; 〈동아일보〉, 1980년 9월 17일자, '金大中 사형선고'.

끝에 설치한 국보위(혁명위원회) 상임위원장 자격으로 수해시찰을 한다면서 국가 원수 행세를 함으로써 사실상 통치권을 가로채버렸다. 그리고 그는 9월 1일 정식으로 대통령 취임식을 가졌다. 합헌정부로 들어선 최규하 대통령체제는 허울뿐, 이미 사신(邪臣)들만이 들끓는 쓰러져가는 초가집이 되어버린 것이다.[289] 그는 결국 8월 16일 광주사태에 대한 책임을 지고 물러난다는 성명을 내고 하야하게 된다.

이에 앞서 전두환은 5월 18일 공개된 미국 시사주간지 〈타임(Times)〉지와의 회견을 통해 '한국의 정치제도는 한국의 실정에 맞는 민주주의 정치제도를 건설할 필요가 있다'고 말해 박정희의 '한국적 민주주의' 제도인 유신체제와 유사한 독재정치가 등장할 것임을 강력하게 시사했다.[290] 더욱이 5·17 계엄확대 조치는 단순한 계엄확대 조치라기보다는 확대 조치를 구실로 정치활동을 중단하는 한편 3김과 구정치인, 그리고 민주화 세력 및 학생들을 대거 검속하려는 저의가 바닥에 깔려 있었다. 이러한 내용을 담은 「시국수습방안」은 누가 보아도 정권찬탈의 시나리오였다.[291]

이제 본격적으로 '대통령의 자리'를 차지해야 할 차례가 되었다. 그러나 10·26 후 국민들의 민주화 열망은 유신독재 때보다 더욱 가열되어 있었다.

---

289 당시 계엄사령관이었던 李熺性은 '崔圭夏 대통령은 광주사태를 책임지고 하야한 것'이라고 12·12, 5·18 고소고발사건을 수사 중인 서울지검에서 진술했다(『月刊 朝鮮』 1999년 1월호 별책부록, 『銃口와 權力』, 141쪽).; 강준만, 「5·18 광주학살의 진실-악의 편법성에 대하여」, 인물과 사상사, 『월간 인물과 사상』, 2003년 6월호.

290 〈조선일보〉1980년 5월 20일자 ; 이 날자 〈조선일보〉는 「百尺竿頭에 서서」라는 제목의 사설을 통해 정치권과 학생들에 의해 유신헌법개정 등 민주화를 요구하는 집회와 시위로 인해 빚어진 '무질서와 무법천지'를 바로잡기 위해 5·17 조치가 취해졌다며 5·17 조치의 정당성을 강조했다.

291 조갑제, 앞의 책, 273쪽 ;「한국을 뒤흔든 光州의 11일간」, 월간조선사, 『월간 조선』 2005년 1월호 별책부록, 14~25쪽.

이를 무시하고 유신헌법에 따라 대통령이 된다는 것은 극한적인 반발과 저항에 직면해야 하는 상황이었다. 따라서 여기에는 어떤 극단적인 명분, 이를테면 '국가적 위기'를 타개했다는 명분을 내세워 '오도된 민주화 여론'을 잠재우고 혁명위원회(국보위)를 출범시킨 다음 유신헌법에 따라 대권을 장악하고자 하는 시나리오가 필요했다.

그들은 만에 하나 5·17 조치로 전국 각지에서 일어날지도 모를 민주화 시위를 극단적 수법으로 진압할 경우, 아무소리 못하고 가라앉으면 다행이고, 그렇지 않고 반발하여 소동을 일으키면 이를 더욱 좋은 호재로 삼아 '국가변란의 폭동'으로 몰아붙여 강력한 철퇴작전을 펼친 다음 '안보상의 위기를 극복했다'는 명분을 세워 혁명위원회(국보위)를 설치할 예정이었다.[292] '국가변란의 폭동'을 조작해야할 필요성이 여기에 있었다. 이 때문에 신군부는 박정희에 의해 철저하게 지역차별을 받아 불만이 고조되어 있는 전라도 지방, 특히 광주에 주목했다.[293] 이들은 지난 14~16일 연 3일 동안 평화적으로 전개된 학생들의 시위 끝에 '정부의 어떤 특단의 조치가 내려지면 다음날 전남대 교문에 모여 시위하자'는 전남대 총학생회장 박관현의 공개약속을 호재로 삼았다. 신군부는 5·17조치를 단행하면 다른 곳은 몰라도 광주에서만은 반드시 시위가 벌어질 것이라는 확신을 갖기에 충분했다.[294] 예상은 적중했다. 이

---

292 국가보위비상대책위원회 설치령은 5·18이 막을 내린 5월 27일 국무회의에서 의결됐다(〈조선일보〉 1980년 6월 1일자).

293 박현채는 군부의 광주선택 배경을 '군부에 강력히 저항하는 김대중계와 재야의 연합이 강력한 민중적 힘으로 응집되어 있는 광주를 자기들의 위력을 과시하는 절호의 장소로 선택한 것'으로 보았다(박현채, 「80년대 민족민중운동에서 5·18 광주민중항쟁의 의의와 역할」, 남풍, 『역사와 현장』1호, 1990년 5월 창간호, 541쪽) ; 孫浩哲도 朴玄埰의 글을 인용해 같은 견해를 제시했다(손호철, 「5·18 광주민중항쟁의 재조명」 ; 한국정치학회, 『韓國現代政治史』, 法文社, 1995, 493쪽).

294 김성국은 '군대의 살육을 통해 형성된 국가는 그 탄생과 함께 인간들의 자연스럽고 자유

른바 시위진압 초동부터 '과잉진압'이라는 이름의 살육 또는 체포작전을 무자비하게 벌였다. 같은 날 영등포에서 벌어진 학생들의 시위를 평화적으로 해산시킨 것과는 정반대였다.[295] 그 결과 광주시민들은 몸을 사리는 '주저앉기' 대신 반발하는 '저항'을 선택했다. '소요'가 예상대로 벌어진 것이다. 여기에 전라도민의 우상이던 김대중을 구속하고 '김대중 내란음모사건'을 발표함으로써 광주시민들을 더욱 분노케했다.[296] 신군부는 '북괴의 사주에 의한 폭동' '김대중이 조종한 폭동'이라면서 21일 작전상 일시 후퇴하는 척하며 철수했다가 27일 재진압작전, 이른바 '상무충정작전'을 펼치고 나왔다. 자신들이 조작한 '국가변란의 폭동진압'에 성공한 것이다.

신군부는 당시 '광주사태'를 수습하기 위해 22일 방문한 박충훈 국무총리는 물론 '대화를 통한 사태수습'을 모색하기 위해 25일 광주에 온 최규하 대통령에게 자기들 편인 계엄군 관련인사와 도정관계자만 접촉토록 하고 시민수습위원 또는 항쟁주체들과의 면담을 철저하게 봉쇄했다. 최규하 대통령 자신의 의중과는 전연 상반된 조치가 취해진 것이다.

로운 모임으로서의 사회를 끊임없이 억압해왔다'고 전제하고 '5·18은 군대 내에서 은밀하게 하나회라는 배타적 조직을 결성해 자신들의 최대무기인 군대의 폭력성을 남용하여 일으킨 것이다. 그들은 정통적 후계자답게 자신들의 代父인 박정희 정권을 폭력적으로 계승한 것'이라며 신군부가 박정희와 하나회의 폭력성을 통해 5·18을 유도했음을 강조했다(한국사회학회 편, 『세계화시대의 인권과 사회운동-5·18광주민주화운동의 재조명』, 나남출판, 1998, 96~106쪽) ; 그러나 최정운은 '5·18 민중항쟁이 군부의 음모 또는 계획에 의하여 처음부터 주도되었다는 것은 무리한 발상'이라고 주장한다(최정운, 「사랑의 변증법 ; 5·18민중항쟁과 절대공동체의 등장」, 한국사회학회 편, 앞의 책, 281쪽).

295 손호철, 『현대한국정치 : 이론과 역사 1945~2003』, 사회평론, 2003, 361쪽.
296 "1980년 5월 13일 학생들이 시위를 했을 때 다음날인 14일 동아일보에서 찾아와 학생들이 시위를 자제하도록 원고지 8매 분량을 써주면 1면 톱으로 보도하겠다고 해서 써주었습니다. 그러나 계엄당국이 나의 시위를 자제하라는, 평화를 호소한 호소문을 못신게 해버렸습니다"(국회 『광주 청문회 회의록』 제7호, 1988년 11월 18일, 5쪽, 김대중 증언).

박정희는 1960년 창설된 공수단을 5·16 쿠데타에 동원한 정치적 경험을
토대로 1969년 여러 공수여단을 묶어 특전사령부를 창설했다. 그리고 한미연
합사의 작전지휘권 밖에 있던 특전사를 정치적 목적으로 원용하기 위해 직할
부대처럼 관리·우대하면서 혹독한 훈련을 시켜 유신체제에 반발한 고려대와
부산사태에 투입하기도 했다. 박정희 밑에서 정치군인으로 성장한 전두환은
이러한 정치성향의 공수부대를[297] 광주를 비롯한 전국 각 대학에 투입하기로
계획한 끝에 제7공수여단을 광주에서의 '과잉진압' 작전에 투입하기로 결정
했다. 이 같은 '과잉진압' 작전의 후속조치를 위해 제11공수여단과 제3공수여
단, 육군 제20사단을 추가로 투입하기로 예비조치까지 취해 놓았다. 이에 따
라 11여단은 19일, 3여단은 20일, 20사단은 21일 광주에 도착하게 된다.

공수부대원들은 이에 앞선 2월 18일 이희성 계엄사령관의 지시에 따라 폭
동진압훈련인 '충정작전'이라는 이름의 훈련을 혹독하게 받았다. 특히 광주에
투입된 공수부대원들은 더욱 강도 높은 '인간폭탄' 만들기 훈련을 받았다. 공수
부대원들은 1980년 초반부터 이전보다 훨씬 많은 시간을 충정작전 훈련을 받
았으며 영외에 거주하는 하사관들도 퇴근하지 못한 채 훈련을 계속 받아야 했
다. 특히 80년 2월부터는 다른 모든 교육훈련을 거의 포기한 채 오로지 충정훈
련에만 총력을 기울였다.[298] 외박과 퇴근이 전면 금지된 상황에서 모든 장병은
인간의 한계를 초월하는 가혹한 지옥훈련을 받으면서 까닭모를 적개심과 분노
를 키워 나갔다. 이와 병행된 정신교육훈련은 장병들에게 더욱 가혹했다. 주요
내용은 '시위군중 속에는 빨갱이가 있다' '단호하고 무자비하게 때리고 짓밟아

---

297 공수부대를 일명 'Chun Doo-hwan troops'라고 부르기도 한다(John A. Wickham Jr,
Korea on The Brink-A Memoir of Political Intrigue and Military Crisis, Brassey's
Inc. 2000, p. 133).
298 국방부과거사진상규명위원회, 『12·12, 5·18 사건 조사결과보고서』, 2007, 60~71쪽.

라. 그렇지 않으면 너희들이 당한다' '한 놈도 놓치면 안 된다. 몽땅 때려 잡아라' '끝까지 추적하라. 놓치면 네가 죽는다'는 등의 내용이었다.[299]

특히 광주시내에 투입된 공수부대원들은 해산위주가 아니라 체포위주여서 처음부터 '과잉진압'이 되지 않을 수 없었다. 이들의 진압작전은 인간사냥이었다. 심지어 새벽 1시 50분에도 골목길을 누비며 가택을 수색하고 시민을 체포하러 다녔다. 장롱 속에 숨어있는 사람을 끌어내기도 했다. 일부 지휘관들은 과격하게 체포하거나 살육하라고 다그치는 경우도 있었다. 황영시 육군참모차장은 광주에 파견된 지휘관들에게 강력하게 진압하라고 지시했다. 또한 그는 광주기갑학교교장과 전교사 부사령관에게 전화를 걸어 '탱크를 동원해서라도 진압하라'고 명령했던 신군부의 핵심인사였다. 심지어 '주모자 체포' '단호한 조치' '포고령 위반자는 가용수단 동원 엄중처리' '최후의 1인까지 추격하여 타격 및 체포' 등 과잉진압은 헤아릴 수 없을 만큼 많았다.[300]

또한 신군부 핵심인 노태우 수경사령관은 특전사령관, 1·3·5·9공수여단장, 20·26·30사단장, 수도기계화사단장, 치안본부장, 서울시경국장 등을 불러 충정회의를 열고 '소요사태 준비태세'를 점검하면서 '강경한 응징조치'가 필요하다는 결론을 하달했다. 또한 5월 6일부터 9일까지 5·17 조치와 5·18 살육작전의 사전계획인 '소요진압 준비태세'를 점검했다. 장병들에게 민주화 열망에 가득차 있던 광주시민들에 대한 적대교육을 강도 높게 실시한 후[301] '과잉진압'이라는 이름의 잔인하고 무자비한 살육작전을 펼치도록 했다. 그러

---

299 채의석, 『99일간의 진실, 어느 해직기자의 뒤늦은 고백』, 개마고원, 2000, 32~33쪽.
300 국방부과거사진상규명위원회, 『12·12, 5·18 사건 조사결과보고서』, 2007, 65~67쪽.
301 저자가 『신동아』 1987년 9월호에 「광주사태, 그날의 다섯 가지 의문점」을 보도했을 때 5·18 당시 광주현장에 사병으로 투입되었다는 어느 제대군인이 직접 회사로 찾아와 자신의 신분을 밝히지 않은 채 "그때 광주 사람들이 얼마나 미웠는지 모른다"고 고백했었다.

면 반드시 광주시민들이 저항하고 '봉기'할 것으로 보고 이러한 '봉기'에 대한 진압계획, 바꿔 말하면 '봉기진압'의 작전계획을 함께 세웠음이 분명하다.

신군부는 5월 들어 공수부대와 해병대, 그리고 제20사단을 전국각지에 재배치하기로 예정하고 미국 측에도 동의를 구해 놓았다. 그리고 8일부터 17일 사이에 완료했다.[302] 해병대나 제20사단 병력의 이동은 작전지휘권을 가지고 있는 연합사의 사전 동의가 필요했지만 작전지휘권 밖에 있는 공수부대의 이동에는 사전승인이 필요 없는데도 자신들의 과잉군사작전에 대한 양해를 미리 받아 놓음으로써 사후에 발생할 수도 있는 만약의 경우에도 대비했다.[303] 주한 미국대사관은 "미국정부가 신군부의 대국민강경정책을 반대하지 않기로 했음을 통고했다"고 국무부에 보고했다.[304] 미국이 5·18학살의 공범 내지 개입했다는 비판은 이 때문에 제기되었다.[305]

서울 및 광주 학생시위의 성격

1979년 10월 26일 일어난 박정희 대통령 살해사건은 그가 18년 동안 펼쳐온 철권통치체제가 막을 내리는 순간이었다. 국민들은 유신이라는 용어자체

---

302 앞의 「5·18 관련사건 수사결과 발표문」; 정상용·유시민, 『광주민중항쟁』, 사계절, 1990, 146쪽.

303 From American Embassy Seoul To Secretary of State Washington Immediate 070908z May 1980, Subject=ROKG Shifts Special Forces Units.

304 From American Embassy Seoul To Secretary of State Washington Immediate 081017z May 1980, Subject= Korea Focus Building Tension and Concern Ever Issue.

305 이삼성, 「광주학살, 미국·신군부의 협조와 공모」, 『역사비평』 1996년 가을호.

부터 사라짐은 물론 정상적 민주주의체제를 갖춘 국가로 환원될 것이라는 기대에 부풀어 있었다. 최규하 대통령권한대행이 10·26 다음날인 10월 27일 발표한 '국가비상시국에 관한 특별담화'에서도 '유신'이라는 용어는 찾아볼 수 없었다. 그만큼 유신체제는 국민들이 심한 거부감을 가지고 있었다. 국민들은 11월 3일의 '국장'이 치러진 후에야 어느 정도 안도의 숨을 쉬면서 이제 정말 '말을 마음대로 해도 괜찮다'는 실감이 나는 듯 속내를 드러내기 시작했다. 언론의 자유도 되살아나고 있음을 피부로 느낄 수 있었다. 급변하고 있는 대한민국은 유신헌법의 규정에 따라 최규하 국무총리가 대통령권한대행이 되었지만 이는 새로운 헌법이 제정될 때까지의 과도체제라는 사실을 모르는 사람은 거의 없었다. 국민들은 유신독재체제나 5·16 쿠데타 직후의 군사정권체제가 아닌 정상적 민주주의체제로 환원되리라는 희망과 부풀어진 기대를 가지고 있었다.

10·26으로 최규하 체제가 신속하게 출범하는 한편 '군의 정치 불 관여 원칙'에 동의했던 정승화 계엄사령관은 11월 8일 '무질서 엄단, 경제활동 보장, 사회질서확립과 불법, 부조리 엄단' 등 3개항을 강조하는 담화문을 발표했다. 또한 계엄사는 10·26 당시 저녁 10시로 앞당겼던 통금시간을 6대도시를 제외한 전국에는 밤 12시로 환원, 정상화시켰다. 11월 10일 최규하 대통령권한대행은 유신헌법에 따라 새 대통령을 뽑되 새로 뽑힌 대통령은 잔여임기를 채우지 않고 최단 시일 내에 각계각층의 의견을 수렴, 헌법을 개정하고 이에 따라 수립되는 민주정부에 정권을 이양하겠다는 정치일정을 발표했다.[306] 정부는 유신헌법에 따라 최규하를 대통령으로 뽑으려는 절차를 밟고 있었다. 신민당과 통일민주당은 중대한 시기에 각 정당이나 원로 또는 국민들과의 사전협

---

306 〈조선일보〉, 1979년 11월 11일자.

의도 없이 일방적으로 정치일정 운운하는 것은 잘못된 것이라며 즉각 헌법을 고쳐 민주적으로 대통령을 뽑아야 한다고 주장했다. 특히 김대중·윤보선으로 대표되는 민주세력의 반발은 강경했다. 그들은 유신헌법을 전면 부정했기 때문에 현행헌법에 의해 대통령을 선출하는 것을 인정할 수 없으며 11·8 담화문대로라면 다시 유신잔당이 정권을 잡을 소지가 있다고 주장했다. 이 때문에 윤보선을 비롯한 일부 재야인사 및 민주청년협의회 회원들이 11월 24일 명동 YWCA에서 결혼식을 위장한 반정부(반유신체제)집회인 '통대에 의한 대통령 선출저지 국민대회(대회장, 함석헌)'를 열었고 이를 사전에 파악하고 있던 보안사는 참여자들을 연행, 혹독하게 고문했음은 이미 앞에서 언급한대로다. 이어 11월 27일 기독교학생연맹은 창립 10주년 총회를 갖고 '최(규하)·정(승화) 체제'를 반대하고 김종필을 규탄하는 구호를 외쳐댔다.

'통대의 유신대통령 선출반대운동'을 전후해서 각 대학에서는 유신체제 당시 지하로 잠적했던 학생권의 민주회복운동이 다시 활성화되었다. 11월 22일 서울대학교에서는 '고전연구회' '국어연구회' 등 서클모임에서 학도호국단 해체·해직교수 복직과 어용교수 추방·민주화를 탄압한 총장과 학장 퇴진·구속학생 석방과 복학조치 등을 요구하고 나섰다. 또한 고려대학교에서는 11월 26일, 1979년에 선언한 학원민주화선언을 다시 배포했고 연세대학교와 서강대학교에서도 민주화를 요구하는 집회가 열렸다. 학생운동은 부산·대구·광주 등 지방 각 대학으로 번져나갔다.[307]

특히 광주에서는 11월 28일, 광주 YWCA 회관에서 광주기독교연합회·천주교정의구현사제단·전남해직교수협의회·자유실천문인협의회 전남지부·민주청년협의회 전남지부·기독교장로회 전남청년연합회 등 6개 단체 공동

---

[307] 村常男·山本剛士, 앞의 책, 313~315쪽.

으로 '통일주체국민회의 대의원에 의한 대통령선거 분쇄 시민대회'를 열었다. 서울 YWCA 결혼식 위장 국민대회 나흘 뒤였다. 대회는 '민주주의를 향하여 힘차게 나아가자'는 선언문 낭독으로 시작되었다.[308] 서울처럼 결혼식으로 위장한 것이 아니라 당당하게 개최하고 '통대에 의한 대통령선출을 반대'하는 구호를 목청껏 외쳐댔다. 참가자들은 YWCA 회관 안팎은 물론 도로까지 꽉 메워 초만원을 이루었다. 그리고 '유신헌법에 의한 대통령선거 반대' '유신잔당 처벌' '민주세력 거국내각 구성' 등을 요구하며 가두시위를 벌였다. 가두시위에는 3만 7,000여 명이라는 대규모 인원이 참가해 서울 YWCA 집회 이상의 의미가 부여되었다. 행인들도 박수를 보내며 시위대열에 뛰어들었다. 이날 광주 YWCA 집회는 당초 예정됐던 수요연합예배가 계엄당국에 의해 불허되자 이에 반발한 민주시민들이 4·19 이후 처음일 정도로 경찰과 격렬하게 충돌, 19명이 연행되어 입건 또는 즉심에 넘겨지고 일부는 훈방되었다.

11월 30일에는 전남대학교 학생 2,000여 명이 모여 이틀 전 열렸던 광주 YWCA 집회에서 요구한 사항을 재차 외치면서 가두시위를 벌였다.[309] 광주 YWCA 대회와 전남대 학생들의 잇따른 집회는 10·26 이후 광주에서 열렸던 수많은 민주화운동의 결정판이기도 했지만 6개월 후인 5월 14~16일 사흘 동안 잇따라 열리는 학생들의 민주성회의 불씨로 작용하게 되고 곧이어 '5·18 광주의 살육'에 접목된다.

학생·종교인·재야민주인사들의 유신헌법에 의한 유신대통령선출 반대운동은 12월 6일 통일주체국민회의 대의원들에 의해 최규하가 대통령에 정식 선출됨으로써 당면의 투쟁목표가 사라지는 허탈감에 빠지고 만다. 최규하는

---

308 선언문 전문은 앞의 『5·18 민주화운동 자료총서』 1권, 384쪽.
309 〈産經新聞〉, 1979년 12월 3일자 ; 村常男·山本剛士, 앞의 책, 313~315쪽.

대통령으로 선출된 다음날 긴급조치 제9호를 해제하는 한편 김대중에 대한 연금해제와 민주화운동으로 구속된 인사들의 형집행정지 및 사면조치를 취했다. 이에 따라 재야인사들은 앞으로 민주화가 이루어질 경우 치러질 대통령선거 후보로 김대중을 내세우는 운동을 벌여나갔다. 이러한 김대중에 대한 기대와 운동은 그동안 박정희의 지역주의와 김대중 억압에 분노한 전라도 사람들의 소망으로 더욱 달아올랐다.[310]

그러나 국민들의 민주화 열망과는 달리 신군부에 대한 풍문은 갖가지 형태로 쏟아져 나왔다. 신군부, 특히 '전두환이 정권을 잡으려 한다' '헌법은 최규하와 전두환 2원집정제로 개정하려 한다'는 등 소문은 꼬리에 꼬리를 물었다. 의아심을 품은 학생들은 11월 이후 유지되고 있던 소강상태를 깨고 전국 곳곳에서 신군부 퇴진과 민주화를 요구하는 시위를 거의 날마다 벌였다.

1961년 5·16 불법 쿠데타에 이어 1972년 유신체제 선포라는 암흑기를 맞았던 대한민국 국민들은 최측근의 총탄에 의해 역사의 뒤안길로 사라진 독재자 박정희의 퇴장으로 유신체제는 당연히 종말을 고할 것이고 민주화는 곧 이룩될 것이라는 믿음을 그 어느 때보다도 굳게 갖고 있었다. 수많은 국민들이나 학생·재야인사들은 유신잔당, 특히 12·12 이후 새로 등장한 신군부의 야심을 경계하면서 '진정한 민주화를 이룩해야 한다'는 목소리를 높여 나갔다.

유신하면 생각나는 그 사람 / 긴급조치 좋아하던 그 사람 / 학생과 민주인사 구속하면서 / 그 어느날 궁정동에서 총 맞았지 / 나는 괜찮다고 말씀하시며 / 고개를 떨구던 그때 그 사람

이번만 한다더니 하고 또 하고 / 위대한 영도자라 착각하던 사람 / 안녕이란 그

---

310 村常男·山本剛士, 앞의 책, 315~316쪽.

한마디 말도 없이 / 지금은 동작동에서 행복할까 / 어쩌다 한번쯤은 생각해야지 / 그때마다 이 갈리는 그때 그 사람

번영된 80년대 사기치면서 / 언제나 총력안보 공갈치던 그 사람 / 죽었다고 모든 것이 끝난건가 / 유신잔당 싸그리 데려가거라 / 근혜와 지만에겐 미안하지만 / 이제는 싹 잊어야 할 그때 그 사람[311]

유신체제의 처절함과 박정희에 대한 저주를 직설적으로 표현하면서 그 잔당의 꿈틀거림을 경계했던 노래 말로 '서울의 봄' 당시 시위현장에 자주 등장했던 가사다. 그런데도 전두환·노태우 등 12·12 반란을 주도했던 신군부세력이 정면으로 부상함에 따라 국민들은 의혹의 눈초리를 감출 수가 없었다. 그러면서도 역사적 소명을 절대로 가로막을 수 없으리라는 한 가닥 기대를 걸고 민주화 운동 대열에 적극 참여하고 있었다.

3월 들어 유신반대 투쟁을 벌이다 구속되었거나 해직 또는 제적됐던 교수와 학생들이 복직·복학하는 가운데 대학가는 '학원자유화' '학원민주화' 바람이 세차게 불었다. 유신체제하에서 중앙정보부에 의한 어용학생 대표기구였던 학도호국단은 당연히 해체되어야 한다는 공격을 받았다. 대학교정은 민주화 열기로 더욱 가득했다. 3월 28일 서울대학교 총학생회(회장 심재철)를 시발로 4월까지 전국각대학의 총학생회가 부활되었다. 4월에 들어서면서부터는 학원민주화를 거부하거나 기피하는 총장·학장에 대한 퇴진요구가 빗발쳤다. 21개 대학에서 시위·농성을 벌였고 24개 대학에서 어용교수 퇴진을, 12개 대학에서 재단비리 척결을, 11개 대학에서 학교시설 확충을 요구하는 시위와

---

311 박정희가 김재규에게 총탄을 맞았던 술자리에 흥을 돋우기 위해 참석시킨 가수 심수봉이 히트한 대중가요 '그 때 그 사람'의 곡에 운동권 학생들이 작사·대입하여 '서울의 봄' 시위현장에서 불렀던 가사.

농성을 벌이는 등 전국 모든 대학들이 학내문제를 내세운 학원민주화를 요구하는 시위와 농성으로 소용돌이쳤다. 4월 중순에 접어들어서는 병영집체훈련 반대운동을 벌이고 나왔다. 4월 24일 서울시내 14개 대학교수 361명은 족벌 사학경영자 퇴진과 군사교육중단, 교수 재임용제 철폐 등을 요구하는 학원민주화를 선언하며 학원민주화 운동은 학생들만의 몫이 아니라는 것을 분명하게 보여주었다.

5월 1일 서울대학교 총학생회는 밤샘회의에서 격론을 벌인 끝에 정부의 정치발전 일정에 아무런 변화가 없는 것은 안개정국으로 호도하려는 전두환 보안사령관을 중심으로 하는 신군부의 정치개입이 민주화에 가장 큰 걸림돌이라는데 의견을 같이하고 입영훈련 거부투쟁을 철회하는 대신 계엄령 즉각 해제, 유신잔당 퇴진, 전두환·신현확 사퇴, 정부주도 개헌추진 중단, 노동3권 보장 등 정치문제를 들고 본격적인 정치투쟁을 벌이기로 결의했다. 뿐만 아니라 5월 1일 윤보선·함석헌·김대중이 공동의장을 맡고 있는 국민연합에서 민주화 촉진 국민선언문을 발표하고 계엄령 해제, 정부주도 개헌중단, 신현확·전두환 퇴진, 정치일정 단축을 요구하고 유신잔당의 음모를 분쇄하는 민주화운동을 대대적으로 벌이겠다고 선언했다. 이에 따라 학원가에서도 단순한 학원민주화라는 학내문제가 아닌 정치민주화가 더욱 시급하다는 인식 아래 본격적인 민주화 투쟁을 벌여야한다는 분위기로 급선회했다.[312]

이 같은 전국적 분위기는 전남대학교라고 해서 예외일 수는 없었다. 민주화운동을 벌이다 제적되었다가 복학한 정동년 등 노장학생들이 중심이 되어 거의 날마다 계엄령 해제와 유신헌법 철폐, 어용교수 퇴진 등 학교안팎의 민주화를 요구하는 교내시위를 벌였다. 특히 유신체제하에서 민주화운동에 앞

---

312 국방부과거사진상조사위원회, 『12·12, 5·18 사건 조사결과 보고서』, 2007, 37~38쪽.

장섰다가 제적된 후에도 민주화운동은 물론 들불야학운동을 벌였던 박관현이 1980년 3월 복학과 동시에 총학생회회장에 당선되면서 전남대학교의 민주화 운동은 더욱 활기를 띠었다.

5월 14일 오전 10시쯤 전남대학교 학생 6,000여 명은 교내 운동장에 모여 시국대회를 열었다. 오후 1시쯤 대회가 끝나갈 무렵 성급한 일부 학생들이 교문을 에워싸고 있던 경찰과 충돌한 끝에 교문 밖으로 뛰쳐나오고 말았다. 당초 이들은 가두시위를 계획하고 있지 않았다. 박관현 총학생회장 주도하에 5월 6일부터 14일까지 교내 '민주성회'만을 가진 후 다음날인 15일 가두시위를 벌일 예정이었으나 일부 학생들이 내일을 기다리지 못하고 뛰쳐나온 것이다. 학생들은 교문 밖을 에워싸고 있는 경찰의 저지가 완강한 듯 했지만 어쩐지 쉽게 뚫려 가두로 나올 수 있었다. 시국대회에 참가했던 학생들은 그동안 시위의 중간 거점이었던 광주역 광장으로 몰려와 일단 대열을 정비한 후 스크럼을 짜고 '비상계엄 해제하라', '유신잔재 처부수자', '민주일정 공개하라' 등의 구호를 외치며 시외버스터미널과 광남로 및 금남로를 거쳐 도청광장까지 진출, 분수대 주변으로 모여들었다. 이때가 오후 3시쯤이었다. 총학생회장 박관현은 먼저 시민들에게 "불편을 드려 대단히 죄송합니다. 오후 6시까지 집회를 마치고 귀교하겠습니다"고 약속한 후 민주성회를 진행했다.

전남대학생들은 다음날의 가두시위에 대비해 미리 준비해 두었던 전남대·조선대·목포대 등 광주·목포지역 8개 대학 학생대표들이 공동으로 서명한 '제2시국선언문'을 낭독하는 것으로 민주성회를 시작했다.[313] 학생들은 갖가지 성명서와 선언문을 낭독한 다음 '계엄철폐' '전두환 물러가라' 등의 구호를 외친 후 교가를 합창하는 것으로 끝을 냈다. 학생들은 정확하게 오후 6시가

---

313 전문은 『5·18 민주화운동 자료총서』 1권, 725~726쪽.

되자 당초에 약속한 대로 질서정연하게 귀교길에 올랐다. 이에 앞서 박관현 총학생회장은 "만일 정부가 어떤 특단조치와 함께 휴교령을 내리면 다음날 아침 교문에 자동적으로 모여 시위를 벌이되 여의치 않을 경우 낮 12시 도청광장에 모이자"는 약속을 공개적으로 선언함과 동시에 '반드시 지켜야 한다'는 당부를 덧붙였다. 학생들은 금남로와 제봉로 두 길로 갈라져서 갖가지 구호를 외치며 전남대학교 교정으로 돌아와 해산했다. 대부분의 학생들은 귀가했지만 일부 소수학생들은 강당에 남아 철야농성에 들어갔다.[314]

이날 '민주성회' 및 가두시위는 질서정연하게 진행되었다. 경찰은 시위저지를 포기한 듯 사실상 수수방관한 채 시위행렬을 따라가며 호위(?)하는 양상이었다. 이는 15일과 16일 횃불시위 때도 마찬가지였다. 시민들은 경찰의 강력한 저지작전으로 인해 난마와 같았던 종전시위와는 달리 경찰의 방관아래 비교적 질서 있게 줄지어 걸어가면서 구호를 외치는 학생시위대에 박수를 보내거나 일부 소수 시민들이 이에 동조할 뿐이었다. 외견상으로는 최루탄과 돌멩이가 난무하던 유신체제 때나 지난해 11월의 시위와는 전연 다른 양상을 보이고 있었다. 그동안 그렇게도 시위를 저지하기에 안간 힘을 쏟았던 경찰이 포기하고 방관하자 '이제 민주화가 되려나보다'고 생각하는 학생이 있는가하면 '조금 이상하지 않느냐'고 반문하면서 고개를 갸우뚱하는 학생도 있었다. 이는 15일의 서울시위 또는 그날밤 학생들의 회의에 경찰이 협조(?)했던 것과 맥락을 같이 하는 것이지만 당시로써는 그 낌새를 알 턱이 없었다. 어찌됐건

---

314 도청광장 민주성회에 참가한 전남대학교 학생 숫자가 각기 다르다. 전남사회문제연구소 편, 황석영 기록, 『죽음을 넘어 시대의 어둠을 넘어』, 풀빛, 1985, 23쪽(이하에서는 『죽음을 넘어』로 표기함)에는 1만 명, 김영택, 『실록 5·18 광주민중항쟁』, 창작시대사, 1996, 23쪽에는 6,000명, 임낙평, 『광주의 넋-박관현』, 사계절, 1987, 103쪽에는 7,000명으로 기록되어 있다.

이날 경찰의 저지가 펼쳐지지 않은 가운데 16일 밤 횃불시위까지 이러한 상태는 계속된다.

다음날인 15일, 전날 전남대학생들의 시위에 자극 받은 조선대·광주교대와 각 전문대학 등 시내 모든 대학 학생들이 동요하기 시작했다. 어제 전남대학생들의 질서정연한 시위와 도청 앞 광장의 민주성회가 성공리에 치러졌다는 소식을 접한 다른 대학 학생들이 이에 뒤질세라 무작정 교문을 뛰쳐나가기로 한 것이다. 학생들에게는 유신 이후 단 한 차례도 경찰의 저지 없이 평온하게 시위를 벌였던 적이 없었던 터라 전날 전남대학생들의 시위는 대단한 부러움을 샀다. 이날 다시 가세한 전남대학생들을 비롯하여 조선대, 광주교대 그리고 시내 모든 전문대 학생들은 각기 자기 학교교정에 모여 '전두환 물러가라', '민주일정 앞당겨라' 등의 구호를 외친 다음 도청광장을 향해 일제히 출발했다. 특히 전남대학생들은 교수들에게 '민주화 운동 동참'이라는 리본을 달아주었다. 교수들은 보고만 있을 수 없어 학생시위에 참여하기로 한 것인데 그 수가 50여 명이나 되었다. 4·19 이후 처음으로 학생과 교수가 동참하는 시위로 발전하게 된 것이다. 오후 2시 30분쯤 1만 5,000여 명으로 늘어난 각 대학 학생들은 도청광장의 분수대를 중심으로 둘러앉아 민주성회를 진행했다. 전날의 대회가 전남대학생만으로 치러졌다면 이날의 대회는 명실공히 광주시내 대학생 전체의 총회라고 할 수 있었다. 유신체제 이후 숱한 시위가 있었지만 시내 대학생들이 한 자리에 모여 그 것도 경찰의 저지 없이 차분하게 시국집회를 가진 것은 처음 있는 일이었다. 이날 총 지휘는 전남대학교 총학생회장 박관현이 맡았다.

대회는 전남대학교 대의원총회 이름으로 작성된 '결전에 임하는 우리의 결의'라는 시국선언문을 낭독하는 것으로 시작되었다.[315] 이어 조선대·광주교대 민주투위 '선언문', 전남대의 '대학의 소리', 광주교대생들의 '시민들에게 드리는 글', 동신전문대 학생들의 '시국선언문' 등이 낭독되었다. 오후 6시가 되자 당초 시민들에게 약속한 대로 민주성회를 끝낸 학생들은 박관현 전남대 총학생회장이 공개적으로 선언한 '특단의 비상조치와 휴교령이 내려지면 다음날 교문에 모여 시위하자'는 약속을 다시 확인한 후 다음날 밤 횃불시위를 갖기로 결의했다. 학생들은 학교별로 6명이 든 대형 태극기를 각각 앞세우고 자기 학교로 돌아갔다. 특히 전남대 교수들은 학생들 앞에 줄지어서서 시위대열을 이끌고 학교로 돌아갔다. 대부분의 학생들은 해산하고 일부 학생들만 학교에 남아 다음날 횃불시위 준비에 들어갔다.

이날도 시민들은 학생들의 시위에 관심을 갖고 박수로 격려를 보냈다. 그러나 시위대에 합류하거나 동조하지 않아 아주 평온한 분위기였다. 학생들은 자기들만의 행사로 진행함으로써 '순수성'을 유지하고 싶어 시민들의 참여를 적극 만류했다. 그러나 시민들의 호응도는 생각보다 열렬했던 것으로 전해졌다.[316]

5월 10일 고려대 학생회관에서 열린 전국 23개 대학 총학생회장단 회의에서는 '비상계엄 즉시 해제, 전두환·신현확 등 유신잔당 즉각 퇴진'을 요구하는 결의문을 채택했다. 13일에는 연세대생들을 주축으로 한 서울시내 6개 대학생 2,500여 명이 세종로 일대에서 밤 10시까지 야간시위를 벌였으며 고려대 등 7개 대학 학생들은 철야농성에 들어갔다.[317] 5월 14일 오전부터 서울지

---

315 전문은 『5·18 민주화운동 자료총서』 1권, 728쪽.

316 김영택, 앞의 책, 25쪽 ; 임낙평은 '전남대 학생들이 양동시장 통을 지날 때는 상인들이 박수로 환영했고 임동의 전남·일신방직공장 근처를 지날 때는 여성근로자들이, 도심에서는 넥타이 회사원들이 함성을 지르며 열렬히 환영했다'고 적고 있다(임낙평, 앞의 책, 107쪽) ; 또 『죽음을 넘어』는 '시민들도 올라가 즉흥연설을 했다', '시민들의 뜨거운 호응을 받으며'라며 시민들의 호응이 꽤 있었던 것으로 기록하고 있다(같은 책, 24쪽).

317 국방부과거사진상조사위원회, 앞의 보고서, 38쪽.

역 27개 대학 학생 7만여 명이 총학생회장단의 전면적 가두시위 결의에 따라 밤 10시 넘어서까지 시내 곳곳에서 '비상계엄 해제' '정치일정 단축' 등을 요구하는 시위를 벌였다.

사흘째인 15일 오전부터 수도권 학생들은 서울역 광장으로 모여들었다. 서울역에서 남대문까지 인도·차도는 물론 고가차도 위와 주변도로까지 가득 메웠다. 정확한 인원은 헤아릴 수 없었다. 경찰은 7만으로 추산했고 학생회장단은 10만이 훨씬 넘을 것으로 보았다. 주변도로상의 상황을 감안하면 15만 명이 되고도 남을 것으로 여겨지기도 했다. 10·26 이후 최대규모인 35개 대학 학생들이 모였었다.[318] '계엄해제'와 '유신헌법 개정'을 외치며 격렬하게 시위를 벌이는 학생과 시민들이 계속 몰려들어 일촉즉발의 긴장감이 고조되어 있었다. 그러나 경찰은 학생들의 시위를 방관하는 듯한 태도였다. 심지어 경찰 가스 차 3대가 불에 타기도 했다. 의아스러운 것은 시위진압용 버스가 경찰대 치선으로 돌진, 전경대원 1명이 사망하고 5명이 부상하는 사고가 발생한 점이다. 더욱 이상한 것은 이날 시위와 경찰관 사망사고에 대한 보도가 대대적이었다는 사실이다. 그동안 위축되었던 보도 태도와는 전연 달랐다. 신군부의 K-공작에 의한 대대적인 보도였지만 이를 아는 사람은 아무도 없었다. 나중에야 밝혀지지만 이날 학생들의 시위는 신군부가 바라는 '혼잡정국'이 조성돼 군이 정면등장하게 되는 구실을 한 셈이 되고 말았다.[319]

---

318 1980년 5월 16일자, 〈조선일보〉는 5만 명, 〈동아일보〉는 7만 명으로 보도했다. 그러나 서울지방검찰청의 「5·18 공소장」은 10만 명으로 기록하고 있다. 여기서는 공식기록인 10만 명을 따르기로 했다(앞의 「5·18 공소장」, 12쪽).

319 〈동아일보〉, 1980년 5월 16일자 ; 이 시위는 신군부의 배후조종과 경찰관 사망사고를 조작했다는 의혹이 강력히 대두되었다. 특히 계엄사는 K-공작을 통해 매스컴으로 하여금 시위를 자제하도록 당부하는 재야인사의 성명을 게재하지 못하도록 하거나 가급적 작게 싣도록 했다는 사실에서도 시위 배후조종 설은 설득력을 갖는다. 또 그 동안 시위

이때 서울대학교 학생회장을 비롯한 몇몇 대학 학생회장들은 당국의 태도를 관망하기 위해 당분간 시위를 벌이지 않기로 하는 '서울역 회군'을 결의했다. 이에 따라 학생들은 밤 9시가 되어 학교별로 돌아갔고 밤 10시가 넘자 고려대·동덕여대·일부 서울대생 7,000여 명이 마지막으로 서울역광장을 빠져나갔다. '유신 철폐하라'고 목청껏 외쳐댄 '서울의 봄' 시위는 사실상 이것으로 끝난 셈이 되었다.[320] 이날 시위는 서울에서만 열린 것이 아니었다. 부산·광주·전주·춘천·대전·수원의 24개 대학 4만여 명이 '계엄 해제하라' '유신잔당 물러가라' '정치일정 앞당겨'라는 구호를 외치며 격렬한 시위를 벌였다. 시위를 끝낸 서울시내 23개 대학 학생회장들은 이날 밤부터 다음날인 16일 아침까지 고려대 학생회관에 모여 시국관망 차원에서 당분간 시위를 자제하기로 결의한데[321] 이어 16일 오후부터 17일 새벽까지 부산·광주를 제외한 전국 57개 대학 학생회장과 간부들 95명이 이화여대에 모여 '서민경제와 국가안보'를 위해 시위를 중단하기로 결의한 후 결의문을 작성하는 순간 경찰이 들이닥쳐 18명이 연행되고 나머지는 강제해산 당했다.[322]

여기서 주목해야 할 것은 학생들이 미처 감지하지 못한 이상한 현상이 벌

기사를 극히 제한하던 것과는 달리 15일 시위만은 1면 또는 사회면 머리기사로 싣도록 하는 한편 많은 지면을 할애하도록 종용한 계엄사의 의중을 헤아릴 필요가 있다(김영택, 『실록 5·18 광주민중항쟁』, 창작시대사, 1996, 267쪽) ; 1980년 5월, 서울에서 벌어진 일련의 시위와 5·18 현장을 취재했던 AP통신 Sam Jameson 기자는 '막후 실력자 전두환이 5월 13일부터 시작된 학생시위를 격려하는 것처럼 보였고 경찰은 10~15명으로 짜인 시위학생대열이 서울거리로 진출하는 것을 지켜볼 뿐이었다. 또한 1965년 한일국교정상화 반대집회 이래 가장 많이 모인 시위대의 집회를 허용했다'고 술회했다(한국기자협회, 『5·18 특파원 리포트』, 풀빛, 1997, 111쪽).

320 6월 항쟁계승자협회·민주화기념사업회, 『6월항쟁을 기록하다』, 2007, 64~67쪽.
321 「5·18공소장」, 18쪽 ; 〈조선일보〉, 1980년 5월 17일자.
322 「1980년 5월 17일자 日誌」, 한국기독교교회협의회 인권위원회 편, 『1980年代 民主化運動』 8권, 1987 ; 국방부과거사진상조사위원회, 앞의 보고서, 39쪽.

어졌다는 사실이다. ① 5월 15일 자정, 서울·경기지역 23개(또는 24개) 대학 학생회장 회의가 야간통행금지 시간에 묶여 고려대와 중앙대로 분산돼 따로 열렸으나 16일 새벽 경찰의 협조(?)로 고려대 학생회관으로 합류되었다는 사실, ② 다음날 전국 57개 대학 학생회장들이 이화여대에서 시위를 계속하기로 한 것이 아니라 이와 정반대로 '시위중단'을 결의했는데도 계엄당국은 경찰병력을 투입해 일부를 연행하고 나머지를 강제해산시켰다는 사실, ③ 학생회장들이 시위를 자제하기로 결의한 사실이나 학생회장들이 연행당한 사실은 어느 신문에도 보도되지 않았다는 점이다. 지난 13일 벌어진 6개 대학의 광화문 시위를 비롯하여 14일 서울역을 비롯한 전국 32개 대학시위, 그리고 15일 서울역 시위는 거의 1면과 사회면을 뒤덮을 만큼 대대적으로 보도하고 있었다. 특히 15일자 신문들은 폭력시위 또는 경찰과 극렬하게 충돌하는 장면을 찍은 4개의 사진을 한 면 전체에 싣기도 했다.[323] 그러나 학생들의 시위 자제 결의 보도는 일체 실리지 않았다. 겨우 17일에야 긍정도 부정도 아닌 내용을 전했을 뿐이다.[324]

서울의 대학생들이 시위 자제를 결의했다는 사실과는 달리 광주에서는 이미 계획했던 대로 다음날 횃불시위를 벌인 다음 중단하기로 결의하고 준비에 들어갔다.

16일 오후 4시가 되자 시내 각 대학 학생들은 도청광장에 모여들기 시작했다. 전남대·조선대·광주교대·동신전문대·조선대공전·기독병원간호전문대·성인경상전문대·서강전문대·송원전문대 등 광주시내 9개 대학생 3만여 명은 도청광장을 꽉 메우고 시국성토대회를 시작했다. 이날은 5·16 불법쿠데

---

323 〈동아일보〉, 1980년 5월 15일자.
324 〈동아일보 〉·〈조선일보〉, 1980년 5월 14~17일자.

타가 발생한 지 19주년이 되는 날이었다. 학생들은 5·16 쿠데타에 대한 응징의 뜻으로 '5·16 화형식'을 가진 다음 유신체제하에서 민주화투쟁을 벌이다가 제적된 후 다시 학교로 돌아온 복학생을 대표한 전남대 공과대학 4학년 정동년(38)의 '시국선언문'을 시작으로 갖가지 선언문과 성명서, 그리고 '국군에 보내는 메시지'가[325] 낭독된 후 수많은 구호들이 소리높이 외쳐졌다.

학생들은 어둠이 깔린 오후 8시가 되자 400여 개의 횃불과 피켓·플래카드를 들고 가두시위에 들어갔다. 조선대 학생을 선두로 한 1개 조는 금남로를 통해 유동 3거리를 돌아 광주천변 도로, 현대극장을 거쳐 다시 금남로를 통해 도청광장으로 돌아오는 코스였고, 전남대 학생들이 앞장선 다른 1개조는 노동청과 문화방송 앞길을 통과해 광주고교·계림동을 거쳐 산수동 5거리를 지나 도청광장으로 되돌아오는 코스였다. 시내는 온통 횃불로 뒤덮인 것처럼 보였다. 약 1시간 40분 동안 시위를 벌인 학생들은 다시 도청광장에 모여 갖가지 구호를 외친 다음 박관현 전남대 총학생회장이 14·15일 다짐했던 '정부의 특단의 조치가 내려지면 다음날 아침 전남대 교문에 모여 시위하자'는 공개약속을 재확인하고 밤 10시쯤 해산했다.[326]

학생들의 민주성회와 시위진행은 질서정연했다. 더욱이 16일의 시위는 한 차원 높은 시위문화를 구현했다. 이들의 시위는 민주주의 실현을 앞당겨 보겠다는 의지 아래 질서유지와 사고방지에 총력을 기울였다. 대부분의 시민들은 거리에서 발걸음을 멈추고 횃불시위대에 박수를 보내며 격려했지만, 그 가운데 일부는 14·15일 시위 때와는 달리 박수를 치는 것은 물론 행렬을 따라가며 구호를 함께 외치는 사람도 있었다. 그러나 대열에 끼지는 않았다. 시민의

---

325 전문은 앞의 『5·18 자료총서』 1권, 735쪽.
326 김영택, 앞의 책, 24~26쪽 ; 황석영, 『죽음을 넘어 시대의 어둠을 넘어』, 풀빛, 1985, 25~28쪽 ; 임낙평, 앞의 책, 108쪽.

불참여가 아니라 전날처럼 학생들이 시위의 '순수성'을 유지하기 위해 시민의 대열참여를 만류했기 때문이었다. 시민들 역시 이들의 순수성 유지에 긍정적인 반응이었다.[327] 학생들은 당초 시민들의 호응도를 알아보기 위해 이날 밤 9시를 기해 시내 전역의 소등을 계획했으나 오히려 시민들에게 불안감을 줄 우려가 있다는 일부의 반론에 따라 철회했다.

3일 동안 질서정연하게 시위를 벌인 학생들은 자신들의 주장에 대한 정부 측 반응을 살피는 한편 계속된 시위의 피로를 풀면서 전국의 다른 대학과 보조를 맞추었고, 앞으로 정치상황의 진행과정을 관망한 뒤 필요에 따라 다시 성토대회를 갖기로 하고 일단 막을 내리기로 했다. 그러나 사흘간의 광주시위를 실질적으로 이끈 박관현 전남대 총학생회장은 "휴식기간이라도 어떤 특단의 조치가 내려지면 다음날 아침 전남대 교문 앞에서 자동적으로 모여 시위를 벌이자"는 공개약속을 광주시내 모든 학생들에게 다시 천명했다는 사실은 의미깊은 선언이었다.[328] 시위를 끝낸 학생들은 거리에 타다 남아 버려진 유인물을 비롯한 횃불뭉치, 종이부스러기, 담배꽁초 등 쓰레기를 치우고 밤 11시가 넘어서야 귀가했다. 일부 학생들은 다음날 새벽 다시 거리에 나와 어젯밤 횃불시위로 더럽혀진 거리를 청소하며 성숙된 민주질서의 모습을 보이기도 했다.

연일 진행된 민주성회와 시위는 해방 후 전국적으로 벌어졌던 어느 시위보

---

327 임낙평은 '금남로 주변에는 청년·시민들이 타고 온 자전거·오토바이가 줄을 이었고 택시운전사들도 자신들의 차를 골목길 이곳저곳에 세워둔 채 군중대열에 끼었다. 상가 또는 노점상의 아낙네들도 군중 속에 끼어 좀 더 분수대 가까이 다가가려고 애를 썼'고 적고 있다(임낙평, 앞의 책, 108쪽) ; 또 『죽음을 넘어 시대의 어둠을 넘어』는 '평화적 시위였으나 워낙 거리를 메운 인파가 많았고 더구나 밤의 횃불 빛은 시민들을 흥분시켰다. 감동을 받은 시민들도 행렬을 따라 양쪽 보도를 걸으면서 서서히 학생들과 연대감을 맺어가고 있었다'라고 적고 있다(같은 책, 28쪽).
328 황석영, 『죽음을 넘어 시대의 어둠을 넘어』, 풀빛, 1985, 28쪽 ; 임낙평, 앞의 책, 112쪽.

다 규모와 질서면에서 가장 모범적으로 치러졌다. 이는 당시 학생운동의 위상을 잘 나타내주었을 뿐만 아니라 앞으로 학생들이 민주화운동의 주역으로 등장해도 조금도 손색이 없다는 시민들로부터의 공감대를 얻고도 남았다. 여기에는 학생들의 투철한 민주의식과 함께 이번 시위를 지휘한 전남대 등 각 대학 학생회 지도부의 탁월한 리더십과 치밀한 계획성이 크게 작용했음은 두말할 나위도 없다.

여기서 주목해야 할 것은 3일 간의 시위가 끝날 때마다 박관현 전남대 총학생회장이 공개적으로 선언한 '특단조치에 대한 시위약속'은 중요한 역사적 계기로 작용하게 된다는 사실이다. 신군부가 이같은 박관현의 공개적인 시위약속에 주목하고 있었기 때문이다. 우선 학생들의 입장에서 볼 때 이 약속은 신군부의 어떠한 도발에도 끝까지 도전하겠다는 의지를 표출하는 '선언적' 의미가 담겨있는 것이고 신군부의 입장에서 보면 지금까지 추진해온 다단계 쿠데타 차원에서 5·17 조치를 단행할 경우 광주에서 반드시 시위가 벌어져야 '소요'를 유발할 수 있는 '과잉진압' 대상지역이 되며, 그렇게 되어야만 작전계획을 차질 없이 수행할 수 있게 된다는 '실행적' 의미가 담겨 있었다. 학생들의 선언적 의미는 박정희 유신독재 이후 수많은 민주회복운동 시위현장에서 되풀이되었지만 신군부의 살인적 '과잉진압' 작전의 실행적 의미는 다음날 '5·18 광주의 살육'에서 현실화돼 신군부의 정권찬탈 시나리오에 적용된다는 사실은 중요했다.

5·17 조치와 계엄군의 축차투입계획

신군부 세력은 10·26 이후 민주화가 이루어지리라는 국민들의 바람을 깔아뭉갠 채 이미 단행한 12·12 반란과 K-공작, 그리고 중앙정보부 장악에 이어 또 다른 단계를 밟아가고 있었다. 전두환을 '대통령 자리'에 앉히기 위한 조치가 차근차근 진행되고 있었던 것이다. 이것이 바로 5·17 조치였다. 1980년 5월 17일 오전 11시, 국방부 회의실에 주요지휘관회의가 소집되어[329] 주영복 국방부장관과 정호용 소장 등 44명의 지휘관들이 모였다.[330] 이들은 (1) 지역계엄의 전국확대 (2) 비상기구(국보위) 설치 (3) 국회해산 등 정치활동 금지를 결의했다. 이 자리에서는 김영삼·김대중·김종필 등 3김 배제와 기성정치인 구금, 공수부대 배치 등이 논의되었다.[331] 이날 안건으로 상정된 「시국수습방안」은 이미 전두환의 지시를 받은 보안사의 권정달·이학봉·허삼수·허화평·정도영 등 핵심참모 5명이 지난 3월부터 착수하여 5월 12일에 완성한 다음 전두환의 확인을 거쳐 주요지휘관회의에 회부된 것이었다.[332] 여기서 결의

---

329 당시 한미연합군사령관 위컴은 "주요지휘관회의 참석자들은 국민들의 요구에 따라 추진되고 있던 정치자유화에 대한 정부의 방침에 상당히 비판적이었고 민주적 가치는 한꺼번에 이루어지는 것이 아니라는 불만을 가지고 있었다"고 술회했다(위컴, 앞의 책, 198~199쪽).

330 5·17 전국지휘관회의 참석자 명단(44명)

주영복(장관)	조문환(차관)	유병현(대장)	백석주(대장)	윤자중(대장)	이희성(대장)
김종곤(대장)	신현수(중장)	박찬긍(중장)	진종채(중장)	윤흥정(중장)	윤성민(중장)
황영시(중장)	김상태(중장)	최영구(중장)	차규헌(중장)	최영식(중장)	전성각(중장)
강영식(중장)	박노영(중장)	김윤호(중장)	안종훈(중장)	정현택(중장)	이종호(중장)
정원민(중장)	김정호(중장)	이희근(중장)	유학성(중장)	김종숙(소장)	권익겸(소장)
이광노(소장)	전창록(소장)	정호용(소장)	박준병(소장)	이은수(소장)	이상해(소장)
최기득(소장)	최중하(소장)	구득현(소장)	김용수(소장)	김인기(소장)	노태우(소장)
전형일(차관보)	백제구(대령)	(국방부과거사진상조사위원회, 앞의 보고서, 232~234쪽).			

331 韓鎔源은 "이날 주요지휘관회의는 시국수습방안으로 (1) 지역계엄을 전국계엄으로 확대, (2) 비상기구(국보위) 설치, (3) 국회해산문제를 논의했으며 특히 계엄확대는 Ⓐ3金 排除, Ⓑ국회활동 중지, Ⓒ국보위 설치를 위한 조치였다"고 진술했다(『銃口와 權力』, 243쪽).

332 5·18 사건 수사기록, 「한국을 뒤흔든 광주의 10일간」, 조선일보사, 『월간 조선』 2005

232

된 '계엄령 전국확대' 조치는 이날 오후 9시 임시 국무회의에서 의결토록 하고 최규하 대통령의 재가를 받은 다음 이희성 계엄사령관으로 하여금 포고령 10호로 발표하게 했다. 이에 따라 계엄사는 휴교령 및 정치활동 금지와 동시에 전국 201개 지역에 2만 3,860명의 계엄군을 투입하면서 92개 대학에는 이 병력의 93%에 해당되는 22,342명을 투입하고 109개소의 보안목표에는 나머지 2,395명명만 배치했다. 신군부는 대학가의 시위를 잠재우려는 의도에서 비상계엄 전국 확대조치를 시행했던 것이다.[333]

다음날인 5월 18일 오전 8시 계엄사령관 접견실에서는 일반참모부장 및 계엄사 참모합동회의가 열렸다. 이 자리에서 대통령으로부터 직접 지휘감독을 받는 각부 장관을 감독할 수 있는 명분이 없다는 일부 주장이 제기되었음에도 불구하고 이희성 계엄사령관은 5월 20일 국회가 개원하여 계엄령 해제안을 결의하게 되면 신군부의 권력 장악에 지장을 받게 될 것을 예상하고 제33사단 제101연대 병력으로 하여금 이 날(18일) 국회를 점거토록 명령하여 사실상 기능을 정지시키는 한편 김대중·문익환 등 26명의 재야인사들을 연행했다.[334] 이른바 제4단계 쿠데타인 '5·17 조치'가 단행된 것이다.

여기서 중요한 것은 다단계 쿠데타를 추진하면서 마구잡이 살상행위를 감행할 경우 대규모 '소요사태'가 야기되는 예상지역으로 광주를 왜 선택했는지의 개연성을 보다 심도 있게 가려볼 필요가 있다는 점이다.[335]

년 1월호 별책부록. 15~16쪽 ; 재향군인회, 앞의 책, 224~226쪽.

333 국방부과거사진상조사위원회, 앞의 보고서, 55쪽.

334 〈동아일보〉 1980년 5월 19일자 ; 신군부는 '김대중 등 특정 정치지도자들이 자신의 이익을 위해 국민을 무책임하게 선동하고 있다'며 '이들의 감금이 반드시 필요하다'고 주장했다(위컴, 앞의 책, 198~199쪽).

335 이날 주요지휘관회의에서 '광주' 선택이 논의됐는지의 여부는 확실치 않다. 다만 그 가능성이 추정될 뿐이다. 그러나 광주선택의 문제는 여러 사람들이 알게 되는 다수의 주요

하나는 박정희 정권 18년 동안 지역차별을 심하게 받아온 것에 대한 감정이 복받쳐 있었다는 점이고, 다른 하나는 김대중을 잡아넣으면 부산처럼 광주에서도 격렬하게 들고 일어날 것으로 예상했다는 점일 것이다. 더욱이 신군부는 박관현 전남대 총학생회장의 공개약속에 따라 어떤 '특단의 조치'가 내려지면 광주에서는 필연코 시위가 벌어지게 되어있다는 점에 주목했을 터. 이 때문에 자신들이 5·17 조치를 단행하면 광주에서는 시위가 반드시 벌어진다는 것을 전제로 여기에 살인적 '과잉진압'을 무차별 감행하고 동시에 조작된 '김대중 내란음모사건'을 발표한다는 필연적 연계성을 담고 있음이 분명하다. 이는 김영삼을 신민당 총재직에서 축출하고 국회의원직을 박탈함으로써 부마사태가 일어났던 것과 맥락을 같이 하고 있다.[336]

주요지휘관회의는 국방부장관 주영복 주재로 소장급 이상 44명이 참석, 4시간 동안 시국과 정치문제를 논의했던 이례적인 회의였다. 일반적으로 주요지휘관회의는 방위문제, 북한동태 등 국토방위 및 국가안보에 관한 문제를 논의하고 시달하는 것이 관례였다. 그러나 이날 회의는 국내가 시끄러운 것도 안보문제라며 정치현안을 놓고 참석자들로 하여금 발언케 한 후 계엄확대조치 결의를 유도했다. 특히 주요지휘관회의 회의록은 뒤에 '훼손, 멸실되어 버렸다'며 1988년 11월 국회 5·18 광주민주화운동 진상조사 특별위원회에 제출하지 않았다. 따라서 당시 신군부 세력이 자신들의 집권음모의 하나로 이 회의를 개최한 다음 고의적으로 파기해버렸다는 의혹을 불러 일으켰다.[337]

지휘관회의에서의 논의하지 않고 전두환 등 극히 소수만이 은밀하게 논의했을 가능성이 높다.

336 정경환, 『한국현대정치사연구』, 신지서원, 2000, 261쪽.

337 보안사령부는 국방부과거사진상규명위원회에 수기형식의 「전군주요지휘관회의록」을 제출한 바 있다. 그러나 이 회의록에 대한 신뢰도가 얼마나 될지는 미지수다.

이때 강력한 조치를 주장한 사람은 후에 '광주사태'가 발생하도록 살인적인 과잉진압작전을 벌였던 공수부대의 최고사령관이자 '광주사태'가 진행되는 10일 동안 네 차례나 광주를 내왕하며 현지 지휘관들에게 조언(?)했다는 정호용 소장이었다.[338]

계엄당국은 17일 24시를 기해 전국적인 계엄확대조치를 취함과 동시에 김대중을 내란음모혐의로 몰아 체포하고 김종필은 권력형 부정축재자로 연행했다. 이밖에도 정치인, 재야인사, 노동운동가 등 서울에서만 26명이 체포 구금되었고 김영삼은 자택에 연금되었다. 김영삼을 연행하지 않은 것은 그의 체포로 인해 광주에서와 같이 부산에서도 '사태'가 일어날지 모른다는 우려를 배제하기 위해서였음이 분명하다.

5·17 조치가 취해짐과 동시에 공수부대는 서울·대전·전주·광주에 투입되었다. 광주에는 새벽 1시 10분(일설은 2시 26분)에 도착한 특전사(공수부대) 제7여단 제33대대와 제35대대를 전남대와 조선대, 그리고 일부를 광주교대와 전남의대에 각각 진주시켰다. 시내 주요기관은 여전히 제31향토사단 병력으로 구성된 일반계엄군이 장악하고 있었다. 그러나 서울에 배치됐던 제11여단은 18일, 제3여단은 19일, 제20사단은 20일 후속조치를 위해 광주에 추가투입하기로 계획이 미리 짜여져 있었다.

북한의 침투병력에 맞서 용감무쌍하게 대적하도록 훈련받은 공수부대원들이 광주에 투입될 경우 경찰임무를 수행하면서 지나치게 난폭해질 것이라는 사실은 이미 예견되어 있었다.[339] 특히 위컴 한미연합사령관은 문제가 심각해

---

338 12·12 당시 제50사단장이었던 그는 전두환과 육군사관학교 동기생이자 같은 하나회 회원이라는 이유로 다음날인 12월 13일 특전사령부(일명 공수부대) 사령관에 임명돼 전두환·노태우와 함께 신군부 실세 3인방으로 비약했다.
339 글라이스틴 회고록, 황정일 역, 『알려지지 않은 역사』, 중앙M&B, 1999, 188쪽.

지기 훨씬 전부터 국방부장관, 합참의장과 전두환에게 군 병력 동원의 위험성을 알리고 사상자가 발생할 경우 그로 인한 사태확산의 가능성을 경고했으며, 글라이스틴 주한미국대사도 강력하게 최광수 대통령 비서실장과 전두환에게 같은 점을 지적했다. 그런데도 광주에는 공수부대가 투입되었고 그들은 잔인한 '과잉진압'을 감행하라는 명령을 내렸다.[340] 공수부대원들은 3월부터 '충정작전 훈련'이라는 이름 아래 영외거주는 물론 외출·외박이 일체 금지된 채 '시위군중의 배후에는 빨갱이들이 있으니 단호하고 무자비하게 때리고 짓밟고 찔러야 한다'는 정신교육과 함께 흡사 목숨을 걸고 적지에 투입되는 것처럼 인간의 한계를 초월하는 혹독한 살육훈련 및 지옥훈련이 가해져 무차별적인 적개심과 분노로 뭉쳐져 있었다. 언제 어디로 날아갈지 모르는 '인간폭탄'으로 변해있는 장병들은 광주로 향해 출발할 때 '과감히 타격하라', '끝까지 추격·검거하라', '분할 점령하라'는 특별명령을 받고 있었다.[341]

신군부가 광주를 선택한 이유는 박정희의 극단적 지역차별을 받아온 전라도의 중심지역이라는 점, 전라도 사람들의 우상인 김대중을 잡아넣으면 김영삼에 대한 강경조치로 인해 일어난 부마사태 이상으로 폭발할 것이라는 점, 5·17 조치가 내려지면 시위는 반드시 벌어질 것이고 동시에 잔인한 '전두환 공수부대'를 투입, 살육작전을 펼치면 시민들의 감정이 폭발할 것은 불을 보듯 뻔하다고 판단했음이 분명하다. 더욱이 전라도는 개발 우선순위에서 항상 밀려났고 전라도 사람들은 실력에 관계없이 출신지역이 문제돼 공직 및 사회활동에서 많은 제약을 받아왔다. 그리고 서울의 지도층과 많은 한국인들은 전라도 사람들을 2등 시민 내지는 '상대 못할 인간'으로 차별해 취급해 왔다.[342]

---

340 글라이스틴 회고록, 196쪽.
341 채의석, 앞의 책, 32~33쪽.
342 글라이스틴 회고록, 182쪽 ; 위컴 회고록, 196쪽.

심지어 1960년대 어느 경상도 재벌그룹에서는 신규로 직원을 공개모집할 때 전라도 출신이라면 이력서도 제대로 읽어보지 않았다는 소문까지 파다하게 퍼졌을 정도였다. 광주사람들은 이같이 차별정책을 온몸으로 느끼며 살아왔기 때문에 군부독재에 대한 원한이 뼛속 깊이 박혀 있었다.[343] 이는 전라도 사람들의 강한 반발심리가 효과를 발휘할 것이라는 '전략적 선택'이었다고 볼 수 있다. 신군부는 18일 광주의 상황을 보고받고 잔혹하게 대응하지 않은 이날의 영등포 시위와는 달리 무차별 살육작전을 감행하라는 지시를 내리며 선별적·의도적 목표로써 '광주'를 선정했던 것이다.[344] 심지어 광주에 파견된 공수부대 장교들이 '전라도 새끼들 40만은 없애버려도 끄떡없다'고 한 대화에서 나타나듯이 5·18 광주의 살육은 처음부터 광주시민을 공격대상으로 삼은 데서 연유하고 있다.[345] 그러면서 지금까지 전라도 사람들이 우상처럼 여기던 김대중을 폄하시키며 체포·구속하면 불에 기름 붓듯 활활 타오르며 폭발할 것이라는 사실을 신군부는 김영삼 제명에 따른 부마항쟁의 경우에서 이미 터득하고 있었다. 특히 부산은 박정희에게 지역차별을 당한적도 없이 김영삼만 제명했는데도 반발했는데 하물며 지역차별까지 극심하게 당해온 전라도에서 김대중까지 구속하고 '사형' 운운하면 '광주'에서의 폭발은 두말할 필요가 없다고 판단한 것이다. 김대중을 구속하고 광주시민들을 향해 무자비한 살육작전을 펼친 이유가 바로 여기에 있었다.

343 박세길, 『다시 쓰는 한국현대사』 3권, 돌베개, 1992, 43쪽.

344 손호철, 『현대 한국정치 ; 이론과 역사 1945~2003』, 사회평론, 2003, 361쪽.

345 강길조 증언, 「살인적인 고문에 죽어나가는 사람들」, 한국현대사사료연구소 편, 『광주 5월민중항쟁사료전집』, 풀빛, 1990, 1453쪽.

국가폭력과
광주시민의 민중화

2장

19일 오후 1시 30분, 공수부대가 점심식사를 하기 위해 잠시 철수하자 기다렸
다는 듯이 금남로를 비롯한 온 시가는 순식간에 모여든 수만 명의 시민들로 다
시 술렁거렸다. 모인 사람들은 청년층만이 아니었다. 중년과 부녀자들, 심지
어 10대 소년이나 60대의 노년들까지 합세했으며, '방관자적 시민'에서 불의
에 항거하는 '적극적 민중'으로 바뀌어 인산인해를 이루었다. 충장로 지하상가
건설공사장 인부들도 톱, 쇠파이프, 철근 등을 들고 나왔다. 철수한 공수부대
원 대신 경찰이 최루탄을 쏘며 진압에 나섰지만, 시민들은 돌멩이와 화염병을
던지며 맞섰다. 가톨릭센터 앞에서 경찰과 대치하고 있던 시민들은 가톨릭센
터 차고에 있던 기독교방송 취재차량을 끌어내 시동을 건 채 시트에 기름을 붓
고 불을 붙여 경찰 바리게이트를 향해 발진시켰다(사진). 어제 오늘의 참혹한
광경에 대해 침묵으로 일관한 방송에 대해 분노가 폭발한 것이었다. 또한 어느
교회 증축공사장에서 가져온 드럼통에도 불을 붙여 경찰 쪽으로 굴렸다. 드럼
통은 굉음과 함께 폭발하며 까만 연기를 하늘 높이 내 뿜었다. '성난 민중'들의
분노는 하늘을 찌를 듯 했다. 오후 2시 40분쯤 점심을 끝낸 공수부대가 기습
적으로 투입되어 진압봉과 대검을 휘둘러대며 200여 명을 붙잡았다. 그런데도
'성난 민중'들은 도망가려 하지 않고 도로변의 대형화분과 공중전화박스·가드
레일·버스정류장 입간판 등을 뜯어 바리게이트를 치고 보도블록 조각과 돌멩
이들을 던지며 계속 저항했다.

※출처 : 『광주는 말한다』, 신복진 사진집, 눈빛출판사, 2006. 66쪽.

1

공수부대의 '과잉진압'과 광주시민의 항거

공수부대의 사전배치와 18일 시위

12·12 반란으로 정승화에서 이희성으로 바뀐 육군참모총장 겸 계엄사령관은 '5월 17일 24시를 기해 10·26 당시 제주도를 제외한 전국에 선포한 계엄령을 제주도까지 확대한다'는 포고령 제10호를 발표했다.

포고령 제10호

1. 1979년 10월 27일 선포한 비상계엄이 계엄법 규정에 의하여 1980년 5월 17일 24시를 기해 시행지역을 대한민국 전 지역으로 변경함에 따라 현재 발효중인 포고를 다음과 같이 변경한다.
2. 국가의 안전보장과 공공의 안녕질서를 유지하기 위하여
   가. 모든 정치활동을 중지하며 정치목적의 옥내·외 집회 및 시위를 일체 금한다. 정치활동 목적이 아닌 옥내·외 집회는 신고를 하여야 한다. 단, 관혼상제와 의례적인 비정치적 순수 종교행사의 경우는 예외로 하되 정치적 발언은 일제 불허한다.
   나. 언론·출판·보도 및 방송은 사전검열을 받아야 한다.
   다. 각 대학(전문대학 포함)은 당분간 휴교 조처한다.
   라. 정당한 이유 없는 직장 이탈이나 태업 및 파업 행위를 일체 금한다.

마. 유언비어의 날조 및 유포를 금한다. 유언비어가 아닐지라도

    1) 전·현직 국가원수를 모독, 비방하는 행위

    2) 북괴와 동일한 주장 및 용어를 사용, 선동하는 행위

    3) 공공집회에서 목적 이외의 선동적 발언 및 질서를 문란시키는 행위는 일체 불허한다.

바. 국민의 일상생활과 정상적 경제활동의 자유는 보장한다.

사. 외국인의 출·입국과 국내여행 등 활동의 자유는 최대한 보장한다.

본 포고를 위반한 자는 영장 없이 체포, 구금, 수색하며 엄중 처단한다.

1980년 5월 17일

계엄사령관 육군대장 이희성

계엄지역을 전국으로 확대하는 포고령 제10호 선언은 단순히 지역 확대라는 의미를 떠나 정치활동 금지, 각 대학 휴교조치를 통해 10·26 후 맹렬히 불타오르던 민주화 열기를 전면 부정하는 반민주적 처사였으며 민주주의 이념을 지키려는 국민들의 헌법수호의지를 짓밟는 신군부의 '내란행위 폭동'이 착수된 것이었다.[1] 이는 제5공화국 탄생의 전주곡이기도 했다.

3월부터 추진되어 온 시국수습방안 작성을 끝낸 신군부는 한미연합사의 동의하에 5·17 조치를 취하기 이전인 5월 8일부터 17일 사이에 공수부대와 해병대, 제20사단을 전국 각지에 다시 배치했다. 그 일환으로 전북 익산에 주둔하고 있던 제7공수여단은 5월 10일 오후 2시 56분 '학원소요에 대한 증원

---

1 '이는 곧 국헌문란의 목적을 가진 자에 의하여 그 목적을 달성하기 위한 수단으로 이용되는 경우에는 비상계엄의 전국확대 조치가 내란죄의 구성요건인 폭동의 내용으로서의 협박행위가 되므로 이는 내란죄의 폭동에 해당한다고 할 것이다'(「12·12, 5·18 사건 상고심 판결문」).

계획지시'를 받았다. 이 지시에는 공수부대 배치 지침이 구체적으로 명시되어 있었다. 전북대(전주)에는 제7공수여단 제31대대, 충남대(대전)에는 제32대대, 전남대와 광주교대(광주)에는 제33대대, 조선대와 전남대 의대(광주)에는 제35대대 등 각 1개 대대씩 출동하도록 준비하라는 지시가 내려진 것이다.[2] 한편 정웅 제31사단장은 14일, 도청광장에서 학생시위가 벌어지자 이날 오후 7시, 예하 제96연대 제1대대를 광주의 MBC·CBS·KBS·전일방송 등 4개 지방방송국에 배치시키고 다음날인 5월 15일, 제7공수여단 2개 대대가 숙영할 천막 24개 동을 전남대와 조선대 교정에 설치했다.[3] 뿐만 아니라 14일 오전 10시 45분부터 11시 20분까지 전남도지사실에서는 '학원사태 대책회의'가 열려 학원사태에 대한 분석보고가 이루어졌다. 군부대 이동에 필요한 차량도 지원되었다. 다음날 오후 5시 5분 전투병과교육사령부의 2.5톤 트럭 31대가 제7공수여단에 지원되었고 같은 날 제3관구사령부(대전)와 제35사단에서도 각각 19대와 18대의 차량이 제7공수여단에 지원됐다.[4] 이른바 5·17 조치를 취하기 이틀 전부터 군에서는 비상계엄 전국 확대조치에 대비한 준비가 이루어지고 있었다. 광주에서의 계엄군출동준비가 완료된 것이다.

이런 가운데 5월 14일 열린 학생시위는 이날 이후 16일까지 사흘간 벌어지는 광주학생시위의 첫 번째로 전남대학교 학생 6,000여 명만이 참여한 가운데 도청광장에서 열린 질서정연한 민주성회였다. 이날 시위는 오후 6시까지 끝마치겠다는 박관현 총학생회장의 사전약속에 따라 정확하게 시간을 엄수한 다음 귀교했었다. 1970년대 이후 광주에서 수없이 벌어졌던 어떠한 시위보다도 가장 모범적으로 치러졌다는 평가를 받았다. 그런데도 신군부는 '대규

---

2 국방부과거사진상규명위원회, 『12·12, 5·18 사건 조사결과보고서』, 2007, 63쪽.

3 대한민국재향군인회, 『12·12, 5·18 실록』, 1997, 251쪽(이하 재향군인회로 약칭한다).

4 국방부과거사진상규명위원회, 『12·12, 5·18 사건 조사결과보고서』, 2007, 61쪽.

모 시위'라고 과장해 공수부대 사전배치와 계엄군의 언론기관 장악을 시도하며 5·17 조치를 통한 계엄확대조치를 이미 기정사실화 하고 있었다. 더욱이 5·17 조치를 취하기 위한 주요지휘관회의가 열리기도 전인 오전 10시 40분 계엄사령부는 정웅 제31사단장에게 광주소재 8개 전문대학에 병력을 투입하라는 명령을 내리고 오후 4시에는 제7공수여단 제33·35대대를 제31사단 작전통제하에 두도록 조치했다.

계엄사는 17일 오후 7시 40분, 18일 0시 1분 '충정작전'의 발효와 동시에 광주지역의 불순분자 체포는 17일 24시까지, 대학점거는 18일 새벽 4시 이전까지 완료하도록 윤흥정 전투병과교육사령관에게 시달했다. 그리고 이날 저녁 8시쯤 제7공수여단장에게는 전남대와 광주교대, 조선대와 전남대 의대 등을 18일 새벽 2시까지 점거하고 새벽 4시까지 소요주모자 전원을 체포하라는 지시도 하달되었다. 이와는 별도로 광주지구 505보안대(보안사령부 전남지구대)는 22대의 차량과 86명의 인원을 동원해 17일 밤 11시부터 학생회 간부 및 재야인사 등 시위주동 예비검속 대상자 22명 중[5] 정동년을 비롯한 12명을 연행했다.[6]

계엄사의 소요진압부대 투입명령에 따라 제7공수여단은 본부 소속장병 10/76명(장교/사병), 제33대대 소속장병 45/321명, 제35대대 장병 39/283명을 17일 밤 10시 37분 주둔지 전북 익산에서 광주로 출발시켰다. 이들은 18일 새벽 1시 10분,[7] 제33대대는 전남대와 광주교대, 제35대대는 조선대와 전

5 전남대=박관현·윤한봉·정동년·박선정·윤목현·한상석·박진·윤강옥·문덕희·하태수·박형선·김상윤 등 12명, 조선대=박종민·김운기·이경·유소영·송찬석·이강래·유제도·이권섭·양희승·구교성 등 10명(국방부과거사진상규명위원회, 앞의 보고서, 61쪽).

6 정동년·박선정·윤목현·김상윤·박형선·문덕희·하태수·김운기·유소영·유제도·이권섭·양희승 등 12명(국방부과거사진상규명위원회, 앞의 보고서, 61쪽 ; 재향군인회, 앞의 책, 252쪽).

7 제7공수여단 제33, 35대대 병력이 전남대(35대대의 조선대 도착은 거리관계상 약간 늦

남대 의대에 각각 도착함과 동시에 제31사단 제96연대의 작전통제하에 들어갔다. 또한 제7공수여단 제31대대 16/172 병력은 새벽 1시 29분 전북대, 제32대대 38/291 병력은 새벽 2시 50분 충남대에 도착했다. 한편 제31사단 소속 장병 14/1132명도 소요진압을 위해 전남도내 16개 대학 및 중요시설에 배치되었다. 광주지역에는 제31사단 제96연대 병력이 전남대, 조선대, 광주교대를 제외한 8개 전문대학에 배치되었다.

18일 새벽, 전남대에 진주한 제33대대는 교내를 수색하여 학생회관과 도서관에서 농성하거나 공부하고 있던 학생 69명을 체포했고 조선대에 도착한 제35대대는 역시 학생 43명을 체포하여 제31사단 헌병대에 인계했다.[8] 동시에 전투병과교육사령부(전교사)는 18일 새벽 3시 5분, 무기고 안전대책 강구지시를 받고 광주시내 직장예비군이 보유하고 있던 무기 4,717정과 탄약 116만 발을 회수했다. 공수부대를 투입해 광주 '살육작전'을 펼치기 위한 사전조치는 완벽하게 취해졌다.

이러한 사정도 모르는 국민들은 일요일인 18일 새벽 뉴스를 통해 5·17 조치 소식을 듣고 당혹했다. 10·26을 계기로 18년이라는 기나긴 암흑의 터널에서 간신히 벗어나 새롭게 맞은 '서울의 봄'이 하루아침에 유린되고 있는 현실을 보고 안타까운 '충격'으로 여기고 있었지만 속수무책일 수밖에 없었다.

다)에 도착한 시간이 일정치 않다. 5월 18일 새벽 1시 10분(「5·18 공소장」)과 새벽 2시(국방부과거사진상규명위원회, 『12·12, 5·18 사건 조사결과보고서』, 62쪽), 2시 26분(정웅 제31사단장 국회청문회 증언, 144회 『국회 5·18 광주민주화운동 진상조사 특별위원회 청문회 회의록』 제21호, 1988년 12월 21일)으로 엇갈려 있다. 여기서는 공식기록인 검찰의 「5·18 공소장」에 기재된 새벽 1시 10분을 따르기로 했다.

8 전투병과교육 사령부 1980년 5월 18일자 「전투상보」 ; 재향군인회, 앞의 책, 251~252쪽 ; 그러나 제7공수여단 「전투상보」에는 전남대와 광주교대생 23명, 조선대와 전남의대생 33명을 체포한 것으로 되어 있다(국방부과거사진상조사위원회, 『12·12, 5·18 사건 조사결과보고서』, 2007, 62쪽).

다만 계엄사가 발표한대로 국가원수의 유고로 인해 혼란에 빠진 남한을 향해 북한에서 '뭔가 밀고 내려오면 어쩌나'라며 걱정만 하고 있었을 뿐, 민주화 체제에 입각한 새로운 정부수립 일정이 차질을 빚으리라는 생각은 전연 하지 않았다. 이렇게 대한민국 국민들은 정부를 믿고 있었다.[9]

아침 뉴스를 통해 5·17 조치 소식을 접한 학생들은 하나 둘 북구 용봉동에 있는 전남대 교문 앞으로 모여들었다. 그러나 전남대 정문과 후문은 5월 18일 새벽에 도착한 제7공수여단 제33대대 병력에 의해 철저히 봉쇄돼 있었다. M16 소총을 든 11명의 공수부대원들이 경계하고 있는 교문 앞 다리 위에서 학교 운동장에 쳐진 대형 천막들이 보였다. 대학 앞 가게들은 일요일 탓인지 거의 문을 열지 않았으며 행인들도 별로 눈에 띄지 않는 스산한 분위기였다. 교문에는 '정부조치로 휴교령이 내려졌으니 가정학습하기 바란다'는 전남대학교 총장 명의의 공고문이 나붙어 있었다.

오전 9시 30분을 지나면서 학생들은 계속 모여들었다.[10] 50명에서 100명,

---

9 '서울의 봄'은 박정희가 피살되고 유신체제가 붕괴되자 군사독재의 암흑에서 해방되고 민주체제가 곧 회복될 것이라는 기대가 크게 모아졌던 시기, 즉 10·26부터 5·17 조치 이전까지의 기간을 말한다. 그러나 주로 1980년 3~5월 봄철의 민주화 열기를 말하는 경우가 많다.

10 오전 '9시(『월간 조선』 1985년 7월호 ; 『한국논단』 1995년 5월호)' 또는 '9시 30분(나의 갑, 「5·18의 전개과정」, 광주광역시 5·18 사료편찬위원회, 『5·18 민중항쟁사』, 2001, 227쪽)', 아니면 '10시' 쯤인지(황석영, 『죽음을 넘어 시대의 어둠을 넘어』, 풀빛, 1985, 35쪽)는 일정치 않다. 저자가 파악한 결과 전남대생들이 모여들기 시작한 시간은 '9시 30분' 전후였고 9시나 10시에 온 학생들도 있었다. 이들의 당초 약속시간은 '다음날 오전일 뿐' 정확히 '10시'라는 시간이 정해진 것은 아니어서 시간자체가 중요한 것은 아니다(韓國現代史史料硏究所, 『光州五月民衆抗爭史料全集』, 풀빛, 1990, 23쪽 ; 임낙평, 『광주의 넋-박관현』, 사계절, 1987, 116쪽). 여기서 시간관념은 18일 오전 또는 아침에 학생들이 약속을 지키기 위해 나타났다는 사실이 중요할 뿐이다. 다만 오전 10시쯤 전남대 교문에 모였다가 계엄군과 충돌한 200여 명이 1시간만인 오전 11시쯤 금남로 3가 가톨릭센터 앞까지 진출해 연좌시위를 벌였다는 기록은 교문 앞에서 벌어졌던 충돌과정의 소요시간

100명에서 200명으로 늘어났다. 이들 중에는 학교도서관에 들어가 공부하려는 학생들도 있었지만, 그 보다는 14~16일 시위 때마다 '어떤 비상조치가 내려지면 다음날 아침 교문에 자동적으로 모이자'고 외치던 박관현 총학생회장의 공개된 약속에 따라 나온 학생들이 대부분이었다.[11] 학생들은 교문에서 30여 미터 떨어진 곳에 있는 용봉교(龍鳳橋)를 사이에 두고 교문을 지키는 공수부대원들을 향해 '왜 우리 학교에 못 들어가게 하느냐'며 큰 소리로 항의하면서 길거리에 굴러다니던 한두 개의 돌멩이를 주워 던지기도 했다.

이때 장교 한 명이 나와 항의하는 학생을 붙잡아 때리고 군홧발로 마구 찼다. 이를 지켜 본 학생들은 웅성이며 술렁거렸다. 그리고 분노로 치달았다. 200여 명으로 불어난 학생들은 '학교출입 보장하라' '공수부대 물러가라'는 구호를 큰 소리로 외쳐댔다. 이에 소령 계급의 한 장교가 메가폰을 들고 "우리는 상부의 지시로 전남대에 왔다. 학교는 휴교령이 내려 들어갈 수 없으니 즉시 귀가하라. 그렇지 않으면 강제 해산시키겠다"며 위압적으로 방송했다. 장교의 경고 방송이 끝나자마자 공수부대원들이 교문 양 쪽으로 대열을 지었다. 공수부대원들은 M16 소총을 등 뒤에 메고 머리에는 방석망을 쓰고 손에는 진압봉과 방패를 들고 있었다. 학생들은 다소 놀랐으나 '불과 열한 명으로 이 많은 수를 어떻게 하랴'며 그대로 서 있었다.

경고방송이 나간 지 1분이 됐을까하는 순간, 메가폰을 통해 '돌격'하는 명령이 날카롭게 터져 나왔다. 그 순간 공수부대원들은 커다란 함성을 지르며 적진 속으로 돌격하는 듯 눈을 치켜뜨고 진압봉을 휘두르며 쏜살같이 학생들

과 광주역을 거쳐 광남로와 금남로 5·4가를 지나 3가에 이르는 거리를 감안할 때 시간상으로 보아 다소 무리라는 생각이 든다(앞의 『五月史料集』, 23쪽).

11 그러나 일부 기록은 이 약속이 16일 밤 횃불시위가 끝날 때 '전남대 학생대표 30명이 결의했다'는 주장이 제기되어 있다(재향군인회, 앞의 책, 253쪽).

을 향해 돌진해 왔다. 학생들은 뜻밖의 상황에 놀라 책가방도 챙겨들지 못한 채 달아났다. 급히 뒤로 물러났던 학생들은 학교 근처 삼익아파트 신축공사장에서 돌멩이를 집어 들고 되몰려와 마구 던졌다. 이때 두 번째 '돌격' 하는 명령이 떨어졌다.[12] 우르르 물러났던 학생들은 또다시 돌멩이를 들고 교문 쪽으로 다가가 공수부대원들에게 던졌다. 공수부대원들은 돌멩이 공격에도 아랑곳하지 않고 번개같이 300미터 가량을 달려 학생들을 뒤쫓았다. 모두가 혼비백산이 되어 달아났다. 미처 달아나지 못한 2명의 학생이 공수부대원의 진압봉에 맞아 머리에서 피를 흘리며 쓰러졌다. 어떤 할아버지 한 사람도 떠 밀렸다.[13] 공수부대원들은 당초 시위진압 과정에서 허리 아래의 급소 아닌 곳만을 치도록 되어있는 지침이나 국제적 관례 따위는 아예 무시한 채 '너 죽고 나 죽자'는 듯 진압봉, 개머리판으로 머리·어깨·가슴 어느 곳이든 아무 데나 마구 두들겨 팼다.[14] 공수부대의 천인공노할 잔혹행위는 이때부터 시범(?)을 보이고 있었다.[15] 공수부대의 공격과 학생들의 충돌은 몇 차례 반복되었다. 이때

---

12 "전남대학교에 주둔하고 있는 33대대의 임무는 대학의 점거였습니다. 그리고 교내에 있는 학생들을 귀가시키는 것이고 그 안에 주모자가 있으면 체포하고 다음 명령에 대비하는 것"이라며 과잉진압 자체를 부인했지만 실제로 공수부대원들은 이보다 훨씬 과격한 살육적 과잉진압작전을 감행했다(국회『광주 청문회 회의록』제21호, 1988년 12월 21일, 136쪽, 정웅 증언).

13 이때의 상황에 대해 당시 전남대 직원이었던 서명원(徐銘源)은 국회 청문회에서 '그때 공수부대원들은 먼저 머리를 치고 양 어깨를 때리는 3박자 진압방법을 썼었다'고 증언했다(제144회 국회『5·18 광주민주화운동 진상조사 특별위원회 회의록』, 제22호, 1988년 12월 22일).

14 공수부대의 진압봉은 길이 70cm 박달나무로 제작됐다. 진압봉 사용은 '급소타격을 지양하고 하반신을 위주로 타격하면서 개인방호를 병행하도록 하는 것'이 원칙이다(육군본부, 「폭동진압작전」, 119쪽 ; 김영진, 『충정작전과 광주항쟁』상, 동광출판사, 1989, 166쪽).

15 일방적 살상행위를 저질러 5·18 광주민중항쟁을 촉발시킨 공수부대의 '천인공노할 잔악한 행위'는 도저히 용서받을 수 없는 민족적 죄악이었다. 바로 이 행위가 5·18의 직접적 원인인 것이다. 그러나 이 죄악은 공수부대로 하여금 이 같은 살상행위를 감행하도

투석에 대한 군 측 기록은 학생들이 돌멩이를 미리 가방에 준비해간 것처럼 서술하고 있다. 신군부 측 인사들은 이같은 주장을 1995~1996년까지 계속된 재판과정에서 되풀이했다. 그러나 1980년 당시 군부대의 어느 상황 일지나 어떤 자료에서도 '미리 가방에 돌을 넣어왔다'는 내용은 찾아볼 수가 없다. 또한 당시 전남대 학생 등 피해자들도 그런 주장에 동의하지 않으면서 공수부대가 교문을 철저하게 지키고 있을 것이라는 예상을 전연 하지 못한 학생들이 어떻게 돌멩이를 준비해 왔다는 것인지 이해할 수 없다는 것이다. 다만 전남대 교문 앞 천변에 돌이 있었다는 데는 동의한다.[16]

학생들의 수는 점점 늘어났다. 그러나 그들은 맨손이어서 무장한 공수부대원들의 상대가 되지 못했다. 더욱이 이들에게는 리더가 없었다. 학생들은 어떻게 해야 할지를 몰랐다. 학생들은 학생회 지도부나 간부를 기다리고 있었지만 아무도 나타나지 않았다.[17] 사실 붙잡혀 갔거나 도피한 지도부가 나타날 리 없었다.[18] 그렇다고 무작정 기다릴 수도, 그냥 앉아 있을 수도 없었다. 그러자

록 정치적으로 교사한 당시 몇몇 하나회 소속 정치군인들에게 있는 것이지 명령을 받고 참가한 부대원들의 잘못이라고 탓할 수 없다. 오히려 이들은 정치적 피해자일 지도 모른다(權正達 진술, 『銃口와 權力』, 215~216쪽). 특히 공수부대는 지금도 건재하고 있는 우리 국군의 중추부대다. 그러나 당시 5·18 광주학살에 참여했던 관련자들은 아직도 전연 반성의 기미를 보이지 않고 있다. 심지어 '북괴의 조종에 의한 폭동진압에 목숨 걸고 참여했다'는 억지논리를 반복하고 있다. 다만 '특전사(공수부대)를 光州에 투입시켜 민주화를 요구하는 시민·학생들의 시위를 유혈진압하기 위한 그들(신군부)의 처사가 응징의 주 대상임에도 불구하고 명령에 의해 현장에 투입되었던 군대를 과도히 비난하고 적대시하며 光州事態를 이해하려는 시각은 바람직하지 못하다'(대한민국 대한민국재향군인회 편, 『12·12, 5·18 실록』, 1997, 248쪽).

16 육군본부, 「소요진압과 그 교훈」, 313쪽(국방부과거사진상규명위원회, 앞의 보고서, 62쪽).
17 한국현대사사료연구소 편, 『光州5月抗爭史料全集』, 풀빛, 1990, 784쪽, 천영진 증언.
18 박관현을 비롯한 전남대 총학생회 지도부 및 졸업생 12명은 5·17 조치와 함께 내려진 검거령에 따라 정동년 등 7명은 체포되고 5명은 피신 중이었다. 검거되지 않은 박관현

어느 쪽에서인가 노래를 부르기 시작했다. 그 노래는 전체 학생들의 분노에 찬 음성을 실어 우렁찬 함성으로 변했다. 그때 어느 학생이 "여기만 있지 말고 도청광장으로 나가자. 시민들에게 이 사실을 알리고 민주화를 외치자. 우리 학교 학생회 지도부가 모두 연행됐다니 우리 모두 힘을 합쳐 전두환 일당을 분쇄하는데 앞장서자"고 외쳤다.[19] 이들은 슬슬 꽁무니를 빼면서 난폭하게 공격하는 공수부대가 있는 교문을 뒤로한 채 시내를 향해 뛰기 시작했다. 아무런 약속도 없었으나 자동적으로 교문에서 가까운 광주역 광장에 집결했다. 광주역 광장이야말로 한국 민주주의를 유린한 박정희 정권이후 전남대학교 학생들이 벌인 수많은 시위의 1차적 거점이었다. 이날도 예외가 아니었다.[20]

그동안 400여 명으로[21] 늘어난 학생들은 오전 10시 30분쯤 광주역 광장에서 대오를 가다듬고 여느 때처럼 공용버스터미널 앞을 거쳐 광주시의 중심가인 금남로쪽으로 뛰어나갔다. 특정한 리더도 없는 이들은 멋대로 선창하는 구호에 따라 '비상계엄령 해제하라' '김대중 석방하라' '전두환 물러가라' '휴교령 철폐하라'며 목이 터져라 외쳤다. 그때까지 공식발표가 없어 김대중에 대한 체포사실을 모르고 있던 시민들은 학생들의 구호에 귀를 기울이며 깊은 관

도 5월 18일 5·17 조치 후 '긴급히 피하라'는 연락을 받고 일시 집에서 나와 피했다가 18일 아침 8시쯤 '어떤 비상조치가 내려지면 자동적으로 다음날 아침 교문 앞에서 만나자'고 했던 자신의 공개적인 약속이행 여부의 현장상황을 파악하기 위해 전남대 구내에 숨어들었다가 '여기 있으면 안 된다'는 학교직원들의 권유를 받고 빠져나와 김영휴·차명석과 함께 윤상원 집을 찾았다. 그러나 윤상원으로부터도 '후일을 위해 일단 몸을 피하는 게 상책'이라는 종용을 받고 광주를 벗어났다가 22일 오후 여수 앞 돌산도로 피신, 도피생활에 들어감으로써 그 후 전개되는 5·18 광주살육과 항쟁 현장에 전혀 참여할 수 없었다(임낙평, 『광주의 넋-박관현』, 사계절, 1987, 115~119쪽).

19 나의갑, 「5·18의 전개과정」, 광주광역시 5·18 사료편찬위원회, 『5·18 민중항쟁사』, 228쪽.

20 김영택, 『실록 5·18 광주민중항쟁』, 창작시대사, 1996, 31쪽.

21 「5·18 공소장」은 600명으로 기록하고 있음(35쪽).

심을 나타내기 시작했다. 계엄사령부가 '사회혼란 및 학생시위 배후조정과 내란음모 및 권력형 부정축재혐의로 김대중·문익환·예춘호·김종필·이후락·박종규 등 26명을 연행, 조사 중이라는 사실을 공식적으로 발표한 것은 이날 (18일) 오후였다.[22] 학생들은 5·17 조치 직후 서울로부터 일부 지도급 학생들의 피신을 재촉하는 연락과 함께 김대중 체포 소식을 접하고 '김대중이 체포되었다'고 외친 것인데, 이 소식은 그에게 절대적 지지를 보내고 있던 광주시민들에게 충격적인 뉴스로 받아들여졌다.[23] 사실상 시민들이 공수부대의 만행에 따라 '성난 민중'으로 돌변하는 계기는 여기서부터 시작되었다.[24] 며칠 전까지만 해도 길거리에서 무심하게 바라보고 있던 시민들의 태도가 역력하게 달라지고 있었다.[25]

---

22 〈동아일보〉, 1980년 5월 19일자 ; 계엄사는 이때 전국에서 김대중 등 2,699명을 예비 검속하는 한편 김영삼 신민당 총재를 가택에 연금시켰다. 그 후 2,295명은 훈방하고 404명을 공소제기 했다. 공소제기자 중 소요배후 조종혐의로 김대중·문익환·김상현·예춘호·이해찬·한승헌·한완상·인명진·고은태(고은)·이신범 등 37명을 연행한 후 법정구속기간 10일의 5배가 넘는 53일(5. 17~7. 8) 동안 구금하면서 온갖 고문을 가한 후 7월 9일에야 계엄사령관의 구속영장을 발부받아 7월 12일 김대중 등 24명을 내란음모사건 혐의자로 분류해 구속기소했다(「5·18 공소장」, 26~28쪽 ; 재향군인회, 앞의 책, 238쪽).

23 임낙평, 앞의 책, 113쪽 ; 한국기독교교회협의회 인권위원회, 『1980年代 民主化運動』 6권, 1987, 13쪽 및 같은 책, 8권, 798쪽.

24 일부에서는 지금도 김대중이 이날의 시위를 사주한 것으로 서술하고 있다(좌담 「광주 15년 ; 총 누가 먼저 쏘았나」, 『한국논단』, 1995년 5월호) ; 그러나 김대중이 광주시위를 사주했다는 사실은 '계엄사령부 합동수사본부가 억지로 꾸민 조작'이라는 사실이 국회청문회 및 대법원 재심과정에서 밝혀졌다.

25 金容徹은 '호남인의 정치경제적 불만은 그간 독재 권력으로부터 탄압받아온 호남출신의 정치가 김대중에 대한 기대와 지지로 투사되고 있었다. 당시 호남인은 김대중의 지지를 통해 지역소외와 사회적 모순이 한꺼번에 극복되기를 열망했다. 이러한 열망은 신군부가 5·17 비상계엄 확대조치를 통하여 김대중을 내란음모혐의로 구속하면서 분노로 변하였다'며 광주항쟁이 김대중의 구속소식에 영향을 받았음을 시사하고 있다(金容徹, 앞의 글) ; 또 '1980년 광주학살은 김대중씨와 분명하게 관련되어 있다'고 단정적으로 서술하는 기록도 있다(정동년 외, 『5·18 그 삶과 죽음의 기록』, 풀빛, 1996, 286쪽) ; 목

시위학생들은 공용터미널에서 광남로를 거쳐 금남로로 빠져 나와 광주의 중심가인 가톨릭센터 앞까지 진출했다. 소수의 시민들까지 합세한 시위대는 1,000여 명으로 늘어나 가톨릭센터 앞에서 연좌시위를 벌이는 가운데 일부는 도청광장 진출을 시도하고 있었다.

경찰은 곳곳에서 이들 학생시위 대열을 차단하려고 안간힘을 썼으나 학생들은 끝내 금남로 3가 가톨릭센터 앞까지 진출하는데 성공했다. 오전 11시쯤이었다. 학생들은 바로 눈앞에 보이는 도청 앞 광장까지 나아가 시국대회를 열 참이었다. 도청광장이야말로 며칠 전 계속 있었던 시위 때마다 민주성회를 열었던 곳이어서 이날도 이 광장에 나아가 신군부 세력의 음모를 규탄할 의도였다. 그러나 이날의 경찰은 방관하고 있었던 며칠 전과는 달리 도청광장으로의 진출을 철저하게 봉쇄하고 있었다. 경찰은 페퍼포그를 쏘며 양쪽에서 협공작전을 펴고 있었고, 학생들은 중간에서 빠져나와 충장로나 금남로 4가 쪽에서 새로운 시위대를 형성하는 전략을 쓰고 있었다.

오전 11시 15분, 100여 명의 학생들은 충장로 파출소에 돌멩이를 던져 유리창을 깨는 등 항쟁기간 최초의 파출소 기습을 기록했다. 이 밖에 동명·지산·계림·임동 등 곳곳의 파출소가 학생들의 습격을 받는 수난을 당했다. 오전 10시 45분부터 시작된 시내 시위는 오후 3시가 넘어도 좀처럼 수그러들지 않았다. 이에 앞서 오전 11시 50분쯤에는 충금동 사무소 옆길에서 200여 명이 시위를 벌이다 경찰의 최루탄으로 해산되기도 했고 오후 1시 20분 학생회관 앞에서는 경찰 페퍼포그 차에 불을 질러 새까맣게 타오르기도 했다.[26]

포 출신 김대중과 직접적 관계가 있는 목포시민들은 당시 '김대중의 연행 소식을 듣고 너나없이 충격과 분노를 느꼈다'고 나중에 목포지역 '5·18 민주화투쟁위원장'을 맡았던 안철은 증언하고 있다(최정기, 「광주민중항쟁의 지역적 확산과정과 주민 참여기제」, 나간채 외, 『광주민중항쟁과 5월운동 연구』, 전남대학교 5·18 연구소, 1997, 72쪽).

26 김영택, 앞의 책, 32쪽.

시위를 저지하려는 경찰과 학생시위대의 충돌이 며칠 전 양상과는 다르게 전개되고 있었다. 경찰의 완강한 저지에 부딪힌 학생들은 충장로 쪽으로 몰려가 구호를 외쳐댔다. 특히 시민들은 학생들의 시위와 김대중 연행에 깊은 관심을 갖고 조금씩 참여의지를 발현하고 있었다. 5·17 조치가 발동된 후 소규모였던 서울 영등포 이외 전국 어디에서도 벌어지지 않은 시위가 광주에서만 벌어진 직접적인 원인은 공수부대의 '과잉진압'과 '전라도 영웅 김대중 체포'에 있었다.[27] 학생들은 두 갈래로 갈라져 충장로 방향의 시위대열은 황금동 → 수기동 → 광주공원 → 현대극장 → 한일은행 4거리를 거치면서 500여 명으로 불어났고 또 다른 시위대열은 금남로 → 광주공고 → 청산학원 → 중앙초등학교 → 대인동을 돌면서 300여 명으로 늘어났다. 두 갈래의 시위대열은 대인동 공용버스터미널 부근에서 합류하여 광주를 오가는 승객들이 들을 수 있도록 '김대중 석방하라' '계엄령 해제하라' '전두환 물러가라'는 구호를 목청껏 외쳐댔다. 시위대는 금남로 쪽으로의 진입을 시도했으나 최루탄과 페퍼포그를 쏘아대며 벌이는 경찰의 강력한 진압작전으로 인해 불가능한 나머지 20~30명 단위로 분열되면서 점차 수그러들고 있었다. 산발적인 시위는 오후 3시 무렵까지 시내 곳곳에서 벌어졌다.

그렇지만 이날 오후까지의 시위는 경찰과의 격렬한 대치와 숨바꼭질 형태였을 뿐 유신체제 때나 '서울의 봄' 이후 벌어졌던 종전의 시위와 같이 민주화를 요구하는 평상적인 시위수준을 넘지 않고 있었다. 다른 점이 있다면 며칠 전 시위와는 달리 경찰의 저지가 매우 격렬했다는 점을 꼽을 수 있었다. 시민들도 관심은 보이되 적극 참여하는 사람들은 아직 그렇게 많지 않아 경찰력만으로도 충분히 진압할 수 있을 정도였고 학생시위는 절제와 절도가 있어서 진

---

27 글라이스틴 회고록, 황정일 역, 『알려지지 않은 역사』, 중앙M&B, 1999, 182쪽.

정될 수 있는 상황이었지 결코 극복할 수 없는 그런 상황은 아니었다.[28] 계엄
사령부와 제2군사령부의 상황일지 역시 시위현장을 급박하지 않은 것으로 기
록하고 있다.

13시 15분, 불로동 쪽으로 간 300여 명은 유동 3거리에서 자진 해산 귀가했으나
한일은행(현재의 우리은행) 앞에서 분산된 300여 명은 조흥은행 앞에 집결 중인
것을 기동경찰이 저지하자 광주공원 쪽으로 이동하고 있음.[29] 14시 30분, 경찰
투입으로 분산되어 10~20명 단위로 시내를 배회 중.[30]

시위진압이 가능할 것으로 전망될 정도로 위축되고 있는 가운데 유동 3거리
쪽(현재 4거리)에 1개 중대 가량의 공수부대 병력이 시민들의 시야에 들어왔다.
이들이 잠시 후 '화려한 휴가'라는 작전명령에 따라 공포의 살육작전을 펼치게
될 전위병력이었다. 그러나 현장에 있던 광주시민들은 그러한 사정을 알아차
리지 못한 채 "이제 시위진압을 위해 군이 직접 나서려는가보다" 생각하고 있
었다. 어느 누구도 '광주살육'의 역사가 개시되리라고는 상상하지 못했다.

18일 오전 전두환 중앙정보부장서리·이희성 계엄사령관·황영시 육군참
모차장·정호용 특전사령관 등은 윤흥정 전남북계엄분소장(전투병과교육사령관)
으로부터 전남대 앞에서 공수부대와 충돌한 학생들이 광주시내 중심가로 진
출하여 '계엄해제', '전두환 퇴진', '김대중 석방' 등을 요구하는 시위를 벌이면
서 경찰과 충돌하고 있다는 보고를 받았다. 이들은 당초 예상한대로 다른 지
역에 없는 시위가 광주에서만 발생한데 대해 심히 고무되었다. 신군부는 광주

28 『노이에 취리허 자이퉁』, 1980년 5월 24일자(유지훈 역, 『독일언론이 기록한 激動 韓國
現代史』, 한국기자협회, 1998, 331쪽).
29 계엄사령부, 「狀況日誌」, 1980년 5월 18일자, 마지막 부분.
30 육군 제2군사령부, 「狀況日誌」, 1980년 5월 18일자, 마지막 부분.

의 시위가 자신들의 집권 스케줄에 어떠한 차질도 빚어지지 않게 원용되도록 언론보도를 철저히 통제하는 한편 유리하게 조성되도록 언론대책반에 시달한 후 이미 세워놓은 작전계획대로 공수부대를 시내에 투입함은 물론 후속조치로 증원부대도 보낼 계획을 세워놓고 있으니 이에 신속히 대처하라고 윤흥정 전투병과교육사령관 겸 전남북계엄분소장에게 명령했다. 윤흥정 사령관은 이 명령에 따라 정웅 제31사단장에게 제7공수여단 제33, 제35대대를 광주시내에 투입하여 시위를 진압하라고 하달했다.[31] 윤흥정 사령관이나 정웅 사단장은 자신들이 내린 '시위진압' 명령이 신군부의 정권찬탈 음모를 수행하기 위한 '살육작전', 이른바 '과잉진압'을 펼치리라고는 상상조차 하지 못했다.

이날 오전 11시 40분 금남로 3가 가톨릭센터 앞에서 학생들과 경찰이 대치하자 제7공수여단은 자체적으로 시내출동을 준비하기 시작했다. 12시 45분 정웅 제31사단장은 작전명령 제1호를 통해 전남대와 조선대에 주둔하고 있는 제7공수여단 제33대대와 35대대에 최소의 학교경계 병력만 남기고 시내 '소요사태' 진압을 위해 출동을 준비하라는 명령을 하달했다. 이미 계엄사는 이 때부터 학생들의 단순한 평화적 시위를 '소요사태'로 몰아 살육작전상의 '과잉진압'을 계획하고 있었던 것이다. 이에 따라 오후 2시 30분 정웅은 헬리콥터를 타고 조선대로 가서 제7공수여단의 2개 대대장 및 광주경찰서 경비과장 연석회의를 열고[32] 제33대대장 권승만 중령과 제35대대장 김일옥 중령에게 경찰이 수세에 몰려으니 병력을 시내에 투입하여 시위를 조기진압(?)하되 도청 앞은 경찰이 차단하고 있으니 제35대대는 충장로를 중심으로 좌우측 도로를 차단하고, 제33대대는 금남로 5가 쪽에서 도청방향으로 압박을 가하여

---

31 재향군인회, 앞의 책, 257~258쪽.
32 보안사, 「광주사태 일일속보철」, 1980년 5월 18일, 25쪽(국방부과거사진상규명위원회, 「12·12, 5·18 사건 조사결과보고서」, 63쪽).

시위대를 해산하라고 명령했다. 이에 따라 제33대대가 유동 3거리에 도착한 것은 오후 3시 40분, 제35대대가 충장로 입구에 도착한 것은 오후 3시 50분이었다.[33] 이 무렵 이희성 계엄사령관은 공수부대 2개 대대병력 680여 명으로는 시위진압에 어려움이 있어 추가병력 투입의 필요성이 있다고 전제하고 김재명 작전참모부장(副長)에게 1개 공수여단을 증파하도록 지시했다.[34] 김재명 작전참모부장은 오후 2시쯤 정호용 특전사령관이 지정한 제11공수여단을 증파하기로 결정하고 광주이동을 육본 작전명령 19-80호로 시달했다. 오후 3시 30분, 정호용 특전사령관은 제11공수여단이 주둔하고 있는 동국대학교로 가서 최웅 여단장에게 "제7공수여단 애들이 광주의 시위진압에 나섰다가 고전 중이니 광주로 가서 제7여단을 도와 최선을 다하라"고 명령했다. 이에 따라 최웅은 즉시 여단 작전참모와 예하 제61대대 1개 지역대(260명)를 선발대로 뽑아 오후 3시 43분 동국대학교를 떠나[35] 오후 4시 30분 성남비행장에서 비행기로 출발케 하고 나머지 병력과 제62대대는 오후 5시 청량리역에서 열차편으로 광주로 향하도록 했다.[36] 계엄사는 제11공수여단이 동국대학교에서 광주로 이동하자 고려대학교에 주둔하고 있던 제5공수여단을 동국대로 이동시켰다.[37]

---

33 제7공수여단,「전투상보」(보안사,「광주사태 일일속보철」, 1980년 5월 18일, 218쪽 ; 국방부과거사진상규명위원회,「12·12, 5·18 사건 조사결과보고서」, 63쪽).

34 황영시 육군참모차장은 이보다 앞서 합동수사본부 측으로부터 병력을 증원하여 시위를 조속히 진압해 달라는 요청을 받고 이희성 계엄사령관에게 보고한 바 있다(재향군인회, 앞의 책, 257쪽).

35 육군본부,「작전상황일지」, 1980년 5월 18일자(국방부과거사진상규명위원회,「12·12, 5·18 사건 조사결과보고서」, 63쪽).

36 재향군인회, 앞의 책, 257~258쪽.

37 육군본부「작전상황일지」, 1980년 5월 18일자(국방부과거사진상규명위원회,「12·12, 5·18 사건 조사결과보고서」, 63쪽).

이상은 1980년 5월 18일 오후, 계엄사가 학생들의 단순한 평화적 시위를 초동부터 '소요사태'로 몰아 공격작전을 펼치도록 명령하여 공수부대를 광주 시내에 투입시키는 경위와 그 '공격작전'이 시작되기도 전에 고전한다며 광폭한 살육작전을 펼칠 공수부대의 증파를 결정하는 과정이다. 그러면 평화적 시위대에 대한 '과잉진압'이라는 '공격작전'은 어떻게 감행되었을까?

공수부대의 '과잉진압'

1980년 5월 18일, 이날은 일요일이었다. 날씨는 아주 화창했다. 평균기온은 섭씨 16.3℃로 아침은 약간 쌀쌀했지만 낮 최고 기온은 25. 1℃까지 올라간 아주 쾌청한 날씨였다. 광주광역시 북구 누문동 62번지와 북동 180번지를 연결하는 횡단보도. 광주시내를 관통하는 금남로의 연장이어서 그냥 금남로라고 부르는 광주의 주요 거리에 위치한 이곳은 1929년 11월 3일, 항일독립운동 역사상 찬연히 빛나는 '광주학생독립운동'의 진원지인 광주제일고등학교(전 광주고보=광주서중) 입구이기도 하다. 역사는 반복된다고 했던가! 일본제국주의 식민지배정책에 항거하는 학생들의 독립운동이 일어난 지 51년, 민주화를 외치는 학생들의 평화적 시위에 하나회 정치군인들이 국가폭력을 동원하여 일제경찰보다 더욱 잔인하고 무자비하게 행사하며 자행한 '5·18 광주의 살육과 항쟁'이 바로 이곳에서 비롯된 것은 역사의 아이러니가 아닐 수 없다.

얼룩무늬 군복, 머리에는 방석망이 달린 헬멧을 쓰고 손에는 방패와 진압봉을 든 1개 중대 가량의 공수부대 소속장병들, 이들이야말로 대한민국이 자랑하는 가장 잘 훈련된 최정예부대요, 국내는 물론 적지 어느 곳이든 명령만 떨어지면 목숨을 초개같이 버리고 뛰어드는 삶과 죽음을 초월한 용감무쌍한 우리의 국군이었다. 따라서 국민들은 얼룩무늬 군복을 보면 어느 군인보다 더 사랑하고 믿음직하게 여기고 있었다. 그들은 나라의 최일선을 지키는 자랑스러운 형제요, 아들들이었다. 그런데 이날은 분명 그게 아니었다. 나라를 지키는 국군이 아니라 국민을 도륙하는 악마로 돌변한 것이다.

오후 3시 40분쯤[38] 유동 3거리에 나타난 얼룩무늬 군인들은 그곳으로부터 세 겹으로 횡렬을 지어 무표정한 모습인 채 도청 쪽을 향해 전진해 왔다. 이들의 등 뒤에는 월남전에서 맹위를 떨친 M16소총이 대각선으로 둘러메어져 있었다. 이들은 5·17 조치와 함께 광주로 이동하라는 계엄사령부 명령을 받고 전날 주둔지인 전북 익산을 출발해 다음날인 18일 새벽에 전남대 교정에 도착한 제7공수여단 제33대대 소속이었다. 제33대대와 함께 조선대에 진주한 제35대대는 같은 시간에 도청 앞과 충장로 쪽에 투입되었다.[39]

---

38 공수부대가 광주시내에 처음 등장한 시간을 두고 저자가 밝힌 오후 3시 40분(김영택, 앞의 책, 33쪽) 이외 여러 가지 설이 있다. 황석영의 『죽음을 넘어』는 '오후 1시쯤 수창국민학교에는 20여 대의 군용트럭들이 집결하고 있었다'고 기술한 다음 '오후 2시부터 공용터미널을 출발점으로 해서 시내 곳곳으로 돌아다니며 진압을 시작했다'고 적어 최초 등장시간을 오후 1시로 보고 있고(같은 책, 42쪽), 『1980年代 民主化運動』은 오후 3시부터라고 기록하고 있다(한국기독교협의회 인권위원회, 1987, 62쪽). 5·18 국회청문회에서 권승만 33대대장은 오후 2시 30분 500MD 헬기를 타고 전남대학교 연병장에 도착한 정웅 31사단장으로부터 시내투입을 명령받았다고 증언했고(국회 『광주청문회 회의록』 제20호, 1988년 12월 20일, 122쪽), 김일옥 35대대장은 같은 날 '오후 14시부터 15시 사이 정웅 31사단장으로부터 시내 시위진압을 명령받았다'고 증언했다(국회 『광주 청문회 회의록』 제25호, 1989년 1월 26일, 90쪽). 또한 평화민주당 김영진 의원은 5·18 청문회 당시 최웅 제11여단장을 상대로 질의하는 과정에서 33, 35대대의 광주시내 출동시간을 오후 3시 50분이라고 제시했었다(김영진, 『충정작전과 광주항쟁』 상, 동광출판사, 1989, 211쪽). 그러나 제7공수여단의 「전투상보」는 오후 3시 40분으로 기록하고 실제 진압작전에 투입한 시간을 오후 4시로 기록하고 있어 공식적으로 공수부대의 작전개시 시간이 오후 4시 정각임이 밝혀졌다. 작전개시 시간이 오후 4시라는 사실은 5·18 '사전음모론'의 중요한 단서가 된다.

이들의 왼쪽 가슴에는 날개달린 하얀 말(馬)이 벌떡 일어서서 뛰는 자세를 새긴 커다란 표식이 붙어 있었다. 예로부터 백마는 개선장군을 상징해 왔다. 그러나 이날의 백마는 국민들의 열렬한 환영을 받으며 개선하는 장군을 태운 말이 아니라 국민을 마구잡이로 짓밟고 유린하는 악마의 표상이 되고 말았다. 안타까운 백마였다.

군인들은 군홧발 소리를 내며 전진해 왔다. 앞으로 있을 비극을 예고라도 하는 듯 군홧발 소리는 무겁게, 그리고 매몰차게 울렸다. 이들은 지휘자의 '하나 둘, 하나 둘'하는 구령소리에 맞추어 반걸음 정도의 보폭으로 절도있게 전진해 왔다. 그때 '제자리 서, 정렬' 하는 지휘자의 구령소리가 날카롭게 울렸다. 대열이 횡단보도에 다다르자 내려진 명령이었다. 군인들은 횡단보도에 맞추어 일제히 멈추어 서서 대오를 가다듬었다. 유동 3거리에서 450미터쯤 떨어진 횡단보도로 광주제일고등학교 교문으로 이어지는 길이기도 하다. 여느 횡단보도와 마찬가지로 하얀 대각선 줄무늬가 칠해져 있었다.

짧고 숨 막히는 시간, 시계의 짧은 바늘이 4자 위에 서고 긴 바늘이 12자 위에 이르렀다. 오후 4시 정각이었다.[40] 바로 그때였다. 대열을 따라온 초록색

---

39 이날 광주에 도착한 공수부대는 2개 대대로 제7여단 제33대대는 전남대와 광주교대에, 제35대대는 조선대와 전남대 의대에 도착, 이미 각각 설치돼 있는 12채(합계 24채)의 천막에 숙영했다. 이 천막은 이미 5월 15일, 제7여단 33, 35대대가 18일 배치된다는 통보를 받은 제31사단장 정웅의 명령에 따라 설치된 것이다(재향군인회, 앞의 책, 251쪽).
※ 5월 17일 24시 전국 각 대학의 계엄군 점거 현황은 아래와 같다.
 1) 제1공수여단 4개 대대-연세대·서강대·홍익대, 2) 제5공수여단 4개 대대-고려대, 3) 제11공수여단 3개 대대-동국대(5월 19일 광주로 이동), 4) 제13공수여단 2개 대대-성균관대, 5) 제9공수여단 3개 대대-서울대·중앙대·숭전대, 6) 제3공수여단 5개 대대-예비부대로 거여동 주둔(5월 19일 광주로 이동), 7) 제7공수여단 4개 대대-전남대·조선대·전주대·대전대, 8) 보병 제20사단 3개 연대-국민대·산업대·경희대·한양대·외국어대, 9) 해병 제1사단 2개 연대-경북대·부산대·경남대(정상용·유시민 외, 『광주민중항쟁』, 사계절, 1990, 146쪽).

40 공수부대의 '살육작전'이 개시된 오후 4시는 정확하다. 취재차 현장에 있었던 저자는 당시 손목시계의 시간에 따라 작전개시 시간을 오후 4시 정각으로 메모했고 향후 5·18이 진행되는 기간 모든 시간을 정확하게 기록했다. 제31사단장 정웅 소장은 국회청문회에서 '16시부터 작전을 개시하도록 2개 대대에 명령했다'고 증언했고, 정웅 사단장을 상대로 이 항목을 질의한 이해찬 의원 역시 「특전사 작전일지」에 오후 4시부터 작전이 개시된 것으로 나와 있다고 밝혔다(같은 국회 『광주청문회 회의록』 제21호, 1988년 12월 21일, 136쪽). 권승만 33대대장도 오후 4시 금남로에 도착했다고 증언했다(같은 국회 『광주청문회 회의록』 제20호, 1988년 12월 20일, 126쪽). 또한 정상용·유시민의 『광주민중항쟁』(166쪽)은 현장 출동시간을 오후 3시 50분에서 4시 사이라고 기록하고 있고, 『월간조선』, 1985년 7월호, 「미공개 조선일보 취재일지」는 '오후 4시 계엄군이 나타나기 시작. 학생으로 보이는 청년들 연행시작'이라고 밝히고 있다. 또한 1995년 7월 18일 서울지방검찰청과 국방부 검찰부가 공개한 「5·18 사건 수사결과 발표문」을 보면 '정웅 사단장의 출동명령에 따라 15시 35분경 전남대를 출발한 7공수여단 33대대는 유동 3거리를 거쳐 북동 180번지 앞 횡단보도 금남로 끝 부분으로 이동, 시위대와 대치하고 있던 중, 16시경 자진 귀가하라는 선무방송에도 시위대가 해산하지 않자 33대대장은 시위진압 명령을 내렸다'는 것이다(『月刊 朝鮮』, 1995년 9월호, 556쪽). 또한 서울지방검찰청의 「5·18 공소장」(35쪽) 역시 '16:00경으로' 기록하고 있다. 이로 미루어 시위진압 개시시간은 오후 4시임이 분명하다. 한편 광주광역시 5·18 사료편찬위원회 편, 『5·18 광주민중항쟁』은 오후 1시 수창초등학교에 집결한 후 오후 2시 시위대와 대치하다 '돌격 앞으로'라는 명령과 함께 무자비한 강제해산을 시작한 다음 오후 4시 도청방향으로 전진하면서 시위를 진압한 것으로 서술하고 있고(같은 책, 103~104쪽), 나의갑은 오후 4시 정각 공수부대의 '사람사냥'이 시작되었다고 서술하고 있다(나의갑, 앞의 글, 229쪽). 「전두환·노태우 등 8명 내란혐의 공소장」에는 '전남대학교와 조선대학교에 주둔하고 있던 7공수여단 33, 35대대를 광주시내 금남로 일대로 출동, 16:00경부터 시위대를 해산시키면서'라고 밝혀 오후 4시를 분명하게 명기하고 있다(한상범 외, 『12·12, 5·18 재판과 저항권』, 법률행정연구원, 1997, 226쪽). 또한 전교사 작전상황 일지에는 제33대대와 제35대대가 18일 오후 3시 30분에 경찰과 함께 최초로 시위진압에 나선 것으로 기록되어 있다(김영진, 『충정작전과 광주항쟁』 상, 동광출판사, 1989, 210쪽). 이밖에 『죽음을 넘어 시대의 어둠을 넘어』(동서, 42쪽)와 최정운은 오후 2시(한국사회학회 편, 앞의 책, 270쪽, 註2), 『한국논단』, 1995년 5월호(「광주 15년, 총 누가 먼저 쏘았나」)는 오후 4시 30분, 한용원은 오후 4시 40분(한용원, 앞의 책, 384쪽)에 작전이 개시된 것으로 서술하고 있다. 그러나 최근 국방부과거사진상규명위원회에 의해 밝혀진 제7공수여단의 「전투상보」는 공식적인 작전시간을 16:00으로 기록하고 있어 논란의 여지가 없게 되었다(국방부과거사진상규명위원회, 「12·12, 5·18 사건 조사결과 보고서」, 2007, 63쪽).

1. 5톤급 탑 차량 위에 설치된 스피커에서 갑자기 찢어지는 듯 위압적인 금속성 목소리가 울려나왔다.

거리에 나와 있는 시민 여러분, 빨리 집으로 돌아가십시오. 돌아가십시오.

학생들의 시위광경을 구경하던 시민들은 특히 시위대와 경찰의 진압과정을 지켜보고 있었다. 공수부대 대열과 그 대열로부터 50여 미터 떨어진 도청 쪽에 진을 치고 있는 경찰 사이의 양쪽 인도에서 무슨 일이 벌어질 것인지 궁금해 하면서 서성이기도 하고, 시위와는 아무런 상관없이 지나다니고 있었다. 그리고 귀가를 종용하는 방송이 있은 지 1분이 지났을까 말까하는 극히 짧은 순간을 두고 엄청난 명령이 횡단보도에 도열해 있는 군인들에게 떨어졌다.

거리에 나와 있는 사람 전원 체포하라.

명령을 내리기 전 주의사항 등 어떤 구체적인 행동지침이 하달될 법도 한데 그렇지 않았다.[41] 무조건 체포하라는 단 한 마디의 명령뿐이었다. '시위대를 해산'시키라거나 '시위행렬을 진압'시키라는 명령은 물론 '시위'라는 단어조차 한 마디도 튀어나오지 않았다. 27년 후에야 밝혀졌지만 당시 광주에 투입된 공수부대원들에게 내려진 명령은 처음부터 '해산'이 아니라 '체포'였다.[42] 어찌됐

---

[41] 당시 이 병력을 지휘했던 권승만 33대대장은 '15분간의 선무방송을 했다'고 증언했다. 그러나 그의 증언내용은 사실과 다르다. 현장에서 직접 목격했던 저자 역시 '거리에 나와 있는 시민 여러분 빨리 집으로 돌아가십시오, 빨리 돌아가십시오'라는 단 한 번의 위압적인 방송 이외 어떠한 선무방송도 들은 바 없다. 국회 청문회에서도 같은 취지의 답변을 했다(같은 국회 『광주청문회 회의록』 제25호, 1989년 1월 26일, 6쪽, 김영택 증언).

[42] 제11공수여단 김모 하사(당시) 증언, 2006년 9월 7일(국방부과거사진상규명위원회,

건 이 '체포명령'은 현장에서 금방 '살상명령'으로 둔갑하여 향후 10일 동안 폭력화된 국가공권력에 의해 공공연하게 전개된 '광주살육'으로 확대 재생산되었다. 이는 항거와 좌절로 굴절되는 '5·18 광주 살육과 항쟁'의 신호탄이자 국가폭력의 절정기를 이루는 전두환 정권의 창출을 예고하는 폭탄선언이기도 했다. 이승만 정권 때 생성되고 박정희 정권 때 극성을 부렸던 국가폭력, 이젠 광주시민을 희생시켜 새로운 폭력정권을 창출하기 위한 제물(祭物)로 삼으려는 국가폭력의 극치였다.

집으로 돌아가라는 방송에 다소 불안한 마음을 가지고 있던 시민들은 어느 정도 긴장감을 느꼈지만 시위에 참여한 것도 아니고 구경만 하고 있었기 때문에 '죄 없는 사람까지 잡아가랴'하는 심정으로 태연하게 구경하고 있었다. 마침 공수부대가 유동 3거리 쪽에서 다가오자 대부분의 시위학생들은 이미 빠져나간 상태에서 극히 소수의 몇몇 학생들과 이들을 지켜보고 있던 행인들만이 듬성듬성 산재해 있었을 뿐, 시위대열 형태조차 제대로 갖추어 있지 않은 상황이었다. 그런데 무조건 '체포하라'는 날벼락같은 명령이 떨어진 것이다. 겁에 질린 행인들은 어찌할 줄 몰라 허겁지겁 줄달음을 쳐야했다.

군인들은 어느새 진압봉과 착검한 소총을 겨누어 잡고 체포하기 위한 무차별 공격에 나섰다. 시위했던 학생들만 잡는 것이 아니라 남녀 가리지 않고 눈에 띄는 대로 군홧발로 차고 진압봉으로 두들겨 패고 대검으로 내리쳤다. 그리고 피투성이가 된 채로 끌고 갔다.[43] 붙잡힌 사람마다 피투성이가 된 몸뚱이를 가누지 못했다. "나는 시위 안 했어라우" "시위학생 아니랑께요"하는 고함소리와 비명소리가 여기저기서 쏟아져 나왔다. 순식간의 일이었다. 시민들

『12·12, 5·18 사건 조사결과 보고서』, 2007, 65쪽).

43 김영택, 앞의 책, 38쪽, 사진.

은 우선 급한 대로 인근 점포와 사무실, 주택 할 것 없이 피해 숨기에 바빴다. 1층의 가게나 2, 3층의 사무실, 심지어 북동이나 누문동의 골목집으로 달아나는 시민들의 모습은 말이 아니었다. '혼비백산'이라는 말은 이런 상황에 아주 적절한 표현이었다.

더욱이 같은 시각 11대의 군용차량이 횡단보도로부터 50미터 떨어진 서석병원[44] 바로 앞길에 잇달아 줄지어 정차하면서 수많은 군인들을 쏟아냈다. 이들도 '공격작전'에 혈안이 되어 있었음은 물론이다. 그들은 도망가는 시민들의 뒤를 재빨리 쫓아가서 곤봉이나 대검을 무자비하게 휘둘러댔다. "저놈 잡아라" "저기 간다"는 소리와 동시에 "아이쿠" "억" 소리가 이 곳 저 곳에서 터져 나왔다. 이 일대는 삽시간에 생지옥으로 돌변해버렸다.

그것은 단순한 '시위진압' 모습이 아니었다.

횡단보도 바로 옆의 북동 276번지, 어수룩한 3층 건물의 2층에 있는 회사도 예외가 아니었다. 2명의 공수부대원이 착검한 M16 소총을 앞으로 내밀고 들어왔다. 사무실 안은 아연 긴장했다. 여자 경리직원과 정은철 총무(22세), 그리고 2, 3명의 배달학생들이 있었고 황급히 피신해 온 시민 20여 명도 있었다. 그리고 따로 칸막이가 되어 있는 옆방에는 허겁지겁 뛰어올라 온 3명의 청년들이 아무런 양해도 없이 들어가 숨어 있었다. 공수부대원들은 먼저 그 방을 덮쳤다. 그러자 갑자기 "아이쿠" 소리와 함께 "사람 살려요, 살려 줘요", "데모 안 했어라우" 하는 비명이 흘러 나왔다. 두 군인이 얼마나 짓밟고 개머리판으로 짓이겨 버렸는지 실신한 상태로 3명이 끌려 나왔다. 머리와 윗옷은 피투성이가 된 채였다. 끌려가는 그들은 거의 죽어버린 시체나 다름없었다. 한참 후 3명을 끌고 나갔던 두 군인이 또 다시 들어왔다. 마침 일요일인데도 수금 차 출근해 열심히 업무를 보고 있던 정은철 총무의 뒷덜미를 낚아챘다. 정 총무는 의자와 함께 뒤로 벌렁 넘어졌다. 두 군인은 그를 마구 짓밟고 개머리판으로 내리치는 것이었다. 곧 숨이 끊

---

[44] 서석병원은 그 후 없어지고 교보빌딩 마당으로 변했다.

어질 것 같았다. 정 총무는 얼마나 맞고 짓밟혔는지 반항하는 소리조차 내지 못했다. 두 군인은 사무실 바닥에서 기진맥진해 숨소리도 제대로 내지 못하고 꿈틀거리는 정 총무의 두 발을 양쪽에서 하나씩 붙잡고 끌고 나갔다. 머리는 땅바닥에 끌린 채였다. 마치 죽어 있는 짐승을 끌고 가는 것 같았다. 2층 계단을 내려갈 때도 그대로 끌고 갔다. 그는 자기가 맡은 구역의 수금실적이 나빠 하루 전날 지사장으로부터 질책을 받고 일요일인데도 출근했다가 봉변을 당한 것이다. 여기서 끝나지 않았다. 그들은 다시 들어와 담당구역 수금을 하기 위해 출근한 배달학생 박준하 군(광주공고 1년)을 수없이 때리고 짓밟았다. 그는 끌려 나가다 계단에서 실신해버렸다. 그들은 그대로 팽개쳐 두고 내려가 버렸다.[45]

'전원 체포하라'는 명령으로 시작된 '시위진압(?)'과 동시에 벌어진 공수부대원들의 살육행위는 어떤 이유나 원칙도 없이 무참하게 자행되었다. 이 같은 무자비한 살육 현장은 이날 이곳에서 뿐만 아니라 10일 동안 광주시내 전역에서 헤아릴 수도 없을 만큼 격렬히 벌어지게 된다.

서석병원 앞에 서있던 11대의 군용차량 반대쪽에 자리 잡고 있는 건물 바로 앞 도로에는 두 대의 차량이 유동 3거리 쪽을 향해 정차해 있었다. '공격작전'에 투입된 군인들을 싣고 온 차량들이었다. 그 차량에는 길거리와 건물 안팎에서 붙잡혀 끌려온 사람들이 가득 실리고 있었다. 얼마나 맞고 짓밟히고 찔렸는지 머리와 코와 입에서 피를 토해내지 않는 사람이 없었다. 그들의 하얀 옷자락은 핏물로 얼룩져 있었다. 어떤 사람은 기진맥진한 듯 눈만 껌벅껌벅하는 모습도 보였다. 이윽고 한 사람이 붙잡혀 왔다. 그의 머리와 코에서는 피가 줄줄 쏟아져 내렸고 흰색 웃옷은 갈기갈기 찢겨진 채 핏자국 투성이었다. 끌고 온 군인이 대기 중인 사병에게 인계하면 또 한두 차례 군홧발이 뛰고

45 국회 『광주청문회 회의록』 제25호, 7쪽, 1989년 1월 26일, 김영택 증언 ; 김영택, 앞의 책, 37쪽.

몽둥이가 춤을 추었다. 그리고 짐짝 실리듯 트럭 위로 올려졌다. 차량 위에 있는 또 다른 군인이 "이 새끼 머리 숙여"라며 군홧발로 머리와 등짝을 짓밟았다. 숨소리조차 들리지 않아야 끝이 났다.[46] 정말 눈뜨고는 볼 수 없는 광경이었다. 아마 침략군이 점령지역에 들어가더라도 이렇게 잔인하고 혹독한 폭력을 행사하지는 않을 것이라는 생각이 번쩍 들만큼 비참한 광경이었다. 어떤 외국인은 한국전쟁 당시 북한의 인민군이 내려왔을 때도 이런 일은 없었다고 되뇌었다.[47] 길거리에는 대위, 중위급 장교들과 상사, 중사급 하사관들이 사병들을 지휘하고 있었다. 이들은 사병들과는 달리 총을 들지 않은 대신 손에는 몽둥이나 네모진 각목을 들고 있었고 심지어 장작개비를 들고 있는 장교도 있었다. 이들은 살상극을 벌이는 사병들을 향해 '뭣 하느냐'며 더욱 거세게 다루도록 고함치고 있었다.

바로 그때, 택시 한 대가 지나가다 붙잡혔다. 감색 양복에 하얀 와이셔츠를 입은 젊은 남자와 색동저고리에 빨간 치마를 입은 예쁜 새색시가 차에서 끌려 나왔다. 한 눈에 보아도 시위와는 아무런 상관이 없는 신혼부부임에 틀림없었다. 이 길은 시내 중심가에서 광주공항이나 고속버스터미널 또는 광주역으로 빠져나가는 길목, 신혼부부는 공항 쪽으로 가고 있는 듯 했다. 그러나 이러한 신혼부부조차 예외가 아니었다.

택시에서 끌려 나오자마자 신랑은 몽둥이와 장작개비로 두들겨 맞고 군홧발질을 수도 없이 받았다. 이유도 없었다. 신랑은 "아이쿠, 눈이야" 하고 외마디 소리를

---

46 차량 위에서 잔인하게 다룬 것은 '반항과 도주를 사전에 막기 위해서'라고 이 작전에 참가했던 공수부대원은 실토했다(윤재걸, 「내가 보낸 화려한 휴가 – 광주사태에 투입됐던 어느 공수부대원의 수기」, 『작전명령 – 화려한 휴가』, 실천문학사, 1987, 36쪽).

47 신 고르넬리오, 「나도 광주사람이오」, 윤공희대주교와 사제들의 오월항쟁 체험담, 『저항과 명상』, 빛 고을 출판사, 1989, 122쪽.

지르며 눈을 붙잡고 땅바닥으로 뒹굴었다. 얼마나 맞고 채였는지 "눈알이 빠져 버렸다"고 아우성이었다. 정말 눈알이 빠져버린 듯한 시늉을 하며 아파 죽겠다 고 소리소리 질렀다. 신부도 군홧발로 채였는지 치마저고리가 갈기갈기 찢겨있 었다. 신부는 자신의 몰골은 돌아보지도 않은 채 땅바닥에서 뒹굴고 있는 신랑을 붙잡고 엉엉 울며 "사람 살려, 사람 살려"라며 절망적으로 울부짖었다. 그런데도 군인들은 계속 신부를 걷어차며 욕지거리를 하더니 "빨리 꺼져"라고 소리를 질 렀다.[48]

저자는 이 광경을 지켜보면서 뭔가 이상하게 짚이는 대목, 이해할 수 없는 의구심이 떠올랐다. 분명하게 시위했을 리 없는 신혼부부까지 왜 두들겨 패고 짓밟는 것일까? 이것이 과연 시위진압인가? 공수부대가 계엄군의 사명을 띠 고 이른바 시위진압에 나섰다면 시위대원이나 시위했을 것으로 짐작되는 사 람만을 상대로 진압해야 할 일이지 왜 시위했을 리도, 시위할 가능성조차 전 연 없는 신혼부부에게까지 아무렇지 않게 잔인한 폭력을 휘두르는 이유는 무 엇일까? 아무리 생각해도 이해할 수가 없었다. 특히 공수부대원들이 저지른 살인적 만행의 대부분이 시위와는 전연 관계없는 사람들에게도 무차별적으로 가해졌다는 사실 때문에 더욱 그러했다. 이러한 광경을 지켜본 많은 사람들 은 이날의 시위진압 자체가 안녕질서 유지나 치안회복 차원이 아니라 어떤 목 적의식이 분명한 의도된 행위였다는 의구심을 떨칠 수가 없었다. 그 의구심은 10일 동안 계속된 살육과 항쟁을 지켜보던 시민들의 가슴에 새겨지면서 '분노 의 공감대'를 이루어 '저항하는 군중' '성난 민중'으로 돌변하게 했다.

11대 군용트럭의 대열 맨 마지막 차량 위에서는 22~23세 가량의 미혼녀인 듯

---

48 제144회 국회 『5·18 광주민주화운동 진상조사 특별위원회 청문회 회의록』, 7쪽 ; 김영 택, 앞의 책, 37쪽.

한 청순한 여성이 차마 눈뜨고 볼 수 없는 수모를 당하고 있었다. 아니 '수모'라는 표현은 적절하지 않을 지도 모른다. 왜냐하면 인간으로서, 특히 '여자'로서는 도저히 상상할 수도 없는 횡액을 당하고 있었기 때문이다. 약간 적갈색 빛깔을 띤 머리를 기다랗게 내려뜨린 아가씨는 160cm 정도 키의 날렵한 몸매의 20대 여성이 분명했다. 하얀색 투피스 스타일의 윗옷은 피투성이가 된 데다 갈기갈기 찢겨진 채 옷을 입었다기보다는 젖가슴이 보일 정도로 걸쳐져 있었고 아랫도리는 완전히 벗겨진 채였다. 예쁜 아가씨는 얼굴을 가린 채 흐느끼고 있었다. 그녀는 자신의 치부를 가리기 위해 두 다리를 소아마비 환자처럼 꼬고 있었다. 발아래에는 그녀의 찢겨진 팬티며 스커트가 피로 얼룩진 채 흐트러져 있었다. 이 아가씨를 차 위에 올려놓고 무어라고 악을 쓰는 공수부대원도 있었고 킬킬거리는 공수부대원도 있었다. 심지어 '좋다'며 희롱하는 공수부대원도 있었다.[49]

그녀가 어떻게 붙잡혀왔는지 알 수 없을 정도로 눈 깜짝할 사이에 벌어진 장면이었지만 시위와는 아무런 관계없는 행인이었음은 분명했다. 옷차림이 그러했다. 그녀는 차량 옆 인도를 지나다 이유없이 붙잡혀 군홧발로 채이고 진압봉으로 두들겨 맞아 피투성이가 된 채 쓰러져 있었다. 그러자 군인들이 "×× 봐라" 하면서 옷을 붙잡고 일으키다 옷이 찢겨지고 벗겨졌던 것이다. 그런데도 군인들은 다시 "×× 올라가"라고 욕지거리를 하며 군홧발과 진압봉으로 짓밟고 내리친 다음 그녀를 차량 위로 올렸는데 그곳에는 또 다시 발길질 하는 군인들이 기다리고 있었다. 그리하여 윗옷마저 거의 찢겨져 완전한 나신으로 바뀌기 직전이었다. 한 대 맞으면 어느 누구도 당해낼 수 없는 군홧발과 진압봉의 위력은 이 연약한 여인에게도 여지없이 발휘되었다.

이때 한 40대 남자가 하얀 가운을 들고 나와 이 아가씨에게 던져 주려다 군인들

---

49 김영택, 앞의 책, 39~40쪽.

에게 붙잡혔다. 공수부대원들은 이 남자에게도 군홧발과 몽둥이 세례를 가차없이 가했다. 그는 바로 옆에 있는 서석병원 사무장이었다. 눈으로 차마 볼 수 없는 여인의 상황을 감싸주려고 병원 간호사의 가운을 들고 나왔다가 봉변을 당한 것이다. 이 같은 광경을 행인들은 물론 이 건물 저 건물 안에서 수많은 사람들이 지켜보고 있었다. 시민들은 살기등등한 공수부대원들의 행패를 이미 눈으로 직접 목격했던 터라 감히 나와서 만류하거나 제지하려들지 않았다. 그대신 "저런, 저런, 저럴 수가 있나, 나쁜 놈들, 원 세상에, 끌끌……"하는 소리가 튀어나왔다.[50]

한 마디, 두 마디가 모여 군인들의 귀에도 들렸음인지 그들은 병원 사무장이 던져 주려 했던 가운을 홱 던지며 입으라고 말한 다음 차에서 내리게 한 후 "빨리 꺼져"라고 소리를 질렀다. 그녀는 걸음도 제대로 걷지 못해 비틀거리며 얼굴을 감싸고 군인들의 무리 속에서 빠져 나와 골목길로 접어들었다. 뒤에 이 여인의 수모는 '계엄군이 간호사에게 행패를 부렸다'는 유언비어로 번졌으나 유언비어가 아닌 더욱 혹심하게 벌어졌던 실제사건이었다. 간호사로 소문 난 것은 하얀색 가운을 입고 현장에서 벗어난 데서 잘못 전해진 것이다.

이 곳에서 가까운 광주제일등학교 부근에서는 두 명의 공수부대원이 길 가던 여학생을 붙잡아 머리카락을 움켜쥐고 "이 ×××이 데모를 해, 어디 죽어 봐라"고 욕지거리를 하며 피투성이가 되고 실신할 때까지 군홧발로 차고 개머리판으로 두들겨 팼다. 웃옷과 브래지어는 갈기갈기 찢겨버렸다.[51]

뿐만 아니라 공수부대원들의 몽둥이와 군홧발은 광주제일고등학교 교실과 운동장에도 들이닥쳤다. 이곳은 광주학생독립운동의 진원지로 일본경찰도 함부로 드나들지 않았던 곳, 그들도 학생들을 연행할 때는 교장실에 들러 사전

---

50 제144회 국회 『광주청문회 회의록』, 7~8쪽 ; 김영택, 앞의 책, 40쪽.

51 황석영, 『죽음을 넘어 시대의 어둠을 넘어』, 풀빛, 1985, 50쪽.

양해를 구한 후 이른바 불령선인[52]을 연행해 갔었다. 그러나 공수부대원들은 사전양해는커녕 군홧발로 교실에 들어가 수업을 받고 있던 학생들을 아무런 이유도 없이 마구 두들겨 패고 짓밟고 끌어가 버렸다. 이날 교실에 있던 학생들은 정규고등학교를 다니지 못한 젊은이들이 고등학교과정을 이수하기 위해 방송통신고교에 적을 두고 일요일 수업을 받고 있던 어른 고등학생들이었다. 이들도 시위와는 아무런 관련이 없음은 물론이다. 오직 공부에 열중할 뿐이었다. 학자금이 없어 정규 고교에 진학하지 못한 사람, 직장 때문에 공부를 못했던 사람 등 그야말로 지식에 목말라 공부에 여념이 없던 사람들이었다. 일요일인 이날도 밖에서는 시위소리가 요란했지만 귀를 막고 오직 한 가지라도 더 배우고자 공부하는 데 정신을 쏟고 있었다.

이 같이 숙연한 교실에 난데없이 공수부대원들이 들이닥쳐 몽둥이질을 하며 마구 짓밟고 닥치는 대로 끌고 가기 시작한 것이다. 정복을 입고 수업을 받던 어느 육군중사도 곤봉세례를 받았다. 그는 재빨리 뛰쳐나와 교문 밖으로 나와 "나도 군인이지만 저럴 수 있는가?"라고 중얼거리며 빠져 나갔다. 그는 느닷없이 진압봉을 얻어 맞고 치밀어 오르는 분통의 눈물을 쏟아내며 눈언저리를 계속 문지르고 있었다.[53] 이에 앞서 이날 광주일고 운동장에서는 조선대학교 의과대학 동문들이 체육대회를 열었다가 마무리 단계에 들어갈 무렵 공수부대원들이 일부는 학교교실로, 일부는 운동장 체육대회장으로 들이닥쳤다. 모두 체포하라는 고함소리 같은 명령과 함께 들이닥친 공수부대원들은 마구잡이로 구타하고 짓밟고 연행해 갔다. 동문들 중 일부는 붙잡혀가고 일부는 제대로 인사도 나누지 못한 채 도망치듯 흩어졌다. 선배들의 체육대회에 참석

---

52 '不逞鮮人'이라는 단어는 한인들을 비하해서 '사상이 온전치 못한 조선인'이라는 뜻이다.
53 김영택, 앞의 책, 42쪽 ; 나의갑, 앞의 글, 230쪽.

했던 의과대학 4학년생 이민오는 주변에서 몰려온 공수부대원들을 피해 광주일고 교장관사로 도망쳤다. 그러나 교장관사 안방까지 쫓아온 공수부대원에게 붙잡혀 무수히 구타당한 뒤 광주서부경찰서를 거쳐 상무대로 연행되었다. 그리고 다음날인 19일 밤 상무대 영창에서 다시 구타당한 뒤 췌장 및 비장파열과 복막염을 일으켜 심각한 복통증세와 구토를 호소한 끝에 이날 밤 12시쯤 광주 육군통합병원으로 이송되어 대수술을 받고서야 살아날 수 있었다.[54]

어떤 젊은이가 북동 우체국 옆 마지막 골목집으로 뛰어들어 안방 장롱 속으로 숨었다. 공수부대원이 뒤 쫓아와 집에 있던 할머니에게 "금방 도망 온 학생이 어디 있느냐"고 물었다. 할머니가 "모른다"고 대답하자 "이 ×××이 거짓말을 해"라면서 할머니를 진압봉으로 두들겨 패 실신시킨 다음 집안과 방안을 뒤져 장롱 속의 젊은이를 찾아내 무참하게 두들겨 패고 짓밟은 다음 끌고 갔다.[55]

그 곳에서 멀지 않은 터미널 뒷골목까지 달아난 고등학생이 붙잡혔다. 학생은 자지러지게 무릎을 꿇으며 살려달라고 애원했다. 자기 집 대문에서 이 광경을 지켜보던 60대 노인이 보다 못해 몸으로 가로막으며 "놔 주라"고 타이르자 공수부대원은 진압봉으로 그 노인을 내리쳤다. 노인은 피를 토하며 쓰러졌다. 그리고 학생의 온몸을 진압봉으로 후려치고 대검으로 찔러 실신케 한 후 끌고 갔다.[56]

소총 개머리판과 진압봉으로 두들겨 패고 대검으로 찌르는 사례는 수없이 많다.[57] 한국은행 광주지점 앞 4거리에서 50여 명의 학생들이 시위를 하자 공

---

54 국방부과거사진상규명위원회, 『12·12, 5·18 사건조사보고서』, 2007, 70쪽.

55 황석영, 앞의 책, 1985, 50쪽. 여기의 ×××표는 '씨팔년'이라는 욕설의 표현임.

56 황석영, 앞의 책, 49~50쪽 ; 이 책에서는 '곤봉으로 후려쳤다'는 표현을 쓰고 있으나 당시 공수부대원이 휴대했던 것은 곤봉이 아니라 그보다 더 길고 조잡하게 만들어진 '진압봉'이었다.

57 「5·18 공소장」, 36쪽.

수부대원들이 무조건 짓밟으며 두들겨 팬 후 붙잡아 갔고, 광주고등학교 부근에서는 300여 명의 학생과 시민들이 공격을 받고 도망가자 집집마다 뒤져 젊은이들을 붙잡아 갔다.[58] 심지어 숙녀가 인간이하의 수모를 당하는 것을 보다 못해 가운을 던져 이를 도우려던 인도적 행위마저 난타하는 만행을 자행했는가 하면 상상을 초월하는 살인행위도 서슴없이 저질렀다.

네 살 때 뇌막염 치료를 위한 약물복용 잘못으로 벙어리·귀머거리가 된 김경철(28·양화공)은 18일 오후 친구들과 함께 점심을 먹고 집으로 돌아가던 중 금남로 지하상가 공사장 부근에서 공수부대원들에게 붙잡혀 수없이 두들겨 맞고 짓밟혔다. 말을 알아듣지 못해 무슨 연유로 붙잡혔는지도 모르지만 말을 못해 변명조차 할 수 없는 그는 농아장애자 증명을 보이며 두 손으로 빌었으나 아무소용이 없었다. 그래도 나동그라지면서 빌었다. 그들의 다리를 붙잡고 애원했다. 그런데도 대답하지 않는다고 때리고 벙어리 흉내를 내며 장난친다고 후려치고 군홧발로 짓이겼다. 얼마나 맞았는지 길바닥에 쓰러졌다. 공수부대원들은 시체나 다름없는 그를 팽개쳐버렸다. 이를 보다 못한 주변사람들이 트럭에 싣고 적십자병원으로 옮겼지만 다음날 3시쯤 숨졌다. 그의 시신은 육군통합병원 영안실로 옮겨졌다.[59]

---

58 정동년, 『5·18 그 삶과 죽음의 기록』, 풀빛, 1996, 359~360쪽.

59 연락을 받은 군은 그의 시체를 광주육군통합병원 영안실로 옮겨갔다. 나중에 광주지방검찰청과 군이 합동으로 작성한 사체검안서에 적혀있는 사망원인은 '후두부 찰과상 및 열상, 좌안성검부 열상, 우측상지전박부 타박상, 좌견갑부 관절부 타박상, 진경골부·둔부 및 대퇴부 타박상'이다. 쉬운 말로 표현하면 뒤통수가 깨지고 눈이 터져 튀어나오고 팔과 어깨가 부셔졌고 엉덩이와 허벅지가 으깨어진 상태다. 얼마나 잔인하게 두들겨 맞고 짓밟혔는지 생생하게 나타나 있다(「5·18 공소장」, 36쪽 ; 김영택, 앞의 책, 63쪽 ; 5·18유족회 편, 『광주민중항쟁비망록』, 남풍, 1989, 235쪽 ; 5·18 민주유공자유족회 구술, 5·18 기념재단 엮음, 『그해 오월 나는 살고 싶었다』, 한얼미디어, 2006, 18~19쪽. 이하 『그해 오월』로 표기).

왜 자신이 두들겨 맞았는지, 왜 붙잡혔는지조차 모른 채 그저 두 손으로 빌어도 소용없이 처절하게 숨져간 그 장애자의 죽음은 무엇을 의미하는 것인가? 광주 '살육작전'에서 최초의 희생자가 된 김경철, 말도 못하고 듣지도 못하는 20대의 그는 이렇게 죽어갔다. 이러한 사례들로 볼 때 학생들이나 광주시민을 시위진압 상대로 보지 않고 적의(敵意)가 가득한 공격대상으로 보고 있었음이 분명하다. "전라도 새끼들 40만쯤 없애버려도 끄떡없다"는 광주에 투입된 어느 공수부대 영관급 장교의 뇌까림은 바로 이를 뒷받침하고 있다.[60] 이는 신군부의 반인륜적 국가폭력의 행태를 그대로 드러내는 대목이기도 하다. 이러한 참상을 직접 목격했거나 소문을 들은 시민들은 눈앞에 닥쳐온 생존의 위기감을 절실하게 느끼지 않을 수 없었다. 이들은 이를 극복하려는 공동체적 운명의 공감대를 이루어 자연스럽게 대응책을 마련하는 계기로 작용했다. 이같은 시민들의 '절대적 공동체 현상'은[61] 항쟁이 좌절되는 5월 27일까지 계속되면서 '민중들의 역사'를 엮어가는 원심력이 되었다.

'과잉(過剩)'이란 현재 시위를 벌이고 있는 시위대원을 향해 더 이상 시위를 하지 않도록 신체 아래부위만 진압봉으로 가격하여 시위의욕을 상실케 한 후 해산시키는 선에서 진압하는 가운데 다소 흥분해 진압봉을 휘두르다 약간의 상처를 입혔다거나 정신을 잃게 하는 것을 말하는 것이다. 아예 처음부터 시위와는 거리가 먼 사람들에게 무자비하게 진압봉을 휘둘러 머리·가슴·얼굴·뒤통수 가리지 않고 두들겨 패고 군홧발로 짓밟고 개머리판으로 내리치고

60 강길조 증언, 「살인적인 고문에 죽어나가는 사람들」, 한국현대사사료연구소 편, 『光州五月民衆抗爭史料全集』, 풀빛, 1990, 1451쪽.

61 최정운, 「폭력과 사랑의 변증법 ; 5·18 광주민중항쟁과 절대공동체의 등장」, 한국사회학회, 『세계화시대의 인권과 사회운동-5·18 광주민중운동의 재조명』, 나남출판, 1998, 269쪽.

대검으로 찌르는 것, 그리고 죽음에 이르도록 하는 것, 그것은 시위진압이 아니라 살인행위 또는 살육작전임이 분명하다. 더욱이 이들을 지휘하는 장교나 하사관들은 진압봉 대신 네모진 각목이나 장작개비를 들고 사병들을 향해 "무엇들 하느냐!"고 다그치는 모습은 시위진압 차원이 아니라 작전을 치르러 출동했음이 분명해 보였다.

이와 같이 부하들의 살인적 '과잉진압'을 독려하며 무자비한 살육작전을 펼치고 있던 공수부대의 만행과는 달리 그동안 평화적 시위에 대한 경찰의 태도, 특히 안병하 경찰국장은 18일 오전 11시 시내에서 전남대학교 학생들의 시위가 벌어지자 '분산하는 자는 너무 추격하지 말 것', '부상자가 발생하지 않도록 할 것', '진압에 저항하는 자는 연행할 것'을 지시했다. 그리고 그 후 '연행과정에서 학생들의 피해가 없도록 하라'고 지시한 다음 학생들의 시위가 격렬해지자 '시위 중인 학생들을 철저하게 검거하라'고 명령했다. 안병하 국장은 '오후 4시 20분부터 공수부대가 투입되어 협동작전을 하게 되니 각 부대장은 현장을 유지하고 가스차 피탈이나 인명피해가 없도록 조치'하라고 당부했다.[62] 그러면서 어디까지나 인명피해가 발생하지 않도록 주의하고 가급적 공수부대의 무자비한 과잉진압에 동조하지 말도록 했다. 그러나 인명피해를 바라지 않았던 안병하 국장의 지시는 공수부대의 살인적인 '과잉진압'으로 인해 지켜지지 않았다.[63] 그는 21일 공수부대가 시내에서 철수할 당시 부하들에게 '알아서 적당하게 피신하라'고 지시하기도 했다.[64]

62 전남도경, 「집단사태 발생 및 조치상황」, 1980. 5. 18 인용.

63 국방부과거사진상규명위원회, 『12·12, 5·18 사건 조사결과보고서』, 66쪽 재인용.

64 안병하 등 전남경찰 주요간부들은 1980년 5월 27일 합동수사본부로 연행된 후 전두환 합수부장의 지시에 따라 합수부에서 14일간 조사를 받았다. 나머지 경찰관 67명은 경찰 자체에서 조사토록 했다. 합수부 조사결과 안병하는 '피의사실 발견할 수 없어 치안본부에 이첩 면직시키라'고 결정하고 자진사표를 조건으로 방면했다. 안병하는 그 후 조사과

공수부대가 저지른 만행의 대부분이 시위와는 거리가 먼 사람들에게 가해졌다는 사실은 '안녕질서 유지'나 '치안회복' 차원이 아니라 어떤 목적의식이 내재된 행위였음을 말해준다.[65] 바로 그러한 현장을 고스란히 지켜봤던 저자는 계엄군, 즉 공수부대에 의한 국가폭력이 살육적으로 자행되기 시작한 1980년 5월 18일 오후 4시 정각을 '5·18 광주의 살육과 항쟁' 또는 '5·18 광주민중항쟁'의 시발점, 그리고 그 횡단보도를 스타트 라인으로 보고 있다.[66]

그러면 이같이 무자비한 '살상행위', '살육작전'을 저질러 5·18을 유발시킨 공수부대의 지휘관들은 어떤 생각을 가지고 있었을까? '살육작전' 최초의

정에서 받은 혹독한 고문후유증으로 1988년 10월 사망했다(국방부과거사진상규명위원회, 『12·12, 5·18 사건 조사결과보고서』, 66쪽 재인용). 경찰청과거사진상조사위원회는 조사결과 부당한 고문과 강제사직 사유가 인정된다고 결론지었다. 이에 따라 전남경찰청은 2006년 8월 23일 '직무수행과 관련하여 불법구금·고문·혹독한 심문으로 인해 상이(상처)를 입었고 그 후유증으로 투병 중 사망했음이 인정된다'고 결론짓고 '공무수행과 법률상, 의학상 상당한 인과관계가 인정된다'며 그를 순직경찰로 인정, 국립현충원 경찰묘역으로 이장했다(〈연합뉴스〉, 2006년 9월 6일자).

65 저자는 이 의문을 다섯 가지로 요약해서 따로 발표한 바 있다. ① 공수부대는 왜 시위했을 가능성도 전연 없는 순수한 시민들까지 무자비하게 살상했는가? ② 광주항쟁에서 혜성처럼 등장했던 전옥주는 왜 피신할 때 계엄군 쪽으로 빠져나갔는가? ③ 5월 21일 낮 1시 정각 울린 애국가는 발포명령이 아닌가? ④ 5월 22일부터 갑자기 등장한 복면부대의 정체는 무엇인가? ⑤ '광주사태'의 희생자는 과연 몇 명인가?(김영택, 「광주사태-그날의 다섯 가지 의문점」, 『新東亞』, 1987년 9월호).

66 광주항쟁의 개시시점이 언제부터인가에 대한 견해는 ① 제7공수여단 33, 35대가 전남대와 조선대에 도착한 18일 새벽 1시 10분. ② 전남대 교문 앞에서 계엄군과 첫 충돌한 오전 9시 30분 전후 ③ 공수부대가 살상행위를 감행하기 시작하는 오후 4시 정각의 이상 세 가지다. 필자는 오전 9시 30분 전후, 전남대 교문 앞에서 공수부대와 충돌했다 하더라도 아직 본격적인 시위가 시작되지 않았으니 시내시위에 공수부대를 투입시키지 않고 경찰병력으로만 진압작전에 임했거나, 공수부대를 투입시켰다 해도 정상적 시위 진압방법을 취하도록 했더라면 광주살육이나 5·18 광주민중항쟁은 결코 일어나지 않았을 것으로 판단한다. 이 때문에 5·18 광주민중항쟁의 시작은 공수부대가 살상행위를 시작하는 오후 4시 정각으로 보고 있다(김영택, 「光州의 진상, 아직도 은폐되고 있다」, 동아일보사, 『新東亞』, 1989년 2월호).

현장지휘관이었던 제7여단 제33대대장 권승만 중령은 "시위대원들이 건물옥상까지 올라가 부대원들에게 수없이 돌을 던져 저를 포함한 거의 모든 부대원들이 부상을 당했고 이를 진압하는 과정에서 몸싸움이 벌어져 상호 다친 사람이 많이 생겼다"고 주장했다. 그는 '과잉진압'이라는 용어자체가 온당치 않으며 '질서유지를 위해 불가피한 조치였으므로 과잉진압을 한 적이 없다'고 강조했다.

저희가 거기에서 모두 있은 시간(체류시간)이 약 40여 분밖에 안 되지만 선무방송을 한 시간은 약 15분 정도 되는 것으로 기억이 됩니다. 그래서 선무방송을 꾸준히 했는데, 이것도 되지를 않았기 때문에 제2단계로 최루탄을 사용해서 해산을 시도해 보았습니다. 그러나 저희가 당시 가지고 있었던 최루탄은 지금 나온 것처럼 그렇게 성능이 좋지를 못합니다. 일명 사과탄이라고도 합니다만 성능이 별로 좋지 않기 때문에 별 효과를 보지 못했습니다. 따라서 돌은 계속 날아오고 선무방송, 최루탄을 사용해도 해산의 기미는 보이질 않고 그래서 할 수 없이 직접 충돌을 해서 해산을 시키는 방법뿐이 없다고 대대장은 판단을 해서 대대 전면에 있는 약 70여 명의 인원을 직접 시위군중 속에 투입을 시켰습니다. 이런 과정에서 진압봉도 사용하고 치고 패고 하는 그런 광경이 벌어졌습니다. 이 70명의 인원을 가지고도 도저히 안 되기 때문에 다시 바로 나머지 대대 전 인원을 투입했습니다. 이 인원들이 이제 큰 함성을 지르면서 힘차게 달려 나간 후에야 겨우 데모가 해산이 됐는데, 이때 인원이 많다 보니까 앞에서 주동을 했던 요원들은 약간 명이 연행이 되고 뒤에 있는 분들은 그대로 다 분산이 되어서 전부 흩어졌습니다. 이 시간이 16시 40분경으로 완전히 해산이 됐습니다. 그 이후는 저희 대대지역에서는 이제 더 이상 시위가 발생하지 않았습니다.[67]

---

67 제144회 국회 『5·18 광주민주화운동 진상조사 특별위원회 회의록』 제20호, 1988년 12월 20일, 권승만 증언(이하에서는 청문회 증언을 인용할 경우 '국회 광주청문회'로 약칭한다).

첫날 출동당시 '몇 차례 선무방송을 했느냐'는 민주정의당 김길홍 의원의 질문에 대한 답변내용의 일부다. 이 답변대로라면 광주항쟁은 아예 일어나지 않았어야 옳다. 그는 거짓말을 했다. 가해자들은 이후에도 수없이 거짓말을 하게 된다. 그러나 이런 거짓말이 사실이라면 앞서 있었던 전남북계엄분소장 윤흥정 중장의 '공수부대의 과잉진압 이야기를 듣고 군복입고 있는 것을 부끄럽게 여겼다'는 증언은 위증이 되고 만다.

> 18일 저녁에 제가 광주시내에 있는 친지로부터 많은 전화를 받았습니다. "이렇게 계엄군이 하기냐"고 "이렇게 사람을 막 개 패듯이 패도 되느냐"고……. 한 군데에서 전화를 받은 것이 아니라 여러 군데에서 받았습니다. 그래서 저는 상당히 놀래가지고 당장 19일 오전에 도지사 이하 시장·교육감·지검장·고검장 그 외 종교단체 등 군·관·민 방위협의회를 중심으로 대책회의를 소집했습니다. 거기에는 31사단장, 공수여단장을 비롯한 군 요인들도 한 자리에 모이게 해놓고 대책회의를 했습니다. 그때에 다시 기관장들로부터 제가 정말 군복을 입고 있기가 부끄러울 정도의 얘기를 들었습니다. 그 기관장들의 얘기하는 내용으로 보아서 또 주민들이 직접 전화하는 것으로 보아서 18일 진압에 상당한 군의 과잉진압상태가 심각하다는 것을 알게 되었습니다.[68]

그런데도 김일옥 제35대대장 역시 시위를 진압하는 과정에서 '과잉진압'을 하지 않았다고 주장하면서 대검사용은 더욱이 어불성설이라고 항변했다.

> 광주사태 전 기간 중에 대검은 한 번도 사용한 적이 없습니다. 저희들이 분명히 대검이나 총검으로는 진압한 일이 없다고 말씀드릴 수 있는 것은 작전이 끝나고 나서 거기서 회의를 했고 지역대장이나 중대장으로부터 그런 보고가 없었습니다. 그래서 저는 없는 것으로 현재 알고 있습니다.[69]

68 국회『광주청문회 회의록』제16호, 1988년 12월 7일, 윤흥정 증언.

그는 현장과는 너무나 다른 상황을 설명하기에 급급했다. 평민당의 김영진 의원은 5·18 초기단계인 1980년 5월 18일부터 21일까지 전남대학교 병원, 조선대학교 병원, 기독병원, 임내과, 서석병원 등 시내에 있는 대부분의 병원에 5월 18일 24명, 19일 69명, 20일 70명, 21일에는 298명으로 총검에 의한 부상자가 총 461명으로 나타나 있으며, 또한 사망자 대부분이 대검 혹은 진압봉에 의해 살해당한 사실이 전문검시관들의 검시결과 나타났다고 제시했다. 김영진 의원은 특히 대검에 찔려 살해된 희생자의 사진을 제시하며 대검에 의한 것인지 아닌지 확인하라고 김일옥 대대장에게 내보이자 그는 '칼에 찔린 것 같다'며 그때서야 간접적으로 대검사용을 시인했다.

공수부대가 투입된 첫날 그들은 한결같이 대검사용을 부인했지만 광주시민들은 누구나 공수부대원들이 진압봉·몽둥이·대검·개머리판을 사용해 수많은 시민들을 구타하고 짓밟고 찌르고 있었음을 목격했다고 증언하고 있다. 일부 사진기자들이 찍은 사진에도 나타나고 있음은 물론이다. 이를 뒷받침하는 증빙들이 속속 나타나고 있는데도 이들은 한결같이 부인하는 증언을 했다. 현장을 취재했던 저자는 1989년 1월 26일 국회 5·18 청문회에서 권승만 대대장의 증언을 정면으로 뒤엎는 증언을 했다.

그때 상황은 전연 그런 상황이 될 수가 없습니다. 제가 현장 얘기를 다시 드리겠습니다만, 공수부대가 여기서부터 이렇게 쭉 오고 경찰저지선은 여기 이쪽에 있습니다(도표를 그리며 설명). 이 중간이 거의 압축되어 가는 상태입니다. 저는 또 권승만 대대장이 증언한 바 있는 처음 시발장소의 약도가 한일은행 사거리가 아니라 사실은 여기(광주일고 입구 북동 180번지 앞길을 말함)입니다. 그런데 여기로 경찰이 압축해 들어오고 공수부대원들이 이렇게 점점 오니까, 사실은 좀 미

---

69 국회 『광주청문회 회의록』 제25호, 1989년 1월 26일, 김일옥 증언.

안한 이야기지만 약삭빠른 사람이랄까 학생 시위대원들은 거의 빠져 나가버리고 일반 시민들이 인도에서 듬성듬성 구경하고 서 있었기 때문에, 갑자기 '거리에 나와 있는 사람은 전원 체포하라'는 명령이 떨어지니까 우선 도망가기에 바빠 돌멩이를 던진다, 무슨 저항을 한다하는 그런 일은 전혀 없었습니다. 우선 그 안에 있는 사람들은 그렇게 많은 숫자가 아니기 때문에 밀린다, 저항한다, 돌멩이를 던졌다 하는 상황은 전혀 없었습니다.[70]

우선 현장에 체류했다는 '40분'이란 시간자체가 사리에 맞지 않다. 공수부대원들은 오후 3시 40분 유동 삼거리에 나타난 후 앞당겨진 통행금지 시간인 오후 9시가 넘는 컴컴한 밤까지 '작전'을 수행했기 때문이다. 특히 진압을 위해 최루탄을 사용했다거나 학생들이 병사들의 옆구리를 찼다는 상황은 사전에 꾸민 하나의 각본일 뿐, 현장에서는 상상할 수도 없는 장면이었다. 이에 대해 '시위대원과 공수부대원간에 충돌이 생겨 몸싸움 운운하는 것도 말이 안되는 소리'라고 현장에 있었던 시민들은 주장하고 있으며 '거리에 나와 있는 사람은 전원 체포하라'는 명령이 떨어지자마자 공수부대원들의 일방적이고도 무자비한 구타와 연행만 있었을 뿐 즉각적인 저항은 발생하지 않았다고 한결같이 증언했다. 실제로 시민들이나 학생들이 돌멩이를 던지고 전화박스를 부수어 던지는 상황은 이날이 아니라 다음날(19일)부터 벌어진다.

고려대학교 정치외교학과 재학 중 군에 입대했다가 공수부대 제3공수여단에 배속되어 5·18현장에 투입된 김동관 사병은 공수부대의 살인적인 '과잉진압' 명령을 수행해야했던 참혹한 경험으로 인해 제대 후 정신분열증을 일으켜

---

70 국회 『광주청문회 회의록』 제25호, 1989년 1월 26일, 김영택 증언 ; 학생·시민들의 투석이 전연 없었던 것은 아니다. 공수부대의 '살육작전' 같은 공격을 피해 건물 옥상으로 올라간 사람들이 손에 잡히는 대로 돌을 던지기도 했다. 예를 들면 금남로 5가에 있던 거부장(대중음식점) 옥상으로 올라간 몇 명이 만행을 저지르는 공수부대를 향해 돌을 던졌다(정동년, 『5·18 그 삶과 죽음의 기록』, 풀빛, 1996, 361쪽).

평생 병원신세를 졌고 가족까지 뿔뿔이 흩어지는 불행을 지금도 겪고 있다. 김동관은 이러한 불행의 원인은 계엄군 당시 참혹한 명령을 수행하는 과정에서 인간적 갈등과 정신적 고뇌로 인해 빚어진 것으로 보고 국가를 상대로 소송을 제기한 바 국가유공자로 인정해야한다는 대법원 확정 판결이 나왔다.[71] 이는 당시 광주에 투입된 공수부대 지휘관들이 부대원들에게 얼마나 잔인하고 비인간적 명령을 내려 광주시민들을 다루도록했는가를 입증하는 대목이기도 하다.

밤 8시가 되자 시내는 어둠의 장막에 가려지고 있었다. 시내의 상가들은 일찍 문을 닫았고 시민들은 총총히 귀가해버린 지 오래였다. 이날 밤 9시로 앞당겨진 통행금지 시간으로 인해 광주는 다시 한 번 죽음의 거리로 바뀌어버렸다. 군용차량들이 질주하고 이따금 호루라기 소리만 요란할 뿐 시가는 고요하기만 했다. 그러나 그 고요는 잠시 숨죽인 한(恨)으로 삭여지는 가운데 다음 날 계속된 국가폭력에 정면으로 대응하는 분노로 잉태되어 가고 있었다.

공수부대는 시위학생과 일반시민들을 구분하지 않고 인근점포나 골목, 건물 안까지 추격하여 시민 405명을 연행하고 80여 명에게 부상을 입힌 끝에 시내를 장악하는 데 성공했다.[72]

아무도 얼씬거릴 수 없을 만큼 잔혹한 작전으로 인해 광주시내는 '평온'을

---

71 대법원은 2009년 12월 13일, '광주민주화운동진압 계엄군활동에 의한 피해자 김동관을 국가유공자로 인정해야한다'는 1, 2심 선고를 확정했다. 김동관은 2008년 11월 계엄군 임무수행과정에서 빚어진 후유증으로 나타난 정신분열증환자이므로 국가유공자로 인정해야한다고 국가보훈처 수원지청에 국가유공자 인정신청을 냈다가 비해당결정처분을 내리자 '비해당결정처분 취소소송'을 제기하여 2009년 1월 23일 원심에서 승소했었다(〈경향신문〉, 2009년 12월 14일자).

72 「5·18 공소장」, 35쪽 ; 그러나 보안사가 작성한 「광주사태 합동수사」에는 18일 249명, 19일 405명을 연행한 것으로 기록하고 있어 이 공소장의 18일 405명 연행과 엇갈린다.

유지하고 있는데도 불구하고 오후부터 전개된 작전(?)이 시작되기도 전인 18일 새벽, 서울 동국대학교에 주둔하고 있는 제11공수여단에게 광주로 출동하도록 준비하라는 예비명령이 떨어졌다. 그리고 오후 3시 30분 정호용 특전사령관은 제11여단을 찾아가 최웅 여단장에게 "광주에 투입된 제7여단이 몰리고 있고 갖가지 유언비어가 나돌아 어려운 상황이니 출동하라"는 명령을 직접 내렸다.[73] 이에 따라 제11여단 본부와 1개 대대병력 260명은 오후 4시 30분 수송기로 성남비행장을 떠나 오후 6시 30분 광주에 내려 조선대로 향했고, 차량 등의 장비와 함께 나머지 병력은 열차와 고속도로를 통해 19일 아침 광주에 도착했다.

(광주증파 출동지시를 최초로 전달받은 것은) 80년 5월 18일 새벽이 되겠습니다. 그때 저희는 서울에 있는 동국대학교에 주둔해 있었습니다. 주둔을 하고서 숙영편성을 거의 마칠 무렵인 오후 3시쯤 되겠습니다. 우선 참모로부터 보고를 받았습니다. 그러다가 "알겠다"하고서 이제 숙영 편성하던 것을 마치고 다시 거둬들이는 상황에서 저희 그 당시 정호용 사령관이 동국대학으로 오셨습니다. 와 가지고 하시는 말씀이 "광주 7여단 2개 대대가 계엄군으로 나가 있는데 소요진압작전을 못하고 매우 고전을 면치 못하고 있다. 그러니 최 장군이 지휘하는 11여단이 거기에 나가게 되었으니 가서 임무수행을 잘 하도록 하라" 이러한 지침을 받은 것으로 기억이 됩니다.[74]

그러나 18일 오후 3시 30분은 앞에서도 언급했지만 아직 공수부대가 광주 시내의 시위진압 목표지점에 도착하기 직전이었다. 정웅 제31사단장의 출동명령을 받은 33대대와 35대대는 유동 삼거리와 충장로 입구로 이동중이라 아

---

73 「5·18 공소장」, 36쪽.

74 국회『광주청문회 회의록』제20호, 49쪽, 1988년 12월 20일, 최웅 증언.

직 도착하지 않은 상태여서 시위진압에 나서지도 못하고 있었다. 따라서 공수부대원이 몰리고 있다거나 유언비어가 나돌고 있다는 정호용 사령관의 말은 터무니없는 거짓말이었다. 특히 제11여단의 증파계획은 현지지휘관인 정웅 31사단장이나 윤홍정 전남북계엄분소장의 요청이 없는 상황에서 이루어졌다. 더욱이 제3여단도 다음날(19일) 아침 광주로 출동하라는 명령을 받고 있었다. 바로 이것은 신군부 세력의 핵심 중 한 사람인 정호용 특전사령관이 '광주살육작전'에서의 현장역할이 이때부터 이미 시작되었음을 의미한다. 이는 곧 신군부 세력이 자신들의 정권찬탈 음모를 달성하기 위해 5·17 조치와 함께 광주에서 한바탕 '작전'을 벌여 어떤 명분을 내세우기 위한 사전포석이었음을 시사하는 대목이기도 하다.

5·18 광주의 살육은 이렇게 시작됐다. 이날은 몽둥이와 군홧발과 대검이 만들어낸 '피의 일요일(The Sunday of Blood)'이었다. 광주시가는 온통 피투성이로 얼룩지고 있었다. 그러나 이것은 시작에 불과했다.[75]

---

75 18일 '살육작전'을 끝낸 정웅 제31사단장은 밤 9시경 사단상황실에서 작전회의를 열고 제7공수여단 제33·제35대 병력을 도청을 중심으로 주요시설 및 교차로에 배치하여 시위대의 집결을 원천봉쇄하도록 지시했다. 이에 제33대대는 경찰 파출소와 도로 교차점을 중심으로 17개 거점에 배치되었고 제35대대는 19개 거점에 각각 장교 1명, 사병 10명, 경찰 2개 분대 24명이 배치되었다. 그 후 제11공수여단이 추가로 투입됨에 따라 밤 11시 40분 재차 작전회의를 열고 제7공수여단 제33·35대대가 배치되었던 거점이 제11공수여단에 인계되었다. 위 거점을 인계한 제33대대는 5월 19일 새벽 4시까지 전남대로, 제35대대는 조선대로 복귀했다(재향군인회, 앞의 책, 259~260쪽).

광주시민의 항거의식과 민중화

18일 오후를 겪은 시민들은 집에 들어와 자기 가족들이 온전하게 모여 있는지 확인해야 했다. 밤새 기다려도 자식들이 돌아오지 않은 집에서는 온 식구들이 잠 한숨도 이룰 수가 없었다. 피투성이가 되어 트럭에 실려 연행된 수많은 젊은이들 틈에 내 자식 내 남편이 끼어 있지 않을까 하는 걱정이 태산 같았기 때문이다. 내 자식이 어디 갔을까, 내 남편이 어디에 있을까, 다른 사람들처럼 붙들려 가지는 않았을까, 혹은 친구 집에라도 숨어있지 않을까, 걱정이 이만저만이 아니었다. 다행히 가족이 온전한 집안에서도 이날 벌어졌던 참혹한 광경에 치를 떨었다. 세상에 그럴 수가 있을까. 시위도 하지 않은 사람이 무슨 죄가 있다는 말인가! 또 잡아가려면 곱게 잡아갈 것이지 그렇게 무작정 두들겨 패고 대검으로 찌르면 어쩌란 말인가! 시민 모두 그렇게 곱씹으며 분을 참지 못했다.

밤 9시로 앞당겨진 통행금지 시간에 쫓겨 일찍 집에 돌아온 시민들은 친척과 일가 그리고 이웃에 전화를 걸어 그 집의 안부를 물으며 이런저런 일들을 전하고 또 모르고 있던 사실을 전해받기도 했다. 그리고 시외전화를 걸어 도내는 물론 서울이나 다른 지역에 살고 있는 가까운 친지들에게 소식을 전하기에 바빴다. 그러나 라디오나 텔레비전에서는 광주에서 벌어지고 있는 엄청난 일들에 대해 한마디도 언급하지 않고 있었다. 마침 18일은 일요일이라 신문도 나오지 않는 날이었다. 더욱 답답하고 분통이 터질 수밖에 없었다.

다음날인 5월 19일, 표면상 고요 속에 잠겨있던 광주가 밝아오기 시작했다. 공포와 두려움 속에서 보낸 하룻밤이었다. 그래도 초·중·고교학생들은 여전히 등교하고 관공서와 회사들이 정상적으로 근무함에 따라 여느 날과 다름없는 듯 했다.

19일 이른 아침이었습니다. 내가 고개를 내민 담 밑에서 총을 등에 멘 군인들이 곤봉으로 젊은이들을 마구 때리고 있었습니다. 불쌍한 젊은이들이었습니다. 머리가 터지고 피가 흐르고 있었습니다. 내가 마당에 나와 처음 들었던 그 이상한 소리는 이 불쌍한 젊은이들이 극한의 고통에서 쏟아내는 비명소리였습니다. 나의 놀람은 놀람이 아니었습니다. 미처 다른 생각을 할 겨를도 없이 군인은 다시 곤봉을 쳐들고 내리치려고 했고 내가 팔을 뻗쳐 그 곤봉을 붙잡으려고 했었지만 실패하고 말았습니다.[76]

아일랜드 출신으로 광주대교구 명도회(교육국) 소속의 신 고르넬리오 신부가 19일 이른 아침 숙소(임동) 담 너머로 보았던 목격담이다. 그러니까 금남로는 평온한 것 같았지만 외곽지대에서는 공수부대의 살육만행이 여전히 계속되고 있었다.

오전 9시가 지나자 중심가인 금남로도 본격적으로 술렁거리기 시작했다. 전날의 분노와 충격을 삭일 수 없었던 학생들과 시민들이 골목길을 이용해 금남로 3가 가톨릭회관 앞으로 모여들었다. 10시쯤 되자 군중은 금방 3,000∼4,000명으로 불어났다. 이들 군중에 속해있는 모든 사람들은 그들 간의 상이성(相異性)을 벗어버리고 동일하게 느껴지는 '공감대'를 이루는 그런 순간이 되어가고 있었다.[77]

시민들의 숫자도 많아졌다. 공수부대원들의 몽둥이가 허공을 가르며 험악하게 바뀌었다. 쫓고 쫓기며 공수부대원과 시민들의 감정이 상충되어가고 있었다. 길가 인도에 서 있는 젊은 사람을 향해 공수부대원이 쫓아가며 몽둥이를 휘두르니 시민들이 일제히 '와! 와! 와!' 하는 함성을 지르며 돌을 던지기

76 신 고르넬리오, 「나도 광주사람입니다」, 윤공희대주교와 사제들의 오월항쟁 체험담, 『저항과 명상』, 빛고을출판사, 1989, 109쪽.
77 엘리아스 카네티, 潘星完 역, 『群衆과 權力』, 한길사, 1988, 13쪽.

시작했다. 군인들은 시민 몇 사람을 붙잡아 금남로 한복판으로 끌고 와서 몽둥이로 때려눕히고 구둣발로 걸어차기도 했다. 시민들이 우우 소리를 지르면서 콜라병, 환타병, 돌 등을 던지기도 했다. 공수부대원 한 사람은 돌을 맞아 고통스러워했다. 금남맨션(아파트) 골목 쪽에 군인 서넛이 서 있는 가운데에 한 사람이 얼마나, 어떻게 맞았는지 흰 셔츠를 입은 앞가슴과 잔등에 유혈이 낭자한 채 길바닥에 질펀하게 주저앉아 있다가 일어난 후 제 정신이 아닌 사람처럼 군인들이 점령하고 있는 금남로 방향을 향하여 몇 걸음 옮기려다 그 자리에 쓰러지곤 했다. 관광호텔 쪽에서도 10여 명의 시민들을 붙잡아 길바닥 위에 딩굴딩굴 구르게 하는 기합을 시키면서 느릿한 사람을 발길로 차는 모습도 보였다. 시간이 지날수록 공수부대원들의 행동은 거칠어져 여기저기서 머리를 아스팔트에 대고 몸을 돌리게 하고 어쩌다 시민을 잡아온 군인들에게서 인계를 받은 다른 군인들은 허공으로 높이 솟구쳐 올라 내려오면서 군홧발로 사정없이 짓밟아 대기도 하고 붙잡힌 사람들의 옷을 벗기고 곤봉으로 내려치기도 하는 등 계엄군들의 진압방법이 사뭇 극렬해지고 있었다.[78]

천주교 광주교구 윤공희 대주교가 이날 오전 10시쯤 가톨릭회관 6층에서 내려다 본 광경은 살벌했다. 공수부대의 공격은 더욱 가열되고 있었다. 진압봉 뿐만 아니라 대검까지 공공연하게 휘둘러대고 있었다. 그런데도 시민들은 자꾸 모여들었다. 누가 모이라고 한 것도 아니었다. 공수부대원과 충돌하면서도 한 사람 두 사람 모인 것이 이렇게 큰 무리를 이루어 두들겨 패고 대검으로 찌르려 해도 도망가지 않고 항거하고 대드는 자세를 취했다. 가만히 당하는 선량한 시민이 아니라 온당치 않은 국가공권력의 부당한 폭력에 저항할 줄 아는 무서운 '민중'으로 변해가고 있었다. 이들 가운데 대학생들은 그렇게 많

78 윤공희, 앞의 글, 12~13쪽.

지 않았다. 주로 소상인이나 자유업에 종사하는 젊은이들이 많았고 거기에 허름한 부녀자나 중년의 남자, 10대의 중국집 배달소년, 60세가 넘은 노인들도 흔하게 눈에 띄었다.[79] 이들은 시위를 목적으로 모여든 군중이라기보다는 전날 밤 집에 돌아오지 않은 가족들 때문에 뜬눈으로 밤을 새고 날이 밝자마자 이 곳으로 달려 나와 가족의 안위에 대한 소식을 알아내고자 하는 사람들이거나[80] 어제의 엄청난 사실에 분노한 사람들이었다. 조직적인 동원이 있었던 것도 아니다. 오직 분통이 터져 나온 사람들이었다. "내 새끼 내 놔라" "공수부

---

[79] 아래의 5·18 부상자·사망자·구속자 직업별통계표를 보면 학생들(대학생·중고교생)의 참여율은 25.1%, 기층민중(저임노동자·무직·도시빈민·운전기사·농업·영세자영업자)의 참여율은 68.8%를 나타내고 있다(『말』, 1988년 5월호, 22쪽). 이는 5·18의 주체가 기층민중이라는 주장의 근거이기도 하다(이정노, 「광주봉기에 대한 혁명적 시각전환」, 『월간 노동해방문학』, 1989년 5월호).

직업	부상자	사망자	구속자	계
1) 저임노동자·무직·도시빈민	161(38.7%)	60(52.1%)	140(51.8%)	361(45%)
2) 운전기사	27(6.4%)	6(5.2%)	26(9.6%)	59(7.3%)
3) 농업	26(6.2%)	1(0.9%)	34(12.6%)	61(7.6%)
4) 영세자영업	27(6.4%)	10(8.6%)	10(3.7%)	47(5.9%)
5) 회사원	28(6.7%)	8(6.9%)	7(2.5%)	43(5.4%)
6) 방위병	3(0.7%)	1(0.9%)	7(2.5%)	11(1.4%)
7) 초·중·고생	76(18.2%)	19(16.5%)	17(6.2%)	112(14%)
8) 대학생	55(13.2%)	8(6.9%)	23(8.5%)	86(10.7%)
9) 공무원	5(1.2%)	1(0.9%)	1(0.4%)	7(0.8%)
10) 대학교수	·	·	·	0
11) 초·중등 교사	2(0.4%)	1(0.9%)	3(1.1%)	6(0.7%)
12) 전문직	3(0.7%)	·	1(0.4%)	4(0.4%)
13) 정당인	1(0.2%)	·	1(0.4%)	2(0.2%)
14) 성직자	·	·	·	0
15) 소경영주	2(0.4%)	·	·	2(0.2%)
계	416(100%)	115(100%)	270(100%)	801(100%)

[80] 앤터니 기든스, 김미숙 외 역, 『현대사회학』, 을유문화사, 1998, 600쪽.

대 물러가라"는 구호도 불거져 나왔다. 누가 선창하는 것이 아닌데도 쏟아져 나오는 함성과 분노의 목소리는 점점 거세어져 닫힌 군중에서 열린 군중으로 선회하며 폭발하고 있었다.[81] 공수부대의 만행에 항거하는 무서운 시민들은 이제 선량한 시민이 아니라 자신과 이웃을 지키고 온당치 않은 불의를 몰아내려는 '적극적 민중'으로 탈바꿈해 갔다.

시민과 학생들은 계속해서 금남로 가톨릭센터 앞에서 도청광장 쪽으로 진출을 시도하고 있었다. 도청광장에 진을 치고 있던 경찰 쪽에서는 스피커를 통해 해산을 종용하고 있었다. 공수부대원들은 나타나지 않고 있었지만 공중에서는 군 헬리콥터가 금남로에 모여든 시민들의 동태를 감시하고 있었다. 경찰의 몇 마디 해산권고에 응할 군중들이 아니었다. 경찰은 조금씩 접근하면서 최루탄과 페퍼포그를 쏘아댔다. 그러나 시민들은 어제와 달리 완강했다. 단순하게 동요하면서 그냥 당하거나 물러서지 않고 적극적으로 대응하고 나섰다. 누구의 지휘나 배후조종이 있었던 것도 아니다.[82]

시민들은 차츰 동요하기 시작하면서 격렬해지고 있었다. 길가에 있는 화분이나 보도블록을 깨뜨려 던지기 시작했다. 또한 공중전화 박스를 넘어뜨려 바리케이트로 삼고 돌멩이를 던지며 저항하기도 했다. 이들은 최루탄을 쏘며 진압하려는 경찰에 맞서 충장로 지하상가 공사장에서 각목과 철근, 쇠파이프 등

---

81 엘리아스 가네티, 앞의 책, 18~19쪽.

82 19일 오전 8시 30분 이희성 계엄사령관은 '전남지역은 일반적으로 김대중 씨를 우상시하는 경향이 있으므로 계엄군은 시민을 자극하지 않도록 특별히 유념하고 광주소요사태는 배후조종세력이 지역감정을 자극, 유발시키는 유언비어를 날조 유포시키고 있으니 전단 공중살포 등 역(逆)대책을 강구해 선무활동을 강화할 것'을 윤흥정 전남북계엄분소장에게 지시한 것으로 되어있다(대한민국재향군인회, 앞의 책, 260쪽). 그러나 이는 정권찬탈을 추구하면서 '김대중 내란음모사건'을 조작한 신군부 측 의중일 뿐, 19일 오전에는 아직 본격적인 소요사태는 물론 어떠한 배후세력이나 지도자도 없었다. 또한 19일 오전 8시 30분경에는 지역감정을 유발하는 유언비어는 더욱 나돌지 않았다.

을 하나씩 들고 나와 맞섰다. 소주병으로 만든 화염병도 들고 나왔다. 맨주먹으로는 진압봉과 대검에 대항할 수 없다는 어제의 경험으로 '이에는 이'라는 강경 대응책으로 무장(?)을 하게 된 것이다. 이것이 5·18 광주항쟁이 진행되는 동안 있었던 최초의 '무장'이자 '민중'으로 변모한 모습이었다. 수많은 시민들은 돌을 던지면서 '애국가'와 '정의가' '우리의 소원은 통일'의 노래를 소리높이 불러 자신들의 울분을 표출하고 나섰다. 선량한 시민에서 불의에 저항하는 '적극적 민중' '순수한 민중'으로 변해가고 있었다.[83]

화염병은 이날 처음 등장한 조직적 저항의 표출이었다. 재야 민주세력의 거점인 녹두서점에서 윤상원 주도하에 제작돼 시위 민중에게 공급되었던 것인데 이러한 조직적 행동은 실체를 드러내지 않아 당시의 시민들은 그 존재자체를 인식하지 못했다.[84] 분노의 감정이 솟구치는 '민중'을 당해내지 못한 경찰은 밀리고 있었다. 그러자 경찰대신 도청 안에 있던 공수부대원 400여 명이 전광석화처럼 금남로에 다시 투입되었다. 이들은 전날보다 더욱 심하게 공격작전을 펼치고 나섰다.

5·18작전 이후 시민 감정이 악화하여 일부 시민이 주동자의 선동에 의해 데모대에 가담, 11시경 금남로 일대 폭도 3~4,000명 운집. 경찰과 대치, 택시 3대 소각시키고 '경상도 출신 군대가 광주시민을 죽이러 왔다'는 구호를 외치고 40~50대들도 가세. 부녀자까지 합세하여 수가 증가, 경찰과 치열한 투석전으로 더 이상 제지할 능력 상실.[85]

---

83 김영택, 앞의 책, 52쪽 ; 일반적으로 '무장'이라면 총이나 검 이상의 무기를 가졌을 경우만을 의미하는 경우가 많지만 사실은 그렇지 않다. 맨주먹이 아닌 경우, 즉 손에 화염병은 물론이고 몽둥이나 돌멩이를 들고 대항해도 엄격한 의미의 '무장'에 해당된다.

84 전남사회문제연구소 편, 박호재·임낙평, 『유상원 평전─들불의 초상』, 풀빛, 1991, 226·230쪽.

85 특전사 「전투상보」(1980년 5월 19일 오전 금남로에서 전개된 상황의 개요 全文).

19일 오전 금남로에서 벌어진 상황은 이 상보가 표현한 대로 학생·젊은이들뿐만 아니라 40~50대의 중년들은 물론 부녀자들까지 합세하여 범시민적으로 확대되면서 격렬한 양상으로 바뀌어 갔다. 그러나 공수부대원들은 시민들이 던지는 돌멩이나 보도블럭 조각이 날아와도 아랑곳하지 않고 방패로 막는 한편 진압봉과 대검을 휘두르면서 마구 돌진해 닥치는 대로 두들겨 패고 찌르고 끌고 갔다.

19일 오전 10시 30분경, 기동경찰이 확성기와 군 헬기를 동원, 시내중심가에 운집한 시민들의 해산을 종용하였다. 그러나 군중들의 숫자는 오히려 증가하였으며 오전 10시 40분경에는 경찰과 투석전을 벌이기 시작했다. 도청 앞 금남로 입구와 네거리를 완전 차단한 500여 명의 경찰병력에 맞선 시민과 학생들은 광주관광호텔 앞과 신탁은행 앞에 도로철책과 노변의 대형 화분 등으로 바리게이트를 치고 시위를 벌였다. 삽시간에 군중은 5,000여 명으로 불어났다. 시위군중들은 페퍼포그로 최루탄을 쏘며 진압시키려는 경찰에 맞서 화염병과 벽돌, 각목 등으로 대항했다. 경찰이 시위군중을 진압시키지 못하자 오전 10시 50분, 장갑차 4대를 앞세운 군용트럭 30여 대에 분승한 공수부대 병력이 도청 앞과 금남로 네거리에 진출, 시위군중들을 포위·압축하였다. 시민들은 금남로 3가 신축건물 공사장에서 각목과 쇠파이프 등을 뜯어내 군과 정면충돌하였고 군의 무차별 '과잉진압'에 흥분한 인도변의 많은 시민들도 시위대열에 합세하기에 이르렀다. 금남로에 투입된 1,000여 명의 공수부대는 소총 개머리판과 진압봉으로 무차별 가격하였고 심지어는 일부 부대원들이 대검을 사용하는 등 강력한 공격작전을 감행하여 그 과정에서 많은 시민들이 부상하였다.

이러한 상황에서는 시위대를 이끌어 줄 지도자가 절실하게 필요했다. 화염병 공급 등의 조직적 움직임으로 보아 시위 '민중'을 이끌어 줄 리더가 나타날

법한데도 그러한 사람의 모습은 어디에서도 찾아볼 수가 없었다. 앞의 전투상보는 '주동자의 선동에 의해'라며 마치 주동자가 있는 것처럼 표현하고 있지만 여기의 주동자는 특정한 주동자가 아니라 투석전을 벌인 학생과 시민들이 시위대를 형성하면서 서로가 서로를 격려하고 의지하려는 '민중'으로서의 외침이었을 뿐, 특별히 주동하는 사람이 있었던 것은 아니다. 모두가 주동자요 시위자가 되어 중심가로 나아가 싸우자는 절규가 있을 뿐이었다.[86]

금남로를 가득 메웠던 시민들도 공수부대원들이 돌격해 오면 이들을 피해 도망가기에 바빴다. 인파로 가득했던 금남로 길은 즉각 트이고 말았다. 10분이 채 걸리지 않았다. 뒤에 밝혀진 일이지만 이들은 이날 아침 서울에서 도착한 제11공수여단 소속 병력(장교 108명, 사병 1,038명)이었다.[87]

공수부대원들은 전날처럼 지나는 행인은 물론 사무실과 주택으로 들어가 젊은 사람이면 남녀를 가리지 않고 피투성이가 되도록 진압봉과 개머리판으로 두들겨 패고 찔렀다. 그리고 마구잡이로 끌고 가 대기하고 있던 트럭에 실었다. 그러나 학생이나 청년들만 대상이 되는 것은 더욱 아니었다. 누구나 닥치는 대로, 심지어 중년부부에게까지도 폭력을 가했다. 더욱 잔인해졌다.

오전 10시 40분쯤, 금남로 길에서 40대로 보이는 부부가 붙잡혔다. 이 부부는 어떻게 두들겨 맞았는지 피가 줄줄 흐르는 머리를 감싼 채 끌려가고 있었다. 부인은 "아무 죄도 없다"고 호소하며 방면해주기를 애원하는 듯 했으나 소용이 없었다. 부부가 입은 흰 옷은 피투성이었다. 2층이나 3층 유리창을 통해

---

86 임낙평, 앞의 책, 118쪽.
87 제11여단은 이날 새벽 0시 15분 광주에 도착, 제31사단의 작전통제하에 들어갔다. 제 11여단은 곧이어 조선대학교로 이동했고 거기에 주둔하고 있던 제7여단 35대대를 휘하에 두게 되었다(국회 『광주청문회 회의록』 제20호, 1988년 12월 20일, 49쪽 ; 정상용·유시민, 『광주민중항쟁-다큐멘타리 1980』, 돌베개, 1990, 178쪽 ; 정동년 외, 앞의 책, 362쪽).

이 광경을 내려다보던 시민들은 "저런 죽일 놈들"하며 이를 갈았다. 이 부부를 끌고 가던 2명의 군인은 이를 의식했음인지 "빨리 꺼져"라며 풀어주었다.[88]

금남로 3가 미도장여관 1층 입구에서 종업원 김영대(32)·김병렬(17)·손병섭(26)·박필호(21)와 검은 옷을 입은 청년 1명, 40대 투숙객 2명이 공수부대원으로부터 개머리판·진압봉·군홧발 세례를 받았다. 6명의 공수부대원은 '데모하다 쫓겨 온 놈들을 내 놓아라'고 다그치며 종업원들의 옷을 벗기고 팬티 채로 두 손을 위로 들게 한 후 금남로로 끌고 나왔다. 이들은 모두 조선대학교 체육관으로 끌려가 그 곳에서 무수한 기합과 구타를 당했다. 그러나 살아남을 수 있어서 다행이었다.[89]

19일의 잔인한 살상행위는 30대나 40대도 가리지 않았다. 심지어 열심히 생업에 종사하고 있는 여관 종업원, 심지어 투숙객들에게까지 가해졌다. 공수부대원들에게 붙잡히면 누구나 수없이 몽둥이질을 당하는 것은 물론 길 한복판에서 마구 두들겨 맞아야 했다. 여자들은 머리채를 잡혀 끌려가며 구둣발 세례를 받았다. 그 뿐만이 아니었다. 공수부대원들은 이들의 옷을 벗겨 팬티만 입힌 채 두 손을 뒤로 쥐게 하고 가톨릭센터 앞으로 끌고 나와 머리를 땅에 대고 엎드리게 하는 속칭 '원산폭격'을 시키며 진압봉 세례와 발길질을 계속했다. 이때의 상황을 이 작전에 참가했던 「어느 공수부대 사병의 수기」는 이렇게 표현하고 있다.

> 4~5명의 종업원이 불과 3~4분 사이 하얀 와이셔츠에 달린 나비넥타이는 간 곳 없이 시멘트 바닥에 나뒹구는 것이었습니다. 모진 것이 사람의 목숨이었습니다.

---

88 황종건·김녕만 사진집, 『1980년 5월-光州, 그날』, 사진예술사, 1994, 35쪽 ; 김영택, 앞의 책, 56쪽, 사진.

89 정상용·유시민, 앞의 책, 181·189쪽 ; 정동년, 앞의 책, 364쪽.

얼굴은 뭉개지고 피는 쏟아지고 군홧발의 충격으로 인해서 뒷머리를 시멘트벽에 그토록 강하게 부딪혔지만 쓰러지는 사람은 없더군요. 다만 눈뜨고 볼 수 없는 처참한 얼굴로 변했지요. 함께 수색하던 다른 병사 2~3명은 각 객실을 수색하여 젊은 사람은 무조건 밖으로 집합시키고 있었습니다. 10여 명 이상의 2, 30대 젊은 사람이 공포의 표정으로 2열 종대를 지어 집합하더군요. 그 중 30대 중반의 사나이는 신혼여행 왔다고 사정을 하더군요. 저희하고는 대화가 필요 없었습니다. 무조건 무자비한 구타요. 연행 이외의 방법은 통하지가 않았습니다. 신부가 나와서 사정사정 하더군요. 눈물도 피도 없었습니다. 일단 붙잡힌 시민들은 한 차례 구타가 시작되었습니다. 왜냐하면 도망을 못 가게 한다는 이유지요. 기를 죽인다는 이유였습니다. 다음 차례는 무조건 옷을 벗기고 팬티만 입히는 것이었습니다. 그리고 차고 있던 본인의 혁대로 뒤로 손을 묶고 묶인 손으로 자신의 벗은 옷을 들고 저희가 타고 왔던 트럭 옆으로 끌고 와서 다른 연행자와 함께 금남로 도로 한가운데에 30~40명씩 집합시킨 후 뒤로 취침, 앞으로 취침, 좌로 굴러, 우로 굴러 등 혹심하게 기를 죽이고 트럭 뒤에 2열종대로 집합시키는 것이었습니다.[90]

비록 수기 작성자가 자신의 실명을 밝히지는 않았지만 공수부대의 잔혹성이 어느 정도였는가를 짐작할 수 있도록 적나라하게 묘사하고 있다. 이 수기의 사병은 장기간의 영내대기와 혹독한 정신교육으로 인한 극심한 증오심, 그리고 10·26 이전에 있었던 부마사태(부마항쟁)를 자신들의 강력한 대응조치로 진압했다는 자부심으로 충만해 있었다고 기록하고 있다.

금남로에서 만행을 저지른 공수부대원들은 이 같은 소행이 시민들의 눈에 띄는 것을 의식했음인지 마이크를 통해 모든 주택과 빌딩을 향해 '문을 닫아라' '커튼을 쳐라' '내려다보면 쏘아버리겠다'고 위협했다. 심지어 얼룩무늬 군

---

90 윤재걸, 「어느 공수부대원의 수기」, 『작전명령-화려한 휴가』, 실천문학사, 1987, 30~60쪽.

복에 별 하나를 단 베레모를 쓴 장군이 지휘봉을 들고 금남로 2가와 3가 사이에 나타나 길 양쪽 건물을 올려다보며 '문을 닫고 내다보지 말라' '내다보면 쏘아버리겠다'며 고래고래 소리 지르는 모습이 보이기도 했다. 아무 죄도 없는 국민을 향해 이렇게 폭언(폭력)을 행사하는 장군은 도대체 어느 나라 누구를 위한 별인가? 그는 점령군 사령관인가?[91]

오전 11시 쯤, 주변 일대에 학원들이 많아 학원가 거리로도 불리우는 금남로 1가 YWCA 건물[92] 옆길에서 모녀인 듯한 20대와 40대 여인이 무등고시학원 쪽으로 걸어가고 있었다. 공수부대원들이 20대 여인을 뒤따라가 다짜고짜 곤봉으로 두들겨 패자 40대 여인이 "죄없는 여자를 왜 때리느냐"며 항의했다. 그러자 예외 없이 40대의 부인에게도 진압봉 세례가 가해졌다. 이때 고시학원에서 나오던 학생들이 그 광경을 보고 "우……"하면서 야유를 퍼부었다. 공수부대원들은 학생들을 닥치는 대로 두들겨 패고 붙잡았다. 그러자 학원 안에 있던 모든 학생들이 창문을 열고 밖을 내다보며 야유를 보냈다. 1개 소대의 공수부대원들이 학원 안으로 쫓아 들어가 조경숙(20)양 등 50여 명의 수강생들을 진압봉과 개머리판으로 무차별 구타한 후 최용범(20)군 등 10여명을 끌고 나오자 밖에 있던 공수부대원들이 다시 합세하여 무차별 난타했다.[93]

상황이 공포분위기로 돌변해 버린 금남로와 충장로 일대의 상가는 일찍 문을 닫고 철시했다. 관공서와 회사들도 낮 12시가 되자 직원들을 퇴근시켰다.

---

91 김영택, 앞의 책, 56쪽 ; 재향군인회, 앞의 책, 262쪽 ; 이 때 별을 단 지휘관이 누구인지는 밝혀지지 않고 있으나 제11여단장일 가능성이 가장 높다. 당초에는 제7여단 제33·35대대가 투입되었으나 이날 아침 도착한 제11여단 병력으로 대체되었고 제33·35대대 지휘권은 제11여단에 속해 있었기 때문이다.

92 지금은 YWCA 건물이 임동으로 옮겨가고 이 자리에는 다른 건물이 들어섰다.

93 황석영, 『죽음을 넘어 시대의 어둠을 넘어』, 풀빛, 1985, 60쪽 ; 정상용·유시민, 앞의 책, 181·193쪽 ; 재향군인회, 앞의 책, 262쪽.

그런데도 공수부대의 잔혹행위는 여기저기서 계속 벌어지고 있었다.

내가 옆길을 보니까 어떤 젊은이가 두 군인에게 붙들려 수없이 두들겨 맞고 있어
요. 머리를 무엇으로 찍어버렸는지 모르지만 피가 낭자했어요. 내가 보기에도 그
대로 놔두면 죽게 될지도 모른다는 생각이 들었어요. 그런데도 내 자신 무서움이
앞서 감히 쫓아내려가 만류하지 못했어요. 지금도 그 사람의 생사가 궁금하지만
왜 내가 내려가 만류하지 못했을까 하는 회한은 두고두고 내 뇌리를 떠나지 않아
요. 성직자로서 지금도 가슴 아프고 메이게 하는 광경이었습니다. 나는 그때의
일을 두고 수없이 참회하고 지금도 하느님께 용서를 빌고 있습니다.[94]

윤공희 대주교의 목격담이다. 시간이 지날수록 독일 언론이 보도한 아래의
기사내용처럼 공수부대의 행동은 극렬해지고 있었다. 이것은 국가폭력이 아
니라 국가의 공공연한 범죄행위였다. 증파된 제11공수여단 병력의 살상행위
는 전날의 제7여단보다 훨씬 잔인하고 혹독했다.[95]

19일 아침 대학교수인 아버지는 군대가 어느 2층 집 지붕에서 부상자를 길거리
로 내동댕이치는 것을 목격했다. 거의 같은 시간 나의 어머니는 젊은 시위자 한
명이 조흥은행 근처에서 총 개머리판으로 두들겨 맞아 두개골이 파열되고 뇌가
그곳에서 터져 나오는 광경을 목격했다. 이것은 실제로 일어난 여러 잔인한 행동

---

94 저자가 『여성동아』, 1986년 2월호, 「윤공희 대주교 특별인터뷰-부부가 서로를 사랑하
지 않는 것도 죄악이다」 제하의 기사를 취재하기 위해 1986년 1월 12일, 천주교 광주대
교구 주교관에서 그를 인터뷰했을 때 저자에게 직접 술회한 내용이다(윤공희, 앞의 글,
41쪽). 이 같은 광경을 목격한 윤 대주교는 이날 예정된 스케줄에 따라 서울로 올라가
김수환 추기경에게 자세한 상황을 전하게 된다. 그는 김수환 추기경을 비롯한 서울교구
청 관계자들이 "사람이 얼마나 죽었느냐"는 질문에 "많은 피를 흘리는 것을 내가 직접
보았던 사람이기 때문에 다른 사람이 그가 죽었다라고 말하면 그 말을 믿겠다"라고 대
답했다. 그는 다음날 곧 광주로 돌아왔다(윤공희, 앞의 글, 14쪽).
95 황종건·김녕만, 앞의 사진집, 24쪽 ; 정상용·유시민, 앞의 책, 181쪽.

가운데 덜 잔인한 것들이다.[96]

오후 1시 30분이 되자 공수부대가 점심식사를 하러 조선대로 철수했다. 이들이 퇴장하자마자 기다렸다는 듯이 금남로를 비롯한 시가는 순식간에 수만 명의 '민중'으로 가득해지면서 또 다시 술렁거리기 시작했다. 어디서 그렇게 많은 시민들이 쏟아져 나왔는지 알 수 없을 정도로 계속 모여들고 있었다. 이제 젊은 사람들만 모이는 것이 아니었다. 중년과 부녀자, 작업복의 근로자도 모습을 나타냈다.[97] 충장로 지하상가 건설공사장에서 일하던 인부들은 톱, 쇠파이프, 철근을 들고 나왔다. 금남로에는 '선량한 시민'에서 '성난 민중' '적극적 민중'으로 돌변한 시민들로 인산인해를 이루었다. 그러자 철수한 공수부대원 대신 경찰이 최루탄과 페퍼포그를 쏘며 진압에 나섰다. 그러나 시민들은 물러가지 않고 돌멩이와 화염병을 던지며 맞섰다. 가톨릭센터 앞에서 경찰과 대치하고 있던 시민들은 가톨릭센터 차고에 있던 기독교방송 취재차량을 끌어내 시동을 건 채 시트에 기름을 붓고 불을 붙여 경찰 바리게이트를 향해 발진시켰다. 어제 오늘의 참담한 광경에 벙어리가 된 방송에 대한 분노가 폭발한 것 같았다. 또한 제일성결교회 증축공사장에서 굴리고 온 기름통에 불

---

96 신원을 밝히지 않은 어느 여교사가 독일 『슈투트 가르테르 자이퉁』紙에 보내 보도된 편지내용의 일부다(『슈투트 가르테르 자이퉁』, 1980년 5월 27일자, 유지훈 역, 『독일언론이 기록한 激動 韓國現代史』, 한국기자협회, 1997, 340쪽). 이 글 속에 나타나는 목격자들의 소재지는 충장로 5가의 조흥은행(현 신한은행) 광주지점 부근이다.

97 시위대열의 3분의 1이 여성이었으며 여성들 중에는 대학생보다는 노동자와 주부의 참여도가 압도적이었다는 기록이 있다(5월여성연구회 편, 『광주민중항쟁과 여성』, 한국기독교사회문제연구원, 1991, 138쪽). 그러나 시위대원의 3분의 1이 여성이라는 표현은 과장인 듯 하다. 여성의 참여도가 자녀들의 부상과 연행 및 행방불명 때문에 다른 민주화 시위 때와는 달리 많았던 것은 사실이지만 저자가 목격한 바로는 3분의 1을 차지할 정도는 아니었다.

을 붙여 경찰 쪽으로 굴렸다. 드럼통은 굉음과 함께 폭발하며 까만 연기를 하늘 높이 내 뿜었다. '성난 민중'들의 분노가 하늘을 찌르는 듯 했다.[98] 이때 시위 군중들이 가톨릭센터 옥상에 공수부대원이 있음을 발견하고 함성을 지르며 뛰어 올라가 마구 두들겨 패면서 분풀이를 했다.

우리들은 빌딩 내 소방장비인 곡괭이로 잠겨진 문을 때려 부수고 안으로 들어갔다. 그 안에는 또 다른 공수부대원 6명이 겁에 질린 채 한쪽 구석에 서 있었다. 총을 빼앗은 우리는 총을 밖으로 내밀어 시민들에게 흔들어 보였다. 가톨릭센터 앞에 있던 수많은 시민들은 함성과 박수를 보냈다. 지긋지긋한 공수부대원을 붙잡았으니 어떤 통쾌감도 났을 것이고 또 보복 같은 것도 생각했을 것이다. 나는 이러지도 저러지도 못하고 있는데 저만치서 '공수부대'가 올라온다는 다급한 목소리가 들려왔다. 나는 슬그머니 1층으로 내려가 후문으로 빠져나갔다. 그 공수부대원들은 그대로 달아났다.[99]

점심을 끝낸 공수부대가 오후 2시 40분쯤 다시 투입되면서 200여 명의 시민들을 붙잡아 두들겨 패고 찌르는 등 무자비한 살육작전을 다시 펼치기 시작하자 그렇게도 술렁이던 금남로는 금방 진압되는 듯 했다. 그러나 그냥 달아나기만 하던 오전과는 완전히 달랐다. 공수부대원들이 기습적으로 시위대에 접근, 진압봉과 총검을 휘둘렀으나 일시 흩어졌던 '성난 민중'들은 도망가려 하지 않고 도로변의 대형화분과 공중전화박스·가드레일·버스정차장 입간판 등을 뜯어 바리게이트로 치고 보도블록을 깬 조각을 던지며 계속 저항했

---

98 황종건·김녕만, 앞의 사진집, 21~23쪽 ; 5월 25일자(조간은 26일자) 각 신문들은 '光州'기사를 처음으로 보도하면서 이 사진을 일제히 게재했다.

99 김현채, 「최후의 1인까지, 최후의 그날까지」, 5·18 광주의거동지회, 『5·18 광주민중항쟁 증언록』 1, 도서출판 광주, 1987, 83~84쪽.

다. 보도블록을 깨는 작업은 주로 시위대열 후미나 중간부분에 있던 40~50 대의 중장년이나 부녀자들이 맡았다. 뿐만 아니라 지하도 공사장에서 일하던 인부들도 무기가 될만한 연장이나 각목, 쇠파이프 등을 젊은이들에게 던져주고 있었다. 이때 군용 헬기가 저공으로 비행하면서 "학생 시민 여러분, 이성을 잃지 말고 해산하여 집으로 돌아가십시오. 여러분은 불순분자의 책동에 휘말리고 있습니다. 선량한 시민은 절대로 보호하겠으니 즉시 해산하십시오"라며 해산을 종용하고 있었다. 그러나 시민들은 헬기를 향해 주먹질을 하며 욕설을 퍼부어 댔다. "선량한 시민을 보호하겠다"는 말이 새빨간 거짓말인 것을 이미 터득한 시민들은 그 방송을 들으려 하지 않았다.

> 19일 오후 5시쯤, 광주시 서구 월산동 32의 22 4통 1반에 거주하는 김안부(36)가 광주공원 근처 전남주조장 앞 공터에서 공수부대원들에게 맞아 죽은 후 그 시체가 전남대병원 영안실에 안치되었다. 공사장 막노동꾼인 그는 광주공원에 들렀다가 공수부대원이 휘두르는 진압봉에 두들겨 맞고 군홧발에 짓밟혔다. 그는 광주공원 숲속으로 피했다가 숨진 듯 다음날 아침 전남주조장 종업원들에 의해 밤새 비를 맞은 시체로 발견됐다.[100]

두 번째 희생자가 발생한 것이다. 이날 공수부대원들은 한가롭게 노닐며 웅성거리는 광주공원에 들이닥쳐 보이는 대로 사람들을 두들기고 짓밟고 대검으로 찔러댔다. 품팔이 노동자 김안부는 이날 평소와 달리 노동판에 나갔다가 공수부대의 만행으로 인해 공사판 작업이 제대로 진행되지 않자 일찍 일을 끝내고 귀가하던 중 광주공원에 들렀다가 무슨 영문인지도 모른 채 공수부대원들이 휘두르는 진압봉에 맞고 군홧발에 짓밟혀 숨져간 것이다. 그의 검안서에는

---

100 김영택, 앞의 책, 63쪽 ; 앞의 『그해 오월, 나는 살고 싶었다』, 24~25쪽.

머리·가슴 등 전신타박상으로 기록되어 있다.[101] 18~19일 이틀 동안 수많은 사람이 진압봉에 맞고 대검에 찔려 피투성이가 된 채 1,200여 명이 연행되었지만 그 당시 신원이 밝혀진 희생자는 김경철·김안부 두 사람 뿐이었다.[102]

19일 오후 7시 30분 학동 남광주역 부근에 있는 친구 집에 가던 최미자(19)는 누군가가 '장갑차다'라고 외치는 소리를 듣고 엉겁결에 다른 시민들과 함께 골목길로 달아났다. 장갑차를 타고 온 6~7명의 공수부대원들이 대검으로 찌르고 발길질을 하며 "너희들은 죽어도 싸다"고 외쳐댔기 때문이다. 최미자는 40대의 남자와 함께 정신을 잃어버렸다. 그녀는 가슴에 대검이 찔려 피를 쏟으며 의식을 잃고 쓰러진 후 몇 사람의 시민에 의해 전남대 병원으로 옮겨졌다. 그녀는 중환자실에서 1주일을 보내는 등 한 달 동안 치료를 받은 끝에 다행히 목숨을 건졌다. 오른쪽 겨드랑이와 젖가슴사이 오른편이 대검에 찔렸던 것이다.[103]

공수부대의 일방적 '살육행위'에 속수무책이던 18일에 이어 19일에는 민중

---

101 재향군인회, 앞의 책, 261쪽은 김안부가 '금남로'에서 前頭部破裂傷으로 숨진 것으로 되어있다.

102 김경철은 19일 아침, 육군광주통합병원 영안실에서 시체로 발견됐고 김안부는 19일 오후, 전두부열상으로 사망한 것으로 밝혀져 최초의 희생자는 김경철이 분명하다(「5·18 공소장」, 37~38쪽). 당초 20일 오전, 김안부의 희생소식이 그의 부인 김말옥(처음에는 김만복으로 전해졌다)에 의해 금남로 일대의 시위군중들에게 전해지자 시가가 술렁거리며 최초의 희생자로 여겨졌으나 나중에 김경철의 희생소식이 구체적으로 밝혀지면서 김경철이 최초의 희생자로 확인되었다.

103 정상용·유시민, 앞의 책, 188~195쪽, '5월 19일의 부상자 사례' ; 이 사건은 당시 '계엄군이 여대생의 젖가슴을 도려냈다'는 소문으로 나돌았다(〈光州日報〉, 1989년 1월 25일자, '19세 처녀 대검에 가슴 찔려 졸도' 제하 기사) ; 계엄사령부는 뒤에 이 사건을 '계엄군이 여대생의 유방을 칼로 도려내어 시청 앞에 걸어놓았다'는 유언비어 사례로 발표했다(〈조선일보〉, 1980년 6월 6일자) ; 당시 계엄사령부는 공수부대원들의 만행사실을 '폭도'들의 소행인 것처럼 덮어씌우기 위해 더욱 자극적인 장면으로 과장하여 유언비어라고 발표한 경우가 많았다. 이 유언비어 사례도 그중 하나다.

들의 의지가 더욱 강경해졌다. '민중항쟁'으로 발전하게 되는 시민들의 분노와 저항의식의 싹은 전적으로 18~19일 이틀 동안 자행된 공수부대의 살인적 만행에 대한 항거차원에서 솟아났다.

19일 오후 4시 30분이었다. 시민들은 계림동파출소와 광주고등학교 중간 길에서 광주고등학교 쪽으로 이동하는 장갑차 1대가 나타나자 사람의 벽을 쌓은 인간사슬로 전진을 가로 막아버렸다. 이제 장갑차도 두렵지 않게 된 것이다. 장갑차는 수많은 시민들에 의해 포위돼 당황한 나머지 가로수 한 그루를 들이받고 앞바퀴 구동축이 보도난간에 부딪치면서 시동이 꺼져버렸다. 부녀자들까지 끼어있는 시민들은 우르르 몰려들어 장갑차의 양쪽에 달려 있는 감시경을 돌로 깨어버렸다. 장갑차 눈을 망가뜨려버린 것이다. 장갑차는 꼼짝할 수가 없게 되었다. 그 안에는 장교 등 9명이 타고 있었다. 그들은 밖으로 나오려 했으나 시민들이 '저놈 죽여라'고 분노의 목소리로 외쳐대자 2명은 달아나고 7명은 다시 안으로 들어가 버렸다. 성난 민중들은 근처 페인트상회에서 석유통을 구해다가 장갑차 밑에 뿌리고 불을 붙였으나 발화되지 않았다. 다시 짚더미를 가져다 불을 다시 지폈으나 역시 타지 않았다. 민중들은 집요하게 장갑차를 위협했다. 이번에는 불이 붙은 짚더미를 들고 올라가 뚜껑을 열고 그 안에 집어넣으려 했다. 위기감을 느낀 안에서 갑자기 뚜껑을 열고 총탄을 발사했다. 처음에는 하늘을 향해 공포로 발사했다. 그래도 시민들이 해산의 기미를 보이지 않자 직접 시민을 향해 발포해 버렸다. 이 발포로 조선대 부속고등학교 3학년 김영찬(19)군이 손과 대퇴부에 3발을 맞고 쓰러졌다. 김영찬이 공중보건의 정은택 등 시민들에 의해 급히 병원으로 옮겨지는 소란스러움을 틈타 장갑차는 쏜살같이 달아났다.[104] '광주사태' 최초의 발포였다.[105]

---

104 김영찬을 후송한 사람은 당시 현장에 있었던 공중보건의 정은택(현 원광대 교수)이었

'민중'으로 돌변한 시민과 계엄군이 직접 충돌한 것은 이번이 처음이다.[106]

다. 그는 김영찬을 인근 병원으로 이송해 응급치료를 한 후 전남대의대병원으로 후송했다.

105 김영택, 앞의 책, 65쪽 ; 김충근, 「금남로 아리랑」, 앞의 『5·18 특파원 리포트』, 219쪽 ; 이 상황은 당시 동아일보 사회부 金忠根·洪健淳 기자가 현장에서 직접 목격하고 취재한 내용이다. 두 기자는 초록색 동아일보 취재차량을 타고 장갑차에 접근하려다 시민들로부터 "이 엄청난 사실이 한 줄도 나오지 않는 신문이 무슨 신문이냐"고 항의하며 던지는 돌멩이 세례를 받고 재빨리 빠져 나와야 했다. 시민들은 동아일보 기자들이 열심히 취재하고 다녔지만 신문에 '광주'에 관한 기사가 단 한 줄도 보도되지 않자 불만을 터뜨린 것이다. 포위당한 병사들은 이 사정도 모르고 두 기자에게 자신들의 상황을 본부에 연락해 달라고 간청했다. 그러나 두 기자는 이 간청을 받아들일 수가 없었다. 김영찬은 전남대 병원에서 7개월 동안 치료를 받고 그 해 12월 퇴원했다.

106 보안사령부는 이 사건에 대해 '5월 19일 16시 50분 광주시 계림동 광주고등학교와 계림파출소 사이에서 시위진압에 나섰다가 멈춰선 장갑차를 시위대가 공격하자 11공수여단 63대대 작전장교 차○○대위가 M16을 발포했고 당시 제11여단 조창구 중령은 차○○대위로부터 보고를 받았다고 검찰에서 진술(「5·18 사건 수사기록」 17권), 당시 조대부고 3학년 김영찬이 우측 대퇴부에 총상을 입고 전남대 의대병원에 입원수술을 받았다'는 내용의 보고를 5월 20일 새벽 1시, 현지 505보안부대로부터 보고를 받았다고 1980년 5월 20일자 「광주사태 일일속보철」에 분명히 기재해 놓고도 다음날에는 엉뚱한 방향으로 몰아갔다. 그들은 '일부 첩보에 의하면 광주소요선동을 위해 일자미상 경 목포에 있는 김대중 계열 별동대 조직 100여 명이 광주로 올라오고 서울에 있는 깡패도 내려왔으며 5월 19일 고교생 1명(인적사항 미상)이 우측 대퇴부에 총상을 입고 전남대 의대병원에 입원수술을 받았으며, 관내 4개 파출소 파괴 집결 데모대가 쇠파이프 및 면도칼을 소지했던 점으로 보아 특정배후조직에 의한 조직적이고 기동력 있는 데모대로 판단되고 있음. 군에서는 데모진압병력에게 실탄을 미지급하고 있고 경계병력만 1인당 10발씩 분출, 장교가 통합보관하고 있을 뿐만 아니라 5월 19일 발포사실 전무하였음을 감안할 때 그 고교생은 특정데모세력에 의해 無聲拳銃으로 피격됐는데도, 계엄군이 발포한 것으로 선동하기 위한 지능적 수법으로 판단됨'이라고 전날과는 전연 다른 내용을 다음날(5월 21일자) 「광주사태 일일속보철(5. 21. 01 : 00, 505)」에 기록하고 5·18을 '광주시민들이 일으킨 폭동'이라고 왜곡했다(국방부과거사진상규명위원회, 『12·12, 5·18 사건 조사보고서』, 2007, 79쪽 재인용). 심지어 보안대는 현장에서 발포로 인해 총상을 입은 김영찬을 병원으로 후송했던 공중보건의 정은택에게 '군인들에게 실탄도 지급되지 않은 상황에서 군인들이 발포했다는 유언비어를 퍼뜨린다'며 출석을 요구하기도 했었다(〈연합뉴스〉, 2007년 5월 11일자).

그동안에는 대치하면서 구호를 외치고 투석전을 벌이다가 공수부대원이 강하게 밀어붙이면 도망가기에 바빴던 시민들이 이렇게 직접 가로막고 적극적으로 대응하는 '민중'으로 변모한 것은 무엇을 의미하는가! 이제 공수부대도 두렵지 않으며 직접 때려 부셔야겠다는 의지와 오기가 강렬하게 작동하고 있음을 의미한다. 이는 향후 광주사태가 어떻게 전개되어갈 것인가를 가늠케 해주는 중요한 시사점이기도 했다.

19일 새벽, 광주에 증파된 제11여단 병력이 투입되면서 공수부대의 활동 범위는 시내전역으로 확대되었고 시민, 민중의 저항 역시 더욱 거세어지고 있었다. 공수부대원들이 진압봉이나 대검을 사용하는 빈도도 훨씬 많아졌다.[107]

금남로에는 차량이 일체 다닐 수 없는 상태였지만 그 이외의 도로에는 시내버스와 택시들이 운행되고 있었다. 공수부대원들은 지나가는 시내버스나 택시를 세우고 운전사들을 마구 두들겨 팼다. 시위 학생들을 태워 나르고 부상자들을 병원으로 운반해 준다는 것이 그 이유였다. 이들은 부상자를 병원으로 옮겨주는 인도적 처사마저 공격했던 것이다. 그리하여 몇 사람의 운전기사가 맞아 죽었다는 풍문이 나돌기도 했다.

운전기사에 대한 난타사건은 비단 이 곳에서만 있었던 것은 아니다. 19일은 물론 20일 오전까지 시내 곳곳에서 잔인하게 벌어졌다. 영업용 택시기사들에 대한 잇따른 군홧발질이나 구타사건은 시내의 모든 운전기사들을 흥분시키기에 충분했다. 이는 다음날 오후 벌이게 되는 200여 대 차량시위의 직접적인 계기가 되었다.

오후 5시 30분쯤 금남로를 장악하고 있던 공수부대원들 일부가 빠져나갔

---

107 정상용·유시민, 앞의 책, 203쪽.

다. 이때 공수부대원들이 빠져나간 것은 전날 투입된 제7여단 병력이었고 그 대신 이날 오전에 도착한 제11여단 병력으로 대체되어 제7여단 33대대와 35 대대의 임무를 맡게 된 것이었다.[108] 금남로에 배치된 제11여단 병력은 트럭을 타고 금남로를 통과하면서 경고방송과 군가를 합창, 기세를 올리기도 했다. 일종의 위압시위였다. 이들이 제7여단 병력과 교체하는 행사를 벌인 것은 시민들에게 새로운 겁을 주기 위해서였다. 그러나 교체되었다고 해서 제7여단 병력이 완전히 빠져 나간 것은 아니었으며 계속 임무를 수행하고 있었다. 즉 일시적인 현장교체일 뿐 사실은 병력증강이었다.

일부 공수부대 병력이 빠져나가면서 진압이 약화되는 듯 하자 수만 명의 시민들이 다시 금남로에 몰려들었다. 그러나 교대하러 들어온 제11공수여단 병력의 투입으로 금방 흩어졌다가 다시 모여들고 흩어졌다가 또 다시 모여드는 일이 되풀이되었다.

오후 6시쯤 대인동 공용버스터미널 주차장에는 7~8구의 시체가 차곡차곡 즐비하게 늘어져 있었다. 공수부대원들의 대검에 찔리거나 몽둥이에 맞아 죽은 사람들이었다. 특히 공용버스터미널 주차장의 시체는 터미널 앞 로터리 광장에서 시위하던 군중들이 차량으로 수송된 공수부대원들에 의해 살해된 사람들이었다. 이 같은 시체들은 '공수부대원들이 부녀자나 노인들에게까지 무차별 난타해서 많은 사람을 죽였다' '머리통을 때려 즉사시켰다' '임산부를 죽였다'는 풍문들을 사실로 입증해 주는 증거이기도 했다.

이날 낮 시골에서 올라오는 어머니를 마중하러 공용터미널에 갔었습니다. 그러나 시외버스들이 제대로 운행되지 않아 돌아 나오려고 광남로 쪽으로 나 있는 문

---

108 「전교사 교훈집」·「특전사 전투상보」·「전교사 작전일지」(정동년, 앞의 책, 362쪽).

을 나와 걸어오는데 시외에서 버스가 들어오는 입구 안쪽에 시체들이 차곡차곡 쌓여 있었어요. 아마 7~8구는 되었을 것입니다. 더욱 제가 놀란 것은 맨 위 시체가 엎어져 있었는데 등에 X표로 칼자국이 나 있더군요. 얼마나 두렵고 무서웠는지 모릅니다.[109]

이날 동구청 건물 1층에서 전투복을 입은 경찰국 작전과장 안수택 총경은 공수부대 장교로부터 구타를 당했다. '왜 폭도들을 빼돌리느냐'는 것이었다. 그는 '나도 공수부대 출신'이라고 말했으나 아무 소용이 없었다. 이 경찰간부는 공수부대원들이 붙잡아 인계해 준 6~7명의 시민을 그 자리에서 방면하다가 장교의 눈에 띄었던 것이다. 그는 이 사건 때문인지는 알 수 없으나 두 달뒤인 7월 19일 직위해제 당하게 된다. 심지어 상무관 골목에서 공수부대원에게 쫓기던 젊은이들을 경찰이 붙잡지 않고 그냥 보내자 시위진압에 앞장서지 않는다며 지휘자인 어느 경위를 구타하기도 했다. 이를 지켜보던 시민들은 소리 지르며 야유를 보냈다.[110]

시민들은 19일 하루종일 학생들과 한 무리가 되어 곳곳에서 시위를 벌였다. 아니 저항했다. 이들은 돌멩이나 화염병만 가지고 다니지 않았다. 각목은 물론 쇠파이프·철근 토막·쇠갈퀴·낫·쇠스랑 등을 들고 공수부대원들과 맞섰다. 이날의 시위는 주로 공용터미널, 계림동과 광주 역전 쪽, 남광주 역전 일대에서 벌어졌다. 그 외에 공수부대원들의 진압작전이 미치지 못하는 곳은 모두 사람들로 가득 메워져 있었다. 특전사 전투상보는 이때의 작전상황을 이렇게 기록하고 있다.

---

109 광주시 서구 화정동, 김선동(54)의 증언.
110 정동년, 앞의 책, 363쪽.

제11여단장은 금남로 양쪽에서 폭도를 분쇄하기로 하되 제7여단 35대대는 도청 쪽에서 중소기업은행 쪽으로, 11여단은 중소기업은행에서 도청 쪽으로 압축할 계획. 11여단, 15시 15분경 도청 광장에서 하차, 부대 전개 후 5분간에 걸쳐 경고문 방송과 군가를 제창. 폭도 기세 제압, 앞으로 전진하다. CBS방송국 전방에서 폭도들의 투석이 시작되자 즉시 돌격개시 폭도 분산 와해. 16시경 유동 3거리까지 진출, 7여단과 연결해 폭도 완전 분산, 16시 20분, 분산된 폭도 충장로 일대 재집결해 다시 출동, 해산시킨 후 17시경 도청에 재집결. 소방서를 지나 20시 30분경 종합터미널에 가서 야영. 이때 화학탄은 사용 안함. 전과 및 피해 무.[111]

오후 7시가 넘으면서 광주에는 가랑비가 내리기 시작했다. 날은 어두워져 시민들은 귀가를 서두르고 있었다. 저자도 비를 맞으며 숙소로 돌아왔다.[112] 빗방울이 꽤 커지고 어둠이 깔리고 있던 오후 8시 30분쯤이었다. 동구 지산동에 소재한 법원과 검찰청 뒤쪽에는 두 개의 조그만 봉우리가 있다. 무등산의 육중한 덩치에 가려 잘 보이지 않는 구릉으로 쌍둥이처럼 서 있는 봉우리다. 아침이면 지산동·산수동 일대의 주민들이 산책하러 즐겨 오르는 곳이기도 하다. 그 봉우리 중 동쪽, 오른쪽 봉우리에서 봉홧불이 활활 타고 있었다. 봉홧불이 오르자 처음에는 주민들이 밖으로 나와 쳐다보고 있었다. 잠시 후 비는 조금씩 굵은 줄기로 변했다. 그러자 봉홧불은 서서히 꺼져 갔다. 밤 9시 30분쯤이었다. 이때 지산동 일대의 주민들은 공포에 싸여 있었다. 봉홧불이나 학생들이 두려워서가 아니었다. 공수부대가 봉홧불을 피워 올린 학생들을 수색한다며 지산동과 산수동 일대를 수색할까봐 겁이 났던 것이다.

다행히 계속된 비로 봉홧불이 꺼진 뒤 아무 일도 일어나지 않았다. 밤새 불안에 떨고 있던 주민들은 새벽이 되어서야 안도의 숨을 쉬었다. 시민들의 공

---

111 「특전사 전투개요」, 1980년 5월 19일자.
112 광주시 동구 지산동 707의 38.

수부대원에 대한 공포심은 그만큼 대단했다.

이날 오후 8시 40분, 전남 출신인 박경원·고재필·전부일 등 박정희 정권에서 장관 등 고관현직을 역임한 장성 및 유지 출신들이 도착했다. 이들은 시내 각급기관장과 유지들로부터 그동안의 상황을 청취한 다음 '과잉진압(?)'을 완화시켜 주도록 계엄당국에 요청해 달라는 건의를 받고 전남북계엄분소장인 윤흥정 중장을 만나 이 같은 뜻을 전달한 것으로 전해졌다. 그러나 이는 사실과 달랐다.[113] 이에 앞서 이날 오후 3시쯤 시내 기관장과 유지들은 한자리에 모여 대책을 논의한 끝에 '오늘의 상황은 공부수대의 과잉진압 때문에 빚어진 것'이라고 결론짓고 폭력적 진압방법을 완화해 주도록 계엄당국에 건의하기로 합의한 후 계엄분소를 방문하였으나 거부당했다.[114] 신군부는 시민들의 바람에도 아랑곳하지 않았고 자신들의 계획대로 살육작전을 계속 밀어붙일 속셈이었다.

이에 대해 정웅 제31사단장은 자신이 지휘권을 행사한 공수부대에 무혈진압을 명령했기 때문에 '강경진압'이 완화된 것이라고 주장하며 자신의 공로로 내세우기도 했다. 그러나 그의 주장은 거짓말이었다. 왜냐하면 정웅 제31사

---

113 당시 광주시내에는 丁來赫·申炯植·高在珌·朴璟遠·全富一·金在命·金南中·朴澈 등 전남·광주 출신 인사 8명이 서울에서 내려와 진압방법의 완화를 건의했다는 소문이 파다하게 퍼져 있었다. 그러나 이들은 자진해서 내려온 것이 아니라 전두환 정보부장서리의 부탁과 활동비를 받고 헬기편으로 내려온 것으로 밝혀졌다. 이들이 진압방법 완화를 건의했는지의 여부는 확인되지 않았다(鄭石煥, 「전두환은 공수부대장에게 진압격려금을 내려 보냈다-5·18 당시 정보부 전남지부장 정석환 비망록」, 『新東亞』, 동아일보사, 1996년 1월호).

114 계엄분소의 어느 선에서 거부됐는지는 알려지지 않았으나 광주지역 기관장과 유지들의 건의를 묵살해버린 계엄분소의 처사는 그 후 시민공동체 자치시기 때 시민 및 학생수습위원회 측의 평화적 협상제의를 무조건 거부한 계엄당국의 처사와 맥락을 같이한다. 이는 5·18 원인을 놓고 당시 정권을 찬탈하려는 신군부가 '광주살육'을 의도적으로 유발했거나 계획적으로 꾸민 음모였다는 일부 주장을 이해하는 데 도움이 된다.

단장은 18일 오후 2시 25분, 제7여단 제33대대와 제35대대장에게 시내출동을 명령했던 작전 지휘관이었다. 공수부대는 정 사단장의 명령을 받고 시내에 투입돼 살인적인 '과잉진압'을 펼쳤고 이로 인해 광주살육 또는 광주민중항쟁이 발발하게 된 것이다. 그는 공수부대원들의 '만행'을 안 것은 다음날 오후라고 말했다.

> 19일 15시로 기억되는데 윤흥정 전교사(전투병과교육사령부를 줄인 말) 사령관 께서 광주의 모든 기관장 14~5명을 모이게 해가지고 회의가 열렸습니다. 이들이 여러 가지 건의를 하는데 정말로 입에 담을 수 없는, 그 다음에 귀담아 들을 수 없는 의아스러운 광경을 거기서 목격한 것이에요. 뭐라고 기관장들이 했느냐 하면 도대체 이놈의 군대가 어느 나라 군대냐, 왜 국민을 상대로 해가지고 과격 하게 진압을 하느냐, 실질적으로 그 과격하게 진압하고 있는 정도가 도저히 상식 적으로 생각해 가지고는 볼 수가 없다. 그리고 지난 6·25 때에 있어서도 이 지역 에서는 그런 참상은 안 이루어졌다는 것입니다. 다음에 특히 교육감이 얘기하는 그 상황은 고등학교, 중학교, 국민학교 학생들이 그 광경을 다 보았는데 앞으로 그 자체에 대해서 국군에 대한 교육을 어떻게 시켜야 되는 것이냐, 이것이 국민 의 군대냐……[115]

국회 청문회에서 이 같이 증언한 정웅 사단장은 19일 밤 11시, 제33·35대 대장과 11공수여단장, 경찰국장, 자신의 휘하에 있는 제31사단의 각 연대장, 대대장 및 참모들을 불러 무혈진압명령을 내렸다고 주장했다.

정웅 사단장은 이 같은 무혈진압명령이 제대로 이행되는 지의 여부를 확인 하기 위해 20일 오후 두 대대장을 불렀으나 이들이 전교사 사령관실에 윤흥정 전교사사령관 및 정호용 특전사령관과 함께 있다는 사실을 알고 자신에게 배

---

115 국회 『광주청문회 회의록』 21호, 1988년 12월 21일, 94~95쪽, 정웅 증언.

속된 제33·35대대에 대한 지휘권이 사실상 박탈당한 것으로 간주했다고 주장했다. 그러나 그의 지휘권이 실질적으로 해제된 것은 21일 오후 4시다. 지휘권은 그 후 전투병과교육사령관 겸 전남북계엄분소장인 윤흥정 중장에게 넘어갔다.

광주의 살육은 18~19일 벌어진 공수부대의 공격작전에서 비롯된 것이며, 이틀 동안 살육행위나 다름없는 '과잉진압' 작전을 편 제33·35대대의 대대장에게 출동명령을 내렸을 뿐만 아니라 후속부대 지휘관들과 함께 여러 차례 작전회의를 하면서 대책을 숙의하고 상부에 보고한 사람은 바로 정웅 사단장이었다. 따라서 제33·35대대장들이 정웅 제31사단장에게 명령을 받은 것은 분명하다.[116] 18일 작전에서도 '강력한 타격이 실질적으로 이루어지고 있는데도 보고를 접한 데에 있어서는 큰 무리없이 데모를 진압했다'며 18일에는 '정상적인 데모의 진압'인 줄 알았고 19일에야 '강경진압'인줄 알았다면 무혈진압명령을 내린 20일의 진압과정에 대해서는 철저한 확인이 뒤따랐어야 옳았다. 그가 그러한 절차를 외면했는지, 아니면 거짓말을 했는지는 알 길이 없지만 "헬리콥터에서 보니 평온한 상황이 유지되고 있었고 제33·35대대로부터의 보고도 평온하게 진압해 정상적이었다"고 증언했다.[117] 그러나 그가 '평온했다'고 증언한 20일은 수많은 시민들이 거리로 나와 공수부대의 살육작전에 항의하는 시위와 농성을 계속하고 있던 날이었다. 시민과 공수부대간의 밀고 밀리는 급박한 상황이 벌어져 시내는 폭풍전야와 같았다. 심지어 지나가는 선량한 행인들을 금남로 한복판에 팬티바람으로 붙잡아놓고 온갖 수모와 기합을

---

116 '제가 바로 작전명령을 하달한 지휘관으로써 2개 대대의 작전을 16시부터 개시하도록 명령을 시달한 사람입니다'(국회 『광주청문회 회의록』 제21호, 1988년 12월 21일, 136쪽, 정웅 증언).

117 국회 『광주청문회 회의록』 제21호, 1988년 12월 21일, 95·141쪽, 정웅 증언.

주는 등의 만행이 서슴없이 자행되고 있던 날이다. 오후에는 택시기사들의 궐기로 인해 시내는 온통 차량과 사람들의 물결로 가득 찼다. 이런 상황을 놓고 '평온하다'는 표현은 적절치 않다.

더욱이 정웅 사단장의 증언은 커다란 모순을 지니고 있다. 그는 청문회에서 '충정작전자체가 과잉진압을 전제로 하는 것'이라고 증언했다.[118] 그렇다면 그의 명령을 받고 18일 출동한 제33·35대대 병력이 진압작전을 어떻게 펼치리라는 것을 이미 알고 있었을 것이다. 그런데도 그는 19일 오후에야 '과잉진압' 사실을 알았다고 증언했고, 또 무혈진압명령을 내린 후 헬기를 타고 확인해보니 평온했다거나, 평온하게 진압됐다는 보고를 받았다는 것은 납득하기 어려운 대목이다.

여기에서 정웅 사단장에게 몇 가지 의문이 제기된다. 공수부대의 '과잉진압'에 대해 시민들로부터 어떤 제보나 항의를 받지 않았는지, 또 어떻게 해서 19일 오후 기관장회의에 가서야 '과잉진압'을 알게 되었는지 하는 점이다. 왜냐하면 윤흥정 계엄분소장은 19일 이미 시민들로부터 숱한 제보와 항의를 받고 "군복을 입고 있는 것을 부끄럽게 여길 정도였다"고 증언한 바 있기 때문이다. 제11대 국회의원 선거 때 정웅 사단장은이 '광주사태' 당시 시민을 위해 커다란 역할을 한 것처럼 소문나 있었다. 그는 신군부의 방해로 결국 출마하지 못했지만 이 때문에 제13대 선거에서는 압도적인 지지를 받아 국회의원에 당선됐다. 그러나 그는 '광주'에 대해 책임만 있을 뿐, 엄청난 피해와 고난을 겪은 시민들을 위해 아무런 역할도 하지 않았음이 국회청문회에서 자신의 증언으로 드러났다. 그는 5·18 직후인 6월 4일 사단장직에서 해임되고 3개월 후인 9월 30일 현역에서 물러난다. 그는 이것을 두고 '광주'에 대한 책임을

---

[118] 국회 『광주청문회 회의록』 제21호, 1988년 12월 21일, 89쪽, 정웅 증언.

지고 물러난 것이라고 강조했다. 그러나 그것은 당시 신군부 세력이 장악하고 있던 정부에 대해 책임을 진 것일 뿐 피해자인 광주시민에게는 아직까지 아무런 책임도 지지 않고 있다. 단지 '도의적 책임을 느낀다'는 표현만을 쓰고 있을 뿐이다.[119]

18일과 19일 이틀 동안 표면적인 사망자는 김경철, 김안부 2명만이 나타났지만 연행되어 간 사람은 수를 헤아릴 수 없었다. 그런데도 연행해 간 후 그 가족들에게 통보조차 해 주지 않아 집집마다 자식의 행방을 찾느라 아우성이었고 혹시 죽지 않았나 해서 대성통곡하는 집도 있었다. 계엄사령부는 나중(5월 31일)에 발표문에서 '5월 18일 광주 일원에서 폭력사태가 발생한 이후 이와 관련하여 계엄당국이 현지에서 총 1,740명을 검거해 조사한 후 1,010명을 훈방했고, 상무충정작전(5·27 재진입작전) 이후 검거한 527명을 포함하여 현재 조사중인 자는 총 730명'이라고 밝히게 된다. 따라서 '광주사태'로 연행된 사람은 모두 1,740명이며, 그 중 527명은 27일 감행된 상무충정작전 이후 연행된 것이고, 나머지 1,213명은 대부분이 18~19일 이틀 동안 연행되었다.[120] 왜냐하면 20일부터는 작전방법을 공세적 입장에서 수세적 입장으로 바꿔 연행을 거의 하지 않았기 때문이다. 이틀 동안 1,200여 명이 연행되어 집으로 돌아오지 않고 있었으니 그 부모나 가족들이 얼마나 가슴 조이며 불안해 했을지 짐작하고도 남는다.

그러나 5월 18~19일 마구잡이로 연행했다가 민심수습 차원에서 수시로 방면된 사람은 포함되어 있지 않다. 또한 광주항쟁과 관련, 그 후(8월 이후까지)에도 연행된 경우가 많아 연행자 수는 들쑥날쑥 바뀌게 된다. 그나마 이러한

119 김영택, 「80년 광주, 정호용과 정웅」, 『新東亞』, 동아일보사, 1990년 2월호 ; 김영택, 앞의 책, 70~71쪽.
120 보안사령부는 18일 249명, 19일 405명 등 모두 654명으로 기록하고 있다.

숫자들도 정확하지 않다. 보안사는 5월 18일부터 8월까지 모두 2,699명을 검거하고 그 중 2,144명을 훈방했다고 기록하고 있고 합동수사단은 2,522명을 검거해서 1,906명을 훈방하고 나머지 616명을 송치한 것으로 기록하고 있다. 얼마나 마구잡이로 연행하고 혹독하게 다루고 구속했는지를 짐작케 한다.

길가에서 붙잡혀 상자가 씌워진 차에 실릴 때 팔을 뒤쪽으로 묶인 다음 다시 1열로 엮인 채였습니다. 그 안에서는 공기도 제대로 통하지 않는 듯 숨이 막힐 것만 같았습니다. 그런데 그 차 안에다 지독한 최루탄을 터뜨려 버려요. 전남대 교정에 도착해 보니 그 안에서 3명이 숨져 있었습니다. 함께 온 다른 차 안에서도 2, 3구의 시체가 나오는 것을 보았습니다. 연행과정에서 10여 명이 죽은 듯 했습니다. 전남대 교실 안에 무릎을 꿇려놓고 3일 동안 밥은커녕 물도 주지 않더군요. 물을 달라면 오줌을 군화에 받아 주고 그래요. 그 오줌을 마신 사람도 있었습니다. 부대가 출동나갔다 돌아오면 장교단, 하사관단, 사병 이렇게 세 그룹이 교대로 몽둥이로 두들기고 군화로 차며 지나가 하루면 300대 이상씩 맞아야 했습니다. 어떤 사람이 고통에 못이겨 혀를 깨물어 피를 토해 냈습니다. 그러자 "이 새끼 별종이네"하며 개머리판으로 마구 두들겨 패요. 그러니까 그 사람이 팔과 다리를 바르르 떨면서 숨지더군요. 마치 개구리가 숨지는 것 같았습니다. 그들은 시체 얼굴을 씻어내고 번호를 붙여 사진을 찍더니 그대로 끌어내 갔는데 어떻게 처리했는지 지금도 궁금합니다. 처음 108명의 일행이 나중에 280여 명으로 늘어났는데 교도소 창고로 옮겨갔을 때는 한방에서 날마다 2, 3명의 시체가 나가곤 했지요. 군인들은 한결같이 시체에다 오줌을 싸서 얼굴을 씻은 다음 가슴에다 번호판을 붙여 사진을 찍고 그대로 끌고 나갔지요. 심지어 연행 당한 어떤 사람이 무릎을 꿇고 있었는데 발가락이 뒤쪽 선 밖으로 나갔다고 해서 대검으로 찍어버렸습니다. 끔찍하다는 생각보다는 나도 이제 죽는구나 하는 생각만 가득했지요. 그 사람은 피가 계속 쏟아져 발가락이 퉁퉁 부어 오른 채 결국 숨져 갔습니다. 어떤 상인인 듯한 사람은 날마다 맞고 기합 받는 것을 견디다 못해 정신이상이 생긴 듯 1만원짜리 돈 네 뭉치를 뿌리며 "돈이면 못할 게 있느냐"고 소리치자 군인들이 몰려들어 두들겨 패서 그 자리에서 숨지게 합디다. 아마 내가 붙잡혀 함께 간 그룹에서 숨진 사람은 적어도 30명이 넘을 것입니다. 왜냐하면 공수부대가 우리 일행을 상무대로 넘긴 후, 교도소 앞뒤에 암매장되었다가 발견된 시체도 8구나 있었기 때문입니다.[121]

이상은 강길조의 증언이다. 그러나 극히 부분적인 이야기에 불과하다. 당시 공수부대는 시내에서 연행해 간 사람을 전남대·조선대, 상무대 유치장에 수용했던 것으로 보이는데 연행될 당시 어느 누구도 온전한 사람이 없었다. 이미 시내에서 붙잡힐 때 몽둥이·장작개비·대검·개머리판·군홧발 세례를 받는 바람에 온몸이 피투성이었다. 이들은 연행되어 간 후에도 '차분하게 앉아서 쉬거나 치료받는 게 아니라 물도 먹지 못한 채 계속 두들겨 맞고 기합을 받다가 쓰러지면 그대로 질질 끌려 나가는' 상황이었다. 이 같은 사실은 조선대에 주둔했던 「어느 공수부대의 사병」의 수기에도 언급되어 있다.

조선대 체육관 안에는 수백 명의 연행자가 팬티만 입고 무릎을 꿇고 고개를 숙인 채 있었습니다. 그 중 23~24세 가량의 젊은이가 일어서더니 "야, 씨팔놈들아 죽여라"하고 악을 쓰는 것입니다. 온몸은 용으로 된 문신을 하고 말입니다. 그러자 여단본부에 근무하는 하사관이 "그래 죽일게" 하면서 진압봉으로 있는 힘을 다해서 온몸을 때리기 시작하자 그 젊은이는 금방 고통을 못 참고 다시 쓰러지는 것이었습니다. "무릎 꿇어"라고 고함을 치자 젊은이는 금방 지시대로 무릎을 꿇었습니다. 그 하사관이 두 손으로 있는 힘을 다해서 내리치자 젊은이는 앞으로 쓰러지면서 이내 잠잠해졌습니다. 그 외에 2~3명이 구석에서 거의 숨을 거두어 가고 있었습니다.[122]

---

121 5월 19일 18시, 전남대 입구와 무등경기장 사이의 롯데제과점 앞에서 붙잡혔던 강길조 (38) 증언.

122 윤재걸, 「어느 공수부대원의 수기」, 『작전명령-화려한 휴가』, 실천문화사, 1987.

이것은 사람대접이 아니었다. 짐승대접도 아니고 포로대접도 아니었다. 바로 범죄행위, 그것도 살인행위였다. 외신은 '한국전쟁 이후 한반도에서 있었던 가장 비극적인 희생이었다'고 표현했다.[123] 18·19일 이틀 동안 수도 없이 저질러진 '천인공노할 만행'이[124] 광주시민들을 격앙시키는 결정적 계기가 되었고, 이를 불씨로 지핀 운전기사들의 봉기로 인해 시민들의 도전적 상황으로 역전되면서 20일 밤 터진 '광주의 함성'에 탄력을 받아 '민중항쟁'으로 승화되기 때문이다.[125] 그런데도 신군부는 자신들이 저지른 18·19일의 엄청난 만행을 '단순소요사태'로 규정, 자신들의 소행을 전면 부정한 채 당초 학생들의 평화적 시위부터 '소요'로 몰아붙였다.[126]

3일째인 20일이 되었다. 그런데도 상황은 19일과 다름없이 전개되었다.

오전 10시 30분쯤 금남로 3가, 가톨릭센터 바로 앞에서 희한한 광경이 벌어지고 있었다. 30명이 넘는 젊은 남녀가 팬티와 브래지어만 걸친 채 알몸으로 기합을 받고 있었다. 4열로 줄지어 선 젊은이들. 어떤 줄은 7명, 어떤 줄은 6명, 어떤 줄은 8명이었다. 이 가운데는 숙녀도 10여 명 끼어 있었다. 줄 앞에

---

123 〈AP통신〉 Sam Jameson 기자는 '한국전쟁 이후 한반도에서 지난 1980년 광주의 3일간의 군대의 만행으로 빚은 희생보다 더 큰 것은 없었다. 군대의 만행은 이내 7일간의 광주봉기로 치달았다'며 18·19·20일 초기 3일간의 의미를 크게 부여했다(한국기자협회, 『5·18특파원 리포트』, 풀빛, 1997, 109쪽).

124 윤공희 대주교가 1980년 5월 26일, 최규하 대통령에게 보낸 서한에서 표현한 구절(「최규하 대통령 각하」, 윤공희 대주교와 사제들의 체험담, 『저항과 명상』, 빛고을출판사, 1987, 25쪽).

125 19일 밤 시내 화공약품상의 화약과 철물상회의 쇠파이프 등이 매진되거나 탈취당하는 사태가 벌어졌다. 시위 민중들은 자체적인 무장을 보다 본격적으로 강화하기 시작한 것이다. 이와 함께 '최규하 대통령이 군에 의해 사살됐다' 또는 '연금되었다'는 소문이 파다하게 퍼져 있었다(김영택, 앞의 책, 74쪽).

126 「광주소요사태 분석 및 교훈」, 14쪽(국방부과거사진상규명위원회, 『12·12, 5·17, 5·18 조사결과 보고서』, 128쪽).

는 각기 벗은 옷과 신발, 그리고 핸드백과 휴대품이 놓여 있었다. 거의가 20대의 젊은 사람이었고 두어 명쯤 30대로 보이는 사람도 있었다. 여자들의 신발은 굽 높은 하이힐이 많았다. 10여 명의 공수부대원들은 몽둥이를 들고 일단의 무리를 빙 둘러서서 지키고 있는 가운데 하사관인 듯한 군인이 줄 가운데서 구령을 하고 있었다. '엎드려뻗쳐, 뒤로 누워, 옆으로 누워, 다섯 번 굴러, 쭈그리고 앉아, 손을 귀에 대고 뛰어, 엎드려 기어, 한발 들고 서' 등 갖가지 동작을 강요했다. 만약 구령에 조금이라도 따라하지 않거나 느리게 할 경우 몽둥이와 회초리가 가차 없이 날아갔다. 몽둥이를 맞고 피를 흘린 사람도 있었고, 어느 젊은이 등에는 회초리로 갈겨진 듯 벌건 줄이 쭉쭉 그어져 있었다. 특히 여성들의 곤혹스러움은 눈뜨고 볼 수가 없었다. 숙녀가 팬티와 브래지어 바람으로 큰 길 복판에서 봉변당하고 있는 광경은 가관이었다. 이 광경은 30여 분 동안 계속되었다. 반항할 수도 거부할 수도 없는 상황, 그렇다고 그대로 계속 버티자니 더욱 견디기 어려운 고통이었다. 이들이 어디서 붙잡혀 왔는지는 모르지만 출근하던 월급쟁이들이 아니었나 싶을 정도로 앞에 벗어놓은 옷들은 말쑥했다. 이들은 이 같은 기합을 받은 다음 두 손에 옷을 받쳐 들고 고스란히 팬티와 브래지어만 걸친 채 300여 미터 떨어진 도청 뒷마당까지 끌려가 또 다시 그곳에서 기합을 받는 곤욕을 치르고 나서야 풀려났다.[127]

이 광경은 많은 사람들에 의해 목격되었다. 특히 가톨릭센터 6층에 있는 천주교 광주교구청에서 이영수·조철현(비오) 신부를 비롯한 수녀와 일반 신도

127 이 광경은 뒤에 '공수부대원들이 아들딸을 대검으로 마구 찔러 죽이고 브래지어와 팬티만 입힌 채 장난질 했다'라는 유언비어 사례로 계엄사에 의해 발표되었다(〈조선일보〉, 1980년 6월 6일자) ; 김영택, 앞의 책, 76~77쪽 ; 김영택, 『10일간의 취재수첩』, 사계절, 1988, 56쪽, 사진 ; 신복진·황종건·김준태·나경택·김녕만, 『오월, 우리는 보았다』, 5·18 기념재단, 2004, 52~53쪽, 사진 ; 재향군인회, 앞의 책, 264쪽 사진.

들이 내려다보고 있었다. 이때 조철현 신부의 가슴에는 '내가 비록 성직자지만 옆에 총이 있었다면 쏴버리고 싶은 심정'으로 가득 차 있었다.[128] 가장 냉정한 입장을 취하고 있어야 할 성직자의 심정이 이러한데 군홧발과 개머리판으로 구타당하고 기합과 수모까지 당한 당사자들의 심정은 어떠했을까! 또한 이를 지켜본 시민들 역시 공수부대원의 만행에 전율을 느끼면서 저주와 분노로 잉태될 것은 너무나 당연한 이치였다.[129]

20일 오전이었다. 전날 도착한 제11공수여단에 이어 제3공수여단 병력 1,392명이 증파돼 금남로에서 밀고 밀리는 몇 차례의 공방전 끝에 금남로는 일단 평온이 유지되는 듯 했다.[130] 그러나 그것은 잠시뿐이었다.

---

128 "비록 성직자지만 옆에 총이 있었다면 쏴버리고 싶은 심정이었다"는 말은 조철현 신부가 군법회의 법정에서 진술한 대목이라며 1986년 1월 12일 윤공희 대주교가 저자에게 직접 전해준 내용이다. 조철현은 광주항쟁을 수습하기 위해 혼신의 힘을 쏟았던 성직자다. 특히 그는 계엄군이 철수한 후 '시민공동체'의 자치시대가 열렸을 때 강경파로부터 갖가지 불신과 오해를 받으면서도 끝까지 시민군의 무기를 회수해 반납하고 정부와의 협상을 통해 광주의 비극을 원만하게 수습하려 했던 사람이다. 그런데도 신군부는 그를 '내란음모방조죄'로 몰아 3년형을 선고했다. 그 후 그는 형집행정지로 석방되고 사면·복권되었다(김영택, 앞의 책, 77쪽 ; 조비오, 『사제의 증언』, 빛고을출판사, 1994, 175쪽 ;「내게 총이 있었다면 그들을 쏘고 싶었다」제하의 曺喆鉉(飛吾) 神父, 인터뷰 기사, 〈광주일보〉, 1989년 2월 17일자).

129 국방부가 발행한「광주사태의 실상」이라는 팸플릿에는 이 만행에 대한 언급이 전연 없다. 다만 오전 11시경 광주은행 앞의 길가에서는 여러 명의 청년들이 시위 군중들이 버리고 간 신발짝 30여 켤레를 전시해 놓고 계엄군에 의해 살해된 광주시민과 학생들의 신발이라고 선동하고 있었다. 이날은 계엄군의 증원배치로 오전 10시까지는 소요군중이 나타나지 않았다. 그러나 소요를 격화시키려던 불순분자들은 이러한 소강상태를 초조하게 생각한 나머지 시민을 흥분시키기 위하여 소요군중이 계엄군의 진압과정에서 버리고 간 신발을 수집 진열하고 마치 죽은 자의 신발인 것처럼 선동하였던 것이다'고 적고 있는 것으로 보아 진열된 신발이 이 젊은 사람들의 것이 아닌가 여겨진다. 이같은 만행은 오전 10시 30분쯤 시작됐으므로 계엄사가 발표한 신발 진열시간이 11시라는 점에서 시간차가 있긴 하지만 계엄사가 발표한 11시가 잘못되었거나 그렇지 않다면 다른 선량한 시민이 지나가다 또 붙잡혀 곤혹을 당한 것으로 보인다(김영택, 앞의 책, 77쪽).

금남로 이외의 거리에는 많은 시민들이 모여들고 있었다. 오후 2시 30분쯤 대인시장과 시민관 거리에 50여 명의 시민들이 모여들었다. 이들 속에는 대인시장에서 장사하는 아낙네들, 10대의 고교생들, 40대가 넘는 중년층도 끼어 있었다. 여기에 한 사람 두 사람씩 계속 합세하여 삽시간에 수백 명으로 늘어났다. 그들은 장갑차를 앞세운 공수부대원들이 다가오자 계림동 광주고등학교 쪽으로 밀려간 다음 그냥 도망가지 않고 되돌아서서 거리에 있는 대형화분이나 가드레일을 뜯어 바리게이트를 치고 대치하며 "너희 놈들 내 자식 내놔라", "죽여라 죽여"라며 악에 받힌 목소리로 외쳐대는 '성난 민중'이 되어 있었다.[131]

공수부대원들은 계속 공격하면서 도망가는 시민들을 뒤쫓아가 두들겨 팬 후 해산시키기만 할 뿐 붙잡거나 끌고 가지 않았다.[132] 진압방법이 어제, 그제와는 다르게 바뀐 것이다.[133] 그렇다고 진압방법을 완전히 완화한 것은 아니었다. 금남로에서만 완화한 것처럼 보였을 뿐이다. 그들의 폭력적 잔인성은 여전히 발휘되고 있었다.[134]

---

[130] 이때까지 광주에 파견된 공수부대 병력은 총 504/2,901명이다.

[131] 김영택, 앞의 책, 79쪽 ; 재향군인회, 앞의 책, 267쪽(이 책은 시간을 오전 10시로, 모인 인원수를 1,000여 명으로 표기하고 있다).

[132] 보안사는 이날(20일)도 첫날(18일) 249명보다 많은 266명을 연행했다고 기록하고 있다.

[133] 진압방법의 완화는 19일 밤 광주에 내려온 이 고장 출신 유력인사들이 계엄분소장을 찾아가 건의한 결과인 것으로 알려져 있으나 이는 사실과 다른 것으로 나중에 밝혀졌다.

[134] 동성중학교 3학년인 박기현(16)은 20일 오후 책을 사러 계림동 동문다리 부근까지 자전거로 나왔다가 공수부대원에게 붙잡혀 진압봉 세례를 받았다. 다음날 전남대병원에서 시체로 발견된 그는 앞머리가 깨지고 온몸이 시퍼렇게 멍이 들고 눈이 튀어나온, 차마 눈뜨고 볼 수 없는 상태로 무참하게 숨져 있었다. 또한 임수춘(37)은 20일 낮 학운동 집앞에서 골목길에 세워둔 오토바이를 집안으로 들여놓기 위해 나갔다가 공수부대원에게 진압봉으로 구타당한 끝에 두개골이 골절돼 3일 동안 의식불명 됐다가 22일 전남대병원에서 숨졌다(5·18 광주민중항쟁유족회, 『광주민중항쟁비망록』, 남풍, 1989,

시외버스공용터미널[135] 앞에도 공수부대원들이 진을 치고 있었다. 시외버스공용 터미널 앞 지하도로 도망가는 여학생을 보고 공수부대원 한 명이 쫓아갔다. 공수부대원은 여학생을 끌고 지하도 위로 올라온 뒤 곤봉을 사정없이 휘둘렀다. 여학생은 미친 듯이 소리쳤지만 공수부대원은 더욱 악랄하게 굴었다. 대검을 들고 여학생 옷을 갈기갈기 찢었다. 순식간에 옷은 모두 찢겨져 흩어졌고 팬티만 입혀져 있었다. 여학생의 몸은 곳곳에 대검에 찔려 피투성이가 되었다. 공수부대원은 여학생의 가슴에 대검을 들이대고 "찔러 죽여 버려야 해, 너는 간첩이야!"라며 고함을 질렀다. 여학생은 머리가 어깨까지 내려져 있었는데 공수부대원이 한 손으로 여학생의 머리를 잡아 뒤로 젖혔다. 여학생은 내팽개쳐졌다. 이 광경을 본 시민들은 온몸을 부르르 떨며 숨도 제대로 쉴 수가 없었다.[136]

분노와 울분 밖에 떠오르지 않았다. 그리고 공수부대원들이 광주에 투입될 때 어떤 교육을 받았는지 짐작할 수 있는 행태였다. 모든 광주시민을 간첩이나 빨갱이로 간주하도록 충정작전 훈련 당시 교육받았음이 나중에 밝혀졌다. 10대의 어린 여학생에게까지 '간첩' 운운하며 이토록 모질게 다룬 것을 보면 성인들은 어떻게 다루라는 교육이 철저하게 시행되었을 터이다. 이 공수부대원의 인간성은 어떤 것일까! 선량한 시민들이 반인륜적 만행에 맞서 맨주먹으로 왜 저항해야 하는가! 아무 죄도 없는 광주시민들은 왜 희생양이 되어 이런 혹독한 시련을 겪어야 하는가! 오후가 되자 공수부대가 없는 금남로 4가에는 또 다시 400~500명쯤 되는 민중들이 모여들고 있었다. 그리고 순식간에 3,000여 명으로 불어났다. 이들은 1가 쪽으로 이동하면서 "공수부대 물러가라", "우리를 죽여라 죽여", "계엄령 해제하라", "전두환 물러가라"고 외쳤다. 금남로 1가에 있던 공수부대가 잠시 도청 안으로 철수한 후 1,000여 명의

228·220쪽).
135 이 터미널은 광천동으로 이전하고 지금은 같은 장소에 백화점 건물이 들어서 있다.
136 김연태 목격담(정동년, 앞의 책, 389쪽 재인용).

경찰이 나타나자 민중들은 어디서 가져왔는지 알 수 없는 연막탄을 터뜨리고 보도블록을 던졌다. 시위대는 애국가를 부르기도 하고 갖가지 구호를 외치면서 최루탄과 페퍼포그를 쏘는 경찰을 밀어붙이며 도청 쪽으로 향했다. 금남로와 중앙로가 교차되는 사거리 지하상가 공사장 부근에서 연좌시위를 벌이기도 했다. 그러자 전면을 맡고 있던 경찰병력 대신 3개 소대 가량의 공수부대 병력이 다시 투입돼 진압봉을 휘두르며 돌진해 왔다. 완화되었다고 하는 공수부대원들의 공격수법은 전날과 하나도 다를 것이 없었다. 민중들은 뒤로 물러났다. 아무리 많은 민중이 몰려 있어도 공수부대 1개 소대 정도의 병력만 투입되어 진압봉과 대검을 휘둘러대면 금방 흩어지곤 했다. 그들의 잔인한 공격수법의 효과가 컸다고나 할까. 그런데도 시위를 벌이는 민중들은 금남로의 넓은 길을 따라 공수부대의 저지선을 향해 서서히 전진해 왔다. 많은 사람들은 얼굴과 코밑 부분에 치약을 발라 최루탄 가스를 참아내고 있었다. 오후 3시 40분쯤에는 충장로 5가 조흥은행 앞에 200여 명, 3시 50분쯤에는 금남로 2~3가에 5,000여 명, 금남로 4가에 3,000여 명이 몰려있었다. 금남로 4가에서 1가 쪽으로 진출하려는 시위대를 경찰이 최루탄과 페퍼포그를 쏘면서 해산시키려 했으나 오히려 경찰이 밀리는 양상이었다. 시위민중들은 계속 불어나 오후 4시쯤 도청광장 인근 여기저기에 몰려들어 순식간에 2~3만여 명이 되었다. 시위민중들은 드럼통과 화분대를 굴리면서 군경저지선으로 접근하며 화염병·돌멩이 등을 던지기도 하고 일부 시위대는 쇠파이프·각목·칼 등을 휘두르기도 했다. 오후 5시 30분쯤, 충장로 입구 방향에서 5,000여 명의 시위대가 스크럼을 짜고 도청광장을 향해 돌진하다가 공수부대원들과 충돌했다. 이렇게 밀고 밀리는 상황은 오후 늦게까지 계속되었다. 공수부대에 밀린 민중들은 충장로 쪽으로 빠져나가 구 시청 부근인 우미여관 앞에 다시 모였다. 이들 가운데는 고등학생들도 끼어 있었다. 삽시간에 2,000여 명이 넘는 숫자로 불어났다. 도청광장 쪽으로 다시 밀고 들어갈 기세였다. 일부는 이미 도청광장까지 진출했으나 금방 쫓겨나는 등 몇 차례의 충돌이 거듭되었는데도 민중들은 좀처럼 물러나지 않아 피해자만 속출했다. 시위민중은 새로운 방법을 모색하고 나섰다.

> 오후가 되면서 사람들은 더욱 불어났으며 이제는 더 이상 물러나려고 하지 않았다. 학생 하나가 지하상가 공사장 한국은행 쪽 입구의 난간으로 올라가서 구호를 외치자 시민들이 따라 외쳤다. 시민들이 너무 많아서 목소리가 들리지 않았다. 그러자 어떤 시민이 일어나 스피커를 준비할 수 있도록 모금운동을 벌이자고 제의했다. 한참 후 후배 하나가 시위대원들의 주머니를 털어 성금을 모아 마이크를 사왔다. 자동차용 배터리에 소형 앰프를 달아 한 사람이 들고 후배는 목마를 타고 시위대의 가운데로 들어가 확성기를 통해 선동하기 시작했다.[137]

분노한 시민들이 모여들고 시위하는 데는 어떤 주동자나 선동자가 필요했다. 그러나 아무도 없었다. 앞서 마치 주동자가 있었던 것처럼 기록하는 경우도 있지만[138] 즉흥적으로 모금하여 스피커를 마련해 선동하는 것처럼 모두가 주동자요 선동자일 뿐 어느 누구도 사흘째 전개되고 있는 범시민적 저항운동에 앞장서 조직적으로 리드하는 지도자는 아니었다. 마이크를 마련해 선동하기 시작한 가두방송은 시민들을 흥분시키고 기세를 올리기에 충분했다. 울분의 함성을 지르며 참여하고 있는 시민-민중들로서는 답답하기만 했다. 분노의 공감대가 이루어져 모여든 민중 앞에 아무나 나와 구호를 외치고 리드하기도 했으나 계속해서 주동자나 선동자 노릇을 하는 것은 아니었다. 이 같은 비조직적인 중구난방 상태는 항쟁 초기에 나타나는 보편적 현상이었다. 특히 민

---

137 이재의, 목격담(정동년, 앞의 책, 389쪽 재인용).
138 국회 5 · 18 특위에 국방부가 제출한 특전사, 「전투상보」, 1980년 5월 19일자.

중들의 집결에 어떤 조직적인 동원이나 체계가 없었다. 또 광주의 명예와 민주회복 이외 이들을 선동하는 데 필요한 또 다른 슬로건은 더욱 없었다.[139] 계엄사령부와 정부는 '북괴의 간첩과 오열의 조종을 받은 폭동'이라고 기회 있을 때마다 호도했지만 그러한 징후는 어디서도 나타나지 않았다.[140]

'광주의 살육'에 항거하는 '5·18 광주항쟁' 초기의 가장 두드러진 특징은 바로 이러한 무조직·무지도자 상태로 민주주의 구호 이외 어떠한 외침도 없었다는 사실이다. 전남대 및 조선대 학생회 조직이나 재야 민주세력의 조직은 전날 밤 대부분 체포되었거나 도피한 상태였기 때문에 저항세력을 조직화 할 수 있는 시간이 없었고 인적구성 또한 불가능한 상황이었다. 다행히 체포되지 않았다 해도 이들이 시위대 전면에 나설 단계는 아니었다. 항쟁기간이라도 경찰과 정보기관에게 체포당할 우려가 많았으므로 주변에서 정면 등장을 극력 만류하고 있었던 것이다.[141] 겨우 은신처에서 녹두서점의 재야청년 측과 조선대·전남대 학생회의 일부 지도부가 각각 배후세력으로 움직여 화염병과 유인물을 제작·살포하는 선에 머물러 있었을 뿐, 조직으로서의 기능은 하지 않았

---

139 김영택, 「5·18 광주민중항쟁의 초기성격」, 국민대학교대학원 석사학위논문, 1999, 57쪽.

140 1980년 5월 19일 주영복 국방부장관이 위컴 한미연합군사령관을 만났을 때 "공산주의자들이 학생과 근로자들 틈에 끼어 세력을 펴고 있다"고 말했고 위컴은 "(한국)정부관료들이 학생들의 배후에 공산주의자들이 영향력을 발휘하고 있다는 증거가 있다고 말했다"고 상부에 보고했다(위컴, 앞의 책, 198·200쪽) ; 1980년 5월 21일 발표한 이희성 계엄사령관 담화문 및 '북괴, 파괴·폭력선동 격화' 제하의 「문화공보부가 전남도민께 알립니다」 전단을 비롯한 계엄사 또는 정부의 각종 유인물 ; 이밖에 계엄사와 정부는 이후에도 계속 광주사태에 대해 '북한의 사주를 받은 세력이 조종하고 있다'고 발표했으며 시민들을 상대로 한 선무방송에서도 '불순분자의 책동'이라는 표현을 자주 썼다(계엄사 발표, 「광주사태의 전모」, 1980년 5월 31일자 ; 국방부, 「광주사태의 실상」, 1985).

141 5월 14~16일 3일간의 도청광장 시위를 이끌었던 박관현 전남대 총학생회장은 자신의 공개된 약속에 따라 시위가 벌어졌고, 여기에 공수부대의 만행이 집중되어 빚어진 3일째의 '광주살육'을 인식했다면 어떠한 최악의 상황을 전제하더라도 당연히 그 살육과 항쟁의 현장에 나타났어야 했다. 그러나 그는 끝내 그 현장에 나타나지 않았다. 그것은 올

다. 이 같은 무조직·무지도자 상태는 21일의 협상 과정이나 발포 후 시민들의 무장 상황까지 계속되다가 공수부대가 철수한 후 시민공동체시기에 돌입한 5월 22일에야 시민군 편성과 수습위원회 구성을 계기로 조직화된다.

20일 새벽 1시 20분, 청량리역을 출발한 제3공수여단 5개 대대 장병 255/1,137명을 태운 열차가 아침 7시 광주역에 도착했다. 신군부가 광주시민들을 더욱 살육적으로 제압하기 위해 증파한 병력이었다. 이로써 광주에는 '전두환 부대'로 불리는 공수부대 3개 여단 10개 대대가 투입되었다.[142]

신군부는 5·17 조치와 함께 광주에서 발생할 시위에 대비한 3개 여단의 작전스케줄을 미리 세워놓고 있었다. 육군본부 발행 「폭동진압작전」 교범에는 '진압대상이 일반적인 시위로서 물리적인 힘에 의한 진압이 요구될 시는 수적으로 우세한 보병부대를 요청하고, 소요사태가 극렬화하여 무장폭도들이 특정시설을 거점으로 항거할 시는 특공작전을 수행할 수 있는 특수부대를 요청한다'고 명시되어 있다.[143] 이는 공수부대의 광주지역 투입자체가 육군본부 지침에도 위배되고 있음을 보여주고 있다. 특히 육군본부 작전통제지침에 따

바른 젊은 지도자의 처신이 아니다. 물론 이에 대한 자책감으로 본인 스스로 선택한 비극적 종말은 우리 모두의 안타까움이기도 하다.

142 광주역에 마중나온 정웅 제31사단장은 광주역장실에서 최세창 제3공수여단장과 대대장들에게 광주상황을 설명한 후 전남대를 숙영지로 삼도록 하는 한편 광주서부지역(전남대 입구와 광주역 일대)을 담당하도록 지시했다. 동시에 제11여단에는 제7여단 예하 제33대대를 추가로 배속시켜 광주 동부지역을 담당토록 병력을 재배치했다. 즉 제61대대는 금남로 2가 상업은행 일대, 제62대대는 충장로와 광주우체국 일대, 제63대대는 금남로 3가 광주은행 일대, 제33대대는 광주역에 배치되었다가 오후에 계림파출소 일대로 이동하게 된다. 또한 정웅 제31사단장은 오전 9시부터 지난 18일 미회수된 광주시내 예비군 무기 6,508정, 실탄 42만발을 회수하고 미회수 총기는 공이와 노리쇠를 제거하고 탄약은 매몰시키는 조치를 취했다(재향군인회, 앞의 책, 266~267쪽 ; 국회 『광주청문회 회의록』 제21호, 1988년 12월 21일, 101쪽, 정웅 증언).

143 육군본부, 『폭동진압작전 교범』.

라 각지에 파견된 공수부대는 해당지역 부대장의 지휘를 받게 되어 있었다. 맨 처음 광주에 파견된 제7공수여단 제33·35대대는 향토사단인 제31사단장에게 작전통제권이 주어져 이들이 시내에 투입될 때 외견상으로는 정웅 제31사단장의 명령을 받고 출동했고 19일과 20일 도착한 제11·3공수여단도 제31사단장에게 지휘권이 주어져 있었다. 그러나 시내작전에 투입될 당시의 명령은 정웅 사단장이나 차 상급 지휘관인 윤흥정 전투병과교육사령관이 내렸지만 실질적 지휘권은 정호용 특전사령관이 행사했던 것으로 드러났다.[144] 이는 당시 전남북계엄분소장이나 전남지역 계엄담당자인 제31사단장이 공수부대 파견 요청은커녕 증파요청조차 한 적이 없었음은 물론, 제7여단 병력이 미처 시내 시위제압(?)에 투입되지도 않은 상황에서 18일 새벽 제11여단에 광주출동명령을 내리고 이어 19일 아침 6시 30분, 또 다시 제3여단을 증파하기로 결정한 사실에서 입증되었다. 여기서 '광주살육'이 사전에 짜여진 각본에 따라 진행됐을 뿐만 아니라 지휘체계도 규정상으로만 제31사단장이나 전투병과교육사령관에게 주어졌을 뿐 실제로는 그렇지 않았다는 사실에 주목해야 한다. 1988년 12월 20일 열린 국회 5·18 특위 청문회에서는 이같은 공수부대 추가 투입에 대한 문제가 제기됐다.

제11여단장이었던 최웅을 상대로 질의한 김영진 의원은 또 계엄사령부 → 전교사 → 제31사단 → 제7여단 또는 11여단을 연결하는 공식 지휘계통을 무시하고 비공식 지휘계통, 즉 전두환 보안사령관 → 정호용 사령관 → 제7여단·제11여단·제3여단을 통해 광주에 파견된 공수부대를 지휘했다고 주장했다.

3개 여단이나 대거 투입된 공수부대를 돌아보기 위해 정호용 특전사령관

---

144 국회 『광주청문회 회의록』 제16호, 1988년 12월 7일, 111쪽, 윤흥정 증언 ; 국회 『광주청문회 회의록』 제21호, 1988년 12월 21일, 정웅 증언 ; 재향군인회, 앞의 책, 274·300쪽.

은 20일 오전 C-54수송기를 타고 광주에 도착했다. 그는 기상이 나빠 전북 정읍 부근에 불시착한 후 그 부근 어느 부대에서 자동차를 빌려 타고 광주에 도착하니 12시 가까이 됐었다. 그는 전교사 사령부 상황실에 차려진 제7여단 지휘부에 들러 광주에 파견된 여단장들과 점심을 함께 들며 그들을 격려했다. 정호용 사령관이 광주를 방문해 예하 여단장들을 만난 것은 외견상 지휘자인 제31사단장이나 전투병과교육사령관을 제치고 직접 지휘하기 위한 조치였다는 김영진 의원의 질의를 뒷받침한다. 이날 정호용 사령관은 윤흥정 전교사사령관(전남북 계엄분소장)을 만났다. 이 자리에서 정호용 사령관은 윤흥정 사령관에게 사태를 우려하고 진압 등에 관한 조언을 했다고 뒤에 국회 광주특위청문회에서 답변했다.[145] 이 조언에 대해 두 사령관은 그냥 '조언'으로 표현하고 있을 뿐 신군부의 실세인 정호용 장군이 윤흥정 장군에게 어떤 '조언'을 했는지에 대한 구체적인 언급은 없다. 당시 정호용 사령관은 이날 오후 서울로 돌아가 광주민중항쟁 기간 중 첫 번째 광주 나들이를 끝내게 된다. 그러나 정호용이 지휘하는 특전사령부는 이때 전교사 기밀실에 상황실을 설치하는 한편 전교사 건물 옥상에 전용무전기를 설치해놓고 예하 각 공수여단으로부터 상황을 보고받고 있었다.[146]

그렇다면 광주에 파견돼 있던 공수부대는 '작전통제규정'에 따라 외형상 또는 지휘체계상으로만 정웅 제31사단장이나 윤흥정 전교사사령관의 지휘를 받고 있었을 뿐, 본질적 또는 내면적으로는 정호용 특전사령관의 지휘를 받았음이 분명하다. 더욱이 전두환 보안사령관은 전날인 19일, 광주지구 보안부대의 상황보고 및 제반조치 미흡 등을 이유로 본부의 기획조정처장 최예섭 준

---

145 국회 『광주청문회 회의록』 제16호, 1988년 12월 7일, 7·8쪽 정호용 증언.
146 국회 『광주청문회 회의록』 제16호, 1988년 12월 7일, 81쪽, 정호용 증언 ; 재향군인회, 앞의 책, 267쪽.

장을 광주 현지에 파견했다. 최 준장은 전교사 부사령관 부속실과 광주 505보안부대장실 옆방에 머물면서 광주상황을 보안사령부에 보고했으며 전교사 작전회의에 참석하거나 김기석 전교사 부사령관과 함께 시민대표를 만나는 등 사실상 시위진압, 아니 살육작전에 직접적인 영향력을 행사했다.[147]

또한 이학봉 보안사 대공처장은 20일, 합동수사본부에 파견돼 있던 홍성률 대령(제1 군단 보안부대장)을 광주로 보내 상황을 파악토록 했다. 광주 출신인 홍성률 대령은 이날 오전 9시 30분부터 광주시내로 잠입해 은신하면서 향후 시위대의 위치, 무장상황, 이동 및 공격상황, 시민 및 수습대책위원회 동정 등을 파악하여 보안사에 직접 보고하게 된다. 보안사령부는 또 22일 최경조 대령을 광주에 보내 합동수사본부 요원 30여 명과 현지 수사요원 10여 명을 직접 지휘하는 광주지역 합동수사단장이 되어 시위관련자와 재야인사들에 대한 수사업무를 전담케 했다. 이로 미루어 보안사는 '광주사태'에 대한 상황을 상세히 파악하면서 실질적인 지휘지침을 주는 등 영향력을 행사했음이 분명하다. 또한 전두환 보안사령관은 20일, 광주보안대로부터 '광주사태'의 대처에 자신들의 의도와 상반되는 평화적 수습방안을 모색하는 등 소극적으로 대처하는 윤흥정 전투병과교육사령관의 교체건의를 받고 다음날 그를 체신부장관으로 영전시키는 형식을 빌려 신군부의 정권창출라인에서 제외시키고 육군종합행정학교장인 소준열 소장으로 대체했다.[148]

이러한 일련의 조치는 '광주사태'의 목적이 어디에 있는지를 확연하게 드러내는 부분이다. 다시 말하면 '공수부대'라는 국가공권력을 공공연하게 폭력화시켜 '살육작전'을 감행토록 조종하여 발생한 '광주사태'에 대한 대처로 평

---

147 앞의 「5·18 공소장」, 37쪽 ; 재향군인회, 앞의 책, 271쪽.
148 재향군인회, 앞의 책, 267·271쪽.

화적 수습을 거부하고 총부리를 겨눈 강경대응으로 일관함으로써 정권탈취를 기도하는 신군부가 정면 등장하는 명분의 당위성이 모색되고 있었던 것이다. 이 같은 지휘체계의 2원성은 다음날 있을 발포과정 등 지휘계통선상에서 커다란 혼선을 빚게 된다.

운전기사들의 분노와 항쟁의 확산

택시기사들의 응전과 민중항쟁으로의 전환

18일은 공수부대원의 일방적인 도전이었고 19일은 시민의 산발적인 응전 속에서 치러진 도전이 계속된 날이었다. 공수부대원들은 붙잡힌 시민들을 무조건 두들겨 패고 찌르고 짓밟았다. 그리고 트럭에 실어 끌고 갔다. 아마 이같은 상황으로 끝나 버렸다면 부마항쟁처럼 진압되었을 것이고, 광주민중항쟁의 역사는 이루어지지 않았을지도 모른다. 그러나 10·26으로 인해 부마항쟁과는 달리 역사적 공간이나 지리적 환경이 크게 변모해 있음을 때맞게 자각한 광주시민들이 일방적인 도전에 순응만을 하지 않고 '적극적 공세'로 탈바꿈해 반격의 응전을 시도하고 나선 것이다. 그 역전의 시발은 20일이었다. 특히 '김영삼 죽이기'에 대한 규탄과 유신독재를 타도하고 민주주의를 되찾겠다는 열정을 가진 부산·마산보다 더욱 거세어진 폭력적 만행에 대한 반발과, 지역주의 차별정책에 대한 뿌리 깊은 감정 및 김대중 체포에 대한 불만이 가중되면서 '광주의 살육'은 항쟁 형태로 역전되고 있었다.

이날은 일방적인 도전에 속수무책이었던 18·19일과는 달리 시민-민중들의 공수부대원에 대한 응전을 본격화시키는 데 이어 한발 더 나아가 역도전의 계기를 잡게 되는 결정적인 순간으로 돌변하고 있었다. 이날 비를 맞으며 뿌려진 유인물은 이 응전을 넘어선 역도전의 선언장이었다.

도전과 응전(Challenge and Response)

영국의 역사학자 아놀드 토인비의 사관(史觀)이기도 하다. 도전에 응전이 따라야 역사가 이루어진다는 뜻이다. 일방적으로 도전만 있고 이에 응전이 없다면 역사는 이루어질 수 없다는 이 명언은 '광주살육'에서도 예외 없이 적용돼 '민중항쟁'으로 발전하게 된다.

국가공권력이 무고한 광주시민들을 희생양으로 삼아 살육작전을 감행한 돌발적인 상황에서 아무런 지휘체계를 갖추지 못한 무지도자·무조직 상태였지만 적극적 민중으로 탈바꿈한 시민들의 항쟁은 3일째 접어들고 있었다. 공수부대의 살육작전이 더욱 강도 높게 가해지면 가해질수록 시위와 저항 역시 이에 비례해서 더욱 치열해지고 있었다. 아무런 조직체계도 갖출 수 없는 무모한 저항이기도 했다. 각 대학의 학생회 조직이나 민주화투쟁을 벌이던 재야 민주인사들마저 공수부대원의 극단적 수법을 동원한 살육작전 때문에 시위투쟁은 더 이상 지속될 수 없으리라고 판단한 나머지 제압당한 후 불어 닥칠 일제 검거선풍을 우려하여 정면에 나서지 않고 있었으니 항쟁양상이 앞으로 어떻게 전개될 것인지 아무도 예측할 수 없는 암담한 상황이었다. 이러한 답답함과 울분을 조직적·능동적으로 터뜨린 뇌관은 금남로에 나와 있던 시위민중들이 아니라 엉뚱하게도 영업용 택시기사들이었다.

20일 아침 북구 신안동 중앙고속터미널[149] 앞 이름 없는 해장국집에는 아

---

[149] 이 터미널은 그 후 폐쇄되었다.

침식사를 하기 위해 우연히 만난 5~6명의 택시기사들이 모여 있었다. 이들은 "일할 맛이 나지 않는다", "이래서는 아니 되겠다", "한번 뭉쳐보자"는 말들을 무심코 나누었다. 그리고 오후 2시쯤 광주역에 도착하는 손님을 태우기 위해 모여든 10여 대의 또 다른 택시기사들 역시 공수부대원들이 먹고살기 바쁜 자신들에 대해서까지 마구잡이로 폭력을 행사하는 데 울분이 솟구친다고 하소연하고 있었다. 버스와 택시를 세우고 학생이나 젊은이들을 무작정 끌고 가면서 기사들까지 구타하거나 연행하는 일을 두고 '이대로 당하고 있을 수만은 없지 않느냐'는 공감대가 형성되고 있었다. 기사들이 한두 사람씩 계속 몰려들자 울분을 행동으로 보여주자는 의견으로 집약되었다. 이들은 자신들이 운전하는 택시를 한 장소에 대량으로 모이게 한 후 일제히 금남로를 거쳐 도청 앞까지 전진하면 공수부대가 발포하지는 못할 것이고, 결국 자기들과 대치하게 되리라는 상황까지 염두에 두었다. 결행시간은 당장 오늘 오후 2시 이후로 정하자는데 의견이 모아졌다. 장소는 많은 차량을 일시에 주차할 수 있고 공수부대의 눈길이 뻗치지 않고 있던 무등경기장을 택했다.

그러나 이러한 단체행동을 누가 주도했는지에 대한 정황은 어디에도 나타나지 않고 있다. 다만 어느 특정 지도자가 이를 주도하고 조직화했다기보다는 결속력이 강한 기사들이 공수부대의 폭력적 만행에 대해 몇 마디씩 나눈 대화가 공감대를 형성해 자연스럽게 이루어진 공동체 현상이었다. 이들은 학생과 시민들이 민주화를 외치다 다치고 죽는 데 동조한 점이 전연 없었던 것은 아니지만 그보다는 자신들이 당한 억울함과 분함을 호소하기 위한 것이었다. 학생·시민들이 공수부대의 저지선을 뚫기는 역부족이었다. 그들이 돌격해 오면 잽싸게 도망치는 일이 다반사였다. 이런 사실을 알고 있던 운전기사들은 자신들의 차를 무기삼아 한꺼번에 몰고 들어가면 아무리 철통같은 공수부대의 저지선이라 할지라도 무너뜨릴 수 있다고 보았다.

'군저지선 돌파에 우리가 앞장서자'고 다짐한 택시 기사들은 오후 5시 30분 가속페달을 힘차게 밟았다. 헤드라이트를 켠 200여 대의 차량행렬은 무등경기장을 떠나 본 대열은 임동 쪽 길을 택하고 일부는 광주역 쪽으로 우회하는 길을 거쳐 광남로 사거리에서 합류한 후 금남로 5가까지 진출했다. 길거리로 몰려든 시민들은 "우리의 용사들 잘 한다", "이기자, 이겨야 한다"고 외치며 박수와 환호로 맞았다. 천천히 전진하는 차량 사이사이에는 수많은 젊은이들이 뛰어들어 함께 어울렸다. 순식간에 수만 명의 시민들이 차량들과 함께 금남로를 가득 메운 채 앞으로 나아갔다. 차량 틈바구니에서는 태극기가 휘날리고 있었다. 일방적으로 당하기만 했던 시민들은 차량시위가 벌어지자 이제 '우리도 대항할 수 있다', '저지선을 무너뜨릴 수 있다'는 자신감이 생겨 응전의 다짐을 하고 나섰다.

공수부대의 저지선을 돌파하려는 시위대의 시도는 대형버스들을 맨 앞에 세운 차량행렬이 일제히 전진하는 것으로부터 본격화되었다. 그 뒤에는 대형화물차와 택시들이 줄을 이었다. 화물차 위와 버스 안에는 머리에 흰 머리띠를 두른 젊은이들이 태극기를 흔들며 갖가지 구호를 외쳐댔고 시민들 역시 구호를 따라 외치며 그 뒤를 이었다. 의기양양한 행렬이요 환호였다.[150] 택시와 버스와 화물자동차와 소방차 사이사이에는 붙박이처럼 사람들이 틀어박혀 있었다. 그들은 조금씩 꿈틀거리고 있었다. 천천히 앞으로 나아가는 것이었다. 시민들은 며칠 전 대학생들이 그랬던 것처럼 공수부대가 점거하고 있는 전남도청 앞 광장까지 진출하여 그들의 만행을 규탄하고 신군부의 정권찬탈음모를 규탄하겠다는 의지가 충만해 있었다. 이젠 평범한 청년이나 선량한 시민이 아니었다. 차량행렬은 도청광장을 100여 미터 앞 둔 동구청 앞까지 진출했

---

150 황종건·김녕만 사진집, 『光州, 그날』, 사진예술사, 1994, 38~39쪽.

다.[151] 그러나 공수부대 역시 완강했다. 2, 3개 소대병력만으로도 금남로를 가득 메운 시위군중을 제압해 버리던 공수부대였다. 이날도 도청광장 앞에 저지선을 치고 있던 제11공수여단 제61대대와 제62대대는 어제까지만 해도 시위대들이 즐겨 사용하던 도로변의 장식용 대형화분대로 바리게이트를 치고 차량시위대열의 전진을 막아보려 했다.[152]

대형버스 4대를 비롯하여 8대를 선두에 세우고 그 뒤를 200여 대의 택시와 화물자동차들이 줄을 이은 채 전진하는 시위대의 차량행렬을 저지하려는 공수부대와 경찰은 급조한 차량저지 '특별공격조'를 투입, 페퍼포그를 쏘면서 선두차량 유리창을 부수고 최루탄을 던져 넣으며 차량행렬의 전진을 막아보려고 안간힘을 썼다.

오후 6시 55분, 광전교통 소속 전남 아 3706호 버스에 탄 청년 9명이 광주관광호텔 앞에서 저지선 쪽으로 차를 몰고 돌진하다가 가로수와 바리게이트를 들이받으며 멈추자, 그 순간 공수부대원들이 차 안으로 최루탄을 집어던지며 들어가 운전기사와 탑승자를 두들겨 패고 찌르며 끌어 내기도 했다.

도청 앞에서는 도청광장을 사수하고야 말겠다는 공수부대원들과 도청광장으로 진입하고야 말겠다는 시민들과의 충돌이 점점 가열돼 20여 명이 부상하기도 했다. 도청광장으로 들어가려는 시민들과 이를 끝까지 저지하겠다는 공수부대의 의지가 충돌하고 만 것이다. 오후 7시 45분이 되자 공수부대는 더 이상 후퇴할 수 없다는 듯 전남일보사[153] 빌딩 앞에 장갑차로 바리케이트를

---

151 당시의 동구청은 금남로 1가에 있었으나 지금은 다른 곳으로 신축 이전해 갔다.
152 재향군인회, 앞의 책, 275쪽.
153 1980년 5월 당시는 〈전남일보〉였지만 1980년 11월 5공 정권에 의해 취해진 언론통폐합 조치에 따라 〈광주일보〉로 제호가 바뀌었고 1988년 다른 경영주에 의해 새로 창간된 〈전남일보〉가 별도로 발행되고 있다. 당시 이 〈전남일보〉 건물을 '전일빌딩'이라 했으며 신문제호가 바뀐 지금도 빌딩 이름은 그대로 '전일빌딩'이다. 이 빌딩에 있던 〈광주일보〉는

치고 저지선을 더욱 강화한 채 완강하게 버티고 있었다. 선두를 이끌고 있던 대형버스들이나 성난 민중들도 장갑차로 가로막은 저지선을 뚫고 전진하기에는 역부족이었다. 민중들과 공수부대는 20여 미터의 간격을 두고 대치했다. 전연 예상하지 못했던 차량시위라는 돌발사태에 직면한 공수부대는 어쩔 수 없이 뒤로 밀리기는 했으나 이젠 더 이상 후퇴할 수 없다는 듯 전일빌딩 앞을 최후의 마지노선으로 삼고 장갑차로 가로막아 버린 것이다. 이와 동시에 공수부대 뒤쪽에 있던 경찰이 엄청난 양의 최루탄을 마구 뿜어댔다. 운전기사와 시민들은 최루탄 가스를 수없이 뒤집어써야 했다. 숨도 제대로 쉬지 못하고 눈물만 흘렸다. 그 때를 놓치지 않고 공수부대원들이 시위대를 향해 돌격해왔다. 진압봉과 대검을 휘두르며 운전기사와 시민들을 마구 두들겨 패고 짓밟았다. 차 옆에 서 있던 민중들은 차 뒤쪽으로 몸을 숨기고 공수부대 쪽으로 돌을 던졌다. 그런데도 그들은 계속해서 대검과 진압봉으로 자동차의 유리창을 깨뜨리고 들어와 운전기사와 타고 있던 시위대원들에게 휘둘러댔다.

자욱한 최루탄 속에 버스를 앞세운 시위대는 군인들과 육박전을 벌여야 했다. 전일방송 부근의 금남로에는 비명과 함성이 끊이지 않았다. 20여 분간 계속된 충돌이 끝나자 시동이 걸린 수십 대의 버스·화물차·택시 사이에는 머리가 깨지거나 어깨가 내려앉아 피투성이가 된 채 실신한 부상자들이 여기저기 깔려 있었다. 안내양 차림의 20대 처녀 2명은 운전사 차림의 30대 청년을 부둥켜안고 통곡하면서 "환자가 위독하니 빨리 앰블런스를 보내라"며 목 메이게 외쳐댔다.[154]

경영주가 바뀌어 다른 곳으로 옮겨갔다.

154 김영택, 앞의 책, 83쪽 ; 한국교회협의회 인권위원회 편, 『1980年代民主化運動』 1권, 1987, 76쪽)의 이 기사는 5·18이 절정으로 치닫던 5월 20일 밤, 현장에서 저자와 김충근 기자가 취재·작성하여 전화로 본사 편집국에 送稿했던 내용의 일부다. 동아일보는 5

공수부대와의 충돌로 인해 차량시위대와 이를 뒤따르던 수만 민중들의 도청광장 진입목표는 좌절되었다. 그러나 도청광장으로 진입하려는 민중들은 금남로에만 있는 것은 아니었다. 도청광장을 가운데 두고 노동청 쪽과 학동 쪽, 충장로 입구에서도 길을 가득 메운 채 도청광장으로 진출하려 안간힘을 쓰고 있었다. 공수부대는 금남로 쪽만 담당하고 다른 쪽은 경찰이 맡아 페퍼포그를 마구 쏘아대면서 광장으로의 진출을 필사적으로 저지하고 있었다. 도청광장으로 통하는 네 길목에서[155] 시위민중과 대치하고 있던 공수부대와 경찰은 길목마다 가득 메운 시민들에게 완전히 포위된 상태였다. 어둠이 깔리기 시작한 오후 8시 10분, 도청옥상의 스피커에서는 해산을 종용하는 방송이 흘러나왔다. 귀가를 권유하는 방송이었다. 그러나 시민들은 요지부동이었다. 아무도 이 방송을 듣고 집에 돌아가려 하지 않았다. "이렇게 민의가 시가를 메우고 있는데 통금이 다 무슨 소용이란 말인가. 우리를 잡아갈 테면 잡아가라"는 듯 꿈쩍도 하지 않고 있었다.

이제 몽둥이, 개머리판, 군홧발이나 대검으로도 시민들의 의지를 꺾기란 불가능했다. 사람과 차가 한 덩어리가 되어 있었다. 최루탄 가스와 함께 기습

월 22일자(광주지역 23일자) 지면에 대대적인 '광주사태' 기사를 최초로 보도하면서 이 기사도 게재하려 했으나 보도검열과정에서 삭제돼 보도되지 않았던 내용이다. 그러나 국민들에게 '광주'의 진실을 알리고자 노력하고 있던 동아일보 기자들은 검열과정에서 삭제돼 보도할 수 없었던 組版상태(속칭 '게라-ゲラ')의 여러 기사들을 假 印刷하여 시중에 유출시켰다. 이 내용도 그 중의 하나다. 한국기독교교회협의회 인권위원회는 이때 유통된 '假 印刷 記事(속칭 게라)'를 입수, 1987년 11월 5일 발행한 『1980年代民主化運動』에 수록했다.

155 충장로 입구·도심빌딩 길·학동 길·도청 뒷길 등 작은 네 길이 있으나 입구는 비슷한 한 곳으로 집결돼 통칭 '충장로 입구'로 부르기 때문에 여기서도 '충장로 입구'라고 표현했다. 이때문에 도청으로 향하는 큰 길은 충장로 입구와 금남로 길, 남도회관 길, 노동청 길 등 네 가닥이다.

해 온 공수부대원들 때문에 한때 흐트러졌던 시위행렬은 대오를 재정비해 도청광장을 불과 30여 미터 앞둔 전남일보 빌딩 앞까지 다시 진출하는데 성공했다. 금남로는 물론 시내는 온통 사람과 자동차의 물결이었다. 이때 스피커를 통해 "시민 여러분, 우리 도청으로 갑시다"라고 가슴을 후비는 듯한 한 여인의 목소리는 시위에 참여한 시민의 마음을 더욱 불타게 했다. 도청광장을 지키고 있던 공수부대원이나 경찰의 마음도 섬뜩했을 것이다. 이 목소리에 맞추어 "우리 도청 광장으로 갑시다"라는 민중들의 함성이 일제히 울려 퍼졌다. 공수부대원들과 경찰은 긴장하지 않을 수 없었다. 금방이라도 도청광장으로 밀려들 듯한 시위민중들의 함성은 바로 턱밑에서 울리는 듯 했다. 도청은 완전히 포위되어 있었다. 군과 경찰은 최루탄과 페퍼포그로 밀려오는 민중을 간신히 막아내고 있었다.[156] 이때 장형태 전라남도지사는 광주시청 상황이 궁금한 듯 계속 전화통에 매달렸다.[157] 저녁 8시 30분이 되자 그동안 자주 연락되던 시청으로부터의 전화가 끊겼다. 아무리 전화통을 두들겨도 응답이 없었다. 한참 후 시청직원이 달려왔다. "지금 1,000여 명의 시위군중이 시청민원실에 들어와 기물을 마구 부수어대는 바람에 숙직하고 있던 직원들이 공포에 싸여 숨을 죽이고 있다"는 것이었다. 마침 시청에는 제31사단 소속 병력 11명이 계엄군으로 파견돼 있었으나 속수무책이었다. 그러나 시위민중들은 이들에게 어떠한 위해를 가하지 않고 조심스럽게 빠져 나가도록 안내했다고 보고해왔다. 밤 10시경에는 광주경찰서와 서부경찰서가 시위대에 점거되었다.[158]

---

156 이때 도청에는 공수부대원과 경찰이외 민간인으로는 모두 11명, 즉 장형태 도지사, 문창수 기획관리실장, 나승포 서무과장을 비롯한 8명의 도청직원이 서무과에 대기하고 있었고 김영택(동아일보)·김충근(동아일보)·이상문(한국일보) 등 3명의 기자는 취재에 임하고 있었다.

157 당시 광주시는 광역시로 승격하기 전이어서 도지사의 휘하에 있었다.

158 재향군인회, 앞의 책, 276~277쪽.

시위민중들은 도청광장으로 들어가는 길목, 공수부대가 필사적으로 가로막는 금남로를 좀처럼 돌파할 수가 없었다. 시위대는 우회전술을 써서 그들이 지키지 않는 노동청 쪽을 택해 집중적으로 공략했다. 우선 공수부대가 아닌 경찰이 지키고 있는데다 반대쪽 충장로 입구나 남도회관 길목보다 길 폭이 넓어 차량으로 밀어붙이기 수월하다고 판단했던 것이다. 민중들은 우선 노동청 건너편에 있는 도청의 차고건물에 불을 질렀다. 옆에 있던 버스 1대도 불에 탔다. 탈취해온 10여 대의 광주고속버스를 앞세운 수많은 민중들은 갖가지 구호를 외치며 저지선을 무너뜨리려고 안간힘을 쓰고 있었다. 길목은 훨훨 타오르는 건물과 차량의 불길로 대낮같이 밝았다. 시위양상은 흥분과 광란으로 치달았다.

밤 9시 5분쯤 시위민중들이 총공세를 가하고 있는 경찰저지선에서 커다란 불상사가 분출되었다. 대형버스가 경찰저지선을 깔아뭉개버린 것이다. 순식간에 저지선은 아수라장으로 변하면서 함평경찰서 소속 강정웅(39)·박기웅(40)·이세웅(31)·정충길 순경(40) 등 4명의 경찰관이 버스에 깔려 그 자리에서 숨지고 5명이 중경상을 입었다. 사고는 물론 시위대의 과격한 공세 때문이었지만 다른 한편으로는 경찰 측 저지방법의 실수이기도 했다. 시위민중들은 도청광장으로 들어가기 위해 노동청 쪽을 지키고 있는 경찰 저지선 돌파에 총력을 기울이며 광주고속버스를 몰고 계속 앞으로 밀어붙였다. 이때 경찰이 버스의 전진을 저지하기 위해 최루탄을 던졌다. 최루탄은 앞 유리창을 뚫고 안으로 들어가 터졌다. 운전하고 있던 운전사(배용주)는 물론 함께 타고 있던 시위대원들이 갑작스러운 최루탄 공격 때문에 순간적으로 운전대를 놓고 뛰쳐내렸다. 운전자 없는 버스는 멈추지 않고 속력을 내어 돌진, 저지선을 형성한 채 대기하고 있던 경찰대열을 덮쳤다.[159] 시위민중들은 총공세선상에서 뜻밖

---

[159] 이 버스를 운전한 기사는 광주고속회사 소속 배용주(34세)였다. 그는 살인혐의로 군법

의 사고가 나자 웅성거리기 시작했다. 공수부대원이 아닌 다른 사람들까지 희생시켜야 할 이유가 있느냐는 것이었다. 버스에 깔린 4명 중 3명의 시체가 먼저 도청현관으로 운반되고 나중에 1구가 다시 옮겨왔다. 5명의 부상자는 참기 어려운 고통으로 비명을 지르며 도착했다. 도청현관은 마치 적군에게 함락되기 직전 최후의 격전을 치르고 있는 야전 지휘본부처럼 긴장과 불안이 감돌고 있었다.[160] 부상자를 급히 병원으로 이송해야 하는데도 모든 길이 막혀버려 내보낼 수가 없었다. 이때 경찰 측에서 스피커를 통해 시위민중들에게 길을 비켜달라고 호소했다. 군중들은 아무 말 없이 길을 비켜 주었다. 5명의 중

회의에서 정동년 등 다른 5·18 관련자 3명과 함께 사형선고를 받았다가 1982년 12월 형 집행정지로 석방된 후 사면 복권되었다. 그는 "버스를 몰고 저지선을 뚫기 위해 서서히 운전하고 가다 갑자기 터진 최루탄 가스에 정신을 잃고 운전대를 놔버린 것이었지 경찰을 깔아뭉개려 했던 것은 결코 아니었다"고 술회했다(김영택, 앞의 책, 85쪽 ; 황석영, 앞의 책, 94쪽 ; 앞의 『五月史料集』, 654쪽) ; 다른 기록은 '8시 10분 경 노동청 쪽에서는 인근 주유소를 점거한 시위대가 기름을 차량에 부어 불을 붙인 후 대치하고 있던 경찰저지선으로 밀어붙였다. 그 와중에서 고속버스 1대가 상무관 부근 경찰저지선으로 돌진함으로써 경찰관 4명이 버스에 깔려 희생되고 5명이 부상을 입었다'고 기록하고 있다(재향군인회, 앞의 책, 276쪽). 문제는 군부 측 기록을 인용한 듯한 이 기록은 상당히 왜곡된 내용이라는 점이다. 발생시간은 정확하게 9시 5분이기 때문에 시간도 틀리지만 '자동차에 기름을 부어 불을 붙인 후 경찰저지선으로 밀어붙였다'는 대목은 시위군중을 폭도로 몰아붙이려는 저의가 바닥에 깔려있음을 의미한다. 왜냐하면 당시 자동차에 기름을 부은 다음 이 자동차에 불을 붙여 경찰저지선으로 밀어붙였다면 대형사고를 전제한 행위이기 때문이다. 그러나 당시 그런 일이 전연 없었음이 운전자 배용주의 진술에서도 밝혀졌고 저자가 현장에서 목격하고 취재한 기록을 봐도 사실과 다르다. 이 같은 과장·왜곡된 군부 측 기록은 곳곳에서 나타난다.

160 저자는 군 복무 당시 실전을 겪지 않아 이런 표현을 사용해도 무방할지는 모르겠다. 그러나 직접 체험한 기동훈련 및 CPX과정과 수많은 전쟁영화 장면을 연상해서 서술했음을 밝혀둔다. 사실 그날 도청현관의 상황은 금방 시위민중이 밀어닥칠지 모른다는 긴장과 위기감이 감돌았다. 물론 민중들이 들이닥쳐도 공수부대원이 아닌 도청직원이나 기자들을 해치지 않으리라는 믿음이 있었지만 현장의 상황은 그만큼 긴박했었다. 최루탄 가스로 인해 눈을 뜰 수도, 숨을 쉬기도 어려운 상황이 절박감을 더욱 부채질했다.

상자들은 전남대 병원으로 옮길 수 있었다.

이 같은 불미스러운 사고에도 불구하고 광주시내는 온통 들끓고 있었다. 어느 길목을 막론하고 사람물결이었다. 거리에 쏟아져 나온 시민들은 아무 잘못도 없는 자신들이 공수부대원에게 살육의 대상이 된 비참함과 '전라도 놈들'이라는 차별대우를 받은 억울함에 한 덩어리를 이룬 모습이었다.

시민공동체의 함성과 승리

이러한 상황에서 한 여성이 혜성처럼 등장했다. 시민 모두가 시내로 쏟아져 나온 듯한 이날 밤, 용달차에 매단 스피커를 통해 흘러나오는 젊은 여인의 창창한 목소리는 격렬하면서도 호소력을 지니고 있었다.

계엄군 아저씨, 당신들은 피도 눈물도 없습니까?
도대체 어느 나라 군대입니까?
경찰 아저씨, 당신들은 우리 편입니다.
제발 우리를 도와주십시오.
도청광장을 잠시만 비켜 주면 우리는 평화적으로 시위를 하고 물러나겠습니다.
경찰 아저씨, 최루탄을 쏘지 마십시오.
우리는 맨주먹입니다. 그러나 우리는 꼭 이깁니다.
시민 여러분, 모두 힘을 합칩시다.
끝까지 물러서지 말고 광주를 지킵시다.

이 목소리는 차량 시위대가 도청광장으로 접근해 갈 무렵 "시민 여러분, 우리도 도청광장으로 갑시다"고 선동했던 그 목소리의 주인공이었다. 도청을 가운데 두고 빙빙 돌면서 여인의 목소리는 지칠 줄 모르고 계속 울려 퍼졌다.

아니 도청 쪽만 아니라 온 시가지를 누비고 다녔다. 시민들도, 경찰들도, 공수부대원들도, 시 외곽지대를 지키고 있던 일반 계엄군도 여인의 애절한 호소를 들었다. 여인의 목소리는 온 시내를 뒤흔들어 놓았다. 아니 온 시민의 마음을 뒤집어 놓고 말았다. 그녀의 외침을 들은 사람이면 누구나 집에서 편히 누워 잠을 이룰 수가 없었다. 이 여성의 호소력은 그만큼 커다란 힘을 발휘하고 있었다. 20일 밤 이루어진 민중의 함성은 그녀의 목소리가 만들어낸 작품이었다. 이때 도청광장에 투입되었던 어느 공수부대원은 그 심정을 이렇게 토로하고 있다.

세무서 앞에서 시위대가 진입 못하도록 경계를 하는데 갑자기 고성능 마이크가 앞에서 울리기 시작했습니다. "광주시민 여러분, 우리 모두 공수부대 놈들을 찢어 죽입시다, 살인마 전두환은 물러나라, 두환아 내 자식 살려 놓아라." 이 여자의 음성은 밤하늘의 시민들에게는 슬픔과 울분, 분노 등을 온몸으로 느끼게 할 만큼 전율적이기에 충분했습니다. 목소리 또한 어찌나 고운지 저는 처음에는 불에 탄 문화방송의 여자 아나운서가 화가 나서 선무방송을 하나 하고 생각했고 여러 동료들도 저와 똑같은 생각이었습니다. "경찰 아저씨, 경찰 아저씨는 민중의 지팡이가 아닙니까. 그리고 전라도 분들이지 않습니까. 경찰 아저씨 저희가 합쳐서 저 공수부대 놈들을 모두 다 찢어 죽입시다." 너무나도 심금을 울리는 선무방송이었습니다. 그래서 저희 요원들도 지휘관들도 그 여자를 저격해서 살해시키려고 집요하게 추적하였으나 시위대에 둘러싸여서 시위대를 해산시키기 전에는 저격할 수가 없었습니다.[161]

택시와 버스기사들의 궐기가 광주시민들로 하여금 '광주항쟁'으로 승화시키는 결정적 계기가 되었다면 여기에 등장한 여인의 목소리는 지도자도 없는

---

[161] 윤재걸, 「어느 공수부대원의 수기」, 『작전명령-화려한 휴가』, 실천문학사, 1987.

항쟁대열을 더욱 다지고 확산시키는 역할을 톡톡히 해냈다. 그녀의 이름은 전옥주였다. 그날 밤 시위대열을 선동한 것은 전옥주 혼자가 아니라 김범해라는 여인도 있었으나 주도적 역할은 전옥주였다.[162]

온 시가는 완전히 열기의 도가니가 되었다. 도청·교도소·광주역 등 군이 지키고 있는 몇 군데를 제외하고 온 시가는 사람의 물결로 출렁였다. 훤히 타오르는 불길과 스피커를 통해 흘러나오는 카랑카랑한 목소리, 수많은 민중의 함성과 매캐한 최루탄 가스는 범벅이 되어 광주 시가를 온통 들끓게 했다. 용광로처럼 들끓으며 모두가 한 덩어리가 되었던 80만 시민들은 어제와 오늘의 슬픔과 분노를 잠시 접고 승리의 쾌감에 빠져드는 듯 했다.

'시민'의 진정한 승리는 공수부대가 물러난 다음날인 21일 오후가 아니었다. 그것은 모든 시민들이 정치적 이념을 초월하고 각 계층의 이해타산을 따지는 이기주의에서 벗어나 오직 공수부대의 만행을 규탄하고, 정권탈취를 위해 공수부대를 폭력화시킨 정치군인들의 음모를 분쇄하고야 말겠다는 다짐을 하며 '정의로운 민중'으로 탈바꿈 해 한 덩어리가 되었던 20일 밤이었다. '광주시민들은 각인각자의 개성(個性)을 넘어 굳건한 공동체이자 연대집단으로서 신군부의 폭력적 야욕에 맞서는 역사현장의 주인으로 다시 태어나고 있었던 것'이다.[163] 시민들의 함성은 공수부대의 만행에 대한 울분의 공감대 때문에 이루어진 것이지만 결정적인 계기는 수세적 국면을 공세적 상황으로 전환시킨 택시기사들의 궐기였고, 기사들의 궐기에 용기를 얻은 성난 민중들을 심

---

162 전옥주=본명은 전춘심, 나이 32세, 본적은 전남 보성군 율어면 문양리. 주소는 마산시 산호동 11-4, 학력은 보성예당고등학교 중퇴 ; 김범해=본명은 차명숙, 본적은 서울시 관악구 봉천동 117번지, 주소는 불명, 학력은 은천국교 5년 중퇴(앞의 「광주사태의 실상」, 38쪽).

163 정해구, 「한국민주변혁운동과 5·18 민중항쟁」; 『5·18은 끝났는가』, 푸른 숲, 1999.

리적으로 충동한 한 여인의 역할이 결정적이었다. 그때까지도 시민들의 움직임이나 항쟁의 진행에 어떤 조직적인 체계가 있었던 것은 아니었다. 사전에 짜여진 계획에 따라 터진 것이 아니라 공수부대의 일방적 만행에 대한 분노가 공감대를 이루어 폭발했기 때문에 처음부터 항쟁을 주도할 조직이나 지도자가 있을 리 없었다. 있었다고 한다면 학생운동 및 민주회복운동에 뛰어들었던 학생들과 젊은 지식인들이 밤을 새워 유인물을 만들어 신문대신 어제 오늘의 참된 소식을 전해주는 소식지나 「투사회보」뿐이었다.[164]

20일 밤 9시 50분쯤 용광로 불길처럼 새빨간 불기둥이 광주 문화방송국에서 치솟아 올랐다. 시위민중들이 불을 지른 것이다. 이날 저녁 7시 MBC 뉴스에 계엄당국이 발표한 거짓투성이의 보도문이 나온 데 대한 분노 때문이었다. 이날 전남북계엄분소는 윤흥정 분소장의 '담화문'을 보도문으로 작성해 도청기자실과 지방 신문사, 지방 방송국에 보내 이를 보도토록 했다. 그러나 광주항쟁이 시작된 이후 처음으로 있었던 공식반응인 이 담화문의 내용이 문제였다.

> 지난 18일과 19일 양일간의 소요진압과정에서 연행된 학생과 일반인은 군에서
> 잘 보호하고 있으며, 그중 가벼운 범법자와 잘못을 반성하는 일부 학생을 석방조

---

164 여기서 학생운동과 민주화운동에 참여했던 학생과 재야인사들이라 함은 박관현과 윤상원을 비롯한 들불야학운동파를 말한다. 전남대학교를 중심으로 광주의 학생운동과 민주화운동은 민청학련 세대와 교육지표사건 세대로 이어지면서 대략 네 갈래로 나뉘어 진다. 1) 학생을 동원하여 학내투쟁에서 운동의 기점을 삼으려는 쪽. 2) 야학이나 기독교의 사회민중운동단체를 통하여 집합된 노동자·농민의 생산현장 투쟁에 뛰어든 쪽. 3) 완전히 地下化한 이념 小組織으로 산발적이고 개별적인 싸움을 벌이는 쪽. 4) 교육지표사건의 핵심이었던 문화운동 小組의 선전적인 문화투쟁을 자기방침으로 정한 쪽 등이다. 이들은 '1980년의 봄'이 오면서 통합구조가 이루어지게 된다(황석영, 『죽음을 넘어시대의 어둠을 넘어』, 풀빛, 1985, 21쪽).

치했으며, 나머지 학생에 대해서도 조사가 끝나는 대로 선별하여 추가 석방할 것이며, 소요 주모자나 범법행위가 지나친 학생은 엄히 처리할 것입니다.[165]

계엄분소는 이 담화문과 함께 광주시 신안동 135의 14번지 한승철 등 167명을 석방했다며 그 명단을 공개했다. 그러나 시위민중들은 '시위를 했건 안 했건 눈에 보이는 대로 무조건 두들겨 패고 강제로 끌고 가버린 상태에서 누구더러 소요 주모자요 범법자라고 하느냐'는 것이었다. 특히 "소요진압과정에서 일부 부상학생은 정성껏 치료를 받고 있음을 알려드립니다. 중상자는 없습니다"라는 내용이 더욱 시민들을 분노케 했다. 곳곳에서 수없이 두들겨 맞아 중상자가 속출하고 있는 것은 물론 개중에는 상당 수의 사람이 희생된 것으로 짐작하고 있던 시민들은 사망자는커녕 중상자도 없다는 보도의 내용에 분개했다. 그리하여 계엄당국의 거짓발표문을 그대로 방송한 광주문화방송이 마치 거짓뉴스를 자체적으로 취재해 보도한 것처럼 오해한 나머지 방송국에 불을 질렀던 것이다. 다음날 새벽에 불 탄 KBS도 마찬가지 경우였다. 5층짜리 방송국건물이 훨훨 타고 있어도 속수무책이었다. 소방서를 점거한 민중들이 12대의 소방차 중 5대를 몰고 나갔고 나머지도 소방대원들이 피신해 버려 소방기능이 완전히 마비된 상태였기 때문이다.

당초 민중들은 20일 밤 8시 10분, 허위보도에 흥분한 나머지 광주문화방송 앞을 지나며 돌멩이와 화염병을 던지기 시작했다. 일부는 굳게 내려진 셔터를 부수고 있었다. 밤 9시쯤, 민중들의 돌멩이와 화염병 세례가 격렬해지면서 부쉬진 셔터 안으로 화염병이 날아 들어갔다. 결국 불은 붙었고 끝내 문화방송 5층 건물은 불길에 휩싸여버렸다.[166]

---

165 5월 20일 오전 전남북계엄분소가 발표한 「전남북계엄분소 발표문」.
166 MBC 화재에 대해 시위 군중들의 방화가 아니었다는 주장이 제기되어 있다. 나중에 발

21시 13분=시위대 MBC 침투, 방화, 기물 파손

22시=MBC 연소중

0시 15분=MBC 전체가 불타고 있으며 옥상에서 시민 1명 구조 요청[167]

계엄사령부의 상황일지에 적힌 당시 문화방송 화재에 대한 기록이다. 이때 구조를 요청한 시민 1명은 MBC직원 장순옥(30)으로 밝혀졌다. 장순옥은 화재 당시 회사 안에 있다가 불이 나자 몇 가지 서류를 들고 나오려다 불길이 치솟는 바람에 옥상으로 대피했다. 나중에 점점 화염에 쌓인 상황을 알아차리고 탈출하는 데 간신히 성공했다고 술회했다.

밤 9시로 앞당겨진 통행금지 시간은 아무 소용이 없었다. 거리의 민중들은 계속 늘어났고 전옥주의 구호에 따라 '전두환 죽여라', '공수부대 물러나라', '우리 시민은 광주를 지킵시다' 등 헤아릴 수 없이 많은 구호들을 쏟아냈다. 밤 11시 20분이 되자 잠시 도청 안으로 물러나 쉬고 있던 공수부대원들이

화지점으로 밝혀진 세트장은 도로에서 화염병이 미치지 않는 곳이라는 것이다. 전옥주는 국회광주특위청문회에서 광주문화방송은 '절대로 저희들이 불을 지른 것이 아닙니다'고 증언했다(국회 『광주청문회 회의록』 제30호, 1989년 2월 24일, 4쪽, 전춘심 증언). 바꿔 말하면 시위군중의 방화가 아니라 다른 의도로 방화된 것이라고 주장했다. 또한 MBC에서 50m 거리에 있었던 녹두서점 주인 김상윤(5·17 조치와 동시에 예비검속)의 부인 鄭賢愛 역시 국회청문회에서 MBC에 "시위대원들이 화염병을 마구 던져 방화를 시도했으나 셔터가 내려져 있어 불이 붙지 않자 시위대원들이 물러나 버렸는데 9시쯤 갑자기 '펑'하면서 방송국 내부 1·2·3·4층에서 동시에 불이 붙어 올라요. 그리고 경비병이 불을 지르고 도망갔다는 소문이 바로 돌아다니고 그랬어요. 그래서 제가 생각하기에는 그 당시에 화염병으로는 도저히 불을 붙이기가 어려운 시멘트 건물인데다가 1·2·3·4층이 동시에 불이 붙어 올랐고 또 즉각 달아나는 경비병들의 모습을 목격했고, 얼마 안돼서 방송국의 기자재들이 전부 시외에 있는 비아 송신소로 옮겨졌다는 얘기들이 있는 것을 보면 이것은 철저하게 시민들이 지른 것이 아니다"며 외부소행이 아니라 누군가가 내부에서 불을 지른 것이라고 증언했다(국회 『광주청문회 회의록』 제30호, 1989년 2월 24일, 16쪽, 정현애 증언).

167 계엄사령부, 「상황일지」, 1980년 5월 20일자.

금남로에 다시 투입되었다. 금남로는 금방 평정되는 듯 했다. 그러나 민중들의 저항 또한 만만치 않았다. 이미 공수부대원들의 잔혹한 만행을 알고 있는 터라 정면대결을 피하면서도 공세를 늦추지 않았다. 그리하여 밤 12시쯤에는 도청을 제외한 광주 전역이 사실상 시위민중들에 의해 장악되었다.

이 무렵 공수부대 제11여단은 시위제압을 포기한 채 조선대학교와 전남도청 앞에서 민중들과 대치하고 있었다. 또한 제7여단 제33대대는 밤 9시 20분쯤, 조선대를 방어하라는 제11여단장의 명령에 따라 조선대로 복귀했고 제35대대는 도청으로 이동해 도청 앞에서 시위대와 대치하고 있던 제11여단과 합류했다. 제3여단 제12·15대대는 저녁 8시쯤 광주역 앞에서 다섯 갈래의 방사형 도로에 바리게이트를 치고 수천 명의 시위대와 대치하고 있던 중 일부 민중들이 드럼통에 휘발유를 넣어 불을 붙여 굴려 보내고 화물자동차와 버스로 차량돌진을 거듭하자 인도로 피신하거나 가스탄 투척으로 시위대를 저지하고 있었다. 밤 10시쯤에는 돌진하는 민중들의 화물자동차에 하사관 3명이 깔려 중상을 입자 대대장은 권총으로 시위대의 차량 바퀴를 쏘아 차를 정지시키기도 했다. 제3여단 본부요원은 오후 6시 30분쯤 2.5톤 차량 2대로 시내 작전부대에게 저녁식사를 공급하기 위해 신안동 굴다리 부근에 이르렀을 때 시위민중 2,000여 명으로부터 공격을 받았다. 여기에 전남대에 잔류하고 있던 제16대대 병력이 출동하여 최루탄을 발사하면서 시위대를 진압했다. 저녁 8시쯤에는 고속도로 방향에서 경적을 울리며 접근해 오는 민중들의 차량시위대가 제16대대와 충돌했으나 곧 제압되었다. 이후 소강상태가 유지되던 중 밤 10시쯤 갑자기 민중들이 탑승한 트럭 1대가 광주역 쪽에서 돌진하여 오다가 갑자기 방향을 틀면서 전복되는 바람에 공수부대 하사관 1명이 깔려 숨지기도 했다. 밤 10시쯤 최세창 제3여단장은 대대장들로부터 시위민중들에 포위되어 위급한 상황에 처해 있다는 급보를 받고 광주역으로 집결한 후 전남대로 철수하라고 명령했다. 이에 따라 금남로 신탁은행 공터에서 자체방어 중이던 제11대대는 밤 10시 30분쯤 최루탄을 쏘면서 시위대를 돌파한 다음 공용터미널 부근을 통과한 후 광주시청에 있던 제13대대와 합류했다가 밤 11시 30분, 다시 광주역을 지키고 있던 제12·15대대와 합류했다.[168]

20일 밤 10시 30분쯤, 차량돌진 등 시위대의 강력한 공격에 위협을 느낀 대대장들로부터 실탄지급을 요청받은 최세창 제3공수여단장은 위협사격 이외에는 사용하지 말되 불가피하게 사용할 때는 사전에 보고하라는 지시와 함께 각 대대에 실탄을 지급했다. 이에 따라 여단본부 정보참모를 조장으로 하는 20여 명의 본부병력을 지원조로 편성, 먼저 신안동에 있던 제16대대에 경계용 실탄 100여 발을 지급했다. 이어 실탄 지원조는 광주역으로 진출했다가 수많은 시위대와 조우하여 수차의 해산경고에 불응하는 차량에 M60기관총으로 위협사격을 가하는 한편 최루탄을 발사하여 시위대를 해산시키고 제12·15대대에도 실탄을 지급했다. 이 같이 제3공수여단 소속 대대들이 광주역에 집결하는 한편 실탄까지 지급받은 밤 11시 20분쯤 전남대와 KBS방송국 쪽에서 시위대가 여러 차례 차량으로 돌진해옴에 따라 공수부대원들은 제2군사령부로부터 명령받은 발포금지 및 실탄통제 지시를 어긴 채 권총과 M16 소총으로 사격하는 한편 E-8발사기를 발포하여 돌진차량을 저지하고 민중들을 해산시켰다. 이 과정에서 공수부대의 총격으로 4명이 숨졌고 6명이 부상했다.[169]

---

168 재향군인회, 앞의 책, 277~278쪽.

169 20일 밤 자정 쯤 광주역을 지키고 있던 공수부대원과 치열한 공방전을 벌이던 시위대원 중 공수부대가 발포한 총탄을 맞고 숨진 사람은 김재화(26)·이북일(29)·김만두(45)·김재수(25) 등 4명이고 부상자는 최명철(39세)·김명환(16세)·나순돈(20세)·강인곤(20세)·김현택(24세)·성명미상(25~30세) 등 6명이다. 김재화는 20일 밤 자정을 넘긴 21일 0시부터 선두에서 시위를 벌이던 중 가슴 한복판에 공수부대원의 총탄을 맞고 즉시 노광철 의원으로 옮겨졌으나 곧 숨졌고 김만두는 조카를 찾아 나섰다가 역시 비슷한 시

20일 밤 11시 20분, 지휘체계상 광주에 투입된 공수부대의 작전통제 권을 갖고 있던 전투병과교육사령부는 제2군 사령부로부터 발포금지, 실탄통제는 물론 3개 공수여단 임무를 제20사단에 인계할 준비를 하라는 작전지침을 받고 있었는데도 자정을 전후한 심야에 광주역을 경비하고 있던 제3공수여단이 독단적으로 발포하는 사태가 벌어졌다. 이는 '광주사태'가 새로운 국면으로 치닫게 되는 신호탄이었다. 다시 말하면 다음날 있게 될 공식적인 발포명령을 예고하고 있었던 것이다. 이 같이 광주역에서 시위민중과 충돌하면서 서슴없이 발포했던 제3공수여단은 20일 새벽 2시쯤, 전남대로 철수했다. 이로써 3개 여단의 공수부대가 장악하고 있던 전남도청·광주역·전남대·조선대·광

간에 총격을 받고 숨졌다. 이북일도 시위 도중 귀밑에 적중한 총탄을 맞고 희생당했다. 김재수의 사망경위는 분명치 않다. 이날 밤 충돌은 이날 오후 4시쯤 무등 경기장에서 출동한 200여 대의 차량 중 일부가 광주역 광장을 거쳐 시내로 진입할 때 광주역을 경비하고 있던 공수부대원들이 발포하자 시위민중들이 '가만두지 않겠다'며 광주역으로 들어가려고 공세를 취하면서 일어났다. 특히 군은 고속도로가 차단될 경우 병력과 군수품을 수송하기 위해 절대 필요한 철도가 마비되지 않도록 제11·제12·제13·제15대대 등 4개 대대병력을 투입, 광주역을 필사적으로 지키고 있던 터였다. 시위대와 공수부대의 공방은 밤 10시부터 시작됐다. 시위대원들은 광주역을 점거하고 있는 공수부대원들을 향해 차량으로 여러 차례 돌진했으나 더 이상 나아갈 수 없었다. 민중들은 계속해서 10여 대의 차량을 동원해 기습작전을 펴기도 했다. 이 와중에서 공수부대 하사관 1명이 시위대의 차량에 치어 숨지면서 공수부대원들이 일제히 사격을 가하게 된 것이다. 공방은 자정이 넘어서야 끝났다. 당시 제3여단 제11대대장 임수원 중령은 몰려오는 시위 군중을 해산할 길이 없어 E-8이라는 가스총을 쏘았다고 1989년 1월 27일 국회 광주특위청문회에서 증언했다(국회『광주청문회 회의록』제26호, 1989년 1월 27일, 35~36쪽, 임수원 증언). 이는 발포하지 않았다는 거짓말이다. 그러나 현장에 있었던 시위대원이나 인근 주민들은 '콩 볶는 듯한 총소리로 밤새 잠을 이루지 못했다'고 술회하고 있다. 특전사 상황일지는 '시위대가 트럭을 몰고 전진, 아군 1명 압사, 전 지역의 폭도 광분, 화염병 및 투석으로 아군에 대해 파상공격을 실시해 밤 10시 10분 이후 완전 포위상태에서 폭도와 대치 중'이라고 적고 있다(앞의 책,『그해 오월 나는 살고 싶었다』1권, 123~125쪽, 230~231쪽, 390~392쪽, 2권 105~107쪽 ; 재향군인회, 앞의 책, 278~279쪽 ; 김영택, 앞의 책, 96쪽).

주교도소를 제외한 광주시 일원은 사실상 군경의 통제에서 완전히 벗어나 있었다.

20일 밤 12시를 넘어서도 시위민중의 수는 줄어들기는커녕 그 열기는 더욱 뜨겁게 달아올랐다. 더욱이 21일 0시 35분 노동청 쪽에는 2만여 명의 민중들이 모여 경찰저지선을 뚫기 위해 또 다시 총력을 기울이고 있었다. 전옥주는 마이크를 통해 "도와주세요. 경찰관 아저씨, 아저씨들은 우리의 동지입니다. 비켜 주세요. 우리를 도와주세요"라며 계속 울부짖었다. 나중에는 "우리모두 죽여라" "죽은 내 자식 살려내라"는 격렬한 구호로 바뀌고 있었다. 시위민중들이 도청광장 진입을 위해 울부짖음과 아우성을 치자 위기감을 느낀 도청 안의 제11공수여단 제61대대장 안부웅 중령과 제62대대장 이재원 중령은 대대장 지프차에 보관하고 있던 경계용 실탄 탄창 1개(15발)씩을 중대장들에게 분배하고 위급할 때 대대장의 명령에 따라 사용하도록 지시했다.[170] 또한 0시 36분쯤 시위대 3,000여 명이 고속버스 3대를 앞세우고 조선대학교 정문돌

---

170 이날(20일) 밤 도청 앞에서 공수부대 제3여단 제11대대 병력에 의해 M16소총으로 시위군중에게 총격이 가해졌다는 기록이 있다(재향군인회, 앞의 책, 272·291쪽 도표 : 김진경, 『5·18 민중항쟁』, 민주화운동기념사업회, 2004, 53쪽). 그러니까 도청과 광주역에 있던 제3, 제11공수여단 예하 중대장들에게 실탄이 지급됐고 광주역 부근에서는 밤 8시 30분과 12시쯤, 도청 앞에서는 밤 11시쯤 M16소총에 의한 발포가 있었다는 것이다. 그러나 도청발포의 경우 구체적인 상황을 설명하지 않고 막연하게 '5월 20일 심야에 전남도청 앞에서 계엄군의 발포로 시위가 격화된 상황을 정호용 사령관에게만 보고하였다'(272쪽) '제3공수여단 제11대대 M16소총으로 발포'(291쪽 도표)라고만 언급하고 있다. 저자는 20일 밤을 꼬박 새우며 도청 안에 머물러 있었으나 단 1발의 총성도 듣지 못했다. 더욱이 시위대는 새벽 1시 15분 광주세무서 별관에 방화하고 예비군 무기고에서 17정의 카빈 소총을 입수했다가 경찰의 설득으로 2정을 제외한 나머지를 모두 반납하게 되는데 만의 하나 이보다 앞선 도청 쪽에서의 총격이 있었다면 시위대가 경찰의 설득을 받아들여 순순히 총기를 반납했을 리가 없을 것으로 저자는 보고 있다. 20일 밤 광주역에서의 공수부대 발포는 기정사실이지만 도청 앞 발포사건은 아직도 미지수로 남아있다. 앞으로 보다 진지하게 접근해야 할 것이다.

파를 시도했다가 최루탄을 쏘아대는 제7공수여단 제33대대의 저지를 받았다. 그럼에도 불구하고 시위대원들은 조선대 안에 연행되어 있는 젊은이들을 구출하겠다며 계속 밀어붙이다가 민가를 들이받는 등 새벽 4시 40분까지 공방을 계속했다.[171] 전옥주는 계속 시내를 돌며 갖가지 구호를 외쳤다. 심지어 '광주세무서 앞에서 수많은 사람이 죽어가고 있다'[172] '세금 거둬 공수부대 키우는 광주세무서도 나쁜 놈들이니 불질러 버리자'고 외쳐댔다. 이 외침은 많은 민중들을 흥분시키기에 충분했다. 민중들은 세무서를 방화하려고 안으로 몰려 들어갔다. 목조건물인 별관이 먼저 타오르기 시작했다. 그러나 본관 방화는 실패했다. 21일 새벽 1시 15분쯤이었다. 본관은 21일 오전 10시쯤 전소하게 된다. 이 과정에서 세무서 예비군 무기인 카빈소총 17정이 시위군중의 수중에 들어갔다. 그러나 그 총은 광주경찰서 소속 경찰관에 의해 곧 회수되었다.[173]

새벽 2시 15분이 되자 도청 광장을 중심으로 저지선을 지키고 있던 공수부대와 경찰은 스피커를 통해 "부모형제가 기다리는 집으로 돌아가십시오. 지금

---

171 재향군인회, 앞의 책, 278쪽.

172 그러나 이 방송 내용은 사실이 아니었다. 전옥주는 나중에 "근거 없이 과장된 내용을 왜 방송했느냐, 어디서 그런 엉뚱한 소리가 나왔느냐"는 질문을 받고 "내가 지은 것도, 본 것도 아니다. 다만 문화방송 쪽에서 시위를 선도하고 있는데 어느 학생이 쪽지를 건네주기에 펴보았더니 그 내용이었다. 그래서 그대로 방송했을 뿐이다"고 말했다(김영택, 앞의 책, 90쪽).

173 이때만 해도 민중들은 소총 등의 무기로 무장할 생각이 전연 없었던 것으로 보인다. 만에 하나 무장할 계획이 있었다면 경찰의 반납설득에 응하지 않았을 것이기 때문이다. 다만 이때 17정 모두를 반납하지 않고 1, 2정을 휴대하고 있던 것이 다음 날 금남로에서 공수부대와 대치하고 있을 때 맨 앞의 민중의 손에 들려 있었음을 저자가 목격했다. 이는 '무장'의 의미보다는 단순한 호기심이나 시위용으로 휴대했던 것으로 보여진다. 그 카빈 소총에는 실탄이 1발도 없었다. 저자가 『실록 5·18 광주민중항쟁』에 앞서 저술한 『10일간의 취재수첩』에는 전날 밤 시위대원들이 광주 근교지역 무기고에서 탈취한 것으로 잘못 알고 서술한 내용이 있다. 그러나 이는 사실의 착오임을 밝혀내고 이를 바로 잡는다(김영택, 앞의 책, 97~98쪽).

집에서는 여러분이 돌아오지 않아 걱정을 많이 하고 계십니다"를 되풀이하며 귀가를 종용했다. 어제까지만 해도 일방적인 명령조의 말이 아주 공손하고 점잖게 바뀌어 있었다. 지칠 대로 지쳐 있던 공수부대와 경찰이 시위민중들의 기세가 조금도 수그러들 기미를 보이지 않자 설득하며 시위의 열기를 누그러뜨려 보려는 의도임이 분명했다. 그러나 민중들이 가지고 있던 스피커에서는 "우리는 절대로 후퇴하지 않습니다"라는 반응을 나타냈다. 민중들의 반응은 여자와 남자의 목소리가 교대로 바뀌면서 계속 흘러나왔다. "시민 여러분, 절대로 동요해서는 안 됩니다. 우리는 끝까지 싸워서 이겨야 합니다"며 계속 호소했다. 도청 쪽에서는 다시 "집으로 돌아가셔야 합니다"라는 방송을 흘려보내면 다시 "우리는 결코 후퇴하지 않습니다, 시민 여러분, 앞으로 전진합시다"를 반복했다. 저지선 바로 앞에서는 대형 태극기가 휘날리고 있었다.

21일 새벽 2시 25분, 금남로는 물론 노동청 쪽 저지선도 뚫을 수 없게 되자 민중들은 전남대 부속병원 앞길로 돌아 충장로 입구 쪽으로 몰려들었다. 군과 경찰 쪽에서는 비상이 걸렸다. 지금까지 잘 유지되고 있던 충장로 입구 쪽 저지선이 민중들의 집중공략을 받게 된 것이다. 일부 병력의 이동배치가 긴급히 진행되었다. 민중들의 이동상황이 너무나 훤히 알려졌으므로 군·경의 긴급배치는 그렇게 어려운 문제가 아니었다. 민중들이 충장로 입구 쪽으로 몰려오자 경찰은 집중적으로 최루탄을 발사하면서 "빨리 돌아가십시오"라고 다시 방송하고 있었다. 도청건물과 광장은 바로 군·경이 지키고 있다고는 하지만 민중들이 언제 저지선을 뚫고 들어올지 모르는 상황으로 바뀌어 있었다. 더욱이 도청 안은 최루탄 가스 때문에 눈을 뜰 수도 없었고 숨을 쉬기조차 어려웠다.

새벽 1시쯤 동아일보 취재팀은 그동안 취재한 '광주사태'에 대한 장문의 기사를 도청전화로 송고하면서 이날 밤의 도청상황을 이렇게 묘사했다.

도청 3층 도지사 실은 이때 폐쇄되었다. 장형태 전남지사는 1층 서무과에서 계속 대기하면서 도내 인접 소방서에 만약의 사태에 대비하여 긴급 소방반 지원을 요청했다. 밤 10시 10분경부터는 도청을 에워싼 시위군중이 시시각각으로 군·경 저지선을 압축해 들어갔고 일부 시위군중은 도청 뒷담을 넘으려고 시도하기도 했다. 이제 군·경은 도청·광주역·조선대·전남대·교도소만을 지키고 있었고 경찰력은 완전 마비되었다. 외부와의 연락은 일체 차단되었다. 밤 10시 30분경 동명동 앞길에서는 공수부대원들과 시위군중이 충돌, 일진일퇴의 공방전을 벌였다. 최루탄 가스에 질식해 있다가 군인들에게 붙잡혀 집단폭행을 당한 노란색 차림의 30대 청년 1명이 숨진 시체로 발견되었다. 또한 밤이 깊어지면서 도청 건물에는 곳곳에서 부상당한 경찰관, 군인들이 밀어닥쳐 아수라장이 되었고 경찰관 중에는 과로로 쓰러져 가는 사람들이 잇따랐다.[174]

시위민중과 차량들은 계속 함성을 지르고 경적을 울리며 도청광장으로 들어가려고 아우성이었다. 대형 태극기가 휘날리는가 하면 애국가가 울려 퍼지고 나중에는 '전두환 물러나라, 군은 휴전선으로 복귀하라' 등의 외침도 쏟아져 나왔다.

21일 새벽 3시쯤 함성이 고개를 숙이기 시작했다. 도청광장을 지키고 있던 공수부대와 경찰의 최루탄이 바닥났을 때였다. 시위민중들이 겹겹이 둘러싸고 있었으니 지원받을 수도 없는 상황이었다. 군·경은 모든 자동차의 헤드라이트를 환하게 비추며 방어진을 구축했다. 궁여지책이었다. 2대의 버스, 4대의 지프차, 1대의 승용차, 3대의 트럭 등 모두 10대의 자동차 헤드라이트로 3개 방면을 비추고 있었다. 공교롭게도 시위민중들의 함성도 줄어들고 있었다. 아마 시위민중들이 이때 밀어붙였더라면 도청광장 점거는 쉽게 이루어질 수

---

174 김영택, 앞의 책, 92쪽 ; 이 기사는 검열과정에서 삭제되어 〈동아일보〉 본지에는 실리지 않았으나 組版狀態(게라)로 假 印刷돼 유통되었다(한국기독교교회협의회인권위원회, 『1980年代民主化運動』 1권, 1987, 80쪽).

있었을지도 모른다. 그런데 함성이 수그러든 것이다. 이때의 상황은 계엄군과 경찰로서는 속수무책이던 상태였다.[175]

21일 새벽 5시 30분쯤 3,000여 명의 시위민중들은 광주역에서 건너다보이는 신안동 소재 광주방송국(KBS) 건물을 보자[176] '거짓말하는 방송국, 전두환 꼭두각시 노릇하는 방송국'이라고 질타하며 불을 질러버리자는 선동적 구호를 외쳐댔다. 30여 명이 선두에 있던 픽업 차량에서 휘발유를 뽑아 만든 화염병을 방송국 현관에 던졌다. 불길은 금방 치솟아 올라 전소하고 말았다. 10일 동안의 광주항쟁 기간 동안 공공건물의 방화사건은 3건이었다. KBS와 MBC 그리고 광주세무서였다. 이밖에 10여 개의 파출소도 피해를 입었다. 이는 주로 18~20일과 21일 새벽에 발생했다. 일부 공공건물이 난입한 민중들에 의해 파괴되기도 했다. 경찰의 시위진압에 대한 항의수단으로 방화했거나 부숴버린 것이다. 또한 이날 밤 군중들은 차량을 몰고 다니다가 기름이 떨어지면 주유소에 몰려가 마구 주유하면서 불응하면 '불을 질러버리겠다'고 위협하는 경우도 있었다. 그리고 밤 10시쯤에는 콘티빵 광주 대리점에 5, 6명의 청년이 차를 몰고 가서 100만 원어치의 빵을 가져갔고, 다음날 아침에는 풍광식품에서 5,000여 개의 빵을 가져갔다.[177]

---

175 김영택, 앞의 책, 92~93쪽 ; 군 측은 현장에 있었던 저자의 서술과 다르게 기록하고 있다. '새벽 3시쯤 전남도청 앞의 시위가 소강상태로 접어들게 되자 공수부대는 전열을 가다듬었다. 제7공수여단 제35대대는 충장로와 화순으로 통하는 전남도청 좌측방면에, 제11여단 제61대대와 제62대대는 전남도청 정면 금남로 방면에, 또 제63대대는 전남도청 우측 노동청 앞에 각각 배치한 것'으로 되어있다(재향군인회, 앞의 책, 278쪽 재인용).

176 원래 KBS 광주방송국은 사동 사직공원 입구에 있었으나 방송국을 새로 신축하기 위해 철거하면서 임시로 신안동 소재 광주역전 빌딩으로 이전해 있었다.

177 이 같은 일을 두고 계엄당국은 '강탈'이라고 내세우고 민중들은 '자진'해서 받은 것이라고 주장하고 있으나 일개 식품회사 대리점의 책임자가 적은 숫자도 아닌 빵을 자진 제공할 리는 없었을 것이다. 또한 시위군중은 시위대의 요기를 위해 빵이 필요했을 터이므로

시내는 조용해지고 있었다. 일부 민중들의 구호와 함성이 이따금 터져 나왔지만 그 기세는 점차 수그러든 채 시내는 비교적 소강상태를 이루어 가고 있었다. 민중들은 동이 환하게 터올 때까지 산발적인 시위를 계속했다. 장형태 도지사 등 도청 안에 있던 11명의 공무원과 기자들은 시위가 소강상태로 접어들자 의자에서 잠깐 눈을 붙였다. 물론 군과 경찰의 저지선은 그대로인 채였다. 밖에서 다시 소란스러운 소리가 들리고 상당히 긴박한 소동이 일어나는 바람에 도청 안에 있던 여러 사람들은 눈을 떴다. 새벽 4시였다. 30분간 눈을 붙인 것이다. 이때의 소란은 시체 2구를 실은 리어카가 금남로에 등장해 공수부대 앞으로 다가오고 있는 데서 비롯된 것이었다. 이 무렵 공수부대의 저지선은 동구청 앞까지 전진해 있었다. 민중의 시위열기가 수그러들자 재빨리 전진했던 것이다.

이에 앞선 21일 새벽 2시 18분, 시외로 통하는 전화가 일제히 두절되었다. 신군부가 광주의 진실이 외부로 확산되는 것에 두려움을 느낀 나머지 차단시킨 것이다. 광주 이외 지역 국민들은 광주에 있는 친척·친지들의 안부를 물을 수 없게 되어 불안은 더욱 가중되었다. 시외통화가 끊긴 이후 기자들은 송고하는 일이 취재하는 일보다 훨씬 더 어려운 과제가 되었다. 이를 위한 각 언론사의 방법은 다양했다. 간신히 장성읍으로 나가 전화와 기차 편으로 송고하는 일이 많았으나, 일부 신문사는 공공기관의 직통전화를 이용하기도 했다.

방송국의 보도행태에 불만을 품고 방화하는 사태가 벌어지자 《전남일보》와 《전남매일》도 신문발행이 불가능하다고 판단했다. 계엄당국의 통제로 '광주'에 관한 기사는 전연 보도할 수 없는 입장이고, 시민의 살육에 관한 기사가

주인의 뜻과는 달리 억지로 가져갔을 가능성을 배제할 수는 없다. 민중들은 광주고속버스 10대 등 시내·시외버스 30대도 강제 동원한 바 있었다.

빠진 신문을 발행했다가는 KBS나 MBC처럼 민중들의 공격대상이 될 것임은 너무나 자명한 일이었다. 그렇지 않아도 신문에 대한 불만이 많아 '광주사태'가 시작된 후 날마다 신문사로 전화가 걸려오고 심지어 직접 쫓아와 왜 신문에 내지 않느냐고 항의하는 상황에서 '광주'에 관한 기사 없는 신문을 냈다가는 큰 화를 자초할 것이 뻔했다. 이 때문에 21일자부터 《전남일보》와 《전남매일신문》은 발행을 자진해서 중단했고 서울의 중앙지들도 외곽차단으로 시내에 들어오지 못하고 있었다. MBC 라디오도 밤 9시 25분 이미 방송을 중단한 상태에서 민중들의 공격을 받아 불바다가 되었다. 이에 앞서 CBS(기독교 방송)는 밤 8시 30분 광주에 있는 방송국 가운데 가장 먼저 방송을 중단했고, 전일방송은 밤 11시 9분 파워 스위치를 내려야 했다.

TV는 MBC가 밤 8시 25분, KBS가 밤 10시 5분에 각각 방영을 중단했다. 다만 라디오만 방송을 계속하다가 군중들의 방화로 1시간 47분 동안 중단된 후 21일 오전 7시 28분부터 송신소에서 재개, 민중항쟁 기간 유일하게 정부 및 계엄사의 선무방송(?)을 내보냈다. 오직 '광주사태'에 관한 외부의 반응은 '미국의 소리' 한국어 방송과 일본 방송만으로 짐작할 뿐이었다. 시민들은 열심히 외국방송을 들으려고 했으며 학생들은 북한방송은 듣지 말고 일본이나 미국 방송을 들으라고 거듭 권유했다.[178]

무장 공수부대가 발포를 계속했지만 이미 타오른 시위는 그칠 줄 몰랐다. 20일 밤 충돌로 3명의 시위자와 4명의 경관을 포함하여 적어도 7명이 죽고 100명 이상이 부상했다. 광주 현지의 기자는 21일 아침 도로변에 10구 정도의 시체가 버려져 있었으며 2만여 시위대가 시위를 계속했다고 전했다. 20일 밤 11시경 도로 위의 군중이 광주역을 점거하려 하자 약 20분 동안 무장군대는 M16을 난사하였

---

178 김영택, 앞의 책, 94쪽.

다. 발포로 인해 어느 정도의 사상자가 발생했는지는 정확히 알려지고 있지 않
다. 이날 아침 가두에서 시위군중과 군대의 충돌이 계속되었다. 이 충돌로 인해
상당수의 사상자가 발생했다. 오전 9시경 시위대는 3만여 명으로 늘어났으며 몇
몇 기자들은 곧 광주가 군·경에 의해 봉쇄될 것이라고 전했다. 저명한 반정부 정
치인 김대중의 고향 근처에 위치한 광주의 시민들이 거리를 가득 메우고 무장군
대와 전면적으로 충돌한 지 사흘째 되는 날이었다. 20일 아침 시위군중은 전날
밤 가두전투에서 획득한 군용 지프를 몰고 다녔다. 주유소는 시위차량에 무료로
급유해 줬다. 다수의 시위자들은 몽둥이·쇠파이프·식칼·낫 등으로 무장했다.
그들은 20일 오후 방송국을 불태우고 시내 몇 곳을 점거했다.[179]

이상은 21일 UPI가 보도한 20일의 상황이었지만 광주시민들은 물론 국내
에 있는 어느 누구도 이 기사를 볼 수가 없었다. 통신수신시설이 있는 각 언론
기관과 정보기관 종사자들만 볼 수 있었다. 계엄사가 보도를 철저히 통제하고
있었기 때문이다. 광주에서 외신기자들도 열심히 취재하고 다녔지만 그들의
매체를 직접 대할 수 없었으니 답답할 뿐이었다.

시외전화는 21일 새벽 단절되어 서울은 물론 전국 주요 도시와의 통화가
불가능하여 고립되었지만 시내통화는 가능했다. 시외전화 불통 사유에 대해
'회선장애 이유나 회선절단은 아닌 것 같으며 현장에서의 특수한 사정 때문인
것 같다'며 고의적 차단임을 체신부는 시사했다. 광주시민은 물론 대부분의
국민들은 계엄사가 광주에서 일어나는 엄청난 사건의 외부 확산을 막기 위해
일부러 끊었을 것으로 보고 있다.

20일 밤 민중의 함성이 절정으로 치닫고 있을 무렵 신군부는 최후의 봉쇄
작전을 위해 대규모 병력의 추가투입을 서둘렀다. 계엄사령부는 20일 밤 9시

---

179 UPI 통신, 5월 21일자 ; 한국기독교협의회, 『1980년대 민주화운동』 1권, 1987, 128쪽
재인용.

25분쯤 서울에 주둔하고 있는 제20사단을 광주에 투입하기로 결정했다. 제 60, 61, 62연대 장병 284/4,482명이 시차를 두고 열차 편으로 용산역을 출발, 21일 새벽 2시 40분부터 아침 8시 50분 사이 송정리역에 도착해 전교사에 배속되었다. 그리고 오전 10시쯤 상무대로 이동하여 작전에 임했다. 그러나 이 부대는 도착하면서부터 시위민중들의 거센 저항에 부딪혔다. 아침 8시쯤 제20사단 제61연대는 전교사의 지시에 따라 광주교육대학으로 이동하던 중 광주육군통합병원을 지나 돌고개 근방에 이르렀을 때 바리게이트를 치고 도로를 차단하고 있던 수백 명의 시위민중들에게 저지당하여 상무대로 되돌아가야 했다. 그리고 아침 8시쯤 고속도로를 타고 광주에 온 육군 제20사단의 지휘부 차량들은 광주공업단지 입구에서 도로를 차단한 50여 명의 시위민중들로부터 화염병 공격을 받고 사단장 전용 지프 등 14대의 지프차를 탈취 당했다.[180] 이 과정에서 사병 1명이 실종되고 2명이 부상을 입었다.[181] 이 사단은 전방에 있던 보병부대 병력으로 10·26 당시 이미 시위진압을 위해 서울에 진주해 있다가 이날 광주로 이동, 27일 단행되는 '상무충정작전'이라는 재진압작전의 표면상 주력부대가 된다.[182]

이 부대의 이동승인은 미국정부에 의해 다음날인 22일로 공식 발표되지만 그것은 미국 측의 속임이었다. 제20사단의 이동승인은 지난 5월 8일부터 17일 사이에 이미 결정된 상태였다. 어찌됐건 이날 아침 도착한 제20사단 지휘

---

180 김영택, 앞의 책, 97쪽 ; 재향군인회, 앞의 책, 275쪽(이 기록은 시위민중을 '수백 명'으로 표현).

181 재향군인회, 앞의 책, 274~275쪽 : 실종된 사병은 며칠 후 복귀.

182 이로써 '광주사태'에 실제로 동원된 군 병력은 공수부대 3개 여단 10개 대대 504/2,901 명, 제31사단 3개 대대 55/1,367명, 제20사단 9개 대대 279/4,667명, 전투병과 사령부 예하 25개 대대 3,889/6,655명 등 모두 47개 대대 4,727/15,590명이다(국방부과거진상규명위원회, 『12·12, 5·17, 5·18 사건 조사보고서』, 124쪽

부 지프차 14대는 시위민중 50여 명에게 모두 탈취당하게 되고 시위민중들은 탈취한 14대의 지프차를 몰고 오전 9시쯤 광주공업단지 안에 있는 방위산업체인 아시아자동차 광주공장에 들어가 군용트럭을 끌고 나오게 된다. 시위민중들은 나중에 버스·지프·장갑차·가스차 등 260여 대의 각종 차량을 빼앗아 몰고 다니게 되는데, 항쟁기간 동안 시위민중이 이용한 장비 중 아시아자동차 공장에서 탈취한 것이 가장 많았고, 광주고속버스 등 108대의 버스, 그리고 개인소유의 승용차와 용달차·트럭 등이 주류를 이루었다. 단일회사로는 아시아자동차가 가장 많이 빼앗긴 셈이다.[183]

이미 광주에 투입되어 있던 3개 공수여단은 이날 아침 광주시내에 새롭게 재배치되어 시위민중들과 대치하고 있었다. 제3공수여단 제11대대는 황금동 주변, 제12대대는 광주시청 대기, 제13대대는 공용터미널 일대, 제15대대는 양동 사거리 일대, 제16대대는 전남대 잔류 예비대, 제7공수여단 제33대대는 계림동 파출소와 광주고등학교 주변, 제35대대는 한일은행 사거리 일대, 제11공수여단 제61대대는 상업은행 일대, 제62대대는 충장로의 광주우체국 주변, 제63 대대는 광주은행 사거리 일대에 각각 재배치되었다.[184]

21일 아침 6시, 그때까지도 밤을 새운 일부 민중들은 산발적으로 시위를 벌이고 있었다. 금남로 3가 가톨릭센터 앞에서는 새벽 4시부터 시체 2구를 손수레에 싣고 나온 시위민중과 공수부대원들이 대치하고 있었다. 지난 밤 시위민중과 경찰 사이에 치열한 공방전이 벌어진 노동청 쪽 시가는 폐허처럼 암담하게 보였다. 불에 타버린 7, 8대의 버스와 승용차들이 여기저기 아무렇게나 버려져 있었고 노동청 건물의 일부도 새까맣게 그을려 있었다. 도청 차고는

---

183 김영택, 앞의 책, 97쪽 ; 국회 『광주청문회 회의록』 21호, 1988년 12월 21일, 박준병 증언.

184 재향군인회, 앞의 책, 275쪽.

앙상한 잔해만 남아 있었다. 어젯밤 도청 광장으로 진입하려는 시위대와 경찰 간의 공방이 가장 치열하게 벌어졌던 곳이다. 과격해진 시위민중들이 경찰 저지선을 무너뜨리기 위해 도청 차고에 있는 자동차에 불을 지르는 바람에 노동청과 도청 차고가 많은 피해를 입고 말았다. 4명의 경찰관 희생자를 내면서까지 밤새 격렬하게 공방전을 벌였던 곳답게 여기저기 자동차의 잔해와 불탄 시위 장비들이 어지럽게 흩어져 있었다. 광주여고 앞이나 검찰청사 앞도 마찬가지였다. 검찰청사에는 시위대가 몰려들어 기물을 모두 부숴버렸다. 유신체제 이후 검찰이 시국사범을 다루면서 일방적으로 불공정하게 처리해 온 데 대한 반발로 그랬을 것임이 분명했다.

아침 6시 30분쯤, 대형 태극기로 덮힌 2구의 시체를[185] 앞세운 시민들은 가톨릭센터 앞에서 50여 미터 간격을 두고 공수부대와 대치하고 있었다. 노호와 흥분과 함성으로 밤을 지새운 시민들은 날이 밝기가 무섭게 다시 금남로에 모여들고 있었던 것이다. 그러나 격렬했던 어젯밤과는 달리 차분해진 모습이었다. 항쟁의 소용돌이를 어떻게 매듭지을 것인가의 문제는 아침이 되어 금남로로 모여 든 시민들에게 초미의 관심사였다. 아무런 지도체제나 조직이 없는 상황에서 항쟁이 막연하게 끝도 없이 치닫는 것은 무모하고 비현실적이라고 판단한 것이다.[186] 시간이 흐르면서 시민들이 계속 불어났다. 어젯밤의 흥분

---

185 이 시체는 20일 밤 자정 쯤 광주역을 지키고 있던 공수부대와 치열한 공방전을 벌이던 시위대원 중 공수부대원이 발포한 총탄을 맞고 숨진 김재화(26)·이북일(28)·김만두(45)·김재수(25) 중 김재화를 제외한 세 사람 중 두 사람의 시체였다. 김재화는 21일 0시부터 맨 선두에서 시위를 벌이던 중 가슴 한복판에 공수부대원의 총탄을 맞고 즉시 노광철 의원으로 옮겨졌으나 곧 숨졌기 때문에 그 시체는 아직 병원에 있었다. 김만두는 조카를 찾아 나섰다가 역시 비슷한 시간에 충격을 받았고, 이북일도 시위 도중 귀밑에 적중한 총탄을 맞고 희생당했다. 김재수의 사망 경위는 분명치 않다. 따라서 이날 아침 일찍 손수레에 실려 금남로로 나온 2구의 시신은 김만두·이북일·김재수 중 두 사람의 것이었다(김영택, 앞의 책, 95~97쪽 ; 재향군인회, 앞의 책, 278~279쪽).

이 가시지 않은 듯 어느 때보다 이른 시각인 아침 8시쯤 도청광장 앞 금남로 1가에서부터 금남로 3가 가톨릭센터 앞까지 이미 1만여 명을 넘어섰고 오전 10시쯤에는 5만여 명으로 불어나 6차선 큰 도로를 가득 메우고 있었다. 이들 맨 앞줄 1, 2명이 카빈 소총을 들고 있는 모습도 보였다.[187] 나머지는 대부분 쇠파이프나 몽둥이 등을 들고 있었다. 청바지에 빨간 점퍼를 입고 머리를 길게 늘어뜨린 전옥주가 시위대열을 주도하고 있었다. 바로 20일, 밤을 새우며

---

186 5월 21일 오전 녹두서점을 거점으로 한 민주회복운동 청년들인 윤상원·김영철·박효선·정해직·윤강옥·김상집 등이 광주항쟁을 어떻게 대처할 것인가에 대한 논의를 벌임으로써 항쟁지도부의 싹이 움트고 있었다는 설이 제기되었다. 그러나 이들은 이때까지 아무런 구상이나 대안을 갖추지 않은 듯 표면에 나서지 않았다. 다만 이들은 21일 오후 공수부대의 집단발포가 시작되자 「투사회보」 간행을 서두르다가 다음날 자치시대에 접어들어서야 항쟁요원으로 참여하게 되고 항쟁 후반 온건파(강경파에서는 투항파라 칭함)인 김창길이 이끄는 학생수습위원회와 맞서다가 이를 와해시킨 다음 김종배를 위원장으로 하는 새로운 투쟁위원회를 구성, 각기 임무를 맡게 된다(임낙평, 「윤상원 열사의 삶과 투쟁」, 『말』, 1989년 5월호).

187 이때 민중들 손에 들려있던 카빈 소총의 출처를 놓고 나주경찰서 관내 지·파출소에서 '시위대가 탈취한 것이다', '그렇지 않다'는 논란이 있었다. 그러나 이 카빈 소총은 전날 밤 광주세무서 예비군 무기고에서 갖고 온 17정 중 경찰에 의해 회수되지 않은 일부라는 사실이 밝혀졌다. 저자는 당시 주상섭 전남경찰국 통신과장을 만나 그때의 상황을 청취한 바 있다. "20일 밤 시위대원의 무기탈취 사건은 없었던 것으로 압니다. 특히 나주경찰서 관내에서 있었다는 사실은 그때 통신과장을 맡고 있던 나로서는 전혀 알지 못하는 내용입니다. 당시 나주경찰서장이 광주에 와 있었는데 서장이 보고를 받지 않았을 리가 없었기 때문입니다. 만약 있었다면 나주경찰서뿐만 아니라 경찰국 전체에 비상이 걸릴 만큼 중요한 사안이지요. 어쨌건 내가 휴대하고 있던 무전기에는 전연 그러한 상황이 잡히지 않았으니까 없었던 게 분명합니다. 시위대원의 무기탈취는 21일 오후 공수부대의 발포 이후로 알고 있습니다. 이날 밤 광주세무서 무기고에 있던 17정의 카빈이 시위대원의 손에 들어갔으나 광주경찰서 간부들의 설득으로 순순히 내놔 모두 광주경찰서에 반납한 것으로 알고 있는데 혹시 1, 2 정을 빼놓았을 지도 모릅니다. 그러나 그 소총에는 실탄이 1발도 없었습니다." 이에 대해 광주항쟁 후반기의 학생시민투쟁위원회 부위원장이었던 정상용은 1989년 1월 27일, 국회 광주 청문회에서 "광주세무서 예비군 무기의 일부일 가능성이 있다"고 증언했다(국회 『광주청문회 회의록』 제26호, 1989년 1월 27일, 13쪽, 정상용 증언).

시위를 주도했던 그녀였다. 어느 누구도 그녀의 구호와 주장에 반대하거나 이의를 달지 않았다. 그때 뒤에서 누군가가 "우리 더 이상 사상자가 생기지 않도록 계엄군 측과 협상합시다"라는 주장을 펴고 나왔다. 그러자 "찬성한다"는 외침과 동시에 "무작정 이렇게 밀고 나갈 것이 아니라 당국이 사과를 한 후 우리의 명예를 회복시켜 준다면 타협하는 것이 바람직하지 않겠느냐"는 의견도 제시되었다. '군의 사과와 시민의 명예회복'이 기본적 타협조건이었다. 전날 밤새 밀어붙이고 함성을 지르던 상황과는 사뭇 달라진 차분하고 이성적인 분위기였다. 투쟁의 의욕이 사라진 것이 아니라 또 다른 도약을 위해 새로운 길을 모색하는 의기(意氣)있는 모습으로 변해 있었다.

이에 앞서 시위대를 이끌고 있던 전옥주는 앞에 대치하고 있던 공수부대 대대장에게 다가가 더 이상 부상자가 없게 하자며 도지사 측과 대화하도록 주선해 달라고 요구했다. 그리고 즉석에서 4명이 협상대표로 뽑혔다. 전옥주·김범태(조선대 법과 1년)·김상호(전남대 상대 2년)외 1명이 여러 사람의 의견을 정리한 4개 항을 작성하였다. (1) 유혈사태에 대한 도지사의 사과, (2) 연행된 시민·학생을 즉시 석방하되 여의치 않으면 소재파악이라도 해줄 것, (3) 공수부대는 21일 정오까지 시내에서 철수할 것, (4) 전남북계엄분소장과의 협상을 주선할 것 등의 협상안을 가지고 도청 3층 도지사실로 안내돼 장형태 도지사를 만났다.[188] 시민들은 정부당국이나 군과의 협상보다는 가장 손쉽고 가까운 곳에 있는 도지사를 협상 상대로 선택했던 것이다. 협상은 순조롭게 진행되는 듯 했다. 장형태는 (1)항은 얼마든지 받아들이되 (2), (3)항은 자신이 결정할 소관이 아니므로 적극 건의하겠으며 (4)항은 반드시 성사되도록 주선하겠다고 약속했다. 장형태는 합의된 사항을 시위대열 앞에서 직접 발표해 달라는

---

188 협상안은 다수 의견이 아니고 즉석에서 몇 사람이 제시하는 안을 수합한 것.

협상대표의 요구를 수락한 후 도청 현관까지 나와 마이크가 준비되기를 기다리고 있었다.[189] 그러는 사이 구용상 광주시장이 대열 앞 간이단상에 올라서서 자제와 질서를 호소하는 발언을 하다가 '집어치워'라는 고함소리에 쫓겨나고 말았다.[190] 그러나 장형태는 끝내 시민들 앞에 나오지 않은 채 상황은 자꾸 악화되어 정면충돌 양상으로 변모되어가고 있었다.[191] 장 지사의 출현이 늦어지자 시위민중은 조금씩 앞으로 전진해갔다. 공수부대와의 간격은 점점 좁혀지고 있었다.

오전 10시 8분쯤 도청 앞 광장에 군용 헬기가 착륙했고 곧이어(10시 10분) 광장 끝 쪽에 있는 상무관 앞의 공수부대원들에게 실탄이 지급되고 있었다.[192]

---

189 이때가 오전 9시 조금 지나서였다(『죽음을 넘어……』는 9시 50분으로 기록하고 있다). 저자는 협상을 마치고 나오는 전옥주·김범태·김상호 외 1명을 도청 정문에서 만나 약식 인터뷰를 하면서 협상의 성사사실과 4명의 협상대표 인적사항을 확인하던 중 이들이 급히 시위대열 쪽으로 뛰어가는 바람에 나머지 1명의 신원을 파악하지 못했다. 4명의 협상대표가 대치하고 있던 공수부대 대열을 통과해 도청 안으로 들어갈 수 있도록 길을 비켜준 사람은 중령계급과 지휘관 휘장을 달았던 두 명의 대대장(제61대대장 안부웅 중령·제62대대장 이재원 중령) 중 한 사람이었다. 그는 "협상이 잘 이루어져 우리들이 철수했으면 좋겠다"는 심경을 털어놓기도 했다.

190 당시 광주시는 지금처럼 도 기구와 동격인 광역시로 승격되기 전이라 다른 시장·군수와 같은 도지사 휘하의 시·군 행정단위기관이었다. 시민들은 지방장관인 도지사의 직접적인 답변이 필요했던 것이지 한 단계 아래인 광주시장의 답변은 필요 없다는 이유로 거부했다.

191 장형태 도지사가 시민들 앞에 왜 나타나지 않았는지는 지금도 의문으로 남아있다. 당시 무조건 굴종을 강요하는 계엄당국측과 일방적으로 당하기만 했던 시민측의 명예회복과 당국의 사과요구가 서로 팽팽했기 때문에 협상의 성사나 원만한 수습이 가능했을지는 의문이지만 시민들은 공수부대와 시민 간에 이루어질 마지막 타협의 자리를 마련할 수 있는 사람으로 도지사를 기대했던 것인데 끝내 그럴 기회를 갖지 못한 아쉬움이 있었다.

192 실탄이 지급되는 상황을 도청 3층 도지사실 복도에서 내려다보고 있던 저자는 장형태 도지사에게 "지금 실탄이 지급되는 것으로 보아 아마 공식적인 발포가 있을 모양입니다. 큰일 났습니다"고 귀띔하면서 앞으로의 사태추이를 우려했더니 그는 "글쎄 걱정입니다. 발포만은 없어야 할 텐데……"라고 말한 후 안으로 들어가 계엄분소장에게 전화로 "발포만은 삼가해 달라"고 호소했다.

소속은 11여단 61대대였다.[193] 실탄은 이미 전 날인 20일 밤에 지급된 바 있으나 공개적으로 지급된 것은 처음이었다. 뒤쪽에서 실탄을 받은 3개 소대 가량의 병력이 맨 앞쪽 병력과 교대하기 위해 앞으로 나오고 있었다. 이날 현장에 있던 어느 공수부대 사병은 당시의 실탄분배 상황을 이렇게 쓰고 있다.

저희가 위치했던 선두를 후미와 바꾸고 대신 저희 뒤의 부대원이 와서 위치를 바꾸어 도청 분수대 옆으로 가니 지휘관이 실탄을 분배하기 시작했습니다. 장교나 하사관들에게만 10발씩 분배했습니다. 많은 실탄은 없었습니다. 최소한의 비상용 실탄만 휴대하고 다니기 때문입니다. 지급 받은 실탄을 탄창에 삽입하고 언제라도 사격할 수 있도록 총에 결합하지 않고 바지 옆 주머니에 넣었습니다.[194]

공수부대원들에게 실탄이 지급된 사실을 아는지 모르는지 시위민중들은 대치하고 있는 공수부대 대열 쪽으로 한 발자국씩 다가와 부딪힐 만큼 가까운 거리가 되었다. 일부 시위대는 버스와 트럭, 장갑차를 타고 시내와 변두리를 돌며 시민들을 금남로 쪽으로 실어 나르는가 하면 10시 45분쯤에는 100여 명이 화순군 화순읍과 나주군 남평면까지 버스를 타고 다니며 시위한 후 그 중 일부는 목포 방향으로 갔다. 목포로 간 시위대는 목포 입구에서 군·경의 에스

---

193 이때 지급된 실탄은 1인당 10발씩 총 1,680발이며 제31사단으로부터 공급을 받았다고 당시 61대장 안부웅 중령은 국회 광주청문회에서 답변했다(국회 『광주청문회 회의록』 제26호, 1989년 1월 27일, 97쪽, 안부웅 증언). 그러나 제31사단장 정웅은 "바로 그 때 31사단 병력은 도청광장에 없었기 때문에 31사단이 공수부대에 실탄을 지급했다는 증언은 사실과 다르다"고 역시 국회 청문회에서 증언했다(국회 『광주청문회 회의록』 제21호, 1988년 12월 21일, 104쪽, 정웅 증언). 그러나 실탄을 31사단이 지급했는지의 여부는 알 수 없으나 소수였지만 31사단 병력이 있었던 것은 분명하다. 또한 공수부대원들에게 실탄이 지급된 것은 이것이 처음이 아니라 이미 전날인 20일 밤 일부 중대장들에게 지급됐음이 밝혀졌다(재향군인회, 앞의 책, 278, 291쪽).

194 윤재걸, 「어느 공수부대원의 수기」, 『작전명령-화려한 휴가』, 실천문학사, 1987.

코트를 받으며 시내로 들어가 시위를 벌인 후 이날 밤 대규모 집회를 가졌다.

이날 오전 광주시 일원에는 "4·19 의거를 계승하라"는 제하의 전남 민주학생총연맹 명의로 된 전단이 뿌려진 가운데 조선대생은 계림동쪽, 서강실업전문대생과 간호대생은 문화방송쪽, 고등학생들은 산수동 오거리에 모여 시민들에게 도청 앞으로 집결하도록 호소하고 있었다. 금남로는 시위민중들로 가득 메워져 발 디딜 틈도 없을 만큼 초만원을 이루었다. 민중들은 도청쪽으로 한 걸음씩 옮겨가고 있었다. 광주관광호텔 앞의 시위민중과 공수부대 저지선과의 간격은 20미터도 안 될 정도였다.[195]

오전 10시 45분쯤, 시위대 앞에 나오지 못한 장형태 도지사는 도청 옥상에서 경찰 헬기를 타고 "여러분의 요구는 모두 관철시키겠습니다. 12시까지 계엄군을 철수시키겠습니다. 모두 해산하여 주십시오, 연행자는 모두 석방할 테니 여러분은 해산하십시오. 저는 도지사입니다"라는 선무방송을 하면서 금남로를 가득 메운 시위대열 위를 맴돌고 있었다. 시내는 온통 헬기에서 나오는 스피커 소리로 덮여 있는 듯했다. 이때 전남대 학생이라고 밝힌 청년들이 시위대 뒤쪽인 금남로 4가에 있는 중앙교회 스피커를 통해 상호 상반되는 두 가지의 주장을 제기하고 나섰다.

"어떠한 폭력도 방화도 막아야 되겠습니다. 광주시민의 긍지를 살립시다"며 시민들에게 질서유지와 재산피해를 막는데 앞장서 줄 것을 호소했다. "우리는 성스런 싸움을 하고 있는 것입니다"며 자제를 당부하기도 했다. 또 다른 학생은 "우리는 물러날 수 없습니다. 시민 여러분, 해산해서는 안 됩니다. 우리는 끝까지 싸워야 합니다"며 시민들의 참여를 호소했다.

---

195 김영택, 앞의 책, 106~107쪽 ; 황종건·김녕만 사진집, 『광주, 그날』, 사진예술사, 1994, 15쪽.

두 학생의 주장은 극히 대조적이었다. 전자는 질서유지와 화해를 호소하고 후자는 투쟁과 단합을 강조하고 있다. 그만큼 당시의 상황은 일관된 주장이나 조직성 없이 혼란스런 상황에서 공수부대와 맞서고 있었던 것이다. 그러나 시민들은 무작정 투쟁만 할 것이 아니라 협상이나 수습의 길을 모색하자는 의견을 수렴하여 도지사와의 협상을 진행했던 것이다.

관광호텔 앞에서 계엄군과 대치하고 있던 민중들은 조금씩 앞으로 전진했다. 계엄군이 뒷걸음으로 약간씩 물러서는데도 간격은 자꾸 좁혀져 5미터까지 다가와 얼굴이 맞닿을 정도였다.

11시 45분, 시위대원 몇 사람이 전남일보사 건물(현 전일빌딩) 뒤쪽에서 불을 지르러 올라가고 있었다. 그러나 경찰이 즉시 최루탄을 발사해 방화기도는 일단 좌절됐다. 그때 100여 명은 대의동 남도예술회관 앞까지 진출해 있었다. 12시 55분이었다. 학생과 청년들이 다시 "전일빌딩에 불을 질러버릴 테니 길을 좀 비켜 달라"고 공수부대 장교에게 다가가 요구했다. 안 된다고 버티던 그 장교도 어쩔 수 없었는지 지금까지 그렇게도 완강하게 차단하고 있던 길을 옆으로 비켜주었다. 시위대원들은 전남일보사 안으로 들어가기 위해 셔터를 부수기 시작했다. 언론에 대한 불신과 횡포에 대한 원한이 쌓여 공공연한 방화로 이어지려는 순간이었다. 시민은 물론 계엄군과 경찰, 도청직원들까지도 빤히 쳐다보고 있었다. 이제 전일빌딩 10층 건물은 불에 탈 위기에 처했다. 공수부대도 어쩔 수 없이 불을 지르라는 듯 길을 비켜 준 상황에 더 말해 무엇하겠는가? 사태는 긴박해지고 있었다. 셔터가 거의 부서져 가고 학생들은 방화준비가 다 되었는지 "질러라, 질러"하고 소리치는 목소리가 들려왔다. 이때 1층에 있던 외환은행 광주지점의 젊은 직원들이 뛰쳐나왔다. 그들은 '광주사태' 기간 동안 문은 열지 않고 있었지만 혹시 무장괴한의 습격이라도 당해 현금을 강탈당할 것에 대비해 날마다 출근하여 경비를 서고 있었다.

이 건물이 불타면 건물주보다 입주자들의 피해가 더 큽니다. 건물이야 화재보험에 들었으니 자기 돈 한 푼 내지 않고 다시 지을 수 있으나 은행의 서류와 돈이 불타면 우리는 어떻게 되겠습니까? 제발 우리들을 보아 참아 주십시오. 그리고 다른 입주자도 마찬가집니다.[196]

30대의 행원들이 20대의 학생과 청년들에게 손을 비비며 호소했다. 그러자 학생들은 "신문사는 밉지만 그 안에 들어 있는 당신들을 봐서 포기한다"며 물러섰다. 실로 아슬아슬한 순간이었다. 물론 건물이 그대로 불타는 것이 끝내 방치되지는 않겠지만 당시 상황으로서는 그만큼 절박한 상태였다. 그 후 학생들은 원래의 대열로 돌아갔고 곧 버스와 장갑차로 밀어붙여 대치 대열은 무너지게 된다.

이에 앞서 전날 밤 방화하려다 실패한 광주세무서 본관이 타올랐고 그 옆 광주공업고등학교 앞길에서는 버스가 화염에 싸여 있었다. 여전히 공중에서는 "광주를 살립시다. 연행자는 모두 석방하겠습니다."라는 내용의 방송이 경찰과 군 헬기 스피커에서 흘러나오고, 학생들은 시민의 자제를 호소하는 소리와 끝까지 투쟁하자는 의지를 담은 대응방송을 쏟아내고 있었다. 마치 스피커와 스피커의 대결처럼 보이는 장면이었다. 그때 시위군중들의 대치선 앞에는 타이어를 태우는 새까만 연기가 하늘로 솟아오르고 있었다. 공수부대의 전진을 막기 위한 것이었다.

---

196 김영택, 앞의 책, 107쪽.

애국가와 발포, 무장투쟁

21일 오후 2시 35분 전두환 보안사령관·정호용 특전사령관·이희성 계엄사령관·황영시 육군참모차장·주영복 국방부장관등은 '광주사태'가 극에 달했다는 보고를 현지로부터 받고 '광주에서 전두환의 퇴진과 민주화를 요구하며 저항하는 시위대를 폭도'로 규정,[197] 자위권발동 및 공수부대의 시 외곽 이동을 결정했다. 이에 따라 오후 4시 35분쯤 이희성 계엄사령관은 3군 참모총장·유병현 합참의장·백석주 한미연합사 부사령관·진종채 제2군 사령관·정도영 보안사령부 보안처장 등 관계지휘관과 참모들을 소집해 앞서 전두환 및 정호용 사령관이 이미 내정한 '자위권 발동과 공수부대 철수' 등 구체적인 실행방안을 결정했다.

(1) 계엄군을 광주시내로부터 외곽으로 전환배치

(2) 자위권 발동

(3) 1개 공수여단 추가투입

(4) 전투력 공백보전책으로 2개 훈련단 훈련동원 소집

(5) 폭도 소탕작전은 5월 23일 이후 의명 실시

(6) 대북괴 경계강화 재조치(5월 21일 16 : 00 전국 일원에 진도개 '둘'을 발령함과 아울러 방어준비 태세를 변경, 주둔지 자체 경계와 대 태업대책 등을 강화하도록 조치함)[198]

---

197 「육군폭도진압 교리」는 '暴徒'의 개념을 다음과 같이 규정하고 있다. 「'暴徒'란 일반적으로 폭력을 행사하여 소동을 일으켜서 사회의 안녕질서를 어지럽히는 무리를 말한다. 또한 폭도는 책임감과 준법정신을 상실한 무질서한 군중을 말하기도 한다. 이들 폭도들은 통상 지도자의 지도 하에 명확한 목적을 갖는다. 폭도들을 본연의 자세로 신속히 돌려 理性을 찾게 하기 위해서는 진압군의 실력행사 이외는 방법이 없다. 폭도들은 최초에 실패하면 意氣沮喪(銷沈 또는 의기를 잃음)되어 곧 분산되고 再起가 불가능하지만 최초에 성공하면 의기충천하여 보다 극렬해진다」(재향군인회, 앞의 책, 285쪽 재인용).

위 6개 항은 전날까지 신군부 스스로 자행한 '살육작전'의 수습을 정권장악, 즉 혁명위(국보위) 설치 명분으로 내세우기 위해 '광주사태'의 국면을 본격적으로 전환시키는 제6단계 쿠데타로 가기 위한 수순이었다. 다시 말하면 '살육작전'으로 생성된 '폭도'들을 소탕한 다음 혁명위원회, 즉 국가보위비상대책위원회를 설립할 명분 쌓기 전 단계 조치였다.

이 시각 이후 전개되는 '자위권 발동'과 '공수부대 전환배치(철수), 27일의 '폭도소탕작전' 등은 이날 결정된 내용에 모두 포함돼 있었다. 이희성 계엄사령관은 21일 오후 7시 30분 육군본부 기밀실에서 생방송을 통해 보안사령부로부터 황영시 참모차장을 통해 전해온 원고내용 중 '자위권 발동'을 '자위권 보유'로 수정한 '광주사태'에 대한 대 국민담화문 겸 경고문을 발표했다.[199] 이에 따라 전투병과교육사령관은 밤 8시 30분 예하 각 부대에 자위권 행사를 하달했으며 제20사단에는 밤 9시에 하달했다.[200]

자위권 발동이 아직 공식적으로 결정되지 않은 21일 오전 공수부대는 자위권 발동준비, 즉 발포와 철수를 서두르고 있었다. 공수부대가 장악하고 있던 도청광장에는 경찰 헬기가 수시로 이착륙하고 있었는데 맨 처음 착륙한 헬기는 부상당한 경찰관 1명과 민간인 2명 등 3명을 태우고 이륙했다. 헬기가 착륙할 때는 주로 보급품이 내려졌고 이륙할 때는 부상자와 서류상자가 실려 나갔다. 이때 중요한 서류를 도청 밖으로 반출했던 것은 자위권 발동과 공수부대 전환배치에 대한 사전조치였다. 이때는 공개적인 발포 이전이고 또한 시위대의 총기무장도 이루어지기 훨씬 전의 일이다.

198 육군본부, 「소요진압과 그 교훈-국내외 민란 폭동의 사적고찰, 광주사태의 종합분석」, 1981. 5. 22, 61~62쪽(김영진, 앞의 책, 227~228쪽에서 재인용).
199 전문은 김영택, 앞의 책, 102~103쪽.
200 재향군인회, 앞의 책, 285쪽.

오전 11시 50분쯤 아시아자동차에서 탈취한 군용트럭에 탄 시위대원들이 충장로 쪽에서 도청광장으로 진출하려다 군과 경찰의 공동저지로 물러났다.[201] 노동청 쪽에서도 수만 명의 시민들이 몰려들자 경찰병력은 이를 막아내느라 총력을 기울이고 있었다. 군·경은 도청·교도소·광주역·전남대와 조선대만 지키고 있을 뿐 파출소까지 방치한 상태여서 일부 시민들은 파출소에 방화하기도 했다. 시내 곳곳에는 "전남인은 궐기하라"는 대자보가 붙어 있는가 하면 골목골목에서 "왜 어린 학생들로 하여금 약탈하거나 파괴하도록 놔두는가, 제발 자제해 달라"고 호소하고 다니는 대학생들의 모습도 보였다.

온 시가가 항거와 투쟁의 열기로 가득 차 있었다. 연도에 있는 시민들은 박수를 보내는가하면 빵과 음료수를 들고 길 복판으로 튀어나와 건네주기도 했다. 시민들의 왕래가 잦은 시내 어디를 가도 아낙네들은 시위군중에게 한 함지씩의 주먹밥과 빵과 음료수를 쥐어 주었다.[202] 그러나 어떤 시위대원은 상점에 들어가 아무 것이나 마구 집어 먹는 모습을 보이기도 했다. 시민들은 "계엄 해제하라, 전두환 물러가라"는 구호가 적힌 플래카드를 달고 있는 트럭을 비롯한 각종 차량들을 몰고 도청 앞 시위대열 쪽으로 다시 모여들고 있었다. 택시·버스·소방차·군용트럭·장갑차·쓰레기차 등 거의 100여 대나 되었다.

그동안 공수부대의 주력은 도청광장 안쪽으로 물러나 있어 시위대와는 상당한 거리를 두고 떨어져 있었고 소수병력만이 도청광장 앞에서 시위대의 전진을 가로막고 있었다. 어수선하면서도 긴장감이 감돌아 일촉즉발의 분위기

---

201 시위대원 50여 명은 21일 아침 8시 쯤 광주공업단지 입구에서 고속도로를 타고 밤새 달려온 육군 제20사단 지프차 14대를 탈취해 아시아자동차회사로 몰려가 56대의 군용트럭을 탈취했고 나중에는 장갑차·트럭·버스·가스차·지프차 등 260여 대의 각종 차량을 끌고 나와 항쟁기간 중 시위·연락·항쟁용으로 사용했다는 사실은 앞에서 언급한 바 있다(김영택, 앞의 책, 97쪽).
202 황석영, 앞의 책, 109쪽.

였다. 이런 분위기를 먼저 깬 것은 시위대쪽이었다.

12시 58분, 일부 시위대원들이 광성 관광버스 2대를 몰고 시위대열 옆을 제치고 들어가 쏜살같이 공수부대가 장악하고 있는 도청광장 한가운데로 진입해 분수대를 돌고 있었다. 그 순간 공수부대 측은 즉각 사격을 가했다. 순식간의 발포였다. 버스 1대는 다시 시위대열 쪽으로 되돌아 왔지만 다른 1대는 분수대 옆에서 멈춰서고 말았다. 운전기사가 총에 맞아 그 자리에서 숨진 것이다.[203]

갑작스럽게 진입한 버스를 향해 즉각적인 사격을 왜 가하게 됐는지, 또 어떻게 잽싸게 '발포명령'이 내려졌는지는 알려지지 않고 있다. 그러나 이때는 오후의 공식결정이 있기 전이었지만 자위권 발동을 해도 된다는 지침이 사전에 시달된 뒤인데다 이미 실탄도 지급된 상태였기 때문에 발포가 가능했던 것으로 보인다. 이때의 상황에 대해 현장 지휘관이었던 제11여단 제61대대장 안부웅은 이렇게 증언했다.

…… 버스가 갑자기 나타나니까 먼저 실탄을 받은 장교가 버스를 저지시키기 위해 사격을 하게 된 것입니다. 그러니까 그 주위에 있던 10여 명의 장교들이 우르르 발포했던 것이지요. 지금 말씀하시는 집단발포라는 것이 바로 이런 상황입니다. 이것은 차량에 대한 사격이었습니다. 나나 또는 내 부하가 죽어서는 안 되겠다 하는 그런 의도에서 본능적으로 사격을 한 것입니다. 만일 이 버스를 저지하지 못했으면 그 좁은 공간에 있는 1,000여 명의 병사들을 깔아뭉갰을 것이고 수십 명이 죽었을 것입니다.[204]

본능적으로 살아남기 위한 자위권 발동차원에서 발포했다는 주장이다. 이

---

203 김영택, 앞의 책, 109쪽.
204 국회 『광주청문회 회의록』 제26호, 1989년 1월 27일, 97쪽, 안부웅 증언.

주장은 어느 정도 일리가 있다. 그러나 그때는 그날 오후 2시 35분과 4시 35분 군 수뇌부와 계엄사령부가 공식적으로 자위권 발동을 결정하기 이전이다. 그때 버스가 너무 갑작스럽게 진입했기 때문에 본능적인 방어수단으로 발포했을 수도 있다.[205] 동시에 다른 쪽에서 총소리가 들려 왔다. 그 총성은 그렇게 많지 않았다. 그러나 이 총성을 두고 공수부대 측과 항쟁주체 간에 서로 상대방의 발포라고 주장하는 논란이 있었다.[206]

눈 깜짝할 사이에 벌어진 상황에서 또 다시 숨 돌릴 틈도 없는 12시 59분, 아시아자동차회사에서 끌고 나온 앞이 뾰쪽한 해병대용 장갑차 1대가 전속력으로 질주해 들어왔다. 광성 관광버스 진입 때 물러났다가 다시 수협 전남지부 앞쪽으로 나와 대열을 짓고 있던 공수부대원들의 대열이 순식간에 흐트러져 황급히 피했지만 미처 물러나지 못한 2명의 사병이 이 장갑차에 치었다. 권상운 상병은 즉사

---

205 국회 『광주청문회 회의록』 제26호, 1989년 1월 27일, 98쪽, 안부웅 증언.

206 이 총소리에 대해 항쟁주체측은 이미 다른 곳에 배치된 공수부대원들의 발포라고 주장하는 반면 공수부대 측은 이미 무장한 시민군의 대응발포라고 주장하고 있다. 그러나 당시 항쟁에 가담했던 민중들은 물론 주상섭 전남경찰국 통신과장도 그때까지 시위대원들의 무기탈취나 무장은 전연 없었기 때문에 시위대원의 대응발포는 터무니없다고 말하고 있다. 항쟁주체로서 시민학생투쟁위원회 부위원장을 맡았던 鄭祥容은 "이 총소리는 또 다른 쪽의 공수부대가 쏜 총소리였다"고 국회 청문회에서 증언했다(국회 『광주청문회 회의록』 제26호, 1989년 1월 27일, 13쪽, 정상용 증언). 이 같은 항쟁주체 측의 주장에 대해 현장지휘관이었던 최웅 제11여단장은 시위대원의 대응발포라고 주장했다. 최웅 여단장은 "옥상으로부터 무장한 시민들이 사격한 것은 틀림없습니다. 시위대는 그 전날 밤(20일 밤) 각 관공서를 습격하고 예비군 무기를 탈취한……, 결국 시민이 무장했다는 이야기가 되겠습니다"라고 증언했다(국회 『광주청문회 회의록』 제20호, 1988년 12월 20일, 77쪽, 최웅 증언). 또한 평화민주당 崔鳳九 의원은 "5월 21일 13시 30분 현재 시위군중들이 총을 쏘았다는 기록이 제7여단 전투상보에 나와 있다"고 확인했다(국회 『광주청문회 회의록』, 1989년 1월 27일, 88쪽, 최봉구 질의). 그러나 제2군사령부나 계엄사령부 상황일지는 21일 15시 50분 이후에야 시위대의 무기 탈취사건이 있었다고 기록하고 있다(계엄사령부 상황일지, 1980년 5월 21일자)는 사실에서 시위대의 발포는 없었음이 분명하다.

하고 다른 1명은 중상을 입었다.[207]

2대의 버스기습으로 급히 뒤로 물러났던 공수부대 대열은 분수대 앞 수협 전남지부 부근까지 전진했다가 이번에는 장갑차의 기습을 받게 된 것이다. 물론 이 장갑차도 집중사격을 받았으나 아무 손상 없이 학동 쪽으로 유유히 빠져나갔다. 그러자 2명의 민중이 뛰어나가 땅바닥에 버려진 계엄군의 M16 소총 2자루를 수거했다가 1자루는 망가졌는지 버리고 1자루만 가져갔다.[208] 1,000여 명의 계엄군(공수부대원과 제31사단 병력)은 난데없는 버스와 장갑차의 기습을 받아 뒤로 물러났지만 전열을 가다듬고 앞으로 전진해 광장을 다시 장악했다.[209]

1시 정각이었다. 도청 옥상 네 방향으로 설치되어 있는 스피커를 통해 애국가가 가사 없이 장중하게 울려 퍼졌다. 그 순간 수백 발의 총성이 일제히 울렸다. 애국가에 맞춘 것인지는 알 수 없지만 애국가가 흘러나옴과 동시에 요란한 총성이 일제히 울린 것은 분명하다. 가사 없는 애국가곡이 '광주사태'를 새로운 국면으로 전환시키는 공식적인 발포명령이었다는 근거는 이 때문이다.[210] 그동안 산발적으로 몇 발씩의 총성은 있었지만 이렇게 많은 총소리가

----

207 김영택, 앞의 책, 109~110쪽 ; 일부 기록은 이때 사망한 사병이름이 권용운으로 돼 있다. 또 이 사병은 시위대의 장갑차에 치어 숨진 것이 아니라 공수부대 자신들의 장갑차에 치었다는 주장이 제기되어 있다(정상용·유시민 외, 앞의 책, 218쪽). 저자가 목격한 바로는 시위대가 몰고 들어온 장갑차에 깔린 것이 분명했다.

208 공수부대 측은 시위대원에 의해 자기 부대원들의 무기인 M16소총이 수거되는 광경을 왜 방치했는지 이해할 수 없다. 그렇지 않다면 발포할 경우 시위대 장갑차에 치어 넘어져 있는 2명의 전우가 위험할 지도 모른다는 우려 때문이었는지 알 길이 없다.

209 김영택, 앞의 책, 109~110쪽 ; 재향군인회, 앞의 책, 291쪽.

210 여기서 주목해야할 점은 자위권 발동 등 앞의 6개 항을 결정한 시간은 5월 21일 오후 2시 35분 및 오후 4시 35분이라는 점이다. 그러니까 계엄사령부의 공식결정 이전에 이미 '자위권 발동'을 해도 좋다는 명령이 하달됨에 따라 발포하게 되는데 누가 지시했느냐가

한꺼번에 울린 것은 처음이었다. 하필이면 국민을 사살하라는 발포명령이 신성한 애국가였는 지는 아직도 의문으로 남아 있다.[211] 그러나 만약 신군부가 다단계 쿠데타를 진행하는 과정에서 발포명령의 신호로 애국가를 선택했다면 그들의 국가관이나 도덕성을 의심케 하는 부분으로 중요한 의미를 갖는다. 그

의문이다. 이는 최웅 제11공수여단장으로부터 5월 20일 밤 계엄군의 (광주역)발포로 시위가 격화된 상황을 보고받은 정호용 특전사령관이 전두환 보안사령관 및 노태우 수도경비사령관 등 이른바 신군부 핵심 3인이 협의하여 다시 최웅 제11공수여단장에게 자위권 발동을 허용하였고 이에 따라 21일 오후 1시 정각, 도청 앞에서 시위민중들에게 발포하여 많은 사상자를 내게 한 점이다. 이는 당시 '광주사태'의 실질적 지휘계통이 공식지휘계통인 계엄사령관 → 제2군사령관 → 전투병과교육사령관 → 제31사단장 → 각 공수여단장 라인이 아닌 전두환 보안사령관 → 정호용 특전사령관 → 각 공수여단장 라인에 의해 실제로 운용됐음을 의미하며 이는 광주사태가 왜 발생했느냐의 핵심을 규명하는데 대한 커다란 시사점이기도 하다(재향군인회, 앞의 책, 272쪽).

211 김영택, 앞의 책, 110쪽 ; 이 애국가가 발포명령이었다는 공식적인 확인은 아직까지 어디서도 나타나지 않고 있다. 그러나 저자가 이때 울려 퍼진 애국가가 발포명령이라고 보는 이유는 애국가가 울리자마자 동시에 발사된 수많은 총탄이 공중으로 향한 공포발사였다는 점에 두고 있다. 이는 처음에 경고성 공포발사를 한 후부터 정조준해서 사격을 가했던 것으로 판단되기 때문이다. 광주광역시 5·18 사료편찬위원회가 편찬·발행한 『5·18 광주민중항쟁』(1998, 119쪽)은 이 애국가를 발포명령으로 단정하고 있고 정상용·유시민 등 9명이 서술한 『광주민중항쟁』도 오후 1시 정각 울려 퍼진 애국가 리듬을 발포명령으로 보고 있다(같은 책, 219쪽). 황종건·신복진·김녕만·나경택 사진집, 『오월, 우리는 보았다』(5·18기념재단, 2004)의 일지(171쪽)에는 '13 : 00, 도청 스피커에서 애국가가 울려 퍼지면서 공수부대 사격 시작'이라고 서술하고 있다. 당시 동아일보 사회부 김충근 기자도 애국가가 발포명령이었다고 회고했다. 다만 애국가가 울린 시간을 오후 2시로 기억하고 있는 점이 다르다(김충근 글, 「금남로 아리랑」 ; 한국기자협회, 『5·18특파원 리포트』, 풀빛, 1997, 223쪽). 대한민국재향군인회, 『12·12, 5·18 실록』은 오후 1시 발포사실만 기록하고 있으며(292쪽) 『월간 조선』 또한 애국가에 대한 언급 없이 오후 1시 발포명령이 내려져 발포한 것으로 기록하고 있다(같은 책, 407쪽, 미공개 자료 조선일보 취재일지). 또 『윤상원 평전』도 애국가는 언급하지 않은 채 공식적인 발포시간이 오후 1시 정각이라는 사실만을 명시하고 있다(전남사회문제연구소 편, 박호재·임낙평 정리, 『윤상원 평전 – 들불의 초상』, 풀빛, 1991, 259쪽). 당시 계엄사령관 李熺性도 오후 1시의 발포사실만 확인하고 있을 뿐 발포명령 신호가 애국가였다는 사실은 밝히지 않고 있다(『월간 조선』 1999년 1월호 별책부록, 「銃口와 權力」, 137쪽).

것은 애국가의 신성함을 모독하는 것이고 국민에 대한 도덕성까지 뭉개버린 파렴치한 행태이기 때문이다.

이때의 발포는 사전 경고성인 듯 모두가 공중을 향해 발사됐다.[212] 그러나 이 총성은 진압봉·개머리판·군홧발·대검을 이용한 물리적 폭력에 의한 '살육'을 현대적 무기인 총탄을 동원한 '살육'으로 전환했음을 의미하는 신호였다. 이에 대응하는 민중의 항쟁의식도 크게 전환돼 '광주민중항쟁'을 또 다른 국면으로 접어들게 하는 신호탄이기도 했다. 뿐만 아니라 전날부터 시민들이나 시위민중 사이에 싹텄던 대화와 타협에 의한 평화적 수습의 한 가닥 실마리마저 송두리째 뭉개버리는 순간이었다.

발포가 시작되자 시위민중은 다소 동요의 빛을 보이는 듯 했으나 오후 1시 10분쯤 1,000여 명의 민중들이 한국은행 광주지점과 금남로 3가 양쪽 보도에 모여들었다. 공수부대는 장갑차 1대씩을 금남로와 노동청쪽으로 돌려놓고 사격 자세를 취해놓고 10여 명의 사격수들은 금남로 쪽 큰길을 향해 앉아 쏴 자세를 취하고 있었다. 금남로 길은 차량은 커녕 사람 그림자 하나 없는 횅한 거리로 변했다. 이때 한국은행 광주지점과 금남로 3가 지하상가 공사장 위의 큰길 양쪽 인도(人道)에 모여 있던 젊은이들이 대형 태극기를 흔들며 구호를 외쳐댔다. "계엄령 해제하라", "전두환 물러가라", "김대중 석방하라", "최 돼지 물러가라", "끝까지 광주를 사수하자", "연행자를 석방하라" 등 그동안 외

---

212 오후 1시 정각의 발포명령이 사전에 정해졌던 것인지, 아니면 관광버스와 장갑차의 기습에 따른 대응발사 후 발포명령을 내렸는지는 알 수 없다. 그러나 후자의 경우 관광버스와 장갑차의 기습시간과 발포명령 시간과는 1, 2분차 밖에 없어 이미 1시를 기해 애국가를 신호로 하는 발포명령이 떨어져 있는 상태에서 버스와 장갑차의 기습이 우연의 일치를 이루었다고 보는 것이 옳을 것 같다. 아니면 발포명령을 미리 내정해 놓고 어떤 상황전개 후 즉각 신호를 보내면 애국가를 울리도록 사전에 조치했던 것이 우연의 일치로 1시 정각이었을 가능성도 배제할 수 없다.

쳐온 구호를 모두 쏟아놓고, 젊은이들은 차분하게 애국가를 부르기 시작했다. 많은 시민들은 물론 이들과 대치하여 사격자세를 취하고 있던 계엄군도 이 애국가를 듣고 있었다. 어떤 행사의 전주곡인 듯 노래 소리는 조금도 흐트러짐 없이 장중하게 울려 퍼졌다. 최후의 결전을 앞두고 마지막으로 불러보는 애국가였다. 잠시 숙연한 분위기가 감돌았다. 한참동안 침묵이 흘렀다. 일부 사람이 다시 구호를 외치고 있는 가운데 5, 6명의 젊은이들이 큰 길 복판으로 뛰쳐나갔다. 그 중 한 명은 대형 태극기를 들고 있었다. 도청광장으로부터 300여 미터 떨어진 금남로 한 복판에서 이들은 태극기를 흔들며 "전두환 물러가라" "계엄령 해제하라"는 구호를 외치고 있었다. 많은 시민들이 이 광경을 지켜보고 있었다. 그때였다. 갑자기 요란한 총성이 잇따라 울렸다. 태극기를 흔들며 구호를 외쳐대던 5, 6명이 그대로 쓰러졌다. 머리, 가슴과 다리에서 붉은 피가 쏟아졌다. '앉아 쏴' 자세를 취하고 있던 공수부대 저격수와 미리 주변 옥상에 배치되어 있던 사격수들이 정조준하여 집중 사격한 것이다. 시위민중을 향해 공개적으로 가해진 정조준 발사였다. 땅에 떨어진 태극기에도 피가 홍건하게 젖어들었다. 아스팔트길은 시체와 태극기가 피로 엉켜 있었다. 몇 명이 쏜살같이 뛰어나와 시체와 부상자들을 들어냈다. 더욱 놀라운 일이 벌어졌다. 또 다른 5, 6명이 역시 태극기를 들고 나와 흔들면서 구호를 다시 외치기 시작했다. 또 다시 사격이 가해졌다. 그들도 맥없이 쓰러졌다. 사격수들의 솜씨는 한 치의 오차도 없었다. 정확하게 5, 6명을 맞추어 쓰러뜨리고 있었다. 그러면 또 다시 들어내고 다시 태극기를 흔들며 구호를 외치면 총알은 여지없이 날아 와 쓰러뜨렸다. 이렇게 하기를 대 여섯 번, 정말로 어처구니없는 광경이 반복되고 있었다.[213]

---

[213] 김영택, 앞의 책, 111~112쪽 ; 정상용·유시민, 앞의 책, 219쪽.

시위하는 군중은 무기를 들고 대항하고 있는 것도, 욕설을 퍼붓는 것도 아니었다. 평화적인 시위를 하고 있었다. 그런데 거기에다 정조준해서 총탄을 퍼붓고 있는 것이다. 분노가 치밀었다. 누가 시킨 것도 아니다. 그렇다고 나가지 말라고 만류하지도 않았다. 그저 태극기를 들고 나가 흔들며 구호를 외친 것뿐인데 순식간에 시체와 부상자로 변해버렸다. 그 시체를 보면서 자신도 그렇게 당할 것을 뻔히 알면서 뛰쳐나가는 젊은이들.[214] 이 비극의 시위는 주위에서 만류하는 듯한 웅성거림이 있고 나서야 중단됐다. 무기를 동원하여 자행하는 신군부의 폭력은 이렇게 평화적 시위에도 가차 없이 가해졌다.

이러한 공개적인 발포를 두고 당시 제31사단장 정웅은 제13대 국회의원으로 당선된 후, 1988년 7월 5일 열린 국회 본회의에서 대정부 질문을 통해 "발포 명령은 당시 윤흥정 전남북계엄분소장과 작전에 참여 중이던 정호용 특전사령관이 결정한 것으로 알고 있다"고 주장했다. 이에 대해 이날 국회에 나온 오자복 국방부장관은 '자위권 발동'이었다고 답변했다. 이 같은 상황을 두고 안부웅 제61대대장은 "조준사격 하지 않았다"고 주장하면서 부대가 위험에 직면하자 본능적으로 발포, 자위권을 행사했다고 증언함으로써 계엄사의 자위권 발동 주장을 뒷받침했다.[215]

그러나 이 증언은 터무니없는 거짓말이다. 공격태세를 전연 갖추지 않은 평

---

214 김영택, 앞의 책, 112쪽 ; 전남대생 김광석(21세)은 점심을 먹고 친구와 함께 금남로로 나왔다. 시내에서 시위를 하고 있던 친구들과 선후배들이 궁금했던 것이다. 도청 앞에 도착하자마자 공수부대의 총구에서 불을 뿜기 시작했고 함께 갔던 친구가 총탄에 맞아 힘없이 쓰러졌다. 김광석은 친구를 병원으로 옮기기 위해 얼른 일으켜 세우려 했다. 뒤이어 날아온 총탄이 김광석의 가슴에 박혔고 한쪽 팔을 관통해 친구 옆에 쓰러졌다. 시민들에 의해 병원으로 옮겨졌으나 끝내 숨졌다(5·18 광주민중항쟁 유족회, 『광주민중항쟁비망록』, 남풍, 1989, 192쪽).

215 국회『광주청문회 회의록』제26호, 1989년 1월 27일, 97쪽, 안부웅 증언.

화적 시위대원을 향해 사격 자세로 정조준 해 사격하는 광경이나 이곳저곳 건물 옥상에서 사격하는 광경을 시위민중은 물론 시위와 관계없는 수많은 시민들도 분명하게 목격한 사실을 두고 자위권 발동 운운하는 것은 정말 어처구니없는 말이다. 특히 자위권 발동에 대한 계엄사의 훈령은 자위권 발동 시 ① 3회 이상 정지를 명할 것, ② 가능한 한 위협발사를 하여 해산시킬 것, ③ 정황이 급박하더라도 생명에 지장이 없는 신체하부를 사격할 것이라고 정하고 있으나 이 훈령은 하나도 지켜지지 않았다.

저자는 국회 청문회에서 이때 5, 6회 반복된 시위와 발포로 인해 30여 명의 사상자가 발생했을 것이라고 증언했다. 이날 집단발포로 금남로를 비롯한 도청주변에서 몇 사람이 사망하고 부상했는지의 수치는 아직도 밝혀지지 않고 있으나 당국의 발표와 피해자 신고를 종합해 보면 최소한 54명이 숨지고 500여 명이 부상한 것으로 추정되고 있다.[216]

21일 1시 30분, 시위군중의 장갑차 1대가 쏜살같이 공수부대원들이 점거하고 있는 도청광장을 통과했다. 공수부대가 여기에다 대고 집중적으로 사격했음은 말할 것도 없다. 장갑차 위에서 머리에 흰 띠를 두르고 태극기를 흔들며 '광주만세'를 외치던 그 청년은 윗옷을 완전히 벗어버린 채였다. 공수부대가 쏜 총을 맞은 그의 머리가 푹 거꾸러졌다.[217] 또한 장갑차를 향해 일제히 가해진 총격으로 인해 충장로 입구 도심빌딩 5층에 있던 황호정(62)이 총탄을 맞고 숨졌다.[218] 엉뚱한 시민이 희생된 것이다. 이때 동구청 앞에서 학생 4명,

---

216 정상용·유시민, 앞의 책, 221쪽.

217 김영택, 앞의 책, 113쪽 ; 황석영, 앞의 책, 114쪽.

218 김영택, 앞의 책, 113쪽 ; 5·18 광주민중항쟁 유족회 편, 『광주민중항쟁 비망록』, 도서출판 남풍 1989, 287쪽 ; 황호정은 어린 조카들이 자꾸 창문을 열고 밖을 내다보려하자 이를 만류하고 창문을 닫으려는 순간 총탄세례를 받았다. 황호정의 총격사를 놓고 '군이 직접 사격한 것이다' '유탄이다'라는 주장이 엇갈려 있다.

처녀 1명, 노인 2명 등 7명이 총에 맞아 쓰러져 있다는 보고가 광주시청으로부터 도청에 들어왔다. 시체는 동구청 1층 바닥에 놓여있다는 것이었다. 그들은 1시 이후 발포명령과 함께 쏟아진 총알을 맞고 쓰러졌음이 분명했다. 이날 동구청 앞에서 희생된 7명 중에는 이성자(15)도 들어 있었다. 그녀는 동구청 앞에 서 있다가 가슴과 배에 총탄을 맞고 숨졌다. 바로 눈앞에서 사람이 죽어가는 끔찍한 상황이었다.

공수부대원들의 발포는 여기에서 끝나지 않았다. 무장헬기까지 동원, 무차별 발포했다는 것이다. 이날 오후 1시 30분쯤 무등산 쪽에서 상무대쪽으로 날아가던 무장헬기가 광주천 불로교(不老橋) 위에서 지나가는 시위대원들에게 무차별 사격을 가해 많은 사상자를 냈다.[219] 이날 오전 10시경부터 전남대 앞에는 4만여 명, 후문에는 1만여 명의 학생과 시민들이 몰려들어 제3여단 병력과 공방전을 벌였다. 여기 몰려든 시민·학생들은 시위의 목적보다는 18일 이후 연행된 사람들이 전남대학교 구내에 구금돼 있다는 소문을 듣고 가족들의 안위를 알아보고자 찾아왔거나 시민들의 구금을 항의하러 온 사람들이었다. 그들은 전남대 교정 안으로 들어가려고 시도했으나 그곳을 지키고 있던 제3공수여단의 완강한 저지에 부닥쳤다. 이 사실을 전해들은 학생·시민들은 오후 1시 30분쯤 수십 대의 차량들을 몰고 왔다. 또한 아시아자동차회사에서 탈

---

219 목격자 조철현 신부의 말을 들어보자. "12시 반부터 2시 사이로 기억됩니다. 내가 광주사태에 관해 시내 몇몇 사제들과 대책을 논의하고 남동성당 문을 나서는데 도청 쪽에서 광주공원 쪽으로 가던 헬기에서 마구잡이로 기총소사를 해요. 그때 광주천변 도로로 수십 명의 시위대원들이 구호를 외치며 지나가고 있었는데 거기에다 사격하는 모양이에요. 저로서는 몇 명이 희생됐는지는 모르지만 많은 사람이 다치고 죽었던 것은 분명해요." 조 신부는 MBC가 방영한 '어머니의 노래' 프로에 나와 증언한 이 대목 때문에 당시 광주에 파견돼 계엄군을 지원했던 육군 103항공대 이정부 대장으로부터 고발당하기도 했다. 육군 103항공대 소속 헬기는 발포한 적이 없다는 것이었다(진실을 말해도 안 믿는 세상-조비오, 『사제의 증언』, 빛고을출판사, 1994, 74~77쪽).

취한 시위진압용 가스차까지 동원해 공수부대를 압박했다. 그러자 공수부대 원들은 학생·시민들을 향해 일제히 총격을 가했다. 학생·시민들의 차량 운전기사들은 물론 집밖 골목길에서 남편을 기다리던 가정주부 최미애(25)[220] 등 보통사람들까지 사살되었다. 21일까지 공수부대가 발포한 사례를 보면 다음과 같다.

- 19일 16시 30분 ; 계림동, 제11여단 제63대대 소속 장갑차(장교 1명, 사병 9명 탑승)가 이동 중 시민들에 포위된 채 방화 위협을 받자 M16으로 발포, 김영찬 총상.
- 20일 20시 30분 ; 시위대가 불을 붙인 드럼통을 굴리며 돌진해오자 광주역을 수비 중이던 제3공수여단 제16대대가 발포.
- 20일 22시 30분 ; 광주역과 광주시청 앞에서 시위대와 대치하고 있던 제3공수여단 제11·12·15대대 병력이 M60 기관총·권총·M16소총으로 위협사격.
- 20일 23시 ; 도청 앞에서 10만여 명의 시위대와 대치중이던 제3공수여단 제11대대 병력이 M16소총으로 위협발사.
- 20일 24시 ; 광주역 앞에서 시위차량과 대치중이던 제3공수여단 제12·15대대 소속 장교들이 발포, 김재화·김만두·김재수·이북일 등 4명이 숨지고 최영철 등 20여 명이 부상.
- 21일 12시 ; 광주역 부근 신안동 굴다리에서 제3공수여단 제13대대 장교들이 시위대에 발포했고 같은 시간 광주역에서 제3공수여단 병력이 발포.
- 21일 12시 58분 ; 도청광장으로 기습 진입한 관광버스 2대에 제11공수여단 병력이 발포, 운전기사 1명 즉사.
- 21일 12시 59분 ; 도청광장으로 기습 진입해 오는 시위대 장갑차에 제11공수여단 병력이 발포.

---

[220] 최미애는 5월 21일 오후 1시 30분 전남대 앞 평화시장 입구에서 남편을 기다리다 공수부대원이 발사한 총탄을 머리에 맞고 그 자리에서 숨졌다. 임신 8개월인 그녀의 뱃속 아기와 함께였다(김영택, 앞의 책, 118~119쪽 ; 5·18 유족회 편, 앞의 책, 273쪽 ; 정상용·유시민, 앞의 책, 225쪽, 5월 21일 전남대 앞 사상자 사례).

- 21일 13시 정각 ; 도청광장에서 제7·제11공수여단 병력이 애국가에 맞춰 M60기관총과 M16소총으로 일제히 공중에 발포.
- 21일 13시 10~30분 ; 금남로 3가 도로상에서 구호를 외치는 시위대에 제11 공수여단 병력이 정조준 하여 일제히 발포함으로써 많은 사상자 발생
- 21일 13시 30분~15시 ; 전남대학교 정문주변에서 제3공수여단 병력이 시위 대에 발포, 최미애 외 1명(성명 미상)이 사망하고 5명이 부상.
- 이후 본격적인 발포[221]

1시 40분 공수부대 장갑차 한 대가 노동청 쪽으로 전진하면서 도청광장의 장악지역을 넓혔다. 이와 때를 같이해 군용헬기 한 대가 착륙한 다음 도청에 남아 있던 일반 계엄군(31사단 소속인 듯) 9명을 태우고 이륙했다. 도청광장은 임시 헬리포트가 되어 군용 및 경찰헬기가 여러 차례 이착륙했다. 그들은 부상당한 공수부대원과 중요문서를 이송하는 듯했다. 공수부대 아닌 일반 계엄군(31사단 병력)의 철수작전은 1시 48분, 두 번째 헬기가 7명을 싣고 이륙함으로써 끝났다. 이때 이착륙했던 헬기의 기종을 두고 국회 청문회에서 500MD냐, UH-1H냐의 논란이 있었다. 500MD는 2명밖에 탈 수 없는 소형이고, UH-1H는 1개 분대 병력이 탈 수 있는 대형이라는 것이다. 당시 제31사단장 정웅은 500MD라고 주장했고 계엄사 측은 UH-1H라고 말했다. 저자는 그 헬기의 기종을 확인할 수 있는 입장이 아니었지만 분명한 것은 한꺼번에 9명과 7명을 태우고 이륙했다는 점이다.

오후 2시 5분이었다. 갑자기 금남로 4가쪽 시위민중 편에 있던 스피커에서 학생들의 호소가 터져 나왔다. 그는 스스로 학생회 간부라고 소개했다.

---

221 저자가 취재한 내용과 서울지방검찰청 및 국방부 검찰부 발표문, 서울고등법원 항소심 판결문, 재향군인회, 앞의 책, 291~292쪽 ; 김영진, 앞의 책 상권, 222~230쪽 ; 정상 용·유시민, 앞의 책, 217~235쪽을 종합해 작성한 것이다.

"이렇게 살벌한데 도지사는 가만히 있어도 되는 겁니까? 우리는 이렇게 죽어가야 합니까? 대통령께 건의하여 해결해야 하지 않겠습니까?"

이번에는 다른 사람이 마이크를 빼앗는 듯 낚아채는 소리가 들려왔다. "우리의 뜻이 관철되지 않는 한 물러설 수 없습니다."

또 다른 목소리가 들려왔다. "우리는 무기도 없습니다. 그래도 다 죽을 때까지 싸워야 합니다. 국민은 다 죽어야 합니까? 80만 시민이 다 죽을 때까지 우리들의 의사를 관철해야 합니다. 모두가 민주회복을 외치며 죽어가고 있습니다."[222]

또 다시 화해와 투쟁의 노선이 엇갈려 갈등을 빚고 있었다. 화해와 투쟁을 외치던 학생들의 울음소리가 스피커를 통해 울려 나왔다. 기막힌 절규였다. 피맺힌 호소였다. 이 호소가 터져 나오는 동안 공중에 떠 있는 헬기에서는 '광주시민 여러분'으로 시작되는 윤흥정 계엄분소장 이름의 전단이 뿌려지고 있었다.[223] 그러나 이 전단에는 시민에 대한 위로나 사과 또는 연행자에 대한 처리문제 등에 관해서는 한 마디도 언급하지 않고 무조건 질서를 위해 귀가하라는 내용의 전단이었다. 시민들을 설득하기에는 무용지물이었다. 공중에서 쏟아져 내려오는 전단은 광주시내 한복판으로 떨어지는 게 아니라 멀리멀리 날아가고 있었다. 시내에 있는 시민들을 설득하기 위해 뿌려지는 전단이 극락강으로 가려는 듯 바람을 타고 서북쪽으로 훨훨 날아가고 간신히 몇 장만이 빌딩에 부딪쳐 떨어지고 있었지만 그것조차 누구 하나 주워 보려는 사람이 없었다. 전단을 뿌리던 군용헬기는 그 내용을 읽으면서 "시민 여러분의 요구대로 연행된 학생과 시민은 오후 4시 모두 석방됩니다"고 방송했다.

오후 2시 15분, 장형태 도지사도 경찰헬기를 타고 시민의 자제와 해산을 종용하는 방송을 계속하고 있었다. 이때는 시위대원들이 "세금 걷어 국민을

---

222 김영택, 앞의 책, 115쪽.
223 김영택, 앞의 책, 115쪽.

때려 잡는 공수부대 양성한다"는 이유로 오전에 방화한 광주세무서 본관 건물이 완전히 불타버린 후 꺼져가고 있던 무렵이었다. 광주항쟁 기간, 마지막으로 방화된 광주세무서가 잿더미로 변해버리는 순간이었다.

오후 2시 35분이 되었을 때 공수부대원들은 분수대에서 70미터쯤 떨어진 금남로 쪽에 민간인 소형트럭과 버스로 바리게이트를 치고 3,000여 명으로 늘어난 시민들의 동태를 지켜보고 있었다. 시민들은 공수부대의 발포 때문에 300~400미터라는 상당한 거리를 두고 웅성거리는 상태였다. 그들은 가톨릭센터 앞까지 다가온 후 아시아자동차 공장에서 끌고 나온 군용트럭에 불을 질렀다. 공수부대는 금남로 쪽 저지선을 강화하기 위함인지 도청광장에서 멈춰버린 관광버스로 바리게이트를 쳤다. 2시 55분 도청별관 옥상과 수협전남지부 옥상, 도심빌딩 위에는 그동안 보이지 않던 수명의 저격수들이 눈에 띄었다. 조금 뒤에는 도청과 금남로를 중심으로 높은 건물에서 훨씬 많은 수의 저격수들이 눈에 띄었다. 이들은 충장로와 학동 쪽 입구는 물론 부근을 지나가는 행인을 향해 본격적으로 발포하기 시작했다. 건물옥상의 공수부대원들은 도청부근에 얼씬거리기만 하면 보이는 대로 사격을 가했다.[224] 도청 인근에 있는 점포나 주택들은 모두 문을 닫았다. 사람들이라면 어느 누구 하나 꼼짝할 수가 없었다. 움직이면 생명을 부지할 수 없게 된 것이다. 도청의 2~3층과 옥상에서 금남로 쪽을 내려다보며 취재하고 있던 기자들이나 그때까지 남아 있던 도청직원들도 실내로 들어가야 했고 이제 도청을 떠나야 할 상황이 되었다. 중요한 서류는 이미 헬기로 수송한 뒤여서 몸만 빠져나가면 되는 것이었다.

---

[224] 이때 10여 명의 시위대원들이 탄 화물자동차가 노동청 앞길을 통과하고 있었다. 그들은 계속해서 '계엄해제' '살인마 전두환'을 외쳐댔다. 이때 몇 발의 총성이 울렸다. 도청 옥상에 있던 공수부대원의 발포였다. 화물자동차에 타고 있던 시위대원 중 광주대동고 3년생 전영진(18세)은 머리에 총탄을 맞고 쓰러졌다(5·18 유족회, 앞의 책, 204쪽).

군의 공식적인 발포는 곧 상대방에 대한 무차별 사살을 의미한다. 국군이 자국민에 대한 발포를 감행하는 것은 더 이상 인내하지 않고 모든 사안을 총탄으로 해결하겠다는 의지의 표출이기도 하다. 타협의 여지도 배제한 채 무조건 총탄으로 굴복시키려는 저의였다.

더욱이 황영시 육군참모차장은 이날 오후 4시쯤 광주소재 육군기갑학교장 이구호 준장에게 전차 1개 대대(32대)를 동원하여 시위를 진압하라고 지시한 데 이어 김기석 전교사 부사령관에게도 전차와 무장헬기(AH-IJ)를 동원, 시위를 진압하라는 명령을 내렸다가 계통상의 명령이 아니라는 이유로 거부되었다. 또한 그는 김재명 작전부장과 이상훈 작전차장을 통해 전교사 김순현 전투발전부장에게 코브라(AH-IJ)헬기로 조선대학교 뒷산에 위협사격을 가해 시위대를 해산시키도록 지시했으나 제31항공단 측의 반대로 불발되었다.[225] 황영시 참모차장의 이 같은 지시는 부마사태 당시 부산시민을 탱크로 밀어붙이자는 차지철의 소신(?)과 맥락을 같이했다. 300만 명을 희생시킨 캄보디아에서처럼 탱크로 밀어버리자는 무서운 흉계가 숨어 있는 것이었다.

그러면 총탄을 받게 되는 쪽은 군의 요구대로 무조건 순응하든지, 아니면 죽을 때까지 저항하든지의 둘 중 하나를 선택해야 한다. 결국 '적극적 민중'으로 탈바꿈한 광주시민들은 후자를 택할 수밖에 없었다.[226] "한국전쟁 이후 일찍이 겪어보지 못했을 만큼 공수부대의 만행이 극도에 달했기 때문에 광주시민들은 모두 한 덩어리가 되어 항쟁에 참여하게 되었으며 시민들은 우리가 했던 일들

---

225 「5·18 공소장」, 40쪽 ; 재향군인회, 앞의 책, 289~290쪽.
226 '우리는 왜 총을 들 수밖에 없었는가?'(앞의 『1980年代民主化運動』 6권, 174쪽 ; 광주광역시 5·18 사료편찬위원회 편, 『5·18 광주민주화운동 자료총서』 제2권, 63쪽) ; 〈光州日報〉, 1989년 2월 17일자, '5·18' 9년 특집기사-'내게 총이 있었다면 그들을 쏘고 싶었다'-曺飛吾(喆鉉)神父 인터뷰 기사.

에 대해 자랑스러워하고 있다"는 어느 여교사의 글처럼 후자의 선택은 필연적인 귀결이었다.[227] 이 선택은 결국 좌절로 끝났지만 '5·18 광주민중항쟁'이라는 끝내 승리하게 되는 새로운 전환점이 되는 선택이 되고 말았다.

　학생과 젊은이들은 오후 1시를 기해 공식적인 발포가 시작되자 무기를 확보하기 위해 각 방면으로 흩어져 나갔다. 이제 총이 아니면 공수부대와 대항할 수 없게 되었다고 판단한 것이다. 우선 광주에서 가까운 화순과 나주지역 예비군 무기고를 덮쳤다. 광주시내의 예비군 무기고는 이미 대피시켜 버렸기 때문에 손에 넣을 수가 없었다.[228] 젊은이들이 제일 먼저 눈에 들어온 것은 화순탄광의 다이너마이트였다. 공수부대가 들어있는 도청을 폭파해버리기에 아주 좋은 무기라고 여겼다. 화순지역으로 달려간 10여 대의 차량들은 500여 명의 광부들의 도움을 받아 수백 개의 다이너마이트와 뇌관을 입수하는데 성공했고 돌아오면서 화순경찰서 무기고에서 카빈 소총과 M1소총 등을 탈취했다. 또한 광주시 지산동에 있는 석탄공사 화약고를 파괴하여 TNT와 뇌관을 손에 넣었다. 나주 방면으로 달려간 민중들은 나주경찰서 본서와 금천지서, 영강동파출소, 금성동파출소에서 카빈 소총 600여 정, M1소총 200여 정, 권총 25 정, 공기총 151정과 탄약 5만여 발을 탈취해 오후 4시를 전후해 돌아왔다. 또 다른 젊은이들은 장성·영광·담양·보성·무안·영암·함평은 물론 멀리 강진·해남·완도·곡성·구례까지 달려가[229] 무기와 탄약, TNT 등을 탈취하여 광주로 돌아와 다른 젊은이들에게 나누어주었다.[230] 이 같은 무장은 앞서 흉기나 쇠

---

227 『슈투트 가르테르 자이퉁』, 1980년 5월 27일자, 유지훈, 앞의 책, 340쪽.

228 광주시내 예비군 무기 4717정과 탄약 116만 발은 5월 18일 이미 인근 군부대로 했다 (「광주진압계엄군의 작전일지」, 『말』 1988년 8월호, 15쪽) ; 재향군인회, 앞의 책, 252 쪽 : 미처 회수하지 못한 예비군 무기는 19일 늦게 대피시켰다.

229 5·18의 도내확산은 항쟁주체들이 무기 확보 차 각 시군으로 달려가는 과정에서 이루어진다. 이 때문에 이 글에서는 지방 확산에 대한 내용을 생략했다.

파이프와는 달리 현대식 전쟁무기로 무장했다는 점에서 중요한 의미를 갖는다. 물론 젊은이들의 총기무장은 공수부대의 무자비한 만행과 발포 때문이었다. 특히 빌딩 옥상에서 행인들까지 마구잡이로 사격하는데 분개한 나머지 이제 정면으로 대항해 전투를 벌여야겠다는 의지를 갖게 된 것이다.

이제 총을 든 시민들은 맨손으로 시위를 하고 항의하는 보통사람인 '민중'이 아니라 '무장한 시민' 이른바 '시민군'이라는 새로운 양태의 '무장세력'으로 전환했다. 이는 대한민국사상 최초의 시민 무장투쟁을 의미하는 것이고[231] 광주항쟁은 정치투쟁의 최고 형태인 '무장투쟁'이라는 또 다른 국면으로 전환하게 되었다.[232] 그러나 제2차 세계대전의 유물로 명중률이 극히 저조한 M1과 카빈소총으로 무장한 시민군이[233] 고도의 명중률과 훈련까지 잘 받고 최신 무기인 M16으로 무장한 공수부대원의 적수가 될 수는 없었다. 제2차 세계대

---

230 김영택, 앞의 책, 116~117쪽 ; 한국기독교교회협의회인권위원회, 『1980年代民主化運動』, 1987, 88쪽 ; 정동년 외, 앞의 책, 122쪽 ; 재향군인회, 앞의 책, 282~283쪽 : 이들이 무기를 탈취하여 광주로 되돌아온 시간은 일정치 않다. 여기서 오후 4시 전후로 명기한 것은 무기탈취 팀 주력이 돌아와 전열을 가다듬은 시간을 말하는 것이고 그 이전에도 산발적으로 돌아와 공수부대의 발사에 대응했었다. 이들이 탈취한 무기수량은 칼빈 3,646정, M1 1,235정, M16 34정, 권총 42정, 공용화기 51정, 엽총 395정, 수류탄 562개, 탄약(소화기용) 28만 8,630발. 폭약 3,000상자 등이다.(「광주 15년 ; 총 누가 쏘았나」, 『한국논단』 1995년 5월호).

231 대한민국 사상 최초의 무장봉기란 해방 후부터 6·25전쟁 후까지 있었던 좌익빨치산의 무장투쟁을 말하는 것이 아니라 같은 우익의 대한민국 체제하에서 발생한 최초의 무장투쟁이라는 뜻, 다시 말하면 같은 우익체제에 대항하는 최초의 우익무장 세력이라는 의미다.

232 김홍명·김세균, 「광주 5월 민중항쟁의 전개과정과 성격」, 광주 5월 민중항쟁 10주년기념학술대회, 『광주 5월 민중항쟁』, 풀빛, 1990, 119쪽.

233 시위대가 광주교외에서 탈취한 무기를 가지고 광주로 돌아왔으나 아직 체제정비가 되지 않은 상태였으므로 엄격한 의미의 '시민군'이라기보다는 '무장시위대'라는 표현이 적절하지만 여기서는 편의하게 '시민군'이라는 표현을 썼다. '시민군'은 공수부대가 퇴각한 후 '시민공동체'의 자치시대로 들어간 5월 22일 편성되기 때문에 엄격한 의미의 '시민군'은 이때 출범하게 된다.

전이 종전된 지 35년이 흐른 1980년대에는 카빈과 M1소총은 세계 어느 분쟁지역에서도 사용되지 않는 고물 무기였다. 이러한 무기를 광주시 외곽 예비군무기고에서 탈취하여 무장한 시민군이 광주로 돌아와 전열조차 갖추지 못한채 공수부대의 무차별 사격에 대응해 발사하고 나섰다. 시가전이나 교전이라기보다는 목표지점도 없는 대응발사였다.[234] 시민군의 무장이나 이들에 대한

234 일부 기록은 오후 3시 20분 이전 또는 3시 30분부터 계엄군이 철수하는 오후 5시 30분까지 수백 명의 무장시위대가 도청 앞 군 저지선을 향해 진출하다 계엄군과 총격전을 벌였고 이밖에 관광호텔·전일빌딩·전남대 병원·노동청 방향·광주 공원 쪽에서도 비슷한 교전이 있었던 것으로 기록하고 있다. 특히 '금남로를 중심으로 계엄군과 시민들의 총격전이 치열하게 전개되었다'고 했다(『죽음을 넘어』, 118~120쪽 ; 재향군인회, 앞의 책, 283쪽 ; 정동년, 앞의 책, 121~128쪽). 또 1995년 7월 18일 발표된 서울지검과 국방부 검찰부의 「5·18 사건 수사결과 발표문」에도 15시 15분경 시위대가 충장로 1가의 광주우체국과 전남의대 5거리 쪽에서 카빈으로 사격을 가하면서 이동했다는 기록이 나온다(「銃口와 權力」, 『月刊 朝鮮』 1995년 9월호, 576쪽 ; 『月刊 朝鮮』 1999년 1월호 별책부록, 『銃口와 權力』과는 별도). 그러나 당시 도청에서 취재하고 있던 저자는 교전현장을 목격하지 못했고 함께 있었던 군·경·도청 관계자와 동료기자들로부터도 전혀 듣지 못했다. 저자는 다른 일행(도청직원 및 기자)과 함께 오후 5시 25분, 계엄군의 철수에 앞서 도청 뒷담을 넘어 동국여관 골목으로 빠져나간 후 본사 사회부 소속 김충근 기자와 함께 충장로 입구를 거쳐 황금동 쪽으로 이동했었다. 저자 일행은 시가전의 위험은 전혀 의식하지 않고 오직 옥상에 있는 계엄군 발포의 표적이 되지 않으려는데 신경을 곤두 세웠었다. 만약 앞의 기록이나 증언이 사실이라면 치열한 시가전이 전개되었음을 의미하고 광주시내는 온통 살벌한 공포와 긴장감이 감돌았을 것이다. 그러나 그런 긴장감이나 살벌함을 전혀 감지하지 못했었다. 일부 시위대가 M1이나 카빈 소총을 휴대하고 산발적으로 몇 발씩 응사한 것이나 도청광장으로 돌입하려는 차량시위대처럼 시민군이 차량을 탄 채 도청으로 진입해 공격하려는 차량돌격전을 교전으로 묘사한 것이 아닌지! 또한 '공수부대는 도청·관광호텔·전일빌딩을 중심으로 각종 돌출물을 은폐물로 삼아 사격을 했으며 시민군은 골목마다 숨어서 조심스럽게 포복하며 응사했다'는 표현은 사실이다. 그러나 공수부대원이 도청 주변의 빌딩옥상에서 행인들에게 사격을 가할 때 카빈이나 M1소총으로 무장한 소수의 청년들이 숨어서 이 골목 저 골목으로 이동하면서 사격한 것은 옥상에 있는 저격병을 사살하겠다는 의지의 표출이지 시민군의 교전이라고 보는 것은 지나친 해석이 아닐 수 없다. 특히 총기 휴대자 가운데는 초등학생도 있어 오발사고가 있었다는 것은 유격전이나 시가전을 벌일 만큼의 '軍'으로서의 '시민군'이 아니어서 '交戰'상황으로 보는

사격교육 또는 총격지휘는 대부분 예비역 장교나 사병출신이었다.

나는 15세에다 독자였지만 독자라는 사실을 숨겼다. 며칠 사이 나는 중학생으로서
가 아니라 불의에 분노한 시민군이 되어 있었다. 장교출신으로 예편한 듯한 지휘관
이 선발된 특공대에게 "살아서 돌아갈 생각은 하지 말라"고 엄한 훈시를 했다.[235]

것은 논리의 비약이 아닐까?(앞의「銃口와 權力」,『月刊 朝鮮』1995년 9월호, 578쪽). 특
히 당시 광주사태를 '폭도'들의 소행으로 몰아붙이던 5공 정권의 국방부가 1985년 발행
한『광주사태의 실상』이라는 소책자 어디에도 이 사실은 들어있지 않다. 당시 한미연합
군사령관 위컴은 5월 22일 아침 합참의장 유병현을 만났을 때 광주상황에 대해 "폭약을
비롯하여 2,000자루가 넘는 총기가 시위대의 손으로 넘어갔다는 것이다. 그들은 이미 시
내에서 극심한 파괴행위를 저지르고 있으며 '전두환 부대'로 일컬어지는 공수부대원들을
직접 공격목표로 삼고 있다"고 술회했을 뿐 공수부대와 시민군이 교전했다는 대목은 없
다. 나중에 5월 22일 밤의 상황에 대해 '광주는 아직 주민들이 장악한 상태이며 밤새 총
격과 파괴행위가 자행되었다'고 표현했지만 이때는 이미 공수부대가 시내에서 철수한 후
였기 때문에 시 외곽지대에서의 총격을 의미하는 것이다. 또 5월 24일자 상부에 보낸 보
고서 내용 중 '시내에서 총격전이 일어남으로써 군과 시민들 사이에 사실상의 전투가 있
었다'고 적고 있으나 이는 22·23일 광주시 외곽에서 산발적으로 벌어진 교전을 의미하
기 때문에 21일 낮의 시내 교전상황은 아니라는 사실에 유의해야 할 것이다(위컴, 앞의
책, 206·213쪽). 또 독일『노이에 취리허 자이퉁』지 1980년 5월 24일자는 '蜂起者들은
무기고를 점령하여 무장했고 장갑차를 비롯한 군용차량을 갖고 있다'고만 보도하고 계엄
군과 시민군 간에 시가전이나 교전이 있었다는 내용이 전연 없다는 점이다(유시훈, 앞의
책, 330쪽 재인용). 또한 3일 동안 기자가 광주에서 겪은 체험기를 '3일간의 광주목격담'
이라는 제하에 장문의 기사를 실은〈東京新聞〉5월 23일자는 "21일 오후 시내 한 복판인
금남로를 중심으로 벌어진 공방전은 시가전이라고 부를 수 있을 만큼 격렬하였다. 기관
총을 장착한 장갑차를 선두로 총을 허리에 찬 보병이 뒤따랐다. 시민도 정확한 투석으로
이에 대항, 빌딩 옥상에서는 축구공 크기의 돌과 콘크리트가 떨어져 내렸다"고 보도하고
있다. 그러나 이 기사 중에는 시민들이 투석으로 대항했다는 내용 뿐, 계엄군에 대항하
면서 총기를 발사한 사실에 대한 언급이 없다(『1980년대 민주화운동』6권, 131쪽). 뒤에
언급하게 될 전남대 병원 옥상 LMG 발포문제도 마찬가지다. 앞으로 이 교전문제의 진상
은 보다 명백하게 밝혀져야 한다. '역사는 확인된 사실을 기록하는 것'이기 때문이기도 하
지만 냉전주의자들이 주장하는 순수한 시민군을 '폭도'로 몰아붙이는 중요한 단서가 되기
때문이다.
235 최동복,「중학생 특공대의 도청공격」; 이광영·전춘심,『광주민중항쟁 증언록─광주여

이들은 훈련 한 번 제대로 받지 않은 오합지졸이 분명하다. 비록 군에 복무했던 예비군들이 주력을 이루고 있었으나 총을 한 번도 만져보지 못했던 10대의 중고교생이나 20대들도 많았다. 이날 오후 5시 30분쯤 계엄군이 철수한 직후였다. 학동 쪽으로 빠지는 도청 옆길에서 고등학생인 듯한 10대 소년 3명이 카빈소총 3정을 들고 함부로 노리쇠를 당기며 행인들에게 총 쏘는 방법을 가르쳐 달라고 애원하고 있었다. [236]

선발된 특공대는 금남로로 갔다. 시민들은 금남로 길목에 숨어 공수부대와 시민군이 대치하고 있는 광경을 주시하고 있었다. 특공대는 도청과 전일빌딩, 관광호텔에 있는 공수부대의 군 저지선을 돌파하기로 했다. 17명이 탄 지프차는 도청으로 바로 가지 않고 동명여중을 지나 서석초등학교로 먼저 갔다. …중략… 우리차가 서석초등학교에서 나와 장동으로 갔을 때 우리와 같은 특공대의 다른 조가 갑자기 도청으로 돌진해 가는 것이었다. 내가 탄 트럭에서 미리 약속된 암호를 보내 그 곳으로 가는 것을 저지하였다. 그렇지만 그들은 이를 무시하고 도청 쪽으로 나가더니 공수부대의 총격을 받고 말았다. 운전수는 그 자리에서 죽고 학생 두 명이 뛰쳐나와 도청을 향해 수류탄을 던졌다. 그리고 장동주유소로 도망가다 총을 맞았다. [237]

이는 시위대쪽의 특공대가 공격하다 일방적으로 공수부대에게 당하고 물러나는 모습이지, 치열한 총격전이나 교전으로 볼 수는 없다. 교전이나 총격전은 엇비슷한 전열을 갖추고 전투를 벌이거나 게릴라식 무력저항을 말한다. 그러나 공수부대의 만행에 분노한 시민들이 거리로 나와 항의하고 저항했던 것처럼 이 소년을 비롯한 젊은이들도 삶과 죽음을 의식하지 않고 무작정 뛰어든 항거로서 '계란으로 바위치기'라는 속담에 걸 맞는 무모한 공격이요 투쟁

말하라』, 실천문학사, 1990, 239~240쪽.
236 김영택, 앞의 책, 116~117쪽 ; 카빈소총이 전투무기로서의 위력이 약화됐다는 뜻이지 살상무기의 기능까지 상실한 것은 아니었다.
237 최동복, 앞의 글, 같은 책, 240쪽.

임이 분명했다. '광주에서의 무장투쟁은 모든 것이 결핍된 상태였으며, 정상적인 사람이 객관적으로 평가할 때 도저히 승리의 가능성이 없다고 판단되는 상황에서 발생'했던 것으로 오직 분노와 오기의 분출이었을 뿐이다.[238]

오후 4시 43분, 전남대학교 병원 12층 옥상에서 젊은 사람 3~4명이 무엇인가 열심히 작업을 하고 있었다. 도청 옥상의 공수부대원들이 혹시 발포라도 할지 모른다는 불안감 때문인지 몸을 움츠리고 있었다. 한참동안 부산하게 움직이던 이들 사이로 LMG(기관총) 총신이 나타났다. 그것도 1대가 아니라 2대였다. 대규모 예비군 훈련장이나 대대급 이상의 예비군 무기고에서 탈취해 왔을 것으로 짐작되지만 도청과 그 인근 옥상에 있는 계엄군을 겨냥해 가설했음이 분명했다.[239]

기관총의 가설은 중요한 의미를 갖는다. 시민군이 적중률이 낮은 장난감 같은 M1이나 카빈소총으로 무장한 것과는 달리 중장비인 자동화기로 무장함으로써 도청 옥상에 있는 공수부대가 위협받게 되었다는 사실은 이제 게릴라로 변신한 시민군과 본격적인 총격전 또는 시가전을 벌이게 된다는 것을 뜻한다. 시내 한복판에서 벌어질 총격전은 시민의 피해를 전제로 한다. 그러나 이곳에 기관총이 설치된 후 공수부대가 금방 철수한 탓도 있었지만 시민군은 이 기관총을 한 발도 발사하지 않았다.[240] 공수부대는 한때 이곳의 기관총좌를

---

238 김홍명·김세균, 앞의 글.

239 김영택, 앞의 책, 117쪽 ; 국회 『광주청문회 회의록』 제25호, 1989년 1월 26일, 24쪽, 김영택 증언 ; 황석영, 앞의 책, 1985, 126쪽.

240 일부에서는 '그들은 도청을 향해 (기관총으로) 맹렬히 사격하기 시작했다. 두 정의 LMG 기관총이 예광탄을 날리며 울부짖었다. 도청에는 기관총탄이 우박처럼 쏟아졌다'며 실제 발사한 것으로 기록하고 있다(황석영, 『죽음을 넘어 시대의 어둠을 넘어』, 풀빛, 1985, 126쪽). 이 시간 도청 안에서 현장상황을 정확하게 목격했던 저자로서는 이 기록에 상당한 의문을 제기하지 않을 수 없다. 비록 계엄군의 발포 때문에 옥상에는 없었지만 도청 안에서 기관총의 움직임을 예의주시하면서 설치과정까지 지켜보고 있었기 때문

제거하기 위해 특공조를 편성하기도 했다. 시민군의 기관총 공격은 공수부대에 대한 무력적인 도발일 뿐만 아니라 정부군의 권위를 실추시키는 것이었기 때문이다. 그러나 이 제거작업은 공수부대가 철수하면서 중단되고 말았다.

5·18의 소식은 언론보도의 엄격한 통제로 인해 정확하게 국민들에게 알려지지 않은 채 소문과 소문으로 퍼져나갔다. 신군부는 공수부대의 무자비한 살육행위에도 불구하고 다른 지역에서는 광주와 같은 '폭동과 약탈'이 일어나지 않을 것으로 관측하고 있었다. 그것은 계엄사의 강력한 억압 때문이기도 하지만 광주에서와 같은 살육작전이나 김대중과 같은 연고자의 구속이 없었기 때문이다. 그럼에도 불구하고 5월 21일 오후 완전무장 군인 약 1,000여 명을 실은 군 트럭이 서울 시가를 누비면서 위협적인 무력시위를 벌였다. 트럭 위의 군인들은 착검하고 있었으며 차량들은 라이트를 켠 채 사이렌을 울려대면서 위협의 강도를 높였다.[241] 이 같은 무력시위는 이날 오후 공수부대가 광주시내에서 철수하는 것과 밀접한 함수관계를 갖는다. 전국적 폭동현상을 우려한

이다. 당시 전남대 병원 12층 옥상에서 LMG가 도청과 군 헬기를 향해 사격을 가한 사실은 없었거니와 더욱이 '도청에는 기관총탄이 우박처럼 쏟아졌다'는 사실은 전연 근거없는 허무맹랑한 내용이다. 그런데도 발포했다는 기록과 증언이 나오고 있어 이 문제는 좀 더 신중하게 접근할 필요가 있다(「銃口와 權力」, 『月刊 朝鮮』 1995년 9월호, 576쪽) ; 저자는 1999년 11월 11일 당시 현장을 취재했던 한국일보 이상문·중앙일보 황영철 기자로부터 "LMG 발사는 전연 없었다. 또한 금남로 관광호텔 앞이나 충장로에서 계엄군과 시민군 간의 교전은 전연 없었다. 또한 소수의 시민군이 대응발사는 있었으되 어디서도 교전의 상황은 없었던 것으로 안다" "LMG를 발사할 수 있는 경험자를 찾기만했을 뿐 실제로 발사는 없었다"는 증언을 들었다. 또한 도청을 바로 내려다보거나 전남대 병원을 건너다 볼 수 있는 전일빌딩 8층에 자리 잡은 전일방송국에서 종일 자리를 지키며 상황을 주시했던 당시 마삼열 전일방송국장은 같은 날 "전남대 병원에 LMG를 가설하는 광경은 나도 보았으나 발포사실은 없었고 금남로 관광호텔 앞의 계엄군과 시민군간의 교전은 터무니없는 일이다"라고 증언했다.

241 글라이스틴 회고록, 184~185쪽.

나머지 사전에 제동을 걸기 위해 군이 나섰다는 구실과 함께 신군부가 정면등장하는 명분을 서울시민들에게 심어주기 위해서였다.

공수부대의 철수

21일 오후 5시 25분쯤, 도청 직원들은 도청 뒷담을 넘어 철수했다. 정문은 무장시위대의 차량공격을 우려해 봉쇄했고 또한 저격수의 사정권 안에 있었기 때문에 출입이 불가능했다. 곧이어 도청과 그 주변을 장악하고 있던 공수부대의 철수가 시작됐다. 이들의 철수는 21일 오후 계엄사령부가 자위권 발동과 공수부대 전환배치 등 6개 항을 결정한 다음 도청을 점거하고 있던 제7, 11공수여단의 철수를 윤흥정 전투병과교육사령관에게 지시함으로써 이루어졌다. 또한 오후 4시 55분쯤 예하부대에 예비군 무기 및 탄약의 확보와 광주 외곽 도로의 완전봉쇄를 지시했다. 이에 따라 오후 5시쯤 제7공수여단 제35대대와 제11공수여단 3개 대대병력은 도청주변 옥상의 저격수들을 내려오게 한 후 오후 5시 30분쯤 장갑차를 앞세우고 질서정연하게 도보로 노동청·전남공고 앞을 거쳐 조선대학교 캠퍼스로 철수했다.[242] 이들은 철수할 때 시위대의 저항에 대비하여 공포사격을 가하면서 조선대로 집결했고 아울러 제7공수여단 제33대대를 비롯한 5개 공수대대병력도 도보 및 차량을 이용하여 시 외

---

[242] 계엄군의 도청 철수 시간을 두고 저자의 기록과 작전일지 등 군 관계기록에는 차이가 있다. 저자가 도청 현장에서 정시채 부지사 등 도청직원들과 김충근·이상문 기자와 함께 도청 뒷담을 넘어 철수한 시간이 오후 5시 25분이고 그 후 금방 공수부대도 철수했다. 그러기 때문에 계엄군의 도청 철수 시간을 오후 5시 30분으로 보는데 군 관계기록에는 오후 4시 30분에서 5시까지로 되어 있다(김영택, 앞의 책, 118쪽) ;『죽음을 넘어』와 『1980年代 民主化運動』 1권은 오후 5시 30분으로 적고 있다(같은 책, 126 및 90쪽).

곽으로 철수했다. 제11공수여단의 차량부대는 오후 7시 30분부터 장갑차를 선두로 조선대 → 전남도청 → 15번 도로를 따라 제2수원지 부근으로 철수하였고 도보부대는 다음날 아침 8시 30분 조선대 뒷산을 넘어 주남마을에 도착, 전날 오후 이 마을에 이미 도착해 있던 제7공수여단과 합류했다. 그런데 제11 공수여단 병력이 주남마을로 이동하던 길목인 전남대 병원·남광주시장·숭의 실업고등학교 부근을 지나는 과정에서 무장시위대의 기습공격을 받은 군 차량 3대가 전복되었다. 이 사고로 장교 1명과 사병 1명이 숨지고 6명이 부상했다. 공수부대는 이에 대한 보복으로 장갑차 1대로 하여금 학동과 지원동을 두 차례 왕복하며 길 양쪽 주택가에 기관총과 M16 소총을 난사해 안방까지 총알이 날아들게 함으로써 공포와 불안에 싸이게 했다.[243] 제3공수여단은 이날 오후 4시 30분쯤 제15대대를 선두로 전남대를 출발하여 오후 5시 20분쯤 광주 교도소에 도착해 이곳을 경비하고 있던 제31사단병력과 교대한 후 계속 이곳을 경비하는 임무에 들어갔다.

공수부대가 철수함으로써 도청상황실은 오후 4시 30분, 경찰국 상황실은 오후 5시 15분 폐쇄되었다. 안병하 경찰국장은 부하들에게 "사태가 지극히 위급하니 각자 알아서 피신하라"고 명령한 후 도청 뒷담을 넘어 피신했다.[244]

---

243 중앙고속버스 기사 전정호(55세)는 회사에 두고 온 새 고속버스가 걱정되어 출근했다가 퇴근하기 위해 지원동 집으로 걸어오던 중 집 근처에서 공수부대원이 난사하는 M16소 총을 가슴에 맞고 숨졌다.

244 지난 20일 오전 9시 30분 임동파출소에 70여 명의 군중이 들어와 기물을 부수고 불을 질렀다는 보고를 받은 안병하 경찰국장은 각 파출소와 예비군 무기를 경찰서로 옮겨 예 치케 한 후 군중이 들어와도 대응하지 말라고 지시했다. 그는 이날 군이 철수하자 "상황이 급박하니 각 지휘관들이 알아서 철수하되 1차 집결지는 지산유원지, 여의치 않으면 광주비행장으로 모이라"는 지시를 내리고 자신도 상무대쪽으로 빠져나갔다. 경찰들은 경찰복이나 군복을 벗고 민간복으로 갈아입은 후 광주를 탈출하거나 민가로 은신했다. 안 국장은 이때 '알아서 하라'는 명령을 내렸다 해서 후에 계엄당국에 의해 '직무유기'

이날 밤 광주시를 벗어난 모든 계엄군은 송정리 방면으로 통하는 화정동, 화순 방면의 지원동, 목포 방면의 대동고등학교 앞, 여수·순천 방면의 문화동, 제31사단 방면의 오치동, 장성 방면의 동운동, 교도소일대 등 7개 외곽지점을 점거하고 광주를 외부로부터 차단·고립시키기 위한 봉쇄작전에 돌입했다.[245] 이로써 도청 건물은 완전히 텅 빈 상태였다. 시위민중들은 공수부대가 완전히 철수한 사실도 모르고 있다가 오후 8시쯤에야 뒤늦게 알아차리고 도청을 접수했다.[246] 이 같이 공수부대를 비롯한 계엄군의 철수와 경찰 및 행정권의 공백은 대한민국 정부가 광주에 대한 통치권 및 영토권을 포기한 경우에 해당된다. 이는 대한민국 정부수립 후 한국전쟁 당시 부산으로 후퇴한 경우와 수복 후 좌익 빨치산의 출현으로 인해 지역행정기관이 일시 후퇴한 경우를 제외하고는 처음 있는 일이다.

공수부대가 시내에서 철수하여 시 외곽지역 봉쇄작전에 돌입하자 도청 및 광장은 물론 시내는 텅 비어 무정부상태가 되었다. 항쟁시위민중과 시민군은 아무런 저항을 받지 않고 도청에 무혈입성할 수 있었다. 공수부대가 철수하자 시위민중들은 자신들의 무장투쟁에 대항하지 못하고 공수부대가 후퇴한 승리라고 환호하면서 시민자치시대 준비에 들어갔다. 시민들도 이를 긍정적으로 받아들이며 일단 자치시대 기간에 당국과의 협상이나 미국 측의 중재를 받을 수 있을 것이라는 기대감을 나타냈다. 그러나 미국은 한국민의 기대를 외면해 버렸다. 아니 그 반대의 입장에 섰다.[247] 피의 5·18이 막을 내린 지 74일 만인

혐의로 구속되었다. 그는 14~16일 학생들의 시위 때는 비교적 온건하게 대처하면서 사고예방에 주력했었다(김영택, 앞의 책, 118쪽 ; 황석영, 앞의 책, 127쪽).

245 재향군인회, 앞의 책, 288쪽.

246 김영택, 앞의 책, 119쪽 ; 재향군인회, 앞의 책, 286~287쪽.

247 이때까지도 시민들은 미국, 특히 인권과 도덕성을 강조하고 있던 카터 행정부가 신군부 편을 들고 있다는 사실을 모른 채 오히려 민주회복운동을 벌이는 광주시민 편에서 신군

8월 9일 드러났다. 미국은 전두환을 지지하기로 결정했다는 것이다.[248]

항쟁주체들의 '무장항쟁의 결과적 승리'라는 환호와는 달리 막강한 공수부대 병력이 오합지졸인 '시민군'에게 밀려서 철수했다고 보기에는 그들의 화력과 군사력으로 보아 이해할 수 없는 대목이다. 시내에 투입된 공수부대 병력은 잘 훈련된 3개 여단 10개 대대 3,405명이었다. 또한 시 외곽에는 20사단과 31사단 그리고 전투병과교육사령부 예하 병력 등 2만여 명이 배치되어 철통같이 에워싸고 있었다.[249] 비록 시민이 무장을 하고 다이너마이트와 TNT로 도청을 폭파하겠다고 위협하고 있었으나 시민군의 무기라야 고작 낡아빠진 카빈과 M1 소총 그리고 몇 정의 기관총이어서 공수부대원들이 그 총의 위협에 겁을 먹을 만큼 나약하지 않다는 것은 잘 알려진 사실이다. 이런 군대가

부 쪽에 압력을 가해줄 것으로 기대하고 있었다. 시민들은 아일랜드 출신인 신 고르넬리오 신부가 지나가면 미국사람으로 생각한 나머지 붙잡고 '미국 대통령에게 연락해 달라'고 부탁할 정도였다(신 고르넬리오, 「나도 광주사람이오」; 윤공희, 『저항과 명상』, 빛고을 출판사, 1989, 112쪽). 심지어 항쟁 후반인 5월 26일 광주시내에는 '미국의 항공모함 코럴시 호가 부산에 정박하고 있는 것은 전두환 일파를 견제하기 위함'이라는 유인물이 나돌기도 했고 항쟁주체 측은 가두방송을 통해 알리기까지 했었다. 당시 광주시민들에게 미국은 유일한 한 가닥 남은 희망이었던 것이다. 그러나 그것은 민중들의 일방적인 환상이었다. 미국은 이미 12·12 반란 때부터 전두환 편이었고 5·18은 전두환 집권을 위한 필연적인 과정으로 인식하고 있었음이 나중에야 밝혀졌다(이재의, 「광주와 미국, 45년 9월과 80년」, 『말』 1989년 5월호, 105쪽; 임낙평, 「윤상원 열사의 삶과 투쟁」, 『말』 1989년 5월호, 102~103쪽); 그러나 당시 한미연합군사령관 위컴은 1980년 5월 22일 "미국무부는 광주에서 양측이 허심탄회한 대화를 나눌 것을 요구했으며 한국 정부로부터 미국의 성명을 한글로 전단화하여 광주상공에서 뿌릴 것이라는 확언을 받았으나 그 전단은 창고에 방치돼 버렸다"고 술회했다(위컴, 앞의 책, 234~235쪽). 5·18에서 미국의 역할에 대한 자세한 내용은 李祥雨, 『軍部와 光州와 美國』, 청사, 1988, 71~137쪽; 김영택, 앞의 책, 281~292쪽, 「봇물처럼 터진 반미운동」 참조).

248 〈동아일보〉, 1980년 8월 9일자; 제4장 제2절 2), '반미운동의 원인과 전개과정' 참조.

249 5·18에 참여한 병력은 공수부대 10개 대대 504/2,901명, 제20사단 9개 대대 284/4,482명 이외 31사단 및 전투병과교육사령부 병력 등 총 47개 대대 4727/15,590명이다.

오합지졸인 시민군에 밀려 후퇴했다는 것은 상식 밖의 일이다. 젊은이들이 전 남대병원 옥상에 기관총을 가설했다 해도 도청과는 300미터가 넘는 거리여서 별 위협이 되지 않았을 뿐만 아니라 특공조를 투입하면 얼마든지 제거할 수 있었다. 그런데도 기관총 제거공작까지 포기하고 철수했다.

정부가 파견한 '계엄군'이 '폭도'의 저항에 밀려 지방정부의 상징인 도청 과 국민을 포기했다는 것은 단순한 사건이 아니다. 물론 이날 공수부대의 철 수는 시민군의 반격 때문이 아니라 이날 오전 계엄사령부의 결정에 따른 것이 다. 그러나 일정지역에서의 군사권 포기는 국가가 특정 지방에 대한 통치권이 나 영토권을 포기하는 것과 같다.[250] 선의로 해석해서 시민군의 무모한 기관 총 사격으로 인근 주민들에게 줄 피해를 막기 위해 철수한 것일 수도 있다. 그 러나 당시 계엄군과 시민군의 물리력 차이는 비교가 되지 않는다. 또한 시민 군은 그렇게 무모하지 않았다. 그들은 '우리가 왜 총을 들어야 하는가'의 호소 문에서도 밝혔듯이 시민들의 안전을 우려했다. 그들의 무장은 직접적인 교전 보다는 저항의 의지를 표출하는 상징적 의미가 더욱 컸다. 시민군 무장의 의 미는 바로 여기에 있었다. 그 입증은 LMG기관총을 발사하지 않았고 끝내 다 이너마이트나 TNT를 폭파하지 않은 데서도 나타났다.[251] 심지어 일부에서는

---

250 대한민국 정부는 21일 이 같은 통치권 또는 영토권 포기에 따라 정부가 보호해야 할 의 무가 있는 외국인을 철수시켰다. 광주에 거주하고 있던 미국(134)·아일랜드(17)·이탈 리아(11)·프랑스(13)·일본(9)·영국(3)·기타(20) 등 12개 국민 207명을 미공군기 또는 한국공군기를 이용하여 군산·오산·청주·예천·대구 등지의 공군기지로 이동시켰다(재 향군인회, 앞의 책, 288쪽).

251 계엄사령부는 5월 27일 진압작전을 개시하기 전 요원을 투입시켜 다이너마이트와 TNT 뇌관을 사전에 제거했다고 발표한 바 있다(1980년 5월 31일 계엄사 발표 '광주사태', 〈조선일보〉 1980년 6월 1일자 ; 同 全文은 김영택, 앞의 책, 375쪽) ; 그러나 뇌관이 제 거되기 이전에도 일부 항쟁지도부는 수습위원들에게 '광주를 불바다로 만들 수도 있는 다이너마이트와 TNT가 위험하니 저희들 대신 지켜 달라'고 요청했었다(김영택, 『10일

'민중들의 무장봉기'라고 주장하기도 하지만 이는 광주시민들의 진정한 심경을 제대로 헤아리지 않고 광주항쟁을 자신들 의식의 틀에 맞추려는 비약이자 왜곡이라고 지적하지 않을 수 없다.[252] 저자가 공수부대의 철수를 시민들의 '역전(逆轉)의 승리'라고 내세우지 않는 이유도 여기에 있다.[253] 다시 말하면 공수부대의 만행과 신군부의 정권찬탈 음모에 대한 저항의식이 광주시민 전체를 '투쟁꾼'으로 변화시킨 것이지, 처음부터 어떤 이유나 목적의식을 가지고 뛰어들었던 것은 결코 아니었다. 광주항쟁은 "그 자체가 공격적이었다기보다는 국가권력의 야만적 침탈에 대항하여 시민사회의 자율성을 지키려는 방어

간의 취재수첩』, 사계절, 1988, 215쪽).
252 이정노, 「광주항쟁에 대한 혁명적 시각전환」, 『월간 노동해방문학』 1989년 5월호, 14쪽.
253 공수부대가 철수한 이유에 대해 군과 항쟁주체 측의 풀이가 엇비슷하다. 그러나 결론 부문에서 각기 자신들의 입장을 표출, 엇갈린 반응을 나타내고 있다. 1. 군 측 풀이 : 1) 시내에서 무장한 시위대와 총격전(실제 총격전은 없었음-저자)을 지속한다는 것은 광주민주항쟁을 더욱 부각시키는 것밖에 되지 않으며 쌍방 모두에게 엄청난 희생을 초래하게 된다. 2) 광주민주항쟁의 확산방지에 노력을 경주하여 타 지역과의 철저한 차단·포위로 광주를 고립화시킨다. 3) 시위조직의 기반이 없는 여타지역의 시위를 사전 봉쇄한다. 4) 매스컴을 동원한 선무활동으로 시민의 항쟁의식을 혼란시키고 한편으로는 집요한 내부교란과 심리전으로 항쟁 열기가 자동적으로 하강할 때 무력으로 진압한다는 구상이었다. 이러한 목적을 달성하기 위하여 광주시를 농촌지역과 완전히 고립시켜 식량 등 생활필수품의 부족으로 인한 장기저항이 불가능하게 하는 도시의 기본적 취약점을 최대한 이용하려는 것이 계엄군의 철수와 봉쇄작전의 기본개념이었다(대한민국재향군인회, 앞의 책, 288~289쪽 재인용). 2. 항쟁주체 측 풀이 : 1) 시내에서 시민군과 총격전을 지속한다는 것은 이미 고도화된 항쟁을 더욱 지속적으로 발전시켜주는 것밖에 되지 않으며 쌍방 모두에게 엄청난 희생을 주게 된다. 2) 따라서 이 운동의 확산방지에 최대한 노력을 기울이며 타 지역과의 철저한 차단·포위로 광주를 고립화시킨다. 3) 아직은 민중조직의 기반이 없는 여타지방의 진압에 중점을 둔다. 4) 매스컴을 동원한 선제공세를 통하여 민중 투쟁의식을 혼란시키고 한편으로는 집요한 내부 교란과 심리작전으로 항쟁 열기가 수그러들 때 무력 진압한다는 기본전략을 함축하고 있다. 이러한 목적을 달성하기 위해 지역감정을 최대한 유발시켜 경상도 지역의 연대적 운동 가능성을 단절시키는 한편 여론 조작을 통해 시민군과 시위민중을 폭도로 몰아 서울을 비롯한 전국의 움직임을 분쇄한다는 것이다(정동년 외, 앞의 책, 134쪽 재인용).

적 성격이었다고 보는 것이 더 정확하다"고 하겠다.[254]

한 가지 분명한 것은 신군부가 이날 통치권의 공백을 각오하면서까지 계엄군-공수부대를 철수시킨 것은 지금까지 시민들의 저항에 대해 '북쪽의 사주를 받아 일으킨 폭동'이라던 자신들의 주장을 스스로 번복하고 불순세력이 아니라는 사실을 인정했다는 점이다. 만약 시민들의 저항, 특히 무장투쟁이 진짜 공산주의자-북의 공작원으로부터 지령을 받은 공산주의의 이념적 폭동이라는 것이 사실이라면 대한민국이나 미국 정부로서는 어떠한 대가를 치르더라도 폭도가 완전소멸될 때까지 결코 계엄군을 철수시키지 않았을 것이다. 그것이 지난 40년간 일관되게 지속되어온 대한민국 정부나 미국의 입장이자 대공산주의 정책이었다.[255]

이와 같은 정황을 전제로 할 때 이날 공수부대의 철수는 철수 후에 닥쳐올 자체적인 혼란을 계산한 어떤 정치적 음모가 깔려있는 것이 아니었을까하는 의문이 제기된다. 이는 다단계 쿠데타 계획에 연계시켜 또 다른 군사적 계략의 연장일 가능성이 높다. 다시 말하면 대규모의 군사작전을 전개하여 완벽하게 '광주소요'를 진압함으로써 '우리가 해냈다'는 자신들의 위상에 걸맞는 주도권을 행사하려는 의도였을지도 모른다. 만약 공수부대가 도청에서 철수하지 않고 상호 타협과 화해로 수습되었더라면 27일 새벽 진입작전에서 발생한 17명의 인명피해는 막을 수 있었을 것이다.[256]

---

254 한상진, 「광주민주화운동에서 본 국민주권과 승인투쟁」, 한국사회학회 편, 『세계화시대의 사회운동-5·18 광주민주화운동의 재조명』, 나남출판, 1998, 79쪽.

255 1948년 4월 3일 발생하여 6·25 전쟁 휴전 후인 1954년 9월 21일까지 7년 6개월 동안 계속된 '제주 4·3 봉기와 양민학살'은 한국 및 미국 정부로 하여금 어떠한 희생을 치르더라도 공산세력의 발붙임을 용납하지 않겠다는 각오를 보여준 전형적인 사례다. 이후 50년 동안 한국 및 미국 정부는 남한 내에 단 1명의 무장공비나 간첩용의자라도 인지될 경우 이를 제거하는 작전을 국정의 최우선과제로 삼아왔다.

21일은 '광주살육' 또는 '광주민중항쟁'의 진행과정에서 의미 깊은 날이자 중요한 전환점이 되는 날이다. 우선 신군부는 이날 오전 자위권 발동이라는 미명하에 공식적인 자위권 발동 결정 이전에 발포토록 시달함으로써 유혈의 참극을 빚게 했다. 이희성 계엄사령관은 이날 오후 관계지휘관과 참모들을 소집해 '광주사태'를 분석한 후 신군부의 사전 발포명령을 합리화시키는 자위권 발동 조치와 공수부대의 시 외곽배치 등 6개 항을 결정한 바 있다. 그리고 오후 7시 30분 TV 및 라디오를 통해 "지난 18일부터 광주 일원에서 발생한 소요사태가 아직 수습되고 있지 않다"고 밝히고 "오늘의 국가적 위기에 처하여 국가 민족의 안전과 생존권을 보유하고 사회 안녕질서를 유지해야 할 중대한 책무를 지고 있는 계엄사령관으로서 현재 광주시 일원에서 벌어지고 있는 작금의 비극적인 사태를 냉철한 이성과 자제로써 슬기롭게 극복해 줄 것을 광주시민 여러분의 전통적인 애국심에 호소하여 간곡히 당부코자합니다"로 시작되는 대국민 담화문과 함께 경고문을 발표했다.[257] 전날인 20일 전남북계엄분소장이 광주지역에 한해 발표한 담화문이 있은 후 정부당국으로서는 처음 나온 공식 담화문으로 이희성 계엄사령관은 신군부의 정권찬탈 음모에 대한 동조자로서 그들의 국가폭력을 합리화 시켜주는 시국담화문을 발표하게 된 것이다. 매스컴은 계엄사령부의 담화문 보도가 허용되면서 광주사태에 관한 상황을 처음으로 기사화 할 수 있었다. 그때까지는 단 한 줄의 보도도 나온 바가 없었다. 그러나 계엄사는 이 담화문을 4단 이상 게재할 수 없도록 제한했다. 각 신문은 1면 중간 톱 4단 기사로 일제히 보도하면서 광주항쟁에 관해 공식

---

256 27일 재진입작전으로 희생된 17명(시민군 15명, 계엄군 2명)은 이미 예견된 상황이었다. 이 때문에 법원은 이날의 재진입작전을 '내란음모 살인' 행위로 규정했다(「12·12, 5·18 사건 서울고법 항소심판결문」).

257 이희성 계엄사령관의 광주사태 담화 및 경고문 전문은 김영택, 앞의 책, 102~103쪽.

적으로 보도했다. 또한 각 신문은 1면에 담화문 전문을 실었다.

이날 오후 발표한 담화문 및 경고문은 '광주사태'가 일어난 배경을 불순분자·간첩·폭도들의 소행으로 몰아붙이고 있어 텔레비전을 통해 뉴스를 본 사람이나 다음날 아침 배달된 신문을 읽어 본 광주시민들은 더욱 흥분했다. 정확한 진상에 관해서는 한 마디 언급도 없이 무조건 불순분자, 소수 폭도들에 의해 자행된 것이라고 내세운 담화문에 시민들은 심한 분노와 모멸감을 느꼈다. 상황 악화를 진정시키겠다는 의도하에 발표된 이 담화문은 오히려 시민을 자극하는 요인으로 작용했다.

이 같은 '광주사태' 진행과정의 대목에서 몇 가지 짚고 넘어가야 할 문제가 있다. 첫째로 앞에서 이미 언급한 바와 같이 이날 계엄사령부가 6개 항을 결정한 시간은 21일 오후 4시 35분인데도 불구하고 이미 20일 오후에 이어 21일 오전 10시 10분 도청광장에 나와 있는 공수부대 원들에게 실탄이 공개적으로 지급되었다는 점이다. 이는 제2항의 자위권 발동을 전제로 지급된 것이다. 그렇다면 자위권 발동 결정은 오전 10시 10분 이전이었음이 분명하다. 즉 계엄사령부의 공식 결정 이전에 발포명령이 하달되고 이에 따라 실탄이 지급되었다는 점이다. 이는 곧 현지 공수부대를 지휘하는 공식라인이 아닌 별단의 지휘체계가 있음을 시사하는 대목이다.

'광주에 추가 투입된 제11공수여단장 최웅 준장은 당시 동 여단을 작전 통제하는 제31사단장과 전교사사령관에게 상황을 보고해야함에도 불구하고 5월 20일 심야에 전남도청 앞에서 계엄군의 발포로 시위가 격화된 상황을 정호용 특전사령관에게만 보고하였고 이 보고를 받은 정호용 특전사령관은 전두환 보안사령관 및 노태우 수경사령관과 협의하여[258] 다시 최웅 제11공수여단

---

258 이와는 별도로 21일 새벽 4시 40분부터 5시 45분까지 이희성 육군참모총장 겸 계엄사

장에게 자위권 발동을 지시함으로써 21일 오후 1시 도청 앞에서 시위군중에 대한 발포로 인해 많은 사상자가 발생했다'는 사실은 '광주사태'가 신군부의 핵심 실세들에 의해 조종되고 있음을 내비친 대목이다.[259]

둘째는 공수부대의 시 외곽 전환 배치 결정이다. 이는 어떤 형태로든지 자위권 발동을 전제로 발포한 후 이를 빌미삼아 공수부대를 외곽으로 이동 배치키로 한 것은 시민군의 무장저항 때문이 아니라 5월 23일 이후 별단의 명령을 통해 '폭도소탕작전'을 벌이기 위해 짜여진 무력진압 스케줄과 맞물려 있다는 점이다. 다시 말하면 '광주사태'가 어떤 각본에 의해 진행되고 있음을 시사하는 대목으로 이날의 발포 및 공수부대의 철수와 27일 단행될 재진압작전이 한결같이 이날 오후 계엄사령부에서 공식 결정하기 전에 이미 다른 선에서 짜여지고 하달되었다는 점이다.[260]

여기서 주목해야 할 점은 이날 전개된 광성버스의 도청광장 진입과 발포, 시위대 측의 장갑차 진입, 애국가와 발포명령, 전남대학교 병원 옥상의 기관총 설치 등 일련의 민중저항과 발포, 그리고 오후 5시 30분 공수부대의 철수가 너무나 정확하게 우연의 일치를 이루고 있다는 점이다. 또한 5·27 재진압작전 당시 항쟁주체 측 강경파에 의한 최후결전이 오히려 신군부의 다단계 쿠데타 음모를 합리화 시켜준 결과로 이어지고 있었다는 사실이다. 우연의 일치

령관·황영시 육군참모차장·김재명 육군본부 작전참모부장·나동원 계엄사 참모장 이외 치안처장·보도처장 등이 육군참모총장 집무실에 모여 회의를 할 때 일부 참모들에 의해 자위권 발동문제가 거론되었으나 채택하기로 결정하지는 아니하였다(「'12·12, 5·18 사건' 1심 판결문」)는 사실을 전해들은 전두환·노태우·정호용 등 세 사람이 협의하는 과정에서 오전 10시 10분 이전, 즉 21일 오전 일찍 결정하여 최웅 여단장에게 시달했을 가능성이 높다.

259 재향군인회, 앞의 책, 272쪽.
260 전두환·정호용·노태우 라인을 말함(재향군인회, 앞의 책, 272쪽).

라고 보기엔 너무나 딱 들어맞아서 신군부 측의 어떤 작전과 각본에 의해 유도된 것이 아닌가 하는 의구심을 떨쳐버릴 수 없다.

항쟁에 참여한 민중들이나 시민군 측에서는 자신들의 무장투쟁이 완강해 공수부대가 철수한 것이라고 주장하고 있지만 결코 시위대의 무장투쟁이나 시민군의 등장으로 인한 전투력의 수세에 따른 불가피한 철수가 아니라 신군부측의 어떤 계획에 의해 철수한 것임을 정확하게 인식해야 한다는 점이다. 바로 그것은 무장하고 있는 시위대를 제압하고 그 과정에서 저항하는 시위대와의 교전이 불가피하여 사상자가 생기게 되므로, 신군부(피고인)가 이러한 사정을 알면서 재진압작전의 실시를 강행할 것을 전제로 철수를 명령했음이 분명하다. 그들은 결국 5월 27일 0시 1분 이후 재진압작전을 명령하게 되는데 이는 곧 살육행위를 전제로 하는 명령이었음을 의미한다. 그 당시 신군부(피고인들)가 처해 있는 상황은 광주의 시위를 조속히 제압하여 시위가 다른 지역으로 확산되는 것을 막지 않으면 내란의 목적을 달성할 수 없는, 바꾸어 말하면 집권에 성공할 수 없는 중요한 상황에 있었다고 인정되므로 광주 재진압작전 실시를 전제로 철수했던 것이다. 신군부(피고인-전두환·이희성·주영복·황영시·정호용)는 정권탈취라는 내란의 목적을 달성하기 위하여 인명피해가 필연적으로 수반되는 재진압작전이라는 '내란목적 살인죄'를 저질러야 하는 이른바 '상무충정작전'을 전제로 철수를 강행했던 것이다.[261]

---

261 「'12·12, 5·18 사건' 항소심 및 상고심 판결문」.

3장

광주시민 자치와
사태수습의 난항

공수부대가 철수한 5월 22일 오전부터 광주시내 유지들은 도청에 모여 이번 사태를 수습하기 위한 숙의를 거듭했다. 그 결과 학생들이나 시민들로부터 신뢰받을 수 있는 양심적이고 헌신적인 인물들 중 신부, 목사, 변호사, 기업주, 관료, 교수 등 15명을 뽑아 광주사태수습시민대책위원회를 구성하고, 위원장으로는 이종기 변호사를 선출했다. 위원들은 군 투입금지, 연행자 석방, 과잉진압 인정, 사후보복 금지, 상호책임 면제, 사망자 보상 등 6개 항이 관철되면 시민군은 무장해제한다는 7개 항을 채택하고, 8명의 대표를 선정해 전남북계엄분소를 방문토록 했다. 그러나 이들을 맞은 소준열 계엄분소장은 계엄사와의 절충에 시간이 필요하다는 이유로 7개의 협상안은 고사하고 평화적 협상 자체에 난색을 표명, 사실상 거부하고 나섰다. 이는 계엄사가 처음부터 협상에 의한 원만한 수습을 완전히 배제하고 일방적인 강압책으로 밀어붙이겠다는 의지가 배어있음은 물론, 공수부대 투입 자체가 평화적 학생시위에 대한 순수한 진압차원이 아니라 처음부터 의도적인 살육작전이었음을 시사하고 있는 대목이다. 또한 저명한 종교계 및 지역사회 지도자들이 포함된 수습대책위원회를 통해 대화로써 평화적 수습을 모색하도록 성원했던 광주시민들의 바람이 완전히 외면당하는 최초의 수난이기도 했다.

도청광장으로 돌아온 수습위원들에게 이 같은 상황을 보고받은 시민들은 '협상결사반대'를 외치며 격앙된 감정을 드러내, 이후 '광주'의 향방은 더욱 어두워졌다.

※출처: 『광주는 말한다』, 신복진 사진집, 눈빛출판사, 2006, 102쪽.

시민공동체의 자치와 평화적 타결의 모색

시민의 공동체의식과 시민·학생수습대책위원회

공수부대가 광주시내에서 철수했다는 사실을 알아차린 시민들은 다음날인 22일 아침이 되자 들뜬 기분과 공수부대를 몰아냈다는 승리의 쾌감을 만끽하면서 도청광장으로 모여들었다. 그러면서 향후의 추이에 대해 깊은 관심을 가지고 사태를 주시하는 진지함을 드러냈다. 앞으로 '광주'는 어떻게 될 것인가, 그리고 잡혀간 가족과 이웃은 언제 풀려날 것인가, 그동안 몇 사람이나 희생되었는가에 대한 걱정스러운 마음이 역력했다. 특히 시민들은 지도자도 배후 조직도 없는 항쟁을 벌이는 당찬 '민중', 공수부대를 저주하며 갖가지 구호를 외쳐대던 용기있는 '민중'의 모습에서 어느새 선량한 시민으로 되돌아온 듯 차분한 얼굴들이었다. 당초 '광주사태'는 국가공권력인 공수부대원들이 무자비하게 전개하는 살육작전에 대한 분노가 인간심리의 한계점에서 순간적으로 넘쳐 폭발한 극히 단순하고도 자연발생적 사건, 무참한 살상과 일방적인 연행을 일삼는 국가폭력에 대한 반발 심리의 공감대가 형성되면서 우발적으로 벌어진 것이었다. 그러나 지난 나흘 동안 떼 지어 시위하고 저항하고 투쟁하는 가운데 아귀다툼으로 분출된 저주와 원망의 모습, 지치고 무절제한 흥분은 어디에서도 찾아볼 수 없을 정도로 차분한 모습과 함께 두려움과 스산함이 얼굴에 흠뻑 배어 있었다. 온 나라, 전 세계가 지켜보는 광주는 이제 한반도 서남쪽에 자리 잡은 전라남도의 외톨이 도시가 아니었다.

카빈, M1 등 낡고 빈약한 소총으로 무장한 '시민군', 허름한 옷차림에 까무잡잡한 얼굴들이지만 투지가 당당한 모습의 '시민군'은 22일 오전, 전날 계엄군이 철수해 텅 비어 있는 도청으로 진입해 아무런 장애 없이 순조롭게 접수했다. 비록 정규군이 아닌 오합지졸이지만 '시민군'이라는 새로운 용어를 창출하면서 광주민중항쟁의 상징으로 떠오른 시민군이 광주를 지키고 질서를 바로잡는 시민공동체 자치시대의 지렛대로 등장했음은 물론이다. 광주는 광주교도소와 외곽의 군부대 또는 군 주둔지역을 제외한 전 시가가 시민군의 장악하에 놓여 있었다. 그렇지만 무정부상태의 혼돈에서 벗어날 수는 없었다.

'광주시민공동체의 자치시대'는 이렇게 출범했다.[1] 그러나 나흘 동안 그토록 마구잡이로 휘둘러대던 국가폭력을 몰아낸 거대한 민중의 힘을 이끌 지도

---

1 저자는 종전 저술에서 원용했던 '광주공화국' 대신 '시민공동체'로 바꾸기로 했다. '광주공화국'이라는 용어는 1988년 5월 발행된 저자의 『10일간의 취재수첩』(사계절, 1988, 124쪽)에서 처음으로 사용했던 용어였다. 그 후 발간된 『5·18 광주민중항쟁』(1990, 동아일보사)과 『실록 5·18 광주민중항쟁』(1996, 창작시대사)에서도 사용했다. 그 이유는 1980년 5월 21일 오후 5시 30분 계엄군이 도청을 비롯한 시내에서 철수함으로써 사실상 광주의 통치권은 '대한민국 정부'에 있지 않았다. 시민군도 아니었다. 당시 상황은 무정부상태라는 표현이 가장 적절할 것이다. 그러나 22일 도청에서 김창길을 위원장으로 하는 학생수습대책위원회가 편성되면서 이 위원회가 실질적인 통치(지휘)를 맡고 있었다. 시민군도 이들의 지휘하에 들어갔다. 바꿔 말하면 학생수습대책위원회가 이끄는 자치시대였다고 보는 것이 옳다. 이 때문에 저자는 '대한민국 통치권' 밖에 있었던 이 '자치시기'를 '광주공화국' 시대라는 은유적인 표현과 '광주항쟁'의 의미를 강조하는 뜻을 담아 서술했다. 대한민국 정통성을 부정하거나 통치권에 도전하려는 의도는 추호도 없었다. 그러나 자치 시기가 너무 짧고 실체적 통치행위가 없었기 때문에 적절치 않다는 다수 의견을 긍정적으로 받아들여 '시민공동체'로 바꾸기로 했다.

자가 절대적으로 필요했으나 끝내 그 지도자는 나타나지 않았다. 이렇게 선량한 시민들이 자신과 이웃에 대한 살육행위에 분노한 민중들을 이끄는 지도자는 물론 사전계획조차 없었는데도 즉흥적으로 발로된 정의감 하나만을 가지고 공수부대의 총검을 몰아낸 것이 광주민중항쟁이기도 하다. 이는 세계 민중항쟁사상 유례를 찾아볼 수 없는 새로운 역사를 창출했다. 그러나 그 승리가 신군부의 위계(僞計)로 인한 허상이라는 사실을 아는 사람은 많지 않았다. 이러한 상황 속에 무지도자·무조직 항쟁의 역사를 창조한 나흘을 지나 닷새째가 되어 5·18의 역사를 이어가야 할 22일 아침까지도 항쟁마당의 한복판, 도청 안에는 아무런 조직이나 리더 그룹이 출현하지 않은 허탈한 상태였다.

여기에 맨 처음 오합지졸 같은 시민군의 리더로 등장한 사람은 엉뚱하게도 청소년티를 벗어나지 못한 김원갑이었다.[2] 그는 자신이 지도자가 되어야겠다는 의지를 가졌다거나 어느 부류에 의해 추대된 것이 아니라 아무런 사전 계획이나 절차 없이 우연히 지도자가 되었을 뿐이다. 그는 21일 새벽 2시부터 하루 종일 아시아자동차공장에서 탈취해 온 8톤 트럭을 타고 화정동·사직공원·서방·유동 등 시 외곽지역을 돌아다니며 '비상계엄 해제하라', '김대중 석방하라', '전두환 물러가라'고 목청껏 외치던 단순한 시위대원이었다. 그러던 중 21일 오후 8시경, 공수부대가 철수했음을 확인한 김원갑은 밤 8시쯤 도청으로 들어가 그날 밤을 새우고 다음날인 22일 아침 7시쯤 광주공원의 시민회관으로 달려갔다. 그는 이곳을 중심으로 활동하던 무장시위대원 즉 '시민군'

---

2 김원갑(당시 20세)은 5월 21일 새벽 0시부터 26일 오후 3시까지 광주시내 일원에서 벌어진 항쟁시위에 가담했으며 주로 전남도청에서 활동했다. 그는 그 후 홍보부에서 홍보 업무를 맡다가 5월 26일 오후 3시 30분, 도청에서 나와 항쟁대열로부터 이탈했고 6월 3일 경찰에 자수했다(「5·18 사건수사기록―한국을 뒤흔든 광주의 11일간」, 『월간 조선』 2005년 1월호 별책부록, 170~172쪽).

500여 명이 우왕좌왕하는 모습을 보고 중구난방으로 공수부대와 싸울 것이 아니라 대열을 정비해야 한다고 역설한 끝에 이에 동의하는 대부분을 이끌고 아침 8시 30분 도청으로 돌아왔다. 김원갑은 몇몇 젊은이들과 함께 이 오합지졸들을 조직적인 무장세력으로 편성해야한다고 강조한 끝에 '시민군'으로 편성했다. 그리고 이들과 함께 시위민중들이 탈취해 온 차량 78대에 일련번호를 매겨 장부에 적고 구체적인 임무를 부여했다.[3] 그는 또한 '시민군'을 시켜 시내 요소요소에 바리게이트를 치는 한편 40여 명의 시민군과 차량 5대씩을 묶어 1개조로 편성해 서방 사거리·학동·신역 로타리·산수동·백운동·화정동 및 금남로 부근에 배치하고 남은 200여 명은 도청 정문과 후문 및 그 주변의 경계에 임하도록 했다.[4] 그는 이날 오후 뒤늦게 구성된 도청 내의 학생수습위원회의 요구를 받아들여 시민군 지휘권을 김창길 위원장에게 넘긴 다음 시민군 본부가 있는 광주공원과 항쟁본부 도청을 오가며 측면으로 지원하는 임무를 맡았다. 시민군은 닷새째로 이어지는 투쟁과 시위로 모두 지친 상태였으나 그래도 공수부대를 몰아냈다는 자긍심으로 사기가 충천했다.[5] 그러면서도 시민들에게 불안감을 줄만한 행동은 서로 자제하고 있었다.

---

3 정동년, 앞의 책, 137~139쪽 ; 1번부터 10번까지는 도청에서 백운동까지, 11번부터 20번까지는 도청에서 지원동까지, 21번부터 30번까지는 도청에서 서방까지, 31번부터 40번까지는 도청에서 동운동까지, 41번부터 50번까지는 도청에서 화정동까지 운행구간을 정해주고 78번까지인 나머지 소형차량들은 중간 업무연락과 환자 수송용 임무분담.

4 김원갑이 7개소에 시민군을 배치한 것은 계엄군의 동태를 파악하고 만에 하나 진입해올 경우 이를 저지하는 전초기지 역할을 하도록 취한 조치였다. 이 7개 전진기지는 나중에 계엄군이 광주를 고립화시키기 위해 봉쇄작전을 펴고 있던 돌고개 쪽(송정리 방면)·교도소 쪽(교도소 일대)·백운동 쪽(목포 방면)·지원동 쪽(화순 방면)·오치동 쪽(제31사단 방면)·비아 쪽(장성방면 및 고속도로 진입로)·문화동 쪽(여수·순천 방면) 등 7개 지역으로 재조정 되었다.

5 월간조선사,「한국을 뒤흔든 광주의 11일간」,『월간 조선』2005년 1월호, 별책부록, 170~172쪽.

22일 아침 7시에 접어 들어 시내 곳곳에서 총성이 울릴 뿐, 시내는 오랜만에 평온을 되찾았다. 총성은 시민군의 오발이거나 무의식중에 발사된 것이었다. 시민들은 곳곳에 모여 계엄군의 동태나 시민군의 대응 모습, 그리고 앞으로 어떻게 될 것인가 하는 것 등 이야기를 나누고 있었다. 시내의 상가나 건물은 거의 문을 닫았으나 변두리의 일부 구멍가게는 문을 열어 라면 등을 팔고 있었다. 특히 이날은 양동시장의 '5일 시장' 정기 장날이어서 아침 일찍부터 채소나 소규모 생활용품을 손수레에 싣고 나오는 상인들이 있었다. 특히 채소류가 많았다. 농촌에서 재배하는 농작물은 수확시기를 놓치면 쓸모없는 작물이 되어 버려야 하기 때문에 이를 방치할 수 없어 들고 나온 인근 농민들이거나 소규모 농산물을 판매해 생계를 유지하는 영세 상인들이었다. 다른 날보다 많은 사람이 모인 것은 아니지만 그런 대로 장날의 모습은 갖추어져 반찬거리와 약간의 곡식, 그리고 값싼 생활용품이 거래되고 있었다. 물건을 팔러온 상인들이나 사러온 주부들은 무언가 수군거리며 이야기를 나누고 있었다.

이날 시장에 나온 장사꾼들 중 여자들이나 젊은 사람은 드물었다. 그동안 젊은 사람이면 남녀를 불문하고 수모를 당하거나 붙잡혀 간 악몽이 아직도 생생하게 남아 있는 듯 조심성과 두려움이 겹쳐 나오지 않고 있음이 분명했다.

아침 9시가 되면서 금남로와 도청광장에는 사람들이 다시 모이기 시작했다. 그렇게도 진입하려고 몸부림쳤던 도청광장에 마음대로 들어갈 수 있게 된 시민들은 분수대를 중심으로 옹기종기 아무데나 쭈그리고 앉아 항쟁본부가 된 도청 쪽에서 어떤 조치나 발표가 있기를 기다리는 모습들이었다.

시민들에게는 16절 갱지 양면에 프린트된 「투사회보」 제2호가 배포되었다. '민주투사들이여! 더욱 힘을 내자! 승리의 날은 오고야 만다!'로 시작된 이 「투사회보」는 이날 아침 일찍 시내 주택가에 뿌려졌다. 특히 이 회보에는 21일의 상황이 적혀있어 '광주사태'에 대한 소식에 굶주려 있던 시민들에게 눈과 귀의 역할을 해 주었다.

투사회보 제2호

민주시민들이여! 더욱 더 힘을 내자! 승리의 날은 오고 만다!

광주시민 민중봉기의 함성은 전국으로 메아리쳐 각지에서 민주의 성전에 동참해 오고 있다. 장성에서, 화순에서, 나주에서, 다수의 차량과 무기가 반입되었다. 전주에서는 도청을 완전히 장악하였다. 이제 승리의 날은 멀지 않았다.

승리의 날까지 전 시민이 단결하여 싸우자! 이기자! 민주의 만세를 부르자!

• KBS 방송국을 접수하여 각지에 방송을 통해 이 참상을 알리자!

• 외곽도로 차단(서울 · 목포 · 화순 · 송정 · 남평 · 기타)

• 차량에 분담임무를 부여하자!(지휘부 · 연락부 · 보급 · 구급 · 기타)

• 인근지역에 나가 투사를 규합하자!

• 전 시민은 지역방어와 보급품을 제공하자!

△ 21일 소식

1. 오후 6시경, 공수부대 금남로에서 조대로 이동.

2. 오후 7시경, 공원 주위 시민들 무장완료, 중심지역 무장 조 편성, 근무완료.

3. 오후 8시경, 무등경기장에서 무기 지역별 공급과 조 편성 실시완료.

4. 밤 11시, 공수부대 180명 정도, 매곡동 부근(31사단)에 투입.

1980년 5월 22일

어젯밤에 있었던 일, 계엄군의 동태, 연행되어 간 사람들의 소식, 그리고 외국의 언론보도에 대해 많은 궁금증을 가지고 있던 시민들은 금남로와 도청 광장에 나가면 하나라도 더 듣고 알 수 있으리라는 기대에 가득 차 있던 참이었다. 시민군 또는 학생들이 나누어 준 「투사회보」를 받아든 시민들은 프린트가 잘못되어 글씨가 희미한데도 열심히 들여다보고 있었다. 뉴스에 대한 갈증이 얼마나 심한가를 그대로 보여 주었다. 내용 중에는 약간의 과장된 것 이외엔 비교적 정확한 내용이었다. 벙어리가 된 방송과 신문이 제대로 보도하지 않는 상황에서 뉴스에 굶주린 시민들은 엉성한 「투사회보」라도 나왔으니 다행이라며 반기는 표정들이었다.

마침 가톨릭센터 옆 시멘트 담벼락에 '너와 나는 한 형제, 칼부림이 웬 말이냐 지방색이 웬 말이냐'라고 쓰인 표어가 붙어 있었다. 누런 갱지에 옆으로 쓰인 표어는 이곳만이 아닌 시내 여러 곳에서 발견되었다. 그동안 구호는 '전두환 물러가라', '김대중 석방하라', '계엄령 해제하라' 등 주로 정치적인 것이었다. 그러나 지역감정을 탓하는 색다른 구호가 글씨로 새겨 표어로 붙여진 것은 처음이었다. 지역감정 해소를 위한 표어가 지성적인 행동임은 말할 것도 없지만 이것은 나중에 시민들로부터 신뢰감을 얻는 데 큰 몫을 하게 된다. 당초 공수부대가 투입되었을 때 억양이 강한 일부 경상도 출신 사병들 때문에 한때 '경상도 군인이 전라도 씨를 말리러 왔다'는 유언비어가 나돌아 지역감정이 폭발해 격한 행동으로 표출되기도 했었다. 19일 오후 금성사 대리점이 시위대의 기습을 받았는가 하면 경남 번호를 단 2대의 화물차가 화염에 휩싸이기도 했었다. 그러나 학생들이 즉각 지역감정의 오해를 해소하기 위한 만류에 나서면서 그 이상 악화되지는 않았다. 그러나 학생들은 이러한 지역감정을 원천적으로 차단하기 위해 21일에도 금남로에서 공수부대와 대치하고 있던 시위대열을 향해 제일 성결교회 스피커를 통해 다시 호소했는가 하면 이날은 표어까지 붙이게 된 것이다. 이 무렵 학생들은 가두방송을 통해 시민들에게 "우리는 정부와 협상하려고 합니다. 시민들께서 모이셔서 좋은 의견을 내주십시오"라며 도청광장으로 모이라고 독려하고 다녔다.

이때까지도 어떤 조직체가 형성되거나 리더가 나타났던 것은 아니다. 몇몇 학생들이 도청 1층에 항쟁본부 형태를 갖추었을 뿐 구심체를 갖추지 못해 웅성거리고 있었다. 다만 아침 일찍부터 도청 안에는 정시채 부지사 등 도청 간부들과 이종기 변호사·조철현 신부 등 시내유지들이 나와 대책을 숙의하고 있었다. 오후 들어서야 이들에 의해 시민수습위원회가 구성된 것 뿐이었다. 그런데도 오전 10시가 넘자 금남로와 도청광장은 다시 인파로 메워지고 있었다. 산수동 오거리 쪽에서는 가두방송을 하는 학생들에게, 유동 삼거리에서는 무장을 하고 지나가는 시민군에게 빵과 주먹밥과 음료수를 건네주는 아낙네들의 표정은 밝아 있었다. 시민들은 이제 학생들이나 유지들이 어떤 조직체를 갖추어 정부당국과 절충해서 좋은 결과를 가져오기를 바라는 듯, 한결 밝은 표정을 지으며 희망적인 발표를 기다리고 있었다. 그러나 10시 30분이 되자 시민들의 들뜬 분위기를 순식간에 깨뜨려버린 악재가 공중으로부터 날아왔다. 군용헬기가 프로펠러 소리도 요란하게 시내 상공을 돌며 "폭도들에게 알린다. 즉시 자수하라. 자수하면 생명을 보호받는다"고 방송하기 시작한 것이다. 시민들은 헬기를 향해 일제히 주먹을 휘둘렀다. 그리고 몇 발의 총성이 울렸다. 시민군 가운데서 누군가가 폭도라는 말에 분개한 나머지 헬기를 향해 발포했던 것이다. 총소리가 난 후 헬기는 유유히 사라졌다. 시민군의 총격에 사라졌다기보다는 자신의 임무를 완수했기 때문일 것이다. 시민군의 보잘 것 없는 카빈이나 M1소총에 놀라 달아났을 리는 없었다. 그 헬기는 방송뿐만 아니라 계엄사령관 명의로 된 3개 항의 경고문이 적혀 있는 전단을 쏟아 부었다. 자수와 무장해제와 귀가를 종용하는 판에 박힌 내용이었다.

이번에는 경찰헬기가 날아왔다. 그 헬기도 방송을 했으나 위협적인 용어 대신 다소 호소어린 말투였다. "친애하는 시민 여러분, 그리고 우리 광주 청년·학생 여러분! 빨리 총을 길 복판에 버리고 집으로 돌아갑시다. 우리 광주를 다시 살리는데 모든 부모님들은 거리에 나오셔서 총을 거두는데 앞장서 주십시오. 모든 예비군과 민방위대원은 각 동네의 질서를 회복시킵시다"라는 내용을 방송한 다음 장형태 도지사와 구용상 광주시장 명의로 된 전단을 뿌렸다.[6] 그리고 문화공보부에서 만든 전단도 뿌려졌다. '대화로 모든 문제 해결가능'이라는 제목 밑에 '정부, 사태수습 위해 최선을 다할 터'라는 부제가 달린 9개 항목이었고 '시민·학생 앞장서 비극 막자, 유언비어 믿지 말자'라는 표어가 들어있는 전단이었다. 그러나 내용은 모두 명령조나 위협조로 일관하고 있었다.[7]

물론 이 방송을 듣거나 전단을 읽어본 어느 누구도 이에 긍정하거나 동의하는 사람은 없었다. 또한 수습에 대한 아무런 해결책도 없이 무조건 총을 버리라고 해서 버릴 시민군은 아무도 없었다. 부모들도 어떤 해결책이 전제되지 않는 한 자식들에게만 총을 버리라고 권할 수 있는 입장은 아니었다. 무작정 무장해제나 시위중단이란 상상할 수도 없는 일이었다.

아직 어떤 조직체를 구성하지 않은 학생주체 그룹의 몇몇 사람은 대표 4명을 계엄분소에 보내 수습책을 협의하기로 하는 한편 만일의 경우에 대비하여 전열을 정비하고 있었다. 우선 학생들은 방송을 통해 무기 소지자는 총을 조심해서 다루고 공포탄을 함부로 쏘아 시민을 놀라게 하는 일이 없도록 하고 시내 건물을 파괴하지 말라고 당부하였다. 특히 학생들은 ① 계엄해제 ② 전두환 퇴진 ③ 살인적 공수부대가 저지른 피의 대가 ④ 사망자·부상자에 대한 보상을 요구할 예정이라고 밝힌 후 자신들은 물론 시민들의 투쟁이 어디까지나 폭력적 만행을 일삼은 공수부대에 대한 저항이며 민주화를 위해 궐기한 것일 뿐 결코 '폭도' 또는 '반국가적' 소행이 아니라는 점을 강조하기 위해 질서 유지는 필요하다고 시민들에게 호소했다. 민주적 시민의식을 발휘해야 국내외적으로 정당한 평가를 받을 수 있다고 보았던 것이다. 그러나 대표 파견절차가 계엄분소 측과 사전 협의되지 않아 대표를 파견할 수 없게 되어 협상은 이루어지지 않았다. 7~8만여 명으로 추산되는 시민들은 금남로에서 '김대중

---

6 전문은 광주광역시 5·18 사료편찬위원회, 『5·18 광주민주화운동 자료총서』 제2권, 1997, 36쪽.
7 전문은 김영택, 앞의 책, 131~132쪽.

석방하라' '계엄령 해제하라'는 플래카드를 들고 계속 구호를 외치며 시위를 벌이고 있었다. 이들은 어제까지만 해도 돌이나 화염병을 던지던 '성난 민중'이었지만 시민공동체 자치시기로 접어들면서 대항해야 할 공수부대가 눈에 보이지 않은 탓인지 '적극적 민중'의 틀을 벗어나 차분하고 다소곳한 시민으로 돌아와 있었다. 마침 이때 중·고교생 200여 명이 '우리는 폭도가 아니다'라는 플래카드를 들고 시내를 돌며 시위를 벌였다.

낮 12시 정각, 도청 옥상의 깃봉에 검은 리본을 단 태극기가 반기로 게양됐다. 18~21일 나흘 동안 벌어진 공수부대의 살육행위로 숨져간 젊은 영령들을 추념하기 위한 것이었다. 동시에 옥상 스피커에서 애국가가 울려 퍼졌다. 장중하게 울려 퍼지는 애국가, 누구나 나라를 사랑하는 마음은 한결같은 듯 어떤 구령이나 선창자가 없는데도 도청광장과 금남로에 있던 시민들은 모두 일어서서 태극기를 향해 왼쪽 가슴에 손을 올렸다. 엄숙한 감동이 모두의 가슴에 파고들었다. 개중에는 입술을 떨며 애국가를 부르는 사람도 있었다.

23시간 전인 바로 어제 오후 1시에 울려 퍼졌던 애국가는 발포명령이었다. 그 발포명령으로 인해 숨져간 수많은 영령들을 위해 같은 스피커에서 그들을 추모하는 애국가가 울려 나오고 있었다. 비극적인 순간이었다.

마침 이때 학동 증심사 입구에서 공수부대가 출현했다는 보고가 들어와 도청광장이 술렁거렸다. 수색결과 사실이 아님을 확인한 대신 낙오된 공수부대원 1명을 포로로 잡아 상황실로 데려왔다. '저 놈 죽여야 한다'는 소리가 여기저기서 터져 나왔다. 잡혀온 공수부대원은 새파랗게 질려 떨고 있었다. 그때 어느 젊은이가 '이 군인 한 사람의 죄가 아니다'라고 외쳐댔고 여러 사람이 이에 동조하며 그 공수부대원을 곧 풀어줬다. 학생들은 역시 현명했다.

추념행사가 끝나자 도청 옥상의 스피커에서 갖가지 구호를 쏟아내는 방송이 흘러 나왔다. '내 조국을 아낍시다. 내 고장을 사랑합시다', '질서 지켜 이

난세를 타개해 가야 하겠습니다', '우리의 뜻이 관철될 때까지 많은 협조를 부탁합니다', '우리는 폭도가 아닙니다'는 외침이 울려 퍼졌다.

이들을 누가 폭도라고 부른단 말인가? 바로 1시간 전 군용헬기에서 흘러나온 '폭도여 자수하라'는 권고는 군의 일방적인 주장일 뿐이다. 붙잡아온 공수부대원을 순순히 풀어주었는가 하면 '질서를 지킵시다, 우리는 폭도가 아닙니다'고 외치고 있던 항쟁요원과 시민군을 향해 신군부는 계속 '폭도'라고 몰아붙이고 있으니 도대체 진짜 폭도는 누구란 말인가? 바로 이때 스피커에서는 또 다른 목소리가 흘러나왔다.

"도민은 뭉쳤다. 죽음으로 궐기하자". 방금 전까지 질서를 외치던 스피커에서 갑자기 죽음과 궐기를 외치는 목소리가 흘러나왔다. 앞으로 있을 항쟁수습에 따른 온건파와 강경파의 갈림을 예고하는 징후였다.

바로 이때 학생들을 포함한 젊은 청년들이 화물자동차에 매단 스피커를 통해 병원에 피와 의약품이 바닥나 중상자들이 제대로 치료를 못해 생명이 위독하다고 전하면서 헌혈을 호소하고 나섰다. 그러자 너도나도 모여들었다. 화물자동차는 헌혈 희망자를 가득 싣고 전남대학교 부속병원으로 돌아갔다. 곧이어 대한적십자사 전남지사에서 보내온 또 다른 헌혈차가 도청광장에 정차하자 조금 전 헌혈희망자를 모집하러 온 트럭에 올라타지 못한 것이 아쉽다는 듯 팔을 걷어붙이고 나서는 사람이 줄을 이었다. 헌혈 희망자는 병원마다 초만원이었다.

적십자 부속병원 헌혈실은 줄지어 서 있는 30여 명의 황금동 술집 여성종업원들로 꽉 차 있었다. 병원 측은 술집 여성 종업원들의 혈액에 대한 순수성을 놓고 우려하지 않을 수 없었다. 의사나 간호사들이 주저하는 모습을 보이자 "우리가 술파는 여자라고 어디 마음까지 나쁜 줄 알아요. 우리 마음도 나라위해서는 똑같아라우"하면서 헌혈을 원했다. 병원 측은 어쩔 수 없었다. 당사자들의 외침처럼 그들의 마음까지 의심할 수는 없었다. 각 병원마다 헌혈 희망자들이 몰려들어 병원 밖 50미터까지 줄을 섰고 간호사들은 이들의 피를 채취하느라 밤을 새워야 했다.[8]

광주시내의 각 병원은 부상자들로 초만원을 이루었다. 18~20일까지는 총상자들 보다는 진압봉으로 두들겨 맞은 사람,[9] 군홧발로 짓밟힌 사람,[10] 개머리판으로 짓이겨진 사람,[11] 대검에 찔렸거나 배어진 사람[12] 등 타박상 또는 자

---

8 1980년 5월 한 달 동안 적십자사 혈액원의 공식기록은 750명이 헌혈한 것으로 기록되어 있다. 이는 월평균 70~100명의 8배에 달하는 것이다(광주시, 『통계연보』, 1980년판).

9 김대권(42, 상업)은 19일 저녁 9시쯤 공수부대원에 쫓겨 금남로 3가 안길에 있는 충금동 사무실 안으로 피신해 들어가다 쫓아온 공수부대원에게 진압봉으로 무차별 난타당해 두 부타박, 우측 손 골절상을 입고 다른 7, 8명의 부상자와 함께 간신히 달아나 동신외과병원에서 35일간 입원, 치료받은 다음 퇴원했으나 계속 통원치료를 받았다. 이날 충금동 사무소 입구에서는 어느 시민이 다른 공수부대원의 대검에 찔려 중상을 입고 실려 가는 광경도 목격되었다(정상용·유시민 외, 『광주민중항쟁』, 돌베개, 1990, 188쪽) ; 이성자(40, 주부)는 19일 오후 1시 금남로 5가를 걸어가다가 공수부대원의 진압봉에 머리와 온몸을 구타당해 피투성이가 된 원피스차림으로 귀가하다 전남여고 근처에서 다시 공수부대원에 쫓겨 하천으로 굴러 떨어져 정신을 잃었다. 그 후 8년간 치료를 받아야 했다(이성자, 「피에 젖은 원피스」, 변주나·박원순, 『치유되지 않은 5월』, 다해, 2000, 239쪽).

10 송도연(22, 회사원)은 19일 오전 11시쯤 금남로 5가 한일은행(현 우리은행)입구에서 영문도 모른 채 공수부대원 4명에게 붙잡혀 머리 등을 군홧발로 짓밟히고 진압봉으로 구타당했다.

11 김영만(27, 택시기사)은 19일 오전 11시 40분 호남동 태평극장과 현대극장 사이 광주천변 도로에서 택시로 학생들이 도망가도록 고의적으로 자기들을 가로막았다며 공수부대원들이 택시에서 강제로 그를 끌어내린 후 M16소총 개머리판과 진압봉으로 무수히 구타당했다. 뿐만 아니라 공수부대원이 더 이상 운전을 못하게 한다며 군홧발로 손을 마구 짓밟아 그 후 손가락을 못 쓰게 되었다.

12 김인윤(21, 상업)은 19일 오후 3시쯤 공용터미널 앞에서 착검한 공수부대원에게 쫓겨 터미널 안으로 도망쳤는데 공수부대원이 유리창을 부수고 쫓아 들어와 대검으로 얼굴을 찌르고 총 개머리판으로 머리 뒤통수를 쳐서 중상을 입었다. 같은 장소에서 공수부대원들의 대검에 찔려 함께 부상당한 사람은 10여 명이나 되었다(정상용·유시민 외, 앞의 책, 189~193쪽).

상환자가 많았다. 그러다가 21일 발포가 시작되면서부터 총상환자들로 가득 메워졌다. 전남대 부속병원·적십자병원·기독병원을 비롯한 시내 각 종합병원에는 머리를 몽둥이로 맞고 뇌손상으로 정신이상이 됐거나[13] 척추에 총알을 맞아 반신불수가 된 사람도 있었고, 팔다리가 절단됐거나 총탄 또는 유탄을 맞아 피투성이가 된 사람도 있었다.[14] '광주사태' 기간에 발생한 부상자 대부분이 18~21일에 발생한 환자들이었다. 재진압작전이 벌어진 27일에 또 다시 많은 희생자와 함께 부상자가 발생했지만 대부분의 환자는 항쟁 전반기에 해당하는 21일까지의 4일 동안 발생했다. 그 중에서도 '살육작전' 초기인 18~19일 발생한 환자가 압도적으로 많았고 21일 이후에는 시 외곽을 봉쇄한 채 행인, 심지어 놀고 있는 어린이들에게까지 가해진 총격으로 인해 총상환자가 대부분이었다.[15]

전남여상 3년생인 박금희(18)는 시내를 돌며 헌혈을 호소하는 방송차량을 보고 곧장 가까운 양림동에 있는 기독병원으로 향했다. 시가 중심지에서 멀리 떨어져 있어 비교적 후미진 외곽지대의 이 병원 입구에도 이미 많은 시민들이 헌혈을 하기 위해 줄지어 서 있었다. 민주화를 위한 투쟁에 동참하는 길은 헌혈밖에 없다

---

[13] 신갑병(19, 학생)은 19일 오후 1시쯤 가톨릭센터 앞에서 공수부대원들로부터 군홧발로 짓밟히고 진압봉으로 구타당한 후 정신분열증세로 입원, 치료를 받았으나 아직도 완치되지 않았다(정상용·유시민 외, 앞의 책, 189쪽).

[14] 김용대(28, 회사원)는 21일 오후 1시 30분 금남로 1가 도청광장 부근에서 총상을 입고 쓰러져 있는 소년을 구하려고 나섰다가 척추에 총격을 받고 쓰러졌다. 그는 하반신마비 환자가 되었다(김용대, 「늘 열려있는 문」, 변주나·박원순, 앞의 책, 217쪽).

[15] 부상자들의 질환은 신체질환 42%, 정신 및 신체질환 30%, 정신질환 18%, 원인불명 10%다. 신체질환은 신경통 디스크 34%, 반신불수 17%, 뇌증후군 23%, 스트레스성 질환 10%, 관통상 10%, 기타 6%. 정신질환은 정신분열증 56%, 성격장애 18%, 기억력장애 7%, 외상성신경증 7%, 우울증 10%, 기타(사회적응력 장애 등) 2%다(변주나, 「15년 후의 충격」, 변주나·박원순, 앞의 책, 124~125쪽).

고 생각한 그녀는 하얀 팔뚝을 내밀었다. 헌혈을 마친 박금희는 부상자들의 고통
과 사망자들의 비통함에 가슴을 저미면서도 이 고난의 역사에 동참하고 있다는
성취감을 느끼면서 병원을 나와 양림교에 이르렀을 때 난데없는 총탄이 그녀의
복부를 관통했다. 시 외곽지대를 봉쇄한 채 순회하고 있던 공수부대원의 총격이
었다. 열여덟의 꽃다운 그녀는 조금 전 헌혈했던 기독병원으로 옮겨졌다. 그러나
곧 숨을 거두었다.[16]

부상자들을 살리기 위해 헌혈하고 나오다가 총격을 당해 숨져간 박금희의
비극은 어떤 형태로도 설명을 할 수가 없을 것 같았다. 그런데도 그러한 비극
은 아무렇지도 않은 듯 여전히 계속되고 있었다.

5월 22일 오전 10시였다. 김성수(44)는 아내 김춘화(40), 막내딸 내향(5)이와 함
께 자신의 생업수단인 전남 아 7395번 타이탄 트럭을 몰고 광주를 빠져나가기
위해 호남고속도로 광주 동부인터체인지 쪽으로 갔으나 공수부대의 도로차단과
동시에 시내로 돌아가라는 명령에 따라 차를 되돌려 시내로 돌아오려는 순간 집
중사격을 받았다. 차를 운전하던 김성수 본인은 약간의 상처만 입었지만 아내와
딸은 중상을 입고 말았다.[17]

병원에는 부상자만 있는 것이 아니라 억울하게 목숨을 빼앗긴 희생자의 시
체도 안치되어 있었다. 22일 전남대병원에는 22구, 기독병원에는 18구, 적십
자병원에는 17구가 안치되어 유족들의 호곡소리에 묻혀 차마 눈을 감지 못하
고 있었다. 그러나 시체는 곳곳에 산재되어 있었다. 시민군이 수습하고 다녔

---

16 김영택, 앞의 책, 194쪽.
17 김영택, 앞의 책, 135~138쪽 ; 아내 김춘화는 정신이상 증세를 일으켜 계속 치료를 받
   다가 1986년 12월 7일 교통사고를 당해 숨졌고 딸 김내향은 전신불수의 중환자가 되어
   오늘에 이르고 있다(김성수, 「내향이의 웃음은 누가 찾아줄 것인가」, 동아일보사, 『여성
   동아』, 1989년, 3월호). 그러나 그녀도 그후 숨졌다.

지만 제대로 찾아내지 못한 경우도 많았다. 다행히 부모형제를 만난 시체는 찢어지는 듯한 통한의 눈물과 울음소리라도 들을 수 있었지만 아무도 만나지 못한 외로운 시체는 쓸쓸하고 황량하게 누워 있어야 했다.

이 무렵 4톤급 트럭에 30~40대 부녀자들이 가득 탄 채 도청 안으로 들어왔다. 유동에 산다는 부녀자들은 쌀·냄비·솥·화로·그릇 등등 온갖것을 들고왔다. 식사를 제공하기 위해 취사요원으로 자원한 것이다.

식사문제 때문에 고심하고 있던 항쟁본부 측은 반갑기 그지없는 일이었다. 항쟁시기 일부 지각없는 시위대원이나 시민군이 남의 가게에 무단으로 들어가 아무 것이나 마음대로 집어먹는 경우도 없지 않았지만 대체적으로 시민들은 빵이나 우유 등을 자진해서 내놓았다. 그렇다고 수십 명이 넘는 항쟁요원들의 식사를 계속 빵이나 우유로만 때울 수는 없는 법이었다. 더욱이 식당이나 가게의 문이 거의 닫힌 상태라 끼니를 해결할 방법이 없었다. 부녀자들의 등장은 항쟁본부 요원들의 투쟁의욕을 더욱 북돋았다. 이밖에도 부녀자들은 여기저기서 모여들어 도청 안은 시끌벅적해지고 먹을 것도 풍성해졌다. 이들은 취사시간이 끝나면 부상자들을 돌보기도 했고 주인 없는 시신을 수습하기도 했다. 이름 없는 부녀자들의 손길은 여기저기 닿지 않은 곳이 없었다. 시민들의 광주항쟁에 대한 지지나 성원은 이렇게 시민 모두를 혼연일체로 묶어 여러 형태로 표출되었다.

이에 앞서 아침 8시 10분쯤 정시채 부지사 등 6명의 도청 간부와 일부 직원들이 출근했다.[18] 정시채 부지사는 이미 도청 서무과 바로 옆의 사무실에 나와 있던 이종기·이기홍 변호사·조철현 신부·최한영·윤영규·신용순·장

---

[18] 문창수 기획관리실장, 범택균 내무국장, 김경수 비상기획관, 나승포 서무과장, 이용호 지방과장.

휴동 등 각계 인사들과 합류해 오전 내내 '광주사태'를 어떻게 풀어갈 것인가에 대해 진지하게 숙의했다. 이른 아침부터 도청으로 달려와 이번 사태에 깊은 관심을 갖는 열성 있는 인사들이었다. 이들은 대한민국 국가 안에 있는 '광주'가 어떤 명분을 만들어서라도 체제의 질서에 다시 흡수되어야 한다는 원칙에 다른 의견은 없었다. 그러나 어떻게 해야 할 것인가가 난제였다. 문제는 정부나 계엄당국이 지난 4일 동안 빚어낸 '광주의 살육'을 어떻게 치유하고 통치권의 테두리 안으로 끌어들일 것인가에 있었다. 그것은 단 한 가지, 대한민국 통치권을 실질적으로 행사하고 있는 계엄당국과의 협상을 통해 광주시민들이 입은 상처에 대한 치유와 위로를 받은 다음 종전의 국민으로 되돌아가는 것뿐이었다. 이 같은 협상을 성사시키기 위한 묘안이 도청에 모인 각계 인사들로부터 쏟아져 나왔다.

이들은 낮 12시 30분, 2층으로 자리를 옮겨 계엄사령부에 요구할 협상조건들을 숙의하는 한편 이 사태를 수습하기 위해 학생들이나 시민들로부터 신뢰받을 수 있는 양심적이고 헌신적인 신부·목사·변호사·기업주·관료·교수 중에서 15명을 뽑아 '광주사태수습시민대책위원회'를 구성하고 협상대표를 계엄분소에 보내기로 합의했다. 마침 이때 광주지역 민주화 운동의 상징적 인물인 홍남순 변호사와 관료 출신으로 비교적 신망이 두터운 박윤종 적십자사 전남지사장이 참석하여 수습회의는 더욱 활기를 띠었다. 수습위원들은 천주교 광주교구 윤공희 대주교를 위원장으로 뽑았다. 윤 대주교는 도청 부지사실로부터 수습을 위해 참여해 달라는 간곡한 요청을 받고 나왔다가 참석자들이 중구난방으로 의견이 분분하자 조철현 신부에게 수습에 따른 모든 임무를 대신 수행하도록 위임하고 교구청으로 돌아갔다. 이에 따라 위원장은 광주지역 사회의 원로인 최한영 옹으로 대체되었다. 그러나 최한영 옹도 노령을 이유로 고사했다. 결국 이종기 변호사가 위원장을 맡았다. 수습위원들은 사태수습을 위해 정부당국에 요구할 7개 항을 결의했다.

1) 사태수습 전에는 군 투입을 하지 말 것.
2) 연행자를 전원 석방할 것.
3) 군의 과잉진압을 인정할 것.
4) 사후 보복을 금지할 것.
5) 상호 책임을 면제할 것.
6) 사망자에 대해 보상할 것.
7) 이상의 요구가 관철되면 무장을 해제하겠음.

위의 7개 항은 나중에 학생수습대책위원이 될 학생 및 청년들의 비교적 온건한 의견이 반영된 것이다. 이날 시민수습대책위원들과 몇몇 학생·청년들 간에는 수습안을 놓고 상충되는 의견이 분분해 혼미를 거듭하는 양상을 보이고 있었다. 처음에는 상당히 강경한 의견이 개진돼 어떤 집약된 결론이나 협상안 작성이 불가능할 것으로 짐작하는 사람들이 많을 정도였다. 제기된 수습안 중에는 ① 계엄 해제 ② 전두환 퇴진 ③ 김대중 석방 ④ 구속학생 석방 ⑤ 계엄군 철수 ⑥ 그렇지 않으면 최후까지 투쟁한다는 내용이고, 또 다른 안으로는 ① 발포자 공개 ② 사망자·부상자 보상 및 치료와 연행자 석방 ③ 전두환 퇴진 ④ 계엄 해제와 광주공포심 제거 ⑤ 민주정부 수립 ⑥ 언론자유 보장이었다. 심지어 이번 사태와 아무런 관련이 없는 노동 3권 보장까지 제기되었다.

이 같은 수습안은 계엄사나 정부당국 특히 신군부가 도저히 수용할 수 없는 것들이었음은 물론이다. 이 때문에 강경파 학생·청년들을 설득한 시민수습위원들과 온건파 학생들이 논의를 거듭하면서 절충한 끝에 위의 7개 항을 이끌어냈었다. 이 같은 7개 항을 도출하는데 성공한 수습위원들은 8명의 대표를 뽑아 오후 1시 30분쯤 상무대의 전남북계엄분소로 소준열 분소장을 방문했다. 그러나 시민수습위의 협상대표들을 맞은 소준열 계엄분소장은 이에 대해 "요구사항을 적극적으로 들어주도록 노력하겠다. 다만 과잉진압 인정조항은 내 개인적으로는 가능할지 모르나 공식적인 의견의 제시에 대해서는 계엄사령부와 협의해야 하는데 시간이 필요하다"며 협상안 수용에 난색을 표명했다. 계엄분소 측이 상부와의 절충에 시간이 필요하다는 이유를 내세워 7개 항의 협상안은 차치하고 협상자체를 거부했던 것이다. 이날의 협상은 이렇게 무위로 끝나버렸다. 이는 계엄사가 처음부터 협상에 의한 평화적 수습을 완전 배제하고 일방적인 강압책으로 몰아붙이겠다는 의지가 배어있었음은 물론 공수부대 투입 자체가 평화적 학생시위에 대한 순수한 진압차원이 아니라 처음부터 의도된 살육작전이었음을 시사하는 대목이었다. 또한 저명한 종교계 및 지역사회 지도자가 포함된 시민수습위원회로 하여금 대화를 통해 사태의 평화적 해결을 모색하도록 성원한 광주시민들의 바람이 완전히 외면당하는 최초의 수난이기도 했다. 수습위원회는 당국과의 대화를 통해 질서회복과 정부의 사과를 조건으로 탈취무기의 반환, 희생자 및 재산손실에 대한 보상, 그리고 항쟁가담자들에 대한 사면을 전제로 평화적 수습을 시도했으나 신군부는 이를 냉혹하게 거부함으로써 향후 '광주'의 향방이 어떻게 진행될 것인가를 가늠할 수 없게 했다. 당시 수습위원들이나 시민들이 이 같은 신군부의 내재적 저의를 간파한 것은 한참 후의 일이었다.[19]

22일 3시 58분, 관 위에 태극기를 덮은 18구의 유해가 도청광장 분수대 주변에 안치되었다. 이미 지난 14일부터 민주성회 장소로 시민들의 뇌리에 깊이 새겨진 바 있지만 공수부대를 몰아낸 첫날인 22일의 도청광장과 분수대는 더욱 뜻있는 시민들의 마당으로 승화되어 있었다. 수많은 시민들은 분수대를

---

19 글라이스틴 회고록, 185쪽.

가운데 두고 빙 둘러앉거나 서성거리고 있었지만 도청광장은 인산인해였다. 심지어 상무관 지붕까지 빽빽하게 올라가 있었다. 시민수습위원들은 상무대에서 협상을 벌이고 있었기 때문에 다른 위원들은 도청에 머물러 있었고 학생수습위원회는 아직 구성되지 않은 상황이어서 몇몇 학생들이 마이크를 잡고 추도식을 진행하려할 뿐 아직 지도부 역할을 담당할 사람은 아무도 없었다. 아무나 단상에 올라 마이크를 잡고 며칠 동안 겪었던 일들을 열변으로 토해내고 있었다. 상인·종교인·교사·가정주부·고교생·노동자·대학생 할 것 없이 주저하지 않고 연설 아닌 연설을 했다. 그때 어느 학생이 협상대표가 돌아오기 전 추도식을 거행해야 한다면서 국기에 대한 경례, 애국가 봉창, 묵념 순으로 10여 분 동안 추도식을 진행했다. '광주사태' 기간 중 최초로 열린 시민대회가 자연스럽게 이루어진 것이다. 시민대회 개최를 사전에 알린 탓도 있었지만 도청광장과 금남로를 꽉 메운 10만에 가까운 수많은 시민들은 엄숙하게 진행되는 추도식에 참여하고 있었다. 시민들은 협상대표들이 어떤 결과를 가지고 계엄분소에서 돌아오기를 애타게 기다리는 눈치가 역력했다.

22일 오후 1시 30분쯤 출발했던 시민수습위원들이 오후 5시 18분이 되어서야 상무대에서 돌아왔다. 수습위원 8명이 차례로 단상으로 이용되던 분수대에 올라 협상 내용과 자신들의 소신을 밝혔다. 수습위원들은 유혈방지와 질서유지를 강조했다. 시민들은 이에 공감하는 듯 박수를 치며 환호성을 올렸다. 맨 먼저 장휴동이 마이크를 잡았다. 그는 "우리가 이런 식으로 해서는 결국 폭도밖에 안 됩니다. 어서 빨리 무기를 모두 반납하고 치안질서를 경찰에 넘겨야 합니다"라고 말했다. 이 말을 들은 시민들은 웅성거리기 시작했다. 이때 어느 청년이 올라와 장휴동의 마이크를 빼앗았다. 나중에 학생수습위원회 부위원장을 맡게 되는 조선대생 김종배였다. 그는 "장휴동 씨는 정치인으로 시민의 입장에서 이야기하는 것이 아니라 그 반대의 입장을 대변하고 있습니다. 광주시민들이 이렇게 많이 죽었는데 사태수습만을 이야기할 것이 아니라 시민들이 납득할 수 있는 구체적인 방안이 제시되어야 합니다"라고 강조했다.[20] 시민들로부터 배척을 당한 장휴동은 단상에서 내려와야 했다. 학생들이나 시민들은 장휴동이 수습위원이 된 것을 탐탁지 않게 여기고 있었다. 학생들은 유신독재 때 광주에서 무소속으로 국회의원에 출마한 그의 정치행각을 못마땅하게 여기고 있었던 것이다. 그러자 위원장인 이종기 변호사가 올라갔다. 그는 계엄분소 관계자들과 만나 "한 마디로 말해 아무것도 성의 있게 논의된 것이 없고 따라서 합의된 게 아무것도 없다"고 보고했다. 그의 말을 전해들은 시민들은 술렁거리기 시작했다. 이때 주위의 빌딩에 배치되어 경계임무를 맡고 있던 어느 시민군이 공포를 몇 발 쏘았다. 그는 협상결과를 발표하는 수습위원들의 발언에 불만이 많았던 것이다. 그러자 시민들은 동요하기 시작했다. 그 사이 수습위원들은 모두 분수대에서 내려오고 어느 위원은 슬그머니 빠져나가고 있었다. 시민들은 수습위원들을 야유하기 시작했다. 그들의 잘못은 아니었지만, 협상결과에 대한 기대가 컸던 만큼 당국의 무성의에 울분을 금치 못한 가운데 그 울분의 감정이 수습위원들에 대한 실망감으로 표출되었던 것이다. 그런데도 계엄당국은 평화적 사태수습을 위한 협상 자체를 거부한 자신들의 태도를 왜곡하여 수습위원들에게 떠넘기기에 혈안이 되어 있었다. 1985년 국방부에서 발행한 「광주사태의 실상」을 보자.

5월 22일 오전 10시경 도청에서는 전남 부지사의 주도하에 광주시의 지도급 인사들이 모여 이종기 변호사를 대표로 한 14명의 '광주사태 시민수습위원회'가 구성되었다. 일부 지방유지와 온건파 폭도들은 계엄당국과 문제를 해결하려 하였

---

20 「5·18 사건 수사기록-한국을 뒤흔든 광주의 11일간」, 『월간 조선』, 2005년 1월호 별책 부록, 173·184쪽 ; 김영택, 앞의 책, 140쪽 ; 정동년, 앞의 책, 147쪽.

다. 이들은 '계엄군 투입금지', '구속학생 전원 석방', '계엄군의 데모 과잉진압으로 인한 사태 악화 인정', '사망자 및 부상자의 보상비 및 치료비 완전보상', '시위내용 사실보도', '사후 보복금지 확약', '상기 사항 불응시 계속 투쟁 결의' 등 계엄분소 측에 제시할 7개 요구사항을 결의하고 낮 12시경 수습대표들이 계엄분소를 방문하고 이의 수락을 요청하였다. 소위 수습위원회 대표격인 이종기 변호사는 이번 사태가 계엄군의 과잉진압에 있었다는 사실을 인정하고 시민에게 사과하라고 요구하였다. 한편에서는 무장폭도들이 전투조직을 강화하면서 또 한편으로는 계엄군에 대하여 사과를 요구하고 나선 것이다. 감정을 가라앉히고 이성을 회복한 후에 생각해 보면 얼마나 어처구니없는 주장인가? 무엇을 누구에게 사과하라는 것인가? 정복을 입은 경찰관에게 돌을 던지고 각목으로 때리고 살해한 자를 도대체 어떻게 하자는 건가? 대한민국의 군복을 입은 군인을 공격한 자(사실상 적이 아니면 군인을 공격하는 집단은 없다)를 어떻게 하자는 건가? 이런 종류의 사태 수습은 시작부터 기대를 걸 수 없었다. 철시한 거리를 활보하고 다니는 것은 오직 총기를 휴대한 무장폭도뿐이었다. 그들은 군용 지프와 트럭, 버스를 타고 시가지를 돌면서 위협 시위와 요란한 가두방송을 하였는바 심지어는 '우리 방송은 못 믿으니 북한 방송을 듣는 것이 좋다'고 버스에서 북괴 방송을 틀고 운행하기도 하였다. 공장 직공들과 걸인, 불량배 등 20대 전후가 대부분인 무장폭도들은 탈취한 경찰복, 군복 및 철모 등을 착용하고 방독면, 수건 등으로 복면하였으며 어떤 자들은 무거운 기관총 실탄피를 자신들의 상반신에 X자형으로 걸치고 다녔다.

'광주사태' 즉 광주살육이 벌어진 배경이나 원인에 대한 언급은 한 마디도 없다. 군인을 공격하는 자가 모두 적이라면 선량한 시민들을 죽이는 자는 도대체 누구란 말인가?[21] 실로 신군부 정권의 뻔뻔스런 발표문이었다. 이번 사태를

---

[21] 5·18 당시 전남도지사였던 장형태는 나중에 '12·12, 5·18 사건' 수사가 진행될 때 서울지방검찰청에 참고인으로 출두해 "공수부대의 과잉진압으로 그것에 반발하여 시위를 하는 사람들을 폭도라고 할 수 있습니까? 오히려 먼저 과격하게 시위진압을 한 쪽이 폭도라면 폭도겠지요"라고 진술했다(앞의 「한국을 뒤흔든 광주의 11일간」, 227쪽).

이미 불순분자·간첩의 배후조종·폭도들로 몰아붙인 계엄사령관의 성명 내용과 하나도 다를 것이 없었다. 학생들은 오히려 북한 방송을 듣지 말고 일본 방송이나 미국 방송을 들으라고 권유했음은 시민들이 다 아는 사실이다. 그러나 자신들의 살육행위를 정당화하기 위해 사실을 왜곡하고 있었던 것이다.

협상결과를 전해들은 시민들은 '굴욕적 협상 결사반대'를 외치고 나섰다. 이 목소리는 수습위 내 강경파들의 입지를 강화시켰고 신군부의 '광주살육'에 대한 명분을 합리화 시켜주는 상승작용을 했다. 학생들과 시민수습위원들은 총기를 회수하여야 한다는 데에 의견을 같이했다. 더 이상 비극은 막아야 한다는 것이었다. 그들은 아무런 조직이나 훈련조차 받지 않은 오합지졸에다 형편없는 카빈과 M1소총으로 무장한 시민군이 60만 국군 중에서도 최정예부대인 공수부대와 싸우는 것은 상대가 될 수 없을 만큼 무모한 것임을 잘 알고 있었다. 그러므로 '시민군'이라는 상징성만을 지닌 채 무장투쟁을 한 걸음 접고 더 이상의 희생이 없도록 총기를 빨리 반납하는 것이 가장 현명한 방안이자 최대의 수습책이라고 판단했다. 이 때문에 계엄사 측과의 협상을 통해 최소한의 양보를 얻어낼 수 있다면 무기를 반납해야 한다는 것이 하루 종일 회합을 거듭한 시민수습위원들이나 온건파 학생들의 일반적인 결론이었다. 그러나 김종배·허규정 등 일부 학생들의 생각은 조금 달랐다. 당국의 긍정적 반응이 있어야 한다는 것이다. 어찌 됐건 총기 회수 여론이 우세한 가운데 수습위원들이 나선 결과 이날 오후 5시 30분까지 도청과 광주공원에서 200여 정을 회수할 수 있었다.

시민수습위원회의 협상대표들이 상무대에서 협상중인 4시 무렵, 분수대에 오른 전남대학교 농과대학 3학년 김창길은 도청광장에 모인 시민들에게 시민수습위의 협상대표가 상무대에 가게 된 경위를 설명한 다음 '이번 사태는 대학생들이 책임져야 할 사안이기 때문에 우리들이 나서서 수습하겠다'고 천명한 끝에 학생수습대책위원회를 구성하기로 합의했다. 이에 따라 대학생들은 따로 남도회관 앞에 모여 종합대학인 전남대와 조선대에서는 각 5명씩, 전문대학에서는 각 2명씩, 모두 15명 안팎을 뽑기로 했으나 전문대생들이 대부분 그 자리에 없어 전남대생 김창길·정해민 등 5명, 조선대생 김종배·양원식·허규정 등 5명이 선정되어 전남대 송기숙·명노근 교수와 함께 도청 1층에 있는 서무과로 들어가 학생수습대책위원회를 구성했다. 이때가 오후 6시쯤이었다. 학생수습위원들은 이 자리에서 송기숙·명노근 교수를 고문으로 추대하고 김창길을 위원장으로 선출하는 한편 부위원장 겸 장례담당 김종배(조선대), 총무 정해민(전남대 상과 4년), 대변인 양원식(조선대), 무기수거 담당 허규정(조선대)을 편성하는 한편 총기회수반·차량통제반·수리보수반·질서회복반·의료반 등의 부서를 두기로 했다.[22]

'광주사태'를 수습하기 위한 광주 시민 자체가 시도한 노력의 일환으로 구성된 수습위원회는 결국 시민수습대책위원회와 학생수습대책위원회로 별도 구성되었다. 시민수습대책위원회는 주로 군부 측과 협상하거나 시민 설득에 중점을 두고 어떻게 하면 원만하게 수습할 수 있을 것인지에 역점을 두었고 학생수습위원회는 실질적인 대민업무를 맡으면서 명분있는 수습을 모색하되 그렇지 않을 경우 영예스러운 투쟁노선을 지향하고 있었다.

그러나 이때 성립된 두 수습위원회는 시민 또는 민중들의 폭발적이고도 필사적인 저항이 어떻게 엄청난 사태로 발전했는가에 대한 인식을 제대로 하지 못하는 듯 했다. 어떠한 방식으로 정치적 해결책을 마련할 수 있을 것인지에 생각이 미치지 못했으며 수습위원회에 참여한 개개인은 더 이상 아까운 생명을 희생시킬 수 없다는 소박한 정의감으로 나선 것 뿐이었기 때문에 당초 광

---

22 앞의 「한국을 뒤흔든 광주의 11일간」, 174쪽 ; 앞의 『1980년대민주화운동』 1권, 97~98쪽 ; 정동년 외, 앞의 책, 148쪽.

주시민들이 왜 분노했는가, 어떻게 폭발했는가의 본질을 꿰뚫어보지 못하고 있었다.[23] 오직 격앙된 분노와 감정만을 앞세워 분출된 5·18의 함성과 승리를 자체적으로 이념화시키고 본질적으로 체계화시킬 지도자와 조직을 학수고대하고 있었다. 그러나 '살육'과 '항쟁'이 5일째로 접어들고 있는데도 이에 걸맞는 지도자와 조직이 나타나지 않았다는 것, 그것은 곧 5·18 항쟁의 본질을 제대로 수렴하지 못한 또 다른 한(恨)이자 불운이기도 했다.

23일 학생수습위원회에서는 무기반납 문제를 놓고 또 다시 격렬한 논전이 벌어졌으나 결론을 내리지 못했다. 밤을 새우면서 질서·홍보·장례·무기회수 문제 등을 논의한 결과 다른 여러 가지는 의견의 일치를 보았지만 무기반납문제만큼은 김창길 위원장 등 몇몇의 "더 이상 피를 흘리지 않기 위해 무기를 반납하여 사태를 수습하자"는 측과 김종배 부위원장과 허규정의 "시민들이 납득할 수 있는 최소한의 요구가 관철될 때까지 싸우자"는 측이 팽팽하게 맞서고 있었다. 논란 끝에 우선 100정만 가지고 가서 계엄당국의 반응을 살펴보자고 했으나 김창길 위원장은 이 의견을 무시하고 우선 회수된 무기 200정을 가지고 계엄분소로 향했다.

이에 앞선 23일 오전 10시쯤 학생 및 시민수습위원회 위원들은 도청 도지사실에 모여 조직을 개편했다. 전날의 계엄군 상대의 협상실패에 대한 불미스러운 시민들의 반응으로 인해 시민수습위원 15명 중 5명이 사퇴했기 때문이다. 이에 따라 수습위원회는 일반수습위원 10명, 전남대학교 학생 10명, 조선대학교 학생 10명 등 모두 30명으로 조정해 개편했다.[24] 시민수습위원으로는 고광표·서정수·조철현·윤성원·이홍길·심홍순·한완석·박찬일·문행두·

---

23 김영택, 앞의 책, 127~128쪽 ; 정동년 외, 앞의 책, 148~149쪽.
24 정동년, 앞의 책, 162~163쪽.

최한영 등이 선임되었다.[25]

오후 1시쯤 무기를 가지고 계엄분소로 갔던 학생수습위원장 김창길과 시민수습위원 장휴동은 연행되었다가 훈방된 34명의 신병을 인수해 도청으로 돌아왔다. 이를 계기로 더 이상의 유혈사태를 없애기 위해서라도 총기를 무조건 반납하자는 온건파와 최소한 사망자의 장례와 부상자에 대한 조치 그리고 연행된 사람들의 석방 등 어느 정도 수긍할 수 있는 후속조치와 정부당국의 사과를 받은 후 반납하자는 조건부 강경파의 갈등이 표면화되기 시작했다. 김창길 등 대다수는 '계엄사가 실제로 구속자를 풀어주었으니 무기만 반납하면 우리의 요구가 받아들여질 것이고 그렇지 않고 더 이상 계엄군과 대결하면 엄청난 피만 흘리게 될 것'이라고 주장했다. 이에 반해 김종배 등 일부는 "지금 이 시점에서 무조건 무기를 반납한다는 것은 광주시민의 피를 팔아먹는 행위이고 나아가서 시민군들이 반대할 것이다. 시민들을 납득하기 위해서는 적어도 광주시민이 폭도라고 주장하는 당국의 태도에 변화가 있어야 한다. 연행된 학생과 시민들이 모두 석방되어야 하고 피해에 대한 보상과 희생자의 장례가 시민장으로 치러져야 한다"며 맞섰다. 그러나 수습위원들은 당국의 사과나 후속조치도 필요하지만 무기반납이 우선적으로 선행되어야 한다는 데 의견이 모아지고 있었다.

---

25 이상은 저자가 현장에서 메모했던 명단이다. 그러나 한국일보는 개편된 시민수습위원을 윤공희 대주교, 조철현 신부, 신승균 목사, 방영봉 목사, 박윤종 적십자사 전남지사장, 윤영규 교사, 최한영, 이종기 변호사, 장휴동, 김창길 등으로 보도했다. 여기에 윤공희와 김창길이 포함된 것은 잘못이다. 윤 대주교는 모든 임무를 조철현 신부에게 위임하고 수습위원회 현장에 출석하지 않았고 김창길은 학생수습위원회에 들어 있었기 때문이다. 이 같이 몇 차례 개편된 수습위원 명단은 발표자나 취재기자에 따라 상당한 차이가 있었다. 이는 학생들이나 수습위원 사이에 선호도가 달랐고 또 수락 여부에 관계없이 일방적으로 발표되는 등 난맥상이 있었기 때문이다.

실제로 '광주사태'가 진행되는 동안 유신독재와 싸우며 민주화 운동을 벌였던 인사들은 이미 5·17 조치와 함께 대부분 연행되었거나 피신했다. 그러나 다행히 피신에 성공한 인사들이라 할지라도 공수부대가 자행하는 살육작전 내지 국가폭력 자행의 진의가 어디에 있는가를 제대로 인식하지 못하는 오류를 범했으며 수많은 시민들이 피흘려 이루어놓은 성숙된 공동운명체에 참여하기를 두려워한 나머지 안일한 길을 걷고 말았다.[26]

항쟁 초기부터 5·18의 진행을 현장에서 직접 체험하면서 유인물과 화염병을 제공했던 유일한 지도자 윤상원을 비롯해 피신했다가 뒤늦게 참여한 몇몇 재야운동권의 젊은이들은 학생수습위원회의 구성과 활동상황을 주시한 끝에 학생수습위원회와는 별도로 무장시민군과의 직접적인 연대성을 형성하기 위한 새로운 길을 모색하고 있었다. 그들은 학생수습위원회에는 공식적으로 활동에 필요한 차량통제 부서에만 참여하기로 동의하고 수습위원회 상황실 맞은편에 사무실을 따로 마련, 밤새워 홍보용 유인물을 작성하는 데 매달렸다. 또한 그들은 시민수습위나 학생수습위가 도청광장에 모여 있는 수많은 민중이나 시민들을 설득시킬 논리를 갖추지 못했기 때문에 계엄사 또는 전두환 측과의 협상은 필연적으로 무조건 항복하는 것에 불과하다는 인식을 깊게 가지고 있었다.[27] 더욱이 협상을 주도하는 그룹이나 총기를 반납하자는 이른바 온건파 수습위원들은 아직도 신군부의 정권탈취 음모의 본질을 제대로 인식하지 못하는 안타까움을 안고 있었다.

---

26 14~16일 시위를 성공적으로 이끌었던 전남대학교 총학생회장 박관현은 항쟁기간 10일 동안 피신한 채 항쟁대열에 끝내 참여하지 않았고 일부 재야운동권 인사들도 23일에야 등장했다(광주현대사료연구소, 『광주 5월민중항쟁 사료집』, 538~540쪽 ; 김병인, 「5·18과 광주사회운동」, 광주광역시사료편찬위원회, 『5·18 광주민중항쟁사』, 2001, 157쪽 ; 정동년, 앞의 책, 177쪽).

27 『1980년대 민주화운동』 1권, 98쪽 ; 정동년, 앞의 책, 149쪽.

윤상원과 젊은 재야인사들은 당초 신군부가 의도하는 정권찬탈을 위해 '광주살육' 작전을 무자비하게 자행하는 것을 보고 이에 대응하기 위해 유인물과 화염병을 공급했던 '광주사태' 초기를 거쳐 자치시대에 이르렀을 때 가장 대표적인 리더그룹으로 부상할 수 있었다. 그러나 자신들이 생각하고 있던 이상(理想)을 벗어나고 있는 학생수습위에 적극 가담할 수도 없었고 그렇다고 유지급 인사로 구성된 타협적 시민수습위에 참여할 수도 없는 비타협적 갈등의 괴리 때문에 제 역할을 할 수 없는 아쉬움에 맞닥뜨려야 했다. 그들은 '시민공동체' 자치시기 후반에 접어들어서야 '5·18 살육과 항쟁' 또는 '광주사태'의 본질적 상황을 인식한 나머지 뒤늦게 발 벗고 나서는 적극성을 보이다 마지막 흉탄에 산화하는 비운을 맞게 된다.

학생수습위원회는 유신체제 당시부터 학생운동 또는 재야 민주화운동을 벌였던 윤상원·정상용·이양현 등을 끌어들여 보다 효과적인 통합된 수습대책을 마련하고자 혼신의 힘을 쏟았다. 자신들의 의중과 시민들의 바람을 절충한 합리적 수습대책을 모색하던 학생수습위원회는 이 같은 사정들을 도청광장에 운집해 있는 시민들에게 알림과 동시에 시민군의 지휘권도 학생수습위원회에서 맡기로 했다. 늦은 감이 없지 않지만 처음으로 조직적이고 공식적인 지도체계를 갖추게 된 것이다. 시민들은 학생들에게 무한한 신뢰감을 표하는 듯 안도의 숨을 고르며 박수갈채를 보냈다. 이때까지 기본적인 통수체제를 갖추지 못한 채 각기 별개의 입장에서 투쟁했던 학생과 시민-민중들이 하나의 조직 속으로 용해되어 효과적인 투쟁을 전개할 수 있게 되었다. 이른바 '시민공동체'의 자치체제가 갖추어진 것이다. 그렇다고 완연한 일체를 이룬 것은 아니었다. 학생수습위원회는 우선 도청 상황실과 서무과를 작전상황실과 본부로 삼는 한편 무장한 시민군 본부는 광주공원의 시민회관에 그대로 두었다. 시민군의 지휘권은 도청에 자리 잡은 항쟁본부에 넘겨졌으나 실질적인 지휘는 당초부터 앞장섰던 김원갑이 그대로 맡아 청소년들에게 사격술과 폭발물 취급 요령을 가르치는 한편 무기가 필요한 이들에게 총기와 실탄을 공급해 시민군으로 편성하는 임무를 부여받고 있었다. 총기와 실탄을 받은 이들은 즉시 시내로 투입되어 차량을 타고 질주했다. 이 때문에 사고도 속출하여 지산동 무등파크맨션 옆길을 걷던 김오순(47)이 시위대 차량에 치어 숨지는 불상사가 발생하기도 했다.

시민수습위와 학생수습위, 그리고 비타협적 재야그룹이 혼재하고 있는 도청 안의 항쟁본부와 상황실은 사람들로 혼잡을 이루었다. 아직까지 통제 주체가 형성되지 않은데다 민주화를 이룰 수 있다는 자신감을 가지고 찾아오는 수많은 민중 또는 시민들의 출입을 가로막을 수는 없었다. 여기에는 계엄당국의 정보요원이나 공작원이 드나들 가능성이 높았다. 통치권을 일시적이나마 포기한 정부나 계엄당국이 재진압을 시도하기 위해서라도 그 내부사정을 파악하려 한다거나 유리한 작전을 펴기 위해 공작원을 투입한다는 것은 필연적인 상식이었다. 이런 분위기 속에서 발견된 스포츠형의 머리에 날카로운 눈매를 가진 40대의 두 사람은 어딘가 낯설었다. 수사기관원이나 정보요원임이 분명했다. 뒤늦게 악화된 상황을 인식한 학생들은 소총 방아쇠를 장전하고 수류탄을 들어올려 자폭하자며 발끈했다. 결국 모든 사람들을 방에서 몰아낸 후 상황실 출입을 통제하기 위해 증명제를 실시하기로 결정했다. 임무가 적힌 증명서를 발급해 소지자만 출입할 수 있게 한 후 상황실과 도청정문을 경비하는 시민군으로 하여금 엄격하게 통제하도록 했다. 그때서야 질서가 조금 잡히는 듯 했다.[28]

이에 앞선 22일 오후 3시쯤, 20일 밤의 주인공이었던 전옥주와 차명숙이 용달차를 타고 도청광장에 나타났다. 이들은 19일 밤 이후 꼬박 3일 밤을 새

---

28 『1980년대민주화운동』1권, 98쪽 ; 정동년, 앞의 책, 150쪽.

우며 방송을 하고 다니느라 목소리가 쉰 듯 했고 매우 지쳐 보였다. 두 사람이 용달차를 타고 수많은 시민들이 모여 있는 도청광장으로 오자마자 학생들이 두 사람을 붙잡았다. 둘의 방송연설이 수준급이어서 전문적으로 훈련받은 듯한데다 내용도 사실과 다른 과장된 내용이 많아 오히려 시민들이 당황하는 일도 있었기 때문이다. 20일 밤의 시위가 그토록 확산된 것은 두 사람의 선동적 방송연설에 그 연유가 있는 것으로 판단한 항쟁주체 측은 그녀들이 혹시 북에서 보낸 공작요원이 아닌가 하는 의구심을 품고 있었던 것이다. 둘은 도청광장에서 붙잡혀 일단 도청 안으로 들어갔다. 그리고 오후 6시쯤 지프차에 실려 군 수사기관에 넘겨졌다. 이 같은 전옥주·차명숙의 검거를 놓고 일부는 정보요원이 두 사람을 검거하기 위한 방법으로 학생이나 시민으로 위장해 들어왔다는 주장과 순수한 학생들이 군 수사기관에 의뢰해 진짜 간첩일 가능성이 높으므로 신상을 조사해 볼 필요가 있어 넘겼다는 두 가지 설이 제기되어 있었다. 많은 사람들은 후자일 것으로 보고 있었다.[29] 둘을 지프차에 태우고 화정동, 계엄군과 대치하고 있던 경계선에서 군 수사기관에 넘겨줬던 사람은 광주시 주택과 공무원 이무길이었다.[30]

그러나 전옥주는 자신들이 간첩이거나 공작원이 아님은 물론 자신들을 붙잡아 간 사람은 계엄사 정보요원이라고 주장했다.[31] 물론 그녀는 북의 공작원

29　김영택, 앞의 책, 141~142쪽 ; 저자도 두 여인 검거(?)를 긍정적으로 받아들였다 ; 특히 전옥주는 21일 오전 10시 16분, 관광호텔 앞에서 시위대열을 지휘하다 공수부대와의 거리간격이 좁혀지고 충돌이 불가피한 상황으로 발전하자 공수부대 대열사이로 빠져 현장에서 벗어났다(김영택, 앞의 책, 103~106쪽).

30　1988년 2월 3일, 이무길 인터뷰. 이무길은 5·18 당시 광주시청 주택과 무허가 건물 단속반원이었으며 저자가 인터뷰 할 당시는 광무시민회관 관장이었다. 그는 그 후 타계했다.

31　전춘심(전옥주), 「당신들은 피도 눈물도 없습니까」, 이광영·전춘심, 『광주여 말하라』, 실천문학사, 1990, 40~45쪽.

이 아님이 수사당국에 의해 밝혀졌다. 학생들이 그녀의 방송실력 때문에 일시 오해했음이 분명했다.

이날 종일 도청광장과 금남로를 오가던 시민들은 협상결과에 대한 보고를 듣거나[32] 희생자를 위한 추도식 참여도 중요했지만, 전날인 21일의 개각에 따라 새로 임명된 박충훈 국무총리서리가[33] 22일 광주에 내려와 사태수습을 강구하겠다고 약속한대로 나타나기를 기다리는 사람들이 많았다. 그러나 박 총리서리는 이날 오전 9시 새로 입각한 김종환 내무·유양수 동력자원·진의종 보건사회부장관과 함께 헬리콥터 편으로 광주에 내려온 후 상무대에서 장형태 도지사 등 관계자들로부터 '광주사태'의 경위와 현황을 보고 받았을 뿐 학생대표나 수습위원들을 직접 만나보지 않고 돌아갔다. 약 1시간 45분 동안 현황보고를 받은 박 총리서리는 서울로 돌아가 TV방송을 통해 '광주사태'를 수습하기 위한 담화문을 통해 '질서회복에 앞장설 때, 총기 버리고 유혈사태 막자'며 '난동자는 소수에 불과하며 대부분의 선량한 시민들은 안정과 질서를 희망하고 있다. 모든 시민들은 소수의 폭도에 휩쓸리지 말고 가정과 직장으로 돌아가 달라', '모든 난동자들은 우선 무기를 버려야 하며 소요에 말려든 시

---

32 22일 오후, 전날인 21일 광주에서 빠져나갔던 송정리 지역의 무장시위대원 300여 명이 다시 광주로 들어오려 했으나 계엄군이 차단하고 통과시켜 주지 않자 협상을 벌인 끝에 무장을 해제하면 통과시켜 주겠다는 약속을 받고 휴대하고 있던 무기 60여 정을 자진 반납했는데도 그들 전원이 상무대로 연행된 사실이 계엄분소에 다녀온 협상대표들을 통해 전해졌다.

33 ◇국무총리서리 朴忠勳 ◇기획원장관 金元基 ◇외무부장관 朴東鎭 ◇내무부장관 金鍾煥 ◇재무부장관 李承潤 ◇법무부장관 吳鐸根 ◇국방부장관 周永福 ◇문교부장관 李奎浩 ◇농수산부장관 鄭宗澤 ◇상공부장관 丁渽錫 ◇동력자원부장관 柳陽洙 ◇건설부장관 崔鍾浣 ◇보건사회부장관 陳懿鍾 ◇교통부장관 金在命 ◇체신부장관 尹興禎 ◇문화공보부장관 李光杓 ◇총무처장관 金容烋 ◇과학기술처장관 成佐慶 ◇통일부장관 崔完福 ◇무임소장관 金佐謙(〈동아일보〉, 1980년 5월 22일자).

민, 학생들은 이성을 되찾아 자기의 직분으로 돌아가야 한다', '북괴가 광주사태를 악용하여 남침하거나 후방을 침투할 우려가 있기 때문에 정부는 이런 상태를 무한정 방관할 수만은 없다'는 말들을 늘어놓았다.[34]

일국의 행정총수로서는 너무나 무책임한 행동이었고 광주시민들에게는 또한번 배신감을 안겨주는 언동이었다. 국무총리서리가 항쟁현장을 직접 방문해서 사건 당사자들을 만나 상황을 파악하고 부상자들을 위문하면서 어떤 수습안을 마련해 줄 것으로 기대했던 시민이나 학생들의 실망은 대단히 컸다. 또한 여전히 계엄사가 계속 사용하던 '폭도'라는 용어를 쓰면서 무고한 시민을 학살한 계엄군, 아니 공수부대가 마치 정당한 시위진압을 했으며 시민들이 불법적인 혼란을 일으키고 있다는 식의 일방적인 표현까지 쓰고 있었다. 3일 후 광주에 오게 될 최규하 대통령처럼 그를 수행한 신군부 측에서 시민과의 접촉을 저지했을 가능성도 배제할 수는 없다. 어찌됐거나 시민들은 박 총리서리의 광주방문에 아무런 성과가 없자, 스스로 문제해결의 방법을 모색해 나가지 않을 수 없었다.

22일 오전 박충훈 총리서리의 광주방문과는 달리 정호용 특전사령관은 은밀하게 광주에 내려왔다. 그의 말을 빌리면 31사단에 배속시켜 광주에 내려보낸 자신의 부하들이 궁금해서 20일에 이어 또 내려왔다는 것이다. 이때 정 사령관은 이미 광주에 온 박 총리서리를 만난 것으로 되어 있다. 정웅 제31사단장은 이날 박 총리서리 참석하에 열린 간담회에서 정 사령관이 '전라도 싹쓸이' 발언을 했다고 주장했다. 그러나 정 사령관은 늦게 도착해 간담회에는 참석하지도 않았다고 주장했다.

---

34 전문은 광주광역시 5·18 사료편찬위원회, 『5·18 광주민주화운동 자료총서』 2권, 1997, 39쪽.

저는 별도로 내려갔습니다. 아마 오전 11시 조금 지난 것으로 기억하고 있습니다. 그랬더니 총리께서 오셨다는 얘기를 들었습니다. 그때는 제가 늦게 가서 그런지 몰라도 간담회 하는 데를 들어가 보지도 못했고, 또 그 후에도 누가 간담회를 했다는 얘기도 못 들었습니다. 다만 총리께서 오셨으니까 그동안 돌아간 상황들을 보고한 것으로 기억하고 있습니다. 그리고 여러분께서도 아시다시피 전투병과교육사령부는 광주에 있습니다. 거기에 근무하는 군인들은 대부분 광주 또는 전남사람입니다. 그런 사람들 앞에서 뭐 '전라도 싹 쓸어라' '광주 놈들 싹 죽여라'는 말을 할 수 있겠습니까?[35]

이날은 공수부대뿐만 아니라 경찰, 행정기관이 도청에서 모두 철수하는 바람에 이른바 '시민공동체' 자치시대가 시작된 첫날이기도 하다. 따라서 별다른 작전상황이 없어 공수부대와 제20사단 그리고 전교사(전투병과 교육사령부) 예하 병력들은 광주시 외곽을 경비하고 있을 때였다. 그렇다면 박 총리서리를 수행하지도 않고 작전지휘권도 없다는 정 사령관이 왜 또 광주에 내려왔을까. 또 다시 '시집간 딸'을 보러 온 것일까?

22일은 신군부의 의도와는 달리 사태수습에 유화적 태도를 취하는 윤흥정 전남북계엄분소장을 체신부장관으로 입각시키는 형태를 빌어 사태수습 책임자 또는 정권 창출 라인에서 제거시키고 그 후임자로 소준열 육군소장이 부임한 날이기도 하다. 이날 전두환 보안사령관은 정호용 특전사령관을 통해 새로 부임한 소준열 계엄분소장에게 '절대로 우리 애들(공수부대)의 사기를 죽이지 말라'는 메모를 보내 공수부대로 하여금 더욱 강도높은 '과잉진압'을 펴치도록 시달했다.[36]

---

35 국회 『광주청문회 회의록』, 제16호, 1988년 12월 7일, 7~8쪽, 정호용 증언.
36 서울지방검찰청, 『5·18 공소장』.

복면부대와 광주교도소 습격사건의 진실

　도청광장에서 추도식 준비가 한참 진행되고 있던 22일 오후 3시 8분, 서울에서 500여 명(또는 300여 명)의 대학생들이 도청광장에 도착했다는 발표와 함께 이들을 환영하는 행사가 크게 벌어졌다. 대학생들은 분수대를 가운데 두고 둘러앉거나 선 채로 시민들의 환영을 받고 있었다. 시민들은 서울에서 대학생들이 도착했다는 안내방송이 나오자 함성을 지르고 박수를 쳤다. 광장은 떠나갈 듯한 환성으로 가득했다. 이제 순수한 광주시민만의 몸부림이 아니라 전국적인 호응을 받고 있는 항쟁으로 여기게 되었다고 본 것이다. 실로 백만 지원군을 맞이하는 느낌이었다. 그러나 이들이 과연 진짜 대학생이었는지는 커다란 의문으로 남아있다. 왜냐하면 광주 외곽은 이미 공수부대 3개 여단을 비롯하여 보병 제20사단, 제31사단, 전투병과교육사령부 예하 병력 등 무려 2만여 병력이 동원돼 철옹성처럼 봉쇄하고 있는 상태였다. 그런데도 이러한 철통같은 봉쇄망을 뚫고 그들(군)의 반대세력인 500여 명의 대규모 대학생들이 광주에 들어올 수 있도록 묵인했을 리는 만무했다. 따라서 그들이 어떻게 광주 시내에 공공연하게 들어올 수 있었을까 하는 의문이 제기되지 않을 수 없다. 외곽을 봉쇄하고 있는 계엄군이 들여보내지 않고는 불가능한 일이기 때문이다. 당시 계엄군은 '개미새끼 한 마리 얼씬거릴 수 없도록' 고속도로·국도·지방도는 물론 무등산 등 산악지대 샛길까지 철저하게 봉쇄하고 있었다. 한두 명이 통과해도 가차 없이 총격을 가하는 상황인데 500여 명이 통과한다는 것은 상상할 수 없는 일이었다.

　담양군 창평면에서 살고 있는 임은택(35)은 21일 저녁 8시쯤 5일장에서 소 6마리를 매입(買入)하여 집에 돌아왔다가 미수금 징수차 이웃 어른 2명과 함께 트럭으로 광주를 가야겠다며 집을 나섰다. 담양을 벗어나 막 광주교도소 앞으로 접어들 때 갑자기 총성이 울렸다. 계엄군은 검문검색 없이 모든 차량과 행인들에게 일방적으로 총격을 가하고 있을 때였다. 임은택이 타고 있던 차도 예외 없이 총탄 세례를 받았다. 4명 중 임은택 등 2명이 죽어 갔다.

운암동에서 점원생활을 하던 박병현(24)은 친구 1명과 함께 고향 보성군 노동면 거석리에 가서 모내기를 하고 오겠다며 집을 나섰다. 그러나 외곽에 공수부대가 주둔하면서 길을 가로막으리라고는 꿈에도 생각하지 않았다. 아니 알았다고 하더라도 고향에 모내기하러 가는 사람까지 어쩌랴 싶었던 것이다. 그러나 공수부대는 누구도 가리지 않았다. 박병현은 친구랑 같이 시내를 빠져나가려다 송암동에서 공수부대원들의 총탄을 맞고 숨졌다.[37]

외곽지대의 7개 초소에서는 단 1명을 통과시키려 해도 일일이 상부의 허락을 받아야 했다. 뿐만 아니라 산악지대 소로를 따라 움직이는 사람도 계엄군의 총탄세례를 받았다. 도로를 무단 통과하는 차량에게도 총격이 가해졌음은 물론, 통과하려고 간청했다가 허용되지 않아 되돌아가는 차량에게까지 무차별 총격을 가했다. 그런데 500여 명이라는 적지 않은 인원이 어떻게 들어올 수 있었을까? 이에 앞서 이날 오전 10시 45분쯤 연·고대생 1,600여 명이 논산을 출발한 후 장성까지 왔다가 저지돼, 겨우 연대생 30여 명만이 광주에 들어왔다고 발표한 일이 있었다. 이 30명이 들어온 것도 의문인데 어떻게 500여 명이 한꺼번에 들어올 수 있었을까? 이 때문에 이들이 시위를 하기 위한 대학생이 아니라 계엄사령부 또는 그 예하 군 기관에서 보낸 정보요원이나 프락치일 가능성이 높다는 의문이 제기되어 있었다. 특히 이날 이후 시위군중 또는 시민군에는 이상한 기류가 나돌기 시작했다. 얼굴을 완전히 가린 복면부

---

37 5·18 유족회, 앞의 책, 283~285쪽.

대가 대거 등장한 것이다. 이 복면부대와 함께 500여 명의 대학생들이 진짜 학생들이었을까 하는 것이 커다란 의문이었다.

23일 아침 7시쯤 운암동 금호고등학교 인근 주택에서 학생 2명과 노파 1명이 피살되었다는 소식이 항쟁본부에 전해졌다.[38] 곧이어 전날인 22일 밤 10시쯤 카빈소총으로 무장한 괴한 3명이 황금동의 박순휴 이비인후과 안집에 들어가 박 씨 등을 위협하고 현금과 패물 등 200여만 원어치를 털어 갔다는 소식이 아침 일찍 전해졌다. 또한 봉주동 이충범 광주축협조합장 집에서도 전날 밤 총기를 휴대한 괴한에게 80만 원을 털렸다는 소식이 전해졌다. 모처럼 안정을 찾는 듯 하던 항쟁본부는 침통한 분위기에 휩싸였다. 시민의 자율의식이 높아 그동안 별다른 사고 없이 질서가 잘 지켜지고 있다고 자부하고 있던 터에 계엄군 철수 후 둘째 날 밤 이 같은 사건이 발생한 것은 충격적이었다. 항쟁본부 요원들은 공수부대가 물러가고 '시민공동체' 자치시대를 맞은 22일 첫날을 금융기관 사고나 강도·약탈·방화사건 없이 평온하게 보낸 것에 대해 무척 흐뭇한 마음으로 23일을 맞이했었다. 따라서 두 건의 강도사건 발생은 커다란 충격이 아닐 수 없었다.

학생수습위원들은 즉각 대책회의를 열었다. 그들은 우선 무기회수의 필요성이 더욱 절실하다는 데 의견을 모은 후 '대학생'이라는 휘장을 두르고 총기회수반·차량통제반으로 나뉘어 무기회수와 질서유지에 앞장섰다. 전날부터 총기회수에 나섰던 항쟁본부는 더욱 박차를 가해 총기반납을 권유하면서 이에 응하지 않는 시민군을 상대로 자체특공대를 조직하여 강제회수에 들어가

---

38 이 사건을 두고 항쟁주체 측은 공수부대 소행이라고 주장했고 계엄당국은 시민군 소행이라고 주장했다. 그러나 항쟁주체 측의 현장조사 결과 군인인 듯한 무장괴한 3명의 소행이라는 사실을 확인하고 공수부대원 또는 군을 위장한 사람들의 짓이라고 결론지었다 (김영택, 앞의 책, 154쪽).

기로 했다. 그러나 무기회수에 대한 반론 또한 만만치 않았다. 시민수습위원들과 학생수습위원들은 여러 가지 사안을 놓고 논의를 계속했는데 역시 무기회수 문제가 가장 시급한 현안으로 떠올랐다. 항쟁을 주도하고 있는 학생수습위원들은 밤이면 귀가하는 시민수습위원들과는 달리 밤을 새우며 사후대책을 거듭 논의했다. 다른 여러 문제에 대해서는 비교적 원만한 의견일치를 보이고 있었지만 무기반환 문제는 첨예하게 대립하고 있었다. 김창길 위원장은 피를 더 이상 흘리지 않기 위해서는 무기를 회수하여 무조건 반납해야 한다고 주장하는 반면 김종배 부위원장 등 일부 학생들은 정상적인 협상이 진행돼 최소한의 우리 요구가 받아들여질 경우에만 반납해야 한다고 맞섰다.[39] 수습위원회가 무기회수 문제로 갈등을 빚고 있는 가운데 김창길 위원장과 시민수습위원들은 공동으로 아침 일찍부터 7개 전초기지를 비롯한 시 외곽을 돌며 빵과 우유·음료수 등 간단한 음식을 제공한 다음 무기반납을 종용하고 다녔다.

---

39 저자는 다음날인 24일 오후 2시쯤 당시 도청 2층에 있는 학생수습위원회에서 김종배(27) 부위원장을 만났다. 시민수습위나 학생수습위에서 시민군의 무기를 회수하자는 의견이 전날부터 모여진 데다 총기의 무분별한 휴대로 치안상의 문제가 제기돼 이미 일부 학생들에 의해 무기회수가 진행되고 있을 때여서 학생들의 보다 분명한 입장과 앞으로의 계획을 알아보기 위해 김창길 학생수습위원장을 만나러 갔다가 부재중이어서 대신 부위원장인 김종배를 만났다. 이때 김 부위원장은 "우리들의 최소한의 요구가 받아들여지면 총을 모두 반납하겠습니다. 그리고 군과 경찰이 들어오도록 타협해 질서와 치안이 회복되면 우리는 맨손으로 또 다시 금남로에 나가 민주화를 외치겠습니다"며 무기반납을 서슴없이 말한 후 몇 사람으로부터 회수한 총을 들고 아래층으로 내려갔다. 이때만 해도 그는 순수한 조건부 온건파였다. 이로부터 몇 시간 후 그는 조건부 강경파로 급선회하지만 본심은 당국의 사과와 명예회복의 조건만 받아들여진다면 총을 반납하겠다는 입장이었다. 그러나 총을 회수하기 위해 아래층으로 내려갔던 김 부위원장을 가로막는 사람들이 있었다. '반납은 안 된다'는 것이었다. 그들은 모두 복면을 하고 있었고 한결같이 '총기반납을 반대한다'면서 노리쇠를 잡아당기며 강경파로 자처하고 있었다. 김종배는 이들의 반대에 부딪히자 어찌지 못하고 다시 총을 들고 2층으로 올라올 수밖에 없었다(김영택, 앞의 책, 176~177쪽).

특히 시민수습위원인 조철현 신부는 무장시민군에게 "무기를 반납한 다음 사태수습에 임하자"고 간곡히 설득하면서 반납을 종용하다가 끝내 불응할 경우 울음을 터뜨리며 호소하기도 했다. 조 신부의 무기회수 설득노력은 26일까지 계속되었다.[40] 그러나 무기반납에 대해 반대의견을 개진하는 일부 학생수습위원들 말고도 일부 시민군 중에서 무조건 무기반납을 반대하면서 완강하게 버티는 강경세력이 자꾸 늘어나고 있었다. 대부분 얼굴을 분간할 수 없게 가린 복면부대였다. 이들은 무기반납만은 안 된다고 주장했다. 무기회수에 나선 학생 또는 시민수습위원들과 무기회수 특공대는 무기반납이 절실한 마당에 이 같은 강경한 반발에 부딪치자 주춤거리지 않을 수 없었다. '끝까지 싸워 이겨야 한다'는 명분론을 들고 나오니 무기회수 주장의 설득력은 위축될 수밖에 없었다. 오히려 '반납'을 주장하는 쪽이 '이상한 사람'으로 몰리는 형편이었다. 물론 강경파 중에는 순수한 학생운동 요원들도 있었다. 이들은 대부분 복면을 하고 있지 않았다. 그들의 반대주장은 논리정연했다.

무기회수 단계에 들어서면서 새롭게 등장한 복면부대의 강경론은 '자치시대'의 앞날을 새로운 양상으로 몰아가고 있었다. 더욱이 소규모이던 전날과 달리 난데없이 복면부대가 대거 등장한 상황은 학생수습위원회는 물론 시민수습위원회에도 보이지 않는 걸림돌로 작용하고 있었다. 특히 그들은 한결같이 총을 들고 가장 열렬한 '민주인사'가 되어 있었다. 어느 누구도 그들의 주장과 외침에 돌을 던질 수는 없었다.

그러나 몇 가지 석연치 않은 대목이 나타났다. '왜 그들은 22일부터 복면을

---

40 조철현 신부는 1999년 5월 1일 만났을 때 당시를 이렇게 회고했다. "첫날 무기를 회수하러 나섰을 때 일부 시민군이 크게 반발하면서 가까이 가면 노리쇠를 당기며 위협해 혼이 났습니다. 그렇다고 방관할 수도 없었지요. 빵과 음료수를 마련하여 두 번째 돌며 무릎 꿇고 빌기도 했고 울음을 터뜨리며 호소도 했지요."

하고 다녔을까' 하는 점이다. '광주사태'가 진행되는 동안 복면을 한 '시민군'들이 아시아자동차회사에서 탈취한 트럭을 타고 시내를 질주하며 강경한 구호를 외치는 장면이 부쩍 늘어났다. 이러한 광경은 텔레비전이나 일부 신문지면의 사진으로 흔하게 나타났다.[41] 이들은 차량시위를 통해 가장 열렬한 민주인사로 자처하고 있었다. 그러나 일반적으로 시위대의 복면은 뒤에 신원이 밝혀져 경찰이나 정보기관에 체포당하는 것을 피하기 위해 선량한 학생이나 청년들이 하는 것이 예사였다. 시위대의 복면은 유신체제 이후 반정부 민주화 시위 때부터 등장했음은 물론이다. 그러나 '서울의 봄' 이후 벌어진 시위에서는 거의 눈에 띄지 않았다. 더욱이 14~16일 광주에서의 시위 때는 물론 18~20일의 시위 때도 없었고 심지어 21일에는 시위하던 민중들이 공수부대원과 불과 몇 미터 앞에서 정면으로 마주 바라보고 있던 상황이었는데도 복면을 한 시위대는 한 사람도 없었다. 그런데 계엄군이 철수하고 도청이 항쟁요원들의 수중에 들어간 이른바 '시민공동체 자치시대'가 열린 22일 이후부터 복면부대가 등장한 것이다. 23일부터는 그 수가 더욱 많아졌다. 왜 이들은 복면을 했을까. 그리고 그들은 누구일까. 군과 경찰이 철수해 표면상 감시자도 없는 민중 자치시대가 된 22일 오후부터 복면부대가 등장한 이유는 어디에 있을까. 이것이 광주민중항쟁에 대해 저자가 갖고 있는 또 하나의 의문이다.

차량 위에서 그들이 벌이는 시위는 과격했을 뿐만 아니라 선동적이었다. 심지어 가게에 들어가서도 선량한 주인에 대한 태도가 불손하기 짝이 없었다. 빵이나 음료수도 주인이 건네주기보다는 자기 것인 양 마구 집어먹거나 들고 가는 작태를 서슴없이 범했다. 또한 그들의 언사는 몹시 불손하고 욕설이 많았다. 그리고 이들은 수습대책회의나 시민대회에는 거의 모습을 나타내지 않

---

41 『중앙일보』, 5월 26일자, 서울판 ; 김영택, 앞의 책, 159쪽 사진.

은 채 대부분 차량을 타고 다니며 강경한 구호를 외쳐대거나 노래를 불렀다. 그리고 '끝까지 싸워야 한다'는 강경파들이었다. 복면을 한 강경파들은 이렇다 할 수습책이나 긍정적 타협안을 제시하는 경우도 없었다. 무조건 반대였다. 그리고 무작정 투쟁하자고 주장했다. 또한 이들은 당국에 대해서나 어떤 상황을 맞이할 때는 우선 욕설과 비난부터 퍼부었다. 복면부대들의 행동을 간추려 보면 대개 다음 다섯 가지로 요약할 수 있다.

① 무조건 반대하고 싸워야 한다는 강경한 태도였다.
② 주로 차량을 타고 금남로를 오갔으며 도청을 드나들고 도청 상황실이나 본부 보초도 자청하고 나서는 듯 했다. 이는 항쟁지휘 본부의 동태를 탐지하려는 의도가 있었는지도 모른다. 그러면서도 대책회의나 궐기대회에는 거의 참여하지 않았다.
③ 7개 전초기지나 계엄군이 지키며 발포할 가능성이 있는 위험지대는 피했다.
④ 무기반납을 적극 반대했다.
⑤ 27일의 진입작전을 예상하고 있었음인지는 알 수 없는 일이지만 26일 해질 무렵부터는 복면한 사람이 모두 자취를 감춰버렸다.[42]

「광주사태의 실상」은 복면부대의 활동을 이렇게 묘사하고 있다.

이성을 잃고 날뛰는 무장폭도들이 마스크와 수건으로 복면을 하고 시내를 누비며 닥치는 대로 파괴, 방화, 약탈 및 무력공격을 자행하게 되자 처음에 비폭력 시위에 참가했던 시민들조차 폭도들의 난동을 만류하다가 오히려 당하기도 했다.

---

42 이상은 저자가 요약한 대목이다. 물론 복면부대의 정체는 아직도 풀리지 않고 있을 뿐만 아니라 관심을 갖는 사람도 없는 것 같다. 그러나 저자는 무척 의구심을 가지고 계속 추적하고 있다.

재진압작전이 끝나고 4일이 지난 5월 31일 계엄사령부가 발표한 「광주사태의 전모」에는 "계엄군은 26일 밤 시내에 은밀히 폭도로 가장, 침투시켰던 요원과 매수했던 부화뇌동자로 하여금 도청 내 폭약, 폭발장치 뇌관을 빼어 못 쓰게 만들고 총기를 작동하지 못하도록 공작하는 과정에서 폭도들에게 들켜 1명 피살, 1명 중상의 귀중한 희생을 치르면서도 끝내 성공시켜 27일 새벽 군 병력을 투입한 기습작전에서 쌍방 간에 큰 피해를 모면케 하는 데 크게 기여하였으며, 선량한 시민과 폭도가 완전히 분리되어 있음을 확인한 후 효과적인 진압작전을 전개하였던 것이다"라는 대목이 있다.[43] 이것은 계엄사령부가 정보요원 또는 공작요원을 대량으로 투입했음을 공식으로 인정하는 대목이다. 군이나 경찰이 상황판단 또는 재진압작전을 위해 정보요원을 대거 투입했으리라는 짐작은 쉽게 간다. 그리고 요원들이 자기의 얼굴과 신분의 노출을 은폐하기 위해 복면을 했을 가능성은 많다.[44] 이 같은 요원들이 계엄사령부가 발표한 대로 뇌관을 제거시키는 작업 이외 어떤 집단의 조종을 받고 '광주사태'를 더욱 악화시켜 모종의 정치적 목적으로 악용하려 했거나 '광주사태'의 이미지를 나쁘게 만들어 국민과 외국으로부터 배척당하게 하기 위해 공작요원으로 들어와 일부러 강경하게 처신한 프락치일 가능성은 높다.[45]

1980년 5월 26일자 〈중앙일보〉는 1판 6면에 복면부대의 활동상황 사진 3매를 포함, 거리가 어지럽게 된 사진 6매를 게재했다. 모두가 광주항쟁에 좋은 이미지가 될 수 없는 것들이었다. 그러나 다음날 아침 광주지역에 배달된 4판(5월 27일자로 바뀜) 신문에는 모두 빠지고 다른 기사로 채워져 있었다.[46] 이

43 〈동아일보〉, 1980년 5월 31일자 ; 김영택, 앞의 책, 375쪽.

44 저자는 이 요원들의 대부분이 22일 오후 3시 8분, 도착했다고 발표된 '서울의 대학생 500여 명'으로 위장해 광주현장에 투입된 신군부 측의 프락치로 보고 있다.

45 「한국을 뒤흔든 광주의 11일간」, 186~187쪽.

날 1면에는 최규하 대통령 담화문과 7면에 '광주사태 수습 제자리걸음'이 주
요기사였다. 신문제작의 기본적 상식으로 보아 '광주사태'에 관한 보도라면
현지로 발송되는 지면에는 더 많은 내용을 게재하거나 지면을 할애하는 것이
당연한 이치다. 그런데도 현지인 광주의 독자들이 보아야 할 4판 신문에 이
화보기사가 빠졌다는 사실은 어딘가 석연치 않은 대목이기도 하다.[47]

잘은 모르지만 뒤에 검거되는 사태를 예방하기 위해 복면을 하는 경우가 많았습
니다. 물론 불순세력이 침입해 들어와 복면을 하고 행동했을 가능성도 없지 않습
니다. 그같은 상황에 대해 우리도 어느 정도 대비하기는 했었지만 그렇다고 그런
사람들을 가려낸다는 것은 당시 상황으로는 매우 어려운 일이었습니다.[48]

또한 '광주사태' 이후 제5공화국 시절 갖가지 과격한 정치집회에는 의례 복
면부대가 등장했다는 사실에 유의해 볼 필요가 있다.[49]

---

46 당시의 신문 제작과정은 지금과는 다르다. 서울에서 일괄 인쇄하여 열차 또는 화물자동
차 편으로 수송, 각 지역으로 배분하는 과정에서 수송하는 열차 편의 시간대에 따라 새
로운 뉴스를 삽입하는 개판(改版)작업을 통해 바꾸던 때여서 서울시내 가판의 기사가 지
방에 배분되는 신문에는 빠지기도 하고 새로운 기사가 실리기도 했다.
47 이같은 개판작업은 신문사 자체의도였는지, 외부지침에 의한 것인지는 알 길이 없다. 어
찌됐건 '광주사태' 이미지를 긍정적으로 표현한 사진이 한 장도 실리지 않은 것은 K-공
작에 의한 것이고, 광주 현지로 수송되는 신문에만 실리지 않은 것은 중앙일보사 자체
편집방침이었을 가능성이 높다.
48 1989년 1월 21일, 이양현 인터뷰(항쟁본부 기획위원, 37세).
49 1986년 5월 3일 직선제 개헌 1,000만 명 서명운동 경기·인천지부 결성식에서 개헌추
진세력인 신민당과 재야연합세력 간의 의견차로 인해 격렬한 저항투쟁을 벌이고 있던
재야연합세력에 복면한 괴청년들이 몽둥이를 들고 난입하여 방해한 인천사태에서 그랬
고 통일민주당 관악지구당 창당대회 난동사건에서도 그러했다. 이들은 한결 같이 복면
을 했고 손에는 각목이나 몽둥이가 들려져 있었다. 인천사태에서는 민주세력으로 자처
하면서 민주화세력의 이간을 목적으로 행사를 방해하는 사람들이었고, 관악지구당 창당
대회에서는 열렬한 신민당원으로 자처하면서 통일민주당 관악지구당 창당을 방해했던
괴 세력들이었다.

23일 아침 8시쯤, 광주교도소 앞길에서 담양방면으로 나가던 시민군이 교도소를 지키고 있던 공수부대원들에게 저지당한 채 교도소 옥상에 설치된 캘리버50 기관총으로 난사하는 공수부대와 이에 대항하는 시민군 간에 총격전이 벌어져 3명의 시민군이 숨지고 20여 명이 부상했다는 소식이 들어왔다.[50] 광주교도소는 담양·곡성·여수·순천 쪽으로 빠져나가는 국도와 호남고속도로 광주 동부인터체인지가 연결되는 길목이어서 앞·좌·우는 물론 뒤쪽으로 국도와 고속도로가 시원하게 달리는 교통로의 한가운데에 자리 잡고 있는 교통요충지다. 당초 동명동에 자리 잡고 있던 광주교도소가 1960년대에 추진된 개발과 동시에 광주시에 의해 이곳 문흥동으로 이전해 올 때는 담양·곡성·순천·여수 방면으로 향하는 겨우 2차선 비포장 국도만이 오른쪽으로 뻗어 있었다. 그러나 그 후 4차선으로 포장되고 반대쪽에 호남고속도로가 새로 개설되면서 인터체인지로 연결되는 진입로가 교도소 정문 앞으로 가로질러 신설되는 바람에 교통요충지의 한복판에 위치하게 되었다. 이 때문에 광주교도소는 5·17 조치와 동시에 처음에는 제31사단 병력이 경비를 맡았다가 5월 21일 오후 2시 이후 시민군이 등장하면서 공수부대 제3여단이 맡았고 23일 오후 7시부터는 제20사단 병력으로 교체돼 외곽봉쇄와 교도소 경비라는 2중 임무를 수행하고 있었다. 특히 각종 범죄자가 수용돼 있는 교도소라서 그런지 옥상에는 기관총까지 장치하여 엄중한 경계를 펴고 있었다.

시민군은 광주항쟁의 도내 확산을 위해 차량을 이용하여 이 교도소 앞과 옆길을 거쳐 고속도로 인터체인지와 국도로 진입하려 했다. 여기에 공수부대

---

50 이 대목은 22일 '아침 6시경 2.5톤 트럭에 탑승하고 기관총 사격을 하면서 접근하는 무장한 시위대와 교전하여 3명의 시위대원을 사살(서종덕 남 17세, 이명진 남 36세, 이용남 남 26세)하고 수명을 부상케 하였다'는 소식(재향군인회, 앞의 책, 293쪽)을 23일 아침에 접하고 저자가 메모했던 내용이다.

가 총격을 가한 것이다. 시민군이 대응사격을 했지만 빈약한 카빈이나 M1소총으로는 M16소총이나 기관총을 당해낼 수가 없었다. 이같은 교전은 뒤에도 몇 차례 되풀이되었고 사상자도 훨씬 늘어났다. 계엄당국은 이 교전을 놓고 폭도들이 사상범을 수용하고 있는 교도소를 습격했기 때문에 부득이 교전이 벌어졌다고 발표했다. 이른바 '광주교도소 습격사건'이다. 「광주사태의 실상」은 이렇게 적고 있다.

무장폭도들의 가장 위험하고 대담한 시도는 광주교도소에 대한 공격이었다. 당시 간첩 및 좌익수 170여 명을 포함한 2,700여 명의 복역수가 수용되어 있던 광주교도소는 낮 12시 20분경 폭도들의 습격을 받기 시작하였다.

여기에 가담한 폭도의 대부분은 과거 이 교도소에 복역했던 전과자, 당시 수용중인 복역수의 가족 및 이들을 탈옥시키려 했던 극렬시위자 등이다. 처음에는 폭도들 및 시위차량이 교도소 주변으로 몰려들더니 오후 3시경, 무장폭도들이 차량 3대에 탑승하고 교도소를 향해 진출하면서 함성을 지르며 기습을 시도하였다.

오후 7시 30분경부터는 무장한 폭도들이 장갑차 2대 등 차량 9대와 많은 화기를 동원하여 총격을 가하며 교도소를 공격하자 경비 중이던 계엄군과 일대 접전이 벌어졌다.

그 후로도 무장폭도들은 22일 새벽까지 5차례에 걸친 공격을 감행했으나 8명의 사망자와 70여 명의 부상자를 내고 퇴각하였다. 만일 2,700여 명의 복역수들이 무정부 상태의 광주시로 풀려 나왔다면 사태가 어떻게 되었겠는가? 생각할수록 소름이 끼치는 사건이었다.

이 내용은 시민군이 21일 낮부터 22일 새벽까지 습격했던 것으로 되어 있어 날짜 별로 보아 저자의 기록과 다르다. 물론 저자의 오류일 수도 있다. 그러나 23일 있었던 상황에 대해서는 언급이 없다.[51]

---

51 당시 저자는 시민군들이 교도소를 습격했다는 사건에 대한 정보나 소문을 한 번도 접한

교도소는 국가보안목표가 '가' 급 시설로서 어떠한 상황에서도 방호(防護)되어야 한다. '5·18' 당시 광주교도소 주변에서는 7차에 걸친 충돌(총격)이 전개되었다. 5월 21일 오후 2시경 제3공수여단은 전남대에서 병력과 교대 후 그 임무를 수행하라는 명령을 받고 오후 4시 30분 경 예하 제15대대를 선발대로 하여 전남대를 출발하였다. 동 대대가 오후 5시 20분경 광주교도소에 도착하여 교도소 앞 주유소에서 제31사단 병력과 교대 중 고속버스 2대에 카빈소총으로 무장한 시위대와 대치, 총격전 끝에 공수부대원 1명이 부상을 당했다. 그리고 광주~담양 간 국도와 순천방면 고속도로 사이에 위치한 교도소 외곽봉쇄작전을 수행하고 있던 제3공수여단 병력은 그곳을 통과하여 시외로 빠져나가려던 시위대와의 산발적인 충돌(총격)이 전개되었다. 제3공수여단은 5월 21일 야간에 교도소 방호작전에서 고속버스 2대 등 차량 6대와 M1·카빈소총 4정과 실탄 138발을 회수하였고 5월 22일 새벽 4시 40분경에는 고속버스 2대, 픽업트럭 1대, 1/4톤(트럭) 1대, 지프차 3대 등 차량 6대에 분승하여 교도소로 접근하는 무장시위대와 교전하여 이를 격퇴시켰으며 아침 6시경에는 2.5톤 트럭에 탑승하고 기관총 사격을 하면서 접근하는 3명의 무장시위대원을 사살(서종덕, 남, 17세. 이명진, 남, 36세. 이용남, 남, 26세)하고 수명을 부상케 하였다.[52] 이때 고속버스 2대, 트럭 1대, 픽업 1대를 비롯하여 LMG 1정, M1소총 5정, 카빈소총 4정과 실탄 약 400발을 회수하였다. 5월 23일 아침 8시 25분경에도 광주교도소 부근에서의 교전에서 시위대원 1명(안병섭, 남, 22세)을 사살하고 오전 10시 20분경에는 소방차에 탑승한 무장시위대 수명과 교전 끝에 4명을 체포하고 소방차를 회수하였다. 동일 저녁 7시경 제3공수여단 제13대대는 2.5톤 트럭 1대에 탑승하고 접근한 무장 시위대 40

적이 없다. 물론 이것은 전적으로 저자의 실수나 착오일 수도 있지만 당시 웬만한 사건은 항쟁지휘 본부에 들어왔고 또 어느것 하나 빼놓지 않고 기록하려는 노력을 게을리 하지 않고 있을 때였다. 그런데도 저자는 몇 차례 있었던 것으로 발표된 교도소 습격사건을 항쟁기간에는 물론 진압작전이 끝난 27일 이후에도 전연 접하지 못하고 있었다. 오직 1985년 이후 당국의 발표에서만 보았을 뿐이다. 이 사실을 확인하기 위해 몇몇 관계된 사람들을 만났으나 만족스럽지 못했다. 그에 관한 사실을 아는 사람이 거의 없었기 때문이기도 하다. 그러나 '교도소 습격'이라면 대단히 중요한 사건인데 22일 있었던 총격사건을 23일 아침 전해 듣고 메모했을 뿐 그 이후 사정은 모르고 있었다.

52 앞의 「5·18 공소장」, 41~42쪽.

여 명과 교전하여 1명을 사살하고 부대원 1명이 부상하였다. 이상과 같이 시위
대는 3일간 7회에 걸쳐 교도소를 공격, 교도소 내 죄수(간첩을 포함한 2,700여
명)를 탈출시켜 시위군중과 합세하여 시위를 더욱 격화시키려던 의도(사실여부
는 불문하고)는 제3공수여단의 완강한 대항으로 와해시킴으로써 국가보안목표
인 교도소를 방호할 수 있었다. 그런데 다수의 재소자를 수용하고 있는 광주교도
소에 무장한 시위대들이 접근하여 그곳을 방호하는 계엄군을 공격한 행위는 비
록 그들이 '헌법을 수호하기 위하여 결집한 헌법제정권력의 일부'라고 주장하여
도 이는 헌법수호운동의 한계와 방호목적을 벗어난 불법한 공격행위였다(항소
심 판결문).[53]

이상은 「12·12, 5·18 고소고발사건」에 대한 항소심 판결문 내용이다.[54]
시민군의 습격기도 사실이 '광주사태의 실상'에서 밝힌 5회보다 2회가 많은 7
회라는 사실이 다르다면 다르다. 물론 형사재판은 검찰의 공소장만을 가지고
판단하기 때문에 군 측, 특히 공수부대 측의 진술을 토대로 작성한 검찰의 기
소내용만을 가지고 판단했을 것은 자명하다. 이 때문에 판결문을 가지고 논급
할 필요는 없지만 여기서 주목해야 할 점은 위 내용 중 공수부대 측이 주장하
는 '7회에 걸친 교도소 습격 사건'에서 구체적으로 '습격을 기도한 흔적'이 없
다는 사실이다. 광주교도소는 앞에서도 언급한 바와 같이 광주~담양·곡성·
순천 쪽으로 빠지는 국도와 서울~순천 간 고속도로가 측면과 후면으로 통과
하는데다 이 고속도로에 광주 동부인터체인지가 교도소 정문 앞을 거쳐 연결
되어 있는 교통의 요충지로서 앞·뒤·옆으로 뻗어있는 도로들이 교도소 옥상

---

53 재향군인회, 앞의 책, 293~294쪽에서 재인용.

54 「12·12, 5·18 사건」 1심은 광주교도소 주변에서 발생한 서종덕(남 20세)·이명진(38
세)·이용남(26세) 등 3명에게 향한 총격에 대해 '내란목적 살인죄'를 적용한데 반해 항
소심과 상고심은 '광주교도소 습격사건'에서 발생한 발포문제에 대해서는 '내란목적 살
인죄'를 적용한 원심을 깨고 공히 '내란목적 살인죄'가 해당되지 않는, 즉 정당방위 개념
을 도입해 무죄로 인정하고 있다(「12·12, 5·18 사건」 항소심·상고심 판결문).

에서 훤히 내려다보이는 곳이다. 따라서 당시 시위대원들은 무장 이전부터 도내확산 또는 광주소식 전달차 각종 차량을 이용해 담양·곡성·순천방면으로 달려 나갔을 뿐만 아니라 21일 오후에는 무기탈취를 위해, 그 이후에는 도내확산을 위해 빈번하게 들락거렸던 것이다.

광주교도소를 통과하기 위해 달려가는 시위대나 선량한 민간인을 부지기수로 공격해 놓고 '교도소 습격기도'를 격파했다는 전과로 왜곡해서 계엄사령부나 보안사령부에 보고했으며 계엄사령부는 이를 국민과 언론에 국가안보를 위협하는 악의적인 '폭도'들의 소행으로 과장해 발표했을 개연성이 높다.[55] 더욱이 이러한 기록을 '국가보안목표'를 달성한 자신들의 살육작전을 합리화시키기 위해 검찰에 제시·진술했고 법원은 이 공소사실만을 가지고 판단했다고 보아야 한다.

당시 광주교도소소장이었던 한도희가 민족화합수습위원회에 나와 증언한 내용 중에는 실제로 교도소가 습격당한 상황에 대한 증언이 없다. 그는 교도소 습격사건을 설명하기 위해 증언석에 나와 "교도소 습격정보를 직원 가족들로부터 들었다"고 했다. 그러나 "22일 수 차례나 교도소 앞 300미터 전방까지 시위대가 나타나 침입을 시도했으나 계엄군과 시민군 간의 총격전으로 인해 결국 들어오지 못했다"고 밝혔다.

당시 교도소에 수감 중인 인원은 2,647명이었으며 이 중 기결수가 1,616명이었

---

55 또한 앞(제3장 제1절 1)항)에서 언급한 김성수가 가족을 데리고 고향으로 가기 위해 광주교도소 옆에 있는 광주 동부인터체인지에 있는 검문소까지 갔으나 통과시켜주지 않아 소형화물차를 몰고 되돌아 나오는 순간 공수부대의 집중사격에 의해 일가족이 총탄세례를 받은 비극적인 사건은 무엇을 의미하는가? 공수부대원들은 김성수 일가족을 광주교도소 습격을 기도하는 집단으로 보고 집중 공격했던 것일까? 이에 대한 명확한 해명이 있어야 5·18의 진상은 밝혀질 것이다.

고 사상범이 180명이었다. 교도소 측 관리인원은 교도관 242명을 포함 322명이 주야 4교대로 근무했으며 사태가 일어났을 때 직원들을 귀가시키지 않았다. 21일 새벽 2시 20분 정웅 사단장이 지원한 병력이 도착, 배치됐고 새벽 3시 10분께 466명의 2차 병력이 당도했다. 교도소 내부는 우리가 맡겠으니 외부를 맡아달라고 했다. 이날 오후 31사단 병력과 공수여단 병력이 교체됐다. 당시 재소자 중에는 억울하다고 생각하는 사람도 있었지만 사회에서 잘못돼 들어온 사람들이 대부분이었다. 따라서 그들은 무엇인가 뒤집어지기를 기대하는 심리가 많았는데 특히 무기수와 사형수가 심한 편이었다.

20일 직원 가족들로부터 교도소 습격정보가 있었다. 교도소 앞이 삼거리인데 그들이 들어오려는 것을 무기가 등장하기 전(시민군을 말함)까지는 우리가 막았다. 그러나 21일 오후부터 무기가 등장했다. 22일에도 수 차례나 교도소 앞 300미터 전방까지 시위대가 나타나 침입을 시도했으나 결국 못 들어왔다. 교도소 앞에서 총격전이 있었다. 계엄군과 시민군의 총격전으로 생각했었다.[56]

교도소 앞 300미터 전방까지 시위대가 진출했다고 해서 반드시 '교도소를 습격하려는 시민군'으로 보는 것은 비약적 논리다. 왜냐하면 300미터 전방은 바로 인터체인지로 연결되는 도로이므로 이곳을 통과하려는 시민군이 모두 교도소 습격을 기도했다고 볼 수 없기 때문이다. 더욱이 '무장하지 않은 시위대가 습격했다'는 한도희 소장의 증언은 과장된 측면이 있다. 그것은 무장하지 않은 시위대의 습격이 아니라 18~19일 이틀 동안 연행한 사람들을 수용하고 있다면서 석방하라는 항의 시위였다. 5·18 당시 광주교도소 교무과장으로 근무했던 김근재(당시 46세)는 한도희와는 전연 상반되게 시민군의 교도소 습격사건을 전면 부인했다.

제가 당시 광주교도소 교무과장으로 재임하고 있었습니다. 당시 교도소 주변에

---

56 〈동아일보〉·〈한국일보〉, 1988년 2월 5일자.

서 총격사건이 몇 번 있었다는 이야기는 들었습니다만 시민군이나 학생들이 교도소를 습격했다는 사실은 전연 듣지도 보지도 못했습니다.[57]

특히 광주교도소를 21일 오후 2시 이전의 제31사단이나 23일 오후 7시 이후의 제20사단 병력이 경비하고 있을 때는 습격을 받은 사실이 한 번도 없었다고 정웅 제31사단장이나 박준병 제20사단장이 증언하고 있다는 점이다.[58] 뿐만 아니라 앞의 판결문에도 나타나지 않고 있다는 사실에 근거하면 공수부대가 지키고 있을 때만 시민군의 '습격기도'가 있었다는 셈이 된다. 더욱이 22일 아침 9시경 교도소 앞에서 교도소에 있던 공수부대의 총격을 받고 서종덕·이명진·이용남 등 3명이 사망한 사건에 대해 항쟁주체 측은 교도소를 습격하려 했던 것이 아니라 담양방면으로 가기 위해 교도소 앞을 통과하려다 총격을 받았다고 주장하고 있다는 점이다.[59]

시민군은 전날 차량이 확보되어 시외지역으로 투쟁을 확산시키고 있을 때 담양·곡성·순천·여수 쪽으로 진출하기 위해 교도소 좌우의 고속도로와 국도를 통과하려고 했으나 공수부대원들이 교도소에서 기관총으로 공격해 많은 사상자를 내게 되자 이에 격분한 시민들은 차량에다 타이어를 여러 개 붙여서 탑승자를 완전히 엄폐시키고 운전과 사격만 가능하도록 공간을 확보하고는 폭발물을 싣고 교도소 앞을 통과하기 위해 기관총을 쏘며 돌진하려 했던 것인데 이를 '교도소 습격사건'으로 몰아 붙인 것이다.[60] 이때 공수부대

---

57 2004년 3월 16일, 김근재 증언.

58 국회『광주청문회 회의록』, 제21호, 1988년 12월 21일, 박준병·정웅 증언.

59 정동년, 앞의 책, 158쪽.

60 법원은 5월 21일 도청 앞 발포나 5·27 재진입작전 당시 발포 등 무장시위대에 대한 총격사례는 내란목적 살인으로 규정하면서도 교도소 앞 총격사건은 시민군의 습격으로 인정 정당방위로 규정했다(「12·12, 5·18 사건 상고심 판결문」, 한상범, 앞의 책, 441~

원들의 강력하고 정확한 사격을 형편없는 구식 총기에다 훈련도 제대로 받지 않은 시민군 6명이 감당하기에는 역부족이었다. 따라서 통과는 물론 접근조차 못하고 많은 사상자만 내고 퇴각했다. 여기에 헬기로 증원된 공수부대원들은 교도소를 철통같이 지키면서 부근에 사는 민간인이 얼씬거리기라도 하면 가차 없이 발포했다. 이런 상황을 군 측은 '교도소 습격'이라고 왜곡했던 것이다.[61]

시위민중들은 비무장시기인 21일 오후 2시 이전, 제31사단 병력이 경비할 때는 차치하고라도 무장시기인 21일 오후 2시 이후, 최정예부대인 공수부대가 지키고 있을 때만 무모하게 습격을 기도하고 그보다 약체로 인식되던 제20사단 병력이 경비하고 있을 때인 23일 오후 7시부터 26일까지는 전연 습격하지 않은 '바보'들이었다는 이야기가 된다. 계엄사령부의 주장대로 복역수들을 반드시 구출하겠다는 의지를 가졌다면 공수부대 병력보다 약한 제20사단 병력이 경비하고 있을 때 습격하는 것이 당연하지 않았을까?

국가공권력을 폭력적으로 동원하여 살육작전을 펴던 신군부가 '폭도와 간첩들의 배후 조종을 받은 불순세력들이 저지른 광주사태'로 규정지으려는 저의가 너무나 뚜렷하다는 것은 이 때문이다. 5·18 광주항쟁동지회도 1988년 2월 발생한 「5월의 함성」이라는 회보에서 당시 교도소 습격사건은 '계엄사가 항쟁의거를 폭도소행으로 몰아붙이기 위한 조작극'이었다는 입장을 밝히고 있다.[62] 결국 이 사건은 신군부가 정권찬탈을 위해 '광주사태'를 유발시켜 '국

442쪽).

61 정동년, 앞의 책, 158~159쪽.

62 5·18 광주민중항쟁유족회에서 편찬한 『광주민중항쟁 비망록』에 게재된 서종덕 사망원인에 대해 '교도소에 갇혀있는 광주일고 친구를 구하러 갔다'가 변을 당한 것으로 되어 있으나 그 '친구'들은 교도소 안에 갇혀있는 수형자들을 말하는 것이 아니라 5월 18~20일 시내에서 공수부대가 마구 연행해 간 사람들을 구하겠다는 뜻이었다. 또한 서종덕이

가안보를 위협하는 폭동'으로 몰아붙이기 위해 조작한 것으로 국방부과거사진상규명위원회가 보안사의 「광주교도소 습격기도사건」 기록을 조사한 결과 밝혀냈다.[63]

주남마을 앞 총격사건과 원제마을의 참극

계엄군이 철수한 후 외곽지대에 철저하게 구축한 봉쇄망을 뚫고 시내를 빠져 시골로 나가려는 사람들의 행렬은 계속 불어나고 있었다. 이와는 반대로 광주시내에서 학교에 다니는 자녀들의 생사여부가 궁금하여 이를 확인하고자 시내로 들어오려는 사람 또한 늘어났다. 이들은 오솔길이나 야산길을 타고 들어왔다. 그러나 계엄군의 무차별 총격으로 피해자는 속출하고 있었다. 계엄군은 차량의 통과는 물론 개인적인 시내외 내왕까지 철저히 봉쇄하고 있었다. 심지어 시 외곽의 뒷동산이나 저수지에서 놀고 있는 어린이들에게까지 마구잡이로 총격을 가했다.

광주시 지원동 주남마을 앞에서 화순 방면으로 빠져나가던 시위민중의 소형버스가 매복하고 있던 공수부대 제11여단 병력으로부터 집중사격을 받아 17명이 희생당하는 대참사가 발생했다. 주남마을에는 제11, 7공수여단이 주둔, 광주시 외곽 봉쇄작전에 임하고 있었다. 5월 23일, 시위대원 18명은 시민

이날 교도소 앞에 간 것은 담양을 가기 위해 통과하려다 총격을 받은 것이지 결코 '광주일고 친구'를 구하러 간 것이 아니라 전날 친구를 구하러 가야겠다고 말한데서 이날도 친구를 구하러 갔다가 총격을 받은 것으로 잘못 전해진 것이라는 점이다(동서 251쪽 ; 정동년, 앞의 책, 158쪽).

63 국방부과거사진상규명위원회, 『12·12, 5·17, 5·18 실태조사보고서』, 2007, 118쪽.

448

군 본부에 등록된 103호 소형버스를 타고 화순으로 달렸다. 이 소형버스가 주 남마을 앞 가까이 이르렀을 때 공수부대원들로부터 집중공격을 받은 것이다. 이중 15명은 차안에서 그대로 숨지고 여고생 1명과 남자 2명을 포함한 3명은 공수부대원에게 붙잡혔다가 남자 2명은 현장에서 즉결되고 여학생인 홍금숙만 군 당국이 제공한 헬기를 타고 살아남았다.

여기서 사건발생 시간과 사망자 수를 두고 4개의 증언과 기록이 모두 엇갈려 있다. 당시 현장에 있었던 「어느 공수부대원의 수기」에는 오전 8시로 적혀 있고, 항소심 판결문에는 오전 9시로 되어있다. 또 이 버스 안에서 희생된 것으로 추정되는 백대환(白大煥·18)의 사망기록은 오전 9시 30분으로 되어있고 현장에서 유일하게 살아남은 여고생 홍금숙은 국회 청문회에서 낮 12시에서 오후 1시 사이였을 거라고 증언했다. 사망자 수도 어느 공수부대원의 수기는 15명, 항소심 판결문은 9명, 홍금숙은 17명이다.

그 날 5월 23일 아침 8시쯤 화순방면으로 진출하려는 시위대를 차단하기 위해서 경계하던 1개 지대(보병 1개 분대)는 광주에서 화순 쪽으로 달리는 미니버스를 발견하고 도로 양쪽에 엎드리고 1명이 도로 가운데서 손을 들자, 버스가 서면서 손을 든 장교에게 카빈소총으로 사격을 가하자 양쪽에 엎드려 있던 전 요원이 일제히 사격을 가해 타고 있던 18명 중(여자 3명 포함) 13명은 버스 안에서 사망하고, 3명은 중상(1명 여고생), 2명은 앞전에 이야기했듯이 사살시키고, 2명은 버스 뒷 유리창을 깨고 도주하였던 사건으로 ······. 그 즈음 그 산 아래 도로에서는 시위대 13명을 사살하고 3명의 부상자를 데리고 온다는 무전이 왔습니다. 잠시 후 손수레에 2명을 싣고, 1명의 여고생이 오른손에 총상을 입어 손가락 2개가 잘린 상태로 왔습니다. 모진 것이 인간의 생명이라고 했던가. 2명의 젊은 시위대는 (그때까지 저희는 시민들을 폭도라 불렀음) 온몸에 수많은 실탄을 맞았건만 정신도 확실했고 살아 있었습니다. 특히 한 젊은이는 눈에 총알이 관통했는데도 살아 있었습니다. 피비린내가 확 났습니다. 제가 어디에 사느냐 묻자 "지산동이오"라고 대답해요. 나이는 몇살이냐 묻자 21세, 23세라고 했습니다. 직업을 묻자 1명은 전남대학생이고, 1명은 없다고 했습니다. 같은 젊은이로서 너무나 불쌍하고 측은했습니다. 어떤 방법으로든 살리고 싶었습니다. 다른 하사관이 오더니 "이××들 데모해"하면서 호주머니를 뒤지기 시작했습니다. 호주머니에는 카빈 실탄 30여 발과 몇 푼의 피묻은 돈이 나왔습니다. 저는 군병원으로 이송하기 위해 헬기를 기다리는 줄 알았더니, 한 소령이 오더니 "저 ××들 뭐하러 데리고 왔어, 빨리 밑으로 데려가 죽여버려"하는 것입니다. 같은 소속대의 하사관이 "예"하면서 손수레를 끌고 다시 밑으로 내려갔습니다. 제가 뒤따라 갔습니다. 최소한 병원에 이송 치료해 주기 바랐고 살상을 못하게 하기 위해서였습니다. 2~3분 후 뒤따라갔는데 벌써 도로 옆에 도착하여서 끈을 풀고 있었습니다. "죽일 필요 없다. 그냥 시위대에게 보내자"하고 말하자 그 하사관은 "이 자식 왜 그래 임마, 너도 똑같은 놈이네"하는 것입니다. 3발씩을 머리에 다시 사격을 실시하는 것입니다. 꿈틀거리거나 비명 등 아무 소리도 없었습니다. 오직 시체가 떨고 있을 뿐 ……. 앞쪽에서는 시체를 묻기 위해서 민가에서 빌린 삽으로 구덩이를 파고 있었습니다.[64]

5월 23~24일 광주 주남마을 앞에서 벌어진 살해사건은 불행한 사건 중의 하나이다. 왜냐하면 5월 21일 계엄군이 광주시 외곽으로 철퇴한 후 5월 27일 전남 도청으로 재진입하기까지 광주 외곽지역에서 단일사건으로는 가장 많은 희생자를 냈기 때문이다. 즉 광주시에서 화순방면으로 15분 정도 거리(차량)에 있는 지원동 주남마을(부엉산 아래 광주~화순 간 국도)에서 매복 중이던 제11공수여단 제62대대 제5중대가 5월 23일 오전 9시경 마을 입구 500미터 지점(현재 소태 인터체인지 부근)에서 광주에서 화순방면으로 가던 미니버스가 정지신호를 무시하고 질주하자 집중사격을 가해 버스에 타고 있던 7명이[65] 희생되고 1명이 부상(홍금숙, 여 17세, 춘태여고 1년, 헬기로 후송)당하였다. 붙잡혔다가 희생된 남자 2명(성명불상)은 주남마을 뒷산에서 중상을 입은 상태로 공수부대원에 의해 사살

64 「어느 공수부대의 수기」(독자의 이해를 돕기 위해 저자가 문장배열을 재구성했음).

65 朴賢淑(여 16세) · 高英子(여 22세) · 黃湖杰(남 19세) · 白大煥(남 18세) · 金允洙(남 27세) · 金春禮(여 18세) · 성명미상(남 20~25세가량).

되었다.[66]

아침 9시 30분, 화순에 가야 했던 일신방직 여공 김춘례와 고영자의[67] 사정을 들고 의협심이 강한 백대환은 차량 1대에 그의 친구 황호걸 등 17명과 함께 도청에서 출발, 화순으로 향했다. 지원동에 들어서자 이발소 아저씨가 뛰쳐나와 가면 모두 죽는다고 말렸으나 뿌리치고 주남마을을 통과하고 있던 중 갑자기 총소리가 들리기 시작했다. 공수부대가 매복하고 있었던 것이다. 시위대원은 일단 차를 세우고 총을 쏘지 말라고 밖을 향해 소리쳤으나 아랑곳하지 않고 총격이 가해졌다. 몇 분간의 집중적인 사격 후 차안에는 처참한 모습의 시체가 뒹굴고 있었다.[68]

처음에는 18명이 탄 버스가 달렸을 때 군인 한 명이 도로변에 나와 차를 멈춰라 그랬거든요. 그런데 저희들은 그 공포 속에서 일단 차가 멈춰지면 어떻게 된다는 것을 알거든요. 그러니까 차가 세게 달린 것이지요. 그냥 그 자리를 피하기 위해서 달렸는데 달리니까 차에다가 산에서 먼저 사격을 했어요. 사격을 하니까 차안에서 학생으로 보이는 젊은이 중 두 명인가 세 명인가가 산으로 대고 총을 쐈어요. 총을 쏘니까 그때까지 조금씩 날아오던 총알이 집중적으로 날아왔어요. 그래 갖고 저희들이 차에서 살려 달라고 여학생들은 손을 흔들고 남학생들은 머리에다가 총을 들고 항복을 했어요. 그런데도 총알이 계속 심하게 날아오니까 전부 의자 밑으로 엎드려 피신을 한 거예요. 그리고 저만 살아남은 거예요[69]

---

66 재향군인회, 앞의 책, 296~297쪽(항소심 판결문).

67 일신방직 여공이었던 김춘례는 23일이 할아버지 제사였다. 기숙사 동료인 고영자와 함께 시내로 나온 그녀는 막연했다. 제사 모시러 고향인 화순으로 가야하는데 시외버스가 있을 턱이 없었다. 도청으로 가서 시민군에게 자초지종을 말하고 화순에 갈 수 있게 해달라고 부탁했다. 이에 시민군 16명이 차량 한 대에 두 여공을 태우고 화순으로 향했다. 그리고 참변을 당했다.

68 백대환의 아버지 백옥기는 아들을 찾느라 25일을 헤맨 끝에 광주경찰서에서 보관중인 열쇠고리 유품 덕분에 6월 16일 망월동 무연고 묘지에 묻혀 있던 시신의 다리흉터로 겨우 아들 대환의 시신을 찾을 수 있었다(5·18 유족회, 앞의 책, 265쪽).

69 국회『광주청문회 회의록』, 제26호, 1989년 1월 27일, 74쪽, 홍금숙 증언 ; 국회『광주

홍금숙은 춘태여상 1년생으로 고향인 화순으로 자동차가 간다고 해서 탔다가 이 같은 변을 당했다고 말했다.

여기서 주목해야 할 점은 「어느 공수부대원의 수기」처럼 붙잡힌 2명의 젊은이를 즉결처분했다는 사실이다. 하물며 이들이 시위를 하고 총을 들고 저항하다 붙잡혔다면 당연히 범법자로 취급해 법대로 처리했어야 옳다. 그러나 동료가 만류하는데도 즉결처분한 것은 용서할 수 없는 살인행위요 범죄행위다. 적군보다 더 가혹하게 처리한 이 사실은 이들이 광주로 파견되어 올 때 사전에 '붙잡힌 ×은 마음대로 해도 좋다'는 사전교육을 받았음을 의미한다.

다음날인 5월 24일 토요일 낮 12시부터 오후 3시 사이 원제부락과 진제부락에서는 공수부대의 '과잉진압'이 의도된 살인극임을 증명이라도 하려는 듯 어린이들에게까지 무차별 사격한 참혹한 사건이 발생했다. 뿐만 아니라 이 공수부대는 송암동으로 진출하던 중 이곳을 봉쇄하고 있던 보병학교 병력과 치열하게 총격전을 벌인 다음 아무 죄도 없는 선량한 주민들에게 보복적 살육을 아무렇지 않게 감행하는 또 다른 '과잉진압'을 벌이게 된다.

주남마을 뒷산에 주둔하면서 전날 17명(또는 9명)의 시위민중을 학살한 바 있는 공수부대 제11여단과 제7여단을 지휘하고 있던 최웅 준장은 광주비행장으로 이동하여 전교사 예비부대로서 기동타격대 임무를 수행하라는 전교사 사령관의 명령을 받고 이날 아침 9시쯤 제7여단 2개 대대병력을 헬기에 태워 광주비행장으로 보낸 다음 오후 1시 30분쯤 자신의 부대인 제11여단을 이끌고 육로로 이동을 개시했다. 광주~목포 간 도로변의 효덕초등학교 앞 삼거리 부근에 이르러 트럭을 탄 시민군과 총격전을 벌이기도 한 제11여단 병력은 원제·진제부락 → 광주 효덕초등학교 → 송암동을 거쳐 광주~목포 간 도로를

청문회 회의록』, 제16호, 1988년 12월 7일, 44쪽, 정호용 증언.

따라 나주 쪽으로 빠진 후 송정리에 있는 광주비행장으로 이동하려 했다. 장갑차를 앞세운 56대의 트럭에 분승한 제11여단 제63대대 병력이 오후 1시 50분쯤, 광주시 진월동 원제부락 저수지 옆길을 통과할 무렵 15명 가량의 10대 소년들이 동네 저수지에서 물놀이를 하고 있었다. 시기적으로 이른 물놀이였지만 소년들은 이에 아랑곳하지 않고 즐겁게 놀고 있었다. 이때 어린이들에게 자위권(?)이 발동됐다.

소년들은 허겁지겁 제방쪽으로 달려가 몸을 숨겼으나 박광범(13)은 미처 피하지 못하고 저수지 여수로(濾水路) 쪽에서 머리에 총탄을 맞고 쓰러졌다.[70] 이 부대는 계속해서 진제마을 앞으로 진입하면서 마을 뒷동산인 청주 한씨 선산에서 노닐고 있던 서너 명의 어린이들을 향해 발포했다. 어린이들은 씩씩한 국군아저씨들을 향해 손까지 흔들었다. 이들에게 총부리를 겨눈 것이다. 어린이들은 허겁지겁 달아났다. 그러나 뛰어가던 전재수(10)의 고무신 한 짝이 벗겨졌다. 전재수가 뒤돌아서 신발을 다시 줍는 순간 총탄이 다시 날아왔다. 재수는 아랫 배에 총알을 맞고 그 자리에서 숨졌다.[71]

순진하게 놀고 있던 어린이들에게까지 자행된 살육작전이었다. 어처구니 없는 국군이었다. 농촌지역에서 물놀이하던 어린이들, 뒷동산에서 뛰어 놀던 10대 미만의 어린이들까지 이렇게 무참한 총격을 받아야 했다.[72] 광주에 투입

---

[70] 13세, 전남중학교 1년. 효덕동 원제저수지 둑에서 M16 총격을 받고 13시 50분 사망.

[71] 11세, 효덕초등학교 4년. 마을 동산에서 어린이 2명과 함께 놀다가 M16 총격으로 13시 50분 사망(5·18 광주민중항쟁유족회, 『광주민중항쟁비망록』, 남풍, 1989, 269~270쪽).

[72] 공수부대 측은 저수지의 어린이(박광범)나 마을 뒷동산 어린이(전재수)는 자기들이 일부러 총격한 것이 아니라 행진 도중 발견된 무장시위대에게 발포한 것이 어린이들에게 명중된 것이라고 주장한다. 그러나 이 길은 시 외곽으로 나가는 길이 아니어서 시민군이 통과하는 길이 아니므로 이들의 주장은 설득력이 없다(「전두환·노태우 등 8명 내란혐

된 공수부대는 시위진압이 아닌 살인극을 벌이고자 했거나 광주시민을 적군으로 간주했음이 분명했다.

이들 병력은 다시 효덕초등학교 앞을 지나 광주경상대학(현 광주대학교) 입구를 통과할 무렵인 오후 2시경, 진제마을 쪽에서 들려오는 총소리에 놀라 하수구에 숨어 있던 박연옥을 향해 발포했다.[73] 이 여인은 아랫배에 총탄을 맞고 그 자리에서 숨졌다. 박연옥을 향해 총격을 가했던 제11여단 병력은 56대의 차량에 나눠 타고 오후 2시 20분쯤, 경상대 입구를 지나 효천역 500미터 전방에 이르는 광주-목포 간 국도를 따라 천천히 전진하고 있었다. 이때 마을 양쪽 구릉과 효천역 부근에 매복하고 있던 전교사 예하 보병학교 교도대 병력이 제11공수여단 제63대대 행렬의 선두에 있던 장갑차(APC)와 후속 차량 3대를 향해 90밀리미터 무반동총 4발을 명중시키면서 집중사격을 가했다. 제11공수여단 제63대대 병력도 무장시위대의 공격으로 보고 즉각 반격했다. 한참 동안 총격전을 벌이던 보병학교 병력 쪽에서 시민군으로 잘못 알고 계엄군을 공격하고 있다는 사실을 뒤늦게 알아차리고 슬쩍 현장을 빠져 나갔다. 이 오인총격사건으로 장교 1명을 포함해 9명이 희생되고 조창구 중령이 왼쪽 팔을 절단해야 하는 등 무려 33명이 중경상을 입었다. 군 헬리콥터가 20여 회를 오가며 시체와 부상자들을 실어 날라야 했다.

목포 쪽을 오가는 시민군을 감시하고 있던 보병학교 병력은 무장시민군의 차량 1대가 곧 이 지역을 통과할 것이라는 무전연락을 공중감시 헬기로부터 받고 있었던 터라 군용트럭이 통과하는 것을 보고 시민군으로 오인한 나머지

의 공소장」, 한상범, 『12·12, 5·18 재판과 저항권』, 법률행정연구원, 1997, 230쪽).

73 50세, 농업. 인성고등학교 부근에서 중학교에 다니는 아들의 안전여부를 확인하기 위해 길을 걷다가 총성이 들리자 다리 밑에 은신하고 있던 중 M16 총격을 받았다(김영택, 앞의 책, 192쪽).

일제 사격을 가했었다. 사건은 그 후 엉뚱하게 전개되었다. 아무 잘못이 없는 동네사람들을 향해 보복작전이 벌어진 것이다.

보병학교 병력이 빠져나간 후 총격이 중단된 것을 알아차린 11여단 병력은 마을로 뛰어들었다. 이들은 자신들을 공격한 무장세력이 매복하고 있던 시민군이라고 생각하고 있었다. 같은 계엄군인 보병학교 병력이라고는 꿈에도 생각하지 않았다. 공수부대원들은 마을을 덮치자마자 보복작전을 펴기 시작했다. 자신들을 공격한 시민군을 찾는다며 마을로 들이닥친 공수부대원들은 마구잡이로 쏘고 찌르며 광분했다. 총알이 날아와 집안 유리창이 마구 깨지고 방안의 벽에 박히는 것을 본 주민들은 부엌으로, 지하실로 숨어들었다. 공수부대원들은 군화를 신은 채 방안에 들어가 '폭도를 내 놓아라' '너희들이 지뢰를 묻었지'라고 고함을 지르며 김금순(57) 집 안을 샅샅이 뒤졌다. 이들은 집안에서 붙잡힌 김금순의 아들 권근립(27), 옆방에 세들어 사는 김승후(19), 그 옆방에 사는 임병철(24)과 박영옥(49)을 붙잡아다가 경전선 철길 부근에서 총격을 가했다. 그리고 떠나가 버렸다.[74] 그때의 상황에 대해 권근립 어머니는 이렇게 증언했다.

…… 지하실에 숨어 있는데 군인들이 집으로 쑥 들어와서 방이고 화장실까지 다 뒤지고 이불까지 다 내려서 깔아놓고 난리를 치더니 큰방으로 들어와 서랍을 열어서 담배하고 라이터하고 시계 같은 것을 가져가 버리고 모두 나오라고 소리를 질러요. 그래서 손을 들고 아들(권근립)하고 김승후, 임병철이가 밖으로 나갔지요. 군인들은 젊은 사람 셋만 데리고 나가 말 좀 들어본다고 했대요. 지하실에 있던 나는 이런 사정도 모르고 밖에 나가보니까 사람들이 하나도 없어요. 그래서 노인들 보고 "우리 아들 어디로 갔소" 했더니 밖으로 데리고 나갔다고 합디다.

---

74 김영택, 앞의 책, 191~195쪽.

우리 영감(권변산)은 저기 경상대학 입구에 가서 농사를 짓는데 영감도 안 돌아 오고 아들도 없지. 그래서 이 계단에 앉아서 영감도 죽고 아들도 죽고 어찌해야 좋을까 하고 울고 있으니까 영감이 들어 오대요. 영감하고 나하고 둘이서 아들을 찾으러 나갔는데 군인들 차 두 대가 불에 타고 있고 철뚝 너머 바로 근처에 김승 후란 사람이 쭉 뻗어 있어요. 그래서 저 사람은 죽었는데 우리 아들은 어떻게 되 었을까 하고 허둥지둥 신작로 길을 걸어 나가보니까 고랑에서 우리 아들은 여기 손이 끊어져서 덜렁덜렁하고 등을 맞았는지 피를 홍건히 흘리고 병철이와 함께 똑같이 엎어져 있대요.[75]

공수부대원들은 물어볼 게 있다고 붙잡아 간지 5분 만에 청년 4명을 즉결 처분 해버렸다. 엉뚱한 동네사람들에게 보복한 것이다. 아니 무작정 살인을 저지른 것이다. 이때의 광경을 현장에서 직접 목격한 '어느 공수부대원'은 그 때의 상황을 생생하게 잘 묘사하고 있다.

광주에서 나주로 나가는 길목에는 육군 보병학교 조교 및 장교들이 차단하고 있 었습니다. 3.5인치 로켓포(탱크 격파용, 90밀리미터 무반동총을 잘못 표현한 듯) 와 기관총, 클레모아 등으로 무장하고 있었습니다. 차단조 앞에 청음조로 나와 있 던 분대가 총소리를 듣고 폭도가 몰려온다고 부대에 보고했나 봅니다. 그때 당시 시위대가 예비군복을 입고 다니며 목포에 진입한다는 첩보를 접수하고 긴장하고 있다가 엄청난 차량행렬이 나타나자 시위대로 오인, 3.5인치 로켓포로 장갑차에 사격을 가하자 천지가 진동하는 '꽝'하는 소리와 보병에서 지원 나온 캘리버 50m 의 총탄이 공중을 마치 새처럼 날면서 아스팔트에 떨어지는 것이 눈에 확 들어왔 습니다. 계속해서 1번, 3번, 5번, 7번 차량에 대해 정확하게 한 대씩을 빼고 사격 을 실시하는 것입니다. 저희 차량도 앞부분에 로켓탄을 맞아 차량 앞부분은 오간 데 없고(운전병 사망, 중대장 중상) 앞쪽에 탑승했던 4~5명이 부상으로 살려달라 는 고함소리, 수천 발의 총성, 수류탄 소리 등으로 전쟁의 지옥 바로 그것이었습

---

75 국회『광주청문회 회의록』, 제28호, 1989년 2월 22일, 21~22쪽, 김금순 증언.

니다. 그때까지 저는 광주를 지키던 시위대와의 격전인 줄 알았습니다.

차량에서 하차하여 근처 야산 민가를 수색하라고 했습니다. 제가 앞쪽으로 갔을 때는 죽음의 땅 그대로였습니다. 불타는 차량들, 7~8구의 시체들, 부서진 장갑차, 지휘관의 중상, 울부짖으면서 내 부하 다 죽는다고 지원요청을, 중상 당한 몸으로 무전기를 잡고 고통에 못이겨 땅바닥을 구르면서 '무장헬기 지원' '무장헬기 지원'하시는 지휘관님 ……. 너무나도 가슴아파옵니다. 이미 앞쪽에 보병학교 차단 병력의 엄청난 화력은 도주한 뒤였습니다.

헬기가 계속해서 사상자와 20~30명에 달하는 부상자를 거의 다 나르고 있을 즈음, 뒤쪽으로부터 리어카에 실은 농부 한 사람을 딸이 끌고 왔습니다. 논에서 일을 하다가 총에 맞아 놀라고, 그 딸은 겁에 질려 울지도 않았습니다. 논에서 일을 하다가 무슨 죄가 있다고 ……. 차량이 거의 다 불에 타버리고 다시 뒤쪽 저희 소속대 쪽으로 가니 철수준비를 하라고 했습니다. 그때까지 아까 잡혀왔던 젊은 사내 2명은 엎드려 있었습니다. 그때 어느 장교가 "어이 사살시켜"라고 말하자 "예"하면서 M16 자물쇠를 풀더니 앞의 젊은이에게 3발을 탕, 탕, 탕 하고 쏘고 다시 뒤의 젊은이에게 3발을 쏘자 파르르 물 속에서 떠는 것입니다. 사람의 목숨이 너무나도 보잘 것 없고 비참했습니다.[76]

자기들끼리 오인해서 교전한 줄도 모른 채 마치 시민들이 공격한 것처럼 마구잡이 보복을 자행하는 이들에 대해 '도대체 당신들은 어느 나라 군대입니까?'라는 표현은 아주 적절했다.[77]

---

[76] 앞의 「어느 공수부대원의 수기」.

[77] 이날 정호용 특전사령관은 광주에 세 번째 내려왔다. 서울에서 이 사실을 보고받고 즉시 내려와 현장을 직접 돌아본 다음 국군통합병원에 들러 장병들을 위문했다. 그는 5월 22일 오전 광주에 내려왔었다. 하룻밤을 상무대 전투병과교육사령부 상황실에 마련된 특전사 지휘본부에서 묵은 다음 23일 오전 서울로 돌아갔다가 24일 다시 내려온 것이다. 그는 세 번째 광주방문 이유를 밝히지 않았지만 송암동 충돌사건 보고를 받고 부랴부랴 내려온 것으로 보인다. 그는 국회 청문회에서 이미 제31사단장과 전투병과교육사령관에 배속된 예하부대와는 아무런 연락도 취하지 않았다고 증언했지만 어떤 사태에 즉각 대처한 것을 보면 수시로 연락을 취했거나 일일이 보고를 받고 있었음이 분명했다.

그런데도 시민들은 날마다 시내 중심가로 모여들었다. 23일도 예외가 아니었다. 오전 10시쯤 되자 도청 앞 광장은 인파로 꽉 메워져 10만여 명이 넘는 듯 했다. 시민들 손에는 태극기와 조그마한 피켓이 들려 있기도 했다. 도청 앞 광장 주변에는 각종 플래카드가 휘날리고 벽보가 가득 붙어 있었다.

살인마 전두환 처단하라.
비상계엄 해제하라.
김대중 석방하라.
노동3권 보장하라.
유신잔당 물러가라.
끝까지 싸워 이기자.

특히 도청 앞 광장 주변인 수협 전남지부, 남도예술회관, 구 경찰국장 관사와 전일빌딩의 시멘트벽에는 사망자 명단이 나붙기 시작했다. 신원이 밝혀지지 않은 사람은 죽은 시체 얼굴을 찍어 급히 현상해서 붙여 놓고 그 옆에 입은 옷, 신발, 얼굴 모습, 키 등을 상세히 적어 사망자의 연고자를 찾고 있었다.

'성명 미상 30세 가량, 얼룩무늬 티셔츠' '김복만, 기사, 장성, 회색상·하의' '연초록색 츄리닝' '흰 와이셔츠 곤색 바지' '검정색 구두 앞 금니 40세 가량' '흰 와이셔츠 50세 가량 쥐색에 흰 줄무늬 정장' '22세 가량 검정하의, 머리는 약간 스포츠형'[78]

도청 지하실과 정문 맞은편에 있는 상무관(경찰유도관)에는 많은 시체들이 안치되어 있었다. 전날 옮겨 온 것도 있고 23일에야 옮겨진 것도 있었다. 40여

---

78 김영택, 앞의 책, 164~165쪽.

구가 안치되어 있었다. 비록 얇은 판자로 짠 허술한 관이었지만 그래도 관에 안치된 시신은 나은 편이었다. 관이 없어 육신 채로 누워 있는 경우가 많았다. 상무관은 희생자들의 부모나 가족들이 찾아와 몸부림치며 통곡하는 소리로 가득 차 있었다. 어느 누구도 무어라 위로할 수 없는 비극의 현장이었다.

야 이놈아 왜 죽었느냐. 어느 놈이 죽이더냐. 내 자식 누가 죽였냐. 이놈들아 내 자식 살려내라. 아이고 아이고 내 자식, 나는 어쩔 것이냐. 집 밖에 나가지 말라고 했는데 언제 나가서 죽었다냐.

시체를 부둥켜안고 우는 유족들의 아우성과 몸부림은 차마 눈뜨고 볼 수 없었다. 마침 상무관 입구에 설치된 분향소에는 분향하려는 시민들이 줄을 이었다. 이들도 눈물을 글썽이며 분노를 되씹고 있었다. 어떤 40대 부인은 연고자 없는 시체, 입관되지 않은 시신의 얼굴과 발목에 묻어 있는 피를 닦아주고 있었다. 몇 사람의 여자와 남자들이 우르르 몰려들어 거들고 나섰다.

도청 내 항쟁본부에서는 행방불명된 사람들의 명단을 접수하면서 입원 환자와 사망자의 명단을 대조하여 확인시켜 주고 있었다. 사망자 신원이 확인되고 시신의 위치가 밝혀지자 '내 자식 어디 있다냐'면서 늙은 어머니가 실성한 것처럼 도청에서 뛰쳐나와 상무관으로 달려가는 모습도 보였다. 도청광장은 이제 민주성회가 열리는 '민주의 광장'에서 민주열사들의 '장례식장'이 되어 있었다. 온갖 구호와 노랫소리가 목청 높이 불려지고 있는 가운데 찢어지는 듯한 호곡소리와 함께 향 내음이 진동하고 있었다. 몇몇 학생 등 젊은 항쟁요원들은 장례 준비를 서두르는가 하면 부상자를 위한 모금함을 앞가슴에 들고 광장을 돌아다니기도 했다. 시민들은 주머니를 털어 내놓고 있었다. 모금운동은 26일까지 계속되었다. 이날 김신근 목사는 관이 없어 입관시키지 못하는 사망자의 관을 구입하라고 100만 원을 내 놓았다. 그가 내놓은 돈은 시내 각 교회에서 교회헌금으로 모금한 200만 원 중 절반이었다. 김 목사는 뒤에 100만 원을 더 모금하여 부상자들을 찾아다니게 된다.[79]

---

79 김신근 목사는 이때 내놓은 100만 원과 추가로 모금해 부상자들의 치료비로 내놓은 200만 원 때문에 5·27 후 보안사에 의해 학생 또는 항쟁요원들에 대한 거사자금 지원혐의로 구속되는 곤욕을 치르게 된다.

학생수습위원회의 강경노선과 최후 결전

언론의 침묵과 유인물 난무

엄청난 비극이 전개되고 있는데도 모든 언론은 침묵을 지키고 있었다. 아니 침묵을 강요당하고 있었다. 계엄사령부는 1980년 5월 19일 각 언론사 편집자 회의를 소집해 계엄사령관 이희성 아닌 보안사령관 전두환 명의로 (1) 국가안보 (2) 공공질서 (3) 국익 유관사항 (4) 기타 등 4개 분야로 분류하여 작성한 「5·17 계엄확대조치 및 포고령 제10호에 의한 보도통제지침」을 시달했다.[80] 여기에는 검열 삭제부분을 그대로 놔두지 말라는 내용이 본문에 명시됐

---

[80] 1) **국가안보 유의사항** (가) 현행 헌법체제 및 정부를 비방하는 내용, (나) 북괴지지 재외단체와 동일한 주장과 용어를 사용하거나 선동하는 내용(반공법, 국가보안법, 보위법 논란 포함), (다) 반정부 또는 혁신노선을 주장 선동하거나 용공분자를 정치범(양심범)으로 취급하여 비호하는 내용, (라) 국가 보안상 기밀을 요하는 외교 교섭사항 및 발표하지 않은 외교정책 추진내용, (마) 발표되지 않은 군 관련 사항, (바) 발표하지 않은 전·현직 국가원수 및 정부요인의 동정 및 모독비방 내용(가족 포함), (사) 국가방위제도(향토예비군, 민방위) 및 방위산업에 관한 논란사항. 2) **공공질서 유관사항** (가) 비상계엄령 선포 실시 및 5·17 비상계엄지역 확대조치에 대한 비판과 포고령 위반 내용, (나) 국가의 경제질서를 심히 혼란시키거나 국민경제생활에 불안감을 조성하는 내용, (다) 10·26 이전의 체제 및 치적과 통치방식 등을 비방하거나 부정하는 내용, (라) 10·26 및 12·12

는데도 다시 강조하는 등 다섯 가지 유의할 점도 첨가되었다.[81]

5·18이 발생하면서부터 신문과 방송에 대한 검열을 더욱 강화시킨 것이다. 그동안 각 언론사는 검열에 의해 난도질당한 지면을 공백으로 비워두거나 자사 출판물 광고를 실어 은근하게 검열로 인해 어떤 기사가 삭제됐음을 독자들에게 암시해왔으나 이제는 그것마저 못하게 통제하고 나선 것이다. 검열단의 주문사항은 보도관제·보류·선별처리·보도 등 크게 나누어 네 가지였다. 5·18 발생과 동시에 시달된 보도통제지침은 일체불가, 발표 이외는 불가, ○○부분 불가, 해설·논평 불가, 사진게재 불가 등을 내세워 언론자유의 원칙에 따라 언론사주와 언론인들의 의도대로 제작되어야 할 신문의 발행을 원천적으로 봉쇄하고 나섰다. '선별처리'는 '알아서 하라'는 것이고 보류는 보도시간 제한을 뜻하는 엠바고를 의미했다. 그리고 기사의 단수나 보도사진의 장수까지 제한하면서 자신들이 알려야 할 것은 지나치게 과장해서 크게 보도토록 했다. 쓸 자유는 물론 안 쓸 자유마저 박탈당하는 최악의 상황이 전개되고 있었다.[82] 더욱이 광주에 관한 사항은 더욱 철저했다. 무고한 광주시민을 상대로 엄청나게 벌이고 있는 국가폭력의 만행에 대해 일체 보도할 수 없는 상황, 그

사태관련자 지지 또는 정당화 하는 내용. 3) **국익 유관사항** (가) 원유 등 주요 원자재 확보를 위한 외교교섭 및 정책사항 중 기밀내용(미발표 사항), (나) 공산권(남아연방 포함) 국가와의 교역에 관한 내용, (다) 우방 및 기타 국교 관계에 영향을 미치는 내용. 4) **기타** (가) 삭제부분에 대한 공백 및 돌출광고, (나) 기타 계엄업무 유관사항(채의석, 『어느 해직기자의 뒤늦은 고백-99일간의 진실』, 개마고원, 2000, 43~44쪽에서 재인용).

81 1) 검열 삭제부분을 공백으로 놔두는 것은 물론 자사 출판물 광고나 돌출광고로 채우면 안 된다. 2) 신문은 매판마다 검열을 받고 발행된 신문은 10부씩 검열단에 제출한다. 3) 통신은 송신 전에 사진을 검열 받아야 한다. 4) 방송은 기자에 의한 출입처, 지방 및 해외로부터의 생방송을 금지한다. 5) 정부 및 계엄사 발표를 방송한 직후 광고방송을 내서도 안 된다(채의석, 앞의 책, 44쪽에서 재인용).

82 채의석, 앞의 책, 45쪽.

자체가 비극이었다. 국민의 눈과 귀를 완전히 틀어막아 놓고 저지르고 있는 전두환의 '광주학살' 목적이 어디에 있는가를 그대로 보여주는 대목이기도 하다. 전국의 각 언론사는 물론 세계 주요 언론매체들은 많은 취재진을 광주에 보내 열심히 취재에 임하도록 했다. 그러나 사흘째인 20일까지 단 한 줄의 기사나 사진도 보도할 수가 없었다. 5월 20일 전남북계엄분소장의 보도문과 21일 계엄사령관의 대국민 담화문 겸 경고문을 게재한 것이 최초의 '광주사태' 보도였을 뿐이다. 물론 이 보도도 계엄사가 내세운 일방적인 '폭도'와 '불온세력에 의해 조종되는 폭동'이라는 단어의 나열이었을 뿐 진실은 아무것도 없었다. 현장에서 벌어지고 있는 적나라한 상황은 일체 기사화될 수가 없었다.

이 때문에 전남북계엄분소의 '보도문'을 방송한 MBC 문화방송과 KBS 광주방송이 20일 밤 분노한 민중들에 의해 '거짓 방송'을 한다는 이유로 불태워졌고 전남일보와 전남매일신문은 21일부터 발행을 자진 중단해야 했다. 특히 5월 23일 취재하던 저자는 항쟁주체로 보이는 젊은이들로부터 봉변을 당했다.[83] 몇몇의 타사 취재기자와 사진기자들도 공수부대원들로부터는 물론

---

83 여기저기 곳곳에 붙은 벽보에 기재된 희생자들의 인적사항을 취재하던 저자는 두 사람의 20대 젊은이로부터 봉변을 당했다. 옛날 경찰국장 관사의 벽에 붙은 사망자의 명단과 신원미상의 인상착의와 특징을 열심히 적고 있을 때였다. 지나치던 두 청년이 갑자기 내 취재수첩을 툭 쳤다. 수첩은 저만큼 길바닥에 떨어졌다. 나는 허리를 구부려 수첩을 줍고 있는데 그 중 한 사람이 말했다. "뭐 하는 사람이오?" 아주 불쾌한 언사였다. "동아일보 기잔데, 왜 그래?" 나도 못마땅한 표정으로 대답했다. "신문에 나지도 않는데 뭐 하러 적어요. 또 적는다 해도 검열 받는답시고 모두 저쪽에 알려 주게 되는데 적을 필요 없어요." 나는 심한 모욕감을 느끼면서도 당혹했다. 또 이때처럼 기자로서의 수모와 자괴(自愧)와 환멸을 느껴본 적이 없었다. 당장 기자라는 직업을 집어치워 버리고 싶었다. 그들의 말이 옳은데 어쩌랴. 날마다 아무리 열심히 취재해도 기사 한 줄 나지 않아 아침 저녁으로 '동아일보 기자가 뭐하는 거냐' '집을 폭파해버리겠다'는 항의와 협박전화를 받고 있는 터였다. 또한 기사를 열심히 써도 검열을 받아야 하므로 결국 모든 정보를 계엄사 쪽에 제공해 주게 되는 셈이니 그들의 말은 모두 옳았다. 그러나 나는 이때 기사도 기사려니와 뒷날 정확한 사실을 공개하기 위해 제대로 기록해야겠다고 다짐하면서 열심

시민들로부터도 봉변을 당했음은 물론이다. 날마다 기자들의 집에 '폭파하겠다' '가족을 몰살하겠다'는 협박성 전화가 걸려오는 것도 침묵하는 언론에 대한 시민들의 불만표출이었다.[84] 외신기자들도 19일 오전부터 들어와 눈에 익은 UPI · AP 등의 완장을 두르고 무비카메라를 메고 다니면서 비교적 자유롭게 취재하고 있었으나 그들이 보낸 외신을 국내언론에 전재하는 것 자체가 통제되고 있어서 국민들에게는 그림의 떡이었다.[85] 다만 자유롭게 취재한 외신이 국내언론에 전재되지 않았다 해도 '광주사태'를 국제화시키는데 크게 기여했음은 물론이다.

　언론의 통제는 두 가지 부작용을 낳았다. 하나는 항쟁주체들이 자체 유인물을 제작하게 된 것이고, 하나는 유언비어의 난무였다. 항쟁주체들이 제작한 유인물은 자신들의 투쟁 상황을 프로파간다 방식에 따른 주관적 입장의 나열

히 취재하고 있었다. 비록 지금은 검열 때문에 진실이 세상에 알려지지 않고 있지만 언젠가는 세상에 알려져야 할 내용이었고 또 누군가는 기록해 두어야 할 일이었다. "자네들 학생이야?" 내가 바로 경어를 쓰지 않고 반말로 내려하자 그들은 나를 빤히 쳐다보았다. "자네들 말도 맞는 말이야. 그런데 자네들(학생수습위를 지칭) 지금 이러한 상황을 상세히 적고 있는 사람이 있어?" "없는데요." 그때서야 공손하게 대답하는 것이었다. "나는 기사를 쓰는 기자이기도 하지만 지금 당장 광주 소식이 제대로 알려지고 있지 않으니 언젠가는 오늘의 모든 것을 정확하게 공개해야겠다는 생각을 가지고 적고 있어! 만약 자네들이 잘 적고 있다면 나는 이 메모가 필요 없네." "아니에요. 잘 적어 주십시오. 죄송합니다." 그들은 뒤통수를 긁으며 정중하게 사과했다. 저자는 이날 봉변을 당한 이후에는 비교적 자유롭게 취재할 수 있었다. 이 저술도 그 연장선상임은 두말할 필요가 없다(김영택, 앞의 책, 165쪽).

84　저자는 5 · 18이 발발한 다음날인 5월 19일부터 21일까지 밤이나 새벽이면 전화가 걸려와 '이 엄청난 사태가 일어났는데도 왜 동아일보는 한 줄의 기사도 내지 않느냐'며 '너희집을 폭파해버리겠다' '가족을 몰살하겠다'는 항의성 협박전화를 여러 차례 받았다. 이것은 '광주살육'에 대한 언론의 침묵이 계속되면서 더욱 심해졌다. 그러나 실제로 폭파한다거나 몰살하겠다는 것보다는 애정을 가지고 있는 동아일보의 침묵에 대한 불만 표현으로 보고 가족보호나 신변안전을 위해 별단의 조치는 취하지 않았다.

85　2003년 5월 18일 KBS에서 방영된 「푸른 눈의 목격자」인 독일인 기자도 19일 입광했다.

을 너무 많이 했을 뿐만 아니라 희생자나 부상자 숫자 등에서 추측보도가 많았고 과격했다. 이것은 정확한 취재원이 없고 공식적인 조사가 불가능했기 때문이다. 그러나 항쟁주체들의 유인물은 부정적인 측면보다 긍정적인 측면이 더 많았다. 이는 '광주항쟁'의 성격을 잘 드러내는 대목이기도 하다. 시민들로 하여금 분노의 공감대를 형성한 다음 하나로 묶어 민중으로 변모시키는 기능은 말할 것도 없고, 국가폭력의 주체인 공수부대의 만행을 규탄하면서 항쟁의 당위성을 이끌어내는데 기여했다.

다른 하나는 유언비어의 난무가 불가피했다는 사실이다. 이는 언론이 제 기능을 하지 않을 때 필연적으로 나타나는 현상이다. 여기에는 사태를 악화시키면서 그 책임을 광주 쪽에 전가하기 위한 계엄사 또는 정보기관의 고의적인 유언비어 조작도 빼놓을 수 없다.

항쟁주체 측의 유인물은 소식지가 가장 많았고 다음은 선언문 또는 성명서였다. 최초로 등장한 유인물 중 하나는 '광주시민민주투쟁회' 이름으로 된 '호소문'이고, 다른 하나는 '조선대민주투쟁위원회' 이름으로 된 '민주시민들이여'였다.[86] 이 유인물은 '광주살육'이 시작된 다음날인 19일 새벽에 뿌려졌다. 또한 화염병 등장에 앞서 첫 번째로 이루어진 내밀한 조직적 소행이기도 했다. '호소문'은 화염병과 마찬가지로 녹두서점을 거점으로 삼고 있던 들불야학팀의[87] 윤상원·정현애가 원고를 작성하고 박용준이 등사원지를 써서 김태

---

86 전문은 한국기독교협의회인권위원회 편, 『1980年代 民主化運動』 1권(6권), 1987, 141~142쪽 ; 광주광역시 5·18 사료편찬위, 『5·18 광주민주화운동 자료총서』 2권, 1997, 22~23쪽 참조.

87 들불야학은 1979년 7월 민중야학·노동야학으로서 박기순(전남대 국사교육과 3년)·신영일(同 국사교육과 2년) 등과 이에 가세한 김영철 부부·박용준·윤상원 등이 천주교광주대교구 광천동교회 교리실과 광천시민아파트를 빌려 벌인 지역사회운동(빈민운동)의 일환이었다(임낙평, 「윤상원 열사의 삶과 투쟁」, 『말』, 1989년 5월호).

종·전용호·김선출 등이 프린트하여 19일 새벽 양림동·사동·구동·월산동·방림동·학동 일대에 배포한 것이고, '민주시민들이여'는 조선대생들이 만든 것이다.[88] 내용은 희생자 수에서 일부 불확실하고 왜곡된 점이 없지 않았으나 비교적 당시의 상황을 제대로 이해할 수 있게 서술하고 있었다.

특히 신군부의 정권찬탈 음모를 꿰뚫고 있었다는 점은 탁견이었다. 당시 방송·통신·신문 등 매스컴들이 침묵하고 있을 때 나타난 이 유인물은 시민들을 더욱 자극해 '광주항쟁'의 확산에 큰 몫을 하게 된다. 더욱이 18~19일 벌어진 상황을 자세하게 파악하지 못하고 있던 시민들에게는 좋은 소식지였다. 특히 이틀 동안 붙잡혀간 사람들의 행방이 묘연해 가족들의 가슴을 더욱 애타게 하고 있을 때 '500여 명 이상 사상자 속출', '1,000여 명 조선대 운동장에 불법 감금'이라는 내용은 가족들은 물론 시민들의 눈을 번쩍 뜨이게 했다.[89] 나중에 밝혀진 것이지만 당시 이틀 동안의 희생자는 2명이었고 붙잡혀간 사람은 1,200여 명이었다. 이들은 조선대·전남대·광주교도소에 수용돼 있었다. 그러나 군 당국은 연행해간 사람들의 명단은커녕 장소마저 가족들에게 통보해주지 않는 행태를 저질러 자식이나 남편 등 가족이 귀가하지 않고 있는 집에서는 그 행방을 찾느라 아우성이었다. 혹시 죽지 않았나, 붙잡힌 것은 아닐까 하는 우려를 갖고 대성통곡하는 가정도 있었다. 그런 가운데 유인물은 자식들의 행방소식에 굶주린 시민들에게 반가운 소식지였다. 군에서 연행자의 행방을 알려주지 않은 것은 가족 잃은 시민들로 하여금 분노를 불러 일으켜 시민봉기를 유도하기 위한 고도의 전략, K-공작의 일환이었다.

광주의 비극이 3일째 되던 20일 새벽, 가랑비가 내리고 있는 가운데 동이

---

88 전남사회문제연구소 편, 앞의 『윤상원 평전』, 236쪽.

89 김영택, 앞의 책, 64쪽.

틀 무렵 시내 일원에는 16절지에 등사된 '민족의 영혼은 통곡한다'라는 제하의 전단이 일제히 살포되었다.[90] 전남대 총학생회 이름으로 되어 있는 이 유인물은 학생들이 밤을 새워 제작해 어둠과 비오는 틈을 타 집집마다 투입되었다. 누런 16절 갱지에 어설프게 등사된 것이어서 잘 보이지도 않았지만 광주살육이 시작된 후 세 번째 등장한 유인물이었다. 이 같은 유인물은 광주살육 내지 5·18 항쟁기간 동안 50여 종이 뿌려지게 된다. 가장 대표적인 것은 윤상원 등이 발행한 「투사회보」다. "지금은 모든 소식이 끊겼으니 시민들에게 올바른 행동지침을 전달해 주어야 할 소식지가 필요하다"고 역설하면서 단합된 '민중언론팀'을 구성하자는 그의 제의를 박효선 등이 받아들여 「투사회보」를 제작한 것이다. 「투사회보」라고 이름을 붙인 것은 '투쟁을 통한 시민들의 위대한 승리를 이끈다'는 의미에서였다.[91] 「투사회보」는 8호까지, 9·10호부터는 「민주시민회보」로 이름이 바뀌었으나 10호는 미처 배포되지 못한 채 27일 재진입한 계엄군에게 모두 압수됐다.[92] 계엄당국은 뒤에 학생들이 이 같은 불온 유인물

---

90 전문은 김영택, 앞의 책, 75쪽 참조.

91 당초 공수부대의 '광주살육'이 자행되기 시작한 18일부터 그들이 시내에서 철수하는 21일까지 금남로에 나와 있던 시민들 또는 민중과 시내 일부 가정에는 세 가지의 유인물이 나돌았다. 첫 번째는 전남대 「대학의 소리」 발행팀이 18일 밤을 새워 최초의 유인물을 제작하여 19일 새벽에 배포하기 시작했고 두 번째는 광천동 '들불야학'팀의 윤상원을 중심으로 발행하고 있었다. 이것은 1년 전부터 광천동에서 들불야학 강좌를 벌여온 윤상원(29·본명 윤개원)과 녹두서점 정현애(29)가 주축이 되어 당시 상황을 외부에 알리기 위해 만들었다. 세 번째는 문화팀 내 박효선을 중심으로 발행되고 있었다. 이들은 '지금은 시내에 모든 소식이 끊겨있으니 시민들에게 올바른 행동지침을 전달해 주어야 할 신문이 필요하다'고 역설하면서 단합된 「민중언론」팀을 구성하자는 윤상원의 제의를 받아들여 「투사회보」로 통합하는 한편 편집방향을 정하고 작업을 분담했다. 「투사회보」라 이름을 붙인 것은 투쟁을 통한 시민들의 위대한 승리를 이끈다는 의미에서였다. 이 때문에 발행주체가 '전남대총학생회'가 되기도 하고 '광주시민민주투쟁협의회'가 되는 등 그때그때 바뀌었다(정동년 외, 앞의 책, 154~155쪽).

92 「민주시민회보」 제10호 내용은 앞의 『5·18 광주민주화운동 자료총서』 제2권, 98쪽.

을 9회에 걸쳐 발행하여 시민을 선동했다고 발표하게 된다.

앞에서도 언급했지만 이 유인물들은 당시 신문이나 방송이 '광주사태'에 대해 한 줄도 보도하지 않는 침묵이 계속되던 가운데 입에서 입으로 전해져 갖가지 소문으로만 돌고 있던 '광주살육'의 상황들을 실제로 확인시켜 주는 기능을 하게 되었고 나중에는 시민들을 응집시키는 데 커다란 역할을 하게 되었다. 매스컴의 보도가 나오기 시작한 뒤에도 계엄사령부의 검열과정에서 모든 진실이 엄폐·삭제된다는 사실을 아는 사람들은 신문보다는 유인물을 더 신뢰하기도 했다. 또한 유인물에는 '전남대총학생회'라는 명칭이 등장하기도 했다. 전날 유인물의 '광주시민민주투쟁회'와 '조선대민주투쟁위원회'에 이어 이날 등장한 '전남대총학생회' 조직이 별도로 가동되고 있음을 비춰주고 있었다.

20일 밤 시민들이 전옥주의 선동적 구호에 들뜬 채 온 시가를 누비고 있을 때 학생들이 제작한 '선언문'이라는 또 다른 유인물이 뿌려졌다. '전남민주민족통일을 위한 국민연합', '전남민주청년연합회', '전남민주구국학생총연맹' 등 3개 단체 명의로 발표된 선언문의 8개 항의 요구사항에는[93] 지금까지 외쳐온 구호가 대부분 그대로 실려 있었으나 '지역감정 조장하지 말라'는 대목이 눈길을 끌었고, 더욱 중요한 시사점은 5·17을 전두환의 쿠데타로 간주하고 있었다는 점과 다음날 있을 발포명령을 예견하고 그 중지를 요청하고 있었다는 점이다. 이 유인물은 광주사태 이후 네 번째로 등장한 것으로 3개 단체 명의가 동원된 것으로 미루어 보아 배후조직이 막강할 것 같은 낌새를 풍겼다. 어쩌면 시민들에게 힘을 실어주기 위함이었는지도 모를 일이었다.

---

93 전문은 김영택, 앞의 책, 89쪽 참조.

광주시민 여러분께 알려드립니다

청사에 빛나는 칼날은 무서움을 모르는 채 사랑하는 내 시민을 짓밟아버리는 천추에 맺힌 한, 원한에 맺힌 한을 어느 누가 풀어 줄 길이 없어 시민 모두가 일어선 5·18 광주민중봉기는, 우리 민족의 슬기와 민주화 염원에 의한 투쟁의 결과입니다.

그러나 우리의 궁극적인 목표는 달성된 것이 소수뿐이기에 투쟁은 계속되어야 합니다만, 어디까지나 평화적이어야 하며 이 평화적 투쟁을 계속하기 위해서는 무엇보다 시민의 질서회복이 시급한 문제입니다. 이 질서회복이 최선의 방법이며 우리들의 피해를 줄이는 최선의 길입니다. 지금까지의 투쟁이 헛되지 않게 스스로가 합심동체가 되어 이 난국을 타개합시다.

1. 계엄군은 진압하지 않고 우리와 일체 교전을 하지 않을 것을 약속했습니다.
2. 총기는 책임질 수 있는 사람이 휴대해야 하며 통제권에서 벗어날 경우 시민의 안전을 위해 회수되어야 하오니 협조하여 주시기 바랍니다.
3. 시민 여러분께서는 각 직장별 일상업무에 복귀할 수 있는 이성을 회복합시다.
4. 일부 무기류 휴대자들에 의한 오발사고와 약탈행위는 철저하게 근절되어야 하오니 협조바랍니다.
5. 이번 투쟁에서 희생된 사망자는 엄숙한 시민장으로 거행돼야 합니다.

이상의 사항을 전파하는 데 모든 분들의 협조를 바라며 앞으로의 사태 추이에 귀를 기울여 주시기 바랍니다.

1980년 5월 23일
시민대책위원회
학생수습대책위원회[94]

---

94   김영택, 앞의 책, 171쪽 ; 『5·18 광주민주화운동 자료총서』 2권, 44쪽.

자치시대 이틀째인 23일 새벽에는 시내 곳곳에 '시민위원회'와 '학생수습위원회' 공동명의로 된 '광주시민 여러분께 알려드립니다'라는 또 다른 전단이 시내 곳곳에 뿌려지고 낮에 열린 시민궐기대회장에서도 배부됐다.

이 전단이야말로 5·18 광주민중항쟁의 본질과 성격을 그대로 드러내고 있었다. 사실 항쟁기간 중 등장하는 갖가지 유인물이 발행자나 장소가 제각각인데도 그 본질에서는 거의 일치하고 있었다. 이것은 광주살육을 맞아 싸우면서도 본질적인 면에서 광주시민들의 의중(意中)이 어디에 있는 것인가를 그대로 반영하고 있는 것이기도 했다. 한편 '시민대책본부 및 치안유지를 담당하시는 학생 및 시민에게 알려드립니다'라는 제목으로 총기 반납에 적극 협조토록 당부하는 별도의 전단이 곳곳에 뿌려졌다.[95] 23일 오전에는 '광주시민 민주투쟁협의회' 이름으로 된 「투사회보」 5·6호가 1980년 5월 23일(금)자로 발행되어 시민들에게 배포되었다. 5·6호가 앞 뒤 한 장으로 되어 있는 「투사회보」는 16절 갱지에 프린트된 것이었다. 5호의 첫 제목은 '광주지도급인사 시국수습차 계엄사령부 방문'으로, 이에 대한 소식이 전해졌고 민주쟁취시민 궐기대회가 23일 오후 1시 도청광장에서 열린다는 것과 '중·고등학생 무기 소지 엄금'한다는 내용도 들어 있었다. 6호인 뒷면에는 '광주시민의 민주화 투쟁 드디어 전국적으로 확산되다', '전남도민은 분연히 일어섰다', '우리의 행동강령' 등이 실려 있었다. 그리고 '투사들이여! 끝까지 투쟁하자'고 적혀 있었다.

당시의 실상이 모든 제도 언론들의 침묵으로 시민들에게 제대로 알려지지 않자 '진실 전달' 역할로서의 회보 발행은 절대적으로 필요했다. 그들은 공단 노동자들과 대학생들로 구성된 10여 명으로 차량임무 규정, 투쟁대상을 정한 구호, 보급문제, 시체운반 등에 관한 사항을 집중적으로 포함시켜 「투사회보」

---

95 전문은 김영택, 앞의 책, 172쪽 참조.

를 제작했다. 윤상원과 전용호가 주로 문안을 작성하면 박용준이 필경하고 김성섭·나명관·윤순호 등 3명이 3대의 등사기로 밤을 새워 5,000~6,000장씩 찍어냈다. 제작에 필요한 종이는 물품 보급조를 통해 충장로 지업사 주인들이 제공하는 것을 받아오거나 각자 주머니를 털기도 했고 성금으로 충당하기도 했다. 24일 오전 「투사회보」 7호를 보면 16절 갱지인데다 종이 구입이 어려워서였는지 한쪽은 이미 사용한 이면지에다 프린트한 것이었다. 이렇게 제작된 회보는 근로자, 주로 여공들이 치마 속에 숨겨 전달했다. 계엄군이나 정보기관의 눈을 피하기 위해서였다. 이렇게 해서 다음날 새벽이면 광주시내 곳곳에 뿌려졌다. 25일부터는 200부씩 한 묶음으로 묶어서 길거리에 나가 지나다니는 시민군차에 실어주면 시내 전 지역에 뿌려졌다. 이들은 25일 항쟁지도부가 새로 개편되자 YWCA로 옮겨 본격적인 홍보 부서를 편성했다. 특히 YWCA에 있던 수동 윤전기는 그때까지 발행부수의 제약을 받던 등사기에 비해 하루 4만여 장씩 인쇄할 수 있어서 훨씬 수월했다.[96] 21일부터 시작된 「투사회보」는 25일에 8호까지 발간하다가 다음 호부터 호수는 계속 이으면서 이름을 「민주시민회보」로 바뀌었다.

여기서 주목해야 할 것은 '보라! 그동안의 참혹한 만행을!'이라는 제목으로 제시된 사망자 수에 관한 보도였다. '사망 확인, 미확인자 수 600여 명, 중·경상자 무려 3,000여 명'이라고 적고 있는 24일자 「투사회보」 7호의 숫자는 하루 전날 궐기대회에서 발표한 것과 같은 숫자다.[97] 이 회보에는 '드디어 제1

---

96 정동년, 앞의 책, 154~155쪽.

97 전문은 김영택, 앞의 책, 187~188쪽 ; 이날 배포된 「투사회보」 7호가 전날 도청광장 궐기대회 참가인원을 2만 명으로 적고 있는 것에 눈길이 갔다. 10만 명으로 추정하고 있던 저자보다 무려 5분의 1이나 적게 기록하고 있었던 것이다. 이는 청중인원 계산방법의 착오에서 빚어진 것으로 보인다.

차 전남도민 시국궐기대회를 가지다'라는 제목으로 전날인 23일 오후 4시 도청 앞 광장에서 열렸던 궐기대회 내용과 함께 6개항의 요구사항이 들어 있었다. 그러나 22일 조선대 민주투쟁위원회가 발행한 8절지 크기의 앞뒷면에 잔글씨로 빽빽하게 프린트한 '전두환의 광주 살육작전'에는 사망자 2,000명, 부상자 1만 2,000명이라고 밝히고 있어 이 숫자와 크게 차이가 나 시민들을 당혹케 했다. 이 전단은 당초 '사망자 200명, 부상자 2,000명'이었으나 같은 원지에 사망자 '200명' 뒤에 '0'자가, 부상자 숫자 '2,000명' 앞에 '1만'이 첨가되어 사망자 '2,000명' 부상자 '1만 2,000여 명'으로 둔갑된 것이었다.[98] 이 두 가지 유인물을 차분하게 들여다보면 변조된 것을 금방 알아볼 수 있다. 그러나 후자 1장만을 보는 사람은 사망자 '2000명'에 당혹할 수밖에 없었다. 이는 뒷날 '광주'의 사망자 수를 놓고 당국의 194명 주장에 광주 측이 끈질기게 2,000명설을 내세운 근거가 되기도 했다. 여하튼 '사망자 2,000여 명, 부상자 1만 2,000여 명'이라는 숫자를 보았던 시민은 이틀이 지난 24일 '사망자 600여 명'이라고 표시한 「투사회보」 7호를 보고 당혹할 수밖에 없었다.

「투사회보」의 이름이 「민주시민회보」로 바뀌고 회보의 마지막 호가 된 제10호는 인쇄만 했을 뿐 27일 계엄군의 재진압작전으로 미처 배포하지 못한 채 압수 당했다. 제목을 바꾼 이유는 지금까지 「투사회보」가 집중적으로 취급했던 투쟁의식 고취와 투쟁방향을 제시하는 차원을 넘어 항쟁이 장기화될 경우를 대비하여 보다 체계적인 소식전달과 설득력 있는 논설을 실어 시민들에게 항쟁의 지속성을 강조하기 위해서였다.[99] 이외에도 발행주체를 밝히지 않은 「임시신문」에는 '우리의 자세'라는 논설이 실려 있었고 뒷면에는 '자세를

98 전문은 김영택, 앞의 책, 369쪽 참조.
99 『1980년대 민주화운동』 1권, 99쪽 ; 정동년 외, 앞의 책, 155쪽.

새롭게 하자'라는 내용이 실려 있었다. 또한 물자절약(식량·휘발유·탄약·생활필수품), 민심 혼란자 색출, 안전사고 예방을 강조하는 등 시민의식을 일깨우는 내용이 들어 있어 광주항쟁의 본질과 성격을 잘 나타내고 있었다.

> **첫째 : 물자 절약**
> • 식량은 한 달 정도의 여유가 있으니 최대한 절약한다.
> • 휘발유도 5주일 정도의 여유가 있으니 역시 절약하도록 한다.
> • 무기 소지자는 탄약 등 전략물자를 절약한다.
> • 기타 생활필수품 등을 절약한다.
> **둘째 : 민심 혼란자의 색출**
> • 사복경찰, 사복요원, 정보요원을 철저히 색출한다.
> • 약탈을 행하는 자는 체포하여 시민 앞에서 처벌한다.
> **셋째 : 안전사고와 예방**
> • 무기의 관할은 총기에 관한 지식이 있는 사람이 맡는다.
> • 일반시민의 안전을 위해 오발사고 방지에 노력한다.[100]

이밖에도 전남대학교 교수 일동으로 된 '대한민국 모든 지성인에게 고함', '껍데기 정부의 계엄당국에 고한다' 등 갖가지 유인물이 쏟아졌다. 특히 이날 서울에서는 민주주의와 민족통일을 위한 국민연합 공동의장, 윤보선·함석헌·이희호(김대중 의장을 대변) 명의로 된 시국성명서가 나왔다.[101] 또한 '언론인에게 보내는 글', '대한민국 국군에게 보내는 글', '친애하는 애국시민' 등의 이름을 붙인 선언문·성명서·알림·소식·회보 등이 다양한 형태로 쏟아져 나왔다. 18일부터 27일까지의 항쟁기간 중 발행된 각종 유인물은 모두 50여 종으로 집계되었다.[102] 어찌됐건 항쟁기간 동안 전개된 「투사회보」 또는 「민주

---

100 김영택, 앞의 책, 132쪽 사진.
101 전문은 『5·18 광주민주화운동 자료총서』 제2권, 57쪽.

시민회보」라는 민중언론 활동은 민중의 목소리를 반영하면서 시민들의 행동 통일과 참여의식을 고취하는 등 항쟁 전개에 대단한 기여를 했다. 그리고 제도언론이 완전하게 침묵하는 무기력한 상태에서 격문이나 플래카드, 가두방송이 갖는 부분적인 한계 등의 약점을 극복하고, 활자 또는 프린트매체로서의 지속성·논리성·보급성의 장점을 살린 선전활동을 벌여 투쟁의 전위노릇을 톡톡히 해냈다는 평가를 받을 수 있다.

최초의 언론보도와 유언비어

엄청나게 벌어지고 있는 사건을 놓고 언론과 계엄사령부는 보이지 않는 전쟁을 벌이고 있었다. 물론 처음부터 한계가 있는 싸움이었다. 사건을 접한 각 언론매체들은 대규모 인원을 현장에 보내 열심히 취재토록 하면서 온통 '광주살육'과 '항쟁'에 관한 기사에 촉각을 곤두세우고 있었지만, 당시 보도검열권을 쥐고 있던 계엄사령부는 일방적으로 자신들의 발표만을 게재하도록 강요했다. 언론매체들이 아무리 많은 양의 '광주'기사를 가지고 가서 검열을 신청해도 대답은 한결같이 '안 된다'는 것이었다. 광주살육과 항쟁에 관한 기사가 나간 것은 21일의 계엄사령관 담화문뿐이었다. 5월 22일도 각 매체들은 광주항쟁 기사를 한 아름씩 작성, 계엄사령부의 검열관실이 있는 서울시청으로 보냈다. 그렇지만 '광주사태'에 관한 보도는 아무것도 통과시켜주지 않아 나갈 수가 없었다.

---

102 박찬승, 「선언문·성명서·소식지를 통해본 5·18」, 광주광역시 5·18 사료편찬위, 『5·18 민중항쟁사』, 2001, 378~380쪽.

보도통제가 계속되자 '수천 명이 죽었단다', '전라도사람들 씨를 말린다'는 등 갖가지 유언비어가 전국적으로 나돌고 있을 수밖에 없었다. 침묵에도 한계가 있었다. 따라서 국민들의 지탄의 목소리도 비등하고 있었다. 이에 따라 언론매체는 어떤 결단을 내려야 할 시점에 이르렀음을 알아차렸다.

지난 30년 동안, 즉 1950년대 이승만 독재정권과, 60~70년대 박정희 군사정권 및 유신독재에 가장 앞장서서 저항했던 동아일보사의 기자들로서는 더 이상 침묵만 지킬 수가 없었다. 계엄사의 검열반과 부딪쳐 보자는 의견을 같이 한 동아일보 기자들은 22일 오전 1면에 광고 한 줄 싣지 않고 전체를 광주살육과 항쟁 기사로 채우고 일부는 사회면에 실었다. 계엄사 검열관은 본부와 전화연락을 통해 일부만을 통과시켜 주었다. 동아일보사 편집국은 검열에서 통과된 부분만 편집해 놓고 보니 도저히 신문을 낼 수가 없었다. 그대로 냈다가는 신문사가 습격당하고 기자들이 돌팔매를 맞기 십상이었다. 기자들은 검열에서 통과된 기사와 통과되지 못한 기사를 가지고 돌아와 부드러운 표현으로 다시 쓰고 편집한 후 검열관에게 제시하였고 심지어 당국이 발표한 내용도 함께 실어 사실의 한 단면을 알아볼 수 있도록 지능적으로 제작했다. 간신히 세 번째 만에 'OK'를 받아 신문을 발행할 수 있었다.[103]

드디어 오후 5시, 거리판매용 〈동아일보〉 신문 1판이 발행되었다. 다른 때 같으면 3판을 한창 제작할 시간으로 초판 발행 시간인 오후 1시보다 무려 4시간이나 늦게 나온 것이다. 1면에는 '광주사태 닷새째'라는 커다란 제목이 전

---

[103] 편집국의 기자들뿐 아니라 모든 사원은 한 사람도 퇴근하지 않고 전원 대기상태였다. 기자들은 광주사태가 발생한 다음날부터 3일째가 되도록 이에 관한 내용이 전연 신문에 반영되지 않자 제작을 거부하고 있었다. 기자들은 '신문이 광주사건 기사를 한 줄도 보도하지 않는다면 우리는 기자도 아니요 신문도 아니다'라는 생각을 가지고 있었다. 다른 신문사나 방송국 기자들도 같은 생각이었다.

체를 덮고 있었으며 각목과 쇠파이프로 무장한 시위대원들의 시위광경 사진 두 장이 크게 실렸다. 기사는 모두가 날짜별로 정리한 내용이었다. 그리고 사회면에는 광주 시외전화 두절이라는 기사만 머리로 나갔다. 이날 〈동아일보〉는 '광주' 기사로 가득 채워 신문을 찍은 후 더 이상 개판(改版)하지 않은 채 같은 내용을 지면에 실어 전국에 배포했다.[104] 아니 이보다 더 중요한 기사가 없었기 때문에 새로운 뉴스를 수록해야 하는 개판이 필요가 없었다. 〈동아일보〉를 받아본 시민들은 놀라움으로 가득했다. 가판으로 인쇄한 40여만 부의 〈동아일보〉는 금방 매진되었다. 그러나 이 지면을 제작한 기자들이나 회사 간부들은 보도내용에 만족하기는커녕 몹시 못마땅한 표정이었다. 계엄령만 아니면 '화끈하게 쓸 수 있는 것인데'라며 몹시 아쉬워했다. 또한 기자로서의 사명을 다하지 못했다는 죄책감도 느꼈다. 다만 이 정도나마 국민들이 어느 정도 '광주'에 대해 짐작할 수 있을 것으로 보고 자위했을 뿐이다.

신문은 밤을 새워 전국으로 수송되었다. 다음날인 23일 오전 10시쯤 광주에도 도착했으나 계엄군의 외곽차단으로 시내에 들어가지 못하고 있다가 오후 2시쯤에야 간신히 10여 부만 항쟁본부가 있는 도청으로 들어갔다. 항쟁본부에서는 도청 옥상의 스피커를 통해 〈동아일보〉 보도내용을 그대로 방송, 시민들에게 알렸다. 그러나 시민들은 불만이 대단했다. 시민들의 요구나 발생의 당위성보다 계엄사령부의 주장이 더 많이 실려 있었기 때문이다. 많은 '진실'이 검열과정에서 삭제되어버려 어쩔 수 없는 노릇이었지만 시민들로서는 자

---

[104] 석간으로 발행되던 동아일보는 본래 오후 1시 전후해서 1판(가두판매가 많던 당시는 이를 가판이라고도 호칭했다)이 나오면 서울시내의 가두판매와 대전 등 서울에서 가까운 지방으로 차량을 이용해 수송했다. 오후 4시쯤 나오는 2판은 서울시내, 오후 7시쯤 나오는 3판은 경상도, 마지막으로 8시쯤 나오는 4판은 전남지방으로 보내도록 하루에 4회씩 제작하면서 그때마다 새로운 뉴스를 삽입하여 개판하고 있었다. 개판시간은 신문수송을 열차에 의존하던 때여서 열차시간에 맞추어 설정돼 있었다.

신들의 참된 행동이 왜곡되어 보도된 것에 심한 불쾌감을 느꼈다. 광주의 진실이 제대로 보도되지 않았기 때문에 이는 당연한 불만이었다. 계엄사의 검열은 진실보도의 조건을 파괴하고 자신들의 일방적인 요건만 갖추도록 강요하고 있었다.[105]

이날 검열과정에서 실랑이를 벌이느라 〈동아일보〉 발행이 늦어지자 시민들로부터 수많은 항의와 문의전화, 신문이 발행된 뒤에는 격려전화가 잇따랐다. 그러는 동안 편집국에서는 기자들이 이렇게 일방적으로 검열만을 받을 게 아니라 검열거부 내지 언론자유선언을 하자는 논의를 벌이기도 했다.

〈동아일보〉가 미흡한 대로 '광주' 기사를 가득 싣고 발행되자 오후 1시경 이미 1판을 발행한 다른 석간신문들은 물론 조간신문들에 비상이 걸렸다. '〈동아일보〉가 냈으니 우리도 통과시켜 달라'고 요청한 끝에 〈동아일보〉보다 더욱 진실된 내용의 기사가 검열에서 통과될 수 있었다. 어찌됐건 22일에야 신문들이 '광주사태'의 기사를 미흡한대로 다룰 수 있게 된 것은 〈동아일보〉의 노력이 결정적이었다. 이날 이후 각 신문들은 날마다 '광주'에 관한 기사를 1면과 7면을 모두 할애하여 크게 보도할 수 있었다. 이렇게 각 언론매체들은 날마다 '광주'를 보도했지만 역시 진실을 보도하는 데는 한계가 있었다. '광주' 쪽은 말할 것도 없고 국민들의 불만 역시 여전했다. 속 시원한 진실이 엄폐되고 있었으니 당연했다. 그 단적인 사례는 앞에서 언급한 바 있는 5월 26일자 〈중앙일보〉의 사진 기사였다.

한편 외국의 매스컴들도 '광주사태'를 일제히 보도하고 나섰다.[106] 그동안

---

105 진실보도의 조건은 1) 뉴스와 의견의 분리, 2) 정확성, 3) 객관성, 4) 균형과 공정을 말한다(나경택,「5·18 광주민중항쟁과 보도사진의 역할에 관한 연구」, 광주대학교 언론홍보대학원 석사학위 논문, 2003, 17~18쪽).
106 〈뉴욕 타임즈〉, 〈워싱턴 포스트〉, 〈월 스트리트 저널〉, 〈크리스천 사이언스 모니터〉, 〈로

미국·일본·서독·프랑스 등에서 온 외신기자들은 열심히 취재하고 다녔다. 특히 이들은 상무관의 빈소와 궐기대회 장면 등을 무비 카메라에 열심히 담았다. 항쟁요원들은 도청 정문에서 취재기자들의 출입을 통제했다. 특히 서울신문과 KBS, MBC 기자들에게는 심한 반감을 나타내며 출입을 봉쇄하려 했다. 물론 다른 국내 신문기자들도 이와 비슷한 양상이었지만 적극적으로 막지 않았을 뿐이다. 계엄사의 검열로 광주항쟁에 관한 기사가 제대로 보도되지 않거나 왜곡되어 보도되는 데 대한 강한 반발의 표출이었다. 그러나 외신기자들에게는 별도로 브리핑하는 등 취재에 적극 협조했다. 외국 것을 좋아하는 사대주의 때문이 아니라 계엄사의 검열로 인해 국내 언론의 보도가 자유롭지 못한 데 원인이 있었다. '기자'로서 너무나 서글픈 상황이 광주에서 벌어지고 있던 것이다. 기자들은 마치 큰 죄를 지은 것처럼 항쟁본부 요원들의 눈치를 보며 요령껏 취재해야 했다. 아무리 검열과정에서 통과되지 않아 제대로 보도하지 못한다고 해서 그 사명이나 직무까지 포기할 수는 없었다. 정문을 통과할 때마다 통사정하며 들어가야 하는 기자들의 마음은 말 그대로 좌불안석이었

스앤젤레스 타임즈〉, ABC·CBS 등 미국계 신문과 방송, 〈아사히[朝日]신문〉, 〈마이니치[每日]신문〉, 〈요미우리[讀賣]신문〉, 〈도쿄[東京]신문〉, 〈산케이[産經]신문〉, NHK 등 일본계 신문과 방송, 〈더 타임스〉, BBC를 비롯한 영국계 신문과 방송, 〈르 몽드〉 등 프랑스계 신문과 방송, 〈짜이퉁〉 등 독일계 신문과 방송을 비롯한 모든 언론 매체들, 심지어 공산국가인 중국의 관영인 〈신화통신〉과 중국 공산당 기관지 〈인민일보〉를 비롯한 중국계 신문과 방송, 소련 관영통신 〈타스〉와 소련 공산당 기관지 〈프라우다〉를 비롯한 소련계 매체 등 온 세계의 언론매체들이 특파원을 보내 취재하거나 외신을 인용해 '광주사태'를 연일 1면 머리기사로 대서특필하고 있었다. 바꿔 말하면 세계의 시선이 광주에 집중돼 있었다. 그러나 광주시민은 물론 모든 국민들은 이러한 외국매체의 보도상황을 전연 접하지 못하는 상태였다. 당시 계엄사는 외국 언론의 '광주'에 관한 기사뿐만 아니라 신군부에 관련된 비판적 기사에 대해서는 모두 삭제하거나 먹칠을 해서 배포토록 했다. 1980년 6월 3일자 〈타임〉과 〈뉴스위크〉는 표지에 무장한 광주민중들의 차량시위 장면을 실었는가 하면 '광주사태'에 관한 기사를 대량 게재했으나 표지만 삭제하지 않았을 뿐 내용은 모두 삭제 또는 먹칠하여 배포하도록 했다(김영택, 앞의 책, 표지사진).

다. 어찌됐건 진실된 보도는 철저하게 차단당하거나 역부족이었다. 적어도 5공이 끝날 때까지는 그랬다. 이는 신군부만 탓할 수 없는 언론자체의 부끄러움이었고 무기력했던 어리석음이었다.[107] 더욱 부끄럽고 어리석었던 일은 계엄사의 강요가 없었는데도 일부 언론인 또는 매체가 능동적으로 계엄사나 신군부의 의도에 영합하는 논조의 기사나 컬럼을 실었다는 사실이다.[108]

26일 학생수습위원회는 항쟁 후반기에 접어들어 학생시민투쟁위원회로 개편하게 되는데 이때 재야청년운동권 측은 도청 내무국장실을 임시 기자실로 정하고 날마다 오전 10시와 오후 5시 두 차례씩 윤상원 대변인에 의해 기자회견을 갖기로 하고 26일 오전 10시 최초의 공식 기자회견을 가졌다. 그 전에는 기자들의 요청이 있거나 수습위원회 측의 필요에 따라 그때그때 회견을 하거나 발표하는 형식을 취했었다. 외신기자들은 팔에다 외신기자 또는 소속사 이름을 한글이나 영문 약자로 쓴 띠를 두르고 다녔다. 이들은 국내기자들보다 훨씬 많은 취재편의를 제공받았다. 외신기자로는 프랑스의 〈르 몽드〉, 미국의 〈월 스트리트 저널〉, 〈뉴욕 타임즈〉, 〈워싱턴 포스트〉, NBC 방송, CBS 방송, UPI 통신, 영국의 〈선데이 타임〉, 독일의 〈차이퉁〉, 일본의 〈아사히신문〉, NHK 방송 등이었고 그 외 4~5개의 외신매체가 눈에 띄었다. 이들에게는 NHK 서울 특파원인 한국인 기자가 영어로 통역했다. 국내기자들은 기사가 제대로 나오지 않는다, 또는 정보가 새어나간다는 이유로 질시를 받고 있었으나 5월 22일자부터 '광주'에 대한 기사가 어느 정도 보도되면서 다소 완화돼 〈동아일보〉를 비롯한 국내언론 매체는 아쉬운 대로 눈치껏 취재에 임할 수 있었다. 그러나 〈서울신문〉은 정부기관지라는 이유로 아예 출입조차 봉쇄당했

---

107 김영택, 「피비린내 나는 5·18-그 때 언론은 뭐했나」, 관훈클럽, 『관훈저널』, 2000년 여름호.
108 나경택, 앞의 글, 39~57, 85~88쪽.

다. 유신체제 이후 언론통제가 심화되면서 기자들은 관으로부터는 운동권 또는 반체제 편이라는 질시를, 운동권 쪽으로부터는 체제의 시녀가 되어버린 언론 또는 제도권 언론이라는 불신을 받고 있었다. '광주항쟁' 현장에서도 마찬가지였다. 완전한 계륵(鷄肋)의 신세였다.

회견장에 나온 윤상원 대변인은 그때까지 확인하여 수습한 시체는 161구라고 발표했다. 그리고 계엄군과의 협상사실, 학생시민투쟁위원회 내부 의견이나 앞으로의 투쟁방법, 목표 등을 질문 받았다. 윤 대변인은 비교적 강경파의 입장을 견지하고 있었다.[109]

자유롭지 못한 언론의 보도태도로 인해 항쟁주체들의 유인물 이외 필연적으로 등장하는 것이 '풍문', '소문'이라는 유언비어다. '광주사태' 이틀째인 19일 금남로를 중심으로 거리에 나와 있는 시민들에게 '공수부대원에게 환각제를 먹였다', '독한 술을 먹였다', '경상도 군인이 전라도 씨를 말리러 왔다'는 등의 풍문이 파다하게 나돌았다. 이 때문에 항쟁 초기 경상도에 대한 지역감정이 고조되어 있었다. 공수부대원들 중 경상도 출신들이 억양이 강한 경상도 말씨를 쓰는 바람에 '경상도 군인들이 전라도 씨를 말리려 한다'는 유언비어와 함께 일부러 경상도 출신만 보냈다는 오해를 갖기도 했다. 경남번호를 단 2대의 트럭이 시위군중들에 의해 불타기도 했고 금남로 5가에 있는 금성사 대리점을 기습해 불을 지르는 소동을 벌인 이유도 여기에 있었다. 금성사는 경상도 재벌이라는 것이다. 이러한 풍문은 시민들을 더욱 흥분시키기에 충분했다. 당시 공수부대원들에게 환각제나 술을 먹였다는 내용은 외신에도 보도된바 있다. 사실 여부는 확인되지 않고 있지만 공수부대가 상상 이상의 만행을 서슴없이 저지르자 '온전한 정신을 가지고 그렇게 할 수 있을까'라는 시민들

---

109 정동년 외, 앞의 책, 203~204쪽 ; 김영택, 앞의 책, 216쪽.

의 의혹에서 나온 루머일 수도 있다. 그러나 적어도 사병들이 투입되기 전 '광주시민'에 대한 적개심을 갖도록 훈련받았을 가능성은 높다. 〈신동아(新東亞)〉 1987년 9월호에 게재된 「광주사태 : 그날의 다섯 가지 의문점」이라는 저자의 글을 보고 광주작전에 투입됐던 어느 공수부대에서 복무한 후 제대했다는 어떤 젊은이가 근무처로 직접 찾아왔다. 끝내 신원을 밝히지 않은 그는 "그때 광주사람들이 얼마나 미웠는지 모릅니다. 죽이고 싶었습니다"라고 실토했다. 이 말은 진압작전에 투입되기 전 상당기간 광주시민을 함부로 찌르고 두들겨 패도 좋을 만큼의 적개심을 갖도록 교육받았으리라는 추정을 가능케 하는 것으로 사전음모론의 한 단면이기도 하다.[110] 나중에 계엄사령부가 발표한 유언비어 사례 중 일부는 사실인 것도 있었다.[111] 사실을 유언비어로 꾸미기 위해

---

110 독일 『슈투트 가르테르 자이퉁』, 1980년 5월 27일자, 유지훈, 앞의 책, 340쪽.

111 계엄사령부는 '광주사태'가 종료된 후인 6월 9일 유언비어를 유포한 혐의로 광주 현장을 직접 취재한 동아일보 심송무 기자(39)를 포함한 8명의 기자들을 연행하면서 8종의 유언비어 사례를 발표했다(〈동아일보〉, 1980년 6월 9일자). 그 가운데 ① '계엄군이 여학생의 유방을 도려냈으며 광주시민을 대검으로 무수히 찔렀다' ② '계엄군에게 환각제를 먹여 얼굴이 벌겋게 된 군인들이 광주시내를 누볐다' ③ '모 운전사가 부상자 4명을 병원에 싣고 갔는데 계엄군이 이 운전사를 공개처형했다'는 세 가지 내용은 사실이다. ①은 변명할 여지가 없는 진실이지만 '찔렀다'는 내용을 '도려냈다'는 표현으로 바꾼 것이며 ②는 당초 공수부대원들이 인간 이하의 만행을 저지르는 데 대해 '온전한 정신으로는 그러한 짓을 할 수 없을 것'이라며 시민들이 의심을 가졌던 것에서 비롯된 것이다. 그러나 이는 초기에 잠깐 등장했다가 나중에는 사라졌다. ③은 공수부대원들이 학생들을 실어 나른다는 이유로 택시기사들을 무수히 구타하고 연행한 것 또한 사실이다. 이 때문에 20일에 택시기사들의 궐기가 있었고 '광주사태'를 새로운 국면으로 접어들게 하는 계기를 이루었다. 다만 '공개처형했다'는 구절은 계엄사령부가 고의로 '유언비어'화 하기 위해 끝 부분을 조작한 것이다. 여기서 분명한 것은 수많은 인명이 살상되는 등 엄청난 사건이 진행되고 있는데도 진실이 전연 보도되지 않는 언론 상황에서 유언비어는 필연적으로 등장하게 되어 있으며 그 유언비어가 사태를 악화시키는 것은 당연한 이치라는 것이다. 그런데도 마치 광주시민들이 사태를 악화시키기 위해 고의로 유언비어를 유포했다는 논리(재향군인회, 앞의 책, 266쪽)는 어떠한 이유로든지 성립될 수 없다.

약간씩 변형해서 발표했을 뿐이다. 그런데도 당국은 이 같은 유언비어를 학생 또는 항쟁주체들이 조작해낸 것으로 전가하고 있었으니 계엄당국에 대한 시민의 불신은 더욱 깊어졌다. 국방부는 1985년에도 이 같은 주장을 되풀이했다.

유언비어의 유포 과정을 자세히 살펴보면 10대들의 말초신경 자극에서부터 중년층의 격분, 그리고 지역감정을 자극한 대(對) 계엄군 투쟁의식 유발 등으로 연결되는 계획적인 일면을 찾아볼 수 있다. 물론 이런 유언비어는 터무니없는 내용이었다. 광주사태 후 사망자들에 대한 검시 결과에 의하면 18일 사망자는 없었으며 더구나 총 사망자 191명 중에는 칼에 찔려 사망한 여자는 단 한 명도 없었다. 더구나 대한민국 군부대 내에 어느 특정지역 출신자들로만 조직된 부대는 존재하지도 않고 또한 존재할 수도 없다는 것을 우리는 잘 알고 있다. 이상의 사실들을 종합해 보면 당시 유포되었던 유언비어는 학원소요를 배후조종한 자들 가운데 군에 대한 일반적 상식도 없는(군 미필자?) 불순분자가 의도적이고 계획적으로 유포한 것으로 보여진다.[112]

유언비어를 항쟁주체들이 광주에서 고의적으로 유포한 것처럼 전가하고 있다는 위 기록은 김대중이 광주사태를 배후조종했다는 주장과 맥락을 같이한다. 국방부의 주장은 그 자체가 사실과 거리가 멀다.

'칼에 찔려 사망한 여자는 단 1명도 없다'는 계엄사의 주장은 5월 27일 재진압작전이 이루어진 후 상무관에 누워 있는 시체의 검시과정에서 유방이 대검에 찔려 숨진 여고생이 있었다는 사실이 확인됨으로써 거짓으로 드러났다. 5공의 국방부는 이 사실을 알고 있으면서도 5년 후 발간한 「광주사태의 실상」에서 계속 억지주장을 한 것이다. 대검에 가슴을 찔린 최미자의 사례는 5·27 후 계엄사령부에 의해 유언비어로 발표됐다.[113] 이는 자신(공수부대원)들의 만

---

112 앞의 「광주사태의 실상」, 29쪽.

행사실이 없는데도 '폭도'들이 유언비어로 조작해 시민들을 자극했다고 역공격하는 비열한 수법이었다. 이는 곧 신군부가 정권탈취를 위해 광주살육을 자행하면서 그 과실을 광주 쪽에 떠넘기는 고도의 술책이었음은 두말할 필요도 없다.

당시 퍼져 있는 유언비어는 수도 없이 많았다. 「광주 사태의 실상」에 적혀 있는 것처럼 사실을 유언비어로 몰아붙이며 이것들을 한결같이 불순세력이나 학생들이 조작한 것이라고 당시 계엄사나 그 뒤의 제5공화국 정부는 주장해 왔지만 오히려 계엄사나 5공 정권이 사태를 확대시키려는 의도를 가지고 유언비어를 퍼뜨려 역이용했다는 점이다. 그것은 K-공작의 고도한 전략이었다. 제5단계 쿠데타인 '광주살육'에서는 제3단계 K-공작의 위력이 더욱 왕성하게 작용했음은 물론이다. 진실의 유언비어화는 그 대표적 사례다.

K-공작에 의해 진실이 유언비어화된 대표적 사례는 광주사태가 시작되던 5월 18일 오후 3시 30분 서울 동국대학교에 주둔해 있는 제11여단을 찾아간 정호용 특전사령관이 "광주에서 우리 애들이 밀리고 있고 유언비어까지 나돌고 있다"고 말했다는 사실에서 확연하게 입증되고 있다.[114] 이 시간에는 공수부대가 유동 삼거리에 나타나기 직전인데다 아직 진압작전조차 개시되기 전이었다.[115] 따라서 충돌상황 자체가 벌어지지 않은 상태이니 밀릴 일도 없었고 더욱이 유언비어가 나돌 아무런 이유가 없었는데도 이미 유언비어가 퍼져 있는 것처럼 말한 것이다. 신군부의 K-공작은 작전과 동시에 유언비어가 나도는 것으로 잘못 판단하는 넌센스를 저지른 것이다. 또한 전두환도 '광주사

---

113 〈조선일보〉, 1980년 6월 6일자.

114 국회 『광주청문회 회의록』, 제20호, 1988년 12월 2일, 48쪽, 최웅 증언.

115 공수부대가 광주시내에 나타난 것은 오후 3시 40분이었고 시위대를 향해 '체포작전'을 펴기 시작한 것은 오후 4시 정각이었다.

태' 원인에 대해 '계엄군의 강경진압과 일부 출처를 알 수 없는 악의에 찬 유언비어에 자극 받은 일부 시민들의 과격시위가 그 직접적인 원인이 된 것'이라고 증언했다.[116] 그러나 그것은 전두환을 수장으로 하는 신군부가 정권탈취를 위해 고도의 전략전술인 K-공작의 일환으로 일으킨 것이라는 사실은 신군부 자신들이 더욱 잘 알고 있을 터이다. 하지만 터무니없는 소문인 유언비어가 없었던 것도 아니다.

대통령 담화문과 수습위원회의 호소문

5월 25일은 일요일이었다. 1주일 전인 지난 일요일 시작된 '광주사태'는 8일째로 접어들고 있었다. 눈 깜짝할 사이에 흘러가버린 8일이지만 항쟁을 치르고 있는 광주시민들에게는 너무나 길고 힘든 나날이었다. 4일 전 공수부대가 물러난 뒤 느꼈던 승리에 찬 희열도 이젠 사라지고 불안과 걱정이 조금씩 밀려오는 듯한 그러한 일요일이었다.

새벽이었다. 항쟁본부의 학생수습위원들이 도청 상황실에서 향후 대책을 놓고 한창 논쟁을 벌이고 있을 무렵 40대쯤 되는 남자가 전일빌딩 경계강화를 위해 실탄과 총을 더 지원해 달라고 요구해 왔다. 이때 학생수습위원들은 "그것은 곤란합니다. 차라리 시민군을 더 증원해드리겠습니다"라고 말했다. 항쟁요원들이자 수습위원들은 무기를 회수하거나 무절제한 총기소지를 막아야 했기 때문에 자신들의 통제를 받고 있는 시민군을 보내려 했던 것이다. 그러자 그 남자는 당황해 하면서 아무 말도 하지 않고 나가버렸다. 이 남자는 무기

---

116 국회『광주청문회 회의록』, 1989년 12월 31일자, 전두환 증언 ; 김영택, 앞의 책, 332쪽.

공급요청이 목적이 아니라 회의 분위기를 감지하려는 첩보원이 분명했다. 당시로서는 어느 누구도 눈치 채지 못했으나 정보요원과 프락치들의 발호가 눈에 띄게 나타나고 있었다. 그 대표적인 예가 이른바 '독침사건'이다.

> 25일 아침 8시쯤 전남도청에서 경비를 맡고 있던 무장시위대원 장계범(23)은 갑자기 "독침이다"라고 소리쳤고 옆에 있던 무전사 정한규(23·운전사)가 장계범의 등을 빨아대는 시늉을 하면서 진짜 독침이라고 말했다. 장씨는 긴급히 전남대병원으로 옮겨졌다. 그는 이날 도청 안에서 아침 식사를 마치고 일어서는데 누군가 뒤에서 오른쪽 뒤 어깨부분에 침을 찔렀다고 주장했다. 장계범은 병원에서 치료를 받은 척 하고 그날로 퇴원했다.[117]

처음에 독침사건이 발생하자 도청 안은 술렁이기 시작했다. 항쟁요원들은 도청 안에 정보요원이나 프락치가 많이 들어왔을 것이고 간첩도 없지 않을 것으로 짐작하고 있었으나, 막상 독침사건이 발생하자 진짜 간첩이 들어와 독침을 찌른 것으로 여기고 불안해 했다. 그러나 이 사건은 뒤에 프락치로 들어온 두 사람이 짜고 조작한 사건으로 밝혀졌다. 항쟁본부 측은 독침사건을 계엄사의 정보요원들이 내부 소동을 일으키고 5·18이 '북괴 간첩들의 사주를 받은 불순분자에 의한 폭동'이라는 사실을 외부에 널리 알리기 위해 조작한 것으로 결론지었다. 장계범이 진짜 독침을 맞았다면 하룻밤 동안이라도 병원에 입원해 있었을 것이다. 그런데 금방 퇴원했다는 사실은 누가 보아도 사건자체에 석연치 않은 점이 있음을 스스로 드러낸 것이다. 항쟁요원들은 즉시 '조작된 사건'이라고 발표했고 5·27 후 정보기관에 연행돼 조사 받을 때 장계범이 돌아다니며 자신들의 인적사항을 알려주는 것을 보고 '조작된 사건'이라는 발표

---

[117] 김영택, 앞의 책, 196~197쪽 ; 정동년 외, 앞의 책, 185~186쪽.

가 옳은 것이었음을 확인했다. 이 독침사건은 '시민공동체 자치시대'에 빚어진 사소한 해프닝으로 여겨졌지만 시민들에게는 불안을 가중시킨 효과를 가져왔다. 이 사건으로 인해 수습대책회의와 무기회수 작업이 한때 중단되었다. 그만큼 온건파의 입지도 좁아졌다. 전날인 24일, 서울시경찰국은 '광주시내에 들어가 학생·시민들의 시위를 무장폭동으로 유도하고 반정부선전 및 선동임무를 띠고 남파된 북괴간첩 이창룡(46세·평양시 중구역 경림동 36)을 23일 서울시내에서 검거하고 통신장비와 난수표 등 20여 가지를 압수했다'고 발표했다.[118] 그러나 이창룡 본인은 간첩으로 남파된 것은 사실이지만 '광주사태'를 배후조종하기 위해 내려온 것은 아니라고 밝혔다. 경찰이 '광주사태'를 '북괴에 의한 폭동'으로 몰아붙이기 위해 거짓으로 조작해 발표했던 것이다.[119]

정부가 통치권을 포기한지 5일째 되는 25일, 시민들은 앞으로 '광주'가 어떻게 수습될 것인지에 대해 일말의 불안감을 감추지 못했으나 표면적으로는 애써 태연한 척하며 안정을 유지하는 듯 했다. 그동안 시민들은 혼란중에도 시장에 나가 아무 것이나 닥치는 대로 생활필수품을 사들여 끼니를 이어왔다. 그러나 이젠 쌀이며 반찬거리가 바닥나고 있었다. 시 외곽이 차단되고 교통소통이 원만하지 못함에 따라 생활필수품의 부족현상은 당연한 일이었다. 양동시장을 비롯한 시내상가에서는 '사태'전 겨우 100~200원 하던 배추 한 포기에 1,200원까지 치솟았다. 쌀가게에도 식량이 바닥나 시민생활에 대한 불편이 구체적으로 드러나고 있었다. 시청에 쌀을 방출하라고 요구하고 있었지만 시의 행정기능이 마비된 상태이니 뾰족한 대안이 없어 고작 이웃끼리 나누어 먹는 도리밖에 없었다. 곳곳의 가게나 소매점에서는 생활필수품을 사러오는

118 〈동아일보〉, 1980년 5월 25일자.
119 국방부과거사진상규명위원회, 『12·12, 5·17, 5·18 조사결과보고서』, 2007, 116~117쪽.

사람과 물건값을 두고 실랑이를 벌이는 모습도 보였다. 특히 금방 시들어버리는 채소는 시내 반입이 어려워 값이 엄청나게 오르기도 했으나 계엄군과 시민군의 공방이 뜸해져 시내가 어느 정도 소강상태를 유지하자 손수레와 경운기에 실려 들어오고 있었다. 나중에는 배추 값도 500~700원으로 내렸다. 시 외곽에서 생산되는 채소를 대량 소비하는 광주시내로 반입하기가 어려워진 데 따른 반작용으로 산지에서의 값이 폭락하자 생산농민들이 샛길을 이용해 들여오면서 조금씩 반입량이 늘어났던 것이다.

그러나 쌀 반입은 쉽지 않았다. 차량을 이용해야 하기 때문이었다. 뒷거래에서는 80kg 한 가마에 4만 5,000원에서 5만 5,000원으로 1만 원가량 올랐으나 슬기로운 시민들은 가마니 째로 구입하지 않고 조금씩 사다 먹었다. 사태가 수습되면 정상적으로 거래될 것으로 믿고 있었다.

대부분의 시장 상점들이 문을 닫았기 때문에 밀가루·설탕·라면·조미료 등 간편한 생활용품도 살수가 없었다. 프로판가스가 떨어져 취사가 불편한 가정도 늘었다. 문을 연 가게가 많지 않은 상태에다 외부에서 들여와야 할 공산품 수송이 막히면서 빵이나 라면들이 바닥나고 식당마저 문을 열지 않자 외부인사, 특히 200여 명이 넘는 보도진은 큰 고통을 겪고 있었다. 도청 안의 항쟁본부 요원들을 비롯한 400여 명의 식사는 부녀자들의 자원봉사 활동으로 그런대로 해결되고 있었지만 보도진은 우선 잠자리에서부터 끼니를 때우는 일이 고역이었다. 기자들은 광주에 있는 동료기자나 친인척 집에서 숙식을 해결해야 했다.[120]

---

120 예를 들면 동아일보 본사 편집국에서 내려온 사회부 소속 심송무 기자는 저자 집에서, 사진부 황종건 기자는 홍건순 기자 집에서 숙식을 해결하고 낮에는 계란·김밥 등을 휴대용 가방에 넣고 다니며 끼니를 해결했다. 나중에 많은 인원이 내려왔을 때는 일정한 장소에 방을 마련하고 공동으로 해결했다.

은행은 계엄군이 철수하기 전날인 20일부터 문을 굳게 닫아걸고 있는 상태였다. 이 때문에 아시아자동차·전남방직·일신방직·삼양타이어 등 대기업은 물론이고 중소기업도 임금을 지불하지 못하고 있었다. 그리고 수표나 어음거래가 일체 중단되고 있어 현금거래 이외는 불가능했다. 중심가의 상가나 백화점도 철시가 계속돼 상거래가 전혀 이루어지지 않고 있었다. 대인시장·중앙시장·양림시장·양동시장 등 일부 상설시장이 문을 열기는 했으나 도매상점이나 큰 점포는 계속 열지 않고 있었다. 다만 시내의 다방과 변두리 식료품 가게는 하나 둘 문을 열기 시작했다.

항쟁이 시작되면서 가장 큰 타격을 입은 것은 교통 문제로, 버스나 택시운행은 완전히 중단된 상태였다. 특히 20일, 택시기사와 버스운전기사들이 200여 대가 넘는 택시와 버스를 몰고 밤새 집단시위를 벌이는 바람에 파손된 차량이 많아진데다 시민군에 의해 강제 차출되는 것을 두려워한 차주들이 차량을 숨기거나 바퀴의 바람을 모두 빼놓아 1대도 운행되지 못하고 있었다. 이 때문에 오토바이와 자전거가 유일한 교통수단으로 이용되고 있었으며 모든 시민들은 대부분 도보로 시내를 걸어다녀야 했다. 시위민중들이 운전하던 군용이나 민간인 트럭은 연료가 떨어지거나 함부로 운행하다 고장이 나면 버리기 때문에 24일부터는 운행숫자가 현저하게 감소되었다. 또한 병원차나 장의차도 다니지 않아 환자들이 가족 등에 업혀 병원으로 옮겨지는가 하면 장의차가 없어 장례를 연기하거나 리어카로 치르는 경우도 있었다. 특히 외부로의 교통이 차단돼 시내가 고립되면서 서울 등지로 나가려는 사람들의 발이 묶이는 상태가 장기화되자 산을 타고 몇십 리씩 걸어 나가는 사람들도 많아졌다. 또한 시외통화는 물론 편지나 전보업무도 완전히 중단되어 광주는 완전히 고립된 상태였다.

전남대 부속병원을 비롯한 시내 각 병원에는 환자들로 초만원을 이루었다.

그러나 링거 등 수액·혈액 대용제·마취제 등 갖가지 의약품이 바닥나고 병실이 과부족현상을 빚어 일반 환자의 입원이나 치료는 큰 제약을 받고 있었다. 다행히 피는 일반 헌혈자들이 많아 별다른 어려움이 없었다. 또한 많은 약국이 문을 닫았음에도 문을 두드리며 호소만 하면 간단한 약품은 내주었다. 이런 와중에서도 시민들의 질서의식은 무척 높았으며 상인들의 거래질서도 조금씩 회복되어 가고 있었다. 사고 파는 사람들이 자기만을 위해 감춰 두거나 몽땅 사가는 매점매석행위도 거의 없었다. 다행히 시청 직원이나 한국전력 직원들이 계속 출근해 전기·수도·시내전화는 아무런 이상이 없어서 시민들의 생활은 그런대로 지탱되고 있었다.

사태를 평화적으로 수습하려는 유지급 인사들이나 학생·청년들의 노력은 계속됐으나 맞대결을 주장하는 강경노선과 평화적 타결론이 맞물려 좀처럼 진전될 기미를 보이지 않고 있었다. 때맞춰 일어난 독침사건으로 온건파들의 무기회수 논리는 매도되고 있었다. 사태는 자꾸 원점에서 맴돌고 있는 듯했다.[121] 그런 가운데 전날부터 구체적인 투쟁방침과 기구까지 구상하고 있던 재야운동권 청년들의 활동이 두드러지게 펼쳐졌다. 밤을 새우며 제작된 「민주시민회보」 9호가 날이 밝자 시민들에게 배포되고 각종 대자보와 벽보들이 시내 곳곳에 나붙었다. 전남대 스쿨버스에 장착한 확성기를 통해 모든 대학생들은 YWCA로 모이고 고등학생들은 남도회관으로 모이라고 시가를 돌며 방

---

[121] 수습대책을 놓고 강·온파가 대립, 혼미를 거듭하자 광주 현지에 구성돼 있던 동아일보 취재팀은 사태수습방안에 대한 시민들의 의견을 직접 들었다. 의견을 개진한 사람은 윤공희 대주교·박찬일 변호사·이홍길 전남대 교수·김월두 희생자 유족·박현숙 주부·정영미 조선대 학생 등 6명이었다. 이들의 의견은 1) 정부의 과잉진압에 대한 사과와 폭도가 아님의 천명, 2) 학생들도 무기반납하고 평화적 타협 모색, 3) 희생자에 대한 보상 및 부상자 치료, 4) 연행자의 무조건 석방과 참여자에 대한 보복 또는 처벌불가 등이었다(자세한 내용은 김영택, 앞의 책, 179~182쪽).

송했다. 학생수습위나 시민수습위와는 별도의 지도부를 준비하던 운동권 청년들은 평소 자기들과 민주회복운동을 함께 해왔던 광주시내 재야 민주인사들과 현 사태에 대한 의견을 나누기 위해 25일 오전 10시 YWCA에 만남의 자리를 마련했다.[122]

이 무렵까지 재야인사들은 세 가지 형태로 '광주항쟁'에 관여하고 있었다. (1) 개인별로 도청 내 시민수습위에 참가하고 있던 사람, (2) 학생수습위에 관련하고 있던 사람, (3) 전체적인 상황을 관망한다는 이유를 들며 미온적인 사람 등 여러 가지 입장이었다.[123] 운동권 청년들은 이들을 한 자리에 모이게 하여 총체적인 의견을 도출해 내기로 했다. 홍남순(변호사)·이기홍(변호사)·이성학(장로·제헌국회의원)·송기숙(전남대 교수)·명노근(전남대 교수)·장두석(신협 이사)·윤영규(해직교사)·조아라(YWCA 회장)·이애신(YWCA 총무)·박석무(대동고 해직교사)·윤광장(교수) 등 재야인사들이 참석했고 운동권 청년 측을 대표해서는 정상용과 윤상원이 참석했다. 이 자리에서 명노근 교수는 도청 수습대책위원회에서 채택한 7개 항을 설명하고 더 이상 시민들의 희생을 막기 위해 무기를 먼저 회수해야 한다고 주장했다. 운동권 청년 측은 "민주화를 앞당기고 지금까지의 투쟁을 무의미하지 않게 하기 위해 계속 싸워야 하며 무기반납은 할 수 없다"고 반대하고 나섰다. 청년 측은 "무기를 무조건 반납하려 하는데 그러한 협상조건으로는 사태를 수습할 수 없다고 생각한다. 시민궐기대회를 마다하고 시민들의 의사까지 무시한 채 협상하려하니 우리 청년들은 따를 수 없으며 궐기대회를 계속 열어 유리한 조건을 성취하고자 한다. 청년들은 이 기회를 통해 민주화를 한 단계라도 앞당기고자 한다. 싸움은 우리가 할 테니 어

---

122 정동년 외, 앞의 책, 188쪽.
123 정동년 외, 앞의 책, 188쪽.

른들은 도청 내의 새로운 합동수습위원회에 합류하여 우리들을 지원해 달라"고 호소했다. 이성학·윤영규 등은 이들의 입장을 지지하고 나머지는 반대하거나 개입하지 않겠다는 뜻을 나타냈다. 청년 측은 재야인사들에게 오후에 열리는 궐기대회에 참석해서 성명서를 발표해 달라고 요청했으나 '그럴 수 없다'고 모두 거절했다.[124]

이 회합이 끝난 25일 오후 2시쯤, 이와는 별도로 홍남순·김성용·조철현·송기숙·명노근·이기홍·이종기·조아라·이애신·장두석·이성학 등 변호사·교수·민주시민·청년들·YWCA와 YMCA 인사·성직자들로 형성된 재야인사들이 남동성당에 다시 모였다. 이들은 2시간 동안 시민수습위원들의 합동수습위원회 참여문제 등 여러 가지 수습안을 진지하게 토의한 끝에 "무조건 수습하자, 합동수습위원회에 참석하자"고 결론을 내리고 일단 김성용과 송기숙을 도청에 보내 상황을 파악한 끝에 오후 4시쯤 모두 도청으로 들어갔다.[125]

이에 따라 재야인사들은 도청 부지사실에서 흥분된 토론 끝에 수습위원회를 재정비하고 정식절차에 따라 충분한 토의를 벌이기로 했다.[126] 김성용이 제의한 4개 항을 만장일치로 결의했다.

1) 이번 사태는 정부의 과오로서 가져온 것이라는 것을 인정해야 한다.
2) 사죄하고 용서를 청해야 한다.
3) 모든 피해는 국가가 보상하는 책임을 져야 한다.
4) 어떠한 보복도 있을 수 없다는 것을 밝혀야 한다.[127]

---

124 정동년 외, 앞의 책, 188~189쪽 ; 김영택, 앞의 책, 200쪽.

125 정동년 외, 앞의 책, 189~190쪽 ; 김영택, 앞의 책, 200~201쪽.

126 김성용, 「분노보다는 슬픔이」, 『윤공희 대주교와 사제들의 오월항쟁 체험담—저항과 명상』, 빛고을출판사, 1989, 57쪽 ; 김영택, 앞의 글, 200~201쪽.

127 김성용, 앞의 글, 58쪽 ; 정동년, 앞의 책, 190쪽.

아울러 위의 내용을 포함한 '최규하 대통령 각하께 드리는 호소문'을 보내기로 결의했다. 여기에는 최규하 대통령이 정부의 과오를 인정한 다음 '광주'를 수습하도록 종용하라는 의미가 담겨져 있었다. 재야인사들은 '지금이라도 늦지 않다. 진실을 말하고 사죄한다면 자유를 사랑하는 광주시민들은 모든 것을 용서할 것이고 진실이 통하지 않을 이유가 없다. 진실 속에서만 불신이 제거되고 민족적 화해와 참된 국민총화가 이루어지며 국가안보가 보장될 것'이라는 믿음을 가지고 이같은 내용을 넣기로 한 것이다. 이들은 김성용 신부를 대변인으로 정하고 4개 항을 비롯한 '호소문'에 25명 전원이 '광주사태수습대책위원회'라는 명칭을 붙이고 여기에 서명했다.[128] 밤 11시가 넘어서였다.

이 호소문은 이날 최규하 대통령이 광주를 다녀간 후 밤 9시 KBS방송을 통해 '광주시민에게 고하는 특별담화문'을 발표한 데 대한 답신형식으로 이루어졌다. 최 대통령은 이 담화문에서 "아무쪼록 냉정과 이성을 되찾고 일시적인 흥분과 격분에 의해서 총기를 들고 다니는 청소년 여러분들은 지금이라도 늦지 않으니 총기를 반환하고 집으로 돌아가서 부모, 형제, 자매들을 안심시켜 주기 바란다"고 호소했다.[129] 그는 이날 오후 6시쯤 폭우를 무릅쓰고 주영복 국방·최종완 건설·진의종 보사·이광표 문공·최광수 대통령비서실장·이희성 계엄사령관·윤자중 공군참모총장을 대동하고 유토니-1 경비행기로 상무대에 도착하여 전남북계엄분소장 소준열 소장과 장형태 전남지사로부터 50분 동안 '광주사태'의 상황과 수습방안에 대해 보고를 청취한 뒤 담화문을 발표했다. 그러나 이 담화문에는 사건의 핵심, 광주사태의 원인과 근본적인 치유방법에 대한 구체적인 제시가 없어 오히려 시민들을 실망시키고 말았다. 사

---

128 호소문 전문과 서명자 명단은 김영택, 앞의 책, 202쪽.
129 특별담화문 전문은 김영택, 앞의 책, 203~204쪽.

태수습에 아무런 도움이 되지 못했다. 그는 비행기로 잠시 내려왔다가 '광주사태'와 직접 관련이 있는 관변 측 당사자들만 만났을 뿐 상대쪽 인사는 한 사람도 면담하지 않고 돌아간 후 미리 짜여진 담화문을 녹음하여 발표했던 것이다. 그가 돌아갈 때는 정호용 특전사령관도 동행했다. 그는 23일 계엄군 간의 교전소식을 듣고 내려와 있었다.

광주사태수습위원회 위원 25명의 명의로 된 '최대통령께 드리는 글'에서 제시한 4개 항은 구체적이고도 기본적인 치유와 수습방안의 전제를 대통령에게 제시하는 서한이기도 했다. 이들의 요구사항이 당초 시민수습위원회 안과 다른 점은 정부가 잘못을 인정하고 사과하라는 것과 피해보상에 대한 요구였다. 최 대통령의 특별담화문 내용이 '광주' 현장의 실상을 제대로 파악하지 못한데다 너무나 무기력한 태도에 실망한 수습위원들은 보다 적극적인 대책을 수립할 것을 촉구하기 위해 이 호소문을 보낸 것이다. 물론 이 호소문에 대한 반응은 나오지 않았다. '폭도'들의 소행으로 몰아붙이는 신군부가 이를 수용할 리 없었다. 시민들은 '허수아비라 어쩔 수 없군'하며 냉소적인 반응을 나타냈다.[130] 어떤 사람은 '왜 우리의 지도자는 이렇게도 나약한가'라며 통분하기도 했다.

사실 최규하 대통령은 광주시내에 들어와 수습위 당사자들을 면담하려 했

---

[130] 제가 '이 이상은 희생이 없어야 된다'는 말을 한 것만으로도 그 당시 배석했던 이희성 계엄사령관이 화를 내며 '그럼 들어가란 말이냐, 들어가지 말라는 말이냐'고 말을 하여 도지사로서 '그 이상의 말을 어떻게 합니까, 군이 들어가고 안하고는 군 작전상의 문제가 아니냐'고 대꾸할 때 최 대통령이 '이 장군, 이 장군' 하면서 만류했는데 거기에는 대꾸도 하지 않고 대통령 맞은편에 앉아있는 소준열 전교사사령관을 향하여 '소 장군, 도지사가 들어가라거든 들어가' 하면서 소리를 쳤습니다. 그야말로 대통령은 안중에도 없는 도저히 있을 수 없는 태도였습니다(앞의 「한국을 뒤흔든 광주의 11일간」, 228쪽, 장형태 도지사 진술 내용).

었다. 그러나 주영복 국방부장관을 비롯한 수행 국무위원과 군부 측에서 완강하게 저지했다. 수습위원을 포함한 항쟁당사자들을 폭도로 규정한 신군부 입장에서는 그들과 대화한다는 것은 폭도가 아님을 국민들에게 알리는 결과가 되는데다 최 대통령의 시내진입은 광주살육과 항쟁상황의 진실이 공개되는 것을 의미하기 때문에 극력 만류하지 않을 수 없었다. 신군부 입장에서 보면 최 대통령의 현장방문은 자신들의 다단계 쿠데타 음모가 드러나 사태가 역전될 수도 있다는 위기의식을 느꼈던 것이다. 그러기 때문에 계엄사는 더욱 시민들의 자율적인 수습노력을 불순세력의 배후조종으로 몰아 왜곡 발표하고 있었다.

> 5월 25일 오전 홍남순 변호사와 명노근 교수 등 14명은 남동성당에서 비밀집회를 갖고 소위 자칭 '시민수습위원회'라면서 '오늘의 이 중대 사태를 피의 대가없이 중단할 수 없다' '김대중은 석방하라'는 주장을 하면서 도청으로 들어가 강경 폭도들에게 계속 투쟁을 종용하였다. 이에 고무된 폭도들은 사기가 앙양되어 더욱 과격한 행동을 자행하였다. 회수된 무기를 재지급받은 폭도들은 극렬하고 선동적으로 시민궐기대회에 시민들의 참여를 호소하고 다녔다.[131]

여기서 강경노선을 주장했다는 홍남순·명노근 교수는 무기반납과 평화적 협상을 주장했던 온건파였음을 앞에서 이미 언급한 바 있다. 이 발표는 뒤에 시민들의 감정을 더욱 악화시켜 정부와 광주시민 간의 갈등과 마찰을 심화시키는 요인으로 작용했다. 이와는 별도로 계엄사령부는 이날 오후 "광주에 공포와 불안이 계속되고 있다. 한때 무기회수로 상황이 호전되는 듯 했으나 과격파들이 무기를 재탈취해 상황이 바뀌었다. 그러나 시민들은 질서회복을 열

---

131 앞의 「광주사태의 실상」, 65쪽.

망하고 있다"는 담화문을 발표했다. 이 담화문은 뒤에 발표되는 「광주사태의 전모」라는 발표문과 비슷하다는 점에 유의할 필요가 있다.

25일 오후 3시부터 제3차 시민궐기대회가 열렸다. 시민들의 숫자가 전날보다 훨씬 줄어든 5만여 명으로 동별로 피켓과 플래카드를 들고 나왔다. 비록 숫자는 줄었지만 열기는 전과 다름이 없었다. 각계각층 인사들의 성명서가 발표되고 「광주시민의 결의」도 채택되었다. 그리고 이날 접수된 갖가지 피해상황이 보고되었다. 항쟁본부의 집계에 의하면 시내 각 병원에서 사경을 헤매는 중환자는 500명, 경상자는 2,170명, 병원 영안실이나 상무관, 도청 앞뜰에 안치된 시체 중 신원이 확인된 사람은 169구, 미확인된 사람은 40여 구, 공사중인 충장로 지하공사장에서 집단으로 발견된 것은 23구였다.

범시민대회와 학생시민투쟁위원회

23일 오후 도청광장에서는 제1차 민주수호 범시민궐기대회가 열렸다. 이는 도청을 접수한 후 가장 본격적으로 열린 공식대회였다. 전날 많은 시민들이 도청 앞 광장에 모이자 즉석에서 추도식 및 시민대회를 가졌으나 이는 사전에 계획된 것이 아니라 많은 시민들이 모여들자 갑작스럽게 마련된 궐기대회였다. 그러나 이날은 달랐다. 10만이 훨씬 넘는 많은 시민이 참가한 가운데 열린 궐기대회는 처음부터 항쟁주체 측의 준비로 이루어졌다. 언제 끝날지 모르는 항쟁을 지속적으로 전개하기 위해서는 시민들의 공감대와 동의가 필요했다. 여기에는 항쟁주체 측의 분명한 입장정리가 있어야 했고 투쟁성격이 확립되어야 했다. 운동의 열기가 식지 않고 지속되려면 궐기대회를 통해 시민들의 의식을 다지는 절차도 필요했다. 이 무렵부터 학생수습위나 시민수습위의 평화적 타협론에 회의적이었던 일부 학생과 운동권 청년들이 점차 두각을 나타내면서 발언권을 높여 명분있는 투쟁을 고취하고 나섰다. 이들은 궐기대회를 열어 참석한 시민들의 의사를 수렴해 투항을 의미하는 무조건적 무기반납과 평화적 타협론을 배제해야 한다는 데 의견을 같이했다. 또한 학생수습위나 시민수습위에 직접 참여하지 않으면서도 차량통제부서에 들어가 모든 차량을 항쟁본부에 등록시키는 한편 각자 임무를 부여받은 후에야 활용토록 조직화하는 데 성공했다. 도청광장에는 이들에 의해 5분대기조로 편성된 무장시민군이 40~50여 대의 차량을 차지하여 만약의 사태에 대비하는 한편 궐기대회 준비에 들어갔다.

23일 오전부터 도청광장에 모여든 10만여 명의 시민들은 도청 내 항쟁본부와 수습위원회가 '광주사태'를 풀어갈 어떤 지혜와 합의가 이루어져 납득할 수 있는 조치가 발표되기를 기다리는 표정들이었다. 그러나 수습위원회에서는 수많은 시민들에게 제시할 수습안을 놓고 여전히 강경과 온건으로 갈라져 맞서고 있어 좀처럼 의견통일이 이루어지지 않은 채 난항을 거듭하고 있었다. 온건론보다는 강경론에 가까운 일부 운동권 청년들은 이를 기회로 궐기대회를 주도하기 시작했다. 국기에 대한 경례, 애국가 제창에 이어 공수부대의 '광주살육'으로 희생된 민주영령에 대한 묵념에서 절정을 이루었다. 묵념하는 시민들 가운데 가느다란 흐느낌이 들려오기도 했다. 학생·시민·노동자·농민·주부들의 주장이 각기 담긴 개인 의견을 비롯하여 각종 성명을 낭독하는 한편 '민주해방'이 올 때까지 싸우자는 결의문을 만장일치로 채택했다. 이어 수습위원회의 공지사항 전달, 시민·학생들의 피해상황 보고가 있었다. 피해상황은 미확인 사망자가 600명, 부상자 3,000명, 연행자 1,000여 명이라고 보고했다.[132] 마지막으로 민주주의 만세 삼창으로 끝났다.

오후 5시가 넘어서였다. 대회장에 나온 시민들은 오랜만에 밝은 표정으로 항쟁주체들이 선창하는 구호를 따라 외쳤고 결의문을 낭랑하게 따라 읽었다. 이날 대회는 '시민공동체 자치시대' 때 열린 대회 중 가장 큰 규모로 비교적 각계각층의 인사들이 혼연일체가 되어 의기투합한 대회였다. 민중이나 시민들은 이제 민주화가 이루어지지 않겠느냐는 표정들이었다. 그렇게 되면 이 광장은 민주화 성지로 승화될 것이라고 믿고 있었다. 그런데 궐기대회가 한창 진행되고 있을 무렵 '친애하는 시민 여러분'으로 시작되는 계엄사령부의 경고문이 헬리콥터에 의해 광주시 전역에 뿌려졌다.[133] 붉은 글씨로 찍힌 이 전단을 읽어 본 사람이면 누구나 코웃음을 쳤다. 광주시민들을 계속 '폭도', '불순분자', '고정간첩에 의한 폭동'으로 규정하고 있었다. 오히려 시민들의 불난 가슴에 기름을 붓는 격이 되었다. 읽어 본 사람들은 찢어버리거나 길바닥에 내동댕이 쳐버렸다.

궐기대회가 끝나자 10여 명의 고교생들이 학우의 시체가 들어 있는 관 위에 태극기를 덮고 '애국가'와 '우리의 소원은 통일'을 부르면서 광장에서 상무관 안으로 운구했다. 이때 고등학생들이 울먹이며 시체를 운구하는 것을 바라보는 시민들은 또 한번 눈물을 쏟아냈다.

도청 상황실의 항쟁본부에서는 밤늦게까지 학생수습위원회의 회의가 거듭됐으나 결론을 내리지 못하고 있었다. 밤 9시쯤 도청 서무과에서 학생수습위원회 회의를 진행하던 김창길 위원장은 "만약 무기를 반납하지 않으면 계엄군이 진입하게 된다. 그러면 광주시내는 피바다가 되고 시민의 피해는 너무 크게 된다. 그러니 무기를 반납하자"고 역설했고, 이에 반대하는 김종배 부위원장 등은 '우리의 요구사항이 전혀 관철되지 않은 상태에서 무기를 무조건 반

---

132 이날 발표된 각종 숫자는 추정일 뿐 근거가 있었던 것은 아니다.
133 전문은 앞의 『5·18 민주화운동 자료총서』 제2권, 48쪽.

납하는 것은 시민의 피를 팔아먹는 행위'라고 주장했다.[134] 김종배 부위원장은 처음부터 무조건 반납에 이의를 달면서 최소한의 요구만이라도 수용되어야 무기를 반납할 수 있다는 조건부 타협론을 제기했었으나 오후부터 강경파로 급선회하게 되고[135] 윤상원 등 운동권 청년들이 이에 합세하게 되어 회의는 자정이 넘어서까지 계속됐다. 25일 새벽 1시가 되어 정해민·양원식 등 학생수습위원들 중 일부가 상호 의견충돌로 회의장에서 이탈했다. 23일 밤, 시민수습위원들은 모두 귀가하고 학생위원들만 남아 무기회수를 놓고 분분한 의견을 나누고 있는 가운데 소총 약 2,500정을 회수하는 데 성공했다는 보고가 들어왔다. 거의 절반이 넘는 숫자였다.

23일 밤을 보내고 24일 아침을 맞으며 시내 변두리 지역에서는 총소리가 간헐적으로 들려 왔다. 특히 지원동·소태동·학운동·방림동 쪽에서는 끊이지 않게 들려왔다. 이 지역 주민들은 계엄군이 들어온 것이 아닌가 하며 불안해하는 표정이었다. 이제까지 민주주의의 승리를 확신했던 사람들도 '무기를 반납해야 한다'면서 조금씩 항쟁에 대한 의지를 숙여가고 있는 듯 했다.

24일, 토요일이 되자 시민들은 거리에 나와 이웃들과 '밤새 안부'를 물으며 평온이 빨리 오기를 바라는 표정이었다.[136] 특히 어제까지 4일 동안 계엄군에 의해 외부지역과 소통이 철저하게 차단되어 쌀과 생활필수품의 부족현상이 두드러지게 나타나 생활의 어려움을 심하게 느끼면서 더욱 그러했다. 시내 쌀 가게는 2~3일 전부터 바닥이 나는 바람에 한 되를 사기도 어려운 상황

---

134 앞의 「한국을 뒤흔든 광주의 11일간」, 175쪽.

135 김영택, 앞의 책, 177~178쪽. 그는 "희생자의 시체를 보고 유가족의 호곡소리를 들으니 더 이상 참을 수가 없어서 무조건 투쟁 쪽으로 기울게 되었다"고 뒷날 당시의 심경을 술회했다.

136 아침 8시 KBS라디오 방송은 '24일 정오까지 광주시내는 국군통합병원, 다른 지역은 경찰서와 지서에 무기를 반납하면 일체의 책임을 묻지 않겠다'는 내용을 반복해서 보도했다.

이었다. 구멍가게의 빵이나 우유도 모두 동이 난 상태였다. 양동시장이나 변두리에는 인근 농촌에서 극히 적은 양의 쌀, 채소 등이 반입되고 있었지만 수요를 따를 수는 없었다. 200원 하던 배추 한 포기가 1,000원 내지 1,400원까지 올랐으나 그마저도 구할 수 없을 정도였다. 이러한 상황에서도 어느 농부가 무·배추 등을 리어카에 싣고 양동시장 앞길에 나와 행인들에게 공짜로 나눠주는 모습이 보이기도 했다. 이 때문에 시청 직원들은 쌀 가게와 식료품 가게를 찾아다니며 문을 열도록 설득하고 다녔다. 시민수습위원회는 도청 스피커를 통해 이 같은 생활실태를 보고한 다음 시민들에게 생활복귀를 호소했다. 우선 직장인들의 복귀, 택시와 버스의 정상운행, 각 상점의 개점, 생활용품의 수송을 당부하고 나섰다. 아울러 '광주는 이제 전 세계의 관심을 받고 있다'면서 이 같은 사태를 유발시킨 공수부대를 맹렬히 비난하기도 했다. 그러면서도 원만한 수습을 위해 무기를 반납하고 질서 확립에 협조해 달라는 안내방송을 하며 "오늘(24일) 오후 6시까지 이름만을 확인하고 무기를 반납해 주시기 바랍니다"라고 간곡히 호소했다. 이때만 해도 온건파의 입지는 상당히 강화되어 있는 모습이었다.

이와 함께 시민수습위원회와 학생수습위원회는 공동명의로 '광주시민 여러분께 알려드립니다'라는 16절지 갱지에 인쇄된 전단을 시민들에게 배포했다.[137] 여기에는 계엄군 불진입 약속, 총기 안전휴대와 회수협조, 직장복귀와 이성회복, 무기휴대자의 약탈행위 근절, 희생자는 시민장으로 해야 한다 등 5개 항이 적혀 있었다. 이 전단 내용이야말로 신군부의 '광주살육'을 극복하고 광주시민들의 '민중항쟁'으로 승화시킨 기본적 이념이 요약되어 있었다. 모든 것을 평화적으로 수습하는 한편 시민들의 안전을 도모하려는 학생과 시민들

---

137 전문은 김영택, 앞의 책, 171쪽.

의 슬기로운 지혜와 이상(理想)이 배어 있었다. 또한 '시민대책본부 및 치안유지를 담당하시는 학생 및 시민에게 알려드립니다'라는 제목으로 총기 반납에 적극 협조토록 당부하는 별도의 전단이 곳곳에 살포되었다.[138]

시민·학생 합동수습회의에서는 당초부터 강경파와 온건파 간에 마찰이 일어나 혼선을 빚었다. 특히 학생수습위원들은 24일 오후 1시쯤 도청 1층 서무과 사무실에서 김창길 위원장 사회로 회의를 열고 사태 수습방안을 논의한 끝에 다음 4개 항을 결의했다. 1) 이번 광주사태를 일부 불순분자들인 폭도들의 난동이라고 보도하고 있는데 이는 폭도들의 난동이 아니라 전 시민의 의지였으므로 폭도로 규정한 점을 사과하라. 2) 이번 사태로 사망한 사람들의 장례식을 시민장으로 거행하라. 3) 5·18 사태로 구속된 학생과 시민을 전원 석방하라. 4) 금번 사태로 인한 피해보상을 납득이 가도록 하라는 내용이었다. 부위원장인 김종배와 허규정의 의지가 상당히 반영된 것이다.[139] 이 내용은 오후 3시쯤 김종배에 의해 학생수습위원회 명의로 발표되었다. 이 자리에는 정시채 부지사, 장세균 목사, 이종기 변호사, 최한영 옹 등이 함께 있었다. 당초 강경파의 의지는 이보다 훨씬 강했으나 시민위원들과 온건파 학생위원들이 설득하고 절충하는 지혜를 동원한 끝에 이만큼 완화된 것이다.[140] 그러나 요구사항의 실행에 대한 의견은 모아지지 않은 채 이 후의 수습과정에서 강·온파는 첨예하게 대립하게 된다.

이 무렵 '5·18 사태 수습위원회 일동' 명의로 된 '계엄분소 방문 협의결과 보고'라는 16절지 전단이 시민들에게 배포되었다. 전단은 8개 항, 문답식으로 작성돼 있었다.[141] 이를 읽어본 많은 시민들은 '다행스러운 일'이라며 수습위

---

138 전문은 김영택, 앞의 책, 172쪽.
139 앞의 「한국을 뒤흔든 광주의 11일간」, 176쪽.
140 정동년 외, 앞의 책, 180쪽.

원회의 노력을 긍정적으로 받아들였다. 이제 사태는 어떤 형태로든지 수습되어야 한다는 것이었다. 언제까지 이 상태로 갈 수는 없으며 시간이 흐를수록 수습은 어려워진다는 것이 대체적인 추세였다. 시민궐기대회에 참석하고 있는 시민 중에는 '엉터리다'라고 외치는 사람도 있었다. 그러나 그 숫자는 그렇게 많지 않았다.

24일 오후 2시부터 남동천주교성당에서는 천주교 측 인사와 홍남순 변호사 등이 다시 만나 수습방안을 숙의한 후 오후 3시 도청 내 시민수습위원회와 합류했고 이와 별도로 기독교 측 목사 등 일부 인사들이 도청에서 수습위원회를 다시 구성했다. 이 수습위원회의 구성원은 나중에 남동성당회의에도 참석한 최한영·김영생·조철현 등 20여 명이었으나, 이들은 강경성향의 학생과 재야청년들이 궐기대회를 통한 여론의 압력을 바탕으로 강경 쪽으로 선회하려는 기미를 보이자 회의를 느끼기 시작했다. 시민수습위원들은 비교적 사태를 온건하게 수습하기 위해 '시민들을 흥분시키는 궐기대회를 하지 말라'고 요구하고 있었다. 그러나 학생과 재야청년들을 주축으로 하는 학생수습위원회는 이를 못마땅하게 여기고 '궐기대회를 강행해야 한다'고 주장해 험악한 상태까지 야기되었다. 시간이 흐르는 가운데 시민수습위원으로 자처하는 두 사람의 관변 측 인사가 전화통을 붙잡고 계엄분소와 연락하며 어떤 지령이라도 받는 듯 총기회수에만 초점을 맞추려 하자 이를 지켜본 학생과 청년들의 시민수습위원들에 대한 불신이 더욱 커졌다. 이러한 분위기 속에서 열린 자유성토대회에서는 계엄분소 방문 협의결과를 보고하려고 등단한 어느 시민수습위원이 강경세력에 의해 저지당하기도 했다. 또 다른 시민수습위원은 토의를 오후 6시까지 늦추자는 제의가 나오자 "나는 능력의 한계를 느끼고 손을 뗄

---

141 전문은 김영택, 앞의 책, 176~177쪽.

수밖에 없다"고 말했다. 시민을 위해 사태를 원만히 수습해 보려는 몇몇 헌신적인 인사들이 시민과 학생들로부터 불신받는 관변인사들과는 더 이상 같이 앉아있을 수 없다는 듯 하나 둘씩 빠져나가고 있었다.[142]

무조건 총기반납을 반대하는 일부 학생수습위원들까지 도청을 빠져나가려는 기미가 보이자 정시채 부지사가 "학생들이 빠져나가면 총기는 불량배들이 지배하게 된다. 그렇게 되면 광주는 어떻게 되겠는가"라고 설득하면서 그대로 도청에 남아있도록 요청한 끝에 함께 밤을 새우며 회의를 계속했다. 그러나 일부 학생수습위원들이 끝내 이탈한 가운데 '이 엄청난 사태를 우리들(학생)만이 수습한다는 것은 불가능하다'는 의견이 나와 김화성·박남선·황금선 등 학생신분이 아닌 기성인을 포함시켜 학생수습위원회를 개편했다. 순수한 학생조직에서 범 청년시민기구로 확대 개편된 것이다.[143] 그러나 수습방안을 놓고 시민수습위원 측과 학생수습위원 측 간에 갖가지 의견들이 제기되어 구체적 방안이 마련되기는 어려운 상태로 빠져들고 있었다. 항쟁본부는 타협의 여지를 완전히 배제한 채 강경 일변도로 치닫고 있어 '시민공동체'의 앞날이 어떻게 펼쳐질지 아무도 예측할 수 없는 불확실한 상황으로 변하고 있었다.

24일 오후 2시 50분, 시민수습위원들의 만류에도 불구하고 학생·청년들에 의해 '제2차 민주수호범시민궐기대회'가 열렸다. 대회 이름은 '궐기대회'라는 경색된 용어를 피해 '자유성토대회'라고 부르기도 했다. 대회는 도청광장과 금남로 그리고 인근 도로를 꽉 메운 10만에 가까운 시민들이 참석한 가운

142 김성용, 앞의 글, 54~55쪽.

143 △위원장 김창길 △부위원장 겸 총무담당 황금선 △부위원장 겸 장례담당 및 대변인 김종배 △상황실장 박남선 △경비담당 김화성 △기획실장 김종필 △무기담당 강경섭 △홍보부장 허규정(김영택, 앞의 책, 179쪽 ; 정동년 외, 앞의 책, 181쪽 ; 앞의 「한국을 뒤흔든 광주의 11일간」, 175쪽).

데 열렸다. 대회가 진행되는 동안 스피커 소리가 끊기자 주최 측은 도청에서 방해한다고 비난했다. 대회가 한참 진행되는 오후 4시 38분 갑자기 소나기가 쏟아졌다. 시민들은 극소수를 제외하고는 모두가 미처 우산을 준비하지 못했음에도 자리에서 일어서지 않고 계속 비를 맞으면서 대회에 참여하고 있었다. "이 비는 억울하게 숨져 간 우리 민주영령들이 흘리는 눈물입니다"고 사회자가 큰 소리로 외쳤다. 민중들 속에서 "옳소"하는 소리가 터져 나오는 가운데 대회장은 점차 숙연해졌다. 국민의례에 이어 '80만 광주시민 일동'의 명의로 된 '전국 민주시민에게 드리는 글'이 낭독되었다. 그러자 "이 땅에 영원히 독재를 추방하고 참된 민주주의를 꽃피우게 하기 위해 우리 80만 광주시민들은 핏빛 물들은 아스팔트 위에 무참히 죽어 가는 시체더미를 넘어 죽음으로써 함께 여기 모였다"는 외침이 튀어나왔다. 여기에 "일어서라! 궐기하라! 승리하라! 애국시민이여! 애국근로자여! 애국농민이여! 애국학생이여! 3,500만 애국동포여! 모두 일어서라! 그리하여 이 땅 위에 이제는 포기할 수 없는, 이제는 다시 빼앗길 수 없는 찬란한 민주주의 꽃을 피우자! 3,500만 애국동포여!" 라는 울부짖음은 모든 참석자들의 가슴을 저미게 했다. 시민들은 선창자의 외침에 따라 목이 터져라 함께 외치고 부르짖었다. 피맺힌 한이 구구절절 넘쳐흘렀다.

이어 앳된 여학생이 등단했다. 몸매는 가냘팠지만 목소리는 다부지고 야무졌다. 여학생은 "민주화여!라는 시를 낭독하겠습니다"라고 서두를 꺼낸 다음 낭랑하게 읽어내려 갔다.[144] 시민들 중에서 따라 읽는 소리가 들렸다. 여기저기서 "한 번 더 읽읍시다"라는 소리가 터져 나왔다. 이번에는 여학생이 처음부터 한 구절씩 천천히 구호처럼 읽어 내려갔다. 시민들이 따라 읽었다. 아

---

[144] 전문은 김영택, 앞의 책, 183~185쪽.

니 외쳤다. 갑자기 도청광장에 있는 모든 사람이 하나가 되어 우렁찬 합창으로 변했다. '시'라기보다는 수많은 구호를 한데 모아놓은 듯 했지만 시민들은 지금까지 어떤 '선언문'이나 누구누구에게 보내는 글들을 듣기만 하다가 함께 따라 제창하게 되자 또 다른 의지가 샘솟는 것 같았다.

시민수습위원인 이종기 변호사가 마이크를 잡고 그동안 벌였던 수습위원들의 계엄분소측과의 협상결과를 보고하려 하자 여기저기서 '집어치워라' '필요 없다' '간단히 말해라'는 소리가 나오는가 하면 심지어 '끌어내려라'라는 불손한 언사까지 튀어나왔다. 그동안 쌓였던 시민수습위원들에 대한 불신감이 그대로 나타났다. 불신의 아우성을 못이긴 이 변호사가 내려오자 이번에는 조철현(비오) 신부가 "여러분 나는 성직자지만 총이 있으면 나도, 살상 만행을 저지른 공수부대원을 쏴버리고 싶은 심정입니다"고 말하자 박수가 터져 나왔다. 시민의 심정 또한 조 신부와 같았던 것이다.[145]

제2차 시민궐기대회가 24일 오후 6시쯤 끝나자 대회를 주도했던 학생·청년·노동자 25명은 YWCA에 모여서 자체평가와 조직강화를 위해 회합을 가졌다. 이들은 자치시대 전반기에 민중언론을 은밀하게 창출하고 공수부대의 발포가 있자 조별로 무장항쟁의 선두에 참여했던 사람들이다. '시민공동체' 자치시기에는 초기부터 도청 안에 들어가 지휘권을 장악하기 위해 궐기대회를 진행해 왔던 터였다. 김영철·윤상원 등은 학생수습위원회 바깥에서 개별적으로 활동하는 청년·학생들과 접선하고 있었다. 17일 밤 시골 고향으로 피신했던 정상용·이양현은 공수부대가 철수했지만 민주화운동 인사들이나 학생운동 주체들이 대부분 피신해 버림으로써 항쟁지도부가 제대로 형성되지 못한 채 학생들만이 수습에 나서고 있다는 소식을 듣고 자신들의 판단이 잘못

---

145 김성용 신부, 앞의 글 ; 김영택, 앞의 책, 185쪽.

임을 자각한 끝에 걸어서 잠입해 23일 오후 3시쯤 광주로 돌아왔다. 이들은 지하에 있던 청년들과 도청 항쟁본부에서 부각된 청년 30여 명을 모아 전체적인 상황을 판단하고 각기 역할에 대해 논의했다. 그리고 세 가지를 결정했다.[146] 이들은 김창길을 위원장으로 하는 학생수습위원회와 시민수습위원회가 도모하고 있는 평화적 협상 또는 무기반납 주장과는 상반되는 노선을 지향하고 있었다. 정상용·김영철·정해직 등은 오후 7시쯤 도청 내부에서 활동하던 윤상원의 안내를 받아 도청 안으로 들어가 무기회수 문제를 놓고 회의를 거듭하고 있는 학생수습위원회 회의에 참석했다. 이들 운동권 청년들은 학생수습위의 투항주의적 태도를 비난하면서 무기회수를 반대했다. 그러자 수습위원 중 한 명이 소총을 들이대면서 "이 사람들 수상하다, 간첩일지 모른다"고 소리쳤다.

운동권 청년들은 학생수습위원회의 투쟁방향을 전환시키는 일은 불가능하다고 판단하고 도청에서 빠져나와 시민궐기대회 개최 방안을 모색하고 있었다. 강경파에 의해 10만 이상의 시민들이 모여 열린 오후의 제2차 궐기대회에서 수습위의 협상안에 대해 맹렬한 비난이 쏟아지자 김창길 학생수습위원장과 장세균 목사는 "이미 계엄사와 무기회수 및 자체수습에 대한 사전 약속이 되어 있으며 시민을 흥분케 하는 궐기대회를 다시는 열지 말자"고 정상용 등 운동권 청년들에게 제의했다. 정상용은 단호하게 거부했다.

학생수습위 측의 요구를 일축한 운동권 청년들은 자신들의 투쟁기구를 별도 편성하기로 했다. 기획 및 문안 작성은 윤상원·김영철·이양현·윤기현,

---

146 첫째, 재야 민주인사들에게 연락하여 항쟁과정에 적극 참여시킨다. 둘째, 시민들을 최대한 동원하여 궐기대회를 적극 추진한다. 셋째, 도청 수습위원회의 투항주의적 노선을 자신들이 직접 개입하여 강경투쟁 노선으로 전환해 나간다. 이를 위해서는 도청 내의 일부 지도부와 합세하여 일부 인원을 교체시킨다(정동년 외, 앞의 책, 177~178쪽).

홍보집회는 박효선·김태종, 궐기대회 비용 및 인쇄제작 비용은 송백회의 정유아·이행자 등이 담당하기로 했다. 그리고 이들은 오후 7시 30분 시내 호남동에서 따로 모임을 가졌다. 윤상원·김영철·이양현·박효선 등과 다른 학생 및 청년들은 YWCA에서 논의했던 사항들을 구체화시키기로 하고 재야 민주인사들을 도청 지도부에 참가시키기 위해 궐기대회에 동참시키고 연락은 정상용·정해직이 맡기로 했다. 그리고 (1) 정부·군부·서울·경상도·광주시민 등 각계각층에 보내는 글 작성, (2) 헌혈운동과 사망자 및 행방불명자 처리문제, (3) 식량공급 및 생활필수품 조달 등 몇 가지 문제들을 논의했다. 이들은 또 대학생들을 완전히 조직화하여 그 세력을 기반으로 도청에 들어가 지도부를 구성해 항쟁본부를 장악할 계획을 세우고 다음날 YWCA에 집결시키기로 했다.[147] 평화적 협상 및 무기반납을 본격적으로 추진하기로 했던 수습위원회의 방침에 맞설 새로운 세력이 등장한 것이다. 이들 중 일부는 당초 편성된 학생수습위원회의 차량통제부에 참여해 차량을 장악한 바 있다. 이들은 그 후 개편된 학생수습위에서 상황실장 등 핵심멤버로 참가했는데 '자치시기'로 접어들면서 실질적 항쟁지도부 역할을 맡아 최후까지 투쟁하는 강경노선을 견지했다. 그동안 도청에서는 수습대책회의가 열렸다.

광장에서는 궐기대회를 끝낸 많은 시민들이 상무관에 마련된 합동 빈소로 몰려와 분향대열을 이루어 길게 줄을 지었다. 분향 행렬은 아침 일찍 시작되어 저녁 무렵까지 계속되었으며 억수같이 쏟아지는 소나기에도 흐트러지지 않고 줄곧 이어졌다. 각 동네에서 단체를 지어 몰려오는 경우도 있었다. 한편 전날에 이어 18~19일 이후 집에 돌아오지 않는 아들딸을 찾아 시체를 하나하나 점검하며 확인하는 시민들도 있었다.

---

147 정동년 외, 앞의 책, 178~179쪽.

24일 오후 7시쯤 도청 식산국장실에서는 윤상원의 안내로 정상용·이양현·김영철·정해직·박효선과 학생수습위 부위원장인 김종배 및 허규정이 참석한 가운데 회의가 열렸다. 이들은 현재 학생수습위원회 김창길 위원장을 퇴진시키고 자신들이 새로운 집행부를 구성하여 투쟁적 자세로 밀고 나갈 것을 최종적으로 결의했다. 이들은 도청에 들어올 때 YWCA에서 조직된 대학생 50여 명을 데리고 들어와 식산국장실 옆방에 대기시켜 놓고 있었다. 수습위원회를 개편·장악할 때 이 대학생들을 앞세울 예정이었다. 이때 김창길 위원장이 들어와 "도대체 당신들은 어떻게 하겠다는 것인가, 앞으로 광주를 피바다로 만들 작정인가"라고 외쳤다. 한참동안 격렬한 논쟁이 벌어졌으나 방안 분위기는 운동권 청년들이 장악하고 있는 터라 김 위원장도 어쩔 수 없음을 직감하고 수습위원장 직에 연연하지 않겠다는 뜻을 나타냈다.

25일 새벽 학생수습위원회는 김창길 위원장이 주동이 되어 일방적으로 무기회수를 결정하고 시민군으로부터 회수한 총기들을 도청 안에 집결시켜 놓았다. 25명의 시민수습위원들 역시 이에 따랐다. 그러나 부위원장 김종배는 무기회수 결정에 반발, 무기반납을 강력하게 제지하고 나섰다. 도청 내의 학생·청년들로 구성되어 있는 항쟁본부 요원들은 불만을 터뜨리며 계속 강성으로 치닫고 있었다. 윤상원은 박남선에게 지금 단계에서 무기를 반납해서는 안 된다고 강조하며 시민군을 재편성하여 방어태세를 완벽하게 갖추어야 한다고 설득했다. 박남선도 공감하고 행동을 같이 하겠다고 선언했다. 윤상원은 현재 학생수습위원회의 투항주의적 태도를 비판하면서 현 지도부를 대학생들을 중심으로 하되 운동권 청년들로 교체할 계획이니 적극 협조해달라고 부탁했다. 윤상원은 김종배와 허규정에게 'YWCA에서 대학생들이 조직화되고 있으니 오후의 궐기대회가 끝난 뒤에 본격적으로 운동권 청년들과 같이 새로운 집행부를 구성할 것'을 제안했다. 홍보부의 거리방송을 듣고 YWCA로 모여든 대학생들에게 운동권 청년들은 지금까지의 상황을 설명하고 10명씩 조를 편성하여 50여 명을 먼저 도청 안으로 들여보냈다. 주로 도청 내부의 행정·사망자 접수·시체확인 안내·분향소 정리 등의 내부적인 업무를 맡을 행정질서 담당자들이라고 내세운 이들 '학생경비대'는 항쟁본부의 주도권을 장악하기 위해 1차적으로 투입된 대학생 병력이었다.[148] 이들이 들어옴에 따라 도청질서가 잘 잡혀가는 듯 했지만 분위기는 더욱 경색되어 같은 항쟁요원들끼리도 긴장상태가 고조되었다.

전날부터 조직을 개편하여 새롭게 활동하기로 결의한 윤상원·정상용·허규정·김종배 등 4명은 25일 오전, 부위원장이던 김종배(25·조선대 3년)를 위원장으로 선임하는 한편 내무담당 부위원장 허규정(26·조선대 2년, 도청 내부·대민·장례담당), 외무담당 부위원장 정상용(30·전남대 졸, 계엄사 협상담당), 대변인 윤상원(29·전남대 졸·들불야학 대표, 기자회견·대외 공시발표 담당)으로 정하고 그 외 조직은 윤상원과 정상용이 YWCA에서 들어온 사람들로 충원하기로 정했다. 학생신분은 세 사람일 뿐 실질적인 주도권은 재야운동권 청년들이 장악한 셈이었다. 강경노선의 항쟁지도부가 들어선 것이다. 곧이어 상황실장 박남선(26·운전사, 시민군·군사업무 담당), 기획실장 김영철(32·광천동 빈민운동·YMCA 신협 이사, 기획담당), 기획위원 이양현(30·전남대 졸·노동운동, 기획담당), 윤강옥(28·전남대 4년, 기획담당), 홍보부장 박효선(30·교사·전남대 졸·문화패 '광대' 회장, 궐기대회·홍보담당), 민원실장 정해직(29·교사, 대민·장례담당), 조사부장 김준봉(21·회사원, 초기부터 시민군·치안질서 담당), 보급부장 구성주(25·식량조달, 식사공급)를 임명해 보완했다.[149]

---

148 김영택, 앞의 책, 205쪽 ; 정동년 외, 앞의 책, 190~191쪽.

149 김영택, 앞의 책, 205~206쪽 ; 앞의 「한국을 뒤흔든 광주의 11일간」, 176쪽 ; 정동년 외, 앞의 책, 195~196쪽.

새로 개편된 학생수습위원회는 26일 투쟁성격이 강한 '학생시민투쟁위원회'로 개칭하고 나중에 김종배 대신 정상용이 위원장을 맡기로 되어 있었다. 그러나 실현하지 못한 채 5·27 재진압작전을 맞게 된다. 또한 학생들을 중심으로 학생집행위원회가 별도로 구성되기도 했다. 한편 이날 밤 김성용·조철현·이성학·홍남순·이종기·이기홍 등 재야인사들은 개편된 학생시민투쟁위원회를 방문하여 새로운 임원진과 80여 명의 대학생들에게 격려를 아끼지 않았다. 특히 김성용 신부는 "그동안 우리 전라도가 얼마나 천대를 받았느냐. 모든 근원은 토지에서 나오는데 그동안 농촌을 얼마나 혹사했느냐. 전라도는 농토가 대부분인데 농업정책이 실패하여 고생이 많았다. 이번 광주사태는 수십 년 동안 누적된 광주시민들의 울분의 표현이다. 같이 노력하여 우리의 요구사항을 관철시키자"며 격려했다.[150]

이렇게 해서 도청 내의 학생수습위원회가 해체되고 그동안 평화적 타결을 모색하는데 혼신의 힘을 쏟았던 김창길 위원장이 물러나자 그와 함께 일했던 온건파 학생수습위원들도 대부분 빠져나갔다. 그들을 동조해오던 여고생 등 젊은 여성 20여 명도 함께 나갔다. 이들은 도청 안에서 밥 짓는 일을 돕고 있었다. 이들 대신 YWCA에서 기다리고 있던 송백회원들이 새로 구성된 강경노선의 학생시민투쟁위원회에 가담하여 여공들을 중심으로 3개조의 새로운 취사부를 편성, 항쟁의 장기화에 대비했다.

26일 오후 2시 30분, 학생시민투쟁위원회는 박남선 상황실장 지휘하에 전남도청 기획관리실에서 지금까지의 순찰대를 보강하여 5~6명을 1개조로 하는 13개조의 기동타격대로 개편, 명령계통을 확립했다. 기동타격대장에는 윤석주(19세, 공원)를, 부대장에는 이재호(33세·한양공대 졸, 회사원)를 임명하고 각

---

150 앞의 「한국을 뒤흔든 광주의 11일간」, 177쪽, 김종배 진술.

조별로 조장 1명, 타격대원 4, 5명, 군용 지프차 1대, 무전기 1대, 개인별 카빈소총과 실탄(15발 들이) 1클립씩 분배받아 무장했다. 기동타격대는 위원장과 부위원장의 지시를 받아 상황실장 → 기동타격대장 → 부대장 → 조장 → 조원에 이르는 지휘계통을 확립하고 시내순찰, 계엄군 동태파악과 진입저지, 거동수상자 체포·연행, 치안질서 유지, 외곽 시민군과 연락업무 등의 임무를 수행했다.[151] 이날 발족식에서 김종배 위원장은 "지금 우리가 계엄군과 대치하고 있는 상황에서 광주시내가 너무 무질서하게 되면 도청을 지키고 있는 우리들의 이미지가 나빠진다. 따라서 여러분들에게 시내 치안질서 유지와 순찰의 임무를 부여하고 여러분들만이 총을 들고 시내순찰을 하며 차를 타고 다닐 수 있는 특권을 부여할 테니 임무를 성실히 수행해 달라"고 강조했다.[152] 기동타격대의 실질적인 지휘권이 상황실장에게 부여된 것이다. 상황실장은 시내 지도가 붙여진 상황판에 병력 배치도를 작성하여 외곽지 계엄군과 대치 중인 지역을 점검하고 도청을 중심으로 투항파와 계엄군 측 교란작전을 봉쇄하고 유사시에는 시민군 총지휘관으로서의 임무가 주어졌다.

이날 궐기대회가 끝난 후 YWCA에는 100여 명의 대학생들이 모여들었다. 입구에서는 학생증이나 주민등록증을 확인한 후 학생 이외의 사람은 출입시키지 않았다. 학생들은 지금까지의 투쟁과정에 지속적으로 참여해 왔던 몇 사람으로부터 현재의 상황과 앞으로의 투쟁방안에 대해 설명을 들었다. 그러나 학생들의 입장은 달랐다. 그들은 무장투쟁보다 타협을 통한 수습을 기대했다. 특히 학생들은 강경투쟁 쪽으로 기울고 있는 사람들 대부분이 나이 어린 청소년들이라 무기를 함부로 다루는 일도 있었고, 무장세력 대다수가 대체적으로

---

151 정동년 외, 앞의 책, 204쪽 ; 재향군인회, 앞의 책, 303쪽.
152 앞의 「한국을 뒤흔든 광주의 11일간」, 178쪽.

무직 또는 실업자 군상이었기 때문에 과격해질 수밖에 없어 시민들의 안전을 해치는 것이 아닌가 우려했다. 학생들은 시민들이 무장투쟁보다는 원만한 수습을 바란다는 사실을 잘 알고 있었다. 이 때문에 그들은 무장투쟁을 바라는 시민군이나 강경노선에 대한 신뢰가 낮았다. 시민군 역시 학생들에 대한 믿음이 적었다. 일부 청소년을 제외하고 대부분 사회의 밑바닥에서 생활했던 시민군들로서는 학생들은 사태만 유발시켰을 뿐 '살육작전'이 한창 처절하게 전개되던 항쟁대열에 참여하지 않고 이탈했을 뿐만 아니라 공수부대가 철수한 후 뒤늦게 구성된 학생수습위원회마저 무기회수만을 주장하는 데 대해 불편한 심정이었다. 운동권 청년들로서는 '살육작전'에 대한 보복적 투쟁을 외치는 시민군과 피바다는 피해야 한다는 시민들의 바람을 인식하고 있던 학생들 양쪽 모두가 소중한 날개였다. 특히 시민들로서는 상당한 신뢰감을 가지고 있던 학생들의 포용이 반드시 필요했다. 운동권 청년들은 학생과 시민군을 한 묶음으로 조를 편성하기로 하고 학생들을 설득했다.[153] 그 결과 상당한 학생들이 투쟁의 필요성에 공감하고 10명 단위로 편성되는 조원으로 참여하기에 이르렀다. 조장은 지금까지의 상황을 잘 아는 청년들로 구성했다. 그리고 총기사용법 등을 훈련시킴으로써 일단 끌어들이는데 성공했다. 이들은 대부분 다음날 발족하는 기동타격대의 대원이 된다. 그러나 YWCA에는 남성들만 있었던 것은 아니다. 주로 10~20대의 여성들, 여고생이나 학생운동권 내의 여대생과 여공 등 50여 명이 귀가하지 않고 남아 있었다. 이들은 밥 짓는 일, 상황실이나 방송실에서의 잡무처리, 중요한 연락업무, 대자보 제작 등을 맡거나 궐기대회장에서 선전조로 열심히 뛰고 있었다. 이들 중 일부는 이날 밤 새로운 항쟁대열이 갖추어질 때 간호대로 편성되었다. 마지막 최후결전을 위한 환경

---

153 정동년 외, 앞의 책, 193~194쪽.

과 대열은 점차 갖추어지고 있었다.

5월 26일 새벽 4시 30분쯤 동구 학운동 734의 1 최득춘(52)의 집에서 그와 부인 김소례(28), 아들 현(7) 등 일가족 3명이 괴한의 카빈소총 총격으로 피살되었다. 이웃 주민들은 복덕방 주인인 최씨의 집에서 20여 발의 총소리가 나서 가보니 일가족 3명이 모두 숨겨 있었으나 피해품이 없는 것으로 보아 원한에 의한 살해인 것으로 보인다고 말했다. 주민들은 최씨의 본처에게서 태어난 아들(29세 가량)이 평소 계모와의 잦은 마찰로 함께 살지 못하는 등 가정불화가 잇따랐던 점으로 미루어 보아 이 아들이 이번 사태의 혼란을 이용해 탈취한 총기를 갖고 범행을 저질렀을 가능성이 높다고 했다. 이 사건은 '광주사태'로 인해 총기 취득이 쉬워진 이후 처음 발생한 일가족 몰살사건으로 이 소식이 전해졌을 때 항쟁본부나 시민수습위원들은 당황했고 시민들 역시 엄청난 충격을 받았다.

맨 처음 발생했던 박순휴 병원장 집 강도사건 이후 극히 미미한 사건밖에 일어나지 않다가 다시 동명동에서 3가구가 털리는 등 불미한 사건이 잇따라 발생하자 시민들의 불안은 점차 커졌다. 처음에는 무려 2,500여 정이 넘는 총기가 아무런 통제없이 나돌고 있는 판국에 강도사건이 5일 동안 겨우 5건 밖에 없었다는 사실을 두고 너무나도 희한해하면서 자랑스러워 했었다.

자랑스러운 일은 이 뿐만이 아니었다. 25일 오후 6시경 학생대표들은 김성용 신부 등 시민수습위원들에게 다가와 호소했다. "광주시내를 불바다로 만들 수 있는 TNT를 어른들이 지켜주십시오. 3일간 한잠도 자지 않고 지켜왔으나 이제는 지쳐서 자신이 없습니다"라고 호소했다.[154] 김성용 신부 등 수습위원들 가운데 성직자인 신부·목사들이 지키겠다고 즉각 나섰다. 성직자들

---

154 김성용, 앞의 글, 58쪽.

512

은 각자 자신이 맡고 있는 성당과 교회로 돌아가 신뢰할 수 있는 청년신도들을 불렀다. '오늘은 신부와 같이 죽어도 좋다는 용기 있는 청년이 필요하니 빵과 음료수를 준비해 오라'고 소집한 결과 모인 10여 명을 TNT가 저장돼 있는 도청 별관 지하실로 보냈다. 학생들은 이 같이 자치능력이 충만했고 지혜로웠다. 그러나 이미 항쟁본부를 장악한 강경파 쪽에서는 계엄군이 끝내 진공해오면 이 TNT와 다이너마이트를 폭파하겠다는 위협을 통해 상무충정작전을 늦춰보려는 계획을 검토하기도 했다.[155]

시내에 금융 및 신용사업 점포가 무려 700여 개나 되고 이 점포에서 보유하고 있던 1,500억 원의 현금이 고스란히 보전되고 수많은 금은방들이 단 한 건의 피해도 입지 않았다는 사실은 광주시민들로서는 자긍심을 갖기에 충분했다. 다만 문을 닫고 있던 은행들은 언제 총을 든 괴한이 침입할지 몰라 전전긍긍하고 있었던 것은 사실이다. 이것은 곧 광주민중항쟁의 성스러움을 시민 모두가 인식하고 자제한 나머지 이루어진 시민정신의 발로요, 광주민중항쟁 자체가 어떤 폭도들의 소행이 아님을 잘 나타내 주는 증좌였다. 광주시민들은 위대한 승리를 일궈냈던 것이다.

그러나 일가족 몰살사건이 터지자 여기저기서 '큰일났다'는 소리가 공공연히 쏟아져 나왔다. 그동안 누구의 통제도 받지 않고 자율적으로 질서가 잘 유지되었으나 역시 일관성 있는 통제가 불가능한 상태라 궤도이탈자의 탈선이 하나 둘 늘어나고 있었다.

시위대 학생들은 오전 7시 20분부터 궐기대회를 가질 예정이니 시민들은 도청 앞으로 모이라고 열심히 방송을 하고 다녔다. 26일 아침 진입한 계엄군은

---

155 그러나 이 TNT는 이미 계엄군 쪽에서 비밀요원을 투입해 뇌관을 제거했기 때문에 쓸모가 없었다(정동년 외, 앞의 책, 197쪽 ; 계엄사령부 발표(5월 31일), 「광주사태의 전모」).

원 위치로 돌아가기로 했으니 안심하고 도청 앞으로 모이라는 내용도 전했다. 9시가 되자 도청 앞 광장에는 시민들이 모이기 시작했다. 도청 옥상에 설치된 스피커에서는 계속 '정의가' 등 노래와 구호가 터져 나왔다. 노래와 구호소리로 가득한 광장은 조금씩 흥분된 분위기 속으로 빠져 들어가고 있었다.

이 무렵 언론사 취재팀은 사망자의 숫자 확인에 전력을 쏟았다. 상무관은 물론 전남대병원 등 종합병원을 돌며 사망자를 헤아렸으나 92∼94명밖에 집계할 수 없었다. 당시 기자들의 취재손길 밖에 있었던 시체는 확인이 불가능했으므로 실제로는 이 숫자보다 훨씬 많을 것으로 짐작하고 있었지만 어쩔 수 없는 노릇이었다. 도청 주변에는 50여 장의 특보와 대자보 그리고 구호가 어지럽게 나붙었다. 특보라기보다는 대자보의 성격이 더 강했다. 또 다른 특보와 대자보에는 시민들의 온갖 호소, 대학생들의 집결 호소, 그리고 서울에 있는 각 신문사 기자들이 광주항쟁에 관한 기사가 제대로 보도되지 않는 데 불만을 품고 태업에 들어갔다는 내용도 있었다.

'광주사태'가 일어난 18일은 일요일이었으므로 19일 출근한 서울 각 신문사 기자들은 이날부터 계엄사의 강력한 통제로 '광주'에 관한 기사가 제대로 보도되지 않는 데 대해 심한 불만과 좌절을 느끼고 있었다. 22일 동아일보사가 '광주사태 닷새째'라는 제목하에 그 면모를 조금이나마 보도하기 시작한 후 각 신문들은 날마다 '광주'기사를 취급하고 있었지만 항쟁의 원인은 물론 실상조차 제대로 보도하지 못한 채 계엄사나 정부 입장에 유리한 내용만 실리고 있었다. 기자들은 이에 불만을 품고 태업을 한다는 소문이 파다하게 퍼져 있었다. 또한 23일자 일본 〈마이니치[每日] 신문〉이 전남일보사 정문에 붙어 있었다. 여기엔 광주살육 기사와 함께 김대중이 구속되었다는 내용이 실려 있었다.

26일 오전 10시가 되자 도청 앞 광장에는 2만여 명의 시민이 모인 제4차 범시민궐기대회가 열리고 있었다. 이 자리에서 권력의 도구가 되지 말고 진정한 국민의 군대로 돌아가라는 요지의 '대한민국 국군에게 보내는 글'이 낭독되었다.[156] 시민군은 국군을 믿고 사랑하지만 광주에 투입된 공수부대는 '민족반역자', 전두환의 권력욕망을 채우기 위한 '사병(私兵)'으로 규정하면서 이제 국민에게 향한 총부리를 전두환에게 겨누라는 권고문도 나돌았다. 권력의 시녀가 되지 말고 진정한 국민의 군대가 되라는 것이었다. 학생이나 항쟁요원들은 공수부대의 투입을 정권찬탈을 위한 사전음모로 규정한 것이다. 또한 학생·시민들은 '정확한 보도를 하라'고 촉구하는 '전 언론인에게 보내는 글'을 채택했다. 이밖에도 광주시민들이 총을 버리려면 정치적 해결이 선행되어야 한다며 7개 항의 '80만 광주시민의 결의'를 채택했다.

1) 이번 사태의 모든 책임은 과도정부에 있다. 과도정부는 모든 피해를 보상하고 즉각 물러나라.
2) 무력탄압만 계속되는 명분없는 계엄령은 즉각 해제하라.
3) 민족의 이름으로 살인마 전두환을 공개 처형하라.
4) 구속중인 민주인사를 즉각 석방하고 민주인사들로 구국 과도정부를 수립하라.
5) 정부와 언론은 이번 광주의거를 허위조작, 왜곡보도 하지 말라.
6) 우리가 요구하는 것은 피해보상과 연행자 석방만이 아니다. 우리는 진정한 민주정부 수립을 요구한다.
7) 이상의 요구가 관철될 때까지 최후의 일각까지 최후의 1인까지 우리 80만 시민 일동은 투쟁할 것을 온 민족 앞에 선언한다.

이 결의문은 시민들의 합의라기보다는 항쟁지도부가 일방적으로 작성, 궐기대회에서 채택하는 절차를 밟은 것이다. 당시 대다수 시민들의 의중은 원만하게 수습돼 하루빨리 평화가 찾아들기를 원했었다. 그러나 강경파가 우세한

---

156 전문은 앞의 『5·18 광주민주화운동 자료총서』 제2권, 96쪽.

항쟁지도부는 시민의 마음을 외면한 채 투쟁 일변도로 몰아가고 있었다.

이날의 궐기대회는 1시가 넘어서야 끝났다. 그리고 1시 15분, 궐기대회에 참가한 시민들의 절반가량이 학생들의 요구로 거리시위에 들어갔다. 항쟁요원들은 자꾸 전원 참석을 호소했으나 시민들의 열기는 차츰 식어가는 듯 슬슬 피하는 사람들이 많았다.

26일, 일부 항쟁본부요원과 종교계 인사들은 YWCA에서 따로 만나 김성용 신부를 서울로 보내 김수환 추기경에게 광주의 실상을 올바르게 알리기 위한 면담을 실현하기로 결의했다. 이날 밤 김 신부는 광주를 탈출(?)해 아홉 차례의 검문을 받은 끝에 간신히 27일 밤 서울에 도착했다. 그러나 그때는 이미 계엄군이 광주시내에 다시 진입한 후였다.[157]

YWCA에서 벌어진 김성용 신부의 서울파견 논의는 종교계 인사들이 주축이 되었지만 실은 항쟁본부 요원들의 의견이 크게 반영되었다. 김 신부가 김 추기경에게 실상을 정확하게 보고함으로써 김 추기경의 역할에 따라 미국의 개입 또는 중재를 기대하는 한편 최 대통령을 만나 실상을 자세하게 이해시키면 정부 측의 양보나 후퇴를 이끌어낼 수 있다고 판단했었다. 그러나 계엄군이 다음날 새벽 진입해버리는 바람에 김 신부의 서울행 목적은 무위로 끝나버렸다. 일본의 〈요미우리[讀賣] 신문〉은 27일자에서 '학생들, 미국의 중재를 희망'이라는 제목으로 이 같은 상황을 보도했다.

오후 3시 제5차 민주수호 범시민궐기대회가 도청 앞 광장에서 열렸다. 오전에 이어 궐기대회가 하루에 두 번 열리기는 처음이었다. 또한 마지막으로 열린 대회였다. 시민들은 '계엄 해제' '구속자 석방' 등의 구호가 쓰여 있는 머리띠를 두르고 구호를 외쳐댔다. 이 자리에는 승려복을 입은 젊은 스님도 등

---

157 김성용, 앞의 글, 63~64쪽.

단해 이채로웠다. 그는 분수대에 올라 '살생을 금하는 불교의 승려가 살상이 불가피한 싸움을 해야 한다고 주장하게 된 이유'를 역설하고 있었다. 그리고 이 자리에서는 또 다시 광주항쟁을 왜곡 보도하는 매스컴을 질타했다. 시민들은 오전 제4차 궐기대회에서 채택한 '80만 광주 민주시민의 결의' 7개 항을 다시 낭독한 다음 재차 채택했다. 이 결의문은 시민들의 요구라기보다는 항쟁지도부가 일방적으로 작성, 오전 제4차 궐기대회에서 채택하는 절차를 다시 밟은 것이다. 또한 '과도정부의 최규하 대통령께 보내는 글'도 채택했다. 이들은 '대통령 각하, 그리고 계엄당국의 고위 간부 여러분, 이 난국을 극복합시다. 진심으로 호소합니다. 김일성의 오판을 총화로 막읍시다. 개인의 사리사욕이나 정권욕보다는 이성을 되찾을 때입니다'라는 내용과 함께 다음 4개 항을 호소했다.

1) 서울을 비롯한 모든 시외전화의 소통을 호소합니다.
2) 이번 봉기사건에 대해서 모든 보도기관의 자유로운 취재활동과 검열없는 보도를 호소합니다.
3) 사망자와 부상자 및 행방불명자의 확실한 숫자를 밝히기 위하여 계엄당국과 시민군의 공동조사단을 구성할 것을 호소합니다.
4) 국군은 광주시민과 민주시민을 학살할 게 아니라 전선을 지킬 것을 호소합니다.

이 4개 항은 강경대응으로 일관하던 항쟁지도부의 태도가 크게 누그러지고 원만한 타협을 희망하고 있음을 나타내 주목을 끌었다. 이처럼 합리적이고 온건한 결의문은 전에 없던 일이었다. 항쟁지도부는 어떤 새로운 타결책이나 돌파구를 모색하고 있음에 틀림없었다. 이는 지도부 내에 온건세력이 건재하고 있음을 시사해 주고 있었다. 그러나 이러한 온건하고 합리적인 타결책의 모색은 계엄군의 일방적인 재진압 통보로 산산조각 나고 말았다.

26일 오후 5시쯤, 정시채 부지사는 김종배 위원장 등 항쟁본부 요원들에게 계엄군 진입계획 사실을 통보해 주면서 빠져나가라고 종용했다. 이 사실은 곧 궐기대회에 참석한 시민들에게 전해졌다. 시민들은 바로 20여 분 전 시민군 측의 '계엄군이 들어오지 않는다'는 방송을 들었던 터라 상당히 당황하는 듯 했다. 고조되었던 궐기대회 분위기는 순식간에 비장한 각오와 불안이 뒤섞여 술렁거렸다. 일부에서는 '끝까지 싸워야 한다'는 고함소리가 터져 나왔다. 궐기대회에 모였던 수천 명의 시민들은 유동 삼거리를 거쳐 화정동 대치장소, 속칭 '판문점' 100미터 지점까지 행진한 후 '우리는 끝까지 싸운다'는 구호를 외치고 도청광장으로 되돌아 와 해산했다. 하지만 사실상 도청광장에 모여드는 시민들의 숫자는 자꾸 줄어들었다. 이날 모인 시민들도 5,000여 명에 불과했다. 당초 '시민공동체' 자치시대 첫날과 둘째 날은 10만 명 안팎의 시민들이 자진 참여해 대성황을 이루었었다. 그러나 시간이 흐르면서 평화적 수습이 이루어지지 않은 데 대한 불안과 항쟁본부 측의 강경론에 대해 회의를 느끼면서 시민들의 참여의식이 점점 퇴색, 항쟁본부 측의 호소에도 불구하고 인원이 계속 줄어들고 있었다. 그런 가운데 도청을 사수하기로 한 200여 명만이 박남선 상황실장의 지휘하에 YWCA에 대기했다가 도청으로 들어가 무장한 다음 전일빌딩·YWCA·계림초등학교 등에 배치되었다.[158]

　　26일 오후 6시쯤, 도청 내에서 학생시민투쟁위원회의 마지막 회의가 열렸다. 이 자리에서 만일 계엄군이 재진압작전을 감행한다면 이에 맞서 대항하는 것은 엄청난 희생만을 야기할 뿐이라며 무기를 반납하고 처벌을 받자는 상당수의 온건적 의견이 개진되었다. 또한 전 학생수습위원장이던 김창길과 황금선이 도청 이곳저곳을 돌아다니며 "계엄군이 곧 들어오니 빨리 나가라"고 권

158　재향군인회, 앞의 책, 304쪽.

고하고 다녔다. 그러자 대변인인 윤상원과 상황실장인 박남선이 권총을 뽑아 들고 공포를 발사하며 "무기반납하는 놈이나 투항하자는 놈은 죽여버리겠다" 고 위협했다. 무기반납을 주장하는 김창길 등 온건파들은 밤 9시경 모두 도청 을 빠져 나와야 했다.[159]

이 무렵 도청 앞에는 200~300여 명의 시민이 그대로 남아 있었다. 이때 어떤 젊은이가 메가폰을 들고 "여러분, 조국의 민주화를 위해 기꺼이 죽어도 좋다는 사람만 남고 나머지는 돌아가십시오. 오늘밤 계엄군이 쳐들어오면 우리는 끝까지 싸울 것입니다. 그리고 전멸할 것입니다"라고 외쳐댔다. 그러나 아무도 움직이지 않았다.[160] 사람들의 얼굴에 비장한 각오가 서려있었다. '광주'는 마지막 고비를 향해 무거운 발걸음을 옮기고 있었다. 이때 YWCA에 있던 70여 명의 대학생들이 '오늘밤의 결전'에 임하기로 결의했다는 소식을 전해졌다.

밤 9시쯤, 학생 및 시민수습위원 11명이 계엄분소를 방문하고 오늘 밤 진입하지 말아 달라는 협상을 벌였으나 계엄분소 측은 1) 무장해제 2) 무기반납 3) 경찰의 치안회복 3개 항을 일방적으로 통고한 후 12시까지가 시한이라고 못박은 다음 '이것이 최후통첩'이라고 말해 다음날 새벽 무력으로 재진압하는 '상무충정작전'을 강력히 내비쳤다. 밤 11시쯤 도청에서는 박남선 상황실장의 지휘 아래 무장한 시민군의 배치상황을 점검했다. 27일 0시에는 시내전화가 두절되었다. 새벽 2시쯤 계엄군의 재진압공격을 통보받은 학생시민투쟁위원회는 불안해하는 광주시민들에게 이 사실을 알려야 한다고 결정하고 홍보부 박영순과 이경희로 하여금 광주시내를 돌면서 마지막 거리방송을 하게 했다.

---

159 김영택, 앞의 책, 224쪽 ; 재향군인회, 앞의 책, 304쪽.
160 27일 새벽까지 도청 항쟁본부에 남아 최후결전에 임한 시민군은 모두 157명이었던 것으로 5·18 유관단체가 합동으로 2005년 5월 9일 공식 발표했다(〈광주일보〉, 2005년 5월 9일자 ; 『미디어 오늘』, 2005년 5월 18일자).

새벽 4시쯤에는 도청 내의 모든 전등이 꺼졌다.[161]

전남북계엄분소는 27일 새벽 시행할 재진압작전 계획을 수립해 놓고 있었다. 이른바 '상무충정작전'으로 명명된 이 작전 계획은 21일 오후 시내에서 철수하면서 이미 예정되어 있었다. 계엄사령부는 광주를 더 이상 방치할 수 없다는 이유를 내세웠지만 그것은 명분일 뿐 재진압작전을 통해 '광주의 무장폭도들을 소탕하는데 군이 크게 기여했다'는 명분을 내세워 군의 위력을 과시하면서 정권을 탈취하려는 신군부의 또 다른 계획이었다. 그들이 21일 시내에서 철수한 것도 이미 짜놓은 계획에 의한 것이었다. 학생과 시민들의 갖가지 협상제의도 일방적으로 깔아뭉개던 계엄사령부는 이제 만반의 준비를 갖춰 놓고 'H 아워'만을 기다리고 있었던 것이다. 정호용 특전사령관은 이러한 계획에 따른 마지막 결전의 시기가 다가오자 다시 광주에 내려왔다. 당시 정웅 제31사단장은 26일 오후 송정리비행장에서 27일의 진압작전을 정호용 사령관이 지휘했다고 주장한 반면, 정호용은 전연 그런 사실이 없을 뿐만 아니라 밤 10시쯤 도착했기 때문에 그 계획 자체도 몰랐다고 국회 청문회에서 답변했다.[162] 그러면 공수특전단을 다른 부대에 배속시켜 지휘권도 없다던 정호용이 왜 네 번씩이나 내려왔을까? 정 사령관은 진압작전이 성공한 27일 주영복 국방부장관 일행에 섞여 도청에 들른 후 서울로 돌아가게 된다.

---

161 재향군인회, 앞의 책, 304쪽 ; 정동년 외, 앞의 책, 238쪽 ; 김영택, 앞의 책, 6~7·225쪽.

162 국회 『광주청문회 회의록』, 제16호, 1988년 12월 7일, 정호용 증언 ; 동 회의록, 제21호, 1988년 12월 21일, 정웅 증언.

상무충정작전과 시민군의 최후결전

시간은 밤 12시가 지나 27일로 넘어가고 있었다. 또 다르게 잉태된 비극역시 어두운 그림자처럼 다가오고 있었다. 학생들과 젊은이들은 총기를 챙기며 최후 결전을 준비하고 있었다. 공수부대를 주축으로 한 계엄군은 재진압작전 준비를 서두르고 있었다. 이에 앞선 26일 새벽 5시 20분쯤 계엄군은 탱크 2대를 앞세우고 화정동 쪽에서 농촌진흥청 쪽으로 진출했다. 이 소식은 시민군 초소의 무전기를 통해 도청 항쟁본부에 보고 되었다. 도청 안 항쟁본부는 갑자기 수라장으로 돌변하면서 비상사태에 들어갔다. 총을 휴대한 시민군과 학생들이 분노하는 소리를 지르며 농성동 쪽으로 달려가는가 하면 "끝까지 싸우자"는 고함소리와 함께 전열을 가다듬기 시작했다. 항쟁본부는 숨가쁘게 돌아가고 있었다. 아니 혼란이 극에 달했다. 아침 8시쯤에는 백운동 서광여중 부근에 탱크 2대가 진출했다는 보고도 들어왔다. 계엄군 측은 부대가 진출할때 위험하니 시민들에게 집 밖으로 외출하지 말라고 권고 아닌 위협을 했으나 시민들은 아랑곳하지 않고 계속 내왕하고 있었다. 계엄군의 탱크는 시민군의 바리케이드를 깔아뭉개고 1킬로미터쯤 진입하여 한국전력 광주지점 앞과 농성동사무소 앞에서 시내를 향해 포진하고 있었다. 전날부터 도청 회의실에서 밤새 회의를 거듭하던 김성용·조철현 두 신부가 데려온 청년들과 YWCA에서 모여온 대학생들이 강경파를 설득해 총을 건네받는 등 무기를 회수하면서 수습할 수 있는 기대가 무르익어가고 있을 무렵이었다. 김성용 신부 등 17명의 시민수습위원들은 계엄군의 움직임에 배신감을 크게 느꼈다. 계엄당국은 평화적 수습을 바라지 않으며 일방적 진입작전을 강행할 것이라는 의지를이렇게 표출하고 있었다. 잠도 제대로 자지 못한 채 끊임없는 공포와 불안감에 사로잡혀 심신이 망가진 상태로 격분한 젊은이들이 도청 안에 있는 TNT나

화약을 터뜨리며 자폭하게 되면 큰일이었다. 김성용 신부는 "우리가 총알받이가 됩시다. 탱크가 있는 곳으로 걸어갑시다. 왜 약속을 어겼는가 하고 해명하고 사과하라고 합시다. 그리고 우리의 결의를 다집시다." 김성용이 제의한 사항을 즉석에서 전원이 찬성하고 굳게 다짐했다.

1) 1시간 이내에 군은 본래 위치로 철퇴하라.
2) 그렇지 않으면 전 시민의 무장화를 호소할 것이다.
3) 게릴라전으로 싸울 것이다.
4) 최후의 순간이 오면 TNT를 폭발시켜 전원 자폭한다.[163]

이를 전달하기 위해서는 탱크가 있는 곳까지 걸어가서 더 이상 진출하지 말고 평화적으로 타협하자는 쪽으로 이끌어내야 한다는 원칙을 세웠다. 수습위원들은 4킬로미터나 떨어진 한전 광주지점 앞까지 행진해 갔다. 이들은 죽음을 각오한 듯 비장한 모습이었다. 수습위원들은 여기에서 계엄군 측 책임자인 전교사 부사령관 김기석 소장을 만날 수 있었다. "군이 어젯밤의 위치로 철수하지 않으면 우리는 이 자리에서 죽을 수밖에 없다. 당신들이 탱크로 깔아뭉개든지 알아서 하라"고 항의하자 김기석 부사령관은 전차병에게 물러나라는 명령을 내렸다. 그는 "목포방면에서 온 병력을 서울 쪽으로 수송하기 위해 길을 터 주고자 부득이 시내 쪽으로 진입했다"고 해명했다. 오전 8시 10분이었다. 이것은 다음날 있을 재진압작전에 필요한 병력과 장비를 수송하기 위해 공업단지를 관통하는 도로를 미리 장악하고자 전진했던 것이다. 수습위원들은 계엄군 측과 4시간 동안 담판을 벌였다. 김기석 소장은 "나는 군인이다. 정치는 모른다. 그러므로 우선 무기를 회수하여 군에 반납하면 경찰로 하여금

---

163 김성용, 앞의 글, 60쪽.

치안을 회복케 할 것이며 오늘밤 12시까지 수습하지 않으면 안 된다"며 일방적으로 통고했다. 분명히 같은 이야기를 해도 개념이 달라 성과나 결론이 있을 리 없었다. 군은 일방적인 요구만 들고 나왔다.

수습위원들은 결국 더 이상의 탱크진입을 막았다고 자위할 수 있었을 뿐 내일 본격적인 재진압작전이 벌어질 것이라는 사실만 알고 빈손으로 돌아와야 했다.

26일 오후 2시쯤 도청 기획관리실장실에서는 정시채 부지사와 구용상 광주시장을 비롯하여 도청 국장급 간부와 시민수습위원들이 모여 앞으로의 대책을 논의했다. 김종배 학생시민투쟁위원회 위원장이 허규정 부위원장·정해직 민원실장과 함께 이 회의에 참석하여 광주시장에게 시민생활을 돕기 위한 8개 항을 제시했다. 구용상 시장은 이를 모두 받아들였다.

1) 매일 쌀 1백 가마씩 공급해 줄 것. 2) 부식과 연료를 공급할 것. 3) 관 40개를 마련해 줄 것. 4) 앰브런스를 동원해 줄 것. 5) 생필품이 원활하게 공급되도록 해 줄 것. 6) 치안문제는 형사범에 한해 경찰이 책임질 것. 7) 시내버스를 운행하여 줄 것. 8) 사망자 장례는 도민장으로 할 것.

이 자리에서 도민장 장례일도 논의되었다. 오후 4시 55분, 장형태 지사가 도청 상공국장실에 나타났다. 그는 이날 오후 4시 도청에 나와 있었다. 기자회견을 자청한 그는 도지사를 사임하겠다고 공식 발표했다. 그러면서 후임이 부임할 때까지 마지막 직무를 수행하면서 사태 수습에 최선을 다하겠다고 말했다. 회견이 끝나자 유족대표 7명이 장 지사와의 면담을 통해 장례식을 29일 도민장으로 치르자는데 합의했다. 그리고 사태가 수습된 후 망월동 묘지에 안장하기로 했다.

상무관에 마련된 빈소에는 며칠 전보다 분향객이 훨씬 줄어들었다. 줄을 지었던 분향객들은 간데 없고 어쩌다 한 사람씩 가끔 눈에 띌 뿐이었다. 호곡 소리도 들리지 않았다. 벌써 닷새째가 지나면서 지쳐버렸는지도 모른다. 다만 부패하는 시체 냄새가 요란하게 번지고 있었다.

오후 6시가 되자 계엄군의 시내진입 작전설이 끊임없이 나돌았다. 시민들은 불안했다. 이는 다음날 새벽 계엄군이 무력진압을 앞두고 시민들의 이탈을 유도하기 위해 일부러 퍼뜨린 것이었다. 항쟁요원들은 오후 6시 55분, 시민들의 동요를 막기 위해 거리방송을 통해 "시민 여러분, 계엄사령부의 말에 현혹되지 마십시오. 안심하시고 생업에 종사하십시오"라며 시민들을 안심시키려 노력하고 있었다.

'광주의 살육' 9일째 밤을 넘기는 시민들은 불안한 마음을 가눌 길이 없었다. 하루 전날 아침 발생한 지원동 일가족 몰살사건을 떠올리는 시민들은 초조해하며 계엄군이 곧 진입해 올 것이라는 소식을 접하자 차라리 빨리 들어와 치안이 정상화되기를 바라는 눈치였다.

27일 새벽 2시 20분, 농성동 쪽에서 총소리가 간헐적으로 들려왔다. 그리고 얼마쯤 지났을까, 새벽녘이 되면서 요란한 총 소리가 온 시가를 뒤흔들었다. 계엄군이 광주시 외곽을 완전히 포위한 채 시내로 진입하고 있었던 것이다. 그 순간 농성동 쪽에서 들리는 총소리와 함께 지산동을 거쳐 산수동 쪽으로 향하는 듯한 스피커에서 "시민 여러분, 지금 계엄군이 쳐들어오고 있습니다. 우리를 도와주십시오"라는 여성의 목소리가 마이크를 통해 들려왔다.

너무나 애절한 호소였다. 비록 스피커를 통해 흘러나오긴 했지만 그 목소리는 시민들의 가슴을 저미게 했다. 아련하게 들려오는 이 목소리는 광주민중항쟁 기간 중 잊혀질 수 없는 장면의 하나로 시민들의 뇌리에 박혀있을 것임이 분명했다.[164] 방송차는 지산동 법원 앞길을 거쳐 산수동 오거리 쪽으로 멀어져 갔다. 시민들은 몸에 전류가 흐르는 듯 했다. 스피커 소리는 아스라이 계속 이어갔다.

"우리는 끝까지 광주를 사수할 것입니다. 최후까지 싸울 것입니다. 시민 여러분, 우리를 잊지 말아 주십시오"

옥쇄하겠다는 뜻이 아닌가. 자신들의 최후를 알리는 듯한 그 목소리, 시민들의 가슴은 더욱 두근거렸다.

계엄군이 서방동·농성동·지원동을 비롯하여 광주시내로 들어오는 문턱에 들어선 것은 새벽 3시였다. 계엄군이 외곽지대에서 작전을 개시하자 각 방면의 초소를 지키고 있던 시민군의 눈에 띄어 부분적인 교전이 벌어지면서 총성이 요란하게 울렸다. 계엄군의 이동은 곧 시민군의 무전을 통해 도청 안 항쟁본부로 보고되었다. '상무충정작전'이라고 명명된 재진압작전,[165] 신군부의 '내란목적 살인'은 이렇게 시작됐다.[166]

---

164 목소리의 주인공은 송원전문대생 박영순과 목포전문대생 이경희이다. 27일 새벽 2시쯤 계엄군 측으로부터 재진입작전 개시 통보를 받은 학생시민투쟁위원회는 이 사실을 불안에 떨고 있는 시민에게 알려야 한다고 결의하고 홍보부 박영순·이경희 두 여학생을 시켜 거리방송을 하도록 했다.

165 '상무충정작전'은 5월 27일 진압작전을 승인한 육군본부의 작전명칭이다. 이는 당시 이희성 계엄사령관은 5월 25일, 「가) 5월 18일부터 시작된 광주지구 및 그 일원의 소요사태는 23일 이후 이성을 되찾아가는 징후가 보임. 나) 폭도들은 아직도 상당수의 무기를 통제하고 있고 주요 도로변에는 기관총을 배치하고 각종 장애물을 구축하는 등 양민을 협박하며 난동을 부리고 있음. 다) 군은 양민들에게 피해를 주지 않고 민족의 비극을 막기 위해 선무작전, 봉쇄작전을 실시하여 대부분의 시민들이 이성을 찾도록 지도했고 비상한 자제로서 민족 역사상 오점을 피하도록 해왔음」이라는 상황에 따라 별명이 없는 한 5월 27일 0시 이후에 진입작전을 실시하도록 전남북 계엄분소장인 전투병과교육사령관에게 명령한 작전명이다(「5·18 사건 수사기록−한국을 뒤흔든 광주의 11일간」, 『월간 조선』, 2005년 1월호 별책 부록, 월간조선사 210~211쪽 참조).

166 대법원은 「5월 21일 철수한 것은 27일 재진입작전을 전제로 실시한 것이기 때문에 1980년 5월 27일 광주에서 단행된 '상무충정작전'은 많은 인명살상을 예상한 '내란목적 살인죄'에 해당한다」고 판시했다(한상범 외, 『12·12, 5·18 재판과 저항권』, 법률행정연구원, 1997, 371~372쪽).

공수부대 제3, 7, 11여단과 보병 제20사단, 제31향토사단, 전투병과교육사령부 예하병력 등 47개 대대 2만 317명(장교 4,727/사병 15,590)으로 편성된 계엄군은 도청·광주공원·광주관광호텔·전일빌딩 등 4개 지점 확보를 목표로 5개 방면을 통해 일제히 진입해 들어왔다.[167] (1) 제20사단 1개 연대는 지원동에서 광주천을 따라 적십자병원을 거쳐 전남도청 남방에서, (2) 제20사단 1개 연대는 지원동에서 학동과 전남대병원을 거쳐 전남도청 후문으로, (3) 제20사단 1개 연대는 백운동에서 월산동과 한일은행을 거쳐 전남도청 정문으로, (4) 제31사단 1개 연대는 서방에서 계림초등학교와 시청을 거쳐 전남도청 북방으로, (5) 상무대 병력은 화정동에서 양동 → 유동 삼거리 → 금남로를 거쳐 전남도청 정문으로, (6) 기타 공수부대 제3여단은 도청, 제7여단은 광주공원, 제11여단은 광주관광호텔과 전일빌딩 등 특정목표에 은밀하게 침투하기로 되어 있었다.[168]

상무충정작전을 전개하는데 전투요원으로 실제 투입된 계엄군 병력은 장교 276명, 사병 5,892명으로 총 6,168명이었다. 이 가운데 작전을 주도하는 특공조로 편성된 공수부대원은 장교 37명, 사병 280명 등 317명이었다.[169]

마치 적국과의 전쟁을 치르는 것처럼 담대하고 치밀한 작전이었다. 오합지졸이나 다름없는 157명의 시민군, 무기라야 카빈소총에 불과한 보잘 것 없는 시민군에게 엄청난 병력과 최신 무기가 투입된 것이다. 이날 도청을 비롯한 4개 목표지점의 점령에는 공수부대원 317명의 특공조가 담당하고 제20사단 병력 등 다른 보병부대는 공수부대 특공조가 점령한 후 인계받는 형식으로 작전에 임했거나 경비 임무를 맡았을 뿐 작전 자체를 주도한 것은 아니었다. 더

---

167 재향군인회, 앞의 책, 272쪽 재인용.
168 재향군인회, 앞의 책, 306쪽 재인용.
169 재향군인회, 앞의 책, 306~307쪽.

욱이 공수부대 특공조는 제20사단 병력으로 위장하기 위해 모두 공수부대의 얼룩무늬 복장을 벗고 일반 군인들의 평범한 녹색 군복으로 갈아 입었다. 공수부대가 자랑스럽게 여기는 전통 얼룩무늬 군복을 벗고 일반 군복으로 바꿔 입은 것은 특전사 창설 이후 처음 있는 일이자 마지막일 것이다. 그것은 곧 이번 광주에서 저지른 살인적 만행이 그들에게는 얼마만큼 불명예라는 사실을 잘 알고 있었던 것, 그리고 시민들의 눈이 두려웠던 것이다.

이 작전계획 및 병력배치는 26일 오전 11시 소준열 계엄분소장 주재하에 열린 충정작전회의에서 하달됐다. '상무충정작전' 제4호 명령이 내려진 것이다. 이 작전을 실제로 구상하고 결정한 사람은 전두환 보안사령관과 정호용 특전사사령관이었음은 물론이다.

전두환 보안사령관 등 정치군인 핵심세력들은 '전남도청을 근거지로 하여 저항하고 있는 시민군을 무력으로 진압해야 한다'는 지침을 이미 결정해 놓은 상태다. 이에 따라 이희성 계엄사령관은 5월 23일 오전 9시쯤 육군참모총장실에서 황영시 참모차장과 정보·작전·군수·전략기획 등 참모부장, 계엄사 참모장, 진종채 제2군 사령관 등을 참석시킨 가운데 소요진압작전계획(외곽 봉쇄작전부대의 광주 재진압작전 계획)을 토의케 한 후 결론을 전두환 보안사령관에게 건의했다. 그것은 "광주지역 시위자 중에는 가발을 쓴 자와 복면을 한 자 등이 다수 포함되어 있고 특히 서울에서 온 대학생이라고 자처하는 자 20여 명이 있는 등 북한의 침투를 의심케 하고 있어 만일 사태가 장기화 되면 선량한 시민의 대 정부 원성이 심화될 것이므로 재진압작전이 조속히 감행되어야 한다"는 것이었다. 이와 동시에 이희성 계엄사령관은 최소한의 희생으로 소기의 목적을 달성할 수 있도록 보다 주도면밀한 세부계획과 철저한 준비를 하라고 지시했다. 또한 작전은 5월 25일 새벽 2시 이후, 명에 의하여 개시하되 작전계획과 작전개시 시간의 결정권은 현지 지휘관인 전교사사령관에게 부여하도록 했다.[170] 정권찬탈음모의 마지막 수순이었다.

한편 전두환 보안사령관은 5월 22일 오후 현지(광주)에서 상경한 정호용으로부터 보고받은 후 광주 재진입작전 성공을 바란다는 부탁과 함께 '광주 재진입작전 수행에 있어 다소의 희생을 무릅쓰더라도 '광주사태'를 강력히 수습해 줄 것을 당부한다'는 자필 메모를 소준열 전교사사령관에게 이미 전달했다. 전두환의 '자필메모'에는 '우리 공수부대 애들을 너무 기죽이지 말라,' 바꿔 말하면 광주사람들 얼마가 희생되어도 좋으니 공수부대의 사기를 절대로 떨어뜨리지 말고 '과잉진압' 작전을 더욱 강하게 펼치라는 내용이 들어 있었다. 이는 공수부대가 '전두환 부대'라는 별칭이 헛된 말이 아님은 물론 자신을 위해 목숨을 건 공수부대를 끝까지 지켜주겠으니 자신의 명령만 따르라는 말이기도 하다. 이에 따라 황영시 육군참모차장은 전화로 소준열 전교사사령관에게 '희생이 따르더라도 사태를 조기에 수습해줄 것'을 요구했다. 소준열 사령관은 전두환 보안사령관 및 황영시 참모차장 등 당시 실권자들로부터 '자필메모'와 격려전화를 받고 김순현 전투발전부장에게 '상무충정작전'을 착오없이 수행하도록 지시했던 것이다.[171]

이에 따라 이희성 계엄사령관은 25일 새벽 4시쯤 김재명 작전참모부장에게 '상무충정작전'의 지침을 마련해 같은 날 낮 12시 15분부터 오후 2시 30분까지 육군회관에서 전두환 보안사령관, 주영복 국방부장관, 황영시 참모차장, 노태우 수도경비사령관 등 신군부 핵심 실세들과 점심을 겸한 회의에서 '상무충정작전'의 육군본부 지침을 확정하고 작전 개시일을 27일 0시 1분 이후 전교사사령관 책임하에 실시키로 최종 결정했다. 이날 회의에서는 광주에 재진

---

170 재향군인회, 앞의 책, 299쪽 재인용.
171 재향군인회, 앞의 책, 299~300쪽.

압군을 투입할 경우 북한 측의 도발을 견제하기 위해 미국에 해·공군의 증강 배치를 요청키로 합의했다. 이 결정사항은 25일 오후 4시 20분 주영복 국방부장관과 이희성 계엄사령관이 최규하 대통령에게 보고한 후 유병현 합참의장을 통해 미국 정부에 정식으로 요청하였다. 이에 따라 미국 정부는 미 항공모함 콜시호를 한국 해역에 파견했고 오키나와에 있던 공중 조기 경보기 2대를 한반도에 배치했던 것이다.[172]

주영복 국방부장관과 이희성 계엄사령관은 최 대통령에게 위와 같은 결의 내용을 보고하면서 대통령의 현지 선무차 광주방문을 건의했고 같은 날 오후 6시 12분, 이를 승낙한 대통령의 광주방문이 이루어졌었다. 이 자리에서 소준열 계엄분소장은 평화적 해결을 위하여 노력하고 있으나 시민대표와의 대화와 협상이 진전되지 않고 있으며 200~300명의 시민군에 의해 광주시민들이 괴로움을 겪고 있으므로 작전이 불가피하다고 실제 광주상황과는 다르게 거짓 보고했다. 아울러 장형태 도지사는 '치안을 회복해 주되 더 이상의 피해는 없도록 해달라'고 건의했다. 최규하 대통령은 진압작전을 할 경우 상당한 희생이 예상된다는 보고를 듣고 직접 전남도청에 가겠다고 주장했으나 수행 국무위원과 군 측의 만류로 들어가지 못하고 '광주시민에게 보내는 담화문'만 녹음한 후 상경하였다. 이 녹음은 이날 밤 9시에 KBS를 통해 방송되었다.

---

172 5월 22일 미국 백악관 고위정책회의(PRC) 결정에 따라 필리핀 수빅만에 정박 중이던 5만 톤급 항공모함 콜시호가 긴급출동 지시를 받고 5월 26일 9시 30분 현재 한국 남해 부근에 접근하고 있다고 육군상황일지는 기록하고 있고 조기경보기 E3A(AWACS) 2대는 오키나와의 가데나 미 공군기지에 도착, 대 북한 정찰임무를 수행하고 있다는 것이다 (〈동아일보〉, 1980년 5월 22일자). 그러나 신군부의 요청에 따라 미국 정부가 22일부터 움직였다면 합참의장은 25일 최 대통령에게 보고하기 훨씬 이전, 22일 전두환이 이른바 '자필메모'를 내리면서 지침을 전달하기 전에 전두환의 의중을 알아차린 합참의장이 22일 이전에 이미 미국 정부에 요청한 것이 된다.

한편 황영시 참모차장은 5월 25일 오후 김재명 작전참모부장과 함께 광주에 내려가서 소준열 전교사사령관에게 전두환 보안사령관 등이 결정한 작전지도지침을 직접 전달했다.[173] 정호용 특전사령관도 이때 소준열 전교사사령관에게 재진압 지점별로 각 공수여단의 특공조 운용계획을 직접 통보함으로써 '상무충정작전계획'이 완성되었다. 이에 따라 5월 26일 오전 10시 30분 소준열 전교사사령관은 사령관실에서 제20사단장, 제31사단장, 제3, 7, 11공수여단장, 전교사 예하 보병학교장 등을 참석시킨 가운데 진압작전 지휘관회의를 열었다. 이 회의에서는 공수여단 별로 특공조를 편성하여 전남도청 등 목표를 점거한 후 제20사단에 인계하도록 지시하고 작전 개시시간은 보안상 추후 하달하기로 결정했다. 같은 날 오후 4시쯤 소준열 전교사사령관은 광주비행장에 주둔 중인 제3, 7, 11공수여단을 방문하여 여단장에게 5월 27일 0시 1분을 기하여 작전을 개시하도록 지시하고 돌아갔다. 한편 정호용 특전사령관은 26일 오전 전두환 보안사령관을 방문하여 '상무충정작전계획'을 보고하고 작전에 필요한 '가발'을 지원받은 후 오후 2시쯤에는 이희성 계엄사령관을 방문하여 충격용 수류탄과 항공사진을 수령하고 밤 9시쯤 광주비행장에 도착했다. 그 후 그는 제20사단장, 제3, 7, 11여단장을 소집하여 필요한 장비를 분배하고 현장침투 시간이 27일 새벽 4시임을 밝히면서 각 여단의 임무를 재확인하고 '작전의 성공과 건투를 빈다'며 예하 부대원들을 격려함으로써 재진압작전준비는 완료되었다. 이에 따라 27일 새벽 0시 1분 작전은 개시되었다.[174]

당초 목표 지점을 가장 먼저 진압한 부대는 제7여단이었다. 시민군 본부인 광주공원의 시민회관에는 시민군들이 가득 차 있어 막강한 저항을 받을 것으

---

173 '작전지도지침' 전문은 재향군인회, 앞의 책, 302쪽.
174 재향군인회, 앞의 책, 300~302쪽.

로 예상했던 제7여단의 특공조는 의외로 가벼운 저항을 받았을 뿐 무혈점령하다시피 했다. 당초 광주공원 본부에는 몇 사람이 지키고 있었으나 하나 둘씩 도청 항쟁본부 쪽으로 옮겨버려 시민군 본부로서의 기능을 상실하고 텅비어 있었다.

26일 처음으로 시민군에 참여한 조일기(36)는 광주공원 시민회관에 배치되었다. 그는 카빈 소총을 들고 시민군 본부를 지키는 임무를 맡고 있었다. 정직하기만 했던 조일기는 자신의 위치를 지정받은 대로 광주공원을 지키고 있었다. 몇 명밖에 안되는 시민군은 제3여단 특공조의 기습을 받자 끝까지 저항했다. 중과부적이었다. 실탄도 부족했고 시민군 숫자도 적어 쉽사리 점령되었다. 공수부대로서는 무혈점령이나 다름없었다. 조일기는 이날 아침 광주공원 정문 왼쪽에서 시체로 발견되었다.[175]

그러나 그는 총상이 아니라 온몸이 심하게 구타당하고 머리가 깨진 모습이었다. 총격전이 끝난 후 공수부대에게 붙잡혔다가 참혹하게 구타를 당해 숨진 것이다. 또한 제3여단 특공조는 전남공고 부근을 거쳐 도청 후문쪽, 제11여단 특공조는 전남도청 뒤쪽에서 도청을 옥죄어 들었다. 박영순과 이경희가 계엄군이 쳐들어온다고 가두방송을 하고 다니던 새벽 3~4시 무렵은 바로 이때였다. 외곽에 배치된 시민군의 무전을 통해 계엄군의 진입작전을 알아차린 항쟁본부는 시민군 2~3명으로 조를 짜서 건물 곳곳에 배치해 계엄군의 진입에 대비했다.

26일 밤 항쟁본부 요원들은 상황실장 박남선의 지휘 아래 시민군 병력을 재배치하고 방어태세를 점검했다. 계엄군의 진입에 대비한 항쟁본부가 있는

175 5·18 유족회, 앞의 책, 239쪽 ;『월간 조선』,「5·18 사건기록」240쪽은 26일 사망으로 되어 있다.

도청 안 상황은 급변하고 있었다. 도청 주변에 계엄군이 접근해 왔음을 알아차린 시민군은 일제히 사격을 가했다. 도청을 사수하려는 시민군과 이를 점령하려는 계엄군 간의 총격전은 치열했다. 그러나 그것은 표면적 표현일 뿐 처음부터 막강한 최정예군의 상대가 될 수는 없었다. 동시에 전일빌딩과 상무관에서도 총소리가 터졌다. 이곳에 배치된 계엄군의 발포였다. 이에 앞서 계엄군은 도청에 프락치를 투입시켜 시민군이 보유하고 있던 수류탄과 TNT의 뇌관을 제거시키기도 했다.[176]

이날 밤 최후의 항쟁을 결심하고 도청 안에 남아 있던 시민군은 200여 명이었다. 전날 있었던 궐기대회 후 끝까지 싸우겠다며 남아 있던 이들이 도청 안으로 들어온 것이다. 이들 중 80명 정도가 군에서 제대, 총을 쏠 수 있었을 뿐 나머지 120여 명은 군 복무경험이 없는 청년과 고교생들이었다. 특히 여학생도 10여 명이나 들어 있었다. 또한 YWCA에도 70여 명의 남녀 학생들이 남아 끝까지 싸우기로 결의했으나 일부는 어른들의 설득으로 집으로 돌아갔다. 또 남아 있는 사람 가운데 여자들은 27일 새벽 계엄군의 진입이 확실해지자 가까운 교회로 이끌려 강제로 피신했다. 이렇게 해서 끝까지 남아있던 157명은 도청을 지키기로 하고 윤상원으로부터 총을 지급받은 다음 간단한 사격요령을 훈련받았다. 결국 이들 중 15명이 흉탄에 맞아 대한민국 민주회복을 위한 제물이 되었다.[177]

---

176 앞의 「광주사태의 실상」, 1985.

177 27일 새벽 도청 안에 남아 있는 시민군의 숫자를 놓고 200명이냐, 500명이냐의 논쟁이 20여 년 후까지 계속되었다. 왜냐하면 전날 궐기대회 후 항쟁을 위해 들어온 사람이 150명이 넘을 뿐 아니라 당초 도청 안에 있었던 지도부도 200명이 넘는다는 것이다. 최근 5·18 민주유공자 유족회는 1980년 5월 27일 도청에서의 최후항쟁 당시 현장에 남아있던 시민군은 중학생 3명, 고교생 26명, 대학생 23명을 비롯하여 모두 157명이며 현장에서 사망한 인원은 15명으로 조사됐다고 공식발표했다(〈광주일보〉, 2005년 5월 9일

532

당국은 계엄군 진입에 앞서 밤 0시를 기해 21일 새벽의 시외전화에 이어 시내전화까지 완전히 차단해버렸다. 또한 새벽 4시에는 도청 내의 전기선을 차단, 모든 전등이 꺼지게 했다. 작전 개시를 앞둔 고의적인 절단이었다. 이러한 상황에서도 학생들은 이성을 잃지 않고 있었다. 27일 새벽의 일이었다. 광주지방법원 앞길에서 서너 명의 사람 소리가 들려 왔다. 젊은이들이었다. 그들 중 누가 어느 집 대문을 두드리면서 동료들에게 "물 좀 얻어먹고 가자"고 제의했다. "야! 대문은 왜 두드려. 지금이 어느 땐데. 시민들을 불안하게 해서는 안 돼. 그냥 가", "지금 시민들은 공포에 떨고 있단 말이야" 그리고 조용해지더니 뛰기 시작했다. 이들은 한참 뛰더니 "우리는 폭도가 아닙니다. 시민 여러분, 안녕히 계십시오"라고 외쳐댔다.

'상무충정작전'을 실행하고 있는 계엄군이 폭도인가 아니면 도망가면서도 시민들의 안위를 걱정하는 학생들이 폭도인가? 혹자는 국군이 어떻게 폭도가 될 수 있느냐고 항변한다! 그 말은 맞다. 그러나 국군이라도 특정집단의 반역행위에 동원돼 폭력으로 국민을 학살하고 국헌을 문란케 하면 이는 곧 반역이요 폭도인 것이다. 광주에 투입된 계엄군은 분명 반역행위에 동원된 폭도요 반란군임이 틀림없다. 법원은 이를 '내란목적 살인행위'라고 규정했다.[178]

제11공수여단 특공조는 도청 주변 건물을 장악하라는 명령을 받고 이동하다 YWCA 안에 있던 32명의 시민군과 교전한 끝에 3명을 사살하고 29명을 체포했다. 그리고 새벽 5시 21분 제3공수 특공조가 도청 진입에 성공함으로써 사실상 시내 재진압작전은 끝났다. 물론 도청 내 참호와 상무관, 부근 옥상에서 시민군의 산발적인 저항이 있었으나 이것마저 6시 20분 모두 끝나고 말

자 ; 『미디어 오늘』, 2005년 5월 18일자).
178 「12·12, 5·18 사건 항소심판결문」.

았다. 도청 안과 YWCA 안에는 시체들이 즐비했다.

공수부대의 진입을 목전에 둔 26일 도청에 찾아와 오늘밤 여기 있으면 죽게 되니 집으로 돌아가자는 부모님의 설득에 "얼마나 많은 광주시민들이 죽었는데, 집에 돌아가 편히 잠잘 수 있겠어요? 도청에 남아 심부름이라도 해야 내 마음이 편할 겁니다"고 말했던 문재학(16)은 광주상업고등학교 1학년에 재학 중이던 소년이었다. 그는 비록 10대의 소년이었지만 보다 정의로운 죽음을 택하겠다며 부모는 물론 항쟁지도부의 귀가설득을 끝까지 거부한 채 27일 새벽 기습해 온 공수부대의 총탄을 목과 배에 맞고 숨져갔다.

조대부고 3년생인 박성룡(17)은 광주살육이 계속되는 동안 공수부대의 만행에 울분을 참지 못했다. 그는 광주역에서 사람들이 총에 맞아 죽었고 광주공원에서는 자기 친구가 공수부대원에게 맞아 죽었다며 어머니 앞에서 분노를 억누르지 못했다. 걱정된 어머니는 밖에 나가지 말라고 일렀다. 그러나 그는 "광주시민을 이렇게 죽이고 있는데 젊은 놈이 어떻게 집에만 있을 수 있겠느냐"며 26일 다시 집을 뛰쳐나갔다. 그리고 최후의 항쟁을 목전에 두고 있는 도청 안으로 들어가 27일 새벽, 배와 오른쪽 허벅지에 총탄을 맞고 숨졌다.

26일 밤 죽음을 예감한 박용준(24)은 '하느님, 어찌해야 좋겠습니까? 양심이 그 무엇입니까? 왜 이토록 무거운 멍에를 메게 하십니까?'라는 유서를 쓴 다음 자신이 해야 할 일이 무엇인가를 찾아 나섰다. 고아로 자라나 구두닦이를 하며 천대받는 사람들을 위해 살겠다던 박용준은 YWCA 신협에 근무하고 있었다. 윤상원·김영철·박관현 등과 함께 시민의식운동을 벌였던 그를 YWCA 회장 조아라는 마치 친자식처럼 보살펴 주었다. 5월 18일부터 항쟁에 참여한 그는 주로 유인물을 작성하는 일을 했다. 「투사회보」의 필경 글씨는 대부분 그의 것이다. 5월 27일 박용준이 맡은 지역은 YWCA 방어였다. 그는 27일 새벽 YWCA에서 얼굴을 정통으로 관통한 총탄을 맞고 숨진 시체로 발견되었다. 조그마한 한 몸의 희생으로 자유를 얻고자 했던 박용준은 고아원의 형제들이 겪어야 할 멍에를 혼자 대신하고 싶었던 모양이다.[179]

공수부대의 만행에 참지 못한 채 죽음을 예감하고도 자기 위치에서 숨져간 젊은이들을 진압(?)한 제3여단 특공조가 도청을, 제11여단 특공조가 YWCA 진압을 끝내가고 있을 무렵 제20사단 병력도 도청 앞 광장에 도착했다. 이들은 지원동·학동 쪽과 백운동 쪽 길을 통해 시내로 들어왔다. 또한 서방 쪽을 통해 진입해 오던 제20사단 제60연대 제2대대 병력은 새벽 3시 20분 광주교도소를 출발하여 새벽 4시 30분쯤 계림초등학교 부근에서 시민군과 총격전을 벌여 1명을 사살하고 15명을 검거했다.[180]

아침 6시가 지나 날이 밝아지면서 도청 건물 안에 있던 시체들이 실려 나와 현관 앞에 즐비하게 널렸다. 공수부대원들에게 붙잡힌 시민군들은 양팔이 뒤로 묶인 채 복도에 머리를 거꾸로 처박고 엎드려 있었다. 계엄군은 붙잡힌 시민군들이 조금만 움직여도 가차없이 군홧발로 짓이기고 개머리판으로 두들겨 팼다. 18~20일 발휘되었던 공수부대의 잔인성은 여지없이 재현되고 있었다.

시민군 포로의 등에는 '총기소지', '극렬', '실탄소지' 등의 단어가 매직펜으로 쓰여 있었다. 이들은 내외신 기자는 물론 시민들이 지켜보는 가운데 군용트럭에 실려갔다. 아침 7시 5~30분 사이에 도청과 그 주변 건물을 장악한 공수부대 특공조는 이곳을 제20사단 병력에게 인계하고 떠났다. 최후의 항전 상황은 처절했다.

시내를 장악한 계엄군은 도청을 비롯해 곳곳에서 '소탕작전'을 전개하고 있었다. 그들은 시내 요소요소에서 시민들을 검문하며 통행을 막았다. 또한 거리방송을 통해 공무원의 출근과 무기소지자의 투항을 권고했다.[181] 또한 계

---

179 5·18 유족회, 앞의 책, 244쪽 ; 앞의 「5·18 수사기록」, 240~241쪽.
180 재향군인회, 앞의 책, 309쪽.
181 ① 시민들은 당분간 나오지 마십시오. ② 모든 공무원은 7시 30분까지 출근하십시오. ③ 무기소지자는 즉시 투항하십시오. ④ 무기소지자를 숨겨 주지 말고 자수시키십시오.

엄분소장 소준열 소장은 '계엄군의 시내 진입에 대한 담화문'을 지방방송국을 통해 발표했다. 총을 버리고 항복하라는 내용이었다. 그러나 일부 젊은이들은 끝까지 투항을 거부했다. 그러다가 오전 10시 30분, 전일빌딩에서 2명, YWCA에서 5명이 붙잡혔고 12시 20분, 수협 전남지부 건물에서 고교생 1명이 카빈총과 함께 검거됐다. 또한 12시 30분, 사직공원 KBS 신축공사장에서 19명이 검거돼 군용트럭에 실려 도청으로 연행되었다.[182]

이날 시내에 투입된 계엄군의 주력은 제20사단 병력으로 되어 있으나 이는 표면상 제20사단 병력인 것처럼 위장했을 뿐, 실제 주력은 공수부대 병력이었다. 이들은 자신들이 저지른 만행에 대한 시민들의 따가운 눈초리가 두려워 일반 계엄군인 제20사단 복장으로 바꾸어 입었던 것이다. 나중에 그들은 '시민을 자극하지 않기 위해 일반 군복을 입은 것'이라고 해명했다. 그러나 그들의 잔인함은 감춰지지 않았다. 붙잡힌 사람에게 무자비한 구타를 가했다. 도청에 들어온 계엄군은 '폭도'들을 붙잡아 가면서 '우리는 부마사태도 진압했던 공수부대'라고 큰소리쳤다. 그들의 만행은 이 나라의 민중이 있는 곳이면 어느 곳에서나 자행할 수 있는 학살극이라는 것을 드러낸 것이다.

---

182 이 중 8명은 도청 휴게실 종업원으로 판명돼 훈방조치.

시체운반

4장

'5·18'의 진상규명과 민주화운동

27일 재진압작전 이틀 후 129명의 희생자에 대한 장례식 아닌 '장례'가 치러졌다. 아무도 지켜보지 못하는 '장례' 속에 희생자들의 시신은 마치 진짜 '폭도'의 시신처럼 다루어졌고, 숨조차 제대로 쉴 수 없는 공포분위기 속에 아주 불손하게 치러졌다. 그들은 희생자 시신을 덤프트럭에 짐짝처럼 마구잡이로 실었다(사진). 이날뿐만 아니라 이후 발견되는 희생자들의 시신들도 마치 도둑고양이 송장 다루듯 아무렇게나 망월동에 묻혀야 했다. 자식 잃은 것도 억울하고 슬픈데 장례식마저 제대로 치를 수 없는 유족들의 한과 분노는 말할 수 없었다. 그 가슴앓이는 항쟁이 막을 내리고 나흘이 지난 31일 밤과 새벽 사이 시내 곳곳의 전신주에 붉은 매직펜으로 쓴 '살인마 전두환'이라는 구호로 일제히 표출되었다. 특히 전남매일신문사 앞길과, 지산동 법원에서 동명동까지 도로 양쪽 전신주에 모두 구호가 쓰인 모습은 장관을 이루었다. 막강한 신군부에 맞서 표면으로 나설 수 없는 시민들은 이렇게라도 한풀이를 했다. 단속이 심해지면서 가슴앓이 표어는 잠시 수그러졌지만, 3개월 후 정권찬탈에 성공해 대통령에 취임한 '전두환 대통령 각하 취임' 경축 아치 정면에 '살인마 전두환'이란 표어가 크게 쓰이며 절정을 이루었다. 경축 아치에 경찰보초 배치라는 해프닝이 벌어졌음은 물론이다.

※출처: 『光州, 그날』, 황종건·김녕만 사진집, 사진예술사, 1994, 123쪽.

'광주'의 절규와 국가폭력

'김대중 내란음모사건'의 진상

　5월 22일 시민수습위원회가 구성되고 시민들의 명예가 회복되면 탈취무기를 반환하겠다며 평화적 타결의 의지를 표출한 광주시민들의 노력과는 달리, 계엄사령부는 이날 발표한 성명을 통해 김대중을 '광주폭동'의 배후조종자라고 주장했다. 계엄사령부는 앞서 5월 18일 오후, '1980년 5월 17일 24시를 기해 전국 일원에 비상계엄 확대실시 선포를 계기로 국민의 지탄을 받아오던 권력형 부정축재 혐의자와 그동안 사회불안 조성 및 학생·노조 소요의 배후조종 혐의자로 김대중·예춘호·문익환·김동길·인명진·고은(고은태)·이영희를 비롯한 26명을 연행, 조사 중'이라고 발표했다. 동시에 학생소요 직접 가담자 및 주동자도 연행조사 중이라고 덧붙였다. 이른바 김대중 배후조종설이다.

　계엄사는 이날 '김대중 내란음모사건' 수사결과를 발표하면서 '광주사태'는 김대중이 배후에서 조종해 일어났다고 거듭 천명했다.[1] 또한 계엄사령부는

---

[1]　내외문제연구소, 『누구를 위한 내란음모인가-김대중 일당 사건의 진상』, 1980.

'광주사태' 진압작전을 마무리 짓고 3일이 지난 5월 31일 '광주사태는 김대중이 배후에서 조종하여 일어났고 계엄군은 이를 진압하기 위해 투입되었다'고 공식 발표했다.

- 5월 17일 24시를 기하여 계엄령의 전국 확대가 선포된 직후 4월 중순경부터 김대중을 면담하여 김대중 저 『민족혼』, 『한신대·동국대 연설집』을 전달받으면서 이른바 민주화 시위를 일으키도록 조종받은 정동년(37·전남대 화학 4년) 등 복학생들은 전남대 총학생회장 박관현을 사주하여 각 단과대학 학생회장들과 약속된 사전 계획에 따라 휴교령 발동일인 5월 18일 오전 9시 30분, 학생 200여 명이 책가방 속에 돌을 넣어 위장하고 전남대 정문에 모여 계엄군에게 투석전을 전개한 후 광주시 중심가로 이동, 시민 호응을 유도하였고,
- 조선대 김인원(법 4년)은 4월 15일 동료학생 19명과 함께 김대중을 면담하고 광주에 내려온 후 복학생 양희승(정외 2년) 등 4명을 통해 조선대 민주화투쟁위원회 대표 이우종(국문 4년)으로 하여금 민투위원 12명과 함께 시위를 적극 전개하도록 사주하여 5월 18일 전남대생 가두시위에 합류하였으며,
- 김대중 측근으로서 10·26 이후 6회에 걸쳐 상경 접촉한 바 있는 홍남순(변호사)은 조선대 복학생 김운기(경영 2년)에게 4월 하순 김대중 사건 범행자 리스트라는 불순유인물 50여 장을 조선대 교정에 살포케 하는 등 학생시위를 조종하였고 폭도들이 도청을 점거하자 5월 23~26일 간 시민수습대책위원이라는 구실로 도청에 출입, 김신근 목사 등 강경파 위원들과 함께 투쟁비 명목으로 100만 원을 지원하면서 '우리의 주장이 관철될 때까지 절대로 무기를 반납치 말자' '5일만 더 투쟁하면 승리할 것이니 계속 투쟁하자' '정치적 문제까지 요구하자'는 등 폭도들을 조종 격려하였다.[2]

이상은 계엄사의 발표문 중 '광주사태 주요배후 주동분자와 활동' 항목 중 김대중 배후조종내용 전문이다. 특히 1985년 6월 7일 임시국회에서 당시 윤

2   김영택, 『실록 5·18 광주민중항쟁』, 창작시대사, 1996, 257쪽.

성민 국방부장관이 밝힌 「광주사태 전모」에서도 "광주사태가 확산되게 된 이면에는 일부 정치세력에 의한 배후조종이 있었던 점은 당시의 대법원 판결을 통하여 분명히 밝혀진 바 있습니다"고 말해 직접적으로 이름을 거론하지 않았을 뿐 김대중 배후조종을 강력히 주장했다. 그러나 계엄사령부 발표내용이나 윤성민 장관이 내세운 대법원 판결 내용에 대해 당사자인 광주시민은 아무도 받아들이는 사람이 없었다. 계엄확대조치와 함께 사전에 검거된 김대중·정동년이 어떻게 배후에서 조종했다는 것인지, 몸은 감옥에 있고 혼령이라도 튀어나와 조종했다는 것인지 도무지 이해할 수 없다는 것이다.[3]

계엄사는 김대중이 검거되기 전에 이미 정동년·홍남순을 통해 막대한 자금을 뿌려 광주에서 폭동을 일으키도록 해 놓았다고 했다. 이에 대해 김대중 본인은 몇 차례의 기자회견과 그 후 국회 청문회 증언을 통해 자신의 무관함을 주장하면서 "정동년은 5·17 전에 한 번도 만난 적이 없는 생면부지의 사람"이라고 말했다.[4] 또한 하수인으로 지목되어 사형선고까지 받았던 정동년 역시 자금을 받기는커녕 김대중을 만난 적도 없다고 증언하고 있다.[5]

이어 정동년은 김인곤 의원이 "당시 증인에 대한 군 검찰 공소사실을 보면 증인은 4월 14일과 4월 15일 김대중 씨를 만나 광주지역 학원소요를 주도케 하라는 그런 지시를 받았다고 하는 일이 있다고 여기 적혀 있는데 그 사실에 대해서 자세하게 이야기해 주시기 바랍니다"라는 질문에 이렇게 증언했다.

제가 김대중 씨 댁을 방문한 것은 4월 13일입니다. 방문하게 된 원인은 그전에

3　미국도 이 점을 강조, '김대중 배후조종설'을 인정하지 않았다(글라이스틴 회고록, 185쪽).

4　김영택, 앞의 책, 258쪽 ; 144회 국회『광주청문회 회의록』제7호, 1988년 11월 18일, 10·12·14쪽, 김대중 증언.

5　국회『광주청문회 회의록』제13호, 1988년 11월 30일, 4쪽, 정동년 증언.

전남대 총학생회 박관현 학생회장으로부터 "전대에서 김대중 씨를 초청강사로 해가지고 강연회를 하고 싶은데, 그 교섭을 선배님이 좀 해주셨으면 좋겠습니다" 하는 부탁을 받고 제가 4월 13일 김대중 씨 댁을 방문했습니다. 그때 김대중 씨 댁에는 손님들이 굉장히 많이 붐볐는데, 거기에서 김대중 씨를 직접 만나 이야기할 상황이 아니기 때문에 김옥두 비서와 만나 가지고 강연일자를 조정했습니다마는 그때 당시의 현실로는 광주에 내려가는 것이 그렇게 조급하지 않다, 오히려 다른 지역 다 하고 나서 하는 것이 좋겠다 해가지고 일정을 후일에 다시 조정하기로 하고 그 일이 끝났기 때문에 김대중 씨를 만날 필요가 없었고, 그래서 그냥 바로 내려왔습니다.

이 같은 청문회 증언으로 김대중 자금수수설이나 배후조종설은 하나의 허구라는 사실이 명백하게 드러났다고 할 수 있다. 왜냐하면 김대중 배후조종설은 정동년을 만나 직접 자금을 주고 조종을 했어야 이루어지는데, 만난 사실조차 없음이 드러났기 때문이다.

특히 '광주사태의 전모'에서 '김신근 목사 등 강경파 위원들이 투쟁비 명목으로 100만 원을 학생들에게 줬다'는 대목의 '100만 원 문제'는 당시 김신근이 희생자 장례를 위해 부족한 관을 구입하도록 시내 교회에서 모금해 준 것으로 투쟁비 명목 운운은 완전한 억지소리에 불과하다. 또한 홍남순도 터무니없는 일이라고 배후조종설을 일소에 붙였다.

내가 5월 26일 오후 5시쯤 아내와 아들과 함께 시내버스를 타고 시내에서 송정리(지금 광산구) 쪽으로 나가는데, 시 경계에 있는 검문소에서 주민등록증을 제시하라는 거예요. 그래서 늙은 사람이 아무 죄도 없고 해서 무심코 내보여 줬더니 사복요원이 내리라고 하는 거예요. 그러고 나서 무전인가로 연락을 하는 것 같더니 잠시 후 지프가 와서 우리 세 사람을 태우고 갑디다. 아내와 아들은 갖은 고초를 다 겪고 그 후 9일 만에 풀려 나오고 내게는 김대중 씨로부터 자금을 받아 광주사태를 조종했다고 해서 군법회의에서 무기징역을 선고하더군요. 처음에는 사형을 선고하려 했다가 무기로 바뀌었다는 이야기를 들었습니다. 어처구니가 없어서 그들이 하자는 대로 할 수밖에 없었지만 김대중 씨를 만났다고 그 사람들이 설정한 날은 내가 광주 지방법원에서 변호를 했던 날이어서 전연 사실과 다르며 알리바이가 얼마든지 성립되지요.[6]

그런데도 계엄사령부는 5월 22일, 5·17 조치와 동시에 연행한 김대중을 내란음모사건 주모자라며 그에 대한 중간 수사결과를 발표했다. 계엄사는 김대중 수사와 관련해서 예춘호·김상현·김종완·김녹영·김홍일·이문영·이택돈·고은(고은태)·김동길·문익환 등 11명과 학원소요 주동학생으로 서울대생 채정섭, 고려대생 이경재, 연세대생 서창석 등을 연행조사 중이라고 발표하고 김대중을 비롯한 관련주범들 대부분이 검거되었으므로 조사 진행과 더불어 사건전모가 밝혀질 것이라고 밝혔다.[7] 이어 계엄사령부는 7월 4일 김대중의 내란음모혐의에 대한 수사를 일단락 짓고 김대중과 추종세력 36명을 내란음모·국가보안법·반공법·외환관리법·계엄포고령 위반혐의로 계엄보통군법회의 검찰부로 송치했다. 계엄사는 발표를 통해 그동안의 수사결과 '김대중과 추종분자들이 소위 '국민연합'을 전위세력으로 하여 대학의 복학생들을 행동대원으로 포섭, 학원소요사태를 폭력화하고 민중봉기를 꾀함으로써 유혈혁명사태를 유발해 현 정부를 타도한 후 김대중을 수반으로 하는 과도정권을 수립하려고 했음이 드러났'고 했다.[8]

---

6 저자가 본인으로부터 직접 청취한 증언임(김영택, 앞의 책, 259쪽).

7 〈동아일보〉, 1980년 5월 22일자, '김대중내란음모사건' 발표전문.

8 〈조선일보〉, 1980년 7월 5일자 ; 관련자 중 李龍熙(국회의원)·張乙炳(성균관대 교수)·宋彰達(민주연합청년동지회장)·咸世雄(신부)·金東吉(연세대 부총장)·李泳禧(한양대 교수)·金勝勳(신부)·李賢培(국민연합사무국장) 등은 수사과정에서 자수했거나 수사에 협조한 사람들이어서 훈방했다고 덧붙였다. 김대중을 제외한 36명의 신원과 혐의내용은 이날 발표되지 않았다.

계엄사는 김대중이 학생선동 → 대중규합 → 민중봉기 → 정부전복을 목표로 수단과 방법을 가리지 않는 비합법적 투쟁을 추구했다는 구체적 사례로 다음 세 가지를 들었다. (1) 5월 22일 정오 서울에서는 장충공원, 지방에서는 해당지역 시청광장에서 '민주화촉진 국민대회'를 열어 시민들은 검은 리본, 국민연합중앙위원들은 수의를 입고 참석케 함으로써 민중봉기를 통한 정부전복을 획책했다. 또한 (2) 5월 16~17일 이화여대에서 있었던 전국대학총학생회장 회의에 심재권을 보내 D-day가 5월 22일로 변경되었음을 통보했다. (3) 광주사태는 전남대 복학생 정동년에게 500만 원을 주어 전남대 총학생회장 박관현에게 270만 원, 조선대 데모책 윤한봉에게 170만 원을 전달함을 발단으로 발생했다는 것이다. 또 이번 수사결과 5·17 조치로 지하에 잠입한 김대중 추종학생들이 6월 13일 오후 6시, 서울 화신 앞 등 중심가에서 폭력시위를 감행, 계엄군과 충돌하여 정부를 전복하려다 일망타진됐다고 발표했다. 이 발표는 김대중이 자신이 집권하면 경제적 이권이나 관직 또는 국회의원 및 지방의회 의원 공천을 주겠다며 정치인·실업인·정치지망생들로부터 12억 원 이상을 거둬들여 이중 3억 원을 추종자들에게 주어 학원소요 선동 등에 사용했다고 밝혔다. 계엄사는 내란음모 이외에도 ① 반국가단체인 재일한민통(한국민주회복통일촉진국민회의)을 발기·조직·구성하여 북괴노선을 지지·동조하는 등 반국가적 행위를 했으며 ② 외국으로부터 불법으로 들여온 외환을 사용했다고 설명했다.[9] 군검찰부는 계엄사(특별수사부=보안사)로부터 송치받은 이른바 김대중 사건을 보강·수사하여 김대중을 비롯한 13명을 내란예비음모혐의, 한승헌 등 11명을 계엄법 위반혐의로 보통군법회의에 구속 기소했다.[10]

---

9 〈조선일보〉, 1980년 7월 5일자 ; 김대중 등 24명 「내란음모 공소장」 ; 내외문제연구소, 『누구를 위한 내란음모인가?-김대중일당사건의 진상』, 1980.

계엄사령부 발표의 핵심은 김대중이 정권장악을 위해 5·17 이전부터 학원소요 및 극렬 시위를 배후조종했음은 물론 전남대학교 학생 정동년을 배후에서 교사해 광주사태를 일어나게 하여 정부전복을 획책했다는 것이다.

그러나 이 사건은 처음부터 조작됐다는 의혹이 제기되어 있었다.[11] 김대중 본인도 나중에 "나는 정동년을 만난 적이 없음은 물론 이름조차 알지 못한다"고 말한 바 있다.[12] 글라이스틴은 "우리는 계엄당국자들의 정신상태에 실망을 금할 수 없었다"[13]라며 17일에 잡힌 사람이 어떻게 18일 발생한 사건을 배후조종 했겠느냐는 의문을 나타냈다. 그러나 육군본부 계엄보통군법회의는[14] 1980년 8월 14일[15] 육군본부 대법정에서 '김대중내란음모사건'에 대한 첫 공판을 연 후 33일 만인 9월 17일, 김대중 피고인에게 내란음모·국가보안법·반공법·계엄법·외국환관리법 위반죄를 적용, 사형을 선고했다. 이밖에 23명의 관련 피고인에게도 각각 유죄를 선고했다.[16] 한때 대통령 후보를 지낸 야

---

10 金大中·文益煥·金相賢·李信範·薛勳·李海瓚·李文永·芮春浩·高銀泰(高銀)·趙誠宇·李錫杓·宋基元·沈在哲 등 13명과 韓勝憲·韓完相·徐南同·金鍾完·金允植·俞仁浩·宋建浩·李浩哲·李宅敦·金祿永·李海東 등 11명, 총 24명.

11 金大中拉致事件眞相調査委員會,『金大中 事件의 眞相−拉致事件에서 死刑判決까지』, 삼민사, 1987, 299쪽.

12 金大中·NHK 取材斑,『わたしの自叙傳−日本へのメッセジ』, 日本放送出版協會, 1995, 496쪽.

13 글라이스틴, 앞의 회고록, 185쪽.

14 재판장 文應植 소장, 심판관 朴明喆·李載興·呂運度 소장, 法務士 梁伸紀 중령.

15 '김대중 내란음모사건' 공판 하루 전날인 13일, 내외문제연구소는『누구를 위한 내란음모인가−김대중일당사건의 진상』이라는 78페이지, 36절 규모의 팸플릿 30만부를 제작, 전국에 살포했다.

16 〈동아일보〉, 1980년 9월 17일자. 내란음모사건 관련피고인 文益煥·李文永 징역 20년, 高銀泰(高銀)·趙誠宇 징역 15년, 芮春浩·李信範 징역 12년, 金相賢·李海瓚·宋基元·薛勳 징역 10년, 李錫杓 징역 7년, 沈在哲 징역 5년이 선고됐고 韓勝憲 등 11명에게는 계엄법 위반으로 4년~2년이 선고되었다.

당 지도자를 정적제거 차원의 조작된 혐의로 사형을 선고하기는 자유당 때 조봉암에 이어 두 번째다. 당시 군부 내 분위기는 '김대중은 안 된다'는 것이었고[17] 그가 구속되자 강경파들은 '당연히 처형되어야 한다'는 추세였다. 이유는 '김대중은 대통령이 되어서는 안 된다'는 것이었다.[18] 여기에 카터의 미 대통령 선거패배는 김대중 구명에 먹구름으로 작용했다.[19] 1980년 11월 3일 육군본부고등군법회의는 김대중 내란음모사건에 대한 항소심 선고공판을 열고 역시 김대중에게 사형을 선고하는 한편 다른 피고인들에게도 비슷한 형량을 선고하고 서남동·이호철·한완상·심재철 등 4명을 형집행정지로 석방했다.[20] 1981년 1월 23일 대법원은 김대중 내란음모사건의 상고를 기각함으로써 2심 선고대로 김대중에 대한 사형이 확정되고 다른 피고인들도 2심 선고형량으로 확정됐다.

전두환은 대법원의 상고기각판결 1시간 후 김대중의 사형을 무기로 감형하는 한편 다른 피고인 19명에게도 감형 또는 형집행정지로 석방하는 특별조치를 취했다.[21] 5공 정권은 "김대중이 1월 18일 전두환 대통령 앞으로 특별한

---

17 돈 오버도퍼, 이종길 역, 『두개의 한국-한국현대사 비록』, 길산, 2003, 275쪽(Don Oberdorfer, 『Two Korea's-A Contemporary History』, Addison-Wesley 1997, p. 177).

18 돈 오버도퍼, 이종길 역, 앞의 책, 275쪽.

19 윌리암 글라이스틴, 황정일 역, 『알려지지 않은 역사』, 중앙M&B, 1999, 252~262쪽 (William H. Gleysteen Jr. 『Massive Entanglement, Marginal Influence-Carter and Korea in Crisis』, Brookings, 1999, p. 187) ; 강준만, 앞의 책 2권, 24쪽.

20 김대중(사형)·문익환(15년)·이문영(20년)·예춘호(12년)·고은태(고은 15년)·김상현(10년)·이신범(12년)·조성우(15년)·이해찬(10년)·이석표(7년)·송기원(10년)·설훈(10년)·심재철(5년)·서남동(2년 6개월)·김종완(4년)·한승헌(3년)·이해동(4년)·김윤식(3년)·한완상(2년 6개월)·유인호(2년)·송건호(2년)·이호철(3년 6개월)·이택돈(3년)·김녹영(5년).

21 김대중(무기)·이문영(15년)·문익환(10년)·고은태(고은 10년)·조성우(10년)·예춘호(8년)·이신범(9년)·김상현(7년)·이해찬(7년)·설훈(7년)·송기원(7년)·이석표(5년)는 감

아량과 너그러운 선처를 호소해왔다"고 발표했다. 물론 이 발표는 새빨간 거짓말이었다. 김대중의 구명을 놓고 김수환 추기경 등 많은 국내인사들의 호소가 있었고 일본·미국조야와 언론에서도 목소리를 높였다. 그러나 결정적인 계기는 전두환의 '대통령 직'에 대한 미국 측의 승인(?)을 받기 위해 워싱턴을 방문, 레이건과의 정상회담을 성사시키기 위한 조건과 맞바꿈으로써 성사되었다.[22] 전두환은 1982년 12월 16일 김대중을 서울대병원으로 이송하는 조치를 취하면서 방미 치료를 허용한다고 발표하는 한편, 12월 23일 김대중을 형집행정지로 석방하고 신병치료차 미국으로 가도록 허용하는 형식을 통해 사실상 미국으로 추방하고 다른 피고인들은 모두 형집행정지로 석방했다.[23]

제5공화국이 막을 내릴 무렵인 1987년 6월 벌어졌던 6월 항쟁이 승리를 거두자 김대중 내란음모사건 관련자들뿐만 아니라 5·18 및 12·12 관련자들에 대한 재심을 통한 복권운동이 추진되었다. 이 운동은 노태우 정권 당시 12·12와 5·18에 대한 청문회가 열리면서 본격적으로 거론된 후 김영삼 정권 시기인 1995년 12월 21일 「헌정질서 파괴범의 공소시효 특례법」과 「5·18 광주민주화운동에 관한 특별법」이 제정되어 「12·12 ; 5·18 관련자 고소고발장」이 검찰에 접수되면서 12·12와 5·18 관련자들에 대한 본격적인 수사

형되고 김종완·한승헌·김윤식·유인호·이택돈·김녹영·이해동·송건호 등 8명은 가석방 또는 형집행정지로 석방.

22 강준만, 앞의 책 2권, 25~27쪽 ; 김정남, 『민주화운동 30년의 여정 – 진실, 광장에 서다』, 창비, 2005, 394~402쪽(김대중 내란음모사건과 지식인 134인 선언) ; 글라이스틴, 황정일 역, 앞의 책, 256~260쪽(Gleysteen Jr. ibid. pp. 182~189) ; 돈 오버도퍼, 이종길 역, 앞의 책, 212~219쪽(Don Dberdorfer, ibid, pp. 133~138).

23 김대중 내란음모사건 관련자 이외 5·18 관련자 정동년 등 12명, 인혁당 사건 관련자 유진곤 등 7명, 전학련·전노련 사건 관련자 윤성구 등 6명, 계엄법 위반자 15명도 석방(〈조선일보〉, 1981년 1월 24일자 ; 한국기독교교회협의회 인권위원회 편, 『1980年代 民主化運動』 3권, 1987, 856쪽).

가 진행되었다. 그 후 1997년 12월 대법원에서 전두환·노태우 두 전직 대통령을 비롯한 5·18 진압관련자들에게 유죄가 확정됨으로써 5·18 유가족·부상자·구속자들은 물론 5·18과 관련된 김대중 내란음모사건 연루자들의 명예회복도 가능케 되었다.[24] 이어 12·12 및 5·18 사건관련자들이 재심을 통해 부당하게 처벌된 사항이 복원돼 명예를 회복했고, 이어 1999년 12월 김대중 내란음모사건 연루자 중 현직 대통령인 김대중을 제외한 23명이 서울고등법원에 재심을 청구해 무죄판결을 받아 복원되었으며 마지막으로 김대중이 2004년 1월 재심을 통해 광주민주화운동을 배후조종했다는 내란음모 및 계엄법 위반 공소사실에 대해서는 무죄를, 국가보안법 위반과 외국환관리법 위반에 대해서는 면소판결을 받음으로써 매듭지어졌다. 이에 따라 김대중이 청구한 형사보상 재판을 벌인 서울고등법원 형사3부(신형철 부장판사)는 2004년 9월 24일, '국가는 청구인에게 9,490만 원을 지급하라'고 결정했다.[25] 이로써 '김대중 내란음모사건'은 당시 신군부세력이 정권을 탈취하기 위해 5·18 살육작전을 일방적으로 전개하면서 광주시민들의 과격시위 내지 소요사태를 유도해 자신들의 정면 등장 명분을 찾음과 동시에 김대중을 제거하기 위해[26] 완

---

24 李萬烈, 「5·17 김대중 내란음모사건의 진실과 그 역사적 의의」, 『김대중 내란음모사건의 진실』, 문이당, 2000, 478쪽.

25 재판부는 결정문에서 '청구인은 뒤늦게 무죄판결이 났던 내란음모사건과 관련해 1980년 5월 18일부터 1982년 12월 22일까지 총 949일 동안 구금됐으며 이러한 피해는 형사보상법상 국가가 보상해야 하는 경우에 해당한다'고 밝혔다. 또한 '청구인이 중앙정보부 요원들에 의해 강제 연행된 1980년 5월 18일부터 육군계엄군법회의가 영장을 발부한 같은 해 7월 8일까지의 기간 역시 형사보상 청구대상이 되는 미결구금으로 봐야한다'고 덧붙이고 '영장 없이 불법 구금된 피해자도 형사보상법상 국가보상을 받을 수 있다고 판단한 첫 결정'이라고 설명했다. 또한 구금의 종류 및 기간, 구금기간 재산상 손해, 정신적 고통 등을 고려할 때 보상액수는 하루 10만 원으로 산정한 9,490만 원이 적절하다고 밝혔다(《문화일보》, 2004년 9월 24일자).

26 전두환의 3김 제거명분은 김대중 容共, 김종필 輕薄, 김영삼 無能이다. '김대중 제거론'

전히 조작한 사건으로 일단락되었다.[27] 여기서 김대중 내란음모사건이 무죄로 최종 확인된 사실은 중요한 의미를 갖는다. 법원이 국가공권력을 폭력적으로 동원해 관련자들을 불법으로 구금하고, 가혹행위를 통해 조작한 혐의사실을 그대로 받아들여 사형을 선고한 것은 국가폭력의 행사임에 분명하다. 최소한 법원은 국가공권력의 부당한 행사 또는 폭력적으로 행사한 공권력의 진위·정사(眞僞·正似) 여부를 가려내는 임무가 국민들로부터 부여돼 있다. 만약 이를 가려내지 못한다면 그것 또한 국가폭력 행사자나 간접 행사자 또는 동조자가 되는 것이다. 이 점에서 김대중 내란음모사건에 대해 당시 법원 관련자들이 이를 가려내지 않고 행정부가 요구하는 대로 사건 자체를 사실로 인정했다면 국가폭력을 행사한 당사자로서의 책임을 면할 길이 없다.[28]

은 전두환뿐만 아니라 군부의 대체적인 견해였다. 특히 '서울의 봄' 당시 정승화 계엄사령관과 전두환 보안사령관은 '김대중 절대 대권 불가론'을 공공연하게 주장했었다(李度晟, 『남산의 부장들』 3권, 동아일보사, 1993, 127~132쪽).

27 5·17 당시 한미연합사령관이었던 존 위컴은 '유병현 합참의장으로부터 김대중을 비롯한 상당수의 반체제 정치지도자들의 감금이 반드시 필요하다면서 그들이 사회붕괴에 일조하고 있다는 것이고 야당 지도자들의 구속을 정치자유화의 퇴보로 여겨서는 안 된다는 설명을 듣고 있자니 김대중과 김종필, 그리고 기타 정치지도자들의 구속이 다만 장래의 대통령 후보를 미리 제거하려는 전두환과 그의 동조자들의 구실에 불과하다는 확신이 들었다. 비록 김영삼은 구속되지 않았지만 그것은 선거 때 상징적으로나마 야당 정치지도자가 한 명쯤은 있어야 했기 때문이 아닐까 하는 생각이 들었다. 사실 김영삼은 군에 가장 덜 위협적인 태도를 보이고 있었다'고 회고했다(존 위컴 회고록, 김영희 역, 『12·12와 미국의 딜레마』, 중앙M&B, 1999, 199쪽 ; John A. Wickham, Jr. 『Korea on The Brink-A Memoir of Political Intrigue and Military Crisis』, Brassey's, 2000, p. 130).

28 김종훈, 「사법부의 과거반성을 촉구한다」, 〈동아일보〉, 2005년 4월 14일자 : 국가폭력을 행사하여 사건을 부당하게 조작한 다음 이를 합리화시키기 위해 사법부의 판단을 요청하는 경우 사법부는 이를 엄격하게 가려야 하나, 그 진위여부를 가리지 않고 국가공권력의 요청대로 유죄로 인정한 경우 국가폭력의 간접적 행사자 또는 동조자가 된다. 예를 들면 1959년의 조봉암 사건이나 5·16 직후 민족일보 사건, 1974년 인혁당 사건, 김대중 내란음모사건 등이 대표적인 사례다.

계엄군의 재진압과 '광주'의 절규

1980년 5월 27일 아침 7시 30분, 도청 앞마당에서는 스피커를 통해 난데 없는 군가가 울려 퍼졌다. 도청을 비롯한 시가 전 지역을 장악한 군인들이 우 렁차게 부르는 승리(?)의 군가였다. 곧이어 장갑차와 탱크를 앞세우고 헤드라 이트를 켠 트럭 위에 집총한 군인들을 가득 태우고 시가지를 행진했다. 시민 들을 위협하기 위한 시위였다. 이렇게 해서 5월 18일 시작된 '광주사태'는 10 일 만에 일단 막을 내렸다.

이날 진압작전을 끝낸 계엄사령부는 담화문을 발표하고 '극렬한 폭도들 때 문에 사태가 호전되지 않아' 군을 투입했다면서 희생자는 2명이라고 밝혔다. 그러나 이날 이후 연행된 사람은 무려 527명이고, 사망자의 시체는 2층 회의 실 2구, 분신자살 1구, 뒷뜰 7구, 도청 계단 3구, 산재된 시체 2구 등 15구였 다. 나중에 당국은 17명으로 정정 발표했지만 첫날은 2명이라고 발표했었다. 그러나 뒤에 항쟁지도부 측은 도청에서 희생된 사람은 150여 명이고 시체가 두 대의 트럭에 실려 나갔다고 주장했다.[29] 이에 반해 계엄사는 이날 작전에서 군인 3명이 희생됐고, 10명이 부상했다고 밝혔다. 또한 이날 서울에서부터 국 방부장관을 수행하고 온 국방부 출입기자들에게 공개한 내용을 보면 사살 13 명, 체포 295명, 민간인 부상 1명, 입수 총기 2,200정, 실탄 8만 발, 차량 회 수 137대, 폭약 회수 300파운드, 수류탄 회수 143개로 되어 있다.[30]

---

29 5·18 민주유공자유족회(회장 정수만)를 비롯한 4개 5·18 유관단체는 1980년 5월 27 일 계엄군의 5·27 재진입작전 당시 도청 안에 있었던 시민군은 157명이었고 사망자는 15명이라고 밝혔다. 여기에 군인 희생자 2명을 포함하면 17명이 사망한 셈이다(〈광주일 보〉, 2005년 5월 9일자).

30 이 내용은 뒤에 여러 차례 수정된다.

계엄사령부는 5월 27일 이후 검거한 사람이 525명이라고 밝혔다.[31] 그 가운데 이날 검거된 인원은 295명이고 나머지 230명은 재진압작전 직전에 피신한 사람을 그 후에 체포한 것으로 보인다. 따라서 재진압작전 후 일대 검거 선풍이 있었음을 알 수 있다.

재진압작전이 성공(?)하자 주영복 국방부장관을 비롯해 황영시 육군참모차장, 진종채 제2군사령관, 정호용 특전사령관, 최성택 합참정보본부장, 소준열 계엄분소장 등이 도청에 들어와 장형태 도지사와 정시채 부지사로부터 브리핑을 받은 다음 오전 10시 55분 도청을 떠났다. 공무원들도 오전 8시까지 출근해 동사무소나 파출소 등 말단 행정기능은 90%가량 회복되었다.

오후 2시 35분, 항쟁 당시 학생수습대책위원장이었던 김창길이 도청에 자진 출두했다. 전남대학교 학생인 그는 무기 반납 등 온건노선을 주장하다 강경파에 밀려 25일 위원장 자리를 내놓게 되었지만 26일 밤 9시경 온건파 학생들에게 '오늘 밤 계엄군이 진입해 온다'는 사실을 알리고 자진 피신토록 종용한 후 도청을 떠났었다. 그는 나중에 군법회의 법정에서 "25일 밤 강경파 학생들이 우리는 폭도란 말을 듣지 않기 위해 TNT는 터뜨리지 않겠다고 말했다"고 증언했다. 그는 피신해 있던 6명을 데리고 나와 군에 자수시키기도 했다. 김창길은 광주항쟁이 진행되는 동안 시종일관 무기 반납, 계엄군과의 협상 등 온건노선을 견지했었다.[32]

계엄사는 27일 오전 현재 탈취당한 총기 5,619정 중 5,500정을 수거했다

---

31 나중에 2명이 추가돼 527명이 된다.

32 김창길의 온건적 처신에 대해 끝까지 투쟁을 주장했던 이른바 강경파 측은 그를 계엄당국과 연계시켜 어용으로 보고 있었지만 그 여부는 알 길이 없다. 다만 항쟁 당시를 되돌아 볼 때 그의 온건노선은 상당한 지혜를 나타냈으며 마지막까지 노력했던 점에 대해 긍정적 재평가가 이루어져야 한다. 동시에 강경파의 무조건 투쟁론이 과연 타당했는지의 여부에 대해서도 재조명되어야 한다.

고 발표했으나 이 가운데 2,500정은 조철현 신부와 김창길 학생수습위원장 등 항쟁지도부 측이 자진 회수한 것이다. 그래서 미회수는 150~200여 정으로 보고 있으며 공용화기는 23정 중 22정이 회수됐고 탄약은 35만 발 중 12만 발, 차량은 400대 중 137대가 회수되었다. 군·경의 피해는 계엄군 사망 23명, 경찰관 사망 4명, 중상 78명, 경상 20명이었다. 이 같이 군의 피해가 많은 것은 24일 낮 지원동에서 송정리 비행장으로 빠져나가던 공수부대와 송암동 외곽을 지키고 있던 보병학교 병력이 서로 상대편을 시민군으로 오인하고 교전한 데서 사망한 12명이 포함되어 있기 때문이다. 한편 이날 계엄사령부는 전남 경찰국장이던 안병하 경무관을 연행, 초기에 경찰지휘권을 포기한 혐의로 조사 중이라고 발표했다.[33]

27일 새벽 5시 15분 소준열 전교사사령관은 이희성 계엄사령관에게 '상무충정작전'을 성공리에 종료했다고 보고했다. '내란목적 살인'을 끝냈다는 보고였다.[34] 사실 이들의 작전성공(?)은 예견돼 있었다. 그러기 때문에 아직 작전이 끝나지 않았는데도 미리 보고한 것이다. 그러나 보고라는 절차도 실은 하나의 형식일 뿐 당초부터 어느 정도의 인명피해를 전제로 18일부터 살육작전을 개시하고 21일 철수 후 27일 재진압했던 것으로, 신군부 세력이 광주의 오합지졸들에게 패배하리라는 생각은 당초부터 하지 않았음은 물론이다. 또한 시민군 자신들도 승리하리라는 생각은 전연 없었으며 광주시민들도 마찬가지였다. 재진압군은 당연히 이길 것이고, 이러한 작전을 통해 신군부의 위상을 높임으로써 자신들이 구상하는 군정(軍政)의 길목인 국보위를 설치하기

---

33 정부는 5월 26일자로 안병하 전남 경찰국장 후임으로 송동섭 경무관을 임명했다.

34 광주 이외 지역에서 유일하게 시위를 계속하고 있던 목포에서는 목포역을 점거하고 있던 시위대원들을 28일 새벽 4시 무장한 보안사요원과 사복을 입은 형사들이 기습, 모두 체포함으로써 목포의 시위도 막을 내렸다.

위한 명분, 군이 정면에 등장할 수 있는 명분을 만들고자 계획된 것이 광주살육작전이었으며, 처음부터 안중에도 없던 최규하 대통령을 물러나게 한 다음 자신들이 정권을 장악한다는 스케줄에 따라 진행된 것이 27일의 재진압작전이었다. 재진압작전이 끝난 후인 오전 10시 주영복 국방부장관 일행의 방문에 이어 보안사령부에서도 남웅종 참모장과 이학봉 합동수사단장이 광주에 내려와 상황을 파악하고 사후 수습책을 논의한 뒤돌아갔다. 보안사령부로서는 '광주'의 사후에 지대한 관심을 갖지 않을 수 없어 취한 일련의 조치였다. 배후의 보이지 않는 계략을 인식하지 못한 채 명령에 따라 유혈충돌을 빚어 '광주살육', '광주항쟁'을 연출하는 데 주도적 역할을 한 3개 공수여단은 많은 상흔을 남기고 각각 그들의 당초 주둔지로 복귀했다.[35] 이로써 상무충정작전인 5·27 재진압작전은 성공(?)리에 완료됐다. 다단계 쿠데타의 5단계가 끝난 것이다. 예상된 대규모 소요사건의 진압(?)에 성공한 전두환은 즉각 혁명위원회, 이른바 국가보위비상대책위원회를 구성하고 최규하 대통령으로부터 통치권을 탈취해 실질적인 국가통치권자로 행세하기 시작했다. 또한 신군부는 '광주의 폭동'을 진압한 공로로 대대적인 훈·포장을 나누어 달았다. '광주'와 아무런 관련이 없다던 전두환도 태극무공훈장을 비롯한 4개의 최고훈장을 받았다. 그리고 을지무공훈장은 노태우, 충무무공훈장은 정호용·최세창·박준병·허화평·허삼수·이학봉·소준열·김기석·김동진·이병년·정수화·함덕진 등 85명에게 내려졌다.[36]

---

35 제3공수여단은 5월 29일 아침 7시쯤 서울 주둔지로, 제11공수여단은 같은 날 아침 6시 30분 서울로 이동하여 경희대 등에 배치되었고 제7공수여단은 1주일 후인 6월 6일 0시 40분 원 주둔지인 전북 익산으로 돌아갔다. 또한 제20사단은 1개월 후인 6월 27일 서울로 복귀했다(재향군인회, 앞의 책, 312쪽).

36 재향군인회, 앞의 책, 322·543~547쪽.

광주를 비롯한 전남지역 일원이 10일 동안 무질서와 광란의 도가니에서 일단 평온을 되찾게 되자 그동안의 피해상황을 신속하게 파악·집계하고 대책 수립에 부심했다. 특히 사망자의 인원 및 사망상태 확인과 민심수습이 최대현안이었다. 그러면서 '폭동'의 책임을 광주에 떠넘기는 작업이 필요했다. 그 결과는 시체검안서에 나타난다.

계엄사령부는 우선 검사 10명과 군법무관 5명으로 4개조의 검시반을 편성해 5월 27일부터 6월 6일까지 사망자들의 사체 검안을 실시했다.[37] 검시작업을 총지휘한 광주지검 박남룡 부장검사는 "후세의 역사가 어떻게 기록할지 모르지만 우리는 사체를 오손하는 일 없이 경건하고 공정하게 처리해야 한다"고 강조했다.[38] 검시해야 될 시체는 일괄적인 집계가 되지 않고 있었으나 상무관 61구, 도청 26구, 국군통합병원 16구, 교도소 앞 1구, 광주역 6구, 효덕동 4구, 광주고교 앞 2구 등 모두 116구였다. 그러나 이 숫자도 들쭉날쭉해 정확한 집계가 어려운 상태였다. 계엄사령부는 5월 31일 광주사태로 인한 사망자는 민간인 144명, 군인 22명, 경찰 4명 등 170명으로 공식 발표했다. 당국은 5년 후인 1985년 사망자가 민간인 164명을 포함, 모두 191명이라고 발표하면서 검시결과 민간인 사망원인은 총상 131명, 타박상 31명, 원인불명 2명이라고 주장했다.[39] 그러나 이 무렵 '많은 시체가 부대(空袋)에 담겨져 시민들의

---

[37] 시체 검안위원 구성은 다음과 같다. ◇검사=10명 ◇군 검찰관=5명 ◇합동수사관=10명 ◇군의관=10명 ◇언론계=2명 ◇전남대병원 의사=2명 ◇조선대병원 의사=5명 ◇보건소 직원=2명 ◇송정읍병원 의사=1명 ◇나주병원 의사=1명 ◇목포병원 의사=1명 ◇계 49명(앞의 「광주사태의 실상」, 77쪽).

[38] 이날 사체검안의 요령은 다음과 같다. ① 총상의 경우 총기의 종류 식별 ② 신원을 확인하되 확인이 안 된 시체는 지문을 채취하는 한편 사진을 촬영, 총상부는 모두 가급적 천연색으로 촬영할 것 ③ 사망 일시, 장소, 시체 운반과 안치 경위 등을 밝힐 것 등이다. 사체 검안이 끝나면 장례는 개별적으로 치르되 장례 절차는 광주시에서 주관하고 신원이 밝혀지지 않은 무연고자는 시에서 매장하기로 했다.

눈에 띄지 않게 처리됐다'는 유언비어인지 사실인지 알 길이 없는 소문이 파다하게 퍼졌으며 항쟁기간 동안 시체처리에 대한 갖가지 소문들이 계속 나돌았다.[40]

신군부는 28일 이미 사의를 표명한 장형태 지사 후임으로 예비역 육군소장 김종호를 임명했다. 김 지사는 취임하자마자 기자회견을 통해 "물질적인 복구보다는 정신적인 복구, 마음의 구원을 통해서만이 오늘의 이 어려움을 극복할 수 있다"고 말했다. 그는 도민의 진실을 대변하는 입장에서 몇 가지를 제시했다. (1) 초기 단계의 진압과정에서 빚어졌던 약간의 무리 인정, (2) 사상자 명단 발표, (3) 연행자 명단을 전체적 또는 개별적으로 금명간 발표, (4) 연행자 중 격렬했던 사람을 제외하고는 조속히 관대한 처분, (5) 통금문제와 시외버스 정상운행, (6) 사망자 파악 등을 하루빨리 해결해 가겠다고 밝혔다. 이에 따라 도청과 시내 각 동사무소에는 피해자 신고센터가 설치돼 인명·재산피해 및 무기신고를 받았다. 그러나 인명피해 신고사항 결과는 끝내 발표하지 않았다. 이밖에 은행이 문을 열고 택시 및 시내버스 운행이 재개되고 일시 중단됐던 방송과 전면 휴간했던 지방 일간지 발행이 정상화되면서 점차적으로 안정

---

39 이를 구체적으로 제시한 사망원인을 보면 일가족 피살자 3명을 제외한 128명을 검시한 결과 가해한 총기별로 분류해 보면 M16에 의한 사망자 29명, 기관총에 의한 사망자 47명, 카빈 또는 M1소총 등에 의한 사망자 52명이었다. 카빈 및 M1소총에 의한 사망자 52명은 시민군의 총기발사로 인한 것이고 계엄군과의 교전으로 인한 사망자는 29명뿐으로 교도소 습격시 8명, 계엄군 봉쇄선 습격시 4명, 계엄군 재진입작전시 17명이라고 주장했다(앞의 「광주사태의 실상」, 76쪽). 그렇다면 주남마을 앞 총격사건으로 사망한 17명을 비롯하여 도청 앞 발포로 인한 사망, 원제마을 앞, 효천역 부근 등 헤아릴 수 없는 곳곳에서 계엄군의 총격을 받고 사망한 사람들은 어떻게 분석해야 하는 것인지에 대해서는 전연 언급하지 않고 있다. 이 때문에 당시 '광주'에서는 정부나 군 당국의 발표나 집계에 대해 일체 신뢰하지 않았다.

40 이 소문은 뒤에 광주항쟁과 관련된 사망자 수를 놓고 많은 논란을 일으키는 요인이 된다.

을 되찾아가고 있었다.

다음날인 29일 129구의 희생자 '장례'[41]가 있었다. 아무도 지켜보지 않는 장례는 마치 진짜 '폭도'의 시체를 처리하는 것처럼 숨조차 제대로 쉴 수 없을 만큼 극도의 공포와 불안 속에서 극히 불손하게 치러졌다. 그럴 수밖에 없는 것이 시체를 덤프트럭에 마구잡이로 옮겨 실었기 때문이었다.[42]

시체들은 그 후 곳곳에서 발견되었다. 지산동 산기슭에서 7구, 담양 창평에서 1구, 송암동에서 3구가 발견되었다. 특히 '광주사태' 기간에 희생당한 시체의 일부가 화장되었다는 루머는 끈질기게 번지고 있었다. '시체 화장설'은 이미 5·27 재진압작전 이전부터 꾸준히 나돌았다. 이번 사태동안 번졌던 유언비어의 상당 부분이 나중에 사실로 밝혀짐에 따라 이 화장설도 사실이 아니냐는 의혹을 갖게 되었고 뒤에 사망자 숫자와 관계가 있다는 사람도 있었다.

5월 31일, 계엄사령부는 '광주사태의 전모'를 발표했다.[43] 계엄사는 이 발표문을 통해 '민간인 144명, 군인 22명, 경찰 4명 등 170명이 숨지고 민간인 127명, 군인 19명, 경찰 144명 등 380명이 부상했다'고 밝혔다. 사망자 수는 1주일 후인 6월 6일 민간인 사망자 수가 17명 추가돼 모두 187명으로 정정된다. 1985년 6월 7일 윤성민 국방부장관은 또 다시 4명이 늘어난 191명이라고[44] 발표했다가 나중에 3명이 늘어난 194명으로 정정한다. 이 194명이 5공

---

[41] '장례식'이 아닌 '장례'라고 표현한 것은 실질적인 장례식이 거행되지 않았기 때문이다.

[42] 이날 장례는 3구의 시체가 오전 11시 15분 전남 6913호 도청 덤프트럭에 실려 망월동 묘지로 향하면서 시작되어 오후 5시에 끝났다. 뒤에 다른 곳에서 발견된 시체는 직접 망월동으로 옮겨졌다.

[43] 〈동아일보〉, 1980년 6월 1일자 ; 전문은 김영택, 앞의 책, 375쪽.

[44] 〈한국일보〉, 1980년 6월 8일자 ; 시체검안 결과 판명된 수 ◇민간인=164명 ◇군인=23명 ◇경찰=4명 ◇계=191명 ; 희생자 원인별(민간인)◇총상=131명 ◇타박상=31명 ◇

을 거쳐 제6공화국에 이르기까지 정부당국의 공식 사망자 숫자였다.

이에 반해 유족이나 학생들은 일관되게 '2,000여 명'으로 주장해 왔다. 194명과 2,000여 명 설을 놓고 당국과 유족들은 첨예하게 대립했다. 당국은 194명설이 상당한 근거를 가지고 있다고 주장했지만 여기에는 석연치 않은 대목이 있고, 유족이나 학생들이 주장한 '2,000여 명'설도 상당한 무리가 있었던 것은 사실이다. 당시 광주에서 항쟁 진행과정을 겪었거나 지켜본 사람들 중 당국이 발표한 194명의 숫자를 믿으려는 사람은 아무도 없었다. 항쟁이 계속되는 동안 광주에는 많은 유언비어가 나돌고 있었는데 당시 유언비어 중에는 시체들이 군용트럭에 실려 서울의 벽제화장터로 옮겨져 화장되었다느니 또는 많은 시체들이 암장되었다느니 하는 소문이 파다하게 퍼져 있었다. 그러한 사실을 뒷받침해 주듯이 그 후 곳곳에서 '광주사태' 때 암매장된 것으로 보이는 시체가 무더기로 발굴되었다.

5·27 이전에 연행된 1,740명 중 대부분은 살육작전이 감행된 18~19일에 연행된 사람들이다. 왜냐하면 20일과 21일에는 살상행위가 완화되면서 대량으로 연행하지 않았고, 22일 이후에는 계엄군의 철수로 연행 자체가 불가능했기 때문이다. 계엄사는 무단연행에 대한 시민들의 항의가 빗발치자 5월 20일 100여 명을 석방했는데 석방자 중에 부상자들은 한 명도 없었다. 그러니까 얻어맞았다 하더라도 외형상으론 말짱한 사람들만 내보낸 것이다. 따라서 심하게 부상당한 후 숨겨간 사람들의 시체가 어떻게 처리됐는지는 아직도 분명하게 밝혀지지 않고 있다. 재진압작전이 성공한 후 도청 및 각 동사무소에 설치된 실종자 신고센터에 신고된 내용이 명확하게 공개되지 않고 있다는 사실도 유의해 볼 필요가 있다.

원인불명=2명 ◇중상=122명 ◇경상=730명(「광주사태의 실상」, 76쪽).

광주사태를 수습하겠다고 공언하며 등장한 노태우의 제6공화국 정부는 사태발생 9년 후인 1989년 6월 30일까지 실종자와 부상자에 대한 신고를 재차 받았다. 이때 신고된 실종자는 102명이었다. 이 중 공식적인 확인절차를 통해 광주항쟁 당시 실종된 것으로 판명된 사람은 32명이었다. 이로써 당시 희생된 사람은 당국이 공식발표했던 194명과 부상당한 후 사망한 61명, 추후 실종으로 확인된 32명 등 모두 287명으로 집계됐다. 지금은 5·18 민주유공자유족회가 최근 밝힌 633명(당시 사망자 166명·상이 후 사망자 375명·행방불명 65명·군경사망자 27명)이 공식 숫자다.[45]

계엄사는 항쟁 기간 동안 물적 피해는 M16, 카빈 등 소총 5,402정, 소총 실탄 28만 9,000발, 수류탄 522개, TNT 3,600상자, 트럭·장갑차 등 318대, 기타 공공재산 피해액 262억 원이라고 발표했다.[46]

또한 정부는 6월 7일, 사후처리를 위해 전남도청에 민·관·군 11명의 인사로 합동수습위원회를 설치하고 피해복구·사망자 확인·부상자 치료 및 각 분야의 질서정상화에 중점을 두고 활동하도록 했다. 그리고 사망자에 대해 위로금조로 시체 1구당 400만 원과 장의비 20만 원 등 420만 원을 지급하고, 부상자에 대해서 300만 원의 위로금과 중상자 40만 원, 경상자 10만 원을 생계보조비로 지급하는 한편 완치될 때까지 치료비 전액을 국고에서 지급하기로 했다고 발표했다. 그러나 당국은 장기 입원자에 대해 치료비 지급을 중단해 10

---

45 〈광주일보〉, 2005년 5월 9일자 ; 〈미디어 오늘〉, 2005년 5월 18일자.

46 정부는 재산피해를 총 266억 원으로 집계. 공공건물 파괴 250개소(방송국과 세무서 등 6개 건물 소실), 차량은 아시아자동차공장의 APC 장갑차 10대, 출고대기 중인 차량 414대, 계엄군 차량 34대, 경찰차량 50대 등 882대가 파괴, 각종시설 884개소, 유류 3,000여 드럼, 기타 장비 1,925점이 파괴 또는 소실, 군용무기 5,008정, 민수용(엽총) 395정 등 5,403정과 무전기 297대, 수류탄 562발, 소화기탄 28만 8,680발, 폭약 3000상자. 이 중 무기 4,926정은 회수(「광주사태의 실상」, 77~78쪽).

개월 내지 1년 후 퇴원시켰는가 하면 일부는 항쟁에 적극 가담한 이유로 위로금 지급을 거부하는 바람에 심한 반발을 사기도 했다.[47] 이들은 홍인표 등 희생자 34명으로, 합동수사반에 의해 폭도로 규정되어 당시 지급된 유가족 위로금조차 받지 못했다.[48]

계엄사는 또 7월 3일 연행자 중 1차로 석방한 데 이어 679명을 추가로 훈방하는 한편 375명을 앞으로 더 조사할 것이라고 밝히고 그 혐의사실을 (1)

---

47 김영택, 앞의 책, 242~244쪽. 당국은 전남지역개발협의회를 구성해 희생자 유족 136가구에 대해 가구당 1,430만 원씩 총 19억 5,600만 원을 지급했고 영세민 71명에게는 의료보험카드를 발급해 주었으며 38명에게 취업을 알선해 주었다. 그리고 부상자에 대해서는 1인당 200~1,300만 원까지 부상상태에 따라 5등급으로 분류해 차등 지급했고 계속 치료를 요하는 33명에게는 2,500만 원을 지원, 치료케 하는 등 총 11억 4,000만 원을 지원했으며 부상자 중 영세민 50명에게 의료보험 카드 발급, 26명에게 취업알선을 했다고 발표했다(「광주사태의 실상」, 78쪽). 그러나 당시 유족들이나 부상자들의 대부분은 전남지역개발협의회 자체를 어용이라며 인정하지 않은 채 거부해 오다가 노태우 및 김영삼 정부 때 국가유공자로 인정, 물질적 보상을 받게 된다.

48 안광섭(일체 미상)/ 홍인표(전기기능공. 5월 21일 도청 옆 사망)/ 안종필(광주상고 3년. 5월 27일 새벽 도청 사망)/ 이북일(상업. 5월 21일 장소 미상)/ 황호걸(방송통신고 3년. 5월 23일 지원동 사망)/ 박진홍(식당종업원. 5월 27일 새벽 도청 사망)/ 김상태(상업. 5월 23일 금호고 앞 사망)/ 류동운(학생. 5월 27일 새벽 도청 사망)/ 김종연(재수생. 5월 27일 새벽 도청 사망)/ 이강수(학생. 5월 27일 새벽 도청 사망)/ 박용준(회사원. 5월 27일 새벽 도청 사망)/ 김정(선반공. 5월 27일 새벽 도청 사망)/ 김동수(조선대 공대 3년. 5월 27일 새벽 도청 사망)/ 서만오(운전사. 5월 22일 광주교도소 사망)/ 박성용(학생. 5월 27일 새벽 도청 사망)/ 최열락(노동. 5월 21일 교도소 사망 추정)/ 서종덕(숙박업 종업원. 5월 22일 장소 미상)/ 김재형(일체 미상)/ 문재학(광주상고 3년. 5월 27일 새벽 도청 사망)/ 윤상원(회사원. 5월 27일 새벽 도청 사망)/ 민병대(식당종업원. 5월 27일 새벽 도청 사망)/ 백대환(송원전문대 1년. 5월 23일 지원동 사망)/ 이용충(운전사. 5월 22일 교도소 앞 도로 사망)/ 박병규(동국대 1년. 5월 27일 새벽 도청 사망)/ 강대일(일체 미상)/ 이종연(5월 21일 사망장소 미상)/ 강복원(운전사. 5월 21일 사망장소 미상)/ 김현규(5월 22일 지원동 사망)/ 김규환(일체 미상)/ 서호빈(전남대 2년. 5월 27일 새벽 도청 사망)/ 김윤수(운전사. 5월 23일 지원동 사망)/ 유영선(회사원. 5월 27일 새벽 도청 사망)/ 홍현관(일체 미상)/ 한용덕(일체 미상)(김영택, 앞의 책, 244쪽).

김대중으로부터 시위자금 500만 원을 받아 현지 사태를 일으킨 정동년과 역시 김대중으로부터 자금을 받아 배후조종하고 주동자들에게 100만 원씩 주어 투쟁토록 한 홍남순 등 주동 및 배후조종자 53명, (2) 총기를 탈취 휴대하고 광주교도소를 습격하는 등 무장폭도화하여 군과 교전한 무장폭도 이금영 등 30명, (3) 총기나 기타 무기를 휴대하고 군·경과 대항했거나 살상행위를 감행한 신만식 등 174명, (4) 방송국·세무서 등 공공건물을 방화하고 중요시설 및 재화를 약탈한 양희승 등 33명, (5) 악성 유언비어를 날조, 유포하면서 악질적으로 배후선동한 전춘심 등 10명, (6) 기타 불순분자 75명으로 구분했다.

계엄사령부는 2개월이 지난 9월 5일 연행자 중 정동년 등 175명을 내란음모 및 포고령 위반으로 계엄보통군법회의에 기소하는 한편, 위계룡 등 174명은 기소유예로 석방한다고 발표했다.[49] 이에 따라 훈방 또는 석방된 사람은 모두 2,090명이 되었고, 175명은 구속돼 있는 상태로 모두 2,267명이 연행되어 간 셈이다. 당초 계엄사가 발표한 1,740명보다 527명이 늘어난 것은 이들이 5월 27일 재진압작전 당시나 그 이후 연행됐기 때문이다. 그러나 5월 18~19일 마구잡이로 연행해 갔다가 민심수습 차원에서 수시로 방면한 사람은 포함되어 있지 않다. 또한 광주항쟁과 관련, 그 후에도 연행해 간 경우가 많아 연행자 수는 자주 바뀌게 된다.[50]

지난 1993년 7월 31일까지 공식적으로 추가된 연행·구금·수형자는 1,138명이다. 이들 중 구속 기소되어 계엄보통군법회의에 회부된 '광주사태'

---

49 〈동아일보〉, 1980년 9월 5일자.
50 예를 들면 당초에는 1,740명을 검거해서 그동안 1,010명을 훈방하고 730명은 조사중이라고 발표했다가 1985년에는 '사태기간 중 검거된 자는 총 2,522명이며 이 중 1,906명은 훈방, 616명은 군법회의 회부되어 그 중 212명은 불기소되고 404명이 기소되어 형이 선고되었으나 그 후 특별사면으로 전원 석방됐다'고 발표하게 된다(「광주사태의 실상」, 76쪽).

관련자는 175명이다. 이들에 대한 선고공판이 10월 25일 상무대 보통군법회의 법정에서 있었다. 선고공판은 1부와 2부로 나뉘어 진행되어 정동년(전남대 복학생)·김종배(학생시민투쟁위원장)·박남선(투쟁위 상황실장)·배용주(광주고속 운전기사)·박소정(복음 인쇄소) 등 5명에게는 사형을, 홍남순(변호사)·정상용(투쟁위 외무부위원장)·허규정(투쟁위 홍보부장)·윤석루(투쟁위 기동타격대장)를 비롯한 7명에게는 무기징역을 선고했다. 이밖에 김상윤(전남대 복학생)·김성용(천주교 신부)·명노근(전남대 교수)·김운기(조선대 복학생)·이재호·양희승·전춘심·김영철·윤강옥·정해직·양강섭 등 11명에게는 징역 20년에서 10년 이상 그리고 나머지 152명은 10년에서 5년의 실형이나 집행유예를 선고했다.[51]

여기서 정동년은 5·17 조치와 동시에 연행되어 사실상 '광주사태'와 직접 관련이 없는데도 극형인 사형이 선고된 것은 계엄사가 '광주사태'를 김대중의 배후조종으로 몰아붙이고 그 하수인으로 정동년을 개입시켰기 때문에 취해진 억지 조치였다.

계엄사는 10월 30일 군법회의 선고에 대한 관할관의 확인과정을 통해 88명을 형집행정지로 석방하고 김창길 등 16명을 감형 조치했다. 사실 김창길은 광주항쟁을 가장 원만하게 수습하려고 무척 애쓴 사람이다. 그런데도 그를 구속하여 실형을 선고한 것은 처음부터 관련자들을 오래 구속해 두려는 의도가 없었던 것으로 풀이된다. 이 같은 사실은 다음 해에 밝혀진다. 구속자 일부를 형 집행정지, 집행유예로 석방한 다음 1980년 10월과 12월, 1981년 4월, 그리고 1982년 12월 네 차례에 걸쳐 모두 석방한 것이다. 중형을 선고한 죄인들을 이렇게 2년만에 모두 풀어 주었다는 것은 광주민중항쟁이 폭도의 소행도, 김대중 배후조종도 아닌 오직 자신들에 의해 저질러진 국가폭력사건이었

---

[51] 〈동아일보〉, 1980년 10월 26일자.

음을 스스로 인정하는 결과가 됐다. 그러나 여기서 그냥 넘어가서는 안 될 중대한 사실이 내포되어 있음을 주목해야 한다. 당시 수사과정에서 연행·구속된 사람들에게 상상을 초월한 무자비한 고문이 가해졌다는 사실이다. '광주사태'가 특정세력의 정권찬탈을 위한 사전음모였음이 분명한데도 이들은 이 같은 음모를 은폐하기 위해 김대중이 배후조종한 것으로 꾸미고, 연행해 간 사람은 물론 관련자들을 붙잡아다가 혹독한 고문을 가했다는 사실은 실제 구속됐던 사람들의 입에서 불거져 나왔다. 여기서 각 개개인이 당한 구체적인 사례를 일일이 언급할 수는 없지만 언젠가 이에 대한 종합적인 보고가 있어야 할 것이다.

5월 27일 계엄군의 재진압작전이 끝나자 서울의 매스컴들은 광주시민돕기 운동을 벌였다. 광주시민들은 '우리가 어디 구호품이나 받을 입장인 줄 아느냐'며 거부감을 나타내기도 했으나 성금모금은 계속되었다. 뜻있는 국민들은 광주시민이 겪은 그동안의 정신적·육체적·물질적 고통에 대해 조금이라도 위로한다는 뜻에서 주머니를 털었다. 특히 광주항쟁 기간 동안 희생된 사망자 유족이나 부상당한 사람, 그리고 투쟁하다 붙잡혀 감옥에 들어가 있는 사람들을 위해 한 푼 두 푼 내놓았을 것이 분명하다. 이렇게 전국 각지에서 모여든 성금은 나중에 34억 원으로 집계됐다. 따라서 국민들이 낸 성금은 광주시민 개개인의 것이 될 수도 없는 것이고, 5공 정권이 국가예산처럼 임의로 처분할 수 있는 성질의 것은 더더욱 아니다. 이 성금이 가장 우선적으로 사용되어야 한다면 당시의 실정으로는 부상자에 대한 치료비여야 했고, 사망자의 유족에 대한 위로금이어야 했으며, 구속자 가족들에 대한 생계비여야 했다. 그러나 이 같은 국민의 뜻은 하나도 반영되지 않고 당국이 임의로 광주 어린이대공원 설립에 사용하고 말았다. 당시 동아일보사는 6억 9,700만 원을 모아 전라남도 정시채 부지사에게 전달하면서 "이 돈은 국민의 성금이니 희생자와 부상자를 위해 뜻 있게 써 달라"고 각별한 당부를 했었다. 그러나 도 당국은 이 같은 당부에도 불구하고 불요불급한 어린이대공원 건설계획을 발표하고 그 건설비에 충당하고 말았다. 당시의 공포분위기 속에서는 도 당국의 일방적인 발표나 계획에 대해 아무도 이의를 제기할 수 없었지만 이는 엄격히 말해 국민의 뜻을 배신하는 행위였다. 광주 보상문제가 거론될 때마다 5·18 유족회 등 관련 기관들이 광주 어린이대공원을 5·18 관계기관에 넘겨줘야 한다고 주장한 것은 이 같은 이유에서이다.[52]

6월 2일 지방지인 〈전남일보〉와 〈전남매일신문〉이 나왔다. 5월 21일 제작을 중단했던 두 신문이 13일 만에 속간된 것이다. 이날 〈전남일보〉는 사설 대신 사고(社告) 형식을 갖추어 '뼈를 깎는 아픔을 참으면서 속간의 말씀'을 1면에 실었다. 그리고 1면 머리기사는 카터 미국대통령의 '대한 안보공약 확고'라는 제목이 붙은 내용이었다. 특히 〈전남일보〉는 1면 8단 전문 광고란에 '광주사태 희생자의 명복을 빕니다'라는 애도의 광고를 실었고 사회면은 '민주시민 긍지, 무등산은 알고 있다'는 제목으로 시가 전경사진과 함께 '비극 광주사태, 남기고 싶은 이야기들'을 실었다.

이날 지방지의 백미는 〈전남매일신문〉이 장식했다. 1면에 무등산을 배경으로 한 광주 시가 전경사진과 함께 '아 아, 광주여!'라는 김준태의 시를 실은 것이다. 33행인 이 시는 당시 전남고교 교사인 김준태가 동료교사 부인의 무참한 희생을 보고 분노해 쓴 것으로, 본래는 87행이나 되는 장문이었으나 계엄사의 검열과정에서 모두 삭제되어 33행으로 줄어들었다. 그리고 제목도 '아 아, 광주여! 무등산이여!'에서 '무등산이여' 부분은 삭제되어 반신불수가 되어버렸다.

---

52 김영택, 앞의 책, 247쪽. 어린이공원 관리권은 5·18 명예회복과 동시에 5·18 재단으로 이관됐다.

나중에 광주살육과 항쟁에 관한 시가 숱하게 쏟아지지만 이 시처럼 심금을 울리는 시는 없을 정도로 광주민중항쟁을 상징하는 대표적인 시가 되었다.

아 아, 광주여! 무등산이여!

1. 아 아 광주여 무등산이여
    죽음과 죽음 사이에
    피눈물 흘리는
    우리들의 영원한 청춘의 도시여

    우리들의 아버지는 어디로 갔나
    우리들의 어머니는 어디서 쓰러졌나
    우리들의 아들은
    어디에서 죽어서 어디에 파묻혔나
    우리들의 귀여운 딸은
    또 어디에서 입을 벌린 채 누워 있나
    우리들의 혼백은 또 어디에서
    찢어져 산산이 조각나버렸나

    하느님도 새떼들도
    떠나가버린 광주여
    아침 저녁으로 살아남아
    쓰러지고, 엎어지고 다시 일어서는
    우리들의 피투성이 도시여
    죽음으로써 죽음을 물리치고
    죽음으로써 삶을 찾으려 했던
    아 아 통곡뿐인 남도의 불사조여, 불사조여, 불사조여

  2. 해와 달이 곤두박질치고

이 시대의 모든 산맥들이
엉터리로 우뚝 솟아있을 때
그러나 그 누구도 찢을 수 없고
빼앗을 수 없는
아 아, 자유의 깃발이여
인간의 깃발이여
살과 뼈로 응어리진 깃발이여

아 아, 우리들의 도시
우리들의 노래와 꿈과 사랑이
때로는 파도처럼 밀리고
때로는 무덤만 뒤집어쓸지언정
아 아, 광주여 광주여
이 나라의 십자가를 짊어지고
무등산을 넘어
골고다 언덕을 넘어가는
아 아, 온몸에 상처뿐인
죽음뿐인 하느님의 아들이여

정말 우리는 죽어버렸나
더 이상 나라를 사랑할 수 없이
더 이상 우리들의 아이들을 사랑할 수 없이
죽어버렸나
정말 우리들은 아주 죽어버렸나

3. 충장로에서 금남로에서
   화정동에서 산수동에서 용봉동에서
   지산동에서 양동에서 계림동에서
   그리고 그리고 그리고……
   아 아, 우리들의 피와 살덩이를

삼키고 불어오는 바람이여
속절없는 세월의 흐름이여

아 아, 살아남은 사람들은
모두가 죄인처럼 고개를 숙이고 있구나
살아남은 사람들은 모두가
넋을 잃고, 밥그릇조차 대하기
어렵구나 무섭구나
무서워서 어쩌지도 못하는구나

여보, 당신을 기다리다가
문밖에 나아가 당신을 기다리다가
나는 죽었어요……
왜 나의 목숨을 빼앗아 갔을까요
아니 당신의 전부를 빼앗아 갔을까요
셋방살이 신세였지만
얼마나 우리는 행복했어요
난 당신에게 잘 해 주고 싶었어요
아 아, 여보!
그런데 나는 당신의 아이를 밴 몸으로
이렇게 죽는 거예요. 여보!
미안해요. 여보!
나에게서 나의 목숨을 빼앗아 가고
나는 또 당신의 전부를
당신의 젊음 당신의 사랑
당신의 아들 당신의
아 아, 여보! 내가 결국
당신을 죽인 것인가요

4. 아 아, 광주여 무등산이여

죽음과 죽음을 뚫고 나아가
백의의 옷자락을 펄럭이는
우리들의 영원한 청춘의 도시여
불사조여, 불사조여, 불사조여
이 나라의 십자가를 짊어지고
골고다 언덕을 다시 넘어오는
이 나라의 하느님의 아들이여

예수는 한 번 죽고
한 번 부활하여
오늘까지 아니 언제까지 산다던가
그러나 우리들은 몇 백 번 죽고도
몇 백 번을 부활할 우리 몸의 참사랑이여
우리들의 빛이여, 영광이여, 아픔이여
지금 우리들은 더욱 살아나는구나
지금 우리들은 더욱 튼튼하구나
지금 우리들은 더욱
아 아, 지금 우리들은
어깨와 어깨 뼈와 뼈만 맞대고
이 나라의 무등산을 오르는구나
아 아, 미치도록 푸르른 하늘을 올라
해와 달을 입맞추는구나

광주여, 무등산이여
아 아, 우리들의 영원한 깃발이여
꿈이여 십자가여
세월이 흐르면 흐를수록
더욱 젊어져 가는 청춘의 도시여
지금 우리들은 확실히
굳게 뭉쳐 있다 확실히

굳게 손잡고 일어선다[53]

　5·27 재진압작전으로 '광주사태'는 수습되고 광주는 종전으로 되돌아가는 것처럼 보였을지는 모르지만 시민들의 가슴에는 부글부글 끓는 가슴앓이 병이 발작하고 있었다. 이 가슴앓이 병은 곧 '아 아, 광주여! 무등산이여!'란 시가 말해주듯 쉽게 치료될 수가 없었다. 우선 '광주사태'가 국가공권력의 폭력적인 살육행위로 인해 저질러졌는데도 사과 한마디는커녕 마치 시민들이 폭도가 되어 변란을 일으킨 것처럼 몰아붙이는 신군부의 처사에 대한 분노의 가슴앓이였고, 집을 나간 수많은 자식이 아직도 돌아오지 않는 데 대한 애끓는 가슴앓이가 광주시민 저마다의 마음속에 깊이 도사리고 있었다. 가슴앓이는 여기에서 끝나지 않았다. 모든 것을 '광주의 잘못'으로만 치부하는 일방적인 보도로 인해 아직도 광주사정을 제대로 알아주지 않는 일부 국민들에 대한 답답함의 가슴앓이가 더욱 컸다. 시민들은 이 같은 가슴앓이를 치유하기 위한 수단으로 갖가지 형태를 분출시키게 되는데 여기에는 전국의 뜻있는 젊은이들이 동참하게 된다. 5·18을 대표하는 노래 중 '오월의 노래'가 있다.

> 꽃잎처럼 금남로에 뿌려진 너의 붉은 피.
> 두부처럼 잘리어진 어여쁜 너의 젖가슴.
> 오월, 그날이 다시 오면 우리 가슴에 붉은 피 솟네.
>
> 왜 쏘았지 왜 찔렀지, 트럭에 실려 어디로 갔지.
> 망월동에 부릅뜬 눈 수천의 핏발 서려 있네.
> 오월, 그날이 다시 오면 우리 가슴에 붉은 피 솟네.

53　김영택, 앞의 책, 248~252쪽.

산 자들아 동지들아, 모여서 함께 나가자.

욕된 역사 고통없이 어찌 깨치고 나가리.

오월, 그날이 다시 오면 우리 가슴에 붉은 피 솟네.[54]

이 노래는 누가 작사, 작곡했는지조차 모른 채 전국 대학가에서 자주 불렸다. 광주의 대학가에서 시작된 후 민주화운동권 학생들이 계속 즐겨 부르는 대표적인 광주항쟁의 노래로서 지금은 광주항쟁과 관계있는 행사 때도 불릴 뿐만 아니라 광주사람이면 누구나 부르는 노래가 되었다. 이밖에 광주살육을 상징하는 노래로는 '임을 위한 행진곡', '무등산가', '광주 출정가' 등이 있다.[55] 그러나 이 가슴앓이는 노래만으로는 결코 치유될 수 없었으며 직접 행동으로 나타나야만 했다. 말하자면 꺼지지 않는 분노는 폭발할 수밖에 없었다.

재진압작전을 끝내고 계엄군이 시 외곽으로 빠져나간 5월 31일 밤과 6월 1일 새벽 사이 시내 곳곳의 전신주에는 붉은 매직펜으로 '살인마 전두환'이라는 구호가 일제히 쓰여 있었다. 특히 전남매일신문사 앞길과 지산동 법원 앞길의 전신주에는 거의 모두 쓰여 있었다. 법원에서부터 동명동 쪽으로 쭉 뻗은 길 한쪽 시멘트 전신주에 쓰여 있는 표어는 장관을 이루었다. 막강한 계엄군 세력에 대항해서 표면으로 나설 수 없는 젊은이들은 이렇게라도 가슴앓이병의 한 단면을 표출시켜야 했다. 이 같은 표어작전은 갖가지 형태로 며칠간 계속됐다. 심지어 당시 중앙일보 광주지사 지프차 뒤에 장착한 바퀴에까지 써놓은 것을 몰랐던 운전기사가 그대로 시내를 돌아다니다가 뒤늦게 발견하고 경찰에 신고하는 해프닝도 있었다.

---

54 김영택, 앞의 책, 252~253쪽 ; 아침노래기획, 『민중가요대백과』, 아침, 1993, 193쪽.

55 '임을 위한 행진곡'·'무등산가'·'광주출정가' 전문은 아침노래기획, 앞의 책, 16·207·182쪽.

당시 경찰은 이 같은 표어작전에 골머리를 앓고 있었다. 이 표어를 쓴 사람은 과연 누구였을까. 계엄사가 소수 불순세력이 조종해서 발생한 '광주사태'라고 발표한 후 이른바 조종세력이나 주동자를 2,200여 명이나 연행해 갔는데도 누가 또 '이런 짓'을 했을까. 표어작전은 경찰과 계엄사의 감시에 일보후퇴해 잠시 수그러졌지만 9월 1일 전두환이 대통령에 취임하게 되자 1주일 전 금남로에 세워놓은 경축 아치에 일제히 '살인마 전두환'이라는 표어가 다시 등장해 절정을 이루었다. 그렇지 않아도 전남도 당국은 경축 아치를 세우면서 으레 붙여야 할 초상화도 붙이지 않은 채 '경축 제11대 대통령 전두환 각하 취임'이라는 글씨만 쓰인 아치를 세운 것인데, 이 아치에 '살인마 전두환, 전두환 때려죽이자'는 표어를 페인트로 써 넣은 것이다. 다음날 이 사실을 알게 된 경찰 및 정보기관은 소행자 색출에 혈안이 되었지만, 책임자들은 이 사실이 전두환에게 알려질까봐 전전긍긍하고 있었다. 이날부터 경찰은 각 경축 아치마다 2명씩 사복경찰관을 24시간 배치했다. 그리고 1주일만에 철거하고 말았다. 온 국민이 경축(?)해야 할 대통령 취임을 알리는 아치가 왜 그렇게 수난을 받아야 하는 것일까? 학생이나 시민들은 광주의 피를 빨아 마시고 태어난 전두환 폭력정권을 인정하지 않았을 뿐만 아니라 오히려 분노를 느끼고 있었던 것이다. 비록 자신이 표출한 것은 아니지만 광주시민들은 이 같은 아치의 수난을 보고 갈채를 보냈음은 물론이다.

　수많은 희생자를 내고 일단 막을 내린 5·18은 필연적으로 후속처리 문제가 가장 큰 현안으로 떠올랐다. 그러나 국가폭력을 도용해 정권을 세운 폭력정권은 그 한계를 벗어나지 못했다. 모든 것을 폭력으로 수습하고 폭력으로 처리하려는 우매함을 빗겨갈 수는 없었다.

　광주사태 당시 주한 미국대사였던 글라이스틴은 대사직을 물러난 후 한국을 떠나면서 "광주사태는 전두환 대통령의 내외정책이 순조롭게 진행된다면 점차 역사 속으로 묻힐 것이다. 그러나 만에 하나 정책이 잘 진행되지 못하게 되면 사태는 사건으로서 언제까지 꼬리를 끌면서 험악한 요소가 될지도 모른다"고 말했다.[56] 전두환 정권의 강압통치는 결코 성공하지 못하리라고 예측한 글라이스틴의 말처럼 '광주사태'는 역사 속으로 묻혀지지 못하고 가장 큰 현안문제로 대두돼 그는 집권기간과 그 이후 내내 그가 뿌린 만큼 이상의 반대 급부를 받아야 했다. 그것은 곧 6월 항쟁으로 응축되었고 성공한 쿠데타도 단죄된다는 사상 초유의 사태를 맞아야 했다. 그가 국내정치에서 보다 유연하고 현실적으로 대처했더라면 '광주'문제는 계속 여과되면서 조금씩 '아름다운 과거'로 전이(轉移)되어 갈 수 있었을지도 모르나 그 유연성이 발휘되지 못하는 바람에 그 응어리가 삭여지지 않고 오히려 더욱 큰 사태(沙汰)로 성장해버렸다. 전두환에게는 '광주사태'가 수습할 수도, 역사 속으로 묻어버릴 수도 없는 커다란 종양이 되어버린 것이다. 그가 할 수 있었던 것은 관련자 175명을 재판결과에 관계없이 2년 만에 모두 풀어주는 것이 고작이었다. 이것은 '광주사태'가 자신들이 정권을 장악하기 위해 의도적으로 저지른 사건이었음을 간접적으로나마 스스로 시인하는 셈이 되고 말았다. 그리고 그는 '광주사태'의 진상을 밝혀내기 위한 제스처는 고사하고 억울하게 희생되고 고통당한 사람들에 대한 은유적인 조치를 취하지 않았을 뿐만 아니라 오히려 피해당사자들의 자구노력에 온갖 폭력을 동원해 무자비한 강경탄압으로 일관했다. 심지어 추모식마저 갖지 못하도록 방해하고 억압했다.[57]

---

56 김영택, 『10일 간의 취재수첩』, 사계절, 1988, 274쪽.

57 5·18 유족회, 부상자동지회, 구속자가족회, 5·18 동지회의 수난에 대해서는 김영택, 『10일간의 취재수첩』, 사계절, 1988, 274~291쪽.

국보위 설치와 제5공화국 출범

신군부는 '12·12 반란은 반란이나 쿠데타가 아니라 10·26 수사를 진행시키기 위한 불가피한 조치였으며, 김재규 수사를 둘러싼 군 내부의 갈등과 의견대립을 해소하기 위한 과정에서 인사정체로 인해 빚어진 군권 쟁탈전에 불과하다'고 주장했다. 그러나 이 같은 주장은 1980년 3~5월의 '서울의 봄'을 겪으며 무너진 유신체제에 이어 신유신체제를 구축하겠다는 의지, 즉 박정희 정권을 계승하겠다는 본심을 구체적으로 형상화시키면서 위장선언이었음이 서서히 드러나고 있었다. 정치군인들은 18년이라는 기나긴 반민주 독재체제 기간 동안 국민들이 겪었던 암흑과 좌절을 씻고 민주주의를 되돌려주겠다는 군 원로들의 의지마저 외면한 채 자신들의 야심을 착실하게 구체화 시켜가고 있었다.[58] 그런데도 신군부의 이 같은 의혹에 찬 행태를 포기시키고 군 본연의 임무로 돌아가도록 하지 못한 정치권은 상호 대립과 자신만이 정권담당자라는 착각을 함으로써 신군부로 하여금 정권창출의 의욕을 더욱 불태우게 하고 말았다. 그것은 곧 국보위 설치의 명분을 만들기 위한 '5·18살육'으로 나타났다. 이는 엄청난 '폭동사태' 수습에 혼신의 힘을 쏟아 '우리가 해냈다'는 명분을 내세워 과감한 군사정권을 수립하겠다는 의지의 표출이었다.

'광주사태'가 마무리되지 않은 5월 26일 오전 11시쯤 전두환 보안사령관 겸 중앙정보부장 서리는 보안사의 권정달 정보처장과 이학봉 대공처장을 대동하고 청와대로 최규하 대통령을 찾아가 지난 17일 비상계엄 전국확대안 보고 때 함께 재가를 받으려 했다가 위헌적 요소라는 이유로 거부당했던 국가보

---

58 박정희 집권 18년(유신 7년 포함)을 독재기간으로 보는 것은 사실적 의미의 독재체제로 보기 때문이다.

위비상대책위원회 설치안의 재가를 다시 요청했다.[59]

이에 앞서 전두환 보안사령관은 광주살육이 한창 진행 중인 5월 19일 최광수 비서실장을 통해 '대통령의 긴급조치권 발동은 불가하니 필요하다면 현행법 테두리 안에서 가능한 다른 방안을 강구해보라'는 최 대통령의 의중을 타진했다. 이에 따라 전두환 보안사령관은 최 대통령에게 '비상계엄을 전국에 확대함에 따라 대통령의 통수 및 감독권이 대폭 확대되어 계엄 업무를 관장하기 위해서는 별도의 자문·보좌기관이 필요하다'는 명분을 내세우면서 법적 근거로는 계엄법 제9조와 정부조직법 제5조, 그리고 계엄법 시행령 제7조를 제시했다. 아울러 국보위는 잠정적 임시기구로서 구성은 대통령이 의장을 맡고 국무총리·부총리·외무·내무·법무·국방·문교·문공·중앙정보부장·대통령비서실장·계엄사령관·합참의장·육군·해군·공군참모총장·보안사령관 등 16명의 당연직 위원 이외 대통령이 임명하는 10명 이내의 임명직 위원 등 모두 26명 이내의 위원으로 구성된다고 역설, 어디까지나 합법적인 대통령 자문기구임을 강조했다. 최규하로부터 긍정적 반응을 얻어낸 전두환은 전체 위원들을 일일이 소집하기에는 번거로움이 뒤따르기 때문에 상임위원회를 두되 위원장은 자신이 맡아 대통령의 보좌에 한 치의 허술함이 없도록 하겠다는 것과 대통령이 임명하는 10명의 임명직 위원은 현역군인으로 선정하겠다고 설명, 내락을 받아냈다. 엄청난 소요사태의 진압을 위한 재진압작전이 다음날 펼쳐진다는 사실을 알고 있는 최규하 대통령으로서는 어수선하고 살얼음판 같은 공포분위기 상황에서 열흘 전(5월 17일) 위헌이라는 이유로 서명을 거부했던 국보위 설치안을 끝내 물리칠 용기는 없었다. 전두환이 노린 것은 바로 이 대목이었다. 5·18 살육작전을 벌인 진의가 당초 여기에 있었던 것이다. 만

---

59 앞의 「5·18 공소장」, 48쪽 ; 재향군인회, 앞의 책, 325쪽.

에 하나 5·18 살육작전으로 인한 광주에서의 소요사태가 없었다면 국보위 설치안에 대한 대통령의 재가를 받아낼 수 있었을지는 의문이다. 최 대통령으로부터 싸인을 받아낸 전두환은 보안사 참모회의를 소집, 국보위 설치안의 국무회의 통과절차 및 방안과 국보위 위원 인선작업에 들어갔다.

당시 보안사는 명실상부한 정권창출의 산실이었다. 계엄령하의 정보통제권을 장악하고 있어 사실상 모든 행정·사법업무를 지휘하고 통제하는 역할을 하고 있었다. 뿐만 아니라 언론통제나 조작을 통해 자신들에게 유리한 여론을 조성함으로써 국보위는 외견상으로는 대통령의 계엄업무에 대한 자문기구 형태라고 빙자해 출발했지만, 실질적으로는 신군부의 주도로 행정 각부 등 내각을 통제하여 국정을 수행하려는 혁명위원회 격의 의도가 잠재되어 있었다.[60] 계엄령하에서 총체적인 권한을 행사해야 할 계엄사령부는 신군부 정권창출 추진의 들러리, 국보위 지휘를 받는 기구로 전락하고 말았다.

보안사는 3월부터 구상해온 '시국수습방안'에 포함돼 있는 비상기구 즉 국보위 설치를 위해 이미 구체적인 작업을 추진하고 있었다. 5월 17일 비상계엄확대조치와 동시에 국보위를 발족시키려던 계획이 신군부 주도세력의 당초 목표였다. 그런데 대통령의 재가를 받지 못했던 것이다. 그러나 정권창출의 목적을 달성하기 위해서는 반드시 관철시켜야 한다는 목표가 설정되어 있었다. 이 때문에 이미 삼청동 중앙교육연수원에 운영분과위원회를 설치하고 정지작업을 벌이고 있었다. 당초 국보위 설치안은 권정달 정보처장과 이학봉 대공처장, 김영균 전 육군법무감, 이원홍 대통령 민원수석비서관, 허화평 보안사 비서실장, 허삼수 인사처장 등이 안가에서 작업했으며 노태우 수도경비사령관, 정호용 특전사령관, 박준병 제20사단장이 가끔 작업장에 들러 조언하

---

60 재향군인회, 앞의 책, 326쪽.

고 자문을 아끼지 않았다. 이 같이 보안사가 중심이 되어 성안한 국보위 설치안은 5·16 때 국가재건최고회의 또는 혁명위원회와 비슷한 법적근거와 모양새를 갖추게 되었다. 하지만 한 차례 거부된 바 있는 이 안에 대한 재가를 이번에는 반드시 받아야 했기에 대통령에게 재가를 요구하기 전에 권정달 정보처장이 김용휴 총무처 장관에게 전달, 대통령을 설득토록 하는 한편 국무위원들을 사전에 이해시키는 과정에서 박동진 외무부 장관이 반대하자 노태우 수경사령관이 그를 보안사로 불러 '설득(?)'하기도 했다.[61] 그리하여 국보위 설치안은 27일 오후 대통령의 재가와 동시에 제46회 국무회의에 상정되어 일사천리로 의결되었다.[62]

전두환 보안사령관은 국보위 설치안이 국무회의에서 통과된 다음날인 28일 이른바 '12·12' 당시의 '경복궁 멤버'회의를 소집, 국보위 설치에 대한 대통령의 재가 및 국보위 인선과 향후 정치일정을 논의했다. 당시 보안사 참모회의가 정책의 집행기구라면 경복궁 멤버회의는 자신들끼리의 동지적 비공식 의결기구이자 양해절차를 밟는 필요적 기구로 수시로 열렸다.[63] 보안사와 경복궁 멤버회의는 전두환 정권을 창출하는 신군부의 양대 산맥이었다. 이날 회의에서는 국보위 인선문제를 놓고 몇 가지 원칙을 정했다. 대통령 임명케이스인 국보위원 10명은 군의 현직을 고려해서 임명하고, 상임위 분과위원장은 군 출신과 직업 관료를 균배하며, 상임위 분과위원은 각계에서 영입하되 배신

---

61 「5·18 공소장」, 48쪽 ; 재향군인회, 앞의 책, 327쪽.

62 「5·18 공소장」, 48쪽.

63 경복궁 멤버회의 참석자 : ◇육사 제11기 兪學聖·黃永時·車圭憲 中將 ◇육사 제12기 朴熙道·朴俊炳·朴世直 ◇육사 제13기 崔世昌 ◇육사 제14기 李鍾九·安武赫·李春九 ◇육사 제15기 權丙植·閔丙敦·李鎭三·高明昇, ◇육사 제16기 張世東·崔枰旭·任寅祚 ◇육사 제18기 李鶴捧 등이었으며 제15기의 權正達은 간사역할을 했다(재향군인회, 앞의 책, 327쪽).

하지 않을 사람을 뽑는다는 것이었다. 국보위 인선과 출범준비를 논의해야 하는 이날 회의의 핵심멤버는 이른바 신군부 삼두마차로 불리던 전두환 중장(보안사령관)·노태우 소장(수도경비사령관)·정호용 소장(특전사령관)과 나중에 허문도를 포함, '쓰리(3) 허'로 호칭되는 사람 중 두 사람인 허화평 대령(보안사 비서실장)·허삼수 대령(보안사인사처장) 등 5인이었다.

국보위의 당연직은 박충훈 국무총리 등 16직책에 14명이었고[64] 임명직은 전·노·정 3장군과 보안사 참모들이 숙의한 끝에 백석주 대장(한미연합사부사령관) 등 10명을 뽑았다.[65] 실질적으로 군사평의회 같은 기능을 하게 되는 국보위는 2중 구조로 조직되어 국보위의 외견상 형태는 최규하 대통령을 의장으로 하는 대통령 자문기구처럼 위장하고 실권은 상임위원회의 위원장인 전두환이 입법·사법·행정 3권을 통합해 장악하는 절대적 권력기구로서 유신체제 헌법기구와 비슷했다.[66] 상임위원은 위원장 전두환 외 당연직 14명, 임명직 10명을 별도로 임명했다.[67] 진용을 갖춘 국가보위비상대책위원회는 5월 31일 전 중앙

---

64 박충훈 국무총리·김원기 부총리 겸 경제기획원장관·박동진 외무·김종환 내무·오탁근 법무·주영복 국방·이규호 문교·이광표 문공·전두환 중앙정보부장 서리·최광수 대통령비서실장·이희성 계엄사령관·유병현 합참의장·이희성 육군참모총장·김종곤 해군참모총장·윤자중 공군참모총장·전두환 보안사령관.

65 백석주 대장(한미연합사부사령관), 진종채 중장(제2군사령관)·유학성 중장(제3군사령관)·윤성민 중장(제1군사령관)·차규헌 중장(육군사관학교장)·김정호 중장(해군참모차장)·노태우 소장(수도경비사령관)·정호용 소장(특전사령관)·전두환 소장(보안사령관)·김경원 대통령 외교 특별보좌관(대통령 지명)(〈조선일보〉, 1980년 6월 1일자).

66 재향군인회, 앞의 책, 327~328쪽.

67 국보위 상임위원 명단: ◇위원장=全斗煥 ◇임명직 위원(16명)=李喜根(공군중장)·申鉉銖(육군중장)·車圭憲(육군중장)·鄭元民(해군중장)·姜榮植(육군중장)·朴魯榮(육군중장)·金潤鎬(육군중장)·權寧珏(육군소장)·金烘漢(육군소장)·盧泰愚(육군소장)·鄭鎬溶(육군소장)·金仁基(공군소장)·安致淳(대통령 정무비서관)·閔海榮(대통령 경제비서관)·崔在豪(대통령 민원비서관)·申鉉守(대통령 사정비서관) ◇ 당연직 위원(14명)=李基百(육군소장·운영위원장)·文相翼(대검검사·법사위원장)·盧載源(외무부기획관리실장·외

576

교육연수원 건물(서울 종로구 삼청동 25의 1번지)에서 발족식을 갖고 본격적인 활동에 들어갔다. 국보위가 활동을 개시함으로써 권력의 중심은 순식간에 청와대에서 전두환 국보위상임위원장과 그 주도세력에게 옮겨졌다.[68]

최규하 대통령의 권한은 내각책임제처럼 이름뿐인 대통령으로 전락하고 말았다. 국보위 발족 이전에도 군권을 장악한 전두환이 군 인사를 좌지우지했지만 그래도 내각이 버티고 있어 그런대로 정부의 기능을 수행할 수 있었다. 그러나 이제 국보위는 의장에 대통령을 앉혀놓고 실권을 상임위원장이 장악해 계엄사령부를 지휘하면서 내각을 국보위의 결정사항을 수행하는 실무 집행기구 또는 하급기구로 만들어 버렸다. 사실상 전두환이 대한민국의 통치권을 장악하게 된 것이다.

이로써 신군부의 제6단계 쿠데타가 완결되고 명실상부하게 국가원수의 자리를 차지하는 마지막 제7단계를 향해 치달았다.[69] 7월 17일 전두환은 수해지

무위원장)·李光魯(육군소장·내무위원장)·金在益(기획원기획국장·경과위원장)·沈裕善(육군소장·재무위원장)·吳滋福(육군소장·문공위원장)·金周浩(농수산부식산차관보·농수산위원장)·趙英吉(해군준장·보사위원장)·李祐在(육군준장·교통위원장)·李圭孝(건설부기획관리실장·건설위원장)·琴震鎬(상공부기획관리실장·상공자원위원장)·金滿基(정보부감찰실장·정화위원장)·鄭寬溶(공무원교육원부원장·사무처장)(『1980년대 민주화운동』, 825~826쪽.

68 〈동아일보〉, 1980년 6월 5일자 ; 재향군인회, 앞의 책, 328~329쪽.

69 국보위는 사실상 군 출신의 몇몇 분과위원장과 각 분과위원회 간사 중심으로 운영했다. 즉 위원장 중에는 이기백(운영)·이광노(내무)·오자복(문공)·이춘구(사회정화–김만기 후임) 등이, 간사 중에는 최평욱(운영, 육사 제16 기, 대령)·김성훈(법사, 육사 제16기, 대령)·정만길(외무, 육사 제16기, 대령)·민병돈(내무, 육사 제15기, 대령)·최상진(재무, 육사 제17기, 대령)·김상준(문공, 육사 제19기, 대령)·박효진(농수산, 육사 제12기, 대령)·유종열(보사, 육사 제17기, 대령)·허삼수(사회정화, 육사 제17기, 대령) 등이 핵심이 되어 국보위를 운용했다. 특히 그 중에서도 전두환 상임위원장과 노태우 소장·허화평 대령·허삼수 대령이 핵심 중의 핵심으로 국보위를 움직여 대한민국을 통치했다. 그러나 분과위원회 주요 업무처리는 이춘구·안무혁·최평욱·허삼수·민병돈 등 현역 군인들이 주도적으로 의사결정을 했다는 증언도 있었다(재향군인회, 앞의 책, 329~330쪽).

구를 시찰하면서 최종완 건설부장관을 비롯하여 이광노 내무분과위원장·안무혁 건설분과위원회 간사·국방부 대변인·국방부 보안부대장 등으로 하여금 수행토록 하고 청와대 출입기자가 동행하는 등 국가 지도자 격의 모습을 보이며 '내가 실제 대한민국 통치권자'라는 사실을 내외에 천명했다.[70] 그는 그 후 계속 국가통치권자로서 자임하는 행보를 계속하며 공직자 숙청·삼청교육·언론인 숙청과 통폐합 등의 3대 개혁(?)을 진행했다. 최규하 대통령은 더 이상 대통령으로서의 설자리를 잃고 말았다. 신군부 측의 집요한 하야권고 공작을 받은 최 대통령은 7월 31일 전두환 국보위 상임위원장을 불러 하야결심을 직접 전하고 8월 16일 '학생소요와 광주사태에 대해 국정 최고책임자로서 정치 도의상 책임을 통감한다'는 성명을 내고 사임했다.[71] 이는 예정된 코스였다.

더욱이 '미국은 전두환을 한국의 국가원수로 지지하기로 결정했다'는 8월 8일자 미국 〈로스앤젤레스 타임즈〉의 보도는 '전두환 대통령'을 기정사실화하는 과정이기도 했다. 그리고 8월 21일 전군 지휘관회의에서 만장일치로 전두환 육군대장을 대통령으로 추대하자 다음날인 8월 22일 전두환 국보위 상임위원장은 현역 육군대장에서 전역, 대통령으로 선출되기 위한 사전코스에 들어갔다. 후임 보안사령관은 신군부의 쌍두마차인 노태우 수경사령관이 맡았다. 이날 전역하는 전두환에게는 태극무공훈장·무궁화대훈장·건국훈장대한민국장·수교훈장강화대장이 수여됐다.[72] 그리고 8월 27일 장충체육관에서

70 〈동아일보〉, 1980년 7월 18일자.

71 〈동아일보〉, 1980년 8월 17일자 ; 「5·18 사건 공소장」, 56쪽.

72 〈한국일보〉, 1980년 8월 23일자 ; 우리나라에는 무궁화대훈장·건국훈장·국민훈장·무공훈장·근정훈장·보국훈장·수교훈장·산업훈장·새마을훈장·문화훈장·체육훈장이 있으며 이들은 각각 국가에 대한 공훈에 대해 훈공이나 공로를 표창하기 위해 국가가 주는 紀章이며 敍勳者는 가문이나 개인의 영예가 된다. 전두환은 우리나라 11개종 훈장 중 가장 격이 높은 1등급의 최고훈장 4개를 동시에 받았다. 그러나 보안사령관·중앙정보부장

열린 통일주체국민회의에서 대통령 후보로 단독 출마하여 재적 대의원 2,540명 중 2,525명이 투표하여 2,524표를 얻어 당선되자마자 대통령 집무를 시작했다.[73] 다시 말하면 1979년 12월 12일 육군소장에서 9개월여 만에 두 계급이나 특진한 그는 8월 22일 대장으로 예편한 뒤 불과 닷새 만에 대통령 선거를 치른 것이다. 유신헌법하에서 단독 출마해 '거수기'로 불린 통일주체국민회의로부터 대권을 이양 받는 일은 누워서 떡먹기였다. 기권 1명을 제외한 2,524명이 찬표를 던진 것이다.[74] 동시에 언론매체들은 앞 다투어 '전두환 예찬론'을 일제히 대서특필했다.[75] 이렇게 전두환이 9월 1일, 제11대 대통령에 취임함으로써 제5공화국이 탄생, 세계에서 가장 긴 쿠데타의 제7단계가 완결돼 본격적인 억압통치시대의 막을 올렸다.[76] 결국 '유신의 아들'로 태어난 것

서리·국가보위비상대책위원회 상임위원장으로서 그가 국가와 국민을 위한 공훈이 과연 무엇인지 의문이 생기며 특히 무공의 대가로 수여하는 태극무공훈장은 전투 한 번 치르지 않은 그에게는 온당치 않다. 만에 하나 12·12, 5·17, 5·18을 저지르면서 무고한 국민을 희생시킨 대가라면 그의 서훈은 재고되어야 한다(재향군인회, 앞의 책, 351쪽).

73 〈조선일보〉, 1980년 8월 28일자.

74 이 과정에서 김대중은 내란음모사건의 주모자로 구속됐고 김영삼은 정계에서 은퇴했으며 김종필은 부정축재자로 몰려 공직에서 사퇴했다. '3김시대'는 막을 내렸고 '서울의 봄'은 걸음마도 떼기 전에 광주의 피로 진혼제를 치러야했다. 당시 미국 카터 행정부가 취임식장에 글라이스틴 주한대사 이외 한 명의 축하사절도 보내지 않은 것은 이와 무관하지 않다. 취임식 다음날 글라이스틴 대사는 워싱턴에 보낸 보고서에서 '한국 대통령 취임식 날 공식행사는 매끄럽게 진행됐으나 축제 분위기는 없었음. 한국인들은 공휴일의 쾌청한 날씨를 만끽했고 공원에는 인파가 북적였음. 그저 평소 햇볕 좋은 일요일을 즐기는 것 같은 분위기였음'이라고 표현했다(〈동아일보〉, 2005년 9월 1일자 「책갈피 속의 오늘」란).

75 예를 들면 〈동아일보〉는 1980년 8월 29일자에 양면을 거의 할애하여 「새 時代의 旗手 全斗煥 大統領, 憂國衷情 30년 軍生活 통해본 그의 人間像」을 대대적으로 게재했다.

76 '제5공화국'의 시기를 전두환이 중도 하야한 최규하 대통령의 후임 대통령으로 취임하게 되는 1980년 9월 1일부터로 볼 것인가 아니면 헌법을 개정하여 새로운 헌법에 따라 7년의 임기가 시작되는 제12대 대통령으로 취임하는 날인 1981년 3월 3일부터로 볼 것인가에 대한 의견은 다르다. 물론 법률적으로는 1981년 3월 3일, 제12대 대통령으로 취임

이다.[77] 5·16 직후 박정희의 동향 후배로 권력핵심부에 들어가 친위대 역할을 하면서 조직한 하나회 회원들을 이끌고 정치군인의 길을 걸어오기 18년, 그는 박정희로부터 온갖 특혜와 애착과 비호를 받으며 철저한 정치군인이 되어 언젠가 박정희의 권좌를 계승하겠다는 야심과 꿈을 품고 기회를 엿보아왔다. 그리고 그 기회가 예상외로 빨리 다가오자 이를 놓치지 않고 그동안 권력핵심에서 훈련된 정치감각과 충실하게 가꾸어 권부(權府) 요소요소에 배치해놓은 하나회 회원들을 동원, 한 치의 오차도 없이 진행시켜 정권을 장악하는데 성공했다.[78] "후임대통령은 유신헌법에 의해 선출되어야 한다"는 전두환의 한 마디가 그대로 실현됨으로써 빈말이나 허구가 아니라 자신이 그 목표였다는 사실을 국민들이 깨닫게 된 것은 한참 후의 일이었다.

전두환이 10·26을 맞자마자 정권탈취의 호기로 알고 자신이 키워온 하나회 후배들을 동원해 착실하게 추진하는 과정에서 1980년 1월, 30여 명의 장성들이 전두환을 비롯한 13명의 장성을 제거하기 위해 공작을 진행한 끝에 위컴 한미연합사령관에게까지 접근하는 등 한때 위기도 맞았지만[79] '안정된 전두환을 지지한다'는 미국 정부의 방침을 따른 위컴의 제지로 무산됨으로써 탄탄대로의 집권가도를 달릴 수 있었다.[80] 전두환의 성공에는 몇 가지 요인이 자리잡고 있었다.

한 시기부터 제5공화국은 시작되지만 실질적으로 정권담당자가 되고 전두환식 폭압정치가 시작되는 시기라는 관점에서 보면 1980년 9월 1일부터를 제5공화국으로 보는 것이 타당할 것 같다.

77 글라이스틴, 황정일 역, 앞의 책, 238쪽(Gleysteen, ibid, p. 169).

78 李度晟, 『남산의 부장들』, 동아일보사, 1993, 351~357쪽.

79 글라이스틴, 앞의 책, 140~141쪽 ; 李祥雨, 『軍部와 光州와 反美』, 靑史, 1988, 132쪽.

80 글라이스틴, 황정일 역, 앞의 책, 231~239쪽(Gleysteen, ibid, pp. 164~170) ; 돈 오버도퍼, 이종길 역, 앞의 책, 218쪽(Don oberdorfer, ibid, p. 137).

(1) 1963년의 7·6 친위미수 쿠데타 사건과 1973년 4월 윤필용 불경(不敬) 사건에서도 끄떡없이 건재한 가운데 '박정희의 심복'이라는 자긍심을 은연중에 갖고 철저하게 정치군인 수업을 쌓았다는 점, (2) 박정희의 비호 아래 자신은 물론 그의 후배이자 수족들인 200여 명의 하나회 회원들을 철저하게 수직 또는 점조직으로 관리하면서 최우선적으로 승진시켜 충복으로 만든 후 군을 비롯한 정치권력의 핵심요직에 배치해 키웠다는 점, (3) 박정희는 복수 품신의 관례를 깨고 단독 품신된 전두환을 즉각 받아들여 보안사령관에 파격적으로 임명함으로써 어느 누구도 그를 제압할 수 없는 위상으로 인식시켜 사실상 후계자 비슷한 입장이 되었다는 점, (4) 보안사령관에 임명된 지 7개월만에 10·26을 맞자 자신이 박정희 정권의 계승자가 되어야겠다는 집념 아래 "후임 대통령은 유신헌법으로 선출해야 한다"고 선언하고 철저하게 준비하는 과정에서 12·12 반란, K-공작, '시국수습방안' 마련, 5·17 조치 등 일련의 프로그램을 차질 없이 진행했다는 점, (5) 진급·보직에서 특단의 혜택을 받은 하나회 회원 동지와 후배들이 한 치의 오차도 없이 자신의 의도대로 잘 따라 주었다는 점, (6) 보안사·중앙정보부·경찰의 정보를 독점함으로써 가장 걸림돌이 되는 군 원로들을 비롯한 모든 군 장교들의 행동반경을 철저하게 감시하고 있었다는 점, (7) 중앙정보부의 막대한 자금을 마음대로 활용할 수 있었다는 점, (8) K-공작을 통해 여론수렴과 조작에 어느 정도 성공했다는 점, (9) 5·18 당시 공수부대원들의 공격적 살육작전에 광주시민들이 예상대로 크게 반발, 대규모 무장폭동을 일으켜(?) 5·27 재진압작전을 수행할 수 있게 됨으로써 자신의 위상제고는 물론 국보위를 원만하게 설치할 수 있었다는 점 등을 들 수 있다.

민주화 운동과 5·18의 청산

천주교 사제들의 진상규명운동과 민주화 투쟁

'광주사태'가 발생하자 학생 및 시민들은 물론 종교계, 특히 천주교와 개신교 일부 교직자들이 사태수습을 위해 적극 앞장섰다. 자치시대 첫날인 22일, 천주교의 김성용, 조철현 신부는 남동성당에서 10명의 광주지도급 인사들과 엄청난 사태의 원만한 수습을 논의한 다음 시민수습위원을 맡아 학생 및 시민군과 계엄분소를 오가며 원만하고 평화적으로 수습되도록 노력하는 한편 총기회수에도 총력을 기울였다. 뿐만 아니라 천주교 사제들은 전국적 연대를 통해 사태기간은 물론 그 후에도 진실전달 및 진상규명운동에 헌신적으로 앞장섰으며 관련자들의 부당한 조치에 적극 대응했다.

한때 수습위원장으로 추대되기도 했던 윤공희 대주교는 '광주살육'의 실상을 세상에 정확히 알리는 한편 사실에 입각한 사태수습을 위해 많은 노력을 기울인 사람이다. 그는 19일 오후 서울 출장길에 김수환 추기경을 만나 광주 가톨릭 센터에서[81] 현장을 직접 목격한 18일과 19일 오전 상황을 전하고 돌아왔다.[82] 이에 앞서 윤 대주교는 한 미국인 신부를 만났다.

그 후 김수환 추기경에게 보다 자세한 내용을 보고하는 데는 상당한 애로가 있었어요. 시외전화도 끊겼고 교통마저 마비됐기 때문이지요. 마침 미국인 신부가 본국의 훈령에 따라 철수하게 되었어요. 주한 미국대사관 측에서 보낸 특별기를 송정리 비행장에 대기시켜 놓은 가운데 주교인 제게 와서 '철수해도 되느냐'며 허락을 받으러 왔어요. 그래서 빨리 가라고 했지요. 그러면서 제가 보고 들은 것을 이야기해 주면서 이를 김 추기경님에게 전해 달라고 했지요. 이때 그 신부는 김 추기경님에게 보고한 뒤 미국대사관에 말해도 되느냐고 해요. 그래서 그것은 전적으로 당신의 의사에 달려 있다고 그랬지요.

그러나 이 신부(Fr. Sheehan)는 광주를 떠나지 않겠다고 뜻을 바꾸게 된다. 윤 대주교는 이날 떠나는 광주 미국문화원장 밀러를 통해 김수환 추기경에게 메시지를 보내며 "군과 정부가 잘못을 솔직히 시인하고 정중히 사과해야 수습이 된다고 말했다"고 회고했다.[83]

윤 대주교는 뒤에 최규하 대통령에게 공한을 보내 사태의 진상을 정확히 파악하고 '당국의 사과가 선행되어야 수습의 실마리가 풀린다'고 강조하였다. 그는 이 공한에서 광주사태는 공수부대의 '천인공노할 만행' 때문이라고 역설했

---

81 광주교구와 주교관은 광주시 동구 금남로 3가에 위치하고 있는 가톨릭센터 6층에 자리 잡고 있다. 이 센터는 '광주사태'의 주무대인 금남로 3가에 위치해 사태발발 다음날인 19일 공수부대원들이 건물 안에 있다고 해서 시위민중들이 난입하는 등 처음부터 소용돌이에 휘말리기도 했다. 이러한 상황은 윤 대주교를 비롯한 천주교 사제들로 하여금 사태수습에 직접 뛰어들게 했음은 물론 나중에 광주항쟁의 진실을 확산시키는 중심역할을 하게 됨으로써 5·18과는 불가분의 관계를 맺게 된다(김영택, 앞의 책, 168쪽).

82 김수환 추기경은 윤 대주교로부터 이날(19일) 오전에 목격한 광경을 전해 듣고 "6·25 이후 민족 최대비극인 '오월광주'의 서곡임을 누가 알았겠는가"라고 탄식했다(김수환, 『추기경 김수환 이야기』, 평화방송·평화신문, 2005, 267쪽).

83 김영택, 앞의 책, 168쪽 ; 이 내용은 1986년 1월 12일 천주교대주교관에서 『여성동아』 1986년 2월호 「윤공희 대주교 특별인터뷰=부부가 서로를 사랑하지 않는 것도 죄악이다」 제하의 기사를 취재하기 위해 인터뷰하는 과정에서 직접 술회한 내용이다 ; 윤공희 대주교와 사제들의 오월항쟁 체험담, 『저항과 명상』, 빛고을출판사, 1989, 17쪽.

다.[84] 사실상 천주교 사제들의 진실확산 및 규명운동은 이때부터 시작되었다.

윤 대주교의 보고를 받은 김수환 추기경은 6일째 계속되고 있는 광주사태에 대해 23일 전국 주교들과 회합을 갖고 깊은 우려와 의견을 나눈 다음 명동 성당에서 특별강론을 했다.[85] 이 강론문은 '광주사태'에 관해 전국의 천주교 신자들의 관심을 불러일으키게 했다는 점에서 큰 의미가 있다. 특히 광주의 현장 아닌 서울에서 그것도 '사태'가 끝나지 않고 계속되고 있는 가운데 '광주 살육'에 대해 공식적으로 언급한 강론이라는 점에서 커다란 의미가 부여된다. 이틀 후 김수환 추기경은 이억민·장용복 두 신부를 광주에 보내 사태를 돌아보게 하는 한편 윤공희 대주교에게 '광주의 진실을 알려야 합니다. 따라서 진실이 필요합니다'라는 서신과 금일봉을 보냈다. 또한 윤보선 전 대통령·함석헌·천관우 등과 함께 '광주사태의 평화적 해결을 촉구하는 시국선언문'을 발표하기도 했다.[86]

윤공희 대주교는 천주교 신앙 여부에 관계없이 광주지역의 정신적 지주로 신망과 존경의 상징이었다. 이러한 윤 대주교가 24일 남동성당 미사에서 "'십자가를 통한 부활의 승리'라는 제목의 특별강론을 통해 우리 광주시민들이 남다르게 바쳐야 했던 이 제물이 결코 뜻 없는 희생일 수 없습니다. 아직도 이 시련의 진전과 결말이 어떠할지 우리들의 우려와 근심이 끝나지 않고 있습니

---

84 「존경하는 최규하 대통령 각하-천주교 광주대교구장 윤공희 서한」, 1980년 5월 26일 (김영택, 앞의 책, 373쪽) ; 앞의 『5·18 광주민주화운동 자료총서』 제2권, 77~78쪽.

85 강론 전문은 김영택, 앞의 책, 169~170쪽 참조.

86 김수환, 『추기경 김수환 이야기』, 평화방송·평화신문, 2005, 269~270쪽. 이 책에 이 억민·장용복 두 신부를 광주에 보냈다는 내용은 없다. 그리고 금일봉을 보냈다는 이야 기는 전해지고 있으나 구체적인 액수가 밝혀진 것은 아니다. 또한 발표한 시국선언문은 〈동아일보〉만 단신으로 보도했을 뿐, 어느 매체도 보도하지 않았다고 김수환 추기경 자신이 밝히고 있다.

다"라고 전제한 후 "이 엄청난 비극의 책임을 면치 못할 사람은 누구나가 스스로 진실한 뉘우침으로 하느님 앞에 속죄를 해야 한다"고 강조하며 아직도 '광주'가 끝나지 않은 상황에서 5·18을 유발한 신군부를 향해 호소했다. 또한 시민수습위원으로 활동하던 김성용 신부는 일요일인 25일 성신강림 대축일 미사에서 "유신잔당이 우리를 짐승같이 취급해 때리고 개를 죽이듯이 끌고 가고 찌르고 쏘아댔다. 이제 우리는 그러한 개가 아닌 인간답게 살려면 목숨을 걸고 싸워야 한다"고 역설했다. 이틀에 걸친 윤공희 대주교와 김성용 신부의 강론을 전해들은 시민들은 지금까지 겪은 불안과 두려움을 후련하게 해소할 수 있었다.[87]

'광주사태'는 5월 27일 계엄군의 물리적인 재진압작전으로 표면상으로는 수습되었다. 그러나 정확한 진상이 밝혀지지 않은 채 일방적인 진실봉합과 관련자들에 대한 억압이 계속되자 유족이나 직접 관련자는 물론 학생이나 시민 못지 않게 크게 반발하고 나선 것은 종교계, 특히 천주교 사제들이었다. 천주교 측은 사태 기간이나 그 후 기회가 있을 때마다 제5공화국 정권당국의 사과와 진상조사를 요구하면서 희생자와 구속자를 위한 기도회를 잇따라 열었다. 가장 먼저 천주교 광주대교구 사제단은 무력으로 제압된지 5일 후인 6월 1일 '광주항쟁에 대한 진상'을 발표했다. 이 발표문은 계엄사가 5월 31일 발표한 '광주사태의 전모'에 대응한 내용이다. '광주사태의 전모'가 터무니없게 왜곡한데 반발, 정확한 진상을 국민들에게 알릴 필요가 있다는 판단 아래 발표했던 것이다. 이 발표문에서 사제단은 '평화적인 학생데모', '광주특전단의 만행', '데모대의 무장 경위', '도청 철수 이후의 광주상황', '폭도는 누구인가'라는 소제목하에 공수부대의 만행을 조목조목 가린 다음, '군은 이상과 같

---

87 강론 전문은 윤공희, 『저항과 명상』, 빛고을출판사, 1989, 19~21쪽.

은 한국 근대 사상 유례 없는 유혈사태를 유발하여 놓고 그 책임을 광주시민에게 전가하기 위해 일체의 보도를 통제하고 스스로 저지른 잔인한 만행에 대해 추호도 양심의 가책을 느끼지 못하고 있다는 것은 참으로 통탄할 일이다'라고 결론지었다.[88] 이 무렵 천주교 정의구현전국사제단과 광주·전주·부산·안동·마산·수원·순천·원주·인천·청주·서울교구 및 수도회 사제단은 연명으로 성명서를 발표하고 비극적인 광주사태 발생 원인은 '현 정부와 일부 군부의 광적인 살인행위에 기인한 것'이라고 천명했다.[89] 또한 윤공희 대주교는 이미 5월 26일 최 대통령에게 보낸 글에서 공수부대의 만행을 '천인공노할 잔악한 행위'라고 규정한 바 있지만 6월 2일 또 다시 광주사태 수습을 위해 최규하 대통령에게 서한을 보냈으며[90] 동시에 주교회의 상임위원회도 최규하 대통령에게 서신을 보내 '광주시민의 마음속 깊은 상처를 어루만져 주시고 진정한 국민적 화합을 이루어 주시기를 앙청합니다'라고 호소했다.[91] 이는 윤공희 대주교가 두 번에 걸쳐 보낸 글을 뒷받침하는 것으로 광주항쟁에 관한 주교회의의 관심을 표명한 것이다. 이와는 달리 김성용 신부는 '분노보다는 슬픔'이라는 제목으로 광주사태를 직접 체험한 내용을 신앙적 고백으로 증언하기도 했다.[92]

6월 4일 광주에 들러 광주사태에 관해 직접 증언을 들은 바 있는 김수환 추

---

88 전문은 앞의 『1980년대 민주화운동』, 291쪽 ; 김영택, 앞의 책, 381~384쪽.

89 전문은 앞의 『5·18 광주민주화운동 자료총서』 제2권, 136쪽.

90 전문은 앞의 『5·18 광주민주화운동 자료총서』 제2권, 119쪽.

91 전문은 앞의 『5·18 광주민주화운동 자료총서』 제2권, 118쪽.

92 김영택, 앞의 책, 273~274쪽 ; '소위 5·18 사건의 발단', '공수특전대의 살상만행', '아! 이것이 대한민국 군대인가', '초등학교 어린이도 돌을 던지고', '피로 물들인 석가탄생일', '펄럭이는 태극기', '분노하는 80만', '불신받는 수습대책위', '수습해야지', '죽음의 행진', '우리들은 군인이다', '비극의 도시 광주에서 탈출', '피의 값은 어디에', '분노보다는 슬픔'이라는 소제목을 달았다(『저항과 명상』, 45~66쪽).

기경은 6월 25일, 6·25 30주년을 맞아 발표한 시국담화문에서 '광주사태는 통탄과 통분을 금치 못할 사실이었음에 비추어 광주시민의 슬픔을 위로하고 그 마음의 상처를 낫게 하며 국민이 납득할 수 있는 방향으로 진실에 따라 공명정대하게 해결되어야 할 것입니다. 힘에 의한 외형적 해결은 장차 국민의 화합과 단결을 크게 저해하는 요인으로 계속 남아 있을 것입니다'라고 지적, 원만한 수습을 촉구했다.[93] 이에 앞서 6월 6일 일본 가톨릭 '정의평화협의회'는 「찢어진 깃 폭」이라는 글을 통해 광주살육의 진상을 일본국민들에게 알렸고[94] 로마 바티칸에서 근무하고 있던 천주교 성직자·수도자들은 「재로마성직자·수도자가 드리는 글」을 통해 광주살육의 안타까움을 호소했다.[95]

천주교 광주 대교구는 6월 30일 오후 8시, 광주 남동성당에서 희생자 및 구속자를 위한 기도회를 가지려 했으나 미사가 시작되기 2시간 전부터 송동섭 경찰국장 명의의 경고장을 들고 들이 닥친 수백 명의 정사복 경찰들이 신도들의 통행을 차단하고 성당구내 출입을 완전 봉쇄해 무산되고 말았다. 이에 앞서 소준열 전남북계엄분소장은 윤공희 대주교에게 보내는 '경고장'을 통해 6월 30일 20시 남동성당에서 개최코자 하는 미사행사는 다음과 같은 이유로 불법집회로 규정, 집회개최를 금지토록 경고했다.[96] 이 경고장이 밝힌 불법집회로 규정하는 대목은 '귀 교구청 산하 성당에서 매주 월요일 실시하는 미사행사는 본당 신도와 타 성당 신부 및 신도가 참석하므로 종교행사로 볼 수 없고', '지난 6월 23일 계림동 성당에서 개최한 미사에서 정치적 발언을 했다'는 것이다. 광주교구는 6월 23일부터 월요일마다 광주시내 여러 본당에서 순회

---

93 전문은 김영택, 앞의 책, 385쪽.
94 전문은 앞의 『5·18 광주민주화운동 자료총서』 제2권, 122~129쪽.
95 전문은 앞의 『5·18 광주민주화운동 자료총서』 제2권, 137~138쪽.
96 전문은 앞의 『5·18 광주민주화운동 자료총서』 제2권, 149쪽.

미사를 갖기로 결정하고 계엄사에 구속된 조철현 신부가 주임신부로 있는 계림동 성당에서 첫 미사를 가졌었다. '광주사태 희생자 및 구속자를 위한 첫 기도회'가 열린 것이다. 이에 대해 광주대교구는 이희성 계엄사령관에게 '순수한 종교행사를 방해한 것은 위법'이라는 항의문을 보냈다.[97]

7월 7일 북동성당에서 '마지막 한 사람의 사제가 남을 때까지 뜻을 굽히지 않겠다'는 결의를 표명한 가운데 기도회는 다시 열렸다. 윤공희 대주교는 7월 15일 오후 5시 역시 남동성당에서 열린 '희생자 및 구속자를 위한 월요미사'를 집전하는 강론을 통해 "우리가 바라는 것은 광주사태의 모든 진상을 솔직히 보고 인정하는 것이 진정한 화해의 근본이 되는 것으로 보고 정부와 군 당국이 이제라도 깊이 생각해 주기를 바라는 것입니다. 그리고 모든 사실에 대한 바른 평가 위에서만이 사태의 수습 또는 공정하게 처리될 수 있다는 것을 강조하고자 하는 것입니다"라고 역설했다.[98]

윤공희 대주교는 다음 해인 1981년 3월 30일, 광주사태 관련자들에 대한 대법원 선고 전날 역시 같은 남동성당에서 열린 월요미사 강론에서 "광주사태와 관련해서 오로지 정치적 이유 때문에 어떤 사람이라도 처형을 당한다면 그것은 절대로 용납될 수 없는 중대한 과오가 된다"고 강조하면서 광주사태와 관련, 구속된 사람들은 모두 죄인이 아니라고 강조했다. 또한 그는 1981년 5월 10일 명동성당에서 열린 광주대교구 사제단 합동미사 강론을 통해 "광주사태는 처음에는 평화적인 학생들의 시위가 있었는데 이것을 진압하는 단계에서 공수특전단이 너무나도 잔악한 만행을 저지르는 바람에 이에 격노한 시민들이 궐기하여 무기까지 탈취해 항거하게 된 것입니다. 그래서 결국 군·경

---

97 전문은 앞의 『5·18 광주민주화운동 자료총서』 제2권, 150~151쪽.
98 전문은 앞의 『5·18 광주민주화운동 자료총서』 제2권, 153~155쪽.

이 광주시내에서 밀려나갔던 극단적인 소요사태로 번진 것이었습니다. 무슨 불순분자가 개입한 내란이 아니었습니다"라고 그 실상을 서울 신도들에게 직접 전했다. 그는 이어 "김성용 신부도 역시 수많은 유혈의 희생을 내고 있는 비참한 사태를 수습해 보려는 목자적 사랑과 사명감을 가지고 나섰던 것입니다. 그것이 오히려 오해되어 형벌을 받고 있는 것입니다. 그에게 뒤집어씌운 죄목이란 것이 어마어마하게도 '내란 중요임무 종사'라는 것입니다. 그러나 사실은 김성용 신부도 그렇고 또 다른 소위 재야 수습위원도 그랬지만 이들은 광주사태가 이미 벌어지고 난 다음인 5월 22일, 비로소 남동성당에 모여 가지고 이 사태를 누군가가 수습하도록 해 봐야 되지 않겠느냐 하는 생각에서 같이 의논들을 하였던 것입니다. 그 결과로 이들이 나서서 젊은이들을 설득해서 무기를 내놓게 하고 당국과의 교섭을 진행시키고 하였던 것입니다. 그런데 이 분들이 무슨 나라를 뒤집어엎을 내란을 꾸미고, 무슨 조직을 해서 임무를 분담해 가지고 거사를 하거나 한 것처럼 내란 중요임무 종사라는 죄목을 씌운 것은 참으로 얼토당토않은 일입니다"라고 울부짖었다.[99] 윤공희 대주교는 대법원 판결이 내린 다음날인 1981년 4월 1일 전두환 대통령을 만나 유죄판결을 받은 모두를 사면해 주도록 요청했다. 그러나 전두환은 사면할 수 없다는 뜻을 분명히 했다고 전했다. 이에 앞서 윤 대주교는 광주사태 직후인 1980년 7월 1일 국보위 상임위원장 전두환을 만나 '광주 문제 해결을 위해서는 전면 사면이 필요하다'고 건의해 '그렇게 노력하겠다'는 답변을 받은 바 있다.

이 같이 천주교 사제들은 기회 있을 때마다 강론이나 성명을 통해 광주사태의 진실을 알리는 데 노력해 왔다. 특히 광주교구는 매주 월요일이면 '월요미사'를 갖고 광주사태와 관련된 강론과 기도회를 계속했다. 월요미사는 광주

---

99 전문은 앞의 『5·18 광주민주화운동 자료총서』 제2권, 211~214쪽.

교구가 광주항쟁 희생자 및 구속자를 위해 매주 월요일 남동성당에서 1년 남짓 계속하다가 다음 해 8·15 광복절 특사로 김성용 신부가 석방되자 그 후 1개월 1회로 횟수를 줄였고, 1982년 12월 24일 광주사태에 관련돼 구속된 사람들이 모두 풀려나자 마감했다.[100]

한편 1981년 1월 21일 광주대교구 정의평화위원회는 5·18 광주항쟁 사형 피선고자 구명 및 구속자 감형을 위한 서명운동을 벌였다. 이 같은 구명 및 감형운동은 정동년·배용주가 사형을 선고받은 것을 비롯해 관련자의 다수가 무기징역 등 중형을 선고 받은 데 충격을 받아 전개하게 된 것이다. 천주교 광주교구 사제단은 1981년 5월 9일 '광주항쟁 1주기를 맞는 우리의 주장'을 통해 (1) 광주사태의 진상은 규명되어야 한다 (2) 광주사태로 인하여 구속된 김성용 신부와 다른 모든 사람을 무조건 석방할 것을 요구한다 (3) 광주사태로 말미암아 사망자·부상자·실직자 및 제적된 학생들에 대하여 적당한 조치가 취해져야 한다는 3개 항을 요구했다.[101]

1981년 5월, 광주사태 1주년이 되던 무렵은 전두환 정권이 철권통치를 가장 잔인하고 혹독하게 펼치던 공포시기였다. 어느 누구든 광주사태에 관한 이야기만 꺼내거나 듣기만 해도 그냥 잡아가던 무시무시했던 시기였다. 이러한

---

[100] 천주교 광주대교구는 남동성당을 '5·18 기념성당'으로 지정하고 2005년 5월 16일 현판식을 가졌다(《광주일보》, 2005년 5월 9일자). 남동성당은 1980년 5월 22일 '시민공동체' 자치시대로 접어들자 김성용·조철현 신부를 중심으로 12명의 민주인사가 처음으로 모여 5·18 수습대책회의를 갖고 시민수습위원회를 구성하기로 합의한 후 도청으로 옮겨 구체화시킨 곳이다. 향후 시민 또는 학생수습위원회가 갈등과 난마를 거듭할 때마다 이곳에 모여 대책을 협의했던 곳일 뿐만 아니라 5월 27일 이후 5공 시절의 온갖 억압 속에서도 매주 월요일 5·18 희생자 추모·부상자 쾌유·구속자 석방을 위한 미사를 지속적으로 가지면서 진상규명과 명예회복을 위한 투쟁은 물론 갖가지 증언청취와 강연회를 여는 등 지난 25년 동안 5·18 운동의 핵심적 장소역할을 했다.

[101] 전문은 김영택, 앞의 책, 276~277쪽.

시기에 천주교 사제들은 분연히 일어나 광주사태의 진실을 알리며 무고하게 잡혀간 구속자의 석방과 희생자에 대한 응분의 조치를 요구하고 나선 것이다. 공포에 움츠리고만 있던 구속자 가족이나 희생자 유족들은 더욱 용기를 얻어 1주기 추도식 준비를 하게 되고 억울하게 구속되어 있는 형제·자매들의 석방을 요구하고 나섰다. 지난 1년간 죄인처럼 다루는 5공 정권의 억압에 숨통이 막혀 있던 시민들에게는 한 가닥 희망이요 샘물이었다.

1981년 5월 18일 저녁 8시, 수녀 1명이 포함된 35명의 사제들은, 광주사태 1주기를 맞아 남동성당에서 희생자들을 위한 추도미사를 마친 후 지난 9일 발표한 '광주항쟁 1주기를 맞는 우리의 주장'이라는 성명을 다시 읽고 가톨릭센터로 옮겨 단식에 들어갔다. 가톨릭센터 밖에는 '광주항쟁의 진실은 규명되어야 한다'는 플래카드를 내걸어 지나가는 사람이면 누구나 알아볼 수 있게 했다. 이들은 "우리는 단식기도를 통하여 유가족들의 슬픔과 시민들의 피맺힌 고통에 동참코자 하며 동시에 김성용 신부를 비롯한 구속자들의 석방을 위해 기도하고 그들의 억울함을 함께 나누고자 한다"고 밝혔다.[102] 이 단식은 1주일간 계속됐다. 사제들이 단식에 들어가자 신도들도 이에 동참하기를 희망했으나 사제들의 만류와 외부인의 접근을 봉쇄하는 경찰의 제지로 이루어지지 못했다. 사제들이 단식을 끝낸 다음 봉헌한 월요미사를 집전한 정형달 신부는 '단식을 풀면서'라는 강론을 통해 "우리의 주장은 계속될 것이며 우리의 주장이 관철될 때까지 최선의 노력을 다할 것을 약속한다"고 말했다.[103] 1981년 8월 15일 36주년 광복절을 맞아 8·15 특별사면을 단행하면서 5·18 관련자들을 1명도 포함시키지 않자 8월 17일 천주교 광주대교구 사제단은 '8·15 특사

---

102 전문은 앞의 『5·18 민주화운동 자료총서』 제2권, 215쪽.
103 전문은 앞의 『5·18 민주화운동 자료총서』 제2권, 216쪽.

에 대한 우리의 견해'를 통해 5·18 관련자 석방을 요구했고 윤공희 대주교는 같은 날 '8·15 특사에 즈음한 월요미사 강론'을 통해 "국민적 화해와 화합을 위해 5·18 관련자 전원을 석방하라"고 촉구했다.[104]

사제단은 5·18 2주기 때도 '광주사태는 끝나지 않았다'는 성명을 발표하는 등 매년 추모미사를 갖고 진상규명 촉구와 희생자의 넋을 달래는 한편 유가족의 아픔을 위로했다. 특히 김수환 추기경은 7주기 추모미사에서 '광주의 아픔은 민족의 한'이라는 강론을 통해 "광주사태는 참혹한 악몽", "광주의 아픔은 민족의 한", "현 정권은 마음을 비우고 국민 모두에 속죄해야", "잘못을 시인하는 정직과 용기가 가장 절실할 때", "예수님 마음 간직할 때 광주의 한도 풀 수 있다"고 말했다. 한편 1985년 5월 18일 윤 대주교 집전으로 남동성당에서 열린 광주항쟁 5주기 추도미사에서 함세웅 신부는 '광주여, 우리나라의 십자가여'라는 장문의 강론을 통해 5·18의 숭고함을 외치고 전두환 정권의 불법성을 질타했다.[105] 이어 광주대교구정의평화위원회는 마지막 영성체후 묵상시간에 '영원히 살아 있는 혼들에게'라는 추모사를 발표하면서 '누가 네 상복을 입어 주랴?'라는 추모시를 바치기도 했다.

누가 네 상복을 입어 주랴?

누가 네 상복을 입어 주랴?
5월의 애달픈
혼들이여.

올해도 금남로 가로수는

---

104 전문은 앞의 『5·18 광주민주화운동 자료총서』 제2권, 224~226쪽.
105 전문은 앞의 『5·18 광주민주화운동 자료총서』 제2권, 610~620쪽.

파릇하게 짙어가고
네가 흘린 핏자국은
아스팔트 깊숙이
젖어 있다.

아직 걷히지 않은 구름
쌓여 있는 한(恨)
너를 그리는 광주의 하늘은 오늘 비를 내리고 있다.

오늘은
네 상복(喪服)을 입어 주마.

검은 옷으로 갈아입고
잘 가라는 전송도 없이
맨발로 질질 끌려 무참히 떠난
네 상복을 입어 주마.

몽둥이로, 총칼로
깨어진 머리를
하늘로 향한 채
조용히 눈감고 길바닥에 누워 있던
너의 모습
아-아 애통한 그날의 회오리여.

누가 너를 그러했느냐?
누가 너를 그리도 모질게 하였더냐?
아무 말 없는 너,
너의 아픈 침묵은
우리 모두를 때린다.

오호라
정의의 무력함이여, 사랑의 무력함이여
욕망의 횡포여…….

망령의 손길은
너의 무덤까지 파헤치고
호곡하는 우리의
목덜미를 조이고 있다.

오월이여
오월이여
오월에 떨어진 꽃들이여.

오늘 우리는
너의 영전에
향을 피워
꽃다운 네 청춘을 앗아간
망령을 훠이훠이
쫓고,
조국의 이름으로 곡하며
네 혼을 달래노니
네 뜻 길이
민족의 얼되어
5월의 향기되어
누리에 퍼지라. 누리에 퍼지라.[106]

'아 아, 광주여! 무등산이여!'가 처절한 광주항쟁 당시를 구구절절 외친 호

---

106 김영택, 앞의 책, 278~280쪽.

소라면 '누가 네 상복을 입어주랴?'는 항쟁 5주년이 돼도 희생자의 넋을 제대로 달래지 못하고 있는 한(恨)을 나타낸 절규라고 할 수 있다.

이 같이 천주교 사제들은 광주항쟁의 진상과 책임소재 규명, 한과 억울함을 풀기 위해 부단히 노력해 왔다. 광주시민들은 이 같은 천주교 사제들의 헌신에 어느 정도 위로를 받을 수 있었다. 또한 암흑기에 그 실상이 비교적 정확하게 전달될 수 있도록 핵심적 역할을 함으로써 온 나라 안팎이 어두운 터널로 빠져들고 있던 5공 기간 내내 확산되는 '광주'의 진상규명운동 및 전두환 정권 타도투쟁에 불을 붙이는 역할을 톡톡히 했다.[107] 그리하여 천주교 사제들의 5·18 진실전달운동과 함께 벌인 진상규명운동을 뒤따르는 학원가의 요구 또한 거세져 1980년 민중·민주·민족이라는 3민 운동으로 발전했다.

폭력적 수법으로 집권에 성공한 전두환은 1981년 3월 3일 제12대 대통령 취임사에서 "정치적 탄압과 권력남용으로부터 국민을 해방시키는데 능력과 충정을 다 하겠다"고 밝혔다. 국정지표는 '민주주의 토착화', '복지사회 건설',

---

107 천주교 사제들의 활동에 대해서만 왜 상세하게 언급했느냐는 오해와 불만이 제기될 수 있다. 그러나 '광주항쟁'이 진행되는 동안은 물론 그 후에도 5·18의 진실확산과 진상규명운동에 가장 먼저, 또 적극적으로 참여하고 추진하면서 갖가지 수난과 역경을 많이 겪은 그룹이 천주교 사제와 신도들이다. 그것은 부산미국문화원 사건에서도 여실하게 드러난 바 있다. 5·18 이전 즉 유신시기의 호남지방에서는 천주교 측에 비해 개신교(기장계) 측 성직자와 신도들이 훨씬 더 적극적으로 반유신체제 및 민주화 투쟁에 앞장섰었다. 이 때문에 민주화 투쟁을 벌이던 개신교 인사들은 중앙정보부로부터 온갖 수난과 고초를 겪어야 했다. 수단과 방법을 가리지 않고 조작하고 강요하는 매수·음해·협박·퇴폐·수모·매도·인격매몰 등 극심한 탄압을 받아 유신 말기에는 그 한계를 드러내던 가운데 10·26을 맞았다. 이로 인해 개신교 측에서는 5·18과 관련된 투쟁에는 소수만이 참여하게 되고 반대로 천주교 측에서 많은 인원이 적극적·총체적으로 앞장서면서 사실상 5·18 진실의 확산 및 규명운동을 주도했다. 5·18 진상규명운동에서 천주교 사제들의 헌신을 높이 평가하는 이유가 여기에 있다. 그렇다고 개신교 측이나 다른 종교 측의 민주화 투쟁을 과소평가한다든지 특정 종교(천주교)를 비호하려는 저의가 깔려있음이 아님을 분명하게 밝혀둔다.

'정의사회 구현', '교육개혁과 문화창달'을 내세웠으나 이 내용과는 정반대의 방향으로 치달아 유신독재 시기보다 더 혹독한 암흑기를 겪어야 했다. 이 같은 암흑기를 맞은 국민들은 더 이상 참을 수가 없었다. 지렁이도 밟으면 꿈틀거리는 법, 자유를 되찾고 인권을 수호하고 민주주의를 회복하기 위해 앉아있을 수만은 없었다. 이러한 꿈틀거림은 광주현지 천주교 사제들의 5·18 진실 확산과 진상규명운동에서 비롯되었고, 사제들의 용기 있는 분기(憤氣)에 자극받은 지식인과 시민들이 동참하고 나서면서 가속화되었다.

　전두환은 정치적으로 가장 두려운 존재로 여기고 제거하려 했던 기성정치인 대부분을 '김대중 내란음모사건'과 부정축재자로 몰아 일단 정치마당에서 몰아내면서도 자신에게 가장 만만한 정치인으로 여긴 나머지 언젠가 들러리 야당 정치계에 내세울 예정이었던 김영삼에 대해서는 '가택연금'이라는 가장 유연한 처방으로 묶어놓고 있었다. 그러한 김영삼이 꿈틀거리기 시작했다. 1983년 5월 2일, 김영삼은 '5개 민주화 요구사항'이 제시된 성명서를 발표했다.[108] 물론 이 성명서는 국내 언론에 일체 보도되지 않아 국민들에게 알려지지 않았으나 AP 통신이 5월 16일 보도한 후 세계를 한 바퀴 돌아 국내에도 전해졌다. 그는 5·17 조치 당시는 연행되지 않았으나 1980년 5월 17일부터 1981년 5월 1일까지 연금된 데 이어 1982년 5월 31일부터 1983년 5월 30일까지 2차 연금 상태에 있었으며 1988년 6월 30일까지 정치활동이 규제되

---

108 (1) 독재정치에 항거하는 민주화 투쟁으로 인해 구속된 인사들을 정부의 민주화 선언과 함께 전원 석방하라. (2) 정치활동규제법에 묶여있는 모든 정치인과 민주시민의 정치활동을 보장하라. (3) 정치적인 사유로 직장에서 추방된 인사들의 복직과 정치탄압에 의한 공민권의 제약을 받고 있는 인사의 복권조치를 하라. (4) 언론의 자유가 보장되어야 하며 언론통폐합 조치를 백지화하라. (5) 현행 독재적 헌법을 지체없이 개정하여 대통령 직선제를 실현시켜라(재향군인회, 앞의 책, 387쪽 ; 김삼웅, 『해방후 정치사 100장면』, 가람기획, 1994, 329쪽).

어 있었다.[109] 그는 광주항쟁 3주년을 맞는 1983년 5월 18일, 전두환 독재정 권에 항거하는 '민주화 요구 단식투쟁'에 돌입했다. 그러나 언론은 전두환 정 권의 극한적인 억압통치 때문에 김영삼의 단식농성을 전연 보도할 수 없었다. 그래도 자유당 정권 이후 20여 년 동안 언론자유 투쟁에 앞장섰던 〈동아일보〉 가 용기를 내어 며칠 후인 1983년 5월 20일자 2면 가십란에 간접적으로 묘사 해 보도함으로써 일부 지식인들은 김영삼의 단식투쟁에 대한 감을 잡을 수 있 었다.[110] 그러나 AP · UPI · AFP · 로이터 통신 · 〈아사히신문〉 · 〈뉴욕 타임즈〉 · 〈워싱턴 포스트〉 등이 연일 보도함으로써 국내보다 외국에서 더욱 고조된 여 론이 조성되고 있었다. 드디어 에드워드 M. 케네디 미국 상원의원이 성명서 를 발표하게 되고 이 성명서를 5월 26일자 AP · UPI 통신이 다시 보도함으로 써 김영삼 단식투쟁은 국제적 관심사로 떠올랐다. 그런데도 전두환은 이러한 국제적 관심사에 대해 수긍하는 조치를 취하는 것과는 정반대로 연금시킨 김 영삼의 상도동 자택에 배치된 경찰병력 40명을 오히려 5배나 많은 200명으 로 증강하고 여타 전 신민당 간부 및 재야 민주인사들을 연금하거나 감시하는 조치를 취해 국민의 입과 귀를 틀어막았다. 그러나 그것은 미봉책일 뿐 완전 하게 틀어막을 수는 없었다. 단식 8일째인 5월 25일, 전두환은 김영삼을 자택 에서 서울대학교병원으로 옮겨 강제로 입원시킨 후 사람을 보내 회유하고 협 박하며 단식 중단을 설득했으나 거부당했다. 전두환 정권은 5월 30일 '김영삼 연금을 해제한다'고 발표했다. 구 야권 인사들은 대책위원회를 결성하고 민주 화 투쟁을 선언하는 결의문을 채택했다. 뿐만 아니라 전두환 정권의 추방으로 미국에 망명 중이던 김대중도 동조하는 성명서를 내어 지원하고 나섰다. 이

---

109 재향군인회, 앞의 책, 387쪽.

110 「최근의 정세 흐름과 관련, 정가 일각은 19일부터 신경을 쓰는 눈치」, 〈동아일보〉, 1983 년 5월 20일자.

에 힘을 얻은 학생들과 재야인사 및 구 신민당 소속 간부·전 국회의원들도 동조 단식에 들어갔다. 그리고 6월 1일 전직 국회의원 101명이 '민주화추진 범국민단체'를 구성했다. 이들은 민주화 요구 5개 항을 수용하라고 전두환 정권을 압박하면서 김영삼에게도 단식을 중단하라고 호소했다. 김영삼은 단식 23일째인 6월 9일 의사·간호사·종교계 인사·측근들의 간곡한 권유를 받아들여 "누워서 죽기보다는 일어나 싸우다 죽기 위해 단식을 중단한다"는 성명서를 발표하고 단식을 중단했다. 이렇게 끝난 김영삼의 단식투쟁은 민주화 운동의 기폭제가 되었다. 김영삼의 단식투쟁은 5개 항의 민주화 요구 중 단 한 가지도 받아낸 것이 없었으나 광주진상규명운동에 접목돼 전두환 정권의 살인적 폭압정치로 한때나마 의기소침해진 재야세력 및 학생들의 민주화 투쟁, 나아가 모든 종교계와 지식인 사회의 민주회복운동 의지를 일깨우고 규합시키는 계기가 되어 광주항쟁의 물결을 다시 일으키게 했다. 이는 민주화추진협의회 결성과 신한민주당 창당으로 이어져 전두환 정권에 정면 도전하는 새로운 세력을 형성하여 2·12 총선에서 신민당 돌풍을 일으키고 나아가 본격적인 개헌투쟁에서 발단하는 6월 항쟁의 밑바탕이 되었다.

김영삼의 단식투쟁 여파로 솟아난 '민주화추진 범국민단체'는 5공 때 민주화 운동의 상징적·실체적 기구로 등장하는 '민주화추진협의회'의 구성으로 발전했다. 1983년 8월 15일 서울과 워싱턴에서 김영삼·김대중 공동명의로 '1980년 봄, 양인이 하나로 뭉치는데 실패함으로써 수많은 국민이 살상당하는 사태와 전두환 정권의 강압통치로 인한 온 국민의 수난이 계속되고 있는데 대한 자책과 참회의 뜻에서 양인은 백의종군하는 자세로 하나되어 민주화를 위한 투쟁에 앞장선다'는 요지의 성명서를 발표했다.[111] 두 사람은 1980년

---

111 「김대중·김영삼 공동선언」, 〈신동아〉 별책부록, 1990년 1월호, 30쪽 ; 재향군인회, 앞의

'서울의 봄' 당시 신군부의 속셈을 알아차리지 못한 채 서로 대권을 먼저 잡아보겠다는 소아병적 심기를 드러냈다가 결국 5·17 조치와 5·18 살육을 맞아 만신창이로 추락한 과거를 뒤늦게나마 회개한 나머지 하나가 되겠다는 다짐을 하고 나선 것이다. 당시 단식투쟁을 벌인 김영삼에 대한 국민들의 바람도 컸지만 생과 사를 넘나들었던 김대중에 대한 국민의 기대와 희망은 절대적이었다. 이러한 두 사람이 접목·단합한다는 사실 하나만으로도 국민들에게는 커다란 희망이 되었고 용기를 갖게 했다. 1984년 5월 18일, 5·18 광주항쟁을 기념하는 뜻에서 이 날을 결성일로 잡고 김영삼(상도동계)과 김대중(동교동계)이 하나 되어 발족한 결정체가 민주화운동추진협의회(일명 민추협)였다. 100여 명의 정치인이 외교구락부에 모여 '민주주의로 가는 길을 봉쇄하고 있는 현행의 모든 제도적 장치와 제약의 개폐를 위해 투쟁한다'는 것을 민주화 투쟁의 목표로 잡고 매진하기로 했다. 전두환 정권의 강압통치와 인권유린에 대한 전면전의 선포였다.

민추협은 제도권 정치인으로만 제한한 것이 특징이었다. 민추협은 출범 당시 정치규제자들이 대부분이라는 취약점 때문에 선언적 의미만을 지닌 채 적극적 활동을 펴지 못하다가 1984년 11월 30일, 제3차 정치활동 규제자 중 84명이 해제되고 양 김씨가 신당창당에 적극 참여한다는 선언을 계기로 민추협을 모체로 하는 신한민주당이 창당됐다. 총선을 불과 25일 앞두고 "조국의 민주발전을 저해하는 위장된 논리와 물리적 힘을 통한 반민주적·반민족적 작태 하에서 국력의 낭비와 온갖 비리를 자행하는 전두환 정권의 군사통치에 종지부를 찍겠다"는 창당선언문을 발표하고 황급히 창당한 것이다. 이것은 독재정권의 타도를 외치는 선언이었다. 그리고 김대중이 총선거를 4일 앞둔 2월 8

책, 389쪽 ; 강준만, 『한국현대사 산책 – 1980년대편』 2권, 인물과 사상사, 2003, 148쪽.

일 목숨을 걸고 귀국함으로써 국민들의 신민당에 대한 열화는 더욱 거세어졌다. 전두환 정권은 공항으로 마중 나간 김영삼과 이민우 신민당 총재와의 접촉을 철저하게 봉쇄한 후 즉각 가택연금으로 응수했다.

1월 18일 창당한 신민당이 코앞으로 다가온 2·12 총선에서 과연 몇 석이나 획득할 것인가는 국내외 초미의 관심사였다. 개표결과는 의외였다. 실로 아무도 예측하지 못한 돌풍이었다. 지역구 50석, 전국구 17석(영입케이스 2석 포함) 등 67석을 획득, 제1야당으로 급부상한 것이다. 이것은 전두환 독재정권의 강압통치와 인권탄압을 규탄하는 국민들의 소리 없는 함성이 터져 나온 것이었다. 총선 결과에 대해 〈워싱턴 포스트〉·〈뉴욕타임즈〉·〈더 타임즈〉·〈르몽드〉·〈자이퉁〉 등 외국매체들은 '한국민의 민주화 열망의 소산'이라고 논평했다. 3년 후 정권을 재창출해야 하는 전두환으로서는 신민당의 돌풍이 자신들의 향후 정치적 행보에 커다란 위협이자 걸림돌이었다. 이 때문에 신민당과 '양 김씨'에 대한 탄압과 활동규제는 비겁하리만큼 치졸하고 혹독했다. 이를 계기로 재야인사들을 비롯한 국민들의 민주화 열망은 가시화되었고 민주회복을 위한 투쟁은 필연적 코스로 인식되었다. 이러한 상황이 지속되던 가운데 5월 23일 서울 한복판의 미문화원 점거사건이 발생했다. 물론 미문화원 점거사건은 반미투쟁의 연장선상에서 학생들에 의해 감행된 것이지만 여기에는 필연적으로 전두환 정권 타도를 위한 투쟁도 함축되어 있었기 때문에 그들로서는 더욱 충격적이었다.

김영삼의 단식투쟁, 민추협의 출범, 신민당의 돌풍, 서울 미문화원 점거사건은 전두환 정권하에서 벌어진 민주화 운동의 상징적 사건으로 자리매김 했다. 다음 해인 1986년 초반 신민당은 김영삼 주도로 '직선제 개헌 1,000만 명 서명운동'을 벌이겠다고 선언함으로써 긴장된 개헌정국이 전개됐다. 여기에 양 김씨(김영삼·김대중)는 문익환·박형규·이돈명 등 재야인사와 함께 '민주화국민연합'을 결성하고 신민당과 재야 측이 별개로 추진하고 있던 개헌서명운동을 통합하기로 합의했다. 한편 5공 정권의 강압통치 부작용은 곳곳에서 불거져 나왔다. 1986년 5월 31일 인천의 시위사건에 이어 그 해 7월 3일 부천경찰서에서 위장취업 혐의로 조사를 받던 권인숙(당시 23세·서울대 4년 제적)에 대한 성 고문 사건이 터져 나온 것이다.[112] 또한 서울시내 대학생들은 1986년 10월 28일 건국대학교에서 반독재·반외세 애국학생투쟁연합(애학투)을 결성하고 각종 투쟁선언문을 채택한 후 민주화와 통일을 연대하여 투쟁할 것을 결의하고 농성에 들어갔다. 당국은 6,500여 명의 경찰과 헬기까지 동원한 입체작전으로 1,525명 전원을 연행했다. 현장에는 '6·25는 미제에 대한 민족해방·찬탁은 통일과 해방의 보장이었고 남녘 땅을 미제지배하에 넘겼다'는 학생들의 주장과는 동떨어진 출처불명의 대자보와 유인물을 뿌려 용공좌익소행으로 몰아갔다. 이날 학생들은 자진해산하겠다는 의사를 전달했으나 거부당한 채 체포된 후 용공분자로 취급되었다. 이렇게 빨갱이 소행으로 몰아붙이는

---

112 주민등록증을 위조하여 위장 취업한 혐의로 부천경찰서에서 조사를 받던 권인숙이 담당경찰관으로부터 성 고문을 당했다는 고소가 검찰에 접수되었다. 검찰과 공안당국은 이 사건을 '용공 급진운동권 세력이 혁명을 위해 성을 도구화하려는 기도를 하고 있다'고 맹렬하게 비난했다(〈조선일보〉, 1986년 7월 17일자). 이에 대해 신민당과 33개 재야단체는 7월 19일 명동성당에서 성 고문 용공조작 범국민폭로대회를 열고 전두환 정권을 규탄함으로써 2,500여 명의 경찰과 충돌했고 국회에서도 문제가 되었다. 인천지방검찰청은 8월 21일 이 사건의 용의자로 불구속 입건된 문귀동 경장에 대해 기소유예 결정을 내렸다. 이 결정에 반발한 이태영·이돈명 등 원로 변호사와 신민당·민추협·변협인권위원회 소속 변호사 전원이 포함된 166명의 대규모 변호인단은 9월 1일 검찰의 옥봉환 경찰서장 등 5명에 대한 무혐의 결정에 불복, 재정신청을 서울고법에 제출했다. 그러나 서울고법은 10월 31일 기각했고 166명의 변호인단은 다시 대법원에 재항고했다. 변호인단의 재판부 기피신청으로 중단됐던 사건공판은 11월 21일 재개되어 권인숙은 구속된 지 181일 만인 12월 4일 공문서 절취·변조혐의로 징역 1년 6개월의 실형을 선고받았고 문 경장과 옥봉환 경찰서장은 각각 파면 및 직위해제 되었다(재향군인회, 앞의 책, 394쪽 ; 강준만, 『한국현대사 산책－1980년대』 3권, 인물과 사상, 2003, 36~46쪽).

공안정국은 계속되었다.[113]

암흑시기의 제5공화국은 여기에서 끝나지 않았다. 언론에 재갈을 물려 철저하게 봉쇄하고 있었다. 그러면서도 정권은 사사건건 시비를 걸었다. 그런데도 이에 저항하는 필화 사건은 잇따랐다. 2·12 총선 이후 더욱 거세어진 반정부 민주화 운동과 이에 맞선 전두환 정권의 강경 대응은 1985년 여름의 정국을 긴장고조와 경색일로로 치닫게 했다. 3월 개강과 함께 시작된 대학가의 정권 규탄시위가 날로 거세어지면서 서울 미문화원 점거농성사건·전학련 및 삼

---

113 1986년 10월 28일 서울대·고려대·연세대 등 전국 29개 대학생 2,000여 명이 서울 건국대학교에 모여 '전국 반외세·반독재 애국투쟁연합(애학투)' 발대식을 갖고 '신식민지 분단 이데올로기, 반공 이데올로기 분쇄를 위한 애국학생실천대회'를 열었다. 행사를 마친 학생들은 시위에 들어갔다가 오후 3시 반경 교내로 진입한 경찰 3,000여 명에게 화염병과 돌을 던지며 맞서다가 밀려 본관·사회과학관 등 5개 건물을 분신 점거, 31일까지 나흘 동안 철야농성을 벌였다. 학생들이 농성 중인 건국대에는 대자보가 나붙고 대량의 유인물이 뿌려졌다. 여기에는 해방 당시 찬탁은 통일과 해방을 보장하고 반탁은 남녘 땅을 미제의 지배하에 두는 것이고 6·25는 민족해방투쟁이었으며 반공 이데올로기는 분단 이데올로기라는 등 과격한 내용들이 적혀 있었다. 또 대자보와 유인물로 나온 '조국의 자주평화통일 촉진을 위한 투쟁선언문'에는 '유엔 동시가입 및 남북한교차승인 반대', '올림픽개최와 남북 단일팀 구성', '주한미군 철수' 등의 주장이 실려 있었다. 이 같은 내용에 대해 5공은 기존의 '용공' '좌경'의 수준을 넘어 '공산혁명분자 건국대 폭력점거 난동사건'으로 규정하고 나왔다. 북한의 주장과 비슷한 이 같은 과격한 선언문은 이재호(서울대 정치학과 4년)·김세진(서울대 미생물학과 4년)·이동수(서울대 원예학과 1년)·박혜정(서울대 국문학과 4년) 등 운동권 학생들이 잇따라 분신·투신하는 충격적인 사건에 자극받았기 때문이었지만 일부에서는 공안당국 측에서 위기에 처한 정권안보 차원에서 학생들을 공산혁명분자로 몰아 강경책을 쓰기 위한 빌미로 만들고자 조작해 투입했다는 설이 나돌았다. 어찌됐건 경찰은 31일 오전 8시 50분 학생들이 자진해산하겠으니 철수해 달라는 요구를 받아들이지 않고 53개 중대 6,500여 명을 투입해 1,525명 전원을 연행했다. 이 중 1,295명을 구속했다가 877명을 기소유예로 석방하고 398명을 구속기소했다. 단일사건으로는 대한민국 건국 이래 최대규모였다(김삼웅, 『해방후 정치사 100장면』, 가람기획, 1997, 353~356쪽 ; 박세길, 『다시 쓰는 한국현대사』 3권, 돌베개, 1992 ; 강준만, 앞의 책 3권, 90~93쪽 ; 유시춘 외, 『우리 강물이 되어』 2권, 2005, 경향신문사, 179~184쪽).

민투 사건·「민중교육」지 사건과 대학가 지하유인물 「깃발」, 「이화언론」 사건 등이 잇따라 터지는 가운데 전국의 산업현장에도 갖가지 분규와 갈등이 계속 되었다.

2·12 총선 후 강경파가 권부에 포진한 폭력정권은 「학원안정법」의 제정을 서두르는 등 초강경 대응태세로 맞서고 있었다. 「학원안정법」 제정 여부를 놓고 벌어진 논란은 정권과 언론의 관계를 초긴장상태로 몰아갔다. 이때 터진 대표적인 사건이 1985년 8월 29일, '중공기 불시착' 속보기사였다. 이날은 제9차 남북적십자 본회담 참석차 평양에 간 대한적십자사 대표단 일행이 3박 4일만에 별다른 성과 없이 돌아오던 날이었다. 8월 29일자 〈동아일보〉는 1면 중간 톱으로 「中共機 조종사 臺灣 보내기로」 제하의 기사를 실었다.[114] 8월 24일자 중공기 불시착 사건의 속보인 이 기사와 관련, 중앙정보부는 이채주 편집국장, 이상하 정치부장, 김충식 외무부 출입기자를 연행해 조사했다. 엠바고(보도시간 제한)를 위반했다는 것이다. 이 국장과 이 부장은 29일 밤 12시에 연행돼 43시간, 김 기자는 30일 오전 9시에 연행돼 58시간 조사를 받고 귀사했는데 조사과정에서 심한 가혹행위를 당했다. 이 기사는 별 문제가 없었다. 다만 '엠바고(보도제한 요구)'를 어겼을 뿐이다. 그동안 〈동아일보〉가 자신들의 '협조요청'에 고분고분하지 않은 데 대한 보복적 '손보기'를 한 것이다. 이 같은 불법적 사태를 맞은 동아일보사 기자들은 9월 1일 기자총회를 열어 '우리의 입장'이라는 결의문을 채택했다. 당시 동아일보사 기자들은 이 사실을 기사화하기로 하고 기사를 작성했으나 끝내 게재하지 못했다.[115] 국내보도가 불발된 것과는 달리 이 사태는 외신에 보도되어 국내외에 큰 파장을 일으켰다.

---

114 〈동아일보〉, 1985년 8월 29일자.
115 『동아일보사사』 권5, 240~243쪽.

야당은 9월 2일 당국의 처사를 규탄하는 성명을 내고 국회 해당 분과위원회 소집을 요구했으며, 민추협과 재야단체도 각각 규탄성명을 냈다. 미국 정부는 심각한 우려를 표명했고 국제기자연맹도 강경한 성명을 냈다. 노신영 국무총리는 항의차 방문한 김성열 동아일보 사장에게 유감을 표명해야 했다. 그러나 필화사건은 여기에서 끝나지 않았다. 이에 앞서 〈신동아〉 1985년 6월호에 게재한 「다큐멘터리-광주, 그 비극의 10일간」 제하의 특집기사와 관련, 남시욱 출판국장, 이정윤 신동아부장, 윤재걸 집필기자 등이 보안사에 연행돼 12~36시간 조사 받으며 혹독한 가혹행위를 당하기도 했다. 이밖에도 〈신동아〉 1984년 8월호부터 1986년 12월호까지 실린 기사 중 13건을 지적, 집요하게 탄압했고 87년 들어 제작방해 사태로까지 이어졌다. 필화사건은 1981년 5월 〈중앙일보〉에 연재 중인 한수산의 연재소설 「욕망의 거리」에서 촌스러운 전두환을 가볍게 야유한 것과 '나는 푸른 제복이 싫어'라는 문장 등을 문제 삼았다.[116] 또한 레이건이 전두환에게 아부하는 풍조를 비꼬는 1987년 1월 19일자 〈한국일보〉 컷 만화 '두꺼비만평'을 문제 삼아 관계자들을 불러 혹독한 고문을 가해 병원신세를 지게 했다. 심지어 탤런트 박용식은 전두환과 닮았다고 해서 출연을 금지당했고 이주일(본명 정주일)은 우스개 소리로 전두환을 비꼬다 수난을 당했다. 10·26 당시 현장에 있었던 심수봉도 출연하지 못했다.[117]

---

116 강준만, 앞의 책 2권, 42~44쪽 ; 재향군인회, 앞의 책, 404쪽.
117 재향군인회, 앞의 책, 404~405쪽.

반미운동의 원인과 전개과정

국민들은 한반도 분단의 원인을 제공한 미국이지만, 그래도 일제를 물리친 해방군으로 인식, 환영했으며 또한 대한민국 정부를 수립할 수 있는 기틀을 마련해 주었고 6·25의 비극이 일어나자 재빨리 군대를 파견해 공산화 일보 직전에서 구해 준 은혜(?)는 결코 적지 않다는 인식을 가지고 있었다. 그리고 이승만이나 박정희가 독재정치를 자행할 때마다 이따금 민주정치로 환원하도록 촉구함으로써 국민들의 민주화 욕구를 최종적으로 실현시킬 수 있는 기대 가능성을 미국에 두었고, 항시 '미국은 우리편이다'라는 우정과 지지를 보냈다. 특히 박정희의 유신체제기간 동안 암담하기만 했던 국민들은 카터의 인권정책에 큰 희망을 걸었으며 카터 또한 이에 부응하는 촉구를 박정희에게 보냈던 점을 염두에 두었다. 따라서 민주화의 끝마무리는 미국이 개입해야 가능할 것이라는 막연한 기대가 어느 정도 스며있었다. 그러나 '광주사태'는 이러한 기대와 인식을 완전히 뒤엎고 지금까지 가장 돈독했던 미국과의 관계를 새로운 시각으로 인식하게 되는 직접적인 전기를 제공했다는 점에서 커다란 의미가 있다.

미국은 한국 국민들의 기대와는 달리 '광주사태'를 기점으로 지난 40년 동안의 안보와 민주화의 양면 추구에서 급기야 안보의 한 날개만을 취하는 제국주의적 성향을 택하고 말았기 때문이다. 다시 말하자면 미국의 국익을 위해 안보만 보장된다면 남의 나라 민주주의쯤은 희생되어도 상관없다는 입장을 취해 버린 것이다.[118] 광주항쟁이 진행되고 있던 5월 21일 주한 미국대사 글라이스틴은 "미국은 광주사태에 심각하게 관심을 갖고 주시하고 있다"고 말하면서도

---

[118] 강정구, 『한국현대사회의 이해와 전망』, 한올아카데미, 2001, 147쪽.

"우리가 할 수 있는 것은 아무 것도 없다"고 말해 미국으로서는 사태에 개입할 생각이 없음을 분명히 밝힌 데서 미국의 저의는 드러나기 시작했다.[119]

미국의 태도는 그 후 일관되게 이 범주에서 크게 벗어나지 않았다. 미국이 최소한 정부당국에 대한 어떤 경고와 함께 광주시민들의 의사를 어느 정도 수용하도록 중재하여 수습의 실마리를 제공해 줄 것으로 기대했던 시민들의 희망은 끝내 외면되었고, 오히려 미국의 작전 지휘권하에 있는 보병 제20사단을 광주로 이동하도록 허용하여 일방적이고 무자비한 진압을 할 수 있도록 지원해버렸다.

5월 22일 미 국방부 토마스 로스 대변인은 "한국군의 작전지휘권을 가지고 있는 주한미군사령관 겸 한미연합군사령관 존 위컴 대장은 글라이스틴 주한미국대사와 협의하여 군중진압에 사용할 수 있게 해달라는 한국 정부의 요청을 받아들여 이에 동의했다"고 발표했다.[120] 이는 곧 미국이 '광주'가 비록 공

---

119 〈동아일보〉, 1980년 5월 22일자.

120 〈동아일보〉, 1980년 5월 22일자. 그러나 글라이스틴은 그의 회고록에서 제20사단의 광주 증파에 대해 자기들이 사전에 승인한 것이 아니라 제20사단은 이미 한미연합사령관의 작전 관할권에서 벗어나 있어 승인 아닌 묵인이었다고 밝히고 있다. 그러면서 제20사단은 5월 20일 광주에 이미 배치되었음을 시인했다. "우리는 서울에서 계엄업무를 수행하면서 탁월한 기량을 발휘한 제20사단 병력이 지원병력으로 광주에 투입되는 것을 반대하지 않았다. 1979년 10월 27일 한미연합사령부는 제20사단의 2개 연대병력을 작전 관할권에서 제외시켜 계엄업무를 수행할 수 있게 했다. 그리고 1980년 5월 16일 한국군은 추가로 1개 연대병력의 작전권을 회수한다고 연합사에 통보했다. 위컴 사령관이 부재(본국 방문) 중이었기 때문에 백석주 부사령관이 통보사항을 받아들이면서 제20사단에서 빠진 병력을 다른 병력으로 충원해줄 것을 요청하는 것으로 그 일은 종결했다. 최소한 제20사단의 일부병력은 5월 20일 이미 광주일원에 도착해 있었다. 위컴은 한국 측이 제20사단 병력의 광주투입 가능성을 고려하고 있다고 통고받았을 때 대체적으로 긍정적인 반응을 보였다"(윌리암 글라이스틴 회고록, 황정일 역, 『알려지지 않은 역사』, 중앙M&B, 1999, 189쪽 ; William H. Gleysteen Jr. 『Massive Entanglement, Marginal Influence-Carter and Korea in Crisis』, Brookings, 1999, pp. 132~133).

606

수부대의 철수로 무정부 상태에 빠져 있다 하더라도 이 같은 상황은 전적으로 공수부대의 만행에 대한 저항 때문에 빚어진 점을 외면하고, 평화적 시위에 대한 진압차원을 넘어선 공격적 과잉작전으로 인해 발생한 '살육사태'를 냉정한 입장에서 수습되도록 강구하지 않고 신군부가 주장하고 있는 '폭도들의 소요'로 일어났다고 전제, 그들이 의도하고 있는 계획된 작전을 예정대로 펼칠 수 있도록 인정해 준 것이다. 특히 제20사단 병력은 미국이 승인해 주었다는 22일 이동한 것이 아니라 이미 21일 아침 광주에 도착했다. 제20사단 병력은 "21일 아침 8시쯤 육로로 광주에 진입하다 폭도들의 기습을 받아 지프차 14대를 탈취당하고 이 자들이 휘두르는 낫, 곡괭이, 삽 등에 의해 3명이 부상하는 사태가 발생했다"고 발표했다.[121] 이 병력은 서울을 떠난 20일 밤을 새워 21일 오전 8시쯤 광주에 도착한 것이다. 그렇다면 미국은 이미 제20사단 병력의 이동을 이틀 전에 내락해 놓고 22일 승인했다고 발표하는 '지혜'를 짠 것이 된다. 20일은 비록 택시·버스·트럭 기사들의 시위가 있었던 날이지만 이들은 오후에 궐기했으므로 그들이 내세우는 '폭도'들이 별로 기를 펴지 못하고 있을 때였다. 이날 오전까지는 공수부대 제7여단·제11여단·제3여단이 차례로 내려와 광주시가를 장악하고 있었기 때문에 군 병력 추가투입의 필요성이 별로 없을 때였다. 그런데도 제20사단을 20일부터 투입하도록 승인했다면 아예 광주를 초토화시켜 버리겠다는 발상이 아닐 수 없다. 뒤에 학생들이나 시민들이 미국을 광주에서 빚어진 살육작전의 공범으로 보는 이유가 바로 여기에 있다. 그러나 미국은 당시 '폭동의 소요를 진정시키기 위해 한국군의 광주출동을 동의하면서 재삼 경고한 자제요청을 무시하고 무력진압으로 치달았다'고 밝히고 있다.[122]

---

121 국방부, 「광주사태의 실상」, 1985, 41쪽.

시민들은 공수부대의 철수로 인한 무정부 상태의 '광주' 치안에 대해 심히 우려하고 있었다. 이 같은 시민들의 우려를 간파한 학생과 유지들은 계엄군 철수 후 첫날인 22일 수습대책위원회를 구성하고 즉시 당국과의 협상을 시도했다. 그들은 (1) 광주시민이 폭도가 아니라는 해명과 살상행위에 대한 사과 및 피해보상, (2) 구속 및 연행자의 석방, (3) 사망자에 대한 시민장 준수, (4) 사태관련자 사후 처벌금지 등 최소한의 요구사항만 이루어진다면 무기를 반납하고 군과 경찰의 시내 진입을 받아들일 생각이었다. '우리는 무기를 반납하고 군과 경찰이 들어와 치안질서를 맡게 되면 맨주먹으로 금남로에서 민주화 시위를 다시 벌이겠다'는 것이 학생들의 기본입장이었다. 이 때문에 학생들은 미국 측이 개입해서 자신들과 정부 사이를 중재해주기를 은근히 기대하고 있었다. 특히 윤공희 대주교는 학생들의 이 같은 뜻을 알아차리고 미국대사관에 사람을 보내 중재를 요청하려고 시도했으나 글라이스틴 주한 미국대사는 접견조차 거부해 버렸다.[123] 그런데 난데없이 제20사단 병력이 투입된 것이다. 더욱이 학생들은 20일, 이미 제20사단의 이동이 시작됐다는 사실과 이를 미국이 승인해 주었다는 데 대해 심한 분노를 느꼈다. 특히 제20사단 병력이동의 승인은 '광주사태'에 관한 신군부 측의 일방적인 주장을 수용했음은 물론 5·17 조치에 대한 정당성을 인정하게 되고 나아가 12·12 반란을 일으켜 부당하게 집권한 신군부 통치를 합법화시켜 주었다는 점에서 학생들은 물론 모든 국민들을 분노케 했다. 이 같은 미국의 반민주적·친군부적 행태는 한국 국민들로 하여금 한국전쟁 이후 40여 년 간 지속되어 온 세계 유일의 순미

---

122 〈朝日新聞〉, 1985년 5월 18일자, 글라이스틴 인터뷰 기사 ; 글라이스틴 회고록, 189쪽.
123 글라이스틴 주한 미국대사는 "미국은 사건발생 후 가톨릭교회를 통해 한국 정부와 광주 시민 쌍방에 대해 냉정한 대처를 하도록 설득했으나 효과를 얻지 못했다"고 밝혔다(〈朝日新聞〉, 1985년 5월 18일자, 글라이스틴 인터뷰 기사).

(順美) 국가에서 격렬한 반미(反美) 국가로 전환하게 되는 계기로 작용하고 말았다. 이에 대해 글라이스틴은 뒤에 '미국 이해의 특별한 표적(A Special Target of American Concern)'이라는 제목의 글[124]을 통해 광주지역의 통치권을 회복해야 될 필요성 때문이었다고 해명하고 있다.

또한 글라이스틴 대사를 비롯한 미국 측은 공수부대의 살육작전을 호도하고 있는가 하면 심지어 광주시민의 정당한 요구와 항쟁을 외면한 채 통치권 회복만을 강조하고 있었다.[125] 다시 말하면 인권이나 민주주의 등 정당한 국민의 주장이 미국의 안보를 위해서는 무시되어도 상관없다는 것이다. 이 같은 사실은 글라이스틴 대사가 전날 미국기자들과의 회견에서 '광주사태에 관여할 생각이 없다'고 밝히고 있는 데서도 잘 나타난다. 이 같은 시각은 뒤에 나오는 '민주화의 요구도 경청해야 하지만 지금의 상황에서는 질서 확립에 중점이 주어져야 한다', '한국 국민의 국내문제인 광주사태와 같은 상황에 미국이 개입하는 것은 어려운 일이다', '광주사태가 오래 계속된다면 배고픈 호랑이(Hungry Tiger) 같은 북한이 이를 이용할 가능성이 없지 않다'는 미국무부 관계자들의 성명에서도 드러난다. 또한 1989년 6월 발표한 1980년 5월 「광주에서 일어난 제반사건에 대한 미국 정부의 답변서」에서도 '광주에서 광범한 혼란의 씨를 뿌리는 것을 피하기 위해 대화와 최소한도의 무력사용을 통해 질서를 회복하도록 한국 정부에 조언했다'고 밝혀 군의 폭력적 진압작전의 정당성을 인정하고 있다.[126]

---

124 이 내용은 국회 5·18 광주민주화운동 조사특위가 미국 정부에 질의한 내용을 답변하는 형식으로 발표한 「1980년 5월 광주에서 일어난 제반사건에 대한 미국 정부의 답변서」에도 들어있다(〈서울신문〉, 1989년 6월 21일자 ; 김영택, 앞의 책, 397~404쪽).
125 글라이스틴은 이 글뿐만 아니라 〈뉴욕 타임즈〉(1982년 7월 12일자), 〈朝日新聞〉(1985년 5월 18일자), 〈新東亞〉(1987년 5월호)와의 인터뷰나 기고에서도 비슷한 내용의 해명을 했다.

심지어 미국은 '후진국의 민주주의는 사치'라며 한국 국민의 생명이나 민주주의 또는 인권의 정당성보다는 제국주의적 시장안정을 위해 한반도의 안보가 미국 국익에 우선한다는 논리를 내세워 새로운 군부집단의 탄생과 광주시민의 대량 희생을 부추기면서 눈감아 주었다.[127] 그것은 1980년 1월 전두환을 비롯한 신군부 세력을 제거하려는 한국군 장성 30여 명의 의지를 차단해버린 데서도 나타났다. 여기에는 일본의 정보기관이 개입, 민주화 운동을 통한 불안정한 정국보다는 비록 군사정권체제지만 안정된 정국이 자국시장에 유리하다는 판단하에 불확실한 북한 정보를 제공했다는 사실이 한 몫 하기도 했다.[128]

미국 카터 행정부는 국무부 호딩 카터 대변인의 성명을 통해 광주사태와 관련된 몇 가지 조치를 취하고 나섰다. 그는 5월 22일 워싱턴의 기자들에게 광주사태의 평화적 해결을 바라며 폭력사태가 계속된다면 북한이 위험한 오판을 할 가능성이 있다는 내용의 성명을 발표했다. 이날 UPI통신은 이에 따른 한국군 이동에 대한 미국의 동의내용을 '미국, 한국군 출동에 합의'라는 제목으로 보도했다.

미국 정부는 백악관에서 한국사태에 관한 고위 정책조정위원회(PRC)를 열고 '배고픈 호랑이(북한)'의 오판을 견제하기 위해 오키나와에 있는 E3A 조기경보 통제기 2대와 필리핀 수빅만에 정박 중인 제7함대 소속 항공모함 코럴시호를 한국 근해로 항진하라는 명령을 내리기로 결정했다.[129]

---

126 〈朝日新聞〉, 1985년 5월 18일자, 글라이스틴 인터뷰 기사.

127 당시 미국의 대외정책은 대소전략이나 대공산권 정책상 필요한 국가나 지역의 경우 그 범주에 들어있는 국가에 대해서는 인권을 무시하고 안보를 위주로 했고 그 이외 지역의 국가에 대해서는 인권을 내세워 내정에 개입하는 경우가 많았다.

128 MBC, 「이제는 말할 수 있다-일본커넥숀」, 2000년 8월 6일 23시 30분 방영.

129 〈동아일보〉, 1980년 5월 22일자 ; 이 정책조정회의에는 에드먼드 머스키 국무장관, 즈그네프 브레진스키 대통령 안보담당 특별보좌관, 리처드 홀부르크 국무성 태평양 및 동

이러한 사정을 전연 인식하지 못한 '광주사태'의 항쟁지도부는 후반기인 25일부터 계엄당국과의 협상이 불가능하다는 사실을 인식하고 이젠 미국이 개입해서 원만히 수습해 주었으면 하는 바람을 강력하게 가지고 있었다. 또 시민들은 그럴 것이라고 굳게 믿고 있었다. 그리하여 광주사태가 진행되는 동안 신군부 지원 차원에서 북한의 도발을 견제하기 위해 미국 항공모함 코럴시호가 한국 근해에 접근한다는 뉴스를 접한 항쟁지도부나 시민들은 그러한 사정도 모른 채 환호하면서 '조금만 참고 기다리면 미국이 중재하러 온다'면서 민주화가 반드시 이루어진다고 다그쳤다.

항쟁이 패배로 막을 내린 지 한참 뒤에야 미국 조치의 진의를 알아차린 학생과 시민들은 '이제 미국은 우리 편이 아니라 독재자 전두환의 편이 되었다'라는 사실을 실감함으로써 학생 또는 민주화를 열망하는 국민들의 미국에 대한 인식은 크게 변할 수밖에 없었다. '광주사태'를 신군부의 의도적인 소행으로 보는 학생들은 이때부터 미국을 방조자 또는 동조자로 보거나 최소한 그것을 묵인해 준 것으로 여기게 되었다. 이에 따라 학생들의 반미감정은 전두환 정권 타도투쟁과 병행하여 고조되고 있었다. 여기에 위컴의 발언은 이를 더욱 부채질했다. 주한 미군사령관인 위컴 대장은 광주사태 얼마 후인 1980년 8월 8일 미국 기자들과 만난 자리에서 "한국 국민의 국민성은 들쥐와 같아서 누가 지도자가 되던 따라가게 마련"이라고 말한 것이다. 이 말은 구체적으로 국내 매스컴에 보도된 것은 아니지만 학원가에는 곧 '유비(유언비어의 줄임말)통

아시아 담당 차관보, 마이클 아마코스트 국무성 아시아태평양 담당부차관보, 닉콜라이 플래트 국방성 아시아 태평양 담당 차관보 등 한반도 정책결정에 관련 있는 미행정부의 주요관리들이 참석했다. '이 회의에서는 북한의 남침에 대비, 한국의 안전을 보장한다는 미국 측의 확고한 결의를 재확인하고 이에 대한 실증을 보이기 위해 조기경보기 파견 등 구체적인 경고조치를 위한 것'이고 '한국의 안전에 관한 조치를 선행한 후 한국의 국내 정치문제에 관해서도 미행정부로서의 후속적인 조치'를 취하기로 했다는 것이다.

신'으로 번져 나갔다. 특히 '들쥐'라는 표현에 심한 분노를 느꼈다. 이 표현은 이 자리에 함께 있었던 〈로스앤젤레스 타임즈〉 기자가 보도한 '한국민은 전두환 장군의 영도력에 국민 각계각층이 따르고 있다'는 내용과 뉘앙스를 같이 하고 있다. 특히 '미국으로서는 한반도에서의 평화와 안정이 더욱 중요하다. 안전 보장과 한국의 국내적 안정은 물론 정치적 자유(민주주의)에 우선한다. 그런 점에서 전두환도 나쁘지 않다'는 위컴의 말을 인용해 보도한 1980년 8월 8일자 〈로스앤젤레스 타임즈〉 보도는 민주주의 발전에 앞서 안보를 맡을 전두환이 더 소중하다는 의미로 받아들여짐으로써, 미국이 안보를 위해서는 독재자도 옹호한다는 말로 간주되어 반미감정은 더욱 고조되어 갔다.[130] 그러니까 당시 한국지도자를 12·12 내지 5·17 주역인 전두환으로 보고 한국 국민은 결국 이 지도자에 의해 이끌려 갈 것이며 미국은 안보를 위해 이 지도자를 지지한다는 간접표현으로 풀이하게 될 것이다.[131] 이 같은 발언은 2년 후 주한 미국대사 위커의 '버릇없는 아이들' 발언과 맥락을 같이 해 학생 및 재야 민주인사들의 분노를 사고 말았다. 더욱이 전두환을 한국의 지도자(대통령)로 인정한 레이건은 1981년 1월 18일 대통령에 취임하자마자 영국이나 프랑스, 다른 NATO 회원국, 일본, 심지어 캐나다나 멕시코 같은 중요한 동맹국 지도자보다 한발 앞서 최초의 외국 국가원수로 전두환을 1월 28일부터 2월 7일까지 초청했다. 레이건은 2월 2일 백악관에서 따뜻한 포옹으로 전두환을 맞이한 후 벌인 정상회담에서 '미·한 간의 특별한 유대관계는 30년 간 변함이 없다', '전두환 대통령을 전면 지지한다'고 공언했다.[132] 대한민국 대통령의 방미는

---

130 眞鍋祐子, 『烈士の誕生-韓國の民衆運動における「恨」の力學』, 平和出版社, 1997, 150頁.

131 〈동아일보〉, 1980년 8월 9일자 ; 브루스 커밍스 저, 김동노 외 역, 『한국현대사』, 창작과 비평사, 2001, 542쪽(Bruce Cumings, 『Korea's Place in The Sun-A Modern History』, Norton, 1997, p. 378).

12년만의 일로 지미 카터 대통령이 전두환을 멀리하고자 했던 것과는 대조적이었다. 이로써 전두환은 국내입지를 공고히 했을 뿐만 아니라 '전두환 정권'의 합법성을 온 세계가 공인한 셈이 되었다.[133]

그런데도 (1) 미국은 공수부대에 대해 어떠한 관할권도, 광주 이동에 대한 사전정보도 갖고 있지 않다. (2) 학생시위진압에 나선 경찰을 지원하기 위해 군대를 사용한다는 계획에 미국은 경악했다. (3) 주한미군사령관 위컴은 공수부대가 초기에 행한 잔혹한 조치를 모르고 있었다. (4) 제20사단의 광주투입을 승인한 것은 질서회복을 위하고 공수부대의 재투입으로 인한 초기 과잉진압을 막기 위한 불가피한 조치였다. (5) 미국은 이 사태의 초기부터 끝까지 배후에서 평화적으로 해결을 촉구했다. (6) 광주의 비극에 대해 어떠한 도덕적 책무도 없다고 국무부는 믿고 있다고 주장했다. 물론 이렇게 주장하는 무책임론은 나중에 대부분 거짓임이 밝혀졌다.[134]

학원가에서는 공공연히 '미국 물러가라'는 반미구호가 등장하게 되었고 드디어 미국문화원 방화라는 실력 행사로 나타났다. 1980년 12월 9일 눈발이 날리던 밤 9시 50분쯤 학생들은 광주시 동구 황금동에 자리잡고 있는 광주 미문화원에 불을 질렀다. 불길은 문화원 2층 옥상에서 치솟아 올라 순식간에 20여 평의 사무실을 태워버렸다. '광주사태'라는 살육을 저지른 신군부를 지지하는 미국에 대한 응징을 실력으로 나타낸 것이다. 전남대생 임종수·정순철·황일봉·김동혁·박시형 등은 지붕에 올라가 기왓장을 뜯어낸 다음 석유 36ℓ를 뿌리고 불을 질렀다. 불은 급히 출동한 소방대에 의해 20분만에 진화됐지

---

132 眞鍋祐子,『烈士の誕生−韓國の民衆運動における「恨」の力學』, 平和出版社, 1997, 151頁.

133 강준만, 앞의 책 2권, 27~28쪽 ; 돈 오버도퍼, 이종길 역, 앞의 책, 216~217쪽(Don Oberdorfer, ibid. pp. 136~137).

134 강정구, 앞의 책, 149쪽 재인용.

만, 이 사건은 향후 있게될 일련의 미국문화원 수난사건의 시발점이 되었다.

방화사건에 대해 매스컴은 극히 미미하게 보도했다. 5공 정권에 의해 강력하게 통제를 받고 있던 언론이었다. 방화사건을 주도했던 학생들은 더욱 분노했다. 대대적으로 보도해 미국을 규탄하는 자신들의 소리가 반영되고 '광주사태'의 진실이 조금이라도 전해지기를 바라고 방화했던 것인데 그런 효과를 볼 수 없게 되어 나타난 분노였다.

이틀 만에 경찰에 붙잡혀 법정에 서게 된 이들은 "광주사태 현장을 눈으로 보고 몸으로 체험한 결과 그 현장은 차마 눈뜨고 보지 못할 처참한 광경이었다. 따라서 이런 작전을 전개한 계엄군의 출동을 사전 승인하고 또 군사 파쇼체제를 지원·지지하고 있는 미국에게 경종을 울리고 전 세계에 그 실상을 폭로하고자 방화했다. 그리고 광주시민의 응어리진 한을 조금이나마 달래줌으로써 민족적 자존심을 회복시키고 싶어서였다"고 진술했다. 임군을 비롯한 관련자 7명은 실형 5년 6개월 내지 집행유예가 선고되었다.

광주 미문화원 방화사건이 있은 지 1년 3개월 만인 1982년 3월 18일 오후 2시쯤 부산시 중구 대청동에 위치한 부산 미문화원에서 또 다시 방화사건이 발생했다. 부산 고신대 의예과 2년 이미옥, 동대학 신학과 3년 제적생 김은숙, 부산대 약대 3년 최인순 등이 플라스틱 물통에 휘발유를 담고 들어가 복도에 뿌린 다음 제지하려는 경비원을 밀어붙이고 갑자기 불을 당겨버린 것이다. 불은 '펑' 소리와 함께 연기를 내뿜으며 순식간에 번져 연건평 600평인 3층 콘크리트 건물 중 1층 사무실 내부와 책 6,000여 권을 태우고 1시간만에 진화됐다. 불행하게도 이 사건으로 도서실에서 공부하던 동아대 학생 1명이 숨지고 다른 2명이 중화상을 입었다. 방화사건이 터짐과 거의 같은 시각에 문화원 주변과 부산시내 다른 한 곳에서 수백 장의 반정부·반미 전단이 뿌려졌다. '해방 후 지금까지 한국에 대한 미국의 정책은 경제수탈을 위한 것으로 일관되어 왔음이 명백하다. 이른바 우방이라는 명목하에 국내 독점자본과 결탁하여 매판문화를 형성함으로써 우리 민족으로 하여금 그들의 지배 논리에 순응하도록 강요해 왔다. 우리 민중의 염원인 민주화, 사회개혁, 통일을 실질적으로 거부하는 파쇼 군부정권을 지원하여 민족분단을 고정화시켰다'는 내용이 담겨 있었다.

여기에서 광주사태에 대해 직접적으로 언급하지 않고 '민주화를 거부하는 파쇼 군부정권'이라는 간접 표현을 쓴 것이 광주 미문화원 방화사건과 3년 후에 있을 서울 미문화원 사건과 다른 점이다. 이 사건이 터지자 광주 미문화원 사건과는 달리 매스컴이 대대적으로 보도하고 나섰다. 광주 미문화원 사건 때와는 달리 학생들의 유인물에 의해 방화의 동기, 배경 등이 곧바로 드러났기 때문이기도 했지만 5공당국은 '좌경의식화 된 대학생들에 의해 저질러진 소행'으로 몰아 이를 국민들에게 널리 알림으로써, 이 사건에 관련된 사람은 물론 동조자, 나아가 운동권 학생 전반에 대한 혐오감을 심어줘야겠다고 판단하고 언론을 부추긴 것이다. 여기에 매스컴들이 한발 앞서 더욱 고조시켰음은 물론이다.

그러나 3개월 후 〈뉴욕 타임즈〉는 '서울에서 치르는 악몽(The Devil to Pay in Seoul)'이라는 제하의 사설을 통해 '미문화원 방화사건은 제5공화국 정권에 대한 반대의 연장선상에서 미국이 군사독재정권을 도와 광주사태를 진압시켜 정권을 유지할 수 있도록 뒷받침해 준 데 대한 반발에서 비롯된 것 같다'고 비교적 정확하게 논평했다.[135] 광주사태와 관련된 미문화원 사건의 배경에 대해 가장 정곡을 찌르는 내용이었다.

정부는 방화범 검거에 모든 공권력을 총동원하고 3,000만 원이라는 거액

---

[135] 〈뉴욕 타임즈〉, 1982년 7월 6일자.

의 현상금까지 걸었다. 부산시내는 물론 서울시내 등 전국 주요 도시에서는 경찰뿐 아니라 모든 정보기관이 초비상사태에 돌입, 온 나라가 검문검색 풍파에 휩싸였다. 사건 발생 12일 만인 3월 30일 이미옥·최인순과 김화식(고신대 졸)·최충언(부산신학대학)·박원식(부산신대) 등 5명이 검거되고 주범 문부식(고신대 제적)과 그의 애인 김은숙이 지명 수배되었다. 이어 천주교 원주교구 교육원장 최기식 신부는 이틀 후인 4월 1일 자신이 보호하고 있던 문부식과 김은숙을 자수시켰다. 이밖에 '광주사태' 관련자로 수배 중 원주교육원에 숨어 있으면서 주범 문부식·김은숙을 의식화시켜 방화사건을 배후조종한 김현장(한신대 제적)을 비롯, 김영애(치악산서점 경영)·김지희(부산여대 3년)도 다음날 검거되었다. 이렇게 해서 부산 미문화원 사건으로 연루돼 검거된 사람은 모두 16명이었다.

이들은 모두 국가보안법·현주소건조물 방화 치사상·집회 및 시위에 관한 법률·계엄법 위반 및 공무집행방해·범인은닉 등의 혐의로 기소되었다. 부산지방법원에서 6월 14일 시작된 제1심 재판은 8월 10일 피고인 16명에 대한 선고공판을 열고 김현장과 문부식에게는 사형을, 김은숙과 이미옥에게는 무기를 선고하고 10명에게도 장기 15년에서 단기 2년까지 실형을, 2명에게는 집행유예를 선고했다.[136] 이 사건은 2심을 거쳐 1983년 3월 8일 대법원 확정

---

[136] 부산 미문화원 방화사건 관련 피고인 1심 형량 및 적용법규 ◇김현장(32세·무직·사형)=국가보안법 위반·현주소건조물 방화치사상·계엄법 위반·집회 및 시위에 관한 법률위반 ◇문부식(23·고신대 4년 제적·사형)=국가보안법 위반·현주소 건조물 방화치사상·집회 및 시위에 관한 법률 위반 ◇김은숙(24·고신대 3년 제적·무기)=국가보안법 위반·현주소 건조물 방화치사상·집회 및 시위에 관한 법률 위반·계엄법 위반 ◇유승열(20·부산시 공대 3년·징역 및 자격정지 15년)=국가보안법 위반·현주소건조물 방화치사상·집회 및 시위에 관한 법률 위반 ◇박원식(19·고신대 의예과 2년·징역·자격정지 7년)=국가보안법 위반·현주소 건조물 방화치사상 ◇최충언(19·고신대 의예과 2년·징역 7~5년 자격정지 7년)=국가보안법 위반·현주소 건조물 방화치사상·집회 및

판결까지 10개월 간 계속되어 최고 사형에서부터 징역 1년, 집행유예 2년의 유죄판결을 받았다. 재판과정에서 문부식은 "미국은 12·12 사태와 광주사태를 미연에 방지·저지했어야 했습니다. 그런데도 그렇지가 못했습니다. 오히려 지원하고 방조했습니다. 미국문화원을 방화한 것은 반공만 내세우면 민주주의도 팽개쳐버리는 어떤 정권이라도 지지해 온 미국에 대한 국민적 경고인 것입니다"[137]라며 미국의 태도를 신랄하게 비판했다.[138]

시위에 관한 법률 위반 ◇이미옥(20·고신대 의예과 2년·무기)=국가보안법 위반·현주건조물 방화 치사상·집회 및 시위에 관한 법률 위반 ◇최인순(20·부산대 약대 3년·징역 및 자격정지 15년)=국가보안법 위반·현주소 건조물 방화치사상·집회 및 시위에 관한 법률 위반 ◇김지희(21·부산여대 3년·징역 및 자격정지 15년)=국가보안법 위반·현주소 건조물 방화치사상·집회 및 시위에 관한 법률 위반 ◇박정미(22·부산여대 3년·징역 및 자격정지 4년)=현주소 건조물 방화 예비·계엄법 위반·집회 및 시위에 관한 법률 위반 ◇최기식(39·신부·징역 및 자격정지 3년)=국가보안법 위반·범인 은닉 ◇문길환(36·원주교구성당 관리인·징역 및 자격정지 3년, 집행유예 4년)=국가보안법 위반·현주소 건조물방화 예비·집회 및 시위에 관한 법률 위반·범인은닉 ◇김영애(25·치악산 서점 경영·징역 및 자격정지 3년)=국가보안법 위반·계엄법 위반·집회 및 시위에 관한 법률 위반 ◇허진수(24·한국기장전국청년회 부회장·징역 2년)=계엄법 위반·집회 및 시위에 관한 법률 위반·특수공무집행 방해 ◇김화석(22·무직·징역 3년)=계엄법 위반·집회 및 시위에 관한 법률 위반 ◇이창복(43·불구속·한국교회 사회선교협의회 회계·징역 및 자격정지 2년 집행유예 3년)=국가보안법 위반·범인도피(〈동아일보〉, 1982년 8월 11일).

137 문부식, 1심 최후진술서(1983년 8월 11일자, 각 신문).

138 문부식이 당시를 회고하면서 소회의 일단을 피력한 다음 글은 음미할 만하다 ; 문부식, 『잃어버린 기억을 찾아서/광기의 시대를 생각함』, 삼인, 2002. 이 중에서도 1장 「잃어버린 기억을 찾아서」, 2장 「광주 20년-역사의 기억과 인간의 기억-끼엔, 나디야, 그리고 윤상원을 위하여」다. 이 가운데 다음 구절은 현대를 사는 한국인들에게 음미하도록 던지는 담론이기도 하다. 「광주학살에 대해, 첫째 그 폭력이 가진 야만성, 히틀러보다 훨씬 잔인한 그 포악이 잔인했다는 점을 들면서 광주시민들이 왜 그렇게 희생양으로 당해야 했느냐는 점. 둘째 그렇게 짧은 기간에 전두환에 대한 국민적 지지가 획득될 수 있을까 하는 점. 셋째 광주에 대한 한국군부의 그 무자비한 학살행위와 사후 처리에 대한 놀라움, 즉 왜 광주가 그토록 무자비하게 당해야 했느냐에 대한 의아심을 지금도 갖고 있다」고 술회했다(27~28쪽).

부산 미문화원 방화사건은 범인들(?)에 의해 저질러진 단순한 사건으로 끝나버리지 않았다. 대법원의 확정판결이 있은 지 1주일 만인 3월 15일 당국은 사형선고를 받은 김현장과 문부식의 형량을 무기징역으로 감형 조치했다. 인도주의적 차원이라고 내세웠지만 이는 미국의 요청에 의한 것이었다.

5공 당국은 주범을 자수시킨 최기식 신부를 당초의 약속과는 달리 구속하여 재판에 회부한 것이 빌미가 되어 종교계의 심한 반발에 부딪혔다. 반미감정은 젊은 학생들 입에서만 나오게 된 것이 아니라 기성세대에게까지 번지게 된 것이다. 당초 최기식 신부는 김현장·문부식·김영애 등을 보호하고 있다가 이들을 자수시켜야겠다는 생각으로 다른 성직자와 상의했다. 이에 따라 김수환 추기경이 청와대를 방문하고 함세웅 신부가 안전기획부 관리를 만나 의사를 전달했다. 당국은 고맙다는 뜻과 함께 고문을 하지 않고 자수로 받아들여 법적인 혜택과 함께 법률적인 지원을 보장한다는 약속을 했다. 이에 따라 최 신부는 '교회법에 의해 범인을 보호한 것'이라는 양심선언을 한 후 자수를 시킨 것인데, 당국은 뒤에 실정법 저촉이라고 강변하면서 당초의 약속을 어기고 최 신부를 국가보안법 위반 및 범인은닉죄로 구속해버린 것이다. 또한 그가 자수시킨 사람을 사형선고까지 이르도록 해버렸다. 독재정권의 거짓과 위선은 백일하에 이렇게 드러나 버렸다.

4월 8일은 최기식 신부와 다른 피의자 4명이 정식으로 구속되던 날이었다. 이날 김수환 추기경은 서울 명동성당에서 성유(聖油)축성 미사의 강론을 통해 "미문화원 방화사건은 광주사태와 깊은 관련이 있으며 정부와 언론은 이 사건의 근본을 오판, 오도하고 있다"고 전제한 후 "최기식 신부는 자신의 양심대로 사제직을 수행하다 문책을 당하게 된 정당하고 합당한 행동"이라며 "교회가 속죄양이 되어 사회의 안정이 이룩된다면 기꺼이 받아들이겠다"고 옹호하고 정부를 강하게 비판했다.[139] 특히 김 추기경은 "만일 예수께서 그런 상황에 놓이게 되셨다면 어떤 입장을 취하셨을까. 범법자가 찾아왔을 때 밀고를 하셨겠는가, 돌을 던져 쫓아내셨겠는가. 만약 추기경인 내가 필요하다면 나라도 그 같은 희생을 달게 받겠다. 예수는 굶주리고 목마르고 옥에 갇힌 사람 등 사회에서 가장 소외되고 버림받은 자와 언제나 함께 하셨다. 그리스도가 가신 길이 바로 오늘의 사제가 가는 길이다"라고 강론하면서 최기식 신부가 취한 행동은 '정당한 사제의 길'이라고 역설했다. 유신체제 이후 '무뢰배 독재자들 때문에 고통 당하는 국민들의 편에 선 가톨릭 사제들의 험난한 행로'를 잘 대변해 주는 명언이었다.

김 추기경은 또 실정법대로 처리한다는 명분하에, 심지어 자수시킨 데 대해 고맙다는 인사말까지 해놓고 당초의 약속을 헌신짝 버리듯 하는 정권 담당자들을 비난했다. 이 말은 자신이 직접 만났던 전두환의 약속위반을 비판한 것, 정권 담당자들의 도덕성을 의심케 하는 대목이다. 또한 경찰은 김현장을 은신시켜 준 혐의로 원주교구 최기식 신부를 구속한 데 이어 전주·대구·인천·삼랑진·영주·영덕·장성·삼천포 성당의 신부들과 가톨릭농민회 관계자들에 대해 대대적인 수사를 벌였다. 평소 반체제 반정부 인사들의 은신처로 여기고도 손을 댈 명분을 찾지 못하고 있던 5공 당국은 천주교회에 대해 일대 타격을 줄 수 있는 절호의 기회로 삼은 것이다. 이 같은 수사 확대에 대해 천주교 측에서는 교권 침해라며 격렬하게 반발하고 나섰다.

이렇게 해서 부산 미문화원 사건은 광주사태에 동조한 미국을 응징하려는 젊은 학생들이나 반정부 인사들의 투쟁에서 한걸음 확대되어 5공 정권과 천주교 간의 마찰로 변모되었다. 이는 그동안 천주교를 유신체제 이후 반정부운동의 최대 지원세력으로 간주해 오던 5공 정권이 이참에 천주교와 선을 그어

---

139 김수환, 『추기경 김수환 이야기』, 평화방송·평화신문, 2005, 302~303쪽.

놓겠다는 저의를 가지고 적극적으로 대응한 데서 빚어진 것이다. 그러나 5공 정권과 천주교 간의 마찰은 모든 종교계가 이에 합세함으로써 새로운 국면인 정권타도운동으로 발전하고 있었다.

4월 13일 서울 새문안교회에서 부활절 예배를 보고 나온 백여 명의 개신교 신도들은 30분간 반정부 시위를 벌였고, 19일 혜화동 성당에서는 4·19 22주년 기념강연회 끝에 2,000여 명의 신도와 대학생들이 가두시위를 벌이기도 했다. 또 4월 15일에는 한국교회사회선교협의회가 민족자존을 함부로 해치는 발언을 해대는 워커 대사와 위컴 사령관의 소환까지 요구하는 내용의 '부산 미국문화원 방화사건에 대한 우리의 견해'라는 성명서를 발표하여 사회적으로 큰 반향을 불러일으켰다.[140]

이 성명이 나가자 5공 정권은 민감한 반응을 나타냈다. 부산 미문화원 방화사건 범인들이 주장하는 내용에 동조했다는 것이다. 경찰은 이 같은 성명을 낸 교직자들을 소환해 조사에 착수했으나 그 이상의 단계까지는 발전하지 않았다. 종교계와의 마찰은 정권안보에 보탬이 되지 않는다고 판단한 것이다.

1985년 5월 23일 낮 12시 5분, 잇달아 발생하는 미문화원사건 시리즈 중 가장 충격적이고 대담한 사건이 서울 한복판인 을지로 1가 미문화원에서 발생했다. 특히 서울대, 고려대, 연세대, 서강대, 성균관대 등 이른바 한국의 가장 대표적인 명문대학으로 꼽히는 5개 대학생 76명이 치밀한 계획을 짜 기습적으로 난입했다는 사실과, 지금까지 있었던 방화 등 파괴행위를 일체 지양하고 자신들의 뜻을 선명하게 대내외에 밝힌 후 스스로 해산했다는 사실은 지금까지 있었던 사건과 다른 점이다.[141]

---

140 한국교회사회협의회, 「부산문화원 사건에 대한 우리의 입장」, 1983년 4월 15일자.
141 이보다 8일 앞선 1985년 5월 15일 전국 29개 대학 1만여 학생들은 '광주사태 진상규명 및 책임자 처단'을 요구하며 시위를 벌였다.

이날 5개 대학생 90명은 문화원 출입구로 몰려가 입구 양쪽에 배치되어 경비하고 있던 4명의 전경요원을 밀쳐내고 안으로 뛰어 들어갔다. 문화원 입구는 함성과 학생들로 혼잡을 이루었다. 학생들은 수위가 급히 셔터를 내리려 하자 이를 밀쳐낸 다음 동료학생들의 진입이 끝난 듯 하자 이번에는 학생들 스스로 셔터를 급히 내려버렸다. 경찰의 진입을 봉쇄하기 위해서였다. 그리고 2층 도서실로 뛰어 올라갔다. 도서실은 학생들에 의해 완전히 점거되어버린 상태였다. 학생들은 스스로를 '한국학생총연합 광주항쟁투쟁위원회'라고 밝히고 '국민 여러분께 드리는 글'[142] '우리는 왜 미문화원에 들어 왔는가'[143] 등 2종의 유인물을 뿌렸다. 학생들은 이 유인물을 통해 (1) 미국은 광주학살지원 책임지고 공개사과하라. (2) 미국은 전두환 군사독재정권에 대한 지원을 즉각 중단하라. (3) 미국 국민은 한미관계의 올바른 정립을 위해 진지하게 노력하라고 요구했다.

농성학생은 서울대 12명, 고려대 12명, 연세대 21명, 성균관대 22명, 서강대 8명이며 5개 대학 전학련위원 12명이 이번 거사를 주도했다고 스스로 밝혔다. 광주항쟁 이후 가장 규모가 큰 저항운동에 불이 붙은 것이다.

광주·부산 미문화원 방화사건이 개별적 또는 소수 서클회원에 의해 행해진 것과는 달리 이번 점거사건은 전국 규모의 학생조직 차원에서 치밀하게 계획되고 추진된 것이다. 학생들은 유리창 너머 기자들과의 필담을 통해 지난 14일 연세대에서 전학련 책임자들이 모여 미문화원 점거농성 계획을 세웠으며, 21일 최종계획을 확정한 후 실천한 것이라고 밝혀 미문화원 점거농성이 사전에 치밀하게 계획된 것임을 분명히 했다. 학생들은 워커 주한 미국대사와

---

[142] 전문은 김영택, 앞의 책, 288쪽.

[143] 전문은 앞의 『5·18 광주민주화운동 자료총서』 제2권, 626~627쪽 ; 김영택, 앞의 책, 289쪽.

의 면담과 광주항쟁에 대한 미국의 공개사과를 요구하고 나섰다. 그들은 자신들의 주장을 직접 관철시키려 했다. 그러나 워커 대사는 나타나지 않았다. 대신 던롭 참사관과 레빈 문화원장이 학생들과의 대화에 응했다. 미대사관 및 문화원 관계자들은 한국 경찰의 도움을 원치 않는다는 입장을 밝히면서 24일 오전까지 학생대표만 남아 대화하고, 나머지 학생들은 철수하면 신변보장을 하겠다고 설득했다. 그러나 학생들은 광주항쟁에 대한 사과를 요구하면서 '만약 경찰을 들여보내 물리적으로 해산시키려 할 때는 모두 2층 창문에서 뛰어내리거나 음독하겠다'고 위협하여 학생들의 요구를 묵살할 수가 없었다.

미관계자와 학생들은 농성이 계속되는 72시간 동안 모두 15회의 면담을 가졌다. 그러나 면담만 계속됐을 뿐 학생들의 요구가 관철되거나 어떤 합의가 이루어진 것은 하나도 없었다. 학생들은 미국의 공개사과를 계속 요구했던 반면 미국 측은 사과를 거부하고 먼저 농성을 풀 것을 요구했다. 그리고 미국 측은 광주사태에 대한 미국의 개입을 완강히 부인했다. 던롭 참사관은 "광주사태는 비극이었으며 그 중요성은 알고 있다. 그러나 광주사태 당시 군 병력 지휘자는 한국군 측이었으므로 미국은 책임질 일이 없다"는 주장을 되풀이하면서 한국군에 대한 작전지휘권과 병력이동에 대한 승인문제에 대해서는 언급을 회피했다. 경찰은 학생들의 문화원 점거 직후 400여 명의 기동경찰과 치안본부 특수병력을 미문화원 주변에 배치하고 시민들의 접근을 봉쇄하며 경비를 강화했다. 미문화원은 미국 측의 요청이나 승인 없이는 경찰이 들어갈 수 없는 지역이어서 뚜렷한 조치를 취할 수는 없었다.

학생들의 서울 미문화원 점거 농성과 동시에 23일 낮 서울시내 각 대학에서는 이 사실이 교내방송으로 즉각 학생들에게 알려졌고 각 대학 학생들은 일제히 미문화원 점거 농성을 지지하는 성명을 발표한 후 교내에서 시위를 벌였다. 학생들의 서울 미문화원 점거사건은 이때까지 방관 상태로 있던 정계에도 커다란 충격을 주었다. 당시 야당인 신민당을 비롯한 재야 진영과 단체들은 '오로지 광주의 진실을, 동시에 미국의 책임 여부 및 입장을 밝히려는 애국학생들의 충정에서 나온 행동이며 이는 언론이 진실을 말하지 않고 제 몫을 다하지 못하는 데서 올 수밖에 없었던 필연적인 사건'이라며 학생들의 농성을 지지하고 나섰다.[144]

3일째가 되는 25일 밤, 학생들은 '내일 밤 12시를 기해 농성을 해제한다'는 발표문을 유리창에 붙였다. 학생들은 26일 농성 해제에 대한 결정을 놓고 상당한 진통을 겪어야 했다. 찬반양론이 격렬하게 대두되었음은 물론이다. 그러나 27일부터 시작되는 남북적십자회담 북한 측 대표의 서울 도착을 고려하지 않을 수 없었다. 이 때문에 자진 해산은 불가피하다고 결론짓게 되었다. 학생대표인 함운경·이정훈 등 2명은 문화원 뒤뜰에서 기자회견을 가졌다.

그들은 '우리는 미국 측과 대화를 통해 문제를 해결하려고 노력했으나 미국 측이 진정한 대화의도를 갖고 있지 않아 그들과의 대화가 무의미하다고 판단했으며 27일부터 시작되는 남북한적십자회담을 고려해서 자진 해산키로 했다'고 밝힌 다음 문화원을 점거하고 집단행동을 한 데 대해 미국 측에 사과한다고 덧붙였다. 그러니까 미국 측에 사과는 요구하지만, 그것을 요구하는 의사표시 방법에 있어 집단행동으로 누를 끼친 데 대해 본의가 아니었다고 사과한 것이다. 대표들이 기자회견을 하는 동안 학생들은 각종 플래카드와 종이쪽지 등을 떼어 내는 등 실내를 말끔히 청소했다. 학생들은 4일 동안 농성을 하면서 일체의 파괴를 배제하는 데 상당한 신경을 쓰기도 해 광주와 부산 미문화원을 방화했던 점과 다른 태도를 보였다. 예를 들면 문화원 밖에서 학생

---

144 신민당은 이를 계기로 1985년 5월 30일 국회의원 103명 연명으로 된 「광주사태진상조사를 위한 국정조사결의안」을 국회에 제출했다(김정남, 『민주화운동 30년의 역정 – 진실 광장에 서다』, 창비, 2005, 481쪽).

들과 대화를 하려는 기자들이 유리창을 부수고 이야기하라는 제의에 대해 단호하게 손을 내저어 거부하는 등 현명함을 나타냈다. 이 점에 대해 미국 측도 학생들은 폭력적이 아니었음을 분명히 인정하고 높이 평가했다.

경찰은 연행된 학생 중 25명을 구속, 43명은 즉심에 넘기고 나머지는 훈방했다. 그리고 이 사건과 관련해 전 학련 의장 김민석, 삼민투위원장 허인회를 수배했다. 검찰은 이 가운데 19명을 구속 기소했다. 이들에 대한 적용법규는 함운경에게만 국가보안법 위반을, 나머지 18명에게는 폭력행위 등 처벌에 관한 법률과 공무집행방해 및 치상죄였다. 그 해 7월 15일 첫 공판이 열렸다. 이 날 피고인 학생들은 법정에 들어서자마자 수갑 찬 두 손을 높이 들고 '광주항쟁 책임져라', '국가보안법 적용 철회하라', '미국은 공개 사과하라'는 구호를 외쳐댔다. 맨 먼저 들어선 함운경이 선창하자 뒤따라온 18명의 피고인과 방청석에 있던 학부모와 학생들이 함께 따라 외쳤다. 학생과 방청객들은 재판부가 입정한 뒤에도 계속해서 '애국가', '5월', '타는 목마름으로' 등 광주항쟁 노래와 운동가를 불렀다. 재판부가 이 같은 소란을 제지하기 위해 정리를 시켜 중지토록 하자, 학생들은 '누가 죄인인가'라고 소리쳤고 방청객들은 '우' 소리로 화답했다. 그 후 피고인들은 '원칙적으로 이 재판을 인정할 수 없으나 우리가 주장할 수 있는 토론의 장으로 여기고 재판을 받기로 했다'는 입장 아래 재판이 진행되었다. 피고인들의 아우성과 묵비권 행사, 재판부 기피, 변호인단 전원 사임, 재판부 퇴장 등 갖가지 파란이 잇따른 이 재판 결과 최고 7년에서 2년까지 실형이 선고되었다. 이는 당초 5공 정권이 의도한 대로 형량이 선고된 것으로 사법부의 독립성이 더욱 의심받은 사건이기도 했다.

이후 미문화원 또는 미국기관을 상대로 한 자잘한 사건은 끊임없이 발생했다. 1981년 1월 레이건 미국 대통령이 전두환을 워싱턴으로 초청, 한국 국민들에게 그의 위상을 제고시켜주기 위해 단 10분간 만나주는 대가로 한국에 많은 무기를 판매하는 제국주의적 발상이 노정되자 일련의 반미운동은 더욱 고조되었다. 1982년 4월 22일 강원대 성조기(미국기) 소각사건, 10월 레이건 미대통령 방한 반대농성사건, 11월 20일 밤 광주 미문화원에 화염병을 투척한 사건이 뒤따랐다. 이어 1983년 9월 22일 밤 대구 미문화원 정문 앞에서 폭발물사건이 있었으며, 1982년 4월 부산 미영사관 파괴사건, 1985년 8월 16일 주한 미국대사관 현관에서의 반미 유인물 살포사건도 있었다. 그리고 1985년 11월 4일 주한 미상공회의소 기습 점거, 1985년 12월 2일 광주 미문화원 장실 점거, 1986년 2월 26일 광주 미문화원의 사제 시한폭발물사건, 1986년 5월 21일 부산 미문화원 도서실 점거, 1986년 5월 30일 한미은행 영등포지점 점거 농성, 1986년 6월 7일 한미은행 중부지점 진입기도사건 등이 발생했다. 이어 1988년 10월 14일 전남대·조선대생 150명이 광주 미문화원의 폐쇄를 요구하며 광주 미문화원에 화염병을 던져 미문화원 자동차를 불태웠다. 다음 해인 1989년 1월 18일 또 다시 전남대·조선대생 50여 명은 화염병을 던지며 광주 미문화원 지붕 위에서 폐쇄를 주장하며 시위를 벌였다. 또한 13일 후인 1989년 1월 31일 전남대·조선대생 50여 명은 화염병을 던지며 광주 미문화원 점거를 기도했으나 실패했다. 드디어 미국 정부는 1989년 5월 10일, 1947년 7월 7일 광주시 동구 황금동 80번지에 개설한 광주 미국문화원이 잠정휴무에 들어간다며 일단 폐쇄조치를 내렸다. 이로써 광주사태로 인해 빚어진 반미투쟁의 결과 광주 미문화원은 개설 42년만에 문을 닫아야 했다. 1990년 6월 11일 광주 미문화원은 광주시 서구 양림동 구여성회관 자리에 다시 문을 열었으나 이날 밤 또 다시 학생들의 기습을 받았다.

민중운동과 6월 항쟁

전두환 정권은 '사회정의 구현'의 구호를 외치며 국민들에게 무한한 고통과 수난을 강요했다. 그리고 자신의 정권 유지를 위해 광주의 진실을 은폐하는 데 온갖 수단과 방법을 가리지 않았다. 외형상 자신들의 집권체제가 민주주의체제인 것처럼 위장하기 위해 1981년 1월 15일 민주정의당을 창당했으며 이어 1월 17일 민주한국당, 1월 23일 한국국민당이 야당형태로 출범했다. 그러나 이들은 야당이 아니라 정보기관의 사전조직을 통해 창당된 제2여당 또는 여당 제2중대였다. 1980년 11월 12일, 제10대까지의 국회의원 835명을 규제했다가 268명을 해제하여 형식적 야당대열에 참여시킨 5공은 정치권을 마음대로 조종하며 진정한 야당의 존립을 용인하지 않았다.[145] 더욱이 삼청교육대[146] · 공무원 숙정[147] · 언론기관 통폐합 및 언론인 숙청[148] · 강제징집과 녹

---

145 강준만, 앞의 책 2권, 17쪽.

146 1980년 8월 4일 전두환의 국가보위비상대책위원회가 '사회악 일소'라는 미명하에 '사회악 일소 특별조치'를 발표했다. 그리고 폭력 · 사기 · 마약 · 밀수사범에 대한 일제검거령을 내리고 계엄사령부는 이에 수반하는 포고령 13호를 발동, 1981년 1월까지 5개월 동안 4차에 걸쳐 6만 755명을 검거해 보안사 · 중앙정보부 · 검사 · 경찰서장 · 헌병대 요원 · 지역정화위원으로 구성한 심사위원회에 의해 A · B · C · D 4등급으로 분류하여 A급 3,252명은 군법회의에, B · C급 4만 347명은 4주 교육, 6개월 노역 후 훈방조치하고 D급 1만 7,156명은 경찰에서 훈방했다. 삼청교육대 입소자들은 제3사단 · 제26사단 · 제33사단 · 특전사 · 여군교육대 등 전후방 군부대 20개소에 입소하여 군사교육이라는 이름 아래 무장군인들의 감시 속에 혹독한 훈련과 기압은 물론 가혹행위를 당했다. 이들 가운데 7,578명은 1980년 12월 제정된 사회보호법에 의해 보호감호처분을 받고 계속 군부대에 수용되기도 했다. 이 과정에서 339명이 사망했고 가혹행위로 인해 부상당한 후 불구가 된 사람은 무려 2,700명이나 되었다(강준만, 앞의 책 제1권, 238~249쪽 ; 한국역사편찬회 편, 『한국근현대사사전』, 가람기획, 1990, 474쪽).

147 새로운 정권이 들어설 때마다 부르짖는 '공직기강확립'이라는 이름 아래 단행되는 공무원 숙정 작업을 말한다.

148 5공 정권은 1980년 11월 12일 '건전언론 육성과 창달'이라는 미명하에 언론사주들을

화사업[149]·노동자 탄압[150]·성고문 사건[151] 등 온갖 방법을 동원하여 자신들에게 반대하는 언론과 지식인들을 탄압했다. 심지어 광주와 관련된 말을 꺼내거나 듣기만 해도 무조건 잡아가던 무서운 시절, 잡혀가면 이유 없이 혹독한 고문과 중형을 당하던 시절이었다. 그러나 5·18 현장을 온몸으로 체험하고 지켜본 수십만 광주시민들의 입은 그냥 침묵하고 있지 않았다. 한 입 두 입 건너 소리 없이 점차 세상 밖으로 전해졌다. '광주사태'는 국민들에게 전두환 정권에 대한 인식을 바꿔놓기에 충분했다.

보안사로 강제초청하여 통폐합에 동의하는 형식을 취해 언론사 통폐합을 실시했다. TBC(동양) 등은 KBS로 통합되었고 CBS(기독교방송)는 보도방송이 박탈되고 선교방송만을 허용했다. 또한 서울에서는 신아일보와 내외경제가 경향신문과 코리아헤럴드에 통합되고 동양통신과 합동통신을 통합하여 관영 연합통신을 발족시켰다. 각 시도에는 1도 1사 원칙을 적용, 1개사로 통합시키는 한편 238개의 정기간행물 등록을 취소했다. 뿐만 아니라 언론인 1,944명을 강제해직 시켰다.

149 전두환 정권은 자신의 정권에 저항하는 학생운동을 제도적으로 억압하기 위해 1981년 11월부터 1983년 말까지 447명의 대학생을 강제징집하여 군에 입대시켰다. 여기에는 현역 징집 대상이 안 되는 학생들까지 포함시켰다. 더욱이 강제징집자들 중 256명에게는 '빨간 물을 빼고 푸른 물을 들이는 순화작업'이라는 '녹화사업'을 강요해 인간 이하로 몰입되게 하는 인간파괴 작업을 강행했다. 그리고 1982년 7월부터 제대시기가 다가오는 문제(?)의 학생들을 프락치로 양성하여 자신들이 몸담아 학생운동을 벌였던 학생단체에 투입시켜 정보를 캐오게 하는 비열한 공작을 폈다. 이는 곧 양심있는 젊은이들의 '인간'으로서의 존립가치를 파괴시키는 일이었음은 물론이다(강준만, 앞의 책 제2권, 69~76쪽).

150 5공 정권은 수출제일주의를 표방한다는 미명 아래 노동운동을 철저히 억압했으나 민주화운동과 병행되어 요원의 불길처럼 번져나갔다. 노동자들은 일한만큼의 정당한 대가를 요구하는 한편 전두환 정권 타도를 외쳤으나 탄압 또한 가속화되었다. 그러나 그때마다 언론의 침묵과 중산층의 외면으로 성공하지 못했다. 하지만 결국 전두환 정권 타도 필요성에 공감한 화이트 컬러들의 참여로 근로자들이 대거 참여하는 6월 항쟁이 성공, 민주화가 이루어지면서 노동운동의 전성시기를 맞았다.

151 노동운동차원에서 주민등록증을 위조하여 위장취업한 권인숙(당시 23세·서울대 의류학과 4년 제적) 양을 취조하던 부천경찰서 문귀동 경장이 1986년 6월 6일 새벽 4시 30분부터 2시간 반 동안 성적 모욕과 폭행을 가하며 자신들이 원하는 내용의 진술을 강요한 사건(제4장 제2절 1, 609쪽 각주 참조).

광주항쟁이 막을 내린지 불과 3일 만인 1980년 5월 30일, 서울 종로구 연지동 기독교회관 6층에서 서강대생 김의기는 회관 입구를 향해 '피를 부르는 미친 군홧발 소리가, 우리가 막 고요히 잠들려는 밤중에 우리의 안방까지 스며들어 우리의 가슴팍과 머리를 짓이겨 놓으려 하고 있는 지금, 동포여, 지금 무엇을 하고 있는가?'로 시작되는 '동포에게 드리는 글'[152]을 뿌린 다음 입구를 점거하고 있던 두 대의 전차 사이로 투신했다. 자신의 육신을 내던져가면서 좌절과 패배의식을 깨고 광주항쟁 정신을 일깨우려는 것이었다.[153] 며칠 후인 6월 9일 오후 5시쯤, 서울 신촌의 사거리에서 한 젊은이가 '내 작은 몸뚱이를 불질러 광주시민·학생들의 의로운 넋을 위로해 드리고 싶다'는 광주살육을 규탄하는 내용과 구속인사의 석방을 요구하는 유인물 수백 장을 행인들에게 나누어주고 있었다. 국민방위병으로 제대를 1주일 앞둔 김종태였다. 잠시 후 경찰이 쫓아오자 그는 순간적으로 유인물을 공중에 뿌린 다음 준비해온 석유를 온몸에 적신 뒤 손수 라이터 불을 당겼다. 그러자 온몸에 불이 붙었다. 돌발적 사태에 행인들이 몰려들었고 시민 한 사람이 황급히 소화기를 들고 와 불을 끄려 했다. 그는 다시 일어나 있는 힘을 다해 '광주살육 규명하라', '유신잔당 물러가라', '노동 3권 보장하라', '비상계엄 해제하라'고 외쳤다. 그리고 쓰러졌다. 그는 5일 후인 14일 어머니가 지켜보는 가운데 스물두 살의 젊음을 불살랐다.[154]

1980년대 열사들의 탄생은 이렇게 시작되었다. 그리고 전두환 정권을 규탄하는 열사들은 계속 탄생했다. 홍기일·조성만·이동수·박혜정·박선영·박승희 등은 "5·18 의미는 무엇입니까? 당시는 잘 몰랐지만 이제는 조금쯤 알

152 전문은 앞의 『5·18 광주민주화운동 자료집』 제2권, 111쪽.
153 박세길, 『다시 쓰는 한국현대사』 3권, 돌베개, 1992, 127쪽.
154 박세길, 앞의 책, 128쪽.

만합니다. 광주진상은 규명되어야 하고 전두환 정권은 타도되어야 합니다. 그리고 미제국주의는 규탄 받아 마땅하며 추방되어야 합니다"를 외치며 스스로 몸을 던져갔다.[155]

1981년부터 1983년까지 3년 동안 전국 각 대학에서는 1,400여 명의 학생들이 교실에서 축출되었다. 뿐만 아니라 박정희보다 더욱 잔인하고 악독한 전두환 정권은 운동권 학생이라면 입영자격유무에 관계없이 무조건 군에 입대시켜 전방부대에 배속시킨 후 일부를 빼내 정보요원으로 교육시켜 모교 운동권의 동지들을 감시하는 프락치로 역투입하는 '녹화사업' 이른바 '빨간 물을 빼고 푸른 물을 들이는 순화작업'을 벌이는 악랄함을 서슴없이 자행했다.[156]

이 같은 극렬한 탄압과 비열한 통치수법은 결과적으로 학생운동을 부추긴 꼴이 되었다. 뒤늦게 부작용을 인식한 전두환 정권은 이 점을 심각하게 받아들였다. 마침내 1983년 12월 '제적학생 복교허용' 조치와 함께 대학가에 상주하던 경찰을 철수시키는 조치를 취했다. 이 같은 유화제스처는 극단적인 억압정책에 균열이 생겼음을 의미했다.

1984년 11월 14일 오후 4시 20분, '민주화 투쟁 학생연합'이 주도하는 학생들이 종로구 인사동에 자리잡은 민주정의당 당사를 점거, 농성하는 사태가 벌어졌다. 민정당이야말로 민주주의를 역행하면서 전두환 정권의 전위역할로서 군사독재를 합리화시키는 온갖 정강을 쏟아내는 반민주적 정당이라는 것, 또한 광주학살을 자행한 범죄자들의 집단이라는 것이었다. 결국 다음날 아침 쇠파이프와 몽둥이로 중무장한 경찰에 의해 180명 전원이 연행돼 19명이 구속되고 나머지는 구류를 살아야 하는 등 학생들이 주도하는 민중운동과 탄압

---

155 眞鍋祐子, 『烈士の誕生 - 韓國の民衆運動における「恨」の力學』, 平河出版社, 1997, 150 ~211頁.
156 강준만, 앞의 책 2권, 69~71쪽.

은 끊임없이 반복되었다. 이런 분위기는 1985년 2·12 총선에서 신민당 돌풍을 일으키는 사태로 이어졌다.[157]

1986년 가을에 들어선 전두환 정권은 초강경의 탄압책을 더욱 밀어붙였다. 10월 14일 '통일국시론 파동'을 일으킨 신민당 소속 유성환 의원을 구속했고[158] 10월 28일 건국대학교에서 발생한 '애학투' 사건을 강경 진압했으며 10월 29일로 예정된 야당의 '직선제 개헌촉진 국민대회'를 강제로 무산시켰다. 정국은 싸늘하게 얼어붙었다. 그러나 초강경정책은 자신들의 위기를 자초하고 말았다. 1980년대 후반으로 치달으면서 전두환 정권의 강압통치와 공안정국은 한계를 드러내기 시작했다. 그것은 박종철 고문치사, 은폐조작 사건에서 분명하게 드러났다.

1987년 1월 14일 오전 11시 20분쯤 치안본부 대공수사 제2단(남영동 분실)에서 시국사범에 관련된 참고인으로 연행돼 조사를 받고 있던 서울대학교 언어학과 3학년 박종철(21세)이 고문을 받다가 숨진 사건이 발생했다. 이 사실은 〈중앙일보〉 1월 15일자에 「경찰에서 조사받던 대학생 쇼크사」라는 표제 아래 '서울대 학생 박종철 군이 서울시내 갈월동 소재 치안본부 대공수사단에서 조사를 받다 숨졌다'는 짤막한 2단기사로 보도됨으로써 세상에 처음 알려지게 되었다.[159] 다른 신문이 낙종한 기사이므로 확실한 특종이었다. 그렇지만 데

---

157 박세길, 앞의 책, 129~138쪽.

158 1986년 10월 14일 신민당 소속 유성환 의원은 제131차 국회 본회의에서 올림픽을 앞두고 '반공' 국시론 대신 '통일' 국시론을 제시했다가 국가보안법 제7조 1항 반국가단체 찬양고무죄를 적용한 법무부에 의해 체포동의서가 제출됐고, 국회는 10월 16일 야당의원들이 퇴장한 가운데 여당인 민정당 소속의원과 무소속의 이용택 의원만이 참석, 만장일치로 동의해 다음날 새벽 구속됐다. 법원은 '통일국시론'에 대해서는 무죄 취지로 설명한 대신 다른 죄를 적용, 1년 징역형을 선고함으로써 의원직을 상실했다(강준만, 앞의 책 3권, 86~89쪽).

159 〈중앙일보〉, 1987년 1월 15일자 ; 김영호, 『한국언론의 사회사』 하, 지식산업사, 2004,

스크에서는 평범한 사고사로 단순하게 처리해버렸다. 하마터면 단순사고사로 넘어가버릴 뻔한 보도였다. 그러나 한 대학생의 죽음이 담긴 2단짜리의 이 기사는 〈동아일보〉에 의해 「박종철 군 고문치사 은폐조작사건」으로 추적·보도됨으로써 한국 언론사에 큰 자리를 차지하는 대보도(大報道)의 단서가 되었다. 뿐만 아니라 한국 민주주의 발전의 커다란 분수령을 이루어 정치체제의 대변화를 몰고 온 6월 항쟁의 기폭제가 되었다.[160]

박종철이 대공수사단에서 조사를 받다 숨졌다는 1월 14일 아침은 정치적으로도 미묘한 시기였다. 이민우 신민당 총재가 '내각제개헌 협상용의'라는 '이민우 구상'을 들고 나와 3주일 동안 야당과 재야를 발칵 뒤집어 놓았다가 이날 아침 김영삼 고문과 외교구락부에서 담판을 벌인 끝에 '없었던 일'로 치부하는 '항복'을 했던 것이다. 이에 앞서 전두환 정권은 1986년 10월부터 신민당 유성환 의원 구속, 민통련 강제해산 등 공안정국으로 몰고 가면서 1986년 11월 29일 열기로 한 야당의 '직선제 개헌촉진 국민대회'까지 경찰력으로 원천 봉쇄하는 강경책으로 일관했었다.

이 같은 상황에서 박종철 사건이 보도된 이날(15일) 오후 6시쯤 강민창 치안본부장은 기자회견을 갖고 (1) 박종철 군이 1월 14일 오전 8시 10분경 서울 관악구 신림동 246의 26 하숙집에서 치안본부 대공수사 2단 형사들에 의해 연행됐으며 (2) 박 군은 연행된 뒤 오전 9시 16분경 경찰이 제공한 콩나물국으로 아침식사를 조금 하다가 "전날 술을 마셔 갈증이 난다"며 냉수를 몇 잔 청해 마셨다. (3) 오전 10시 50분경 조사가 시작돼 30분쯤 지난 오전 11시 20분경 갑자기 '억'하며 책상에 쓰러져 병원으로 옮겼으나 차 속에서 숨졌다고 밝혔다. 강

432~433쪽 ; 오병상, 『청와대비서실』 4권, 중앙일보사, 1995, 50~51쪽.
160 김영호, 앞의 책, 432쪽.

본부장은 이어 "외상이 전혀 없으며 가족들은 시체를 확인했다", "따라서 쇼크사로 본다", "부검 결과가 나오면 모두 밝혀 경찰의 결백을 증명해 보이겠다"고 했고 다른 치안본부 간부들도 입을 맞춘 듯이 "조사 경찰관이 책상을 '탁' 치니 '억'하고 쓰러졌다"고 거듭 주장했다.

〈중앙일보〉의 2단짜리 기사를 본 동아일보사 편집국은 술렁거렸다. 중요한 기사를 놓쳤기 때문이다. 그런데도 동아일보사 남시욱 편집국장은 별도의 특별취재반을 구성해 이 사건을 추적하기로 결정했다. 그 결과 1월 16일자 사회면에 박종철의 삼촌 박월길(朴月吉)의 증언으로 '박군의 두피하(頭皮下) 출혈과 목 가슴 하복부 사타구니 등에 수십 군데의 멍 자국이 있었다'는 사실을 보도함으로써 박 군의 죽음이 단순한 쇼크사가 아님을 강조해서 보도했다.[161] 이 기사는 이후 '박종철 군 고문치사 사건'에 대한 집중보도를 이끌어내어 경찰이 이 사건을 은폐·조작할 수 없도록 여론의 장으로 몰아붙이는 결과로 이어졌다.[162]

더욱이 중앙대학교 부속병원 내과의 오연상 교수의 용기 있는 증언으로 결정적인 단서가 포착되었다. 〈동아일보〉는 1월 17일자 1판부터 박 군의 시체를 처음 본 중앙대학교 부속병원 내과 의사 오연상과 부검에 입회한 한양대학교 부속병원 박동호의 증언을 사회면에 상세히 보도했다. 무엇보다도 오연상이 전한 목격담 중에서 (1) 박 군이 중앙대 용산병원으로 옮기던 중 숨진 것이 아니라 자신이 대공수사 2단에 도착했을 때 이미 숨져 있었고, (2) 박 군이 호흡곤란으로 사망한 것으로 판단됐으며, (3) 물을 많이 먹었다는 말을 조사 경

---

161 〈동아일보〉, 1987년 1월 16일자 ; 동아일보사, 『동아일보사사』 권5(1980~1990), 1996, 288~290쪽.
162 〈동아일보〉는 「조사받던 대학생의 죽음」이라는 사설을 통해 진상과 책임소재의 규명을 촉구했다.

찰관으로부터 들었다는 사실, (4) 박 군이 변을 배설한 채 숨겨 있었고 복부팽만이 심했으며, (5) 폐에서 수포음이 들린 점, (6) 조사실 바닥에 물기가 있었던 점 등의 증언은 박 군이 혹독한 고문에 의해 숨졌을 가능성을 일깨워 주기에 충분했다.[163] 단순한 쇼크사로 축소하여 몰아가던 경찰의 의도가 하나하나 드러나고 있었던 것이다.

1월 17일자 〈동아일보〉 10면에 취재기자가 쓴 「이 아비는 아무 할말이 없데이」라는 제목의 '창(窓)'이란 칼럼은 박 군의 죽음이 고문에 의한 것이라는 사실이 밝혀지기도 전에 박 군의 죽음 자체를 온 국민의 슬픔과 분노로 바꿔놓기에 충분했다. 또 「하늘이여, 땅이여, 사람들이여」라는 김중배 칼럼은 이 사건을 더욱 뜨겁게 달아오르게 했다.

이날(17일자) 3, 4판 기사를 마감하기 전에 검찰로부터 "박 군이 물 고문에 의해 숨진 것이 확실하다"는 말을 듣고 「부검 소견서 가혹행위 확실」이란 제목으로 바꿔 1면 머리기사로 실었다. 이는 사체부검을 맡았던 국립과학수사연구소 황적준 박사가 경찰고위층의 회유와 압력을 뿌리치고 '경부 압박질식사'로 정확하게 부검감정서를 작성, 검찰에 제출함으로써 사건이 백일하에 드러나게 된 것이다.[164] 그런데도 무고한 젊은 생명을 앗아간 경찰당국은 일말의 양심까지 져버린 채 사건을 축소하여 조작하려는 노력을 집요하게 펼쳤다. 아직 자식의 주검을 제대로 알지 못하는 부모의 동의를 얻었다는 구실하에 시체를 화장해버렸던 것이다. 검찰은 이 사건에 대한 수사에 직접 나서겠다고

---

163 『동아일보사사』 권5, 290쪽 ; "박 군은 경찰발표처럼 중앙대 부속 용산병원으로 이송되어오던 중 사망한 것이 아니라 제가 남영동 대공분실에 처음 도착했을 때 이미 숨져 있었습니다. 사인은 호흡곤란으로 판단되었습니다. 배가 몹시 부풀어올라 있었으며 폐에서는 수포음(水泡音, 물방울이 울리는 소리)이 들렸고 변을 배설한 채 숨져 있었으며 바닥에는 물기가 있었습니다"(김영호, 앞의 책 하, 437쪽).

164 『동아일보사사』 권5, 291쪽.

밝혔지만 이른바 관계기관 대책회의의 결정에 따라 경찰로 수사주체가 바뀌었다.[165] 사건 발생 5일인 1월 19일 강창민 치안본부장은 "박종철 군은 물 고문에 의해 사망했다"고 기자회견을 통해 공식발표하고 "담당조사관 조한경 경위와 강진규 경사 등 2명을 구속했다"고 발표하기에 이르렀다.[166]

같은 날 〈동아일보〉는 경찰의 공식발표문과 함께 백인수 화백이 그린 고문 치사장면 그림과 조사실 도면을 게재했다. 이 그림은 사건의 진상을 적나라하게 보여주었다. 박 군 고문치사 사건의 대대적 보도는 대학가는 물론 재야단체와 정치권에 커다란 파문을 일으켰다.[167] 언론과 야당 및 재야단체가 연일 5공 정권의 인권 탄압을 규탄하고 있는 가운데 사건을 송치받은 서울지검은 현장검증을 피의자도 없이 비공개로 실황조사만을 실시한 후 5일 만인 1월 24일 '박 군 고문치사사건 진상수사'를 발표한 다음 관련자들을 전격적으로 서울지법에 구속·기소했다. 사건은 이것으로 마무리되는 듯 했으나 한 가닥 의혹이 남아 있었다. 언론·대한변호사협회·종교계·정계·재야단체·학교 등은 비상한 관심을 가지고 연대하여 '검찰도 경찰과 한 통속'이라고 질타하면서 범국민적 항의시위와 농성을 벌이며 사건의 진상폭로에 초점을 맞춰 부도덕한 정권퇴진 운동으로 몰아갔다. 국회에서는 신민당 소속 황낙주 의원이 백인수 화백의 고문치사 상상도를 대형으로 복사하여 국회단상에서 펼쳐 보이며 정부를 맹공했다. 심지어 종교계에서도 박 군 추모행사 및 추모미사를 치렀다. 1월 26일 명동성당에서는 박 군 추모미사를 올리는 미사에서 김수환 추

---

165 유신정권 당시 각 지역마다 같은 급 또는 지역 전체 공공기관의 장으로 '관계기관 대책회의'가 구성되어 있었다. 어떤 시국문제가 발생하면 그 처리문제를 놓고 이 회의에서 결론을 내리게 되는데 어떤 기관이던 무조건 따라야 했다. 법 이전에 정권유지를 위해 운용됐던 제도로 5공 때에도 계속 존재했으며 중앙정보부가 조종했다.

166 〈동아일보〉, 1987년 1월 19일자.

167 『동아일보사사』 권5, 292쪽.

기경은 "이 정권은 하느님도 두렵지 않느냐?라고 묻고 싶습니다. 이 정권의 뿌리에 양심과 도덕이라는 게 있습니까. 총칼의 힘밖에 없는 것 같습니다. 지금 하느님께서는 동생 아벨을 죽인 카인에게 물은 것처럼 '네 아들, 네 제자, 네 국민인 박종철 군이 어디 있느냐'라고 묻고 계십니다"라며 정권의 야만성을 신랄하게 비판했다.[168]

이 무렵 신민당 내 강·온파 내분이 격화돼 대통령 직선제 개헌을 적극 주장하는 강경입장의 김대중·김영삼 두 사람이 4월 8일 신민당 탈당과 동시에 신당을 창당하겠다고 선언했다. 전두환과의 타협을 거부하고 나선 것이다. 이를 받아치듯 전두환은 그동안 이민우를 주축으로 하는 신민당 온건파와 적극 벌여온 내각책임제 개헌협상을 포기하고 "야당과의 개헌협상을 백지화하고 현행 헌법대로 대통령 선거를 실시한다"고 4월 13일 전격 선언했다.[169] 이른바 '4·13 호헌선언'을 하고 나온 것이다. 다시 말하면 군사정권 청산과 민주화를 위해서는 대통령 직선제 개헌만이 대안이라는 국민들의 바람을 외면하고, 정치군인 자신들이 구상해 놓은 5공 정권의 기본 통치구도에 따라 장기집권 시나리오대로 매진해 가려는 속셈이었다.[170] 그러나 전두환의 '4·13 호헌선언'은 박 군 고문치사사건으로 등을 돌리기 시작한 민심을 급속히 악화 시켰다. 야당·재야·학원·종교계 등 각계각층에서 '4·13 호헌선언'을 철회하

---

168 김수환, 앞의 책, 304쪽.

169 전두환은 자신이 퇴진한 후 대통령 책임제가 계속될 경우 1인에게 집중돼 있는 강력한 권력의 대통령 직이 야당으로 넘어가면 자신에게 돌아올 보복과 억압을 우려하여 신민당 이민우 총재와 권력이 분산되는 내각책임제 개헌을 추진하고 있었다. 그러나 김영삼·김대중이 이에 반발, 신민당을 탈당하자 4월 13일 대통령 간선제의 현행헌법을 준수하겠다는 이른바 '4·13 호헌조치'를 선언했다. 그러나 이 호헌조치는 직선제 개헌을 요구하는 민주세력의 반발에 부딪혀 6·10 항쟁으로 이어졌고 결국 노태우의 6·29 선언을 통해 직선제 개헌을 수용하지 않을 수 없었다.

170 김수환, 앞의 책, 305쪽 ; 재향군인회, 앞의 책, 399쪽.

라고 요구하는 성명과 시위가 잇따랐으며 경찰의 저지는 더욱 극렬했다.

1987년 5월 18일, 서울 명동성당에서 열린 '5·18 광주항쟁희생자 추모미사'가 끝난 뒤 김승훈 신부가 사제단 명의로 '박종철 군 고문치사사건은 조작되었다'는 사실을 전격적으로 폭로했다.[171] 검찰도 더 이상 어쩔 수가 없었다. 결단의 시기에 이른 것이다. 5월 21일 사건관련 경찰관이 이미 구속된 2명 외 추가로 황정웅 경위(41)·반금곤 경장(44)·이정호 경장(29) 등 3명을 포함 5명이라고 발표했다. 다음날인 5월 22일 〈동아일보〉는 '당초 고문치사사건 관련자가 5명이었으나 2명으로 축소 은폐하려 했던 배후에는 치안본부 제5처장 박처원 치안감을 비롯하여 대공수사 제2단 제5과장 유정방 경정과 박원택 경정 등의 간부모임에서 범인 축소조작을 모의했다'고 보도했다. 박 처장은 이미 구속된 조한경 경위와 강진규 경사 명의로 된 예금통장에 각각 1억 원씩을 입금시켜 그들 가족의 생활비로 쓰도록 하겠다고 약속했고 이미 위로금 조로 3,000만 원을 지급한 사실이 밝혀졌다는 것이다.[172] 〈동아일보〉는 다음날 23일에도 1면 톱으로 '법무부와 검찰 고위관계자들이 이미 석달 전인 2월경부터 경찰상급자들이 범인 축소 및 사건 은폐 조작 사실을 알고도 수사지휘권 발동을 포기했다'고 보도했다. 이 기사에 대해 경찰 측은 〈동아일보〉 기자들이 왜곡 보도했다고 협박성 항의를 하기도 했다. 이 무렵 5공 정권은 〈말〉지의 「보도지침」 폭로기사와 관련해 〈한국일보〉 김주언 기자 등 3명의 전현직 기자를

---

171 이때 사제단이 박종철 고문치사사건을 어떻게 인지했을까 하는 문제를 두고 많은 풍설이 나돌았다. 그 가운데 당시 서울구치소에 5·3 인천사태 배후조종 혐의로 수감돼 있던 민통련 이부영 사무처장(전 열린우리당 의장)이 옆방에 고문치사 조작사건으로 수감돼 있던 두 경찰관(조한경·강진규)이 날마다 울면서 불만을 토로하는 사실을 알고 담당 교도관을 통해 접촉한 끝에 알아냈다는 설이 유력하게 제기되어 있다(유시춘 외, 앞의 책 2권, 203쪽, 「국민운동본부결성」 글).

172 〈동아일보〉, 1987년 5월 22일자.

구속하면서 언론에 대한 간섭과 압력을 더욱 강화했다. 그러나 민심이 걷잡을 수 없을 만큼 악화되자 5월 26일 대폭적인 문책성 개각을 단행했다.[173] 검찰총장도 서동권에서 이종남으로 교체됐다. 이종남 신임 검찰총장은 다음날 박군 사건에 대해 전면 재수사하도록 대검 중앙수사부에 지시했다. 그리하여 이틀만인 5월 29일 박처원 치안감과 유정방·박원택 두 경정을 범인도피혐의로 구속했다.[174] 박종철 고문치사 및 축소조작 은폐사건은 제1보를 놓친 〈동아일보〉가 계속 추적 보도함으로써 6월 항쟁을 부추겨 성공시키는 결정적 역할을 함으로써 대통령 직선제 헌법개정 등 6·29 선언을 이끌어 내는 데 크게 기여했음은 분명하다.[175]

1987년 6월 10일은 전두환이 '4·13 호헌선언'을 한 후 체육관 선거를 통해 자신의 동지인 노태우에게 가볍게 정권을 물려주기 위해 후임 대통령 후보 지명을 위한 '민주정의당 전당대회'로 잡아놓은 날이다. 반대로 통일민주당·민통련·재야가 연합하여 결성한 '민주헌법쟁취 국민운동본부'와 학생 등 반독재 민주세력이 총결집하여 '박종철 군 고문치사 은폐조작 규탄 및 4·13 호헌선언 철폐와 민주개헌 쟁취를 위한 6·10 국민대회'를 정동 성공회 성당과 민정당 전당대회가 열리는 잠실체육관 주변 등 전국에서 동시에 다발적으로

---

173 〈동아일보〉, 1987년 5월 26일자.

174 『동아일보사사』 권5, 295~297쪽.

175 1988년 1월 박종철 군 사망 1주기를 앞두고 사건 당시 부검 의사였던 국립과학수사연구소 黃迪駿 박사의 일기장 내용과 이 사건 주임 검사였던 安商守 변호사의 새로운 증언이 1988년 1월 12일자 〈동아일보〉에 보도되었다. 그 내용은 황 박사의 일기장을 인용하여 '박 군 고문치사사건 당시 강민창 치안본부장 등 수사경찰 수뇌들이 사실을 알고도 이를 은폐 조작했다'고 폭로했고 안 변호사의 증언을 바탕으로 '사건발생 직후 검찰이 보인 무기력은 '외부의 부당한 압력과 간섭 때문이었다'고 보도했다. 결국 치안 총수였던 강 전 치안본부장도 3일 후인 1월 15일 '직무유기 및 직권남용 혐의'로 구속 수감되었다 (『동아일보사사』 권5, 296~297쪽).

열기로 계획한 날이기도 했다.

이러한 상황에서 6월 9일 '박종철 추모'와 '전두환 정권 타도'를 외치며 연세대학교 내에서 시위하던 이한열이 경찰이 쏜 직격탄(최루탄)을 맞아 피를 흘리며 동료학우에게 의지하고 있는 모습의 사진이 10일자 〈중앙일보〉에 게재되었다.[176] 이 한 장의 사진이 실린 다음날부터 대학에는 대형 걸게 그림이 걸렸고 시위학생들은 이 사진을 손수건·스카프 등으로 제작하여 시민들에게 배포했다. 결국 이 사진은 김주열 군 사진 한 장으로 4·19를 극적 상황으로 치닫게 한 것처럼 반정부 투쟁을 고조시키는 단서가 되어 6월 항쟁을 승리로 이끄는 모티브가 되었다.[177] 그리고 그는 27일 만에 숨을 거두었다.[178]

1987년 6월 10일은 집권 독재세력과 범민주세력이 한 치의 양보도 없이 일촉즉발의 강경 대 강경의 대격돌을 향해 치닫던 날이었다. 물론 처음부터 양 측에서 우연의 일치로 날을 잡은 것은 아니다. 날은 먼저 집권여당 측에서 잡았고 이 사실을 알게 된 재야범민주세력이 일부러 이날을 택해 한바탕 부딪혀보자는 속셈으로 준비해온 것이다.

전두환 정권은 고위 당정회의에서 범민주세력의 이 같은 도전에 대해 '6·10 국민대회'를 불법으로 규정하고 전국 경찰에 갑호 비상경계령을 내리는 등 사전에 철저히 봉쇄하도록 엄명을 내렸다. 하루 전날 경찰당국은 6만 명의 경찰병력을 국민운동 대회장인 정동 대한성공회 주변에 투입하여 원천봉쇄작전을 펴는 한편 잠실체육관 주변에도 2만 명을 배치해 만약의 사태에

---

176 이 사진은 로이터 통신 소속 사진기자 정태원이 촬영하여 공급한 것이다.

177 강준만, 『한국현대사산책-1980년대』 3권, 인물과 사상, 157쪽.

178 이한열은 7월 5일 새벽 2시 25분 심폐능 정지·폐렴·뇌손상으로 숨을 거두었다. 7월 9일 서울시청광장에서 온 국민의 애도 속에 영결식이 거행된 후 광주 망월동 5·18 묘역에 안장됐다(이한열추모사업회, 『이한열-유월하늘의 함성이여』, 학민사, 1989, 38~45쪽).

대비했다. 이에 맞서 국민운동본부 측은 각 3개 항의 국민운동 실천원칙과 행동지침을 발표했다.[179]

민정당은 예정대로 오전 10시 잠실체육관에서 제4차 전당대회 및 대통령 후보지명대회를 열고 노태우 대표위원을 차기 대통령 후보로 지명했다. 잠실 체육관의 집권당 축제장 밖에서는 전투경찰들의 삼엄한 경비를 뚫고 모인 국민운동본부 측 인사들과 학생들에 의한 4·13 호헌철폐와 고문살인규탄대회가 진행되고 있었다. 6·10 반독재 국민항쟁의 시위가 시작된 것이다. 이날 시위와 규탄대회는 전국 22개소에서 24만 명이 모여 동시에 열었다. 특히 서울에서는 모든 차량이 경적을 울리면서 동참했고 시위대는 시내 곳곳에서 경찰과 격렬하게 충돌하면서 자정이 넘을 때까지 '독재타도', '호헌철폐', '민주쟁취' 등을 외치며 투석과 방화를 서슴지 않았다. 이날의 항쟁시위와 함성대열에는 종전까지 볼 수 없었던 넥타이를 맨 화이트 컬러들이 대거 참여했다. 자신과 직접적인 이해관계 없이 오직 '정의로운 민주주의 회복'을 지향하는 '순수한 민중', '현대적 민중' 운동의 장이 펼쳐진 것이다. 또한 6·10 항쟁은 단발성이 아닌 지속성이라는 점과 규모가 큰 '대형화'라는 특징을 나타냈다.

이날 밤 시내에서 시위를 하던 학생 760여 명(대학생 500여 명·노동자 26명·도시빈민 80명·일반시민 150명 등)이 경찰에 쫓겨 명동성당으로 들어갔다.[180] 명동성당이야말로 유신체제 이후 반독재투쟁을 하다 쫓겨온 민중들의 피난처이자 투쟁의 계속성을 상징하는 성지였다. 사태는 숨 가쁘게 돌아갔다. 날마다

---

179 〈동아일보〉, 1987년 6월 10일자 ; 국민운동 실천원칙 및 행동지침. ◇국민운동 실천원칙 (1) 국민의 권리회복과 민주자치실현 (2) 민주실천 역량의 조직화 (3) 일상생활 속에서 불복종운동 ◇ 국민행동 지침 (1) 비폭력 (2) 연행거부 (3) 묵비권 행사(재향군인회, 앞의 책, 400쪽).
180 유시춘 외, 앞의 책 2권, 216쪽, 「명동성당 5박 6일 동안」 글.

경찰은 시위대를 향해 해산을 종용하면서 최루탄을 쏘아댔다. 경찰이 쏜 최루탄은 성당은 말할 것도 없고 주교관 앞마당까지 날아왔다. 팽팽한 긴장이 이틀을 넘기고 사흘을 넘겼다. 직장인들이 점심 식사를 하러왔다가 성당으로 피신한 시위대를 응원하기 시작했다. 6월 항쟁의 큰 힘이 되었던 소위 '넥타이부대'가 다시 등장한 것이다. 정부·여당의 집권세력은 명동성당의 농성을 대한민국 체제를 전복하려는 '국기문란 행위'라고 규정하고 '불순폭력세력에 의해 명동일대가 해방구로 선포된 데 충격과 우려를 금할 수 없다'며 경찰을 투입해 강제해산을 기도하려는 움직임을 보이고 있었다. 그러나 김수환 추기경에 의해 단호하게 거부되었다.[181] 그리고 농성시위대원들은 김 추기경의 설득과 경찰의 안전귀가보장으로 닷새만인 15일 무사히 해산·귀가했다.

시위열기가 고조되자 검찰은 6월 13일 새벽, 양순직·박형규 등 국민운동본부 간부 13명을 전격 연행, 대치정국에 대한 초강경방침을 재확인했다. 천주교 사제단은 '권력승계에 의한 군부 장기집권 거부', '민주화 실현 적극참여', '학생들과 뜻을 같이할 것' 등의 결의문을 채택하고 재야민주세력의 농성에 동참했다. 명동성당 농성에 이어 신부·수녀·신도 등 4,000여 명의 촛불시위가 벌어졌고 전국 59개 대학에서도 격렬한 시위·농성이 벌어졌다. 국민운동본부는 6·18 최루탄 추방대회를 열고 국민의 민주화 열망을 다시 한번 폭발시켰다. 전국 16개 도시에서 150여만 명이 민주항쟁 대열에 참여하는 대기록을 세웠다. '한국사태'는 외신기자들의 집중취재원이 되어 세계의 뉴스로 각광을 받기 시작했다. 미국은 종전의 '4·13 호헌선언' 지지에서 '계엄선포와 무력진압을 반대한다'는 입장으로 돌아섰고 국제여론 역시 전두환 정권에 불리하게 돌아갔다. 전두환 정권도 조금씩 입장의 변화를 나타나기 시작했

---

181 김수환, 앞의 책, 306~308쪽.

다. 6월 24일, 전두환·김영삼 영수회담이 열리고 김대중에 대한 연금도 풀렸다. 그러나 다음날 김영삼 총재와 김대중 민추협 공동의장이 회동하여 전두환 정권은 '4·13 선언 철회의지가 없다'는데 인식을 같이하여 전·김 영수회담의 결과는 무위로 끝났다. 국민운동본부는 그동안 '6·26 민주 대행진'을 준비해 왔었다. 이제 더 이상 미룰 이유가 없다는 결론이 도출되었다. 마침내 전국 37개 시·군·읍의 270개 지역에서 130만 명을 모아 호헌철폐를 위한 '6·10 국민대회' 때와는 달리 직선제 개헌, 민주쟁취 및 독재타도 등을 요구하는 범국민대회로 바꿔 진행했다.

정부는 최루탄의 무차별 발사는 물론 일방적 강제연행으로 맞섰다. 그러나 전두환은 물론 노태우도 더 이상 버틸 수가 없었다. 1987년 6월 29일 노태우 민정당 대통령후보는 이른바 '6·29 선언'으로 호칭되는 8개 항에 걸친 국민들의 요구를 수용하겠다고 전격 선언하고 나섰다.[182] 드디어 국민이 승리한 것이다. 1972년 이후 15년간 계속됐던 어둡고 암울했던 억압과 폭력통치를 종식시키고 민주주의를 회복시키는 6월 항쟁의 대미를 이루는 순간이었다.[183]

---

[182] 6·29 선언 8개 항 ① 대통령 직선제 개헌과 88년 평화적 정권이양, ② 대통령 선거법 개정에 의한 공정선거 실시, ③ 김대중 사면복권과 시국사범 석방, ④ 구속적부심 확대 및 기본권 보장, ⑤ 언론기본법 폐지 및 지방주재기자 부활, ⑥ 지방 및 교육 자치제 실시, ⑦ 정당활동 보장, ⑧ 신뢰성있는 공동체 형성. (《동아일보》, 1987년 6월 30일자 ; 재향군인회, 앞의 책, 402쪽).

[183] 《동아일보》, 1987년 6월 29일자 ; 서중석, 『한국현대사』, 웅진지식하우스, 2005, 326~332쪽 ; 박현채, 『청년을 위한 한국현대사』, 소나무, 1994, 368~376쪽 ; 재향군인회, 앞의 책, 401~402쪽.

민족화합위원회와 5·18 청문회

6·29 선언에 따라 대통령 직선제로 개정된 헌법에 의해 1987년 12월 16일 제13대 대통령 선거가 실시되었다. 그러나 김영삼·김대중이 상호 아집을 포기하지 않는 바람에 후보단일화가 이루어지지 않아 재야 민주세력은 또 다시 패배했다. 5공의 유아(遺兒)가 당선된 것이다. 대통령 당선자 노태우는 새 정부 출범의 전 단계 준비작업으로 민주화합추진본부를 설치·운영하겠다고 밝혔다. 이에 따라 1988년 1월 11일 노태우 대통령당선자는 조일문 민주화합위원회 준비위원장을 통해 52명의 위원을 위촉, 공식적으로 민주화합추진위원회를 발족시켰다. 이어 1989년 1월 16일 세종문화회관에서 노태우 대통령당선자가 참석한 가운데 첫 전체회의를 갖고 이관구를 위원장으로 선출했다. 민주화합추진위원회는 2월 1일 오후 회합을 갖고 광주사태 해결방안 모색을 위해 16명을 참고인으로 선정하고 교섭하는 대로 증언을 직접 듣기로 했다.[184] 그러나 참고인은 뒤에 본인의 불응 등으로 많이 바뀌게 된다. 민화위 제2분과(국민화합)는 2월 13일 광주사태를 '광주 학생·시민의 민주화를 위한 노력과 투쟁의 일환'으로 규정하고 과잉진압 등에 대한 정부차원의 사과가 있어야 한다는 내용을 골자로 하는 '광주사태 치유방안에 대한 건의안'을 마련했다. 7인 소위원회가 작성한 초안을 최종 토의하여 채택한 이 건의안은 '그동안 논란을 벌여온 진상조사와 책임자 처벌문제는 대중적인 국민화합 차

---

184 홍남순(변호사)·이희성(계엄사령관)·전계량(5·18 유족회장)·장형태(전남도지사)·정웅(제31사단장)·소준열(후기 전남북계엄분소장)·윤흥정(전기 전남북계엄분소장)·윤공희(천주교 광주교구장)·문병란(시인)·이광로(국보위 광주사태조사단장)·이광영(부상자)·배근수(유족)·박윤종(적십자사 전남지사장)·김성용(신부)·조아라(수습위원) 등 16명(직위는 당시의 것).

원에서 바람직하지 않다'는 견해를 밝혔다. 이에 따라 민주화합추진위원회는 1988년 2월 23일 세종문화회관에서 전체회의를 열고 제6공화국 국정운영방향에 대한 최종 건의서를 채택, 노태우 차기대통령에게 전달하고 44일간의 활동을 끝냈다. 민화위는 이 건의서에서 '광주사태는 광주 학생·시민의 민주화를 위한 노력의 일환으로 새로 규정해야 한다'고 지적하고 '과잉진압이 사태악화의 한 원인이었고 사태 이후 유가족과 부상자의 보살핌에 소홀했던 점에 대해 정부 차원의 사과의 뜻이 표명돼야 할 것'이라고 건의했다.[185] 민화위는 6회의 전체회의와 11일간의 1차 분과 활동, 6일간의 2차 분과 활동을 거치면서 8년간 금기로 여겨졌던 '광주사태' 자체와 5·18 관련자를 포함한 인사들의 사면복권·인권·언론자유·사법권 독립·군의 정치적 중립·지역감정 해소·해직자 복직 등 제5공화국의 해묵은 비정의 청산을 시도, 국민들의 의구심을 해소하는 데 어느 정도 노력을 했다는 평가를 받을 수 있게 했다.

'민화위' 설치의 가장 큰 의도가 '광주사태' 해결에 있었던 만큼 민화위의 초점은 역시 '광주사태'에 대한 집중적인 논의였다. 이는 광주문제를 전적으로 다루기로 되어 있는 '국민화합분과위원회'에서 논의되었다.[186] 제5공화국

---

185 증언자들은 가해·피해자에 관계없이 당시로서는 원인자체에 대한 규명작업이 진행되지 않았기 때문에 5·18의 실질적 원인에 대해 '과잉진압'으로만 일괄 진술했다. 그 후 규명된 5·18의 원인은 관련자와 연구자에 따라 '격렬한 시위' '과잉진압' '사전음모' '광주살육' 등 다양하게 제기되어 있다.

186 ◇ 위원장=박병권(전 국방부장관) ◇ 간사위원=장덕진(전 농수산부장관) ◇ 위원=고정흠(천도교 교령)·김문희(걸스카우트연맹 총재)·김옥균(천주교 서울대교구 총 대리주교)·김재순(월간 『샘터』 이사장)·김태청(전 대한변협 회장)·남재희(국회의원)·박옥재(5·18 부상자동지회장)·박천봉(5·18 유족회장)·서영훈(전 흥사단 이사장)·서의현(조계종 총무원장)·서정주(예술원 원로회원)·심종섭(학술원 회장)·이강훈(독립운동가)·이병용(전 대한변협 회장)·이충환(전 신민당 최고위원)·조향록(전 한국신학대학 학장)·최종현(선경그룹 회장)

의 가장 큰 숙제였던 '광주사태'는 그동안 국회에서 거론된 적이 있으나 진상 규명은커녕, 실상의 전달까지도 원천적으로 봉쇄되는 등 공개적 거론 자체가 불온 또는 불법시 되어왔었다. 노태우 대통령당선자로서는 전두환 대통령이 풀어야 할 커다란 숙제를 떠맡게 되었다는 부담을 안고 대통령 선거가 끝나자마자 '광주사태' 해결에 고심한 나머지 민화위를 발족시켰던 것이다. 이 때문에 노태우 대통령당선자는 5공의 금기였던 '광주' 문제를 '민화위'에서 과감히 제기해도 좋다는 양해를 사전에 했다. 이에 따라 민화위 제2분과위원회는 '광주사태' 상황파악을 위해 2월 1~2일 당시 현장을 찍었던 비디오테이프 5편을 시청하고 이어 4일간 참고인 증언을 들었다. '광주 청문회'라고 불리운 참고인 증언 청취는 8년만에 이루어진 첫 공식진술이라는 점에서 당시의 군 지휘관이나 항쟁지도부 요원은 물론 전 국민의 시선을 집중시켰고, 직접 관련자였던 14명이 증언한 이 자리에서 '과잉진압이 발단원인'이라는 항쟁원인을 도출했다.[187] 그러나 '과잉진압'이 왜 '무한 폭력적 살상행위'로 전개되었는가에 대해서는 학생들의 '과격시위'가 원인이라는 군부 측 주장과 '신군부의 사전음모에 따른 살육행위'라는 광주 측 주장이 맞서 끝내 결론을 도출하지 못했다.[188]

성격 규정은 '의거' '항쟁'이 논의됐으나 그럴 경우 상대인 군의 진압책임이 다시 거론되어야 한다는 난점이 있어 '민주화 투쟁의 일환'이라는 절충적 입장을 취한 것도 민화위의 한계였다. 이 같은 예상된 결론은 국민의 기대나 광주 쪽의 요구에 크게 못 미쳐 결국 전체적 사안을 제13대 국회로 넘길 수밖에

---

187 소준열(전남북 계엄분소장) · 구용상(광주시장) · 한도희(광주교도소장) · 정시채(전남부지사) · 이광로(정부합동조사단장) · 김용상(전남병무청장) · 전계량(유족회장) · 이희성(계엄사령관) · 윤공희(대주교-간접증언) · 전옥주(가두방송) · 이광영(부상자) · 배근수(유족) · 박석연(부상자) · 김성수(부상자) 등 14명.
188 이에 대해서는 본고 '결론'을 참조할 것.

없었다. 민화위는 최종 건의서에 (1) 민주사회 발전을 위한 건의 (2) 국민화합을 위한 건의 (3) 사회발전을 위한 건의 등 3개 항으로 나누어 제시했다. 이 가운데 '광주사태'에 관해서는 국민화합을 위한 건의에 포함시켰다. 이 항목에 지역감정 해소방안을 포함시킨 것은 '광주' 문제를 지역감정 차원에서 다루려는 시각이 노출되었음을 엿볼 수 있다. 이는 곧 발생자체가 어떤 음모적 사전계획이 아니었나 하는 점, 사태를 유발했던 집단이 지역감정적 차원에서 저질렀지 않았나 하는 의구심을 낳게 했다. 어찌됐든 '광주사태'의 가장 중요한 사안 중의 하나인 진상규명과 살상행위 또는 과잉진압의 책임문제를 제대로 확인되지 않는 '교도소 습격사건'과 연계해 상쇄해 버린 데다 처벌은 문제 해결보다는 또 다른 문제를 낳는다는 이유로 언급하지 않은 것은 사태의 수습이라기보다는 호도라고 할 수 있다. '교도소 습격사건'은 '광주사태'를 '폭도들의 소행'으로 뒤집어 씌우려는 의도를 가지고 조작된 사건인데도 이에 대한 진실된 판단을 하지 않고 오히려 이를 핑계 삼아 엄청난 광주학살을 저지른 책임을 규명하지 않는다는 것은 역사의 진실규명을 빗겨가려는 논리라고 할 수밖에 없다. 이 같은 책임소재 규명을 외면한 민화위야말로 '광주사태' 유발의 책임을 면할 수 없는 신군부 세력 핵심이었던 노태우 대통령당선자의 입지를 무난하게 펼쳐 주려는 편향적 기구라는 오해를 면할 수 없었다.

1988년 2월 25일 대통령에 취임한 노태우는 민화위 건의서를 토대로 4월 1일 '광주사태 치유를 위한 정부발표문'을 발표했다.[189] 9개 항으로 되어 있는 이 치유방안은 제5공화국 정권 당시 절대적 금기였던 '광주' 문제를 온 국민 앞에 그 실상을 인정하고 긍정적 자세에서 치유하겠다는 정부차원의 공식적 입장을 표명했다는 점에서 큰 의미를 갖는다. 이제 '5·18 광주'는 국민에

---

189 〈조선일보〉, 1988년 4월 2일자 ; 김영택, 앞의 책, 299~300쪽.

게 현실적 사안으로 인식돼 보다 더 세세한 실상을 드러내야 하는 것은 물론 그 배후 상황도 철저히 밝혀내야 하는 역사적 과제로 등장했다.

그러나 이 수습안은 광주 쪽의 공감을 얻을 수 없는 외견적인 접근방법을 택했음을 알 수 있다. 우선 사태 발생 요인을 '수습하는 과정에서 시민과 군·경이 충돌하여 많은 희생자를 낸 것'이라고 지적하고 있는 점이다. 광주항쟁은 시민과 군·경이 충돌하여 일어난 것이 아니라 평화적 시위를 하는 학생들과 시민들에게 공수부대가 일방적인 살육행위를 감행함으로써 야기된 것이다. 그런데도 어물쩍 시민과 군·경이 충돌하여 발생한 것으로 지적한 것은 발생 책임의 절반을 광주 쪽에 떠넘기려는 저의가 깔려 있는 것이다. '광주'에 대한 노태우 정부의 인식변화는 정치발전이라는 큰 흐름을 설정해 놓고 이 사건이 '광주 학생과 시민의 민주화를 위한 노력의 일환'이라고 그 성격을 규명한 데서 그 의도를 찾아 볼 수 있다. 이는 1988년 2월 민화위의 건의 내용과 일치하는 것으로 '불의에 대한 항쟁', '의거' 등의 적극적인 해석을 받아들이지 않은 채 호도하려는 점이 드러나 보인다. 이 같은 사실은 이후에 전개되는 국회 광주특위 활동이나 청문회에서 보인 민정당 소속 의원들이나 정부당국의 태도에서 분명하게 나타난다. 다만 과거 집권자들이 가졌던 부정적·거부적 입장에서 긍정적 방향으로 선회했다는 데서 의의를 찾는다면 찾을 수 있다.

'광주사태'가 발생한지 8년이 지나서야 정부는 광주사태를 '민주화를 위한 노력의 일환'으로 규정하면서 '많은 국민이 아픔과 고통을 겪은 데 대해 유감스럽게 생각한다. 8년이 가까워지도록 만족할 만한 해결책이 이루어지지 못한 데 대해 죄송스럽게 생각한다'는 사과의 뜻을 밝혔다. 정부는 치유책도 '신속하고 성실하게' 그리고 '성심 성의껏' 실행해 나가겠다며 피해자의 추가 신고를 받고 이들에 대한 지원은 물론 망월동 묘지의 공원화와 위령탑 건립 등을 통해 정신적인 보상까지 하겠다고 다짐했다. 그러나 정부가 이 같은 치유

646

를 강조하면서도 몇 가지 문제점에 대해서는 분명한 입장표명을 유보하고 있음을 간과해서는 안 된다.

민화위의 건의대로 정부는 과잉진압의 책임자 처벌문제는 '교도소 습격사건'이나 총기 탈취의 불법행위에 대한 책임도 함께 해야 하는데 이는 오히려 갈등을 심화시킬 우려가 있어 바람직하지 않기 때문에 덮어두자는 입장을 보인 것이다. 이 때문에 5·18 구속자·유가족·부상자와 인권운동단체·법조인·언론인·여야의원 등으로 합동진상조사특별위원회를 구성, 진상을 밝히자는 '광주' 쪽의 요구를 수용하지 않았다.[190] 당시 정부의 입장은 '이제 8년의 시일이 경과한 만큼 다시 진상을 조사해 상처를 후벼낼 필요가 어디 있겠느냐'는 것이었지만 많은 피해자들은 '그 날의 응어리'를 아직도 풀지 못하고 있었을 뿐만 아니라 5공 체제 7년 동안에도 숱한 질곡과 통한(痛恨)을 되씹어 왔다. 물론 이로부터 10여 년 후인 1990년대 후반기 들어 5·18 특별법 제정과 피해자 보상으로 어느 정도 해소되지만 당시는 이러한 분위기였다. 이 때문에 '광주' 쪽에서는 정부의 치유 방안을 받아들일 수 없다는 입장을 고수해 왔다.

'광주사태'는 1988년 4월 15일 노태우 대통령이 광주시를 방문한 자리에서 "그 일이 있은 지 8년이란 긴 세월 동안 울음조차 터뜨리지 못하고 죄진 사람처럼 억울함만 되뇌었던 사정 또한 기막힌 것이었습니다. 부상당한 사람은 상처를 치료받지 못했고, 갈등의 역사 속에 정신적인 고통 역시 말할 수 없는 것이었습니다. 그러한 지난 날을 하루아침에 잊어버릴 수는 없을 것입니다. 저는 지난 몇 년간 저 자신 격동의 와중에서 피해를 당한 여러분의 입장에 서서 깊이 생각해 왔습니다"라고 말했지만 미사여구를 동원한다고 해서 치유될

---

190 5·18 광주민중항쟁 위령탑 건립 및 기념사업 범국민 추진위원회 성명, 1988년 2월 5일자.

수는 없는 것이었다.[191] 허구 아닌 실체에서 진실은 규명되고, 그 진실을 바탕으로 헝클어진 타래를 풀어가야만 상처는 치유되고 지난 날은 잊혀져 가는 것이다.

진실규명과 사태수습을 위한 노력은 노태우 대통령 자신에 의해서라기보다는 뒤에 들어서는 제13대 국회가 개원되면서 본격화됐다. 특히 13대 국회가 여당인 민주정의당이 과반수를 차지하지 못하고 평화민주당, 통일민주당, 신민주공화당 이른바 야 3당이 과반수를 차지하게 됨으로써 여소야대 정국이 펼쳐져 광주항쟁의 진상규명이나 민주화 과정을 더욱 가시화(可視化)시킬 수 있었다. 1988년 4월 26일 실시된 제13대 국회의원 선거에서 국민들은 민주정의당에 125석, 평화민주당에 70석, 통일민주당에 59석, 신민주공화당에 35석을 안겨 여소야대 정국을 조성시켜 '광주'에 대한 보다 진지한 대안을 찾으려는 야당의 입김에 힘을 실어주었다. 5월 30일 제13대 국회가 개원된 데이어 6월 27일 열린 제142회 국회 본회의는 '5·18 광주민주화운동 진상조사특별위원회'를 구성할 것을 의결하고 헌법 제61조와 국회법 제43조에 따라 28인의 위원으로 '광주특위'를 구성하고 위원장에 평화민주당의 문동환(文東煥) 의원을 선출, 본격적인 광주항쟁 진상규명을 위한 청문회 개최 준비에 들어갔다.[192] 그러나 '5·18 광주민주화운동'이라는 명칭은 앞으로 '광주의 진상규명이 순조롭지 못할 것'이라는 앞날을 예고한 광주특위의 기형적인 작명이라고 해도 과언이 아니다. 여당 측은 '광주사태'를, 야당 측은 '광주민중항쟁'을 주장하다가 결국 '광주민주화운동'으로 낙착되었기 때문이다. 이는 이미

---

191 노태우 대통령 광주연설문은 〈조선일보〉, 1988년 4월 16일자 ; 김영택, 앞의 책, 300~303쪽.
192 소속정당별 위원 수 ◇민정당 12인 ◇평화민주당 7인 ◇통일민주당 5인 ◇신민주공화당 3인 ◇ 무소속 1인.

민주화합추진위원회에서 규정해 놓은 이름을 여야가 절충한 끝에 채택한 것이었다.

1988년 11월 13일 국회 광주특위는 11월 18일부터 청문회를 열기로 합의함에 따라 각 당은 이에 대비하느라 바쁘게 움직였다. 이에 앞서 열린 '5공 비리특위'의 일해재단 관련 청문회가 국민의 엄청난 반응을 일으키자 18·19일의 '5·18 광주민주화운동 진상조사특별위원회' 제1차 청문회를 앞둔 여야 4당은 생중계를 의식해 이론가와 법률가, 달변가 등으로 특위위원을 재조정하는 한편 사전준비를 위해 총력체제에 돌입했다.

역사적인 '광주사태 진상규명을 위한 국회 청문회'가 11월 18일 열렸다. '광주'특위 위원들의 제1차 회의가 7월 8일 열렸는데도 무려 133일만에 청문회가 열린 것은 진실규명을 외치는 야당의 주장에 맞서 이를 은폐·왜곡하려는 민정당 측의 맞불작전 때문이었다. 민정당은 진실규명을 위한 사안마다 거부하거나 불참하고 나왔다.[193] 이 같은 태도는 민화위의 건의문이나 정부의 치유문에도 내포돼 있지만 앞으로 '광주'의 진상규명 또는 청문회 개최가 제대로 진행될 수 있을까 하는 의아심을 낳게 했다. 특히 최규하·전두환 두 전직 대통령에 대한 증인채택을 한사코 반대하는 것은 이해할 수 없는 일이었다. 뿐만 아니라 여당 측은 물론 관계당국의 무성의가 눈에 띄게 나타나 국민들로부터 공분을 사기에 충분했다.[194]

어찌됐든 우여곡절 끝에 '5·18 광주민주화운동 진상규명을 위한 국회 광

---

193 국회사무처, 『5·18 광주민주화운동 진상조사위원회』 회의록 제2, 3호. 이하에서는 '국회 광주청문회'라 칭한다.

194 두 전 대통령의 출석을 촉구하는 '국회 특위의 본격 가동'이라는 제하의 동아일보 사설과 동아일보 김동철 기자의 '광주특위공전의 속사정'이라는 제하 '기자의 눈' 칼럼(〈동아일보〉, 1988년 7월 25일자) 참조.

주특별위원회'의 제1차 청문회가 1988년 11월 18일 오전 10시 김대중 평민당 총재와 이희성 당시 계엄사령관 등 2명을 증인으로 출석시킨 가운데 국회 의사당에서 열렸다. 이것은 8년 전 벌어졌던 비극의 진상을 구명한다는 차원에서 커다란 의의를 담고 있었다.[195]

이날 청문회에서는 광주사태의 발발 원인 부분과 관련해 ① 김대중 내란음모사건의 진위와 조작 경위, ② 5·17 비상계엄 확대조치의 비합법성 여부, ③ 발포명령 최종책임자 등이 집중 거론됐다. 김대중은 "전두환 씨가 광주 5·18 당시 발포명령을 내린 최고책임자라는 증거가 떠오르고 있다고 주장한 근거를 공개하라"는 민정당 심명보 의원의 요구에 대해 "대한민국에서 상식을 가진 사람치고 광주대량학살이 당시 실권자인 전씨 몰래 단행됐다고 생각하는 사람은 단 1%도 안 된다고 생각한다. 당시 특전사령관이었던 정호용 씨가 수시로 광주를 왕래하면서 당시 보안사령관인 전씨와 밀접한 연락을 취했고 광주에서 이뤄진 모든 작전의 실질적 지휘권은 보안사령부였기 때문에 전씨가 광주지령의 책임자라는 정황을 가지고 있다"고 증언했다. 김대중은 이어 "전씨 등 정치군인들이 국회가 5월 20일에 소집되면 계엄해제 결의가 통과될 것으로 예상되는 등 시간을 늦추면 도저히 집권할 수 없을 것이라는 판단 아래 5월 17일 밤 도발한 것"이라며 "광주에서는 5월 16일 야간시위가 평화적으로 끝나는 등 전반적인 상황이 매우 평온했는데도 공수부대 등의 시위진압이 광주시민을 자극해 민주화운동이 일어났다"고 주장했다. 그는 "80년 4월과 5월에 내가 한신대·YWCA·동국대 등에서 옥내 집회를 할 때 분명히 질서를 지켜야 혼란이 일어나지 않는다고 말했다"면서 그 혼란은 정치군인들이 집권을

---

[195] 이날 오전 10시 정각에 시작된 김대중의 증언은 18시 22분까지 8시간 22분 계속됐고 이희성의 증언은 19시 34분에 시작돼 다음날 새벽 1시 3분까지 3시간 29분 동안 계속됐다.

위해 일으켰으며 서울역 앞 시위에서 전경이 버스에 치어 사망한 것도 조작된 것으로 본다고 말했다. 김대중은 또 "5월 14일 〈동아일보〉에 학생시위를 자제하는 호소문을 보냈으나 계엄당국이 싣지 못하게 했다"고 증언했다. 그는 이어 "광주 사망자 수를 1,000명 정도라고 주장한 것은 미국에 있을 때 글라이스틴 당시 주한 미국대사가 한 말을 인용한 것"이라고 말했다.[196]

이어 증언대에 나온 이희성은 "광주에서의 발포명령을 내린 적은 없으며 군부대의 자위권 발동도 별도로 허가한 바 없다"고 밝히고 "구체적 발포행위가 말단부대의 일이라 발포시점 및 부대는 잘 모른다"고 말했다. 그는 "5·17 전국 비상계엄 확대조치 때 포고령 10호로 모든 정치활동을 금지시킨 것은 합법인가 불법인가"라는 질문에 "당시는 법률적 지식이 없어서 몰랐으나 최근에 와서 잘못된 점을 알았다"고 포고령의 불법부분을 시인했다. 이희성은 12·12 반란 당시 정승화 참모총장 연행에 명령계통을 무시하고 사전 재가를 받지 않음으로써 군 위계질서와 명령계통이 무너지고 대통령의 권위가 실추됐다는 지적에 대해 그것은 "비극이요 잘못"이라고 시인했다. 특히 그는 "5·17 주요 지휘관회의 직전 국방부장관으로부터 국보위 이야기를 들은 바 있다"고 밝혀 5·17 조치 이전에 국보위가 태동하고 있었음을 시인했다.[197]

19일 계속된 청문회에서는 주영복(국방부장관)·김상현(김대중 내란음모 관련자)에 대한 심문이 벌어졌다. 이날 청문회에서 의원들은 ① 5·17 주요지휘관회의의 실질적 내용, ② 비상계엄 확대조치의 부당성, ③ 김대중 내란음모사건의 조작 여부와 수사과정에서의 고문 등을 집중 추궁했다. 주영복 증인은 5월 17일 국방부 제12회의실에서 열린 전군 주요지휘관회의는 자신이 소집한

---

196 국회 『광주청문회 회의록』 제7호, 1988년 11월 18일, 3~81쪽.
197 국회 『광주청문회 회의록』 제7호, 1988년 11월 18일, 82~125쪽.

것이며 "전두환 보안사령관은 중앙정보부장을 겸하고 있어 내가 출석 안 해도 좋다고 말해 그 회의에 불참했다"고 밝혔다. 그는 "전군 주요지휘관회의에서 지역계엄을 전국계엄으로 변경·선포해야 한다는 건의안을 채택했다"고 말하고, "국가보위비상대책위원회는 주요지휘관회의가 열리기 전날 당시 보안사 권정달 정보처장이 설치를 건의해 3군 총장에게 얘기했다"고 밝혔다. 주영복은 "당시 전씨의 국가원수 추대는 시대적·사회적 여건에 의해 불가피했다"고 설명한 후 1980년 7월 16일 오후 2시 서울 동부이촌동 장미맨션 김정열 씨 집에서 전두환·노태우·정호영·황영시(黃永時) 등이 최규하 대통령을 하야시킬 논의를 했고, 정씨는 최 대통령이 거부하면 육본으로 연행하자고까지 말했다고 했다. 그리고 23일에는 김정열 씨가 해임협박을 했다는 김문원 의원의 추궁에 "그 문제는 전혀 모르는 사실"이라고 말했다. 한편 김상현 증인은 "내가 정동년 씨를 김대중 씨 집으로 데리고 가 돈을 받게 했다는 사실은 당시 합동수사본부에 의해 조작된 것으로 이 사건과 관련, 체포되기 전 정씨를 본 적이 없다"고 주장하고 "김대중 내란음모사건은 전두환 정보부장 서리가 조작한 것"이라고 말했다.[198]

국회 광주특위는 30일, 제2차 청문회를 열고 정동년(김대중 내란음모사건 관련자)·정승화(12·12 반란 당시 계엄사령관)·심재철(서울대 총학생회장)·정기용(군 검찰관)·김종배(학생시민투쟁위원장) 등 5명을 증인으로 출석시켜 5·18 광주민주화운동 진상규명 활동을 계속했다. 이날 청문회에서 의원들은 ① 12·12 사태의 불법 여부, ② 김대중 내란음모사건의 조작 여부, ③ 5·17 비상계엄 확대조치의 비정당성 등을 집중적으로 추궁했다. 여야 의원들은 특히 정승화

---

198 국회 『광주청문회 회의록』 제8호, 1988년 11월 19일, 15~123쪽 ; 〈동아일보〉, 1988년 11월 20일자 ; 김영택, 앞의 책, 309~310쪽.

에 대해 1979년 12월 12일을 전후한 신군부의 움직임과 12·12 사태의 진상과 배경을 물었으며, 정기용·정동년·심재철 등을 상대로 김대중 내란음모사건이 광주사태의 발발원인이었는지 아니면 조작이었는지 여부를 집중 심문했다. 이 날 첫 증인으로 나선 정동년은 "광주항쟁은 정권욕에 눈이 뒤집힌 전두환 군부세력이 권력탈취를 하는 데 대해 광주시민이 일어나 항거한 민중의 투쟁이었다"고 말하고 "김대중 씨 구속으로 항쟁의 확산계기가 되었을지는 몰라도 사전에 계획된 내란음모였다는 것은 전두환 군부가 권력탈취의 명분을 찾기 위한 것"이라며 '김대중 내란음모사건은 조작극'이라고 진술했다.

정씨는 "80년 4월 13일 김대중 씨 집을 방문한 것은 사실이나 손님이 많아 김옥두 비서관을 만나 전남대 강연일정을 논의했을 뿐 김대중 씨를 면담하지 못한 채 광주로 내려갔다"고 말하고 "수사기관에서 김대중 씨를 만났다고 시인한 것은 고문에 못이긴 자백이었다"고 밝혔다. 그리고 정씨는 "당시 학원강사로 근무해 학원 업무일지에 행적이 정확히 기록되어 있는데도 내란음모사건과 맞지 않아 재판에서 증거물 채택을 거부당했다"면서 "김상현 씨와는 만난 적도, 돈을 건네받은 적도 없다"고 당시 수사당국의 500만 원 수수설을 일축했다.[199]

두 번째로 나온 정승화 증인은 12·12 사태에 대해 "권력을 지향하는 일부 부하에 의한 군사반란"이라고 말하고 "대통령 결재도 받지 않고 무장한 채로 공관을 포위, 연행하는 등 생명을 걸고 무모한 짓을 감행한 목적은 장애물인 총장을 제거해 군권을 장악하려 했던 것"이라고 증언했다. 정씨는 "12·12 당시 연행될 때는 상부의 재가를 받아 김재규 진술로 추가조사를 받는 줄 알았으나 조사받는 과정에서 그것이 아닌 것을 알았다"면서 "상관을 무장병력으

---

199 국회 『광주청문회 회의록』 제13호, 1988년 11월 30일, 2~24쪽.

로 납치한 것은 군형법상 반란이며 그 괴수는 사형, 중요한 일을 저지른 사람은 사형 또는 무기징역을 받을만한 어마어마한 일을 저지른 것"이라고 증언했다. 정씨는 또 12·12 당시 육군 제9사단과 공수여단이 서울로 이동한 부분에 대해 "계엄사령관으로서 그런 명령을 내린 적은 없으며 그 뒤에 안 사실이지만 당시 전두환 보안사령관의 지시로 추측하고 있다"고 밝혔다. 그리고 제9사단이 서울로 이동한 부분에 대해 "전투부대의 작전권은 한미연합사에 위촉해 두고 있었기 때문에 작전부대는 승인 없이 이동할 수 없다"고 말하고 "제9사단 병력의 서울 이동은 한미상호방위조약을 위반한 것"이라고 밝혔다. 정증인은 12월 12일 밤 합동수사본부의 서빙고분실로 강제 연행된 뒤 처음에는 시해사건 당시의 경위를 조사받았으나, 13일 새벽 4시경 옷을 강제로 벗기고 군 전투복으로 갈아입힌 뒤 고문실로 끌고 가 김재규와의 공모부분에 대해 물고문까지 받으며 자백을 강요당했다고 증언했다.[200]

심재철 증인은 "김대중 씨와는 군사법정에 서기 전까지 어떤 연관도 없었다"고 밝히고 "수사받을 때 상당한 고문이 있었다"고 말했다.[201] 이어 당시 군검찰관으로 김대중 내란음모 사건을 맡았던 정기용 증인은 "이 사건은 검찰수사단계에서 전혀 조작된 바 없으며 외부로부터 압력을 받은 사실이 없다"고 말했다.[202] 마지막 증언에 나선 김종배 증인은 "최초의 발포부대는 공수부대인 것으로 알고 있다"며 "21일 오후 1시 반 도청 앞에서 시민을 향해 발포한 것은 결코 우발적인 것이 아니며 몇 개 중대가 모여 있었기 때문에 명령 없이 발포하지는 않았을 것"이라고 증언했다.[203]

---

200 국회 『광주청문회 회의록』 제13호, 1988년 11월 30일, 24~83쪽.
201 국회 『광주청문회 회의록』 제13호, 1988년 11월 30일, 83~94쪽.
202 국회 『광주청문회 회의록』 제13호, 1988년 11월 30일, 95~143쪽·제14호, 1988년 12월 1일, 1~9쪽.

국회 광주특위는 12월 6일 오전 10시 청문회를 속개, 신현확 당시 국무총리와 이신범(김대중 내란음모사건 관련자)·한상석(전남대 학생회 간부) 등 3명을 증인으로 출석시켜 5·18 광주민주화운동 진상규명 활동을 계속했다. 이날 청문회에서 의원들은 신 전 총리 등을 상대로 ① 1980년 5월 16일 청와대 시국관련 대책회의 당시 상황, ② 5·17 비상계엄 확대조치의 배경, ③ 국보위 설치과정, ④ 정부의 이원집정제 구상 의도, ⑤ 김대중 내란음모사건의 조작 여부, ⑥ 5·18 전후의 광주 현지상황 등을 물었다.

첫 증언에 나선 신 증인은 "비상계엄 확대조치를 의결한 80년 5월 17일 밤의 임시국무회의에서 김옥길 당시 문교부장관이 '이것이 무슨 뜻이냐'라는 질문 정도는 있었지만 이견을 개진한 국무위원은 한 사람도 없었던 것으로 기억한다"고 밝히고, "당시 중앙청 내부에 군인이 배치될 만큼 위험한 상황이었는가"라는 평민당 이해찬 의원의 신문에 "중앙청 내부에 그런 위험이 있다고 생각하지 않았다"고 답변했다. 신씨는 전두환 당시 보안사령관을 중앙정보부장 서리에 임명한 것과 관련, "3월 중순경 대통령을 찾아가 정보부를 흐트러진 상태로 두지 말고 책임자를 임명하되 군인이 아닌 민간인을 등용해 정보부서의 양립을 진언한 적이 있다"고 당시의 상황을 설명했다. 신씨는 그런데 "3월 말경 전 사령관이 나를 찾아와 정보부장직을 겸무해야 정보부를 안정시키고 올바른 궤도에 올릴 수 있다"고 말했으며 나는 그때 "그 말도 일리는 있지만 겸무를 안 하는 것이 좋겠다는 의견을 밝혔다"고 증언했다.[204]

이어 이신범 증인은 "김대중 내란음모사건 관련부분은 고문에 의해 전적으로 조작된 것이며 수사단계뿐 아니라 재판 도중에도 합수부 수사관들로부터

---

203 국회 『광주청문회 회의록』 제14호, 1988년 12월 1일, 10~34쪽 ; 〈동아일보〉·〈한국일보〉, 1988년 12월 1일자 ; 김영택, 앞의 책, 311~312쪽.
204 국회 『광주청문회 회의록』 제15호, 1988년 12월 6일, 1~90쪽.

협박당했다"고 밝히고 "김대중 씨는 79년 1월 3일 한승헌 씨가 인사를 하라고 해 1분간 악수를 하며 만난 것이 처음이며 내란음모사건 공판 이전에는 만난 적이 없다"고 증언했다.[205]

한상석 증인은 1980년 5월 8일부터 16일까지 전남대 시위를 주도하며 작성한 '자유노트'에 대해 "자유노트 13페이지의 죽창·배터리 준비·예비군 무기고 접수·방송국 등 공공건물 접수 등은 그 같은 준비를 하는 것이 좋겠다는 대전 가톨릭농민회 측 몇 명이 지나가는 말로 한 것이 접수돼 기록한 것일 뿐 사전계획의도는 전혀 없었던 것"이라고 말했다.[206]

국회 광주특위 청문회는 또 12월 7일 정호용 당시 특전사령관과 윤흥정 전남북계엄분소장의 증언을 들었다. 이날 청문회에서 의원들은 ① 5·17 주요지휘관회의에서 정 사령관의 역할, ② 광주 현지에서의 군 지휘관계, ③ 발포명령 부분, ④ 5·18을 전후한 광주상황 등을 물었다.

이날 첫 증언에 나선 정호용 증인은 당시 광주의 지휘계통에 대해 "전투병과교육사령관이 전남북계엄분소장으로서 제31사단과 제36사단을 지휘했다"며 그 밑에 공수부대가 배속되면 공수부대 책임자는 사단의 작전지휘권에 들어가게 되므로 "당시 전남지역 책임자는 제31사단의 정웅 사단장이었다"고 증언했다. 그리고 "당시 예하 제7공수여단을 육본명령에 의해 제2군에 보냈고, 제7공수는 제2군 작전지시에 따라 대전에 1개 대대, 전주에 1개 대대, 광주에 2개 대대를 보냈는데 광주에 파견된 2개 대대는 전투병과교육사령부의 지시를 받아 다시 제31사단에 재배속되어 제31사단의 작전지휘하에 행동했다"면서 "일단 배속이나 작전통제권이 이양되면 원 소속부대장이 지휘하거나

---

205 국회『광주청문회 회의록』제15호, 1988년 12월 6일, 90~104쪽.

206 국회『광주청문회 회의록』제15호, 1988년 12월 6일, 104~125쪽 ; 〈동아일보〉·〈한국일보〉, 1988년 12월 7일자 ; 김영택, 앞의 책, 312~313쪽.

간섭할 수 없으며 따라서 책임권한도 없게 된다"고 말했다. 정호용은 광주문제에 대해 "내가 지휘하고 있던 3개 공수여단을 광주에 파견, 평정작업을 폈기 때문에 내가 광주문제와 관련이 있는 것은 사실"이라면서도 발포명령 관련부분에 대해서는 부인했다. 그는 이어 5·17 주요지휘관회의에 대해 "그 회의는 시국상황을 파악하고 대처해 나가는 방안에 대한 중지를 수렴하는 회의였다"고 말하고 "당시 나는 전반적으로 사태가 위태롭게 보이고 사회질서문란 상태가 좋지 않으니 군인들이 나서서 계엄을 할 바에야 똑똑히 해 질서문란 행위를 막아야 한다는 내용의 얘기를 했다"고 증언했다. 그리고 발포명령 부분과 관련, "나는 절대로 관여 안 했으며 내가 관여했다는 것은 허무맹랑한 소리"라면서 "나에게 책임을 전가해야 입장이 유리한 사람들의 줄기찬 음모가 있는 것으로 알고 있다"고 말했다. 정호용은 또 비상계엄 확대조치 전에 병력을 이동시킨 사실에 대해 "비상계엄 확대조치 이전에도 계엄상황이어서 계엄사령관이 필요하면 언제든지 병력을 이동시킬 수 있었다"고 말했다. 또한 1988년 7월 국회에서 문제가 됐던 '싹쓸이 발언'과 관련, "80년 5월 22일 박충훈 총리서리가 광주에 내려갔을 때 동행은 안 하고 별도로 내려갔으며 좀 늦게 도착, 총리가 참석한 간담회에는 들어가지 못했다"고 말하고 "당시 전투병과교육사령부에 근무하는 대부분의 군인이 광주 등 이 지역 사람이었는데 그들 앞에서 '광주사람을 싹 쓸어버려라'고 말할 수 있겠는가"라고 반문, 그런 발언을 한 사실이 없다고 증언했다. 그리고 "80년 5월 17일 임시 국무회의 비상계엄 확대조치안 의결 전에 공수부대를 광주에 파견한 것은 계엄 확대를 전제로 해서 한 것"이라고 말해 사전에 군부대 이동사실을 시인했다. 또한 "자위권 발동 자체가 발포명령이며 자위권 발동은 21일 저녁에 내렸는데 오후에 있었던 것은 국부적으로 지휘관 재량에 의한 것으로 이해한다"고 말하고 "별도로 발포명령을 한 사람이 있는 것이 아니냐는 것은 추측에 지나지 않는다"

고 말했다. 정호용은 또 "광주사건 해결이 늦어진 책임이 어디에 있는가"라는 물음에 "정부 측에 있다"면서 "5공 시절 광주사태의 진상을 밝히고 그에 따른 여러 가지 사후대책도 강구됐어야 했다"고 증언했다.[207]

정호용 증인에 이어 나온 윤흥정 증인은 "18일 저녁 광주시내 친지로부터 '계엄군이 시민을 개 패듯이 해도 되는가'라는 항의전화를 받고 19일 오전 도지사·시장·교육감 등 전남지역 기관장 대책회의를 소집했는데, 이 자리에서 기관장들로부터 군복 입고 있기가 부끄러운 정도로 많은 얘기를 들었다"면서 "이런 내용으로 보아 군의 과잉진압 상태가 심각하다는 것을 알았으며 부대장들에게 일체 그런 행위가 없도록 지시했다"고 말했다. 그리고 "당시 계엄사령관으로부터 지휘의 일원화를 강조하는 지시가 내려온 것은 지휘의 이원화 현상이 있었기 때문으로 보여진다"고 증언했다.[208]

국회 광주특위는 12월 19일, 제3차 청문회를 속개했다. 이날 청문회에 앞서 특위는 4당 간사회의를 열어 최규하·전두환 두 전직 대통령에 대한 동행명령장 집행문제를 논의, 집행을 일단 연기한다는 데 합의했다. 그러나 이날 4당 간사회의에서 야당 측은 1989년 1월 10일경 최·전씨를 증인으로 출석시키는 제4차 청문회를 열어야 한다고 주장한 반면 민정당 측은 '청문회 일정문제는 좀더 신중한 검토를 한 뒤 결정하자'고 맞선 끝에 12월 22일 4당 간사회의를 다시 열어 재론키로 했다. 이와 관련, 문동환 위원장은 "최·전씨는 사태의 원인을 밝히는데 가장 중요한 위치에 있어 동행명령을 집행할 경우, 국회의 손을 떠나게 돼 정확한 진상규명이 어렵기 때문에 한 번의 기회를 더 주기

207 국회 『광주청문회 회의록』, 제16호, 1988년 12월 7일, 1~101쪽 ; 〈한겨레신문〉, 1988
년 12월 8일자 ; 김영택, 앞의 책, 313~314쪽.
208 국회 『광주청문회 회의록』, 제16호, 1988년 12월 7일, 103~125쪽·제17호, 1988년 12
월 8일, 1~37쪽.

로 했다"고 설명했다.[209]

이에 따라 제3차 광주 청문회는 ① 19일 이희성·소준열, ② 20일 김옥길·유병현·최웅·권승만, ③ 21일 박준병·정웅·서명원 등 9명의 증인신문을 벌이기로 했다. 이희성 증인은 11월 18일 자정을 넘겨 신문을 마무리짓지 못해 다시 채택된 것이다.

19일의 청문회에서 의원들은 이희성·소준열 증인을 상대로 ① 지휘체계의 이원화 여부, ② 21일 저녁 계엄사령관의 자위권 보유천명 이전에 집단발포가 이루어진 부분, ③ 5·27 재진압작전의 결정 과정, ④ 상무충정작전 수행 시 시민군 및 광주시민의 정확한 피해상황 등을 집중적으로 물었다.

이날 첫 증언에 나선 이희성 증인은 1980년 5월 21일 오후 1시 반 발포가 있은 뒤 오후 7시 반에 자위권 보유천명을 한 사실에 대해 "그것은 국민에게 경고를 주는 측면과 5·18 이후 광주에서 총기·탄약장비 등이 피탈됐는데도 자위권 발동이 제대로 되지 않아 피해가 더욱 커져 자위권 발동을 독촉하는 등 두 가지 측면이 있었다"고 증언했다. 이 증인은 또 국보위에 계엄사령관의 권한을 넘겨 준 것과 관련, "그것은 다분히 명목상의 문제로 계엄사령관이 하는 일을 국보위에서 다 해 주어 군부는 정치문제가 아닌 원래의 임무를 수행하게 된 것"이라면서 "군인이 정치나 사법·행정 등을 충분히 알고 정부를 감독할 능력은 없었다"고 증언했다.[210]

이어 증언대에 나온 소준열(당시 전남북계엄분소장) 증인은 당시 광주에서의

---

209 11월 18일 증인으로 소환된 최규하·전두환 두 전직 대통령은 끝내 출석하지 않았다. 최규하는 17일 오후 문동환 특위위원장에게 서한을 보내 '현 국면에서의 본인의 특위 출석 증언은 진상조사에 도움이 되지 않을 뿐 아니라 나라를 위해서도 바람직하지 않다'고 불참 이유를 통보해 왔고, 전두환은 아무런 연락조차 해 오지 않았다(〈조선일보〉, 1988년 11월 18·19일자).

210 국회 『광주청문회 회의록』, 제19호, 1988년 12월 19일, 5~56쪽.

지휘체계 문제에 대해 "군 지휘권의 이원화는 있을 수 없으며 내가 작전권을 인수한 뒤 그런 일은 추호도 없었다"고 말하고 "정호용 장군이 당시 광주에 자주 내려온 것은 사실이나 나하고의 접촉은 별로 없었으며 나의 필요에 의해 상의에 응했을 뿐 작전지휘권은 내가 가지고 있었다"고 증언했다. 소씨는 "광주사태의 확산은 분명히 공수부대의 과잉진압에 그 원인이 있었다"면서 "그러나 과잉진압의 원인행위는 과격시위를 한 학생들에게도 있었고 공수부대의 진압방법이 과격해 시민들에게 확산됐다고 본다"고 증언했다. 그는 "당시 보안사 소속 장성 한 사람이 현장에 나와 지휘를 하지 않았느냐"는 야당 의원의 신문에 "당시 보안사 기획조정처장인 최예섭 준장이 내려왔다"고 밝히고 "최 준장과는 서너 번 만났으나 특수한 임무를 띠고 왔기 때문에 특별한 얘기는 없었다"고 말해 전두환 사령관을 지휘체계로 한 보안사가 광주사태 진압작전 수립과정 등에서 관여했을 가능성을 시사했다.[211]

국회 광주특위는 20일 청문회에 김옥길(문교부장관) · 유병현(합참의장) · 최웅 (제11공수여단장) · 권승만(제7공수여단 제33대대장) 등 4명을 증인으로 출석시켜 증언을 들었다. 이날 청문회에서 의원들은 증인들을 상대로 ① 5 · 17 비상계 엄 확대조치를 의결한 임시국무회의의 강압적 분위기, ② 광주 민주화운동의 진압과정에서 미국의 역할, ③ 발포명령 부문, ④ 과잉진압 여부 및 사태 전개 과정 등을 집중적으로 물었다.

김옥길 증인은 이날 증언에서 1980년 5월 17일 임시국무회의에 대해 "전체분위기가 침통했다"고 말하고 "비상계엄 확대조치에 대한 찬반론은 없었으며, 나는 설명을 해달라고 한 뒤 서명했다"고 증언했다. 김씨는 당시 중앙청

---

211 국회 『광주청문회 회의록』 제19호, 1988년 12월 19일, 56~136쪽 ; 〈한겨레신문〉, 1988년 12월 20일자.

으로 들어갈 때 중앙청 외곽에서 총을 든 군인들이 신분을 확인한 뒤 출입을 허락했다고 밝히고 복도에도 군인들이 배치돼 있었으나 배치 이유에 대해서는 잘 몰랐다고 말했다.[212]

이어 유병현 증인은 "5·17 주요지휘관회의에 앞서 가진 국방부장관과 3군 참모총장·합참의장 간담회에서 회의의 주제가 논의됐는데 계엄의 강화 및 확대문제, 국가보위를 위한 비상기구 설치문제, 국회 해산 방안 등이 제안됐다"면서 "나는 그 자리에서 계엄강화 확대조치는 계엄분소장급 이상이 모인 자리에서 논의할 수 있으나 나머지 두 가지 문제가 군 회의에서 논의되는 것은 이해가 안 간다는 의사를 밝혔다"고 증언했다. 유씨는 "그 자리에서 나는 계엄하라 하더라도 국회기능을 정지할 수 없고 국회해산은 위헌인 만큼 그 문제를 논의하지 않는 게 좋겠다고 말했다"고 덧붙였다. 그는 또 "이날 주요지휘관회의 마지막에 합의한 내용을 대통령에게 건의하자면서 서명 건의서 용지가 돌았는데 내용도 없고 백지에 참석자 명단만 쓰게 한 뒤 용지를 회수해 갔다"고 증언했다.[213]

최웅(제11공수여단장) 증인은 1980년 5월 21일 오후 1시 반 전남도청 앞 집단발포사건에 대해 "그 상황은 계엄군이 철수한 뒤 대대장으로부터 보고 받았으며 그 상황을 상부에 보고했다"고 밝혔으나, "누구에게 했느냐"는 물음에 "참모들이 전투교육사령부에 보고한 것으로 알고 있다"며 명확한 답변을 하지 않았다. 이와 관련, 윤흥정 증인은 12월 7일 증언에서 "도청 앞 발포사건에 대한 보고를 받지 못했다"고 증언했었다. 그리고 최웅은 최초 발포경위에 대해 "당시 낮 12시 이후 시민군 쪽에서 먼저 총알이 날아왔고 병력이 뒤로

---

212 국회 『광주청문회 회의록』 제20호, 1988년 12월 20일, 1~42쪽 ; 〈동아일보〉, 1988년 12월 21일자.
213 국회 『광주청문회 회의록』 제20호, 1988년 12월 20일, 1~44쪽.

밀리는 상황에서 오후 2시를 전후해 시민군 장갑차에 한 하사가 압사했으며 그 후 계엄군이 탄약을 1인당 10발씩 분배하는 도중 버스 1대가 돌진, 장교들이 반사적으로 사격을 가해 버스운전사가 사망했다"고 최초의 발포경위를 설명했다.

또한 "도청 앞 발포에 사용된 실탄은 당시 상무관에 있던 31사단 보병 2개 분대가 갖고 있던 1,500∼1,600발의 실탄이었다"면서 "그것이 공수부대원들에게 나누어 준 최초의 실탄이었다"고 말했다. 그리고 최씨는 "당시 집단발포 명령은 지대장(대대장)이 내린 것으로 알고 있다"면서 "그 당시 계엄군의 생명과 안전이 위협받아 어쩔 수 없는 조치였다"고 증언했다. 또 "20일 밤 2군 사령부에서 발포금지와 지휘관의 실탄지급 금지지시가 내려왔는데 그 사실을 알고 있는가"라는 물음에 "나는 그런 지시를 받은 기억이 없다"고 증언했다. 한편 "광주파견 명령은 18일 새벽에 받았다"고 증언했다.[214]

이어 권승만(제7공수여단 제33대대장) 증인은 "18일 오후 16시 한일은행 사거리에 갔을 때 시위군중이 있어 15분쯤 선무방송을 했다. 그러나 시위군중은 돌을 던지며 구호를 힘차게 제창, 해산 기미를 보이지 않아 최루탄을 사용했으나 효과가 없었다. 그래서 70여 명의 부대요원을 군중 속으로 투입했는데도 잘 되지 않아 큰 함성을 지르며 들어가자 군중이 해산했다. 그것이 16시 40분 경이었다"고 말하고 시위대원들이 여기저기 돌멩이를 던져 나를 비롯한 장병들이 모두 부상당했다고 증언했다.[215]

국회 광주특위는 21일 청문회에 박준병(육군 제20사단장·현 민정당 소속 국회의원)·정웅(육군 제31사단장·현 평민당 소속 국회의원)·서명원(전남대 학생과장) 등

---

214 국회『광주청문회 회의록』제20호, 1988년 12월 20일, 45∼119쪽.

215 국회『광주청문회 회의록』제20호, 1988년 12월 20일, 120∼143쪽·제21호, 1988년 12월 21일, 1∼10쪽 ;〈한국일보〉, 1988년 12월 21일자.

3명을 증인으로 불러 5·18 광주민주화운동 진상규명 활동을 계속했다. 이날 청문회에서 의원들은 ① 군 지휘체계의 이원화 여부, ② 도청진압작전의 결정 과정, ③ 진압과정에서의 잔혹행위 여부, ④ 사후처리과정, ⑤ 계엄군과 전남 대생 간의 최초 충돌경위, ⑥ 12·12 사태 등을 집중적으로 물었다.

박준병 증인은 제20사단이 광주에 파견된 것은 "5월 20일 저녁 8시 20분 경 참모총장의 지시를 받고 1개 연대를 밤 10시 반에 먼저 보냈는데 또 1개 연대가 필요하다고 해서 21일 새벽 2시 반경 기차를 타고 내려가 9시경 송정 리에 도착했다"고 증언했다. 박씨는 또 "광주 주둔기간 중 광주시민과 총을 가지고 충돌했던 것은 ① 21일 저녁 광주~목포 간 도로에서, ② 22일 오후 5 시 광주 국군통합병원 앞에서, ③ 27일 진압작전 과정에서 등 세 차례였다"고 말하고 "이 과정에서 생명을 잃은 시민은 10명이었으며 부하 2명도 죽었는데 이 사고에 대해 늘 마음 아파하고 있다"고 말했다.[216]

이어 정웅 증인은 "과잉진압을 하도록 한 것이 충정작전의 지침이었다"고 증언했다. 정씨는 "1980년 5월 20일 오후 2시경 광주시내에서 택시 200여 대 가 라이트를 켜고 시위를 할 때 서울에서 전화가 걸려와 현지 사단장이 시위 에 조치를 왜 하지 않느냐며 강경진압을 지시해 '마지막 수단은 전차밖에 없 는데 전차로 밀어버리라는 거냐'며 조금만 더 기다리자고 했다"면서 "그 전화 는 당시 육군본부 작전참모차장인 이상훈 장군(국방부장관 역임)이었다"고 증언 했다. 정씨는 "이 장군은 또 1980년 5월 22일 시위대들이 차량을 이용해 지방 으로 분산할 때 '차량에 대해 왜 공격을 하지 않느냐'는 전화를 걸어 왔고, 어 떻게 공격하느냐고 묻자 '무장헬기로 공격하라'며 그 헬기는 전교사에 있다 고 말했으나 나는 그 명령을 거부했다"고 말했다. 또한 정씨는 지휘체계 이원

---

216 국회 『광주청문회 회의록』 제21호, 1988년 12월 21일, 11~84쪽.

화에 대해 "19일의 작전을 무혈진압작전으로 하달했는데 오후부터 피 흘리는 작전이 계속돼 공수여단장을 찾았더니 지휘소인 전남대와 조선대에 있어야 할 여단장들이 전교사에 가 있었다"면서 "당시 전교사에는 정호용 특전사령관이 와 있었다"고 말했다. 그리고 "부끄러운 일이지만 육군소장이 준장(공수여단장을 지칭)을 장악하지 못했다는 게 문제였다"고 말해 당시 공수여단장들이 자신의 통제권 밖에 있었음을 시사했다. 그리고 정씨는 21일 오후 1시 반경 도청 앞 집단발포에 사용된 실탄이 31사단 병력으로부터 인계받은 것이라는 최웅의 20일 증언에 대해 "공수부대는 당초부터 실탄을 갖고 광주에 왔는데 이를 숙영지에 두었다는 것은 말도 안 되는 소리다"라고 말했다. 정씨는 또 자신이 발포명령을 건의한 '5월 15일자 무기고 접근자 발포승인 건'의 문서에 대해 '조작된 문서'라며 자신의 발포명령 건을 부인했다. 한편 이른바 정호용의 '싹쓸이 발언'과 관련하여 "22일 박충훈 국무총리서리가 광주에 내려왔을 때 가진 간담회 자리에서 정씨가 '차제에 본때를 보여 주어야 한다' '광주사람을 한 사람도 남김없이 싹 쓸어버려야 한다'는 등의 발언을 하는 것을 직접 참석해 들었다"면서 "정씨가 이 같은 사항을 청문회에서 부인한 것은 양심이 의심되는 문제"라고 주장했다.[217]

서명원 증인은 계엄군의 과잉진압에 대해 "5월 18일 새벽 6시경 연락을 받고 전남대로 갔더니 아는 학생들의 얼굴이 부어 몰라볼 정도였다"며 권승만 씨의 20일 증언내용을 부인하면서 "광주도심 곳곳에서 공수부대의 잔인한 진압 살상행위가 있었다"고 증언했다.[218]

국회증인에 대한 동행명령장이 1989년 1월 26일 의정 사상 처음으로 집행

217 국회 『광주청문회 회의록』 제22호, 1988년 12월 22일, 1~18쪽.
218 국회 『광주청문회 회의록』 제22호, 1988년 12월 22일, 1~18쪽 ; 〈한겨레신문〉, 1988년 12월 22일자.

됐으나 불발로 끝났다. '국회 5·18 광주민주화운동 진상규명특위'는 이날 오전과 오후 특위 청문회의 증인으로 선정된 최규하·전두환 전 대통령에 대해 각각 동행명령장을 발부해 집행하려 했으나 당사자들이 모두 이를 거부했다.

국회 광주특위는 1월 26일 광주 청문회를 속개하고 광주 민주화운동 당시 피해자와 목격자, 현장지휘관 등을 대상으로 진상규명 활동을 계속했다. 이날 청문회에는 광주사태 당시 현장목격자인 김영택(동아일보 기자)과 도청 앞 집단발포 피해자인 이세영·유형근·이순로, 그리고 김일옥(제7공수여단 제35대대장)·임정복(제31사단 작전참모보좌관) 등이 증언에 나섰으며 장세동은 이날 검찰조사 관계로 출석치 않았다.

김영택이 증인으로 채택된 것은 가해자나 피해자가 아닌 제3자의 입장에서 당시의 상황을 객관적으로 증언해 달라는 광주특위의 요청을 받아들여 이루어졌다. 이날 청문회에서 의원들은 ① 광주민주화운동 당시 계엄군의 과잉진압, ② 5월 21일 도청 앞 집단발포 상황, ③ 시민들의 무장경위 등을 집중적으로 물었다.

첫 증언에 나선 김영택은 1980년 5월 18일 오후 공수부대의 첫 진압과정에 대해 "당초 시작상황에서 군인이 밀린다는 것은 전혀 상상도 할 수 없는 일"이라면서 "당시 시위대가 돌을 던지는 등의 저항은 전혀 없었다"고 말해 계엄군 측에서 밝히고 있는 과잉시위에 따른 과잉진압 주장을 부인했다. 김영택은 "공수부대는 18일 오후 3시 30분에서 40분 사이에 유동 삼거리에 나타난 후 북동 횡단보도까지 진출하여 도열해 있다가 오후 4시 정각 스피커를 통해 시민들에게 돌아가라고 권유(?)하다 1분도 안돼 시민들에 대한 체포를 명령했다"고 말하고 "동아일보 광주지사에 착검한 군인 2명이 들어와 옆방에 있던 세 사람을 개머리판 등으로 때리고 군홧발로 짓밟는 등 거의 실신 상태로 만들어 끌고 나갔다"고 말했다. 김영택은 또 "동아일보 광주지사 앞에 세워진 2대의 군용트럭에 연행된 사람들 중 옷에 피가 묻지 않은 사람은 아무도 없었다"면서 "시위대가 아닌 민간인을 집이나 사무실까지 쫓아가 무자비하게 때리고 잡아가야 하는 상황이 필요했는지는 의문이다"고 말했다. 김영택은 공수부대원들의 이 같은 잔인한 살상행위에 대한 분노가 폭발하여 시민들이 시위대열에 참여하게 된 것이라고 증언했다. 김영택은 또 "21일 오전 10시 10분경 도지사실이 있는 도청 3층 복도에서 공수부대원들에게 실탄이 지급되는 것을 목격한 적이 있으며 그때 장형태 지사에게 '큰일났다'고 말했다"고 증언했다. 그리고 "임산부가 총탄에 맞아 숨진 것은 사실이며 27일 재진압작전 후 시체검안 과정에서 여학생 유방이 찔려 있었던 것 역시 확인된 사실이다"라고 말했다.[219]

임정복 증인은 "당시 제31사단과 배속됐던 공수여단 소속 대대 사이에는 통신상의 문제점이 없었다"고 말하고 "군 구조상이나 체계상으로 보아 작전임무 수행에 이원화 된 지휘체제는 있을 수도 없고 있어서도 안 된다"고 말했다. 임씨는 정웅 당시 제31사단장이 5월 19일 밤 작전회의에서 무혈진압지시를 내렸다고 한 지난 12월 19일 청문회에서의 증언에 대해 "5월 19일 회의에서 하달된 명령은 내가 직접 작성했으며 그 명령은 정상적 충정작전을 하라는 것이었지 무혈진압 지시는 아니었다"면서 "군에서 작전명령을 할 때 유혈진압·무혈진압 등 그런 용어를 사용하는 것은 이해가 가지 않는다"고 정웅의 증언 내용을 부인했다.[220]

이세영·유형근 증인은 "5월 21일 오후 1시경 도청 앞에서 총에 맞았다"고 증언하고 "총을 맞은 위치나 엑스레이 촬영 결과로 볼 때 도청 앞에 도열해 있

---

219 국회『광주청문회 회의록』제25호, 1989년 1월 26일, 5~29쪽 ;〈한겨레신문〉, 1989년 1월 27일자.

220 국회『광주청문회 회의록』제25호, 1989년 1월 26일, 30~62쪽.

던 군인으로부터가 아니라 가톨릭센터와 YMCA 빌딩 등 위에서 아래로 조준해 쏜 총에 맞은 것으로 판단된다"고 말했다. 이순로 증인은 "광주 상황을 알리기 위해 21일 나주와 목포에 갔다가 광주로 돌아오던 중 매복 중인 계엄군으로부터 총격을 받았으며 운전사는 즉사하고 차는 논두렁에 쳐박혔다"고 말하고 "그 차에서 두 차례나 항복 표시로 옷을 흔들었는데도 군인들은 총격을 가했다"고 증언했다.[221]

마지막 증언에 나선 김일옥 증인은 "제35대대는 5월 18일 광주에 투입된 이후 대검을 사용한 적이 전혀 없다"고 주장했다. 김씨는 김영진 의원이 육본 전교사작전 상황일지 중 "5월 18일 20시 15분 7공수 총검 진압"이라는 기록을 제시하며 진압봉과 대검사용 사실을 추궁하자 "중대장이나 지역대장으로부터 보고를 받은 바 없다"며 완강히 부인했다. 특히 그는 "18일 14시에서 15시 사이 정웅 제31사단장이 헬기를 타고 주둔지인 조선대로 와서 '35대대는 금남로를 중심으로 좌우 측 도로를 차단하고 시위대를 해산·연행해서 헌병대에 인계하라'고 지시했다. 나는 숙영지가 불안하니 시간을 달라고 했으나 정 사단장은 '무슨 소리냐, 모든 책임은 내가 진다. 죽음을 무릅쓰고 진압하라'고 지시했었다"고 증언했다.[222]

국회 광주특위는 26일에 이어 27일 청문회를 속개해 ① 전남도청 진압과정에서 계엄군의 잔혹행위 여부, ② 주남마을에서 부상자 2명이 현장사살 됐는지 여부, ③ 현장지휘 책임과 관련된 부분 등을 집중적으로 물었다.

이날 청문회에는 정상용(학생시민투쟁위원회 부위원장)·임수원(제3여단 제11대대장)·홍금숙·임희주·이상기(이상 주남마을 앞 총격사건 피해자)·안부응(제11여

---

221 국회『광주청문회 회의록』제25호, 1989년 1월 26일, 30~62쪽.
222 국회『광주청문회 회의록』제25호, 1989년 1월 26일, 88~127쪽 ; 〈중앙일보〉, 1989년 1월 27일자.

단 제61대대장) 등 6명의 증인이 출석했다.

이날 첫 증인으로 나선 정상용 증인은 "5월 21일 오후 1시경 집단발포 이후 시민들 사이에 '우리도 무장해야 한다'는 자발적 공감대가 형성돼 오후 2시 이후 예비군무기고 등을 기습하여 시위대원들이 무장했다"고 밝혔다. 정씨는 군에서 광주특위에 제출한 각종 자료는 무기피탈 시간이 각기 다르게 기재돼 있다고 지적하고 "이는 광주민주화운동의 진상을 은폐하기 위해 정부 측이 문서를 조작했기 때문"이라고 주장했다. 정씨는 또 "정부당국과 계엄사는 광주 시가에는 불순분자가 책동하고 있고 폭도들이 날뛰고 있다고 발표했다. 무장을 해제하고 투항하면 선처하겠다고 했다. 그러나 광주시민은 폭도가 아니었다. 공수부대가 폭도였다"고 주장했다. 그는 또한 "5월 26일의 독침사건은 주범으로 행세한 장계범이 보안사의 끄나풀로, 도청 항쟁본부는 불순분자가 조종하고 있다는 것을 보여 주기 위해 계엄사가 조작한 해프닝이었다"고 말했다.[223]

이어 증언에 나선 임수원 증인은 20일 밤 광주역에서 계엄군이 발포했다는 부분과 관련하여 "그때 당시 수많은 군중이 몰려드는 것을 막기 위해 F8발사기를 발사한 것으로 알고 있다"고 말하고 "이 발사기는 최루 작용제를 넓은 지역에 오염시키는 장비로 15초 정도 기관총이나 소총연발 사격시의 소음이 나기 때문에 계엄군이 총을 쏜 것으로 시민들이 오인한 것이 아닌가 생각된다"고 말했다.[224]

홍금숙 증인은 "23일 낮 12시에서 1시 사이 18명이 탄 버스가 주남마을에 약간 못 갔을 때 군인 1명이 차를 세우라고 했으나 버스는 계속 달렸다. 그러

---

223 국회 『광주청문회 회의록』 제26호, 1989년 1월 27일, 1~30쪽 ; 〈동아일보〉, 1989년 1월 28일자.

224 국회 『광주청문회 회의록』 제26호, 1989년 1월 27일, 31~65쪽.

자 산에서 군인들이 총을 쏘기 시작했고 버스 속의 한 남학생도 산을 향해 총을 쏘았다. 산 쪽에서 총을 계속 쏘자 여학생이 손을 흔들며 살려달라고 해도, 남학생이 총을 버리고 항복을 해도 군인들은 계속 총을 쏘았다"고 증언했다. 또 "이 버스에 탔던 18명 중 15명은 버스안팎에서 죽고 나와 남자 2명이 살아남아 붙잡혔으나 남자 2명은 공수부대원들에게 끌려가 즉결처분되고 나만 살아남았다"고 증언했다.[225] 이어 임희주 증인은 "고교 2년생인 나는 5·18 후 20일인가 지났을 때 마을 뒤 저수지로 목욕하러 가다가 이상한 냄새를 맡고 찾아 봤다. 2명의 남자 시체가 있어 동사무소에 연락했었다"고 말했다. 특히 이상기 증인은 "어떤 소령이 찾아와 술을 마시며 두 사람을 처치했더니 괴롭다는 말을 하는 것을 들었다"면서 "통장 일을 보는 친구가 소령 한 사람과 술 대두 한 병을 가지고 나에게 왔었다"고 증언함으로써 홍금숙 증인이 타고 가던 버스에서 2명이 체포돼 그 부근에서 즉결처분 당한 사건이 있었음을 뒷받침했다.[226]

이날 마지막으로 나온 안부웅 증인은 "21일 13시가 되자 도청광장으로 장갑차가 돌진해 왔다. 그때 시위대 쪽에서 분명히 총소리가 들렸다. 분수대 앞에서 4개 대대장이 모여 의논했다. 더 이상 물러설 곳은 없고 병사들은 실탄을 달라고 아우성이었다. 그때 누군가가 제31사단으로부터 받았다는 실탄을 갖고 왔다. 1,680발이었다. 그것을 장교들에게만 분배했다. 먼저 실탄을 받은 장교가 돌진하는 버스를 저지하기 위해 버스 타이어를 향해 사격했다"고 증

---

225 홍금숙은 18명 중 15명이 현장에서 총격으로 사살되고 홍금숙과 남자 2명은 붙잡혔으나 남자 2명은 공수부대원들에게 끌려가 즉결처분되고 자신만 살아남았다고 증언하고 있는데 반해 다른 기록은 7명(박현숙·고영자·황호걸·백대환·김윤수·김춘례·성명미상)이 희생되고 홍금숙 1명이 부상당했으나 헬기로 구출됐다고 적고 있다(재향군인회, 앞의 책, 297쪽).

226 국회 『광주청문회 회의록』 제26호, 1989년 1월 27일, 65~84쪽.

언해 자위권 발포였고 그 실탄은 제31사단에서 수령했음을 증언했다.[227]

국회 광주특위는 2월 22일 여당인 민주정의당 측이 불참하는 바람에 야 3당과 무소속 의원만으로 청문회를 속개하여 송암동 군부대 오인사격 피해자 및 도청 앞 발포 당시 피해자들로부터 증언을 들었다. 그러나 이날 오전, 5공 비리특위도 민정당이 불참하는 바람에 5공 청산을 위한 국회의 양대 특위가 처음으로 파행운영되는 기록을 남겼다.

광주특위는 이날 최규하·전두환 등 14명을 증인으로 채택했으나 최씨와 전씨는 동행명령을 거부, 출석하지 않았고, 장사복 당시 전교사 참모장과 최예섭 당시 보안사 기획처장(가해자 측)은 입원을 이유로 불참했다. 결국 ① 송암동 상황 및 군부대 오인사격 관련, ② 전남대·교도소 상황 관련, ③ 도청 앞 발포상황 관련의 피해자 측 증인 11명만이 출석한 가운데 청문회가 진행됐다. 국회특위는 김복동(마을 주민·현장목격)·전영병(사망자 전재수 아버지)·김금순(사망자 권근립 어머니)·최진수(시민군·현장목격자)·김성수(일가족 총격부상)·김옥자(사망자 안두환 부인)·김현녀(사망자 최미애 어머니)·황원길(사망자 황호정 차남)·강영숙(사망자 김선호 부인)으로부터 증언을 들었다.[228]

국회 광주특위 청문회는 23일에도 민정당이 계속 불참하고 야 3당과 무소속 의원들만 참석한 가운데 피해자 측 증인 신경진·이광영·박병률(이상 가톨릭센터 상황 관련)·송기숙·조철현·명노근·윤영규(시민수습위원)·박남선·박효선·이재춘·김태찬·윤석루(도청항쟁 지도부 및 기동타격대 관련) 등 12명으로부터 각각 증언을 청취했다.[229]

---

227 국회 『광주청문회 회의록』 제26호, 1989년 1월 27일, 84~128쪽 ; 〈동아일보〉, 1989년 1월 28일자.

228 국회 『광주청문회 회의록』 제28호, 1989년 2월 22일, 2~74쪽.

229 국회 『광주청문회 회의록』 제29호, 1989년 2월 23일, 2~30쪽.

국회 광주특위는 24일 야 3당과 무소속 의원들만으로 3일째이자 사실상 마지막 광주 청문회를 열어 피해자 측 증인들로부터 증언청취 활동을 계속했다. 특위는 이날 청문회에 정호용·최웅·정웅·안부웅·윤흥정·조갑제(『월간 조선』기자)·이태원(『월간 경향』기자) 등을 불러 대질심문을 벌일 예정이었으나 정호용 등 가해자 측 증인들이 불참을 통보해 무산됐다. 의원들은 이날 진압 작전 당시 도청 이외의 지역인 광주공원과 YWCA 등에서의 계엄군의 잔혹행위, 광주민주화운동 기간 중 홍보활동 내용, 진압 후 사후 처리 등에 대해 집중심문을 벌였다. 이에 따라 김태종·정현애·전춘심·전용호·김덕수·양지문·문장우·김오진·이지현·허청·김태헌·전계량 증인으로부터 각각 증언을 청취하고 청문회의 대미를 장식했다.[230]

국회 광주특위 청문회는 24일을 끝으로 사실상 마감됐다. 12월 31일 전두환이 국회에 나와 증언하게 되지만 이는 5공 청산이라는 대단원적 의미가 부여돼 광주 청문회와는 별개의 것이다.

5·18 광주민주화운동 진상조사 특별위원회는 1988년 7월 8일 제1차 위원회 회의를 가진 이후 1989년 12월 30일 제32차 위원회에 이르기까지 32회의 전체회의를 열었고 47회의 간사회의를 열었다. 문서검증반 외에도 한미관계소위원회·자료검증소위원회·현장검증소위원회·특별법제정 및 사후대책소위원회 등 4개 소위원회를 구성하여 활동했다. 본 회의에서는 19회의 청문회를 열고 64명의 증인을 소환하여 증언을 청취했으며 13명은 출석하지 않았다. 최규하·전두환 두 전직 대통령은 2회, 장세동·장사복 증인은 1회씩 동행명령장을 발부·집행했으나 동행을 거부했다. 끝내 출석을 거부한 최규하에

---

230 국회 『광주청문회 회의록』제30호, 1989년 2월 24일, 1~106쪽 ;〈동아일보〉, 1989년 2월 25일자.

대해서는 불출석과 국회모독죄로 고발하는 한편 출국금지 요청을 했다. 정부 측에는 총 362건의 자료를 요구해 그 중 165건의 자료를 받아 검토했으며 문서검증반에서는 국방부·육군본부 및 총무처에 대하여 두 차례 문서검증을 실시했다.[231]

1988년 11월 18일부터 99일간 64명의 증인으로부터 '광주사태'에 대한 증언을 청취한 광주특위 청문회는 전두환·최규하 두 전직 대통령을 비롯한 몇몇 주요 증인들이 동행명령을 거부함에 따라 다소 맥빠진 감이 없지 않았다. 그러나 그동안 발발원인과 전개과정, 사후처리 등 3단계로 나뉘어 진행된 광주 청문회는 8년 동안 '고의적'으로 은폐·조작되어 왔던 광주사태를 표면화시켜 피해자들의 응어리진 한의 깊이를 국민과 세계인들에게 인식시키고, 국가적 차원에서 치유해야 한다는 역사적 과제를 던져 주었다는 점에서 어느 정도 성과를 거뒀다고 평가할 수 있다. 그렇지만 광주사태에 대한 피해자 측 증인과 군 관련 가해자 측 증인들의 상반된 증언, 이에 따른 민정당과 야 3당, 특히 평민당과의 시각차, 그리고 막판 청문회에 민정당 및 군 관련 증인들의 불참 등은 출발 당시부터 파란을 예고했던 광주특위의 험난한 역정을 잘 그려 주었다고 하겠다.

특히 헬기 기총소사 등 과잉유혈진압 부분, 사망자 수, 시민군의 무장시기에 대한 피해자와 군부 간의 현격한 견해차는 '광주'에 대한 진상규명의 암초로 남을 수밖에 없다. 뿐만 아니라 발포명령 부분과 지휘체계의 이원화 문제, 그리고 가해자 측의 책임규명 논란은 미진한 상태로 계속 남아 있게 되었다. 그런데도 야당 측은 '청문회를 통해 국민이 공감할 수 있는 역사의 맥과 장을 찾아냈다'고 자평하고 있다.

231 박원순, 『역사를 바로 세워야 나라가 산다』, 한겨레신문사, 1996, 287쪽.

1989년 12월 15일 노태우 대통령과 김대중 평화민주당 총재, 김영삼 통일민주당 총재, 김종필 신민주공화당 총재 등 4당 총재들은 청와대에서 회합을 갖고 전두환의 국회 청문회 증언, 5·18 당시 특전사령관이었던 정호용 의원(민정당)의 공직 사퇴 등 이른바 5공 청산 11개 항에 합의했다.[232] 이에 따라 정호용은 12월 29일 국회의원 등 모든 공직에서 물러나고 전두환의 국회 청문회 증언이 이루어지게 된다.[233]

드디어 1989년 12월 31일 전두환 전 대통령은 국회 5공 비리 및 광주특위 청문회에 나와 증언했다. 이날 전두환의 증언은 비록 TV중계로 진행되었다고 하나 의원들의 일문일답식이 아닌 사전 제출된 질문서의 답변서 낭독형식이어서 이를 시청하는 국민들에게 시원한 청신감을 주지 못했다. 광주특위는 사전에 51개 항을 백담사에 은둔하고 있는 전두환에게 보냈었다.

전두환은 1988년 11월 23일 "광주 문제를 원만히 처리하지 못한 데 대해 국민에게 죄송하다"는 내용의 대국민 사과성명을 내고 자신의 연희동 자택을 떠나 강원도 백담사로 들어갔었다.[234] 백담사로 간 후 404일 만에 처음 나들이를 한 전두환은 사전준비 된 답변서를 읽어 내려갔다. 그는 광주 문제에 대해, "군 작전지휘에 개입한 적이 없다" "재임기간에 광주 문제를 처리하지 못해 죄송하다"고 답변했다. 그가 광주에 관한 답변 내용을 읽어 내려가는 도중 '광주'에 아무런 책임이 없다고 진술하자 야당의원들이 엉터리라고 격렬하게 항의하는 바람에 증언이 중단됐고 그는 기자실로 나와 나머지 부분을 배포해 주는 것으로 대신해 증언을 끝마치고 다시 백담사로 돌아갔다.[235]

---

232 '합의전문'은 〈동아일보〉·〈한겨레신문〉, 1989년 2월 16일자 ; 김영택, 앞의 책, 331~332쪽.

233 鄭鎬溶의 공직사퇴서 전문은 〈동아일보〉, 1989년 12월 29일자.

234 〈조선일보〉, 1988년 11월 24일자.

'5·18 광주민주화운동 진상조사 특별위원회' 청문회는 이렇게 엉성한 끝 맺음을 했다. 뒤에 최규하는 증언에 관한 의견을 국회에 내는 형식으로 증언 을 대신하려 했지만, 광주특위는 그를 증인감정에 관한 법률에 따라 검찰에 고발했고 검찰은 기소유예 처분을 내림으로써 광주특위는 사실상 임무를 끝 마치게 되었다.[236]

5·18 특별법 제정과 성공한 쿠데타의 단죄

노태우 대통령이 민화위를 구성해 지난 7년 동안 금기시됐던 5·18 과제를 해결하고자 했으나 제5공화국 연장선상에 놓인 제6공화국으로서는 역시 한 계가 있었다. 1988년 11월 18일부터 1989년 2월 24일까지 99일 동안 열린 청문회는 64명의 증인을 출석시켜 증언을 청취했다. 대체적으로 진상에 대한 의문을 푸는데 어느 정도 기여했음은 분명하다. 그러나 여당 측의 무성의, 군 부의 자료제출 미흡, 당사자들의 증언이 진술하지 못하다는 아쉬움이 없지 않 았다. 즉 이러한 5·18 진실규명 방법은 민화위에서 겪었던 것처럼 한계가 노 정돼있어 충분한 진실규명을 이룰 수 없다는 아쉬움이 있었다. 이 때문에 광

---

235 광주에 관한 답변내용 전문은 김영택, 앞의 책, 332~335쪽.

236 〈동아일보〉, 1990년 1월 1·2일자 ; 5·18 광주민주화운동 진상조사 특별위원회 위원 명 단 ◇민주정의당=李敏燮(춘성 양구 인제)·李道先(전국구)·孫桂煥(전국구)·金完泰(진 천 음성)·李肯珪(서천)·辛卿植(청원)·劉守鎬(대구 중구)·李光魯(전국구)·趙榮藏(인천 서구)·李炳勇(전국구)·金吉弘(전국구)·朴熺太(남해 하동) ◇평화민주당=辛基夏(광주 동구)·李海瓚(관악 을구)·趙贊衡(남원)·文東煥(전국구)·崔鳳九(전국구)·趙洪奎(광주 광산구)·金泳鎭(강진 완도) ◇통일민주당=吳景義(안동)·金光一(부산 중구)·張石和(서 울 영등포 갑구)·李仁濟(안양 갑구)·朴泰權(서산) ◇신민주공화당=金仁坤(전국구)·金 文元(의정부)·玉滿鎬(전국구) ◇무소속 = 鄭夢準(울산).

674

주 쪽에서는 진실규명과 당사자들의 법적 처벌문제를 제기하고 나섰다. 1993
년 2월, 5·18단체들은 특별검사제 도입·가해자 고소고발·망월동 묘역 성역
화·명예회복 등 15개 항의 합의문을 작성하여 공동대응하기로 입장을 정리
하고 김영삼 대통령을 면담하기로 내정했다.[237] 김영삼 역시 대통령 취임 초
기 청와대에서 광주단체 대표들과의 면담을 약속했다. 그러나 1993년 3월 17
일, 김영삼 대통령의 5·18 묘역 참배가 일부 과격회원들의 반대로 취소되었
다.[238] 그러자 김영삼 대통령의 광주 방문을 대신한 5·13 특별담화가 발표되
었다. 김 대통령은 광주항쟁에 관해 최상의 수식어를 동원, 찬사를 보내며 희
생자에 대한 애도 및 시민들에 대한 위로의 내용을 담았다. 그리고 "오늘의 정
부는 광주 민주화운동의 연장선상에 있는 민주정부"라는 언급과 함께 기념일
제정·명예회복·묘역 성역화·보상·부상자 치료·해직자의 복직·행불자 추가
신고 등 가능한 모든 조치를 취하겠다고 약속했다. 그러나 이 담화는 모든 것
을 받아들이는 듯 하면서도 진상규명과 가해자 처벌 등 광주 쪽 요구사항이 모
두 빗나가 있었다.

그는 "암울했던 시절의 치욕을 다시 들추어내어 갈등을 재연하거나 누구
를 벌하는 것은 바람직하지 않아 용서와 화해로서 일단 덮어두고 5·18에 대
한 평가는 후세의 역사에 맡기자"고 결론지었다. 김영삼의 역사관이 튀어나
온 것이다. 광주는 즉각 진상규명과 가해자 처벌 없는 기념일 제정이나 묘역
성역화는 아무 의미가 없다고 강하게 반발하며 선 진상규명과 후 명예회복을
요구하고 나섰다. 뿐만 아니라 전국 각지의 각계각층에서도 반발과 항의의 불
길이 달아올랐다. 그것은 '12·12, 5·18 고소고발사건'으로 제기되었다. 이에

---

237 내용은 박원순, 앞의 책, 290~291쪽.
238 김영삼 대통령의 5·18 묘역 참배가 5·18 단체에 의해 거부된 것은 그가 전두환·노태
우 등 신군부 세력과 야합한 5공 정권의 연장선상에 있다고 보았기 때문이다.

따라 검찰은 이 문제를 그냥 넘길 수 없게 되었고 수사를 하지 않을 수 없는 상황에 이르렀다. 문제는 5·18이나 12·12를 어떻게 처리하고 성격을 규정해야하는가에 대한 통치권자의 역사관과 의지였다. 김영삼 대통령은 분명하게 12·12 사건을 '하극상에 의한 쿠데타적 사건', 5·18은 '오늘의 정부를 있게 한 민주화 투쟁'이라고 규정하면서도 평가를 후세의 역사에 맡기자며 진상규명이나 가해자 처벌을 빗겨가려 하고 있었다.

정승화 전 육군참모총장 등의 고소·고발에 따라 12·12 사건에 대한 검찰의 수사가 착수됐다. 그리고 1년 4개월의 수사결과를 1994년 10월 29일 발표했다. 검찰은 "12·12 사건은 명백한 군사반란행위였다. 그러나 사건관련자들을 기소할 경우 불필요한 국력을 소모할 우려가 있기 때문에 기소유예 처분키로 했다"고 발표함으로써 고소고발인 당사자들은 말할 것도 없고 재야민주세력이나 뜻있는 국민들과 민주세력으로부터 호된 비판을 받아야 했다.[239]

1994년 5월 13일 정동년 광주민중항쟁운동 상임의장, 김상근 5·18 진상규명과 광주항쟁정신계승 국민위원회 공동대표 등 616명이 전두환·노태우·정호용을 비롯한 35명을 서울지방검찰청에 고소 고발했다. 피고발인들은 살육작전 당시 대대장급 이상 지휘관들로서 죄목은 '내란 및 내란목적 살인죄'였다. '광주사태' 당시 구속자들에게 적용했던 것과 똑같은 죄목을 이들에게 되돌려줘야 한다는 취지였다.[240] 고소된 5·18 사건에 대해 1년 2개월 동안

---

239 〈동아일보〉, 1994년 10월 30일자.

240 ◇전두환(보안사령관 겸 합동수사본부장) ◇노태우(수도경비사령관) ◇정호용(특전사령관) ◇이희성(육군참모총장 겸 계엄사령관) ◇진종채(제2군사령관) ◇소준열(전투병과교육사령관 겸 전남북계엄분소장) ◇박준병(육군 제20사단장) ◇신우식(제7공수여단장) ◇최웅(제11공수여단장) ◇최세창(제3공수여단장) ◇정수학(육군 제20사단 제60연대장) ◇김동진(육군 제20사단 제61연대장) ◇이병년(육군 제20사단 제62연대장) ◇권승만(제7공수여단 제33대대장) ◇김일옥(제7공수여단 제35대대장) ◇안부웅(제11공수여

수사를 진행한 서울지검은 1995년 7월 18일 발표문에서 "피고소·고발인들이 80년 당시 벌인 각종 행위와 조치는 정치적 변혁과정에서 새 헌법질서 형성의 기초가 된 일들"이며 "이는 군을 배경으로 새로운 정권과 헌법질서를 창출한 정치적 변혁과정들로서 사법심사의 대상이 되지 않는다"고 결론지었다. 그리고 7월 18일, '성공한 쿠데타는 처벌할 수 없다'는 논지를 내세워 '5·18 고소고발사건'에 대해 '공소권 없음' 결정을 내림과 동시에 불기소처분을 내렸다. 실로 궁색한 논리였고 지극히 정치적인 작위행위였다. 또한 검찰이 가지고 있는 기소독점권의 횡포였다.[241] 검찰의 이러한 결론은 검찰의 단독결정이라기보다는 당연히 김영삼 대통령의 의중이었음은 두말할 것도 없다. 김영삼은 12·12나 5·18에 대한 공정한 수사나 엄격한 평가를 통해 묵은 역사적 과업을 풀어가려는 의지보다는 적당히 덮어둔 채 넘어가려는 속셈이었다. 이는 5공 잔재세력인 민정당과 야합하여 집권한 김영삼의 한계였다. "12·12와 5·18에 대한 평가는 후세의 역사에 맡긴다"는 궤변적 성명이 튀어나온 배경이 여기에 있는 것이다. 이는 곧 '12·12와 5·18 고소고발사건'에 대한 법적 평가는 물론 역사적 평가까지 외면하겠다는 반역사적 행태를 드러내는 결과

단 제61대대장) ◇이재원(제11공수여단 제62대대장) ◇조창구(제11공수여단 제63대대장) ◇임수원(제3공수여단 제11대대장)◇김완배(제3공수여단 제12대대장) ◇변길남(제3공수여단 제13대대장) ◇박종규(제3공수여단 제15대대장) ◇김길수(제3공수여단 제16대대장) ◇이병우(제20사단 제60연대 제1대대장) ◇윤재만(제20사단 제60연대 제2대대장) ◇김영철(제20사단 제60연대 제3대대장) ◇지남숙(제20사단 제60연대 제4대대장) ◇정연진(제20사단 제61연대 제1대대장) ◇김형곤(제20사단 제61연대 제2대대장) ◇박재철(제20사단 제61연대 제3대대장) ◇강영욱(제20사단 제61연대 제4대대장) ◇오성윤(제20사단 제62연대 제1대대장) ◇이종규(제20사단 제62연대 제2대대장) ◇유일호(제20사단 제62연대 제3대대장) ◇김인환(제20사단 제62연대 제4대대장)(박원순, 앞의 책, 340~341쪽 각주126 재인용).

241 임영태, 『대한민국 50년사』 2권, 들녘, 1998, 368쪽.

였다.

이때부터 광주시민을 비롯한 범국민적 반발과 저항이 시작되었다. 검찰의 불기소처분이 내려진 다음날인 1995년 7월 19일 광주시민 3,000여 명이 서울로 올라와 명동성당에서 '5·18 진상규명과 관련자 처벌'을 주장하며 농성 시위에 들어간 것을 시작으로 온 국민의 분노가 터져 나왔다.[242] 광주시민들은 물론 국민들은 광주학살 잔존세력인 민정당을 업고 대통령이 되기 위해 3당을 합당하면서 변절한 김영삼이 그 잔재세력을 노골적으로 비호한다는 여론으로 돌아가고 있었다. 거의 날마다 각계각층에서 항의와 특별법 제정 촉구를 요구하는 시위와 성명이 잇달았다.[243]

1995년 7월 31일, 고려대학교 교수 131명이 김영삼 대통령의 "5·18 평가 역사에 맡긴다"는 성명철회와 검찰 불기소처분의 부당성 및 5·18 특별법 제정과 관련자 처벌을 요구하는 성명서를 발표했다.[244] 대학의 지성들이 발을 벗고 나선 것이다. 1987년 6월 항쟁 이후 처음 있는 일이었다. 이는 '특별법'을 제정해서라도 5·18 관련자들을 처벌하는 한편 피해자들에 대한 명예회복과 보상이 뒤따라야 한다는 쪽으로 여론을 급물살 타게하는 결정적 계기가 되었다. 각 대학 교수들의 성명도 줄을 이었다. 뿐만 아니라 각계각층의 성명과 시위는 더욱 거세어졌다.[245]

무려 134일 동안 나라 안은 온통 5·18 특별법 열기로 가득했다. 특별법제정과 관련자 처벌, 명예회복을 요구하는 국민의 열화 같은 외침이 일자 우선

---

242 〈동아일보〉, 1995년 7월 20일자.

243 김재균, 『5·18과 한국정치-광주보상법과 5·18특별법 결정과정 연구』, 한울, 2000, 321~322쪽.

244 〈동아일보〉·〈조선일보〉·〈한겨레신문〉, 1995년 8월 1일자.

245 김재균, 앞의 책, 322~324쪽.

국회에서 5·18 특별법 안에 대한 심의에 착수했다. 김영삼 대통령도 더 이상 버틸 수가 없었다. 더욱이 10월 19일 민주당 박계동 의원에 의해 폭로된 노태우 전 대통령의 비자금 계좌사건은 불난 집에 기름을 붓는 격이 되었다. 비자금 사건이 터지자 그동안 공공연한 소문으로만 떠돌던 사실이 물증으로 드러나면서 여론이 극도로 악화되는 바람에 검찰도 더 이상 외면할 수 없는 상황에 이르렀다. 결국 수사는 착수되고 노태우 자신도 사실을 시인하지 않을 수 없어 사과성명을 내기에 이르렀다. 결국 노태우는 11월 16일 구속되었다. 이러한 악재가 쏟아지면서 상황은 12·12와 5·18 역시 역사적 심판으로만 미룰 수 없다는 상황, 즉 현실적·형사적 심판을 받지 않을 수 없는 불가피한 가닥으로 내몰렸다. 김영삼은 11월 24일 12·12와 5·18 평가는 역사에 맡기겠다는 지난 5월의 성명을 철회하고 5·18 특별법을 제정하겠다는 성명을 내기에 이르렀다. 이와 동시에 11월 26일, 이미 불기소처분을 내린바 있는 서울지방검찰청은 특별검사제 도입설이 급부상하자 재빨리 12·12 군사반란사건과 5·18 내란죄 사건에 대한 전면수사를 재착수키로 방침을 세우고 4일 후인 11월 30일부터 본격적인 수사에 들어갔다.[246] 11월 27일 헌법재판소는 12·12와 5·18 불기소 처분에 대한 헌법소원 사건에 대한 평의회를 열고 검찰의 '공소권 없음'은 부당하다고 결정했다.[247] 이렇게 해서 12·12와 5·18에 대한 특별법 제정과 관련자처벌 및 명예회복은 대세를 이루어 특별법이 추진되는 단계에 이르렀다. 11월 29일 5공 잔재세력으로서 여당인 민주자유당으로서도 대세를 거스를 수 없다는 듯 5·18 특별법과 관련, 내란 및 군사반란 등 헌정파괴 범죄 등 반인륜적 행위에 대해 공소시효를 영구히 배제하는 내용의 관련

---

246 〈동아일보〉, 1995년 12월 1일자.
247 〈동아일보〉, 1995년 11월 28일자.

특별법조치법을 마련키로 당론을 모았다.[248] 12·12와 5·18에 대한 특별법제 정과 관련자 처벌이 대세를 이루어 가자 전두환 전 대통령은 12월 2일, 검찰의 12·12와 5·18 재수사에 반발하여 연희동 자택 앞에서 검찰의 소환요구 및 여타의 어떠한 조치에도 협조하지 않겠다는 성명을 발표하고 고향 합천으로 내려가 버렸다.[249] 그러나 검찰은 12월 3일 소환에 불응한 전두환 전 대통령에 대한 사전 구속영장을 발부받아 경남 합천 고향집에서 집행하여 안양교도소에 수감했다.[250] 그는 1988년 11월 23일 재임 중 광주문제를 원만하게 처리하지 못한 데 대한 사과성명을 발표하고 백담사로 들어가 2년여 기간을 칩거 아닌 귀양살이를 했지만 그 자체도 무위가 된 채 수인으로서 교도소에 수감된 것이다.

한편 최규하 전 대통령은 검찰조사에 대해 '국민에게 드리는 말씀'이라는 성명서를 통해 전직 대통령은 재임시 국정행위에 대해 조사를 받을 수 없다는 지난 1988년 5·18 광주민주화운동 진상조사특별위원회 청문회 당시 표명한 입장을 재천명했다.[251]

12월 17일 국회는 보상법을 개정하는 한편 국회는 12월 21일 「헌정질서 파괴범죄의 공소시효 등에 관한 특별법」(법률 제5028호)과 「5·18 민주화운동 등에 관한 특별법」(법률 제5029호), 이른바 2대 5·18 특별법을 의결하고 정부는 이를 즉시 공포했다. 피고인 측에서 「5·18 민주화운동 등에 관한 특별법」 제2조가 위헌 소지가 있다는 취지로 헌법재판소에 제소했으나 1996년 2월 16일 '위헌소지가 없다'는 결정이 내려져 5·18 관련자들에 대한 사법처리는

---

248 〈조선일보〉, 1995년 11월 30일자.
249 〈한국일보〉, 1995년 12월 4일자.
250 〈동아일보〉, 1995년 12월 4일자.
251 〈조선일보〉, 1995년 12월 17일자.

<표 1> 5·18 특별법 제정 과정

1993. 7. 19	정승화 등 22명, 전두환·노태우 전 대통령을 반란혐의 등으로 검찰에 고소.
1994. 5. 13	정동년 등 5·18 피해자 600여 명, 전두환·노태우·정호용 등을 내란혐의로 고소.
10. 29	검찰, 12·12 사건에 대해 '기소유예' 결정과 수사결과 발표.
1995. 7. 18	검찰, 5·18 사건에 대해 '공소권 없음' 결정.
7. 19	광주시민 3,000여 명, 명동성당에서 '광주진상규명' 외치며 시위.
7. 31	고려대학교 교수 131명, 5·18 특별법 제정과 관련자 처벌 촉구 성명.
10. 19	박계동 전 의원, 노태우 전 대통령 비자금 폭로.
11. 16	검찰, 노태우 전 대통령을 수뢰혐의로 구속.
11. 24	김영삼 대통령, 5·18 특별법 제정 천명.
11. 30	검찰, 12·12, 5·18 특별수사본부 발족.
12. 3	검찰, 전두환 전 대통령을 반란혐의로 구속.
12. 21	5·18 특별법 제정 공포, 헌정파괴범 공소시효 특별법 제정.
1996. 2. 16	헌법재판소, 5·18 특별법 합헌 결정.
2. 28	검찰, 12·12, 5·18 사건관련자 전두환 등 16명 기소.
8. 5	검찰, 12·12, 5·18 사건과 관련, 전두환 사형, 노태우 무기징역 구형.
8. 26	서울지법, 12·12, 5·18 사건 1심 선고, 전두환 사형, 노태우 징역 22년 6개월.
12. 16	서울고법, 12·12, 5·18 사건 항소심 선고, 전두환 무기징역, 노태우 징역 17년.
12. 23	전두환·노태우 상고 포기, 검찰 상고.
1997. 4. 17	대법원 상고심 선고. 전두환 무기징역, 노태우 징역 17년.
12. 22	전두환·노태우 등에 사면·복권 및 석방.[252]

예정대로 특별법에 따라 진행되었다. 이에 따라 12·12와 광주학살에 참여했던 쿠데타 주역들인 전두환·노태우·정호용·유학성·황영시·이학봉·이희성·주영복·차규헌·허화평·허삼수·이계봉·최세창·장세동·신윤희·박종

---

252 안병욱, 「5·18의 의의와 역사적 평가」, 광주광역시 5·18 사료편찬위원회, 『5·18 민중항쟁사』, 2001, 983쪽 내용에 일부내용을 저자가 첨가했음.

규·박준병 등이 내란수괴·내란모의 참여·내란 중요임무 종사·반란수괴·반란모의 참여·반란 중요임무 종사·불법진퇴·지휘관 계엄지역 수소이탈 등의 죄목으로 줄줄이 법정에 섰다.[253] 이들에 대한 재판 결과 1996년 8월 26일 1심 공판에서 전두환은 사형, 노태우는 22년 6개월이 선고됐고 1997년 4월 17일 대법원의 최종심에서는 전두환 무기, 노태우 17년이 선고됐다. '성공한 쿠데타 주역도 단죄된다'는 새로운 역사가 창출된 것이다.

여기서 특기할 것은 광주에서 있었던 학살행위에 대해 법원은 '내란목적 살인죄'를 적용한 점이다.

그러나 전두환은 12·12는 말할 것도 없고 자신의 정권찬탈 과정에서 희생양으로 삼아 엄청난 고통을 준 광주시민들이나 국민들에게 단 한 마디의 사과나 참회의 말을 하지 않았다. 그는 1989년 12월 31일 국회청문회에서와 같은 입장을 견지했다. 그런데도 이들은 1997년 12월 22일 15대 대통령 선거가 끝난 직후 김영삼 대통령과 김대중 당선자 간의 합의에 의해 사면·복권되었다.[254]

2006년 3월 21일 정부는 12·12 및 5·18 진압과 관련해 법원에서 유죄가 확정된 전두환·노태우·정호용·장세동·허화평·허삼수 등 신군부 14명에게 수여되었던 훈장과 5·18 진압유공으로 수여된 박준병 등 67명에게 수여된 훈장을 박탈하기로 의결, 5·18의 과거사 정리를 일단 마무리했다. 다만 전두환과 노태우에 수여된 무궁화대훈장은 대통령 재임 자체를 부정하는 것이 됨으로 제외되었다.[255]

253 「5·18 공소장」 ; 한상범, 『12·12, 5·18 재판과 저항권』, 법률행정연구원, 1997, 141∼144·267쪽.
254 앞의 『대한민국 50년사』 2권, 368∼370쪽.
255 〈동아일보〉, 2006년 3월 22일자.

결론

'5·18 광주민중항쟁'의
역사적 의의

비극적으로 막을 내린 5·18의 사후처리가 가장 큰 현안으로 떠오를 것은 필연적인 일이었다. 그러나 국가폭력을 통해 정권을 찬탈한 전두환은 폭력정권의 한계를 벗어나지 못했다. 그는 억울하게 희생되고 고통당한 사람들에게 획기적인 화해조치 대신, 오히려 피해자들의 자구노력에 무자비한 억압정책으로 일관했다. 그는 심지어 추모식마저 철저하게 탄압했다(사진). "광주사태는 전두환 대통령의 내외정책이 순조롭게 진행된다면 점차 역사 속으로 묻힐 것이나 그렇지 못하면 사태는 사건으로서 언제까지 꼬리를 끌면서 험악한 요소가 될 것"이라면서 전두환 정권의 강압 통치는 결코 성공하지 못하리라고 예측한 광주항쟁 당시 주한 미국대사였던 글라이스틴의 말처럼, 전두환에게 '광주사태'는 수습할 수도, 역사 속으로 묻어버릴 수도 없는 커다란 종양이 되어버렸다. 그가 할 수 있었던 것은 관련자 175명을 재판결과에 관계없이 2년 만에 모두 풀어주는 것이 고작이었다. 그는 '광주살육'이 정권찬탈을 위해 계획적으로 저지른 자신들의 불법행위였음을 스스로 인정하고 만 것이다.

'광주사태'는 역사 속으로 묻혀가지 못하고 전두환의 집권기간은 물론 이후 내내 그가 뿌린 만큼, 아니 그 이상의 혹독한 시련을 치르게 했다. 그것은 백담사 유배와 6월 항쟁으로 응축되었고, 성공한 쿠데타도 처벌될 수 있다는 것을 보여주었다.

※출처: 『오월, 우리는 보았다』, 신복진 외 사진집, 5·18 기념재단, 2004, 133쪽.

5·18 광주의 민중항쟁은 "신군부라는 마피아적 정치군인집단이 정권을 찬탈하기 위해 무고한 광주시민을 희생양으로 삼아 벌인 살인극에서 빚어진 것이고, 이에 가만히 앉아서만 당할 수 없는 광주시민들이 생과 사를 초월해 저항한 투쟁이었다"는 결론을 내릴 수 있다. 아울러 광주민주화운동(광주민중항쟁)을 공부하면 할수록 '왜 광주시민은 아무런 죄도 없이 무고하게 희생되고 억울하게 고통을 당해야 했던가'라는 분노와 슬픔을 금할 수가 없다. 그 단적인 저자의 심경은 선의의 '과잉진압'이 아닌 의도적 '공격작전' 또는 '살육작전'의 초동단계를 목격한 데서부터 비롯되었다. 이 때문에 '5·18 광주의 민중항쟁'은 왜, 어떻게 처음부터 '과잉진압'이라는 이름 아래 '살육작전'이 전개되었는지에 대한 의문부터 풀어야 했다.

　광주의 진실은 세월이 흐른 지금까지도 제대로 알려져 있지 않다. 수많은 사람들은 그 사건을 알려고도 하지 않는다. 그들은 선거 때마다 나타나는 '호남 몰표'를 비난하면서 자신이 민주주의 원칙에 가장 충실한 사람이라고 자신을 속인다.[1] 광주의 민중항쟁기간 동안 공수부대원들이 사람을 잔인하게 죽인 건 순간적으로 미쳤기 때문이라고 여길 수 있다. 그러나 붙잡혀 온 시민에게 저지른 악독한 만행은 어떻게 이해해야 하는가?

　일반적으로 많은 사람들은 '5·18'의 원인을 과격시위 또는 평화적 시위에 대한 공수부대의 과잉진압 때문에 빚어진 것이라고 말한다. 또한 그것이 진실인양 호도되어 왔다. 그러나 그것은 사실과 다르다. 5월 18일, 전남대학교 학생들이 평화적으로 벌인 시위대열, 그것도 극소수의 대학생들, 시위와 무관한 시민을 상대로 신체 어느 곳을 가리지 않고 피투성이가 되도록 두들겨 패고,

---

1　강준만, 「5·18 광주학살의 진실-'악(惡)의 평범성'에 대하여」, 인물과 사상사, 『월간 인물과 사상』, 2003년 6월호, 32쪽 재인용.

그것도 모자라 칼로 찌르고 총을 사용한 것에서 잘 알 수 있다. 이것은 육군본부가 규정한 정상적 진압방법이나 보편적 과잉진압이 아니었다. 바로 '살육행위'였다. 그러므로 5·18은 '평화적 시위'를 보편적 '과잉진압'으로 대응한 데서 비롯된 것이 아니라 처음부터 공수부대를 살육부대로 투입하여 광주시민을 빨갱이로 몰아 마구잡이로 찌르고 패고 죽여도 상관없는 전투적 과잉진압 작전을 펼치도록 교사한데서 연유하고 있음을 알아야 한다.

'과잉진압'의 의미는 육군본부가 규정한 대로 시위를 진압하기 위해 '진압부대원들이 진압봉을 사용하되 급소를 지양하고 하반신을 위주로 타격하여 시위의지를 포기케 하면서 개인방호를 병행하는 보편적 진압방법'을 펴는 과정에서[2] 무의식중에 '조금 과격하게 진압한 끝에 저질러진 실수 또는 고의로 인해 피진압자 즉 시위대원으로 하여금 부상을 입게 했거나 불필요한 제지를 당한 경우'를 말한다. 부상자가 발생했을 경우 즉각 병원으로 이송하여 치료에 임하도록 하는 것이 진압부대의 기본적 입장임은 두말 할 필요도 없다. 또한 이때의 진압대상은 현재 시위를 계속하고 있는 시위대 또는 사람들을 상대로 하는 것이지 방금 전에 시위를 했더라도 중단했거나 스스로 시위를 중단하겠다는 의사를 밝힌다면 그 대상이 될 수 없다. 하물며 시위할 의사가 없는 사람들에 대한 진압행위는 절대로 용인될 수 없다. 그러나 광주에서는 처음부터 머리, 가슴, 배, 얼굴, 뒤통수 등 급소 위주로 타격하는 것은 물론, 부상자가 발생해도 후송조치는커녕 방치하거나 연행했을 뿐만 아니라 대검으로 찔러 생명에 위해를 가했다. 이는 보편적 시위진압 방법의 상궤(常軌)에서 벗어난 '과잉진압'이자 공격행위 또는 살인행위임이 분명하다. 뿐만 아니라 광주에 투입된 공수부대원들에게는 '시위진압' 또는 '시위대해산'이라는 용어가 처

---

2   육군본부, 「폭동진압작전」, 119쪽.

음부터 거론된 적이 없었다. 첫날 오직 '체포하라'는 명령뿐이었다. 그러면 무조건 두들겨 패고, 군홧발로 차고, 개머리판으로 내리치고, 대검으로 찌른 다음 피투성이가 되면 끌고갔다. 그렇지 않으면 총질을 했다. 시위진압이 아니라 오직 체포와 살육의 현장뿐이었다.

5월 18일 오후 4시를 전후한 '5·18' 초동단계의 현장상황을 지켜본 사람이면 누구나 과도한 진압이 아닌 살기가 느껴지는 진압 작전이었음을 느낄 수 있었다. 공수부대가 행렬을 지어 유동 삼거리 쪽에서 구호에 맞춰 북동쪽으로 행군해오자 시민들은 별로 두려움을 느끼지 않고 있었다. 그때까지 금남로에서 시위를 벌이다 경찰에 밀려 온 20~30명 가량의 학생들은 공수부대가 접근해오자 잽싸게 빠져 나가고 겨우 7~8명 정도가 남아 듬성듬성 서 있는 시민들 사이에서 '계엄령 해제하라' '김대중 석방하라'는 구호를 두어 차례 외쳤을 뿐, 시민들은 이에 동조하지 않고 군인들의 동태를 바라보고 있었다. 길 복판에서 우물거리는 사람보다 양쪽 인도로 지나다니는 행인들이 더 많은 상황이었다.

이때 공수부대의 탑 차량 스피커를 통해 시민들에게 집으로 돌아가라는 한마디의 방송이 나온 다음 채 1분도 지나지 않아 '거리에 나와 있는 사람 전원 체포하라'는 명령이 떨어졌다. 명령이 떨어지기가 무섭게 횡단보도에 도열해 있던 사병들은 물론 별도로 11대의 군용 트럭에 실려 온 군인들이 쏟아져 내려 사전에 어떤 지침이나 교육을 받은 듯 착검한 소총을 겨눠 잡거나 진압봉을 휘두르며 도로 뿐만 아니라 건물까지 뛰어올라가 마구잡이로 찌르고 몽둥이질하고 끌고 가 트럭 위에 실었다. 심지어 말을 하지도 듣지도 못하는 장애자를 붙잡아 장난친다며 두들겨 패고 숨지게 했다. 사병을 지휘하는 하급 장교들이나 하사관들은 진압봉 대신 각목과 몽둥이를 들고 사병들의 살인적 과잉진압을 제지하기는커녕 오히려 큰 소리로 독려하고 있었다. 그런데 이러한 작전을 누가 계획하고 명령을 내렸는지는 아직도 분명하게 밝혀지지 않고 있다.

대부분의 국민들은 5·18의 원인이 상당히 밝혀진 것으로 알고 있다. 그러나 사실은 그렇지 않다. 청문회나 검찰수사에서 발포명령에 대해서만은 강도 높게 추궁한 결과 법원에 의해 '내란목적 살인'으로 규정되었지만 '자위권 발동'이라는 애매모호한 표현으로 얼버무렸을 뿐 누가, 왜 발포명령을 내렸는지 명료하게 밝혀지지 않은 채 추정만 가능케 하고 있다. 그것은 수사과정에서 '과잉진압'으로 덧씌워진 '살육작전'을 단순하게 '오버 액션'한데서 빚어진 보편적 '과잉진압'으로 판단했기 때문이다. 피해자 및 항쟁 주체 측 역시 마찬가지다. 막연하게 살육작전, 살인극, 살상행위, 인간사냥으로 규정하고 있을 뿐이다.

두 차례에 걸쳐 수사를 벌여온 검찰의 공소장을 심리한 법원은 "진압봉으로 때리고 군홧발로 차고 대검으로 찔러 부상당하게 하고 목숨을 잃게하는 '살육작전'을 보편적 '과잉진압'으로 오인(誤認)한 나머지 과잉진압을 당한 시민들의 분노가 폭발한 소요 끝에 발포명령으로 이어졌다"며 그 발포에 대해서는 내란목적 살인으로 규정하고 살육작전에 대해서는 '국헌문란 폭동'으로 애매하게 규정했다. 결국 발포과정으로 이어진 '살인극'을 판단해야 할 입장에 있는 법원은 18일 초동단계에서부터 계획적으로 벌어진 폭력적 '강경진압'이 아닌 '살육작전'이 누구에 의해 구상되고 자행됐는지에 대해서 실질적으로 밝혀내고 '국헌문란 폭동'이라는 추상적인 용어가 아닌 '내란목적 폭력행위', '내란목적 과실치사상', '내란목적 살인', '내란목적 직권남용' 등 보다 구체적인 판단을 내렸어야 했다. 광주시민의 69. 3%가 5·18의 근본원인은 신군부의 집권계획 의도에 따른 고도의 술책으로 보았고 강경진압의 원인에 대해서는 88. 6%가 고위층의 지령에 의한 것이라는 견해를 나타냈다.[3] 그렇다면 수

---

3 천주교 광주대교구 정의평화위원회, 『광주시민 사회의식조사-광주민중항쟁을 중심으로』, 빛고을, 1988, 54~55쪽.

사과정에서나 법률적 심리과정에서 이에 대한 구체적인 해석이 도출된 후 어떤 규정이나 판단이 내려졌어야 했다.

국회 5·18 광주청문회가 막판으로 치닫고 있을 때인 1989년 1월 28일자 〈동아일보〉에 실린 김동철 기자의 「光州 못 밝힌 眞相」이라는 글에서 언급한 대로 5·18 진상규명은 30년이 지난 지금까지도 그 이상의 수준을 크게 벗어나지 못하고 있는 상태다.

저자가 지적하고 싶은 내용 중 첫 번째는 '피의 일요일'인 18일 첫날부터 살인적인 과잉진압이 왜 벌어졌는지에 대한 규명 없이는 '광주민중항쟁'의 원인과 진상은 밝혀질 수 없다는 점이다. 시위진압과정에서 우연스럽게 저질러진 '과잉진압'이 아니라 사전에 꾸민 '살육작전'을 현실화시킨 데서부터 시작되어 예정된 발포과정으로 이어지고 21일 철수한 이유가 분명하게 밝혀져야 '5·18'을 정확하게 이해할 수 있을 것이다. 신군부는 오히려 '5·18'이 학생들의 과격시위와 김대중의 배후조종 때문에 일어났다고 주장하면서 처음부터 학생 또는 광주에 의해 계획된 것처럼 과격시위, 무장투쟁, 무장봉기 운운하지만 그것은 자신들의 행각을 정당화시키고 그 결과에서 빚어진 유혈사태의 책임을 광주에 떠넘기려는 음흉한 계략이라는 사실은 이미 알려졌다. 즉 '광주의 비극은 18일 오후 4시 정각 난데없는 '사람사냥'으로 시작된 공수부대원들의 만행에 분노한 광주시민들이 성난 민중으로 돌변해 범시민적 항쟁으로 확산되면서 공수부대의 발포로 이어졌다'는 사실에 유의해야 한다. 돌발적인 상황으로 인해 빚어진 초기의 '광주항쟁'은 미처 지도자도, 조직도 갖추지 못한 채 전개될 수밖에 없었던 역사상 유례없는 항쟁이었다.

5·18 광주민중항쟁은 지난 이승만·박정희에 의해 생성·발전되어 온 국가폭력의 산물이었다. 한국의 국가폭력은 8·15 광복 후 미군정이 공산주의 척결을 이유로 한민족을 부단하게 억압했던 일제경찰을 무단하게 부활시킨 데

서 연유한다. 친일 반민족행위자를 가려내야 할 이승만이 이를 청산하지 않고 자신의 권력유지를 위해 자행한 반민특위 파괴로부터 시작된 후 박정희에 의해 또 다시 아무렇지 않게 행사됐고, 종당에는 유신체제라는 1인 독재정권을 전횡하는 과정에서 극단적으로 표출되었다. 뿐만 아니라 '박정희 유신체제'라는 온실에서 박정희가 행사하는 국가폭력을 지켜보면서 정치군인으로 성장한 전두환은 마침내 최악의 국가폭력을 행사해 '광주살육'을 저질렀다. 이에 '5·18 광주민중항쟁'이 발발한 것이다.

전두환은 박정희가 피살되자 그의 정권을 승계하기 위한 정권탈취 음모를 과감하게 추진해 나갔다. 그 음모는 박정희 생전부터 계획되었고 10·26과 동시에 출발했다. 다단계 쿠데타 제5단계인 5·18은 국민들로 하여금 군이 나서서 정권을 잡아도 민주화는커녕 아뭇 소리도 못하게 할 명분, 김대중을 처분할 명분, 국회를 해산시킬 명분과 함께 대규모 폭동을 진압했다는 군 본연의 사명(?)을 통해 신군부의 위력을 과시하는 국가보위비상대책위원회를 설치해 정권을 찬탈하기 위한 명분을 조성하고자 자행한 것이 '폭동을 유발하는 살육작전'이었다. 이 때문에 신군부는 '과잉진압'이라는 '살육작전'을 감행하던 초기부터 정권찬탈을 위해 절대적 필요요건인 '5·27 폭동재진압작전'을 전제하고 단행했다. 광주시민들이 그렇게도 바라던 평화적 타결을 일체 거부한 이유가 여기에 있었다.

신군부의 주력인 하나회 정치군인들은 언젠가 자신들이 박정희의 뒤를 잇겠다는 꿈을 꾸고 있던 가운데 10·26이 발생하자 즉각 이를 계승하기 위해 '특단의 상황이 벌어지면 친위대는 위계질서에 입각한 조직적 권위도 무시할 수 있다'는 행동원칙대로 '민주주의를 되돌려주자'는 군 원로들의 합의를 거부하고, 12·12 반란을 일으켜 정승화 계엄사령관 겸 육군참모총장을 체포함으로써 군권을 장악하는 것은 물론 통수권까지 좌지우지했다. 국회해산은 위

690

헌이고 국보위는 불필요한 기구라며 최규하 대통령에 의해 거부됐는데도 불구하고 5·18과 동시에 국회를 점거하는 한편 국보위 설치를 기정사실화 했다. 그리고 강요 끝에 재가를 받아냈다. 만에 하나 광주에서 엄청난 소요사태(?)가 벌어지지 않았다면 외무부장관을 보안사로 불러들여 훈계(?)하지 않았을 것이고 대통령을 그렇게 속박하지 못했을 것이다.

정권찬탈을 목적으로 공수부대를 광주에 투입하여 폭동이 일어나도록 유도하는 살인극을 벌였다는 정황은 다음 사례에서 더욱 뚜렷하게 나타나고 있다. 5·27 재진압작전을 앞두고 자신들의 살육작전의 의도를 외면할 뿐만 아니라 오히려 평화적 수습을 모색하던 윤흥정 전남북계엄분소장 겸 전투병과교육사령관을 경질한 후 새로 취임한 소준열 사령관에게 '우리 애들(공수부대)의 사기를 죽이지 말라'는 전두환 보안사령관의 자필메모를 보내 더욱 과도한 진압을 강요했다는 대목이다. 이는 공수부대를 투입하기 전부터 이미 어떠한 살육작전을 펼쳐도 상관없다는 내부지침을 정하고 있었음을 의미한다.

전두환 보안사령관이 현지 지휘관에게 이미 광주에서 무자비한 '살육작전'을 벌이고 있는 공수부대원의 '사기를 죽이지 말라'는 메모내용은 '광주시민들이 얼마든지 더 희생돼도 상관없다'는 뜻으로 해석되는 대목이다.

이밖에도 사소한 것 같지만 사전음모의 정황은 곳곳에서 드러난다. 계엄사가 주도하여 재야인사들이 학생들의 시위를 자제하도록 당부하는 성명서를 신문에 싣지 못하도록 하거나 가급적 작게 싣도록 한 점, 반대로 5월 15일 서울역 시위기사는 오히려 훨씬 크게 싣도록 한 점, 5월 16일 밤 통금에 걸려 전국대학교 학생회장단이 고려대와 중앙대로 나뉘어 회의하는 것을 경찰이 고려대로 안내하여 합치도록 했다는 점, 5월 17일 정부의 민주화 일정을 관망하기 위해 시위를 중지하기로 결의한 56개 대학 학생회장단을 기습적으로 연행한 점, 김대중과 만나지도 않은 정동년을 김대중 배후조종에 의한 5·18주동자로 사형선고까지 내린 점, 5월 18일 오후 3시 30분, 제7공수여단 병력이 아직 광주 금남로의 시위진압에 들어가지 않았는데도 정호용 특전사령관이 서울에 있는 제11공수여단을 찾아가 '우리 애들이 밀리고 있으니 출동하라'고 명령한 점 등 이루 헤아릴 수 없다.

신군부는 '전라도 놈들 몇 백 명쯤 깔아뭉개고 이에 반발하는 소요가 일어나면 이를 진압했다'는 명분 아래 혁명위원회(국보위)를 설치하여 정권을 창출하는 한편, 김대중을 처형하면 자신들에 대한 강력한 도전자 한 명을 제거하는 두 마리 토끼를 잡는다는 계산이 깔려 있었음이 분명하다. 그렇기 때문에 붙잡힌 무고한 시민을 현장에서 즉결처분하고, 연행된 시민들에게 온갖 핍박과 수모를 주며 반항하면 즉석에서 총을 쏴 살해하는 범죄행위를 서슴없이 저질렀던 것이다. '5·18 과잉진압'은 수백 명 이상의 희생을 전제로 벌인 살인극이었다.

'5·18'을 30년 동안 천착해 온 저자로서는 당시 계엄군사령부를 비롯한 군부를 장악하고 있던 신군부가 특정한 정치적 목적을 달성하기 위해 공수부대를 국가폭력으로 동원, 광주시민을 희생양으로 삼아 벌인 살인극임을 분명하게 인식할 수 있었다.

5월 18일을 피의 일요일, 과도한 진압 작전을 '살육행위' 또는 '사람사냥'이라고 구사하면서 과잉진압 자체가 시위진압과정에서 발생한 행위가 아니라 처음부터 목적을 수행하고자 계획된 시나리오에 따라 벌인 폭력행위라고 주장하고 있는 이유가 여기에 있다. 이 때문에 5·18의 원인에 대해서는 초동단계에서부터 그들이 표현하는 '과잉진압'이 아닌 '살인극'을 왜 펼쳤는지에 대한 규명부터 다시 시작되어야 한다.

두 번째로 5·18은 민주주의를 지키기 위해 항쟁했다는 점을 지적하고 싶다. 신군부의 흉계를 간과한 광주시민들은 너무 순진했다. 평화적 타결을 모색했고 질서를 외쳤으며 미국의 중재를 원했다. 그리고 민주주의 회복을 소리높이 외쳐댔다. 당초 전남대 학생들이 벌인 5월 18일의 시위는 반민주적 유신체제를 철폐하고 민주주의를 되찾기 위해 벌였던 14·15·16일 시위에 이어 '서울의 봄' 기간 내내 있었던 학생들의 민주회복운동 연장선상에 있었다. 광주항쟁 후반기인 '시민공동체 자치시기'에 접어들었을 때 학생수습위원회 위원장에 이미 재야에서 민주화 운동을 경험한 선배들이 있었는데도 불구하고 마지막까지 학생 신분인 대학교 후배가 옹립되었던 이유도 바로 여기에 있었다.

물론 평화적 시위를 벌일 때 이념상 특징으로 꼽히는 것은 실종된 민주주의를 되찾기 위한 투쟁이었다는 점이다. 계엄사령부가 기회 있을 때마다 '북괴의 간첩과 오열의 조종을 받은 폭동'이라고 강조했지만 그러한 징후는 광주항쟁이 진행되는 10일 동안은 물론 그 이후 어디에서도 찾아볼 수 없었다. 학생과 시민들은 항쟁기간 내내 박정희가 짓밟아버린 민주주의가 정치군인들에 의해 다시 회생되지 못할 위기에 처하자 이를 저지하겠다는 일념으로 시위를 벌이고 투쟁했다. 또한 항쟁 주체들은 거리 방송을 통해 한국 방송은 믿지말고 일본 방송이나 미국의 소리를 청취하되 절대로 북한 방송을 들어서는 안된다고 당부했었다. 따라서 광주항쟁은 신군부가 몰아붙인 것처럼 좌익과 우익의 이데올로기 갈등이 아니라 민주주의를 지키려는 애국세력과 정상적 대한민국체제를 거부하고 자신들의 정권야욕을 달성하려는 정치군인들과의 갈등이라는 데서 해방 후 일어났던 일련의 좌익봉기와 엄연히 구별된다.

한 가지 분명한 것은 5월 21일 계엄사령부가 광주시내에서 공수부대를 철수시킨 것은 철수시키더라도 당시의 광주는 절대로 '북괴의 해방구'가 되지 않는다는 확신이 있었기 때문이었다. 그것은 그때까지 시민들의 저항투쟁에 대해 '북괴의 사주를 받은 폭동'이라던 자신들의 주장이 거짓말임을 스스로 인정하고 불순한 북괴폭동이 아니라는 사실을 잘 알고 있었기 때문이었다.

이 때문에 항쟁주체를 비롯한 모든 시민들은 민주주의 회복을 위해 투쟁하고 있다는 사실에 고무되어 같은 민주주의 체제적 맹방으로 신뢰해왔던 미국, 특히 인권과 도덕성을 강조했던 지미 카터 행정부가 불순한 신군부를 견제하고 그 대신 자신들을 지원해줄 것이라는 믿음을 굳게 가졌었다. 당시 미국의 항공모함 코럴시 호가 동해로 북상한다는 뉴스를 접한 항쟁 주체 측은 '전두환의 신군부 지원 차원에서 북한의 무모한 도발을 견제하기 위함'이라는 사실을 감쪽같이 모른 채 미국 정부가 광주사태에 개입하기 위한 행동으로 확신한 나머지 방송을 통해 '미국이 우리를 도우러 온다. 힘내어 투쟁하면 반드시 이긴다'며 시민들을 격려하는 한편 항쟁대열에서 이탈하지 말라고 호소했었다. 그러나 미국의 개입은 시민들의 환상에 불과했다. 오히려 반민주적 정치군인들의 손을 들어줬다는 사실을 알고 분개했다. 특히 미국의 신군부 지원이 안보 차원의 정치적 이유와 함께 자국의 경제시장 안정을 위해서라는 제국주의적 발상이었다는 사실은 시민들을 분노케 했다.

미국에 대한 신뢰의 깊이만큼 배신감은 더욱 증폭되었다. '5·18'은 그동안 친미주의의 온상이었던 광주시민을 포함한 대한민국 국민들로 하여금 국제사회에서 '맹방은 존재하지 않으며 우리나라를 지키고 발전시키기 위해서는 우리의 힘 이외 그 어디에도 존재하지 않는다'는 역사적 명제를 뒤늦게 깨닫게 하는 대미(對美)인식을 전환시켜 반미주의로 돌아서게 하는 결정적 계기로 작용하고 말았다.

세 번째로 '5·18'은 배후조직도 지도자도 없이 전개된 순수한 항쟁이었다는 점이다. '광주사태'는 5월 18일 오전부터 벌인 전남대학교 학생들의 평화적 시위를 진압한다는 구실 아래 투입된 공수부대원들이 살육행위를 일방적으로 감행해 광주시민들을 격분시킨 데서 비롯된 것이다. 이러한 상황에서 갑작스레 발발한 5·18은 처음부터 어떤 조직이나 지도체제를 갖추지 못했다.

아니 갖출 수가 없었다. 공수부대의 만행에 분노한 시민들이 스스로 모여드는 데는 어떤 주동자나 선동자가 필요 없었다. 대열에 참여한 시민 각자가 주동자요 선동자였다.

이 같은 상태는 5월 21일 아침 즉석에서 뽑아 도지사에게 보낸 협상대표 4명이 공동체 자치시대 때 구성되는 수습위원회나 투쟁위원회 어디에도 참여하지 않았다는 사실에서 입증되었다. 특히 5·18을 절정으로 치닫게 하는 운전기사들의 대규모 궐기에서도 이들을 이끌었던 조직이나 지도자를 발견할 수가 없었다. 심지어 공수부대가 철수한 다음날 아침, 무장한 민중들을 이끌 지도자가 없어 시민회관에서 우왕좌왕하는 것을 본 20세의 김원갑이 주도해 시민군으로 편성한 다음 도청으로 인솔했다는 데서도 잘 나타나고 있다. 처음부터 어떤 조직적 필요성에 의해 시위에 참가했거나 지도자가 된 것이 아닌 그는 당초부터 시민군의 리더가 아니라는 사실을 잘 인식하고 오후에 구성되는 학생수습위원장 김창길에게 지휘권을 넘겨주게 된다. 이는 5·18이 '김대중의 배후조종에 의한 폭동', '북괴의 사주에 의한 폭동'이라던 신군부의 주장이 거짓임이 드러나는 대목이다. 이러한 무조직·무지도자 상태는 21일의 협상과정이나 발포 후 시민들의 무장상황까지 계속되다가 공수부대가 철수하면서 자치시기가 도래한 22일에야 시민군 편성과 수습위원회 구성을 계기로 조직화된다. 항쟁의 초기에 배후조직도 지도자도 없이 수백 명이 희생되고 3,000여 명이 부상당하는 가운데 1,700여 명이 연행되는 대규모 민중항쟁을 치렀다는 사실은 한국역사는 물론 세계사 어디에서도 찾아볼 수 없는 일이다.

우리 역사에 나타난 민중-농민봉기에서 무조직·무지도자 상태는 상상할 수도 없는 일이었다. 19세기 초 홍경래의 난으로 호칭되는 평안도 농민항쟁이나 철종 13년(1862년) 한 해 동안 무려 60여 개소에서 벌어진 전국 각처의 농민봉기는 물론 1894년의 동학농민항쟁도 홍경래·정한순·전봉준 등 걸출한 지도자들이 무지몽매한 농민들을 선도함으로써 가능했었다. 그러나 1980년의 광주에서는 현대교육을 받아 개성이 강한 수만 명의 시민들이 어떤 조직이나 지도자도 없이 '분노의 공감대' 하나로 '민중화' 되어 대규모 항쟁을 성공적으로 벌였다.

네 번째로 5·18에서 활동상의 특징으로 지적하고 싶은 것은 맨주먹 항쟁에서 무장항쟁으로 급선회한 점, 평화적 타협을 모색했다는 점, 끝까지 질서와 화해정신을 발휘했다는 점이다. '우리는 무기도 없습니다, 민주회복을 위해 죽도록 싸워야 합니다, 질서를 지킵시다'라고 외쳐대며 평화적 타협을 모색하던 시민들과 민중들이 무장투쟁으로 급선회한 이유는 무엇일까?

공수부대가 총칼과 진압봉으로 '사람사냥'을 자행하던 초기에는 시민들도, 성난 민중들도 기껏해야 돌멩이와 화염병, 그리고 쇠뭉치로만 대항했었다. 그러나 5월 20일 밤 광주역 발포에 이어 21일 낮 1시, 도청 앞에서 애국가를 신호로 발포명령이 떨어지면서 시위대원뿐만 아니라 행인들, 심지어 옥내에 있는 보통사람들에게까지 무차별 발포를 하게 되자 이같은 현실에 저항해야 할 민중들은 광주교외로 나가 예비군 무기고에서 카빈과 M1소총, 그리고 기관총 및 탄약과 다이너마이트를 탈취해 무장한 '시민군'이 되어 공수부대에 대응하지 않을 수 없었다. 이들은 6·25전쟁을 전후해서 대한민국 체제에 도전했던 적색 빨치산이 소멸된 지 30여 년 만에 순수한 대한민국 민주주의를 회복시키기 위해 대한민국 국군에 저항하는 최초의 반란군 아닌 '시민군'으로 등장했다는 역사적 아이러니를 지니고 있다. 그러나 이들은 기관총이나 다이너마이트는 시민의 안전상 함부로 사용할 수 없다는 한계를 안고 제한적 또는 엄포용으로만 원용하는 지혜를 잃지 않았다. 하지만 이들은 제2차 세계대전 당시의 고물무기인 카빈과 M1소총으로 무장한데다 총 한 번 쏘아 본 경험조차 없는 민간인에 10대 소년들까지 낀 오합지졸 '시민군'이었다. 이들이 현대식 무기로 무장한데다 강도 높은 훈련을 받은 대한민국 최정예 전투부대원을 상대한다는 것은 말할 수 없이 무력할 수밖에 없었다. 이 때문에 '시민군'의 의미는 광주시민이 국가공권력을 부당하게 폭력화시켜 행사하는 신군부의 반국민적·반국가적 군대에 저항한다는 상징적인 의미에 불과했다. 일부에서는 5월 21일 공수부대가 광주시내에서 철수하자 시민군의 무력에 쫓겨나 승리한 것이라고 자축했지만 공수부대의 철수는 결코 오합지졸에 밀려 후퇴한 것도, '시민군'과의 교전(대응사격)으로 인한 시민들의 피해를 막기 위한 '애민정신'을 발휘해 후퇴한 것도 아니었다. 그들은 '5·27 상무충정작전'이라는 신군부의 위상을 제고시킬 거창한 폭동진압작전을 획책하기 위한 목표를 설정해 놓고 이미 짜여 진 각본에 따라 후퇴했을 뿐이다. 다시 말하면 계엄사가 파견한 '계엄군'이 '폭도'의 저항에 밀려 특정지방의 통치권을 포기하면서까지 철수한 것은 오직 군이 대대적인 폭동을 진압한 공로를 내세워 대한민국 정치의 정면에 나서겠다는 명분을 쌓기 위한 것이었다.

당시 공수부대와 시민군 간의 전술력·물리력 차이는 비교도 되지 않았지만 시민군 역시 무모하지 않았다. 그들은 '왜 우리가 총을 들어야 하는가'의 호소문에서도 밝혔듯이 국가폭력을 무자비하게 행사하면서 국민을 향해 서슴없이 발포하고 광주시민을 학살하는 반국민적 행태에 항거하는 것뿐이었다. 그 입증은 전남대학교병원 옥상에 가설한 기관총을 한 발도 발사하지 않았을 뿐만 아니라 끝내 다이너마이트나 TNT를 폭파하지 않고 고스란히 보관하면서 오히려 불순세력들이 들어와 폭파시킬 것을 우려한 나머지 시민수습위원들에게 감시를 의뢰하는 지혜를 발휘한 데서 나타났고 스스로 2,500여 정의 무기를 회수해 계엄당국과 여러 차례 타협을 모색했던 데서도 잘 나타났다.

광주항쟁에서 시민군의 의미는 '대한민국 민주주의를 지키기 위해 대한민국 국군에 저항한 군대'라는 사실, 그리고 교전보다는 저항의지를 표출하는 상징적 의미의 무장이라는 특징을 가지고 있었다. 대립보다는 타협을 통한 평화적 타결을 모색하는 시민들로부터 압도적인 성원을 받아 무기회수 및 계엄분소와의 협상을 긍정적으로 추진하는 원동력이 되기도 했다. 수습방안을 놓고 빚어진 강·온파 간의 갈등으로 인해 무기반납이 한때 저지되기도 했지만 '순수한 의미에서 우리의 뜻을 충분하게 보여줬으므로 이젠 무기를 반환하고 맨주먹으로 다시 시위하자'는 민주주의적 시민들의 바람에 동조하는 질서의식을 보여주었다. 물론 무조건 항복을 요구하며 일방적으로 밀어붙이는 계엄당국의 태도에 분개한 일부 강경파에 의해 최후의 결전상태로 돌입하기도 했지만 그것은 대체적인 시민의 의중이라기보다는 극히 제한된 소수의 용기였다.

시민공동체 자치시기에 빚어졌던 학생수습위 내의 강·온파 간에 벌어진 갈등 끝에 최후의 결전까지 치달은 의미에 대해서도 재조명되어야 한다. 처음부터 끝까지 유일하게 온건노선을 취한 김창길 학생수습위원장은 조철현 신부 등 시민수습위 측과 함께 총기반납과 평화적 타결을 일관되게 주장했다. 그의 평화적 타협노선은 대부분의 시민들로부터 공감을 얻었을 뿐만 아니라 시민들 역시 그의 온건적 지도노선에 성원을 아끼지 않았다. 그는 26일 밤 9시에도 도청 내 항쟁본부에 나타나 항쟁요원들, 특히 어린 10대 학생들에게 무모한 최후결전을 피해 이곳을 떠나자고 종용하다 결사항쟁을 주장하는 강경파에 의해 밀려났었다. 최후의 결전을 선택한 쪽에서는 김창길이 계엄당국에 연계된 어용이라고 지적했지만 그 여부를 떠나 그는 마지막까지 젊은이, 특히 어린 10대들의 희생을 막고자 노력했다. 그의 온건노선은 항쟁기간 내내 광주시민들이 추구했던 질서와 화해, 그리고 민주의식과 맥락을 같이 했다.

최후의 결전을 주장하며 157명의 청소년들과 함께 도청과 YWCA에 남아 항전하다 윤상원 등 15명이 장렬하게 순절한 사실은 가슴 아픈 일이 아닐 수 없다. 물론 '광주'의 억울함은 안중에도 없는 신군부가 무조건 항복을 강요하는 데 대한 분노가 치솟아 젊은 혈기로 최후의 결전을 선택해야 하는 당당함이 필요하기도 했다. 그들의 장렬한 죽음이 높게 평가되는 이유는 여기에 있다. 그러나 현실은 감정적 대응으로만 풀어갈 수 없는 것, 조금 더 이성적·현실적 대응을 추구했더라면 그러한 비극은 막을 수 있었을 것이다. 시민군은 물론 광주시민 어느 누구도 형편없는 고물 카빈이나 M1소총으로 무장한 오합지졸 같은 시민군이 2만 명이 넘는 대규모 계엄군의 상대가 될 수 있으리라고는 생각하지 않았다. 패배는 자명한 일, 그리고 최후의 결전은 죽음을 의미했기에 참으로 안타까운 선택이었다.

5·18 광주민중항쟁은 공수부대의 살육 작전에 따른 분노가 저항으로 발전한데서 비롯되었음은 누차 언급한 대로다. 기본적인 목표는 항전이나 전투가 아니라 평화적 시위를 통해 민주주의 회복을 촉구하는 외침이자 비폭력 시위였다. 광주시민 누구나 공수부대의 만행에 대한 분노를 삭이기에는 참기 어려운 고통이었다. 그러나 열흘 동안 기회를 엿보던 신군부가 최후의 승리를 목표로 대군으로 옥죄어오는 데는 몇 번이고 심사숙고했어야 했다. 후일의 민주주의 승리를 위해 최후까지 인내하는 지혜, 일시적 굴욕을 감수하며 후퇴하는 슬기가 필요했던 것이다. 거대한 무력으로 엄습해오는 계엄군으로부터 10대 소년들이 포함된 157명의 생존을 위해서, 후일의 민주회복을 위해서라도 '굴욕의 한(恨)'을 씹으며 최후의 결전만은 피하는 인내가 필요했었다. 아니 교전을 피한 채 대피만 했었더라도 아까운 15명의 젊음들이 산화되지 않았을 것이다.

사실상 신군부는 그들이 노린 5·27 재진압작전의 의미를 크게 잡고 있었다. 더욱 치열한 교전과 더 많은 희생자를 통해 폭동을 진압했다는 구실을 내세워 정권찬탈의 명분을 삼으려 했다. '최후의 결전'은 신군부의 계략에 영합된 셈이 되고 말았다. 마지막 날 모두가 최후의 결전을 피해 도청을 떠났다든지 대응하지 않았다면 신군부의 재진압작전은 '김이 빠져' 무의미했을 것이고 폭동진압의 의미 또한 왜소화되었을 것이다.

광주민중항쟁에서 나타난 또 다른 특징은 질서와 화해, 그리고 수준 높은 민주의식과 참여의식이 유감없이 발현되었다는 점이다. 비록 초기에 공수부대원들의 만행을 보고 격분한 나머지 거리로 뛰쳐나와 민중으로 돌변한 시민들이지만 질서의식은 대단했다. 민중은 시민의 안녕과 재산을 보호하자고 호소했다. 또한 공수부대원들의 만행에 대한 격분이 어느 정도 가라앉은 21일 아침, 협상과 화해 제스처로 나타나 시민들을 안심시키기도 했다. 또 초기에 나타난 지역감정적 행동을 자제하라는 학생들의 호소를 수용하는 자세에서도 엿보였다. 이러한 질서의식은 초기뿐만 아니라 '시민공동체 자치시기'에 들어가서도 잘 지켜져 광주시내 700여 은행 및 금융기관이 한 군데도 피해를 입지 않고 1,500억 원의 현금이 고스란히 보전됐다는 사실, 3~4건의 강력사건이 있긴 했지만 오히려 경찰이 엄존하던 이전보다 훨씬 적게 발생했다는 데서도 알 수 있다.

이러한 화해와 질서의식은 투철한 민주주의 정신으로 승화되면서 시민 모두를 공동운명체로 묶는 바탕이 되었고 고통분담을 공유하는 협동정신으로 표출되었다. 황금동 술집 여자들을 비롯한 많은 시민들이 부상자들에게 부족한 피를 공급하기 위한 헌혈에 앞장섰는가 하면 시내 곳곳에서 덥수룩한 아낙네들이 주먹밥이나 김밥, 그리고 물통을 들고 나와 '행동하는 민중'에게 제공하는 모습이 곳곳에서 목격되었다. 항쟁본부 요원들의 식사를 제공하기 위해 도청으로 들어온 부녀자들은 틈틈이 주인 없는 시신들을 닦으며 추스르기도 했다. 특히 계엄군이 시 외곽을 봉쇄함으로써 생활필수품 반입량이 부족해 품귀현상을 빚어 생활의 어려움을 겪게 되자 변두리 농사꾼들이 무·배추·상추·풋마늘 등의 채소를 손수레에 싣고 거리로 나와 행인들에게 나눠주기도 했다. 각기 가지고 있던 모든 것을 내놓는 미덕과 서로 양보하며 함께 인내하는 공동체적 정신이 아낌없이 발휘됐을 뿐, 이기적이고 개인주의적인 모습은 보이지 않았다.

다섯 번째로 광주항쟁의 성격은 한 마디로 민중항쟁이어야 한다는 점이다. 그런데 30년이 지난 지금까지도 민중항쟁이라는 성격으로 명쾌하게 규정되지 않은 채 '광주사태, 광주민주화운동, 광주민중항쟁, 광주민주항쟁, 광주시민항쟁, 광주의거' 등 여러 가지로 제시되어 있는 상태다. 심지어 '광주무장봉기'로 규정해야 한다는 주장까지 나오고 있다.

'광주사태'는 발생 초기에 계엄사의 발표나 언론보도용 용어 또는 총체적 호칭이었을 뿐 성격으로까지 규정된 것은 아니었다. '광주민주화운동'은 1988년 10월 '5·18 국회청문회' 개최에 앞서 당시 여야 간에 합의된 공식명칭 또는 성격이며, '광주민중항쟁'은 발생 당시부터 항쟁주체 측을 비롯한 재야의 민주회복 운동권 및 진보적 성향의 학자들 사이에서 규정한 개념이자 성격이다. '광주민주항쟁'과 '광주시민항쟁'은 일부학자들과 언론에서 '광주민중항쟁' 대신 가끔 부드럽게 사용하는 용어였을 뿐 성격으로까지 규정된 것은 아니었다. 또 '광주의거'는 1999년 5월 18일, '제19주기 5·18 기념일'을 맞아 김대중 대통령이 뒤늦게 규정한 성격으로 일부에서 이미 사용해 왔던 개념이었다. 이밖에 외국의 매스컴이나 학자들의 논문 또는 저서에서는 주로 '광주사건(光州事件)', 'Kwang-ju Uprising', 'Kwang-ju Rebellion', 'Kwang-ju Crisis'라는 어휘를 동원, 보편적으로 규정하고 있고 일부 보도기사나 서술 문장에서는 'Kwang-ju Events', 'Kwang-ju Bloodbath', 'Bloodletting', 'Kwang-ju Massacre', 'Kwang-ju Tragedy' 등이 제시되고 있다.

보편적으로 '5·18 광주민주화운동'과 '5·18 광주민중항쟁' 두 가지로 양립되어 있는 상태다. 저자는 당연히 후자가 옳다고 본다. '5·18'의 개념이나 성격은 '민주화운동'이 아닌 '민중항쟁'이어야 한다는 뜻이다.

‘5·18’은 10·26으로 붕괴된 유신체제라는 절대적 권력기반의 기득권을 송두리째 승계하려는 하나회 소속 정치군인들, 이른바 신군부 세력이 국민들의 민주화 열망을 거부한 채 폭력적 다단계 쿠데타를 통해 정권을 찬탈하려는 과정에서 정면에 등장하기 위한 명분 쌓기용으로 10일 동안 저지른 살육행위에 대한 시민들의 저항과정이었다. 다시 말하면 5·18은 10일이라는 극히 짧은 기간 동안 공수부대의 반인륜적 살육행위에 분노한 시민들이 사전계획이나 지도자도 없이 ‘성난 민중’으로 돌변하여 격렬하게 저항하고 투쟁한 사건이다. ‘5·18’은 시민들이 학생들의 시위에 동조한다거나 민주회복이라는 거창한 구호를 외치기 이전, 당장 자신의 생명을 보호하고 가족과 이웃의 안위를 우려하면서 폭력적 살상행위를 감행하는 공수부대원들을 향해 돌을 던지고 악을 쓰는 시민들의 격렬한 현장이었다.

　이 같이 겨우 10일간의 격렬한 현장상황을 몇 달 또는 몇 년, 심지어 몇 십 년이라는 장기간에 걸쳐 펼쳐지는 것을 의미하는 ‘민주화(democratize)’로 규정한다는 것은 어울리지 않는다. 여기에 ‘민주화 운동’이라는 용어가 수많은 피를 흘린 ‘10일간의 광주’에 합당치 않은 이유가 있는 것이다. 신군부는 이 같은 ‘광주항쟁의 피’의 의미를 자신들이 획책했던 반민족적·반인륜적 국가폭력에 대한 부정적 여론을 무마하고 완화하려는 저의와 폄훼하려는 속셈을 깔고 민주화 운동을 끝까지 고집했던 것으로 이해해야 한다.

　외국의 학자들이나 매스컴은 지금도 한국 정부가 공식적으로 채택하고 있는 민주화 운동(democratize movement)이라는 개념이나 성격을 전연 수용하지 않고 ‘투쟁’과 ‘피’를 연상시키는 단어를 사용, 광주항쟁의 성격을 자기들 나름대로 규정하고 있다. 특히 민주화 운동보다는 강하고 민중항쟁보다는 약한 이미지를 주는 ‘Resistance’라는 용어조차 광주항쟁에 한해서는 구사하지 않고 ‘6월 항쟁’(The June Resistance)에서만 사용하고 있다는 점을 깊이 새겨야 한다.[4] 이는 반인륜적 국가폭력에 대한 국제적 성격으로 이해해야 할 것이다.

'5·18'은 1948년 8월 15일, 대한민국이 건국된 이래 1997년 12월 17일 최초로 순수한 민의에 의해 정권이 수평적으로 교체되기까지 50년, 짧게는 유신독재로 인해 민주주의가 완전히 폐기된 1972년부터 1987년 6월 항쟁까지 15년 동안 부단하게 전개된 민주화 운동의 한가운데에 '10일'이 우뚝 서 있다. 따라서 장기적 투쟁이나 운동을 뜻하는 '민주화 운동'이라는 성격이 타당하지 않은 이유가 여기에 있다.

마지막으로 5·18 광주민중항쟁은 대한민국 국민의 민주화 운동 연장선상에서 그 매듭을 짓게 한 커다란 '역사적 이정표'로 자리매김 되었다는 점, 초기의 좌절과 패배를 딛고 끝내 6월 항쟁의 승리를 이끌어냄으로써 광주의 진상을 규명할 수 있게 했다는 점, 지난 반세기 동안 그렇게도 국민들이 바라던 정상적 민주주의 시대를 열게 했다는 점이다. 뿐만 아니라 성공한 쿠데타도 단죄하는 원동력으로 작용, 그동안 난무했던 국가폭력을 종식시키게 했다는 점도 들 수 있다.

한국전쟁 이후 가장 격동적 '사건'으로 인식되는 5·18 광주살육과 항쟁은 4반세기의 세월이 흐르는 동안 많은 변화를 가져 왔다. 폭력적 군사독재의 악몽에서 벗어나 진정한 민주정권을 탄생시킴으로써 끝내 민주회복을 이룩해 냈다는 점이 가장 큰 변화라 할 수 있다. '5·18'은 "민주주의는 피를 먹고 자란다"는 영국의 속담이 대한민국에서도 그대로 적용돼 열매 맺게 한 살아있

4　Don Oberdorfer, 『The Koreas-A Contemporary History』, Addison-Wessley, 1997, pp. 161~162 ; 6월 항쟁에 대해 Bruce Cumings는 'A June Breakthrough'로 표현하고 있다(Bruce Cumings, 『Korea's Place in The Sun-A Mordern History』, W. Norton and Company, N. Y. 1997, p. 386) : Keneth M. Wells는 'June Uprising' 또는 'June Movement'라고 서술하는 한편 광주항쟁은 'Kwang-ju Rebelion'이라고 표현하고 있다(Keneth M. Wells, 앞의 책, 2·28·3쪽).

는 역사다. 그러나 반민주적 독재정권에 능동적으로 도전해 승리한 4·19 및 6월항쟁과는 달리 5·18은 국가공권력의 폭력적 도발에 대한 저항투쟁으로 출발해 민주주의 회복운동 과정상의 항쟁으로 승화시키는 데까지는 성공했으나, 끝내 패배했다는 데서 그 차이가 있다. 그렇지만 5·18 진상규명운동에서 출발한 독재정권 타도투쟁과 반미운동은 새로운 민중회복운동으로 승화되어 끊임없이 추구된 변혁운동으로 발전, 유신체제 이후 15년간 지속되던 폭력적 독재정권의 종식을 가져온 6월 항쟁의 승리를 이끌어 낸 원동력으로 작용했다는 점에서 큰 의미를 지니고 있다.

국가폭력을 동원한 광주살육을 통해 정권을 탈취한 신군부는 자신들이 희생양으로 삼아 살인극을 벌인 광주를 철저히 억압했다. 광주의 명예회복은커녕 오히려 시련과 아픔을 더욱 크게 안겨주었으며 광주의 진실까지 봉쇄하려 했다. 광주항쟁 희생자 유족이나 부상자, 구속자들을 비롯한 광주시민들은 진상규명에 앞서 '광주의 진실'을 알려야 한다는 것을 더욱 우선적 과제로 삼아야 했다. 여기에 천주교 사제들이 앞장서고 전국의 양심세력과 젊은 지성인들이 적극적으로 뛰어들어 광주의 진실을 전하고 진상규명과 민주화 투쟁, 그리고 반미운동을 계속해서 벌여나갈 수 있었다. 안타깝게도 5·18 진상규명을 외치며 뛰어내리는 젊은 열사들이 줄을 잇는 안타까움이 계속되고 있는 가운데 전두환 정권의 타도를 위한 투쟁은 열기를 더해갔다. 그런데도 전두환 정권은 계속 국가공권력을 폭력적으로 동원, 수단과 방법을 가리지 않고 대한민국 국가폭력의 절정기를 이루었다.

5·18 주체세력과 의식 있는 젊은이들은 '광주사태'의 평화적 타결을 중재해달라는 광주시민들의 바람을 외면하고 정치군인들의 편을 들어버린 미국을 규탄하는 반미운동을 벌여나가지 않을 수 없었다. 한꺼번에 벌어진 5·18 진상규명운동·민주화 투쟁·반미운동은 한 몸통 속에서 새로운 민중운동으로 용해

되어 1980년대의 순수하고 적극적 민중운동 시대를 열었다. 온 국민을 하나의 공동체로 일체화시킨 민중운동은 끊임없이 전두환 정권을 위협했다. 마침내 폭력공화국은 한계를 드러냈다. 그들이 저지른 박종철 고문치사사건은 온 국민을 하나로 뭉치게 했고 그것은 곧 6월 항쟁으로 발전, 온 국민이 승리하도록 이끌어 준 밀알이 되었다.

5·18 광주민중항쟁은 이승만·박정희·전두환 정권에 의해 행해진 국가폭력으로 인해 실종됐던 민주주의를 되찾는 역사발전을 이룩하는 데 결정적 역할을 했다. 뿐만 아니라 권위주의 시대를 청산하고 보통사람도 정권을 담당할 수 있는 새로운 시대를 열었다. 광주항쟁은 한국 현대사를 역동적으로 전환시키는 힘이 되었다.

또한 500만 해외동포들에게도 새로운 조국애와 함께 훌륭한 모국을 가지고 있다는 자부심을 갖게 했다는 점이다. 교포들이 가장 많이 살고 있는 미국 로스앤젤레스의 경우 광주항쟁은 재미한인 동포들의 의식 및 정치구조에 커다란 변화를 일으켰다.[5]

독재정권시절 현지 외교공관은 한인언론기관·한인관변단체·중앙정보부 현지파견대를 한데 묶어 삼각연합(tripatite alliance)이라는 체제를 구축하여 한인사회의 정치를 장악하고 여론을 이끌었다. 비자발급·고국방문·공증·번역 등의 행정권력과 풍부한 예산을 무기로 한인사회를 감시하면서 눈 밖에 나는 동포의 고국방문을 통제하는 수법을 통해 반정부 활동 내지 민주화 운동을 원천적으로 봉쇄해 왔었다. 또한 현지 한인신문에 대한 노골적인 검열을 통해 언론을 장악하고[6] 한인단체장 선출에 행정력과 금권을 동원, 자신들의 의사에

---

5 '로스앤젤레스의 경우'는 장태한(캘리포니아주립대학 교수), 「광주항쟁과 미주 한인사회」, 한국현대사연구회, 『근현대사강좌』, 통권 제12호, 2001, 159~189쪽에 의한 것임.
6 영사관은 한국계 언론에 대해 노골적인 검열을 실시하면서 재미한인사회의 여론을 이끌어

반하는 인물의 등장을 철저히 차단했다. 이러한 환경에 놓여있던 한인교민들은 TV로 '5·18'을 보면서 커다란 충격을 받았다. 무고한 국민을 상대로 폭력을 휘두르고 인권을 유린하는 독재정권체제하에 놓인 조국에 대한 태도를 바꿔야 한다고 느끼며 한미관계 및 모국과 자신들의 삶에 대해 새롭게 인식하기 시작했다. 교민들은 스스로 단체를 구성해야 한다는 데 의견을 모았다. 이는 곧 어용 한인단체장의 독선적 행태를 배제시킬 수 있게 했고 의식 있는 유학생들에 의해 미국적십자사 로스앤젤레스지사를 점거하고 광주의 부상자를 위한 헌혈운동을 3일 동안 벌였다. 또한 민주화 운동권 학생이 한인학생회장직에 선출되고 광주학살 규명시위를 벌이기도 했다. 1981년 1월, 전두환이 대통령 신분으로 방미하자 반정부 시위와 함께 환영식장에 나가는 교민들이 없어 전두환의 '우정의 종각' 기념식수 행사가 30초 만에 끝나는 해프닝이 벌어지기도 했다. 한인 동포들은 남북통일을 이뤄야 한다는 생각으로 북한을 방문하는 교민 수가 대폭 늘어났고 통일에 관한 국제학술회의를 개최하는 등 통일운동에 보다 적극적으로 참여하도록 재미한인들의 의식을 크게 변화시켰다.

5·18 광주민중항쟁이 해외동포들에게 보내준 값진 선물이었다.

갔다. 당시 재미한인사회에는 한국·동아·중앙일보가 있었는데 이 세 신문은 모두 한국에서 발행되는 신문이며 미주판을 신설해 재미한인들에게 배포하고 있었다. 한국에서 언론에 대한 제도적인 검열과 통제가 심했던 당시 미국에서 발행되던 세 일간지도 모두 검열의 대상이 되었으며 직·간접으로 통제와 검열을 받았다. 만약 한국 정부에 대한 비판적인 기사를 실으려면 그것은 신문과 방송의 사활을 각오한 비장한 결심 없이는 불가능했다. 신문사의 편집국장들은 한국 정부에 비판적인 기사를 실으면 자신들이 직업을 잃을 수 있다는 사실을 잘 이해하고 있었다. 따라서 재미한인사회 언론 대부분은 친 정부나 반공 계몽기사로 대부분의 지면을 메웠다고 볼 수 있다(앞의 장태한 글에서 재인용).

─── 참고문헌

※ 기초자료

12·12, 5·18 사건, 1·2심 및 대법원 판결문.

계엄사령부 발표문, 「光州事態」, 1980년 5월 31일.

계엄사령부, 「계엄상황일지」(1980. 5. 1~5. 31).

광주광역시 5·18 사료편찬위원회, 『5·18 광주민주화운동 자료총서』 1~45권, 1997
　～04.

광주미문화원 사건, 대법원 판결문.

광주시, 『통계연보』, 1979~1985년판.

광주진압계엄군의 작전일지, 『말』, 1988년 8월호.

국가보위비상대책위원회, 『국보위백서』, 1980.

국가보위비상대책위원회, 『국정조사보고서』, 1990.

국방부, 『光州事態의 實相』, 1985.

국방부과거사진상규명위원회, 『12·12, 5·17, 5·18 사건 조사보고서』, 2007.

국회사무처, 『5·18 광주민주화운동 진상조사 특별위원회 회의록(증언록)』, 1~30호.

김대중 내란음모사건, 대법원 판결문.

김재규 사건, 대법원 판결문.

내외문제연구소, 「누구를 위한 내란음모인가-김대중 일당사건의 진상」, 1980.

미 국무부, 광주특위 질의에 대한 「80년 미국역할 답변서」, 서울신문, 1989년 6월 21
　일.

민화위 광주분과위, 『회의록』, 동아일보사, 1988.

부산미문화원 사건, 대법원 판결문.

부산미문화원 사건, 문부식 최후진술서.

서울미문화원 사건, 대법원 판결문.

육군본부, 「작전상황일지」(1980. 5. 1~5. 31).

육군본부, 「폭동-진압작전 교범」.

육군 제20사단, 「20사단 전투상보」.

육군 제20사단, 「충정작전보고-광주사태 진압보고서」.

육군 제31사단, 「31사단 전투상보」.

육군 제31사단, 「광주사태 전투상보」.

제2군사령부, 「계엄상황일지」.

진실화해를 위한 과거사 정리위원회, 『2006년도 하반기 조사보고서』, 2006.

특전사령부, 「광주지역 소요사태진압작전」.

특전사령부, 「특전사 전투상보」.

편집부, 『80년 전후 한국사회』, 1·2권, 사계절, 1984.

한국기독교협의회, 『1970년대 民主化運動』, 全5卷, 1987.

한국기독교협의회, 『1980년대 民主化運動』, 全3卷, 1987.

한국현대사사료연구소, 『光州五月民衆抗爭史料全集』, 풀빛, 1990.

※ 단행본

강대민, 『부산지역 학생운동사』, 국학자료원, 2003.

강만길, 『고쳐 쓴 한국현대사』, 창작과 비평사, 1994.

강만길, 『20세기 우리역사』, 창작과 비평사, 2002.

강만흠, 『한국사회 지역갈등 연구』, 1987.

강성재, 『쿠데타 권력의 생리』, 동아일보사, 1987.

강정구, 『현대 한국사회의 이해와 전망』, 한울, 2000.

강준만, 『전라도 죽이기』, 개마고원, 1995.

강준만, 『한국현대사 산책-1940년대편』 1·2권, 인물과 사상사, 2004.

강준만, 『한국현대사 산책-1950년대편』 1~3권, 인물과 사상사, 2004.

강준만, 『한국현대사 산책-1960년대편』 1~3권, 인물과 사상사, 2004.

강준만, 『한국현대사 산책-1970년대편』 1~3권, 인물과 사상사, 2002.

강준만, 『한국현대사 산책-1980년대편』 1~4권, 인물과 사상사, 2003.

강준만, 『한국현대사 산책-1990년대편』 1~3권, 인물과 사상사, 2006.

강원룡, 『빈들에서-나의 삶, 한국현대사의 소용돌이』 전3권, 열린문화, 1993.

광주광역시 5·18 사료편찬위원회, 『5·18 광주민중항쟁』, 광주광역시, 1998.

광주광역시 5·18 사료편찬위원회, 『5·18 광주민중항쟁사』, 2001.

광주매일 5·18 특별취재반, 『正史 5·18』上, 사회평론사, 1995.

광주사회조사연구소, 『국민이 보는 5·18-특별법 제정에서 사면까지』, 1998.

교과서포럼, 『한국현대사』, 기파랑, 2008.

긴급조치9호철폐30주년기념행사추진위원회, 『30년만에 다시 부르는 노래』, 자인, 2005.

金良五, 『光州보고서』, 청음, 1988.

金在洪, 『軍』상·하, 동아일보사, 1994.

金政吾, 『전라도 그 깊은 恨이여』, 유림, 1988.

김경재, 『김형욱회고록-혁명우상』전5권, 인물과 사상사, 2009.

김대중, 『나의 삶, 나의 길』, 산하, 1997.

김대중납치사건진상조사위원회, 『김대중사건의 진상』, 삼민사, 1987.

金大中, 『わたしの自敍傳-日本へのメッセジ』, NHK出版, 1995.

김만흠, 『한국정치의 재인식』, 풀빛, 1997.

김문, 『찢어진 깃 폭-5·18 투쟁 체험기』, 남풍, 1989.

김상웅, 『해방 후 정치사 100장면』, 가람기획, 1994.

김성익, 『전두환 육성증언록』, 조선일보사, 1992.

金星煥/植村隆, 『マンカ韓國現代史』, 角川ソフィア文庫, 1983.

김수환, 『추기경 김수환 이야기』, 평화방송·평화신문, 2005.

김수환, 『김수환 추기경의 신앙과 사랑』, 평화신문, 2009.

김영명, 『군부정치론』, 도서출판 녹두, 1986.

김영명, 『한국의 정치변동』, 을유문화사, 2006.

김영삼, 『김영삼대통령회고록』, 조선일보사, 2001.

김영진, 『충정작전과 광주항쟁』, 동광출판사, 1989.

김영택, 『10일간의 취재수첩』, 사계절, 1988.

김영택, 『5·18 광주민중항쟁』, 동아일보사, 1990.

김영택, 『실록 5·18 광주민중항쟁』, 창작시대사, 1996(上記 書 修訂版).

김영택, 『한국전쟁과 함평양민학살』, 사회문화원, 2001.

김영호, 『한국 언론의 사회사』 1·2권, 지식산업사, 2004.

김용서 외,『박정희 시대의 재조명』, 전통과 현대, 2006.

김인걸 외,『한국현대사 강의』, 돌베개, 1998.

김인기·조왕호,『청소년을 위한 한국현대사』, 두리미디어, 2006.

김원,『그녀들의 反역사, 여공 1970』, 이매진, 2005.

김재균,『5·18과 한국정치』, 한울 아카데미, 2000.

김정남,『민주화운동 30년의 역정 - 진실, 광장에 서다』, 창비, 2005.

김종인,『광주민중항쟁 소설 - 무등산』, 열사람, 1988.

김종철·최장집 외,『지역감정 연구』, 학민사, 1991.

김준태·홍성담,『오월민중항쟁자료집 - 오월에서 통일로』, 빛고을출판사, 1989.

김철수,『한국헌법사』, 대학출판사, 1992.

김충남,『대통령과 국가경영』, 서울대학교 출판부, 2006.

김충식·이도성,『남산의 부장들』 1~3권, 동아일보사, 1993.

김하기,『부마민주항쟁』, 민주화운동기념사업회, 2004.

김환태,『해소냐, 호남독립이냐』, 도서출판 쟁기, 1993.

나간채,『광주민중항쟁과 5월운동연구』, 전남대학교 5·18 연구소, 1997.

나간채·염미경·김혜선,『5·18 광주민중항쟁 영상채록 - 기억에서 영상으로』, 광주
    YMCA 영상기록특별위원회, 1999.

나경택 사진집,『앵글과 눈동자』, 사진예술사, 2007.

남시욱,『한국보수세력 연구』, 나남출판, 2005.

남시욱,『한국진보세력연구』, 정미디어, 2009.

남영신,『지역패권주의 연구』, 학민사, 1993.

內藤陽介,『韓國現代史 - 切手でたとる60年』, 福村出版, 2008.

大韓民國在鄉軍人會,『12·12, 5·18 實錄』, 1997.

도넬슨 포리스/서울대 사회심리학 연구실,『집단심리학』, 학지사, 1997.

돈 오버더퍼/이종길,『두개의 한국』, 길산, 2003.

東亞日報社,『5共 평가 대토론 - 現代史를 어떻게 볼 것인가』, 1994.

동아일보사,『동아일보사사』 권5, 1996.

동아일보사,『민족과 더불어 80년』, 동아일보사, 2000.

동아일보사,『잃어버린 5년, 칼국수에서 IMF까지 YS문민정부 1,800일 비화』, 1999.

동아일보사,『현대사를 어떻게 볼 것인가』 전6권, 1987~1994.

藤村道生, 『日本現代史』, 山川出版社, 1981.

瀬島龍三, 『回想錄-幾山河』, 産經新聞社, 1996.

류연산, 『일송정 푸른솔에 선구자는 없었다』, 아이필드, 2004.

明洞天主教會, 『韓國가톨릭人權運動史』, 1984.

名越二荒之助, 『日韓2000年の眞實』, 國際企畫, 1997.

武田幸男, 『朝鮮史』, 山川出版社, 2000.

文京洙, 『韓國現代史』, 岩波新書, 2005.

文炳蘭·李榮鎭, 『5月光州抗爭 詩選集-누가 그대 이름 지우랴』, 인동, 1987.

문병란·전용호, 『부서진 풍경』, 5·18기념재단, 2000.

문석남, 『지역사회와 삶의 질』, 나남출판, 2001.

민족민주열사·희생자추모단체연대회의 외, 『끝내 살리라』 1·2권, 2005.

민족문제연구소, 『친일인명사전』 전3권, 2009.

민주화기념사업회, 『6월항쟁을 기록하다』, 2007.

민주화운동 기념사업회, 『한국민주화운동사연표』, 2006.

민주화운동 기념사업회, 『한국민주화운동사』 1권, 2008.

민중사상연구소, 『한국근대민중사』, 참한사상, 1988.

박광주, 『한국정치-전개와 전망』, 한울, 2006.

박남선, 『광주의 절규, 그날의 소리 오월 그날』, 샘물, 1988.

박명림, 『한국전쟁의 발발과 기원』 1·2권, 나남, 1996.

박문태 외, 『정신건강』, UUP, 2003.

박보균·노재희, 『청와대비서실』, 중앙일보사, 1994.

박세길, 『다시쓰는 한국현대사』 1·2·3권, 돌베개, 1992.

박원순, 『국가보안법 연구』 1·2·3권, 역사비평사, 1980~2000.

박원순, 『야만시대의 기록』 전3권, 역사비평사, 2006.

박원순, 『역사를 바로써야 민족이 산다』, 한겨레신문사, 1996.

박은정·한인섭, 『5·18 법적 책임과 역사적 책임』, 이화여자대학교 출판부, 1995.

박정희, 『국가와 혁명과 나』, 향문사, 1963.

박정희, 『민족의 저력』, 광명출판사, 1971.

박정희, 『우리민족의 나아갈 길』, 동아출판사, 1962.

박정희, 『자립에의 의지』, 한림출판사, 1972.

박정희, 『한국국민에게 고함』, 동서문화사, 2006.

朴鎭東, 『민주성지-光州悲話』, 성문당, 2005.

朴燦鍾, 『광주에서 양키까지』, 일월서각, 1986.

박태균, 『우방과 제국, 한미관계의 두 신화』, 창비, 2006.

박현채 편, 『청년을 위한 한국현대사』, 소나무, 1994.

박현채, 『역사·민족·민주』, 시민사, 1987.

백태하, 『한 반역자의 고백』, 제일미디어, 1996.

변주나·박원순, 『치유되지 않는 5월』, 다해, 2000.

부마항쟁기념사업회, 『부마항쟁10주년기념자료집』, 1989.

브루스 커밍스/김동노·이교선·이진준·한기욱, 『한국현대사』, 창작과비평사, 2001.

브루스 커밍스/김자동, 『한국전쟁의 기원』, 일월서각, 1986.

브루스 커밍스/김주환, 『한국전쟁의 기원』上·下, 청사, 1986.

브루스 커밍스/橫田安司·小林知子, 『現代朝鮮の歷史』, 明石書店, 2003.

3·1 민주구국선언관련자 지음, 『3·1 민주구국선언』, 사계절, 1998.

西岡力, 『北朝鮮に取り込まれる韓國』, PHP硏究所, 2004.

西岡力, 『日韓誤解の深淵』, 西紀書房, 1997.

서남동, 『민중신학의 탐구』, 한길사, 1983.

서중석, 『비극의 현대지도자』, 성균관대학교 출판부, 2002.

서중석, 『한국현대사』, 웅진지식하우스, 2005.

서중석, 『80년대 민중의 삶과 투쟁』, 역사비평사, 1988.

小針進, 『世紀末-韓國を讀み解く』, 東洋經濟新報社, 1998.

손호철, 『현대한국정치 : 이론과 역사 1943~2003』, 사회평론, 2003.

손호철, 『해방 60년의 한국정치』, 이매진, 2006.

신복진 사진집, 『광주는 말한다』, 눈빛, 2006.

신학연구위원회, 『민중과 한국신학』, 한국신학연구소, 1984.

아놀드 A. 피터슨/정동섭, 『5·18 광주사태』, 풀빛, 1995.

아침기획, 『애창 대중가요 대백과』, 아침, 1993.

안동일, 『10·26은 아직도 살아있다』, 랜덤하우스중앙, 2005.

안병욱 외, 『유신과 반유신』, 민주화운동기념사업회, 2005.

안진, 『미군정과 한국의 민주주의』, 한울, 2005.

앤터니 기든스/김미숙 외, 『現代社會學』, 을유문화사, 1998.

엘리아스 카네티/潘星完, 『群衆과 權力』, 한길사, 1988.

5·18광주민중항쟁동지회, 『부마에서 광주까지』, 샘물, 1990.

5·18광주민중항쟁유족회, 『광주민중항쟁 비망록』, 도서출판, 남풍, 1989.

5·18기념재단, 『그해 오월, 나는 살고 싶었다』 1·2권, 한얼미디어, 2006.

5·18기념재단, 『5·18민중항쟁과 정치·역사·사회』 전5권, 2007.

5·18의거동지회, 『5·18광주민중항쟁 증언록』, 광주, 1987.

5월여성연구회, 『광주민중항쟁과 여성』, 한국기독교사회문제연구원, 1991.

오윤수, 『軍部정치여 안녕』, 길한문화사, 1988.

우리경제연구회, 『한국민중경제연구』, 형성사, 1987.

윌리암 글라이스틴 회고록, 『알려지지 않은 역사』, 중앙 M&B, 1999.

유시춘 외, 『우리 강물이 되어』 1·2권, 경향신문사, 2005.

유지훈 역, 『獨逸言論이 記錄한 激動 韓國現代史』, 한국기자협회, 1998.

6월항쟁사업회·민주화운동기념사업회, 『80년 5월에서 87년 6월로』, 2007.

尹恭熙 대주교와 사제들의 체험담, 『저항과 명상』, 빛고을출판사, 1989.

윤상철, 『1980년대 한국의 민주화이행과정』, 서울대출판부, 1997.

윤재걸, 『光州-그 悲劇의 10日間』, 도서출판 글방문고, 1988.

윤재걸, 『작전명령-화려한 휴가』, 실천문학사, 1987.

尹載善, 『韓國の軍隊』, 中公新書, 2004.

윤한봉, 『운동화와 똥가방』, 한마당, 1996.

李景珉, 『增補朝鮮現代史の岐路』, 平凡社, 2003.

이경재, 『유신쿠데타』, 일월서각, 1986.

이광영·전춘심, 『광주민중항쟁 증언록-광주여 말하라』, 실천문학사, 1990.

이동현, 『이슈로 본 한국현대사』, 민연, 2002.

이문영 외, 『김대중 내란음모사건의 진실』, 문이당, 2000.

李三成, 『미국외교이념과 베트남전쟁 ; 베트남전쟁 이후 미국외교이념 보수화』, 법문사, 1998.

李三成, 『미국의 대한정책과 한국민족주의 ; 광주항쟁, 민족통일, 한미관계』, 한길사, 1993.

李三成, 『현대미국외교와 국제정치』, 한길사, 1998.

李祥雨, 『軍部와 光州와 反美』, 청사, 1988.

李祥雨, 『박정권 18년-그 권력의 내막』, 동아일보사, 1986.

이신우, 『좌파 몰락의 내재적 접근』, 기파랑, 2006.

이영석, 『鄭求瑛회고록』, 중앙일보사, 1987.

이영희·강만길, 『한국민족주의운동과 민중』, 두레, 1987.

이카리 아키라/이상배·윤동욱, 『5·18-80년 5월 광주』, 한울, 1998.

이한림, 『세기의 격랑』, 팔복원, 1994.

이흥환, 『미국 비밀문서로 본 한국현대사 35장면』, 삼민, 2003.

임낙평, 『광주의 넋-박관현』, 사계절, 1987.

임승권, 『정신위생』, 양서원, 2003.

임영태, 『대한민국 50년사』 1·2권, 들녘, 1998.

장문석·이상록 엮음, 『근대의 경계에서 독재를 읽다』, 그린비, 2006.

장선철, 『현대인의 정신건강』, 동문사, 2004.

장태완, 『12·12 쿠데타와 나』, 명성출판사, 1993.

전남사회문제연구소, 『5·18 광주민중항쟁 자료집』, 도서출판 광주, 1988.

전남사회문제연구소 편, 『윤상원 평전-들불의 초상』, 풀빛, 1991.

전남사회운동협의회, 『죽음을 넘어 시대의 어둠을 넘어-광주오월민중항쟁 사진자료』
2, 1987.

전남사회운동협의회·황석영, 『죽음을 넘어 시대의 어둠을 넘어』, 풀빛, 1985.

전인권, 『박정희 평전』, 이학사, 2006.

전YH노동조합, 『YH노동조합사』, 형성사, 1984.

前田憲二 外, 『百萬人の身世打鈴』, 東方出版, 1999.

정경환, 『한국 현대정치사 연구』, 신지서원, 2000.

정근식·나간채·박찬식 외, 『항쟁의 기억과 문화적 재현』, 선인, 2006.

정기용, 『그시절 그사건 그때 그 사람들』, 학영사, 2005.

정동년 외, 『5·18 그 삶과 죽음의 기록』, 풀빛, 1996.

정성화, 『박정희시대와 한국현대사』, 선인, 2006.

정상용·유시민 외, 『광주민중항쟁-다큐멘터리 1980』, 돌베개, 1990.

정승화, 『12·12 사건, 정승화는 말한다』, 까치, 1987.

정승화 자서전, 『대한민국 군인』, HB, 2002.

정운현, 『실록 군인 박정희』, 개마고원, 2004.

정해구 외, 『6월항쟁과 민주주의』, 민주화운동기념사업회, 2005.

정해구 외, 『광주민중항쟁연구』, 사계절, 1990.

조갑제, 『김대중의 정체』, 조갑제 닷컴, 2006.

조갑제, 『공수부대의 광주사태』, 조갑제 닷컴, 2007.

조갑제, 『朴正熙의 결정적 순간들』, 기파랑, 2009.

조갑제, 『박정희의 마지막 하루』, 조갑제 닷컴, 2005.

조갑제, 『朴正熙』 全13권, 조갑제 닷컴, 2007.

조갑제, 『제5공화국』, 월간조선사, 2005.

조갑제 외, 『과거사의 진상을 말한다』, 월간조선사, 2005.

趙東杰, 『韓國近現代史의 理解와 論理』, 지식산업사, 1998.

조동수, 『비극의 광주-투지와 신념』, 대중문화사, 1987.

조비오, 『진실을 말해도 안 믿는 세상-사제의 증언』, 빛고을출판사, 1994.

朝鮮總督府, 『朝鮮の人口現象』, 民俗苑, 1927.

조성오, 『우리역사이야기』 3권, 돌베개, 2002.

조수환, 『정신위생』, 동문사, 2003.

조용중, 『대통령의 무혈혁명』, 나남출판, 2004.

조우석, 『박정희 한국의 탄생』, 살림, 2009.

趙利濟 외, 『한국근대화, 기적의 과정』, 월간조선사, 2005.

조희연·정호기, 『5·18민중항쟁에 대한 새로운 성찰적 시선』, 한울, 2009.

존 위컴 회고록/김영희, 『12·12와 미국의 딜레마』, 중앙 M&B, 1999.

중앙일보사, 『아, 대한민국』, 랜덤하우스중앙, 2005.

池東旭, 『韓國大統領列傳』, 中公新書, 2002.

池東旭, 『韓國の族閥·軍閥·財閥』, 中公新書, 2003.

지만원, 『수사기록으로 본 12·12와 5·18』 전4권, 시스템, 2008.

眞鍋祐子, 『光州事件で讀む現代韓國』, 平凡社, 2000.

眞鍋祐子, 『烈士の誕生』, 東京, 平河出版社, 1997.

陳邦植, 『분단한국의 매카시즘』, 형성사, 1997.

차성환 외, 『1970년대 민주운동 연구』, 민주화운동기념사업회, 2005.

채의석, 『어느 해직기자의 고백-99일간의 진실』, 개마고원, 2000.

千金成, 『10·26, 12·12, 光州事態』, 전·후편, 吉韓文化社, 1988.

천주교광주대교구, 『빛고을 時評-해돋이에서 해넘이까지』, 1986.

靑柳純一, 『韓國現代史』, 社會評論社, 2004.

村常男·山本剛士/최현, 『한국현대군정사』, 삼민사, 1987.

최상룡, 『미군정과 한국민족주의』, 나남출판, 1988.

최상천, 『알몸 박정희』, 사람나라, 2001.

최영진, 『한국지역주의와 정체성의 정치』, 오름, 1999.

최장집, 『민주주의의 민주화』, 후마니타스, 2006.

최장집, 『민주화 이후의 민주주의』, 후마니타스, 2006.

최재선, 『끝나지 않은 5·18』, 유스티니아누스, 1999.

최정운, 『오월의 사회과학』, 풀빛, 1999.

최협, 『호남사회의 이해』, 풀빛, 1996.

80년 오월항쟁 소설집, 『일어서는 땅』, 인동, 1987.

편집위원회, 『한국사』 19권, 한길사, 1994.

하성환, 『우리역사 바로읽기』 하권, 한송미디어, 2006.

河信基, 『韓國を強國に變えた男-朴正熙』, 光人社, 1996.

학술단체협의회, 『5·18은 끝났는가』, 푸른숲, 1999.

한국가톨릭농민회, 『한국가톨릭농민회, 30년사』, 1999.

한국군사혁명사편찬위원회, 『한국군사혁명사』, 1963.

한국기독교교회협의회, 『1970년대 민주화운동』 전5권, 1987.

한국기독교교회협의회, 『1980년대 민주화운동』 전3권, 1987.

한국기자협회·무등일보사·광주시민연대, 『5·18 특파원 리포트』, 풀빛, 1997.

한국사사전편찬회, 『한국근현대사사전』, 가람기획, 1990.

한국사회학회, 『세계화시대의 인권과 사회운동-5·18 광주민중항쟁의 재조명』, 나남
　　출판, 1998.

한국신학연구소, 『한국민중론』, 한국신학연구소, 1984.

한국심리학회, 『심리학에서 본 지역감정』, 성원사, 1988.

한국정치학회, 『한국현대정치사』, 법문사, 1996.

한국현대사사료연구소, 『광주5월민중항쟁 10주년 기념학술대회-광주5월민중항쟁』,
　　풀빛, 1990.

한상범 외, 『12·12, 5·18 재판과 저항권』, 법률행정연구원, 1997.

한상원, 『현장고발소설-내가 광주를 쏘았다』, 도서출판 모아, 1996.

한완상, 『민중과 사회』, 종로서적, 1980.

한완상, 『민중사회학』, 종로서적, 1984.

韓鎔源, 『創軍』, 學林出版社, 1982.

韓鎔源, 『한국의 軍部政治』, 大旺社, 1993.

한우근, 『동학과 농민봉기』, 일조각, 1989.

황선명 외, 『한국근대민중종교사상』, 학민사, 1983.

황종건·김녕만 사진집, 『1980년 5월-光州, 그날』, 사진예술사, 1994.

홍성엽, 『홍성엽유고집-밝은영혼』, 학민사, 2006.

惠谷治, 『金正一·北朝鮮權力の實像』, 時事通信社, 1995.

Bruce Cumings, 『The Origins of The Korean War』 I, Princeton(NewYork),
    1981.

Bruce Cumings, 『The Origins of The Korean War』 II, Princeton(NewYork),
    1990.

Bruce Cumings, 『Korea's Place in The Sun-Mordern History』, N. Y. Norton,
    1997.

Don Oberdorfer, 『Two Korea-A Contemporary History』, U.S.A. Wesley, 1997.

John A. Wickham, Jr., 『Korea on The Brink-A Memoir of Political Intrigue and
    Military Crisis』, Brassays, 2000.

Journalists Association of Korea·Moodeung-Ilbo·Kwangju Citizens' Solidarity,
    『Kwangju in The Eyes of The World』, 1997.

Kenneth M. Wells(by edited), 『South Korea's Minjung Movement The Culture
    and Politics of Dissidence』, University of Hawaii Press, 1995.

Mark Peterson, 「The Legacy of Kwangju after Sixteen Years」, 1996.

Mark Perterson, 「American and the Kwangju Incident : Problems in the
    Writing of History」, 1989.

William H. Gleysteen Jr., 『Massive Entanglement-Marginal Inflence』,
    Brookings, 1999.

※ 논문

가톨릭다이제스트사, 『가톨릭다이제스트』, 2006년 5 · 6 · 7 · 8 · 9 · 10월호.

강준만, 「5 · 18 광주학살의 진실 '악의 평범성'에 대하여」, 인물과 사상사, 『월간 인물과 사상』, 2003년 6월호.

光州日報社, 시리즈 「5 · 18 …… 9년」, 〈光州日報〉, 1989년 1월 25일~7월 3일.

金容徹, 「광주민주화운동-10일간의 孤鬪 …… 군부정치 終熄 씨앗으로」, 〈한국일보〉, 1999년 10월 12일자, 「현대사 다시 쓴다-50대 사건 통해 본 격동의 한 세기」 40회.

김영택, 「5 · 18 광주민중항쟁 연구」, 국민대학교 국사학과 박사학위논문, 2004.

김영택, 「5 · 18 광주민중항쟁의 초기성격」, 국민대학교 국사학과 석사학위논문, 1999.

김영택, 「5 · 18…언론은 재갈 물렸다」, 관훈클럽, 『관훈저널』, 2000년 여름호.

김영택, 「80년 鄭鎬溶과 鄭雄」, 『新東亞』, 1990년 1월호.

김영택, 「光州事態의 다섯 가지 疑問」, 『新東亞』, 1987년 9월호.

김영택, 「광주사태 의문의 여인-전옥주」, 『여성동아』, 1987년 10월호.

김영택, 「光州의 眞相 아직도 隱蔽되고 있다」, 『新東亞』, 1989년 2월호.

김영택, 「신군부의 정권찬탈을 위한공수부대의 '과잉진압' 연구」, 호남사학회, 『역사학연구』 34집, 2008.

김영택, 「친일세력 미청산의 배경과 원인」, 국민대, 『한국학논총』 31집, 2009.

나경택, 「5 · 18 광주민중항쟁과 보도사진의 역할에 관한 연구」, 광주대학교 언론홍보대학원 석사학위 논문, 2003.

남덕우, 「경제발전의 길목에서」, 동아일보, 2009.

마크 피터슨, 「光州는 全斗煥집권의 단계적 쿠데타였다」, 『新東亞』, 1989년 5월호.

마크 피터슨, 「미국과 광주항쟁」, 〈일요신문사〉, 1989년 3월 19일자.

문병란, 「민주화의 넋, 온 국민의 상처로」, 엔터프라이즈, 『엔터프라이즈』, 1988년 5월호.

「미공개자료 朝鮮日報 취재일지」, 『월간 조선』, 1985년 7월호.

박태균, 「1956-1964년 한국경제개발계획의 성립과정」, 서울대학교 국사학과 석사학위 논문, 2000.

孫浩哲, 「5 · 18光州民衆抗爭의 再照明」, 『韓國現代政治史』, 法文社, 1995.

梁炳基, 「한국 군부의 정치화 과정-신직업주의 형성과정」, 민족문제연구소, 1999년도 제2차 학술회의, 『한국군과 식민유산』.

오연호, 「광주간첩 이창룡은 실존인가, 조작인가」, 『월간 다리』, 1990년 5월호.

「5·18광주민중항쟁 계승과 민족민중운동의 전망」, 『歷史와 現場』, 1990년 5월 창간
　　호(『5·18광주민중항쟁 9주년 기념 학술토론회 발표문』).

월간조선, 「총구와 권력-5·18수사기록 증언록」, 『월간 조선』, 1999년 1월호.

월간조선사, 『한국을 뒤흔든 光州의 11일간』, 『월간 조선』, 2005년 1월호 별책부록.

위정철, 「내가 겪은 5월의 광주」, 조선일보사, 『월간 조선』, 1988년 5월호.

劉光鐘, 「5·18 광주민주화운동 피해보상에 관한 연구」, 전남대학교 행정대학원 석사
　　학위논문, 1999.

윤재걸, 「쟁점, 무엇이 '광주'의 진상인가」, 동아일보사, 『新東亞』, 1988년 3월호.

윤학, 「뉴스취재의 자유와 프라이버시권의 상충과 조화에 관한 연구」, 서울대학교 대
　　학원 법학박사 학위논문, 2003.

이기봉, 「폭동인가, 좌절된 무산혁명인가」, 『한국논단』, 1996년 1월호.

李三成, 「광주학살, 미국·신군부의 협조와 공모」, 『역사비평』, 1996년 가을호.

이상우, 「12·12세력과 광주」, 동아일보사, 『新東亞』, 1988년 2월호.

이상우, 「제5공화국 시대의 반미운동」, 동아일보사, 『新東亞』, 1988년 4월호.

이정노, 「광주봉기에 대한 혁명적 전환」, 『월간 노동해방문학』, 1989년 5월호.

이철순, 「이승만정권기 미국의 대한정책연구(1948~1960)」, 서울대 정치학과 박사학
　　위논문, 2002.

임종수·정순철, 「나는 왜 미문화원에 불을 질렀나」, 중앙일보사, 『월간 중앙』, 1988년
　　3월호.

장태한, 「광주항쟁과 미주 한인 사회」, 한국근현대연구회, 『근현대사강좌』 제12호,
　　2001.

전국학생총연합, 「광주민중항쟁의 민중사적 조명」, 전학련 연합심포지움 자료집,
　　1985. 5.

정일준, 「미국의 대한정책변화와 한국발전국가의 형성(1953~1968)」, 서울대 사회학
　　과 박사학위논문, 2000.

조갑제, 「공수부대의 광주사태」, 조선일보사, 『월간 조선』, 1988년 6월호.

조갑제, 「한국의 군부」, 조선일보사, 『월간 조선』, 1988년 6월호.

조선일보사, 『銃口와 權力』, 『월간 조선』, 1999년 1월호 별책부록.

(좌담회),「광주 15년 ; 총, 누가 먼저 쏘았나」,『한국논단』, 1996년 5월호.

(좌담회),「폭동진압 잘못된 것 없다」,『한국논단』, 1996년 5월호.

眞鍋祐子,「韓國民衆運動의 한가운데에 있는 光州」,『月刊 百科』(東京 平凡社), 1996.
  10·11, 1997. 1·4월호.

편집부,「5·18 계엄군의 작전상황 보고서」,『말』, 1988년 5월호.

편집부,「광주항쟁의 주역은 누구인가」,『말』, 1988년 5월호.

韓鎔源,「한국군의 형성과정에서 日本軍출신의 리더쉽」, 민족문제연구소, 1999년도
  제2차 학술회의,『한국군과 식민유산』.

『New York Times』, Korea's Generals Said to Agree to Scrap Constitution,
  1979. 11. 2.

『New York Times』, Park Assassination : Part of Failed Coup, 1979. 11. 2.

※ 이 밖에 당시 〈동아일보〉·〈조선일보〉·〈전남일보〉·〈전남매일신문〉·〈광주일보〉를 비롯한 각
  종 신문 및 간행물 기사를 참조했음.

726